中国农业综合开发年鉴

2004

中国农业综合开发年鉴编辑委员会

中国财政经济出版社

图书在版编目（CIP）数据

中国农业综合开发年鉴．2004 / 中国农业综合开发年鉴编委会主编．—北京：中国财政经济出版社，2005.4

ISBN 7-5005-7996-9

Ⅰ．中…　Ⅱ．中…　Ⅲ．农业综合发展-中国-年鉴-2004　Ⅳ．F323.4-54

中国版本图书馆 CIP 数据核字（2005）第 014224 号

中国财政经济出版社 出版

URL：http：//www.cfeph.com.cn

社址：北京海淀区阜成路甲 28 号　邮政编码：100036

发行处电话：88190406　财经书店电话：64033436

北京新华印刷厂印刷　各地新华书店经销

889×1194 毫米　16 开　32 插页　26.75 印张　712 000 字

2005 年 4 月第 1 版　2005 年 4 月北京第 1 次印刷

定价：158.00 元

ISBN 7-5005-7996-9/F·7007

（图书出现印装问题，本社负责调换）

《中国农业综合开发年鉴》

编辑委员会名单

任）

李志强（天津市农业综合开发办公室主任）

乔　满（河北省农业综合开发办公室主任）

赵建生（山西省农业综合开发办公室主任）

陈文平（内蒙古自治区财政厅助理巡视员、农业综合开发办公室主任）

陈广君（辽宁省财政厅副厅长、农业综合开发办公室主任）

雒鹏飞（吉林省农业综合开发办公室主任）

史青衿（黑龙江省农业综合开发办公室常务副主任）

吴志傲（上海市农业综合开发办公室副主任）

缪瑞林（江苏省农业资源开发局局长）

沈继宁（浙江省农业综合开发办公室主任）

胡望真（宁波市农业综合开发办公室主任）

张广寿（安徽省农业综合开发局局长）

孙婷婷（福建省农业综合开发办公室主任）

章康华（江西省农业综合开发办公室主任）

曹云龙（山东省农业综合开发办公室主任）

宋同胜（青岛市农业综合开发办公室主任）

张成智（河南省农业综合开发办公室主任）

柳以洲（湖北省农业综合开发办公室主任）

曾德华（湖南省农业综合开发办公室主任）

容康栋（广东省农业综合开发办公室副主任）

李丽琪（广西壮族自治区农业综合开发办公室副主任）

曾德运（海南省财政厅副厅长、农业综合开发办公室主任）

刘念慈（重庆市农业综合开发办公室主任）

张其昌（四川省农业综合开发办公室主任）

龚晓宽（贵州省农业综合开发办公室主任）

赵新黔（云南省农业综合开发办公室主任）

赵宪忠（西藏自治区农业综合开发办公室主任）

雷生辉（陕西省农业综合开发办公室主任）

马自学（甘肃省农业综合开发办公室主任）

杨珠生（青海省农业综合开发办公室主任）

董　锋（宁夏回族自治区农业综合开发办公室主任）

夏代提·海木都拉（新疆维吾尔自治区农业综合开发办公室主任）

汤华辉（新疆生产建设兵团农业综合开发办公室主任）

侯培耀（黑龙江省农垦总局农业综合开发办公室主任）

《中国农业综合开发年鉴》

特约通讯员名单

一、国家农业综合开发办公室：

张　透　姜玉明　李建民　吴　川　何　冰　吕彤轩
高永珍　林鹏生　吴洪伟　罗禄勇　石　践

二、国家农业综合开发联席会议成员单位：

水利部	阎存立	国土资源部	朱晓东
农业部	罗　旭	国家林业局	王新凯

三、各省、自治区、直辖市、计划单列市财政厅（局）、农业综合开发办公室：

北京市	张　梅	福建省	林立启
天津市	赵　军	厦门市	洪建文
河北省	阎明珠	江西省	杨建军
山西省	孙长富	山东省	丁福亮
内蒙古自治区	吴东平	青岛市	樊泽源
辽宁省	任世忠	河南省	朱树立
大连市	李晓峰	湖北省	葛松涛
吉林省	侯英华	湖南省	陈　纯
黑龙江省	任秀峰	广东省	刘柏文
黑龙江省农垦总局	叶名辉	深圳市	孙　强
上海市	周继评	广西壮族自治区	曹延斌
江苏省	邱泽森	海南省	梁振强
浙江省	赵国瑛	四川省	林　峰
宁波市	陈　杰	重庆市	马　平
安徽省	商德广	贵州省	杨再军

云南省	李笠菲	青海省	史生德
西藏自治区	林　蓓	宁夏回族自治区	岳培军
陕西省	张晓峰	新疆维吾尔自治区	王铁农
甘肃省	周　明	新疆生产建设兵团	刘新东

《中国农业综合开发年鉴》

编辑出版工作人员名单

编辑部负责人：张　透

编　辑　人　员：龚英秀　姜玉明　李建民　吴　川　芮晓峰
何　冰　陶汪泓　陈　吟　定立新

封　面　设　计：邹晓东

版　式　设　计：定立新

责　任　校　对：黄亚青

印　制　监　督：刘春年

发　行　负　责　人：定立新

广　告　代　理：北京国信广告设计有限公司

前　言

2003年是农业综合开发很不寻常的一年，也是农业综合开发深化改革、加强管理的重要一年。在各级党委、政府的正确领导和有关部门的大力支持下，农业综合开发工作坚持以"三个代表"重要思想和党的"十六大"精神为指导，认真贯彻落实中央农村工作会议、全国财政工作会议和国家农业综合开发联席会议精神，进一步突出开发重点、完善投入政策，深入查找问题、加强科学管理，转变思想观念、探索机制创新，开拓了新的工作局面。

2003年8月20日，回良玉副总理主持召开了新一届政府国家农业综合开发联席会议第一次会议。回良玉副总理在会上作了重要讲话，充分肯定了农业综合开发取得的成就和积累的经验，深刻阐明了在我国社会经济发展的新阶段继续大力推进农业综合开发的重要意义，明确提出了做好新阶段农业综合开发工作的要求。这一讲话对于做好当前和今后一个时期的农业综合开发工作具有十分重要的指导意义。这次联席会议为新阶段农业综合开发工作，指明了前进的方向。

2003年，农业综合开发工作取得了显著成效。全年共投入农业综合开发资金237.99亿元，其中：中央财政资金86.71亿元（含利用世界银行贷款4.4亿元），地方财政配套资金62.5亿元，银行贷款20.37亿元，自筹资金68.41亿元。这些资金是支持农业和农村经济发展的一笔数量可观的投入。全年改造中低产田1 711万亩，建设优质粮食基地1 217万亩，新增粮食生产能力35.64亿公斤；共立项扶持了重点农业产业化龙头项目273个，其中农业部、财政部等8部委联合命名的国家农业产业化重点龙头企业49个，为保障国家粮食安全和促进农业增效、农民增收，做出了重要贡献。同时，农业综合开发在机制、政策、管理等方面，也暴露出了一些问题。这些问题，必须通过深化改革、加强管理，逐步加以解决。

为适应新形势、新任务的要求，农业综合开发在改革创新上迈出了重要步伐。

一是制定了《关于改革和完善农业综合开发若干政策措施的意见》。根据国家农业综合开发第一次联席会议精神，在深入调查研究、广泛征求意见的基础上，财政部制定了《关于改革和完善农业综合开发若干政策措施的意见》，明确了改革的指导思想、基本原则和具体措施。这个《意见》，是当前和今后一个时期改革和完善农业综合开发政策措施的纲领性文件。

二是进一步突出开发重点。加强对农业综合开发项目县的管理，严格控制开发范围，2003年全国实际新增项目县数量比2002年减少了一半。明确界定了农业主产区及粮食主产区的范围，继续加大对农业主产区的投入力度。2003年农业综合开发投入农业主产区的中央财政资金达59.96亿元，占全国中央财政资金投入的69.15%。大力支持优势农产品生产，推进优势农产品区域化布局。推进农业产业化经营，重点扶持辐射带动作用强的国家级、省级农业产业化龙头企业，促进农民增收。

三是调整完善投入政策。调整配套政策后，中央财政资金与地方财政资金配套比例由过去的1:0.98降低为1:0.82，其中农业主产区由1:0.92降低为1:0.74。由此减少的地方配套资金，主要用于减轻经济不发达的地、县财政配套。加大财政资金无偿投入力度，中央财政资金无偿、有偿投入比例由67:33调整为71:29。根据国务院关于全面推进农村税费改革试点的意见，制定了农业综合开发中农民筹资投劳管理办法，规范对筹资投劳行为的管理。

四是积极探索机制创新。研究探索农业综合开发财政资金投资参股问题，提出了投资参股试点的初步意见。组织了农业综合开发与扶贫开发、生态建设等资金统筹安排的项目试点，探索财政支农资金相互配合、统筹安排的机制。研究完善以农民为主体的开发机制，探索建立财政资金的引导机制，充分发挥财政资金"四两拨千斤"的作用。

农业综合开发管理工作得到了进一步加强和规范。一是加大了监督检查力度。针对项目和资金管理中暴露出的问题，认真组织开展项目和资金管理大检查工作，深入查找问题，及时进行整改，确保农业综合开发资金的安全运行和有效使用。二是严格组织农业综合开发竣工项目验收工作，改进验收方式，开展委托项目省份相互验收的试点，并委托部分省份财政部监察专员办事处对部分竣工项目进行了验收。三是强化资金管理，继续坚持农业综合开发资金专人管理、专账核算、专款专用制度。全面推行财政无偿资金县级报账制，积极推行财政有偿资金委托银行放款制。对农业综合开发实施初期投放的财政有偿资金形成的部分呆账，经严格审核后对符合条件的予以核销，防止形成债务风险。四是规范项目管理，制定项目评审办法，规范项目评审工作，提高选项立项的科学性。大力推行工程建设和物资采购招投标制，积极探索推行项目法人责任制和工程监理制，提高项目建设质量。五是加强统计工作。明确了加强统计工作的措施和要求，组织编印了《国家农业综合开发统计摘要（1988—2002年）》，改变了农业综合开发没有系统、准确的统计数据的状况。

《中国农业综合开发年鉴》2004年卷内容丰富，数据权威。不仅全面系统地记述了2003年全国农业综合开发工作，还设重点专题对改革和完善农业综合开发的政策措施加以总结、记录，同时还收集了详实的农业综合开发统计数据，对广大读者了解、研究农业综合开发，对基层农业综合开发工作者全面学习农业综合开发业务、规范使用统计数据，都提供了一份不可多得的历史资料。希望通过对《中国农业综合开发年鉴》的有效运用，能够帮助从事农业综合开发工作的广大干部群众和各界有关人士更加全面、深入地了解农业综合开发，为做好新阶段的农业综合开发工作，为全面建设农村小康社会发挥更大的作用。

《中国农业综合开发年鉴》编委会

编辑说明

《中国农业综合开发年鉴2004》记述了我国农业综合开发自2003年1月1日至2003年12月31日的工作概况，汇集了一年中有关农业综合开发的重要的文献、统计数据、实践与理论研究成果、相关机构名录等资料。作为农业综合开发的第二本年鉴，本书在《中国农业综合开发年鉴1988—2003》的基础上，又有一些充实与改进。为方便读者查阅，现将本书编辑过程中的一些情况作以下说明。

1. 本书选载的大部分文献、文章及统计数据等资料以2003年为限，但“第五部分　重要法规选编”的情况略有不同。因《中国农业综合开发年鉴1988—2003》所选编的法规是截至2003年6月的发文，又考虑到本书的出版时间已稍有滞后，因此本书所选编的法规、文件以2003年6月1日—2004年6月30日为期限，以方便读者对这方面资料的查阅。

2. 本书在《中国农业综合开发年鉴1988—2003》的基础上对栏目做了一些调整和补充。一是“第二部分　国家农业综合开发工作”中增设了“重点专题”和“业务工作”两个专题。二是在“第七部分　文选”中分别设置了“重要文章”、“研究思考”、“调研报告”三个专题。三是增设了“第四部分　县市农业综合开发工作交流”。做这些改进的目的是使本年鉴更加全面地反映全国农业综合开发工作，并使各部分的主题更加分明，以帮助读者更为全面和便捷地了解有关农业综合开发的各类有关信息。

3. 农业部提供的《农业部1989—2002年农业综合开发情况》一文原应刊登在上一本年鉴中，但因其来稿时间晚于上一本年鉴的排印时间，故登载在本书“第十部分　附录”中。

4. 按照惯例，本书涉及行政区划、国务院所属部门等单位的排序时，仍按照《中华人民共和国行政区划简册2002》和国务院所属部门在国务院的序列为序排列。

5. 本书各篇文章中涉及到的资金数额，均为满万的以万为单位，超过亿的以亿为单位，保留两位小数，四舍五入。这样做是为使文字叙述清楚，格式统一，具体的资金数额请以本书统计资料中的数据为准。

因组稿方面的一些原因，本书的出版时间稍有推迟，编辑部为因此而给读者带来的不便致以歉意。

《中国农业综合开发年鉴》编辑部

2005年3月

2003年5月，中共中央政治局委员、国务院副总理回良玉(左二)视察贵州省湄潭县农业综合开发茶园种植基地。

2003年6月11日，中共中央政治局委员、新疆维吾尔自治区党委书记王乐泉（左二），自治区政府主席司马义·铁力瓦尔地（左三）视察新疆阿克苏地区温宿县木本粮油林场农业综合开发项目区。

2003年10月26日，中共中央政治局委员、湖北省省委书记俞正声(右二)视察湖北省宜都市农业综合开发项目--荣容柑桔批发市场。

2003年7月11日，全国人大副委员长司马义·艾买提(左一)视察新疆阿克苏地区温宿县木本粮油林场农业综合开发项目区。

青海省省委书记赵乐际（前右一）视察青海省互助县农业综合开发优质油菜基地。

宁夏回族自治区党委书记陈建国（左三）在农业综合开发项目区视察时，听取区农业综合开发办公室领导汇报开发情况。

山东省省长韩寓群（前右一）视察山东省禹城市农业综合开发扶持的龙头企业。

宁夏回族自治区政府主席马启智（右一）、区人大常委会副主任马昌裔（左一）视察青铜峡市金沙湾农业综合开发节水农业示范项目。

财政部副部长廖晓军（左三）视察海南省农业综合开发项目区。

财政部国家农业综合开发办公室常务副主任赵鸣骥（左三）在宁夏回族自治区农垦总局对农业综合开发项目进行调研。

财政部国家农业综合开发办公室副主任刘世江（右二）在山东省滕州市农业综合开发利用世界银行贷款加强灌溉农业二期项目的项目区调研。

财政部国家农业综合开发办公室副主任宋志刚（左三）在山东省禹城市农业综合开发扶持的产业化龙头企业调研。

黑龙江省汤原县农业综合开发“引汤工程”干渠全景(上图)。

黑龙江省富锦市农业综合开发土地治理项目建设的干渠节制闸。

黑龙江省五常市农业综合开发产业化经营项目建设的德国灰雁养殖基地。

湖北省枝江市农业综合开发中低产田改造项目建设的硬化渠道。

湖北省谷城县农业综合开发节水农业示范项目新建的大棚微灌设施工程。

辽宁省大洼县农业综合开发中低产田改造项目建设的抽水站。

安徽省休宁县龙湾农业综合开发项目区全景(上图)。

安徽省铜陵县农业综合开发优质稻示范区在收割稻谷。

安徽省利辛县农业综合开发科技示范项目利用大棚栽培甜瓜新品种。

河北省农业综合开发草场改良项目建设的坝上围栏草场。

山东省泰安市泰山区省庄农业综合开发项目区的优质小麦良种繁育田。

云南省罗平县农业综合开发中低产田改造项目区全景。

目　录

第一部分

重要文献

第二部分

国家农业综合开发工作

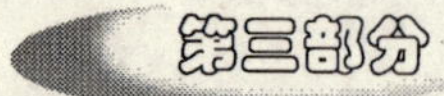

地方和部门农业综合开发工作

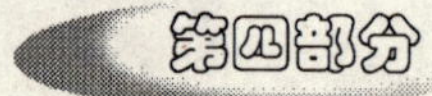

县市农业综合开发工作交流

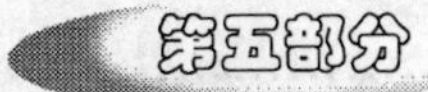

重要法规选编

统 计 资 料

全国农业综合开发项目统计

农业综合开发世界银行项目统计

农业综合开发部门项目统计

文 选

重要文章

研究思考

调研报告

第八部分

大 事 记

第九部分

机 构 人 员

第十部分

附　录

第一部分

重要文献

中共中央 国务院
关于做好农业和农村工作的意见（节选）

（2003年1月16日 中发［2003］3号）

一、加快农业区域布局调整，建设优势农产品产业带

推进优势农产品和特色农产品向优势产区集中，是农业结构调整的一项战略任务。农业部门要抓紧制定和实施优势农产品区域布局规划，优先选择出口潜力大的农产品和重要的大宗农产品，在资源条件好、生产规模大、区位优势明显的主产区，构建具有国际竞争力的产业带。要立足产业整体开发，形成名牌产品带动，标准化生产，龙头企业支撑，生产、加工、销售有机结合的高效农业产业体系。调整区域布局，要充分发挥各地的比较优势，遵循自然规律和经济规律，坚持以质取胜，尊重农民的生产经营自主权。国家用于农业的基本建设投资、农业综合开发等资金，要相对集中，向优势农产品和优势产区倾斜。推进农产品优质化、区域化，关键要抓良种。今年，要继续实施良种推广补贴制度，进一步扩大补贴范围，带动优质专用品种的推广，促进区域布局调整，形成产业带。

二、建立健全统一、权威的农产品质量标准体系和检验检测体系，全面实施“无公害食品行动计划”（略）

三、扶持龙头企业，推进农业产业化经营

发展农业产业化，有利于提高农业效益、增强农业竞争力，有利于推进农业现代化，也是对农村经营体制的创新和完善。各地和有关部门要把推进农业产业化作为新阶段农村工作的一件大事，落实好有关政策，加大扶持力度。近几年，为推进农业产业化，国家制定了一系列支持龙头企业的政策措施，各地要进一步做好落实工作，为促进龙头企业发展、增强企业的带动能力创造良好条件。各级财政要继续安排对重点龙头企业的扶持资金，着重支持企业采用新技术，开发新产品，建立原料基地，发展精深加工，开拓国内外市场。鼓励和引导各类工商企业参与农业开发，实行农业产业化经营。农业银行和有关金融机构要进一步改善对龙头企业的服务，根据龙头企业收购资金需求量大、季节性强等特点，合理确定开户银行和贷款条件，扩大贷款规模。同时，对龙头企业的收购资金贷款和有关融资，要加强监管，防止改变使用方向。

中共中央 国务院
关于促进农民增加收入若干政策的意见（节选）

（2003年12月31日 中发［2004］1号）

一、集中力量支持粮食主产区发展粮食产业，促进种粮农民增加收入

（一）加强主产区粮食生产能力建设。当前种粮效益低、主产区农民增收困难的问题尤为突出，必须采取切实有力的措施，尽快加以解决。抓住了种粮农民的增收问题，就抓住了农民增收的重点；调动了农民的种粮积极性，就抓住了粮食生产的根本；保护和提高了主产区的粮食生产能力，就稳住了全国粮食的大局。从2004年起，国家将实施优质粮食产业工程，选择一部分有基础、有潜力的粮食大县和国有农场，集中力量建设一批国家优质专用粮食基地。要着力支持主产区特别是中部粮食产区重点建设旱涝保收、稳产高产基本农田。扩大沃土工程实施规模，不断提高耕地质量。加强大宗粮食作物良种繁育、病虫害防治工程建设，强化技术集成能力，优先支持主产区推广一批有重大影响的优良品种和先进适用技术。围绕农田基本建设，加快中小型水利设施建设，扩大农田有效灌溉面积，提高排涝和抗旱能力。提高农业机械化水平，对农民个人、农场职工、农机专业户和直接从事农业生产的农机服务组织购置和更新大型农机具给予一定补贴。

（二）支持主产区进行粮食转化和加工。主产区要立足粮食优势促进农民增加收入、发展区域经济，并按照市场需求，把粮食产业做大做强。充分利用主产区丰富的饲料资源，积极发展农区畜牧业，通过小额贷款、贴息补助、提供保险服务等形式，支持农民和企业购买优良畜禽、繁育良种，通过发展养殖业带动粮食增值。按照国家产业政策要求，引导农产品加工业合理布局，扶持主产区发展以粮食为主要原料的农产品加工业，重点是发展精深加工。国家通过技改贷款贴息、投资参股、税收政策等措施，支持主产区建立和改造一批大型农产品加工、种子营销和农业科技型企业。

（三）增加对粮食主产区的投入。现有农业固定资产投资、农业综合开发资金、土地复垦基金等要相对集中使用，向主产区倾斜。继续增加农业综合开发资金，新增部分主要用于主产区。为切实支持粮食主产区振兴经济、促进农民增收，要开辟新的资金来源渠道。从2004年起，确定一定比例的国有土地出让金，用于支持农业土地开发，建设高标准基本农田，提高粮食综合生产能力。主销区和产销平衡区也要加强粮食生产能力建设。进一步密切产销区的关系。粮食销区的经营主体到产区建立粮食生产基地、仓储设施和加工企业，应享受国家对主产区的有关扶持政策。产区粮食企业到销区建立仓储、加工等设施，开拓粮食市场，销区政府应予以支持并实行必要的优惠政策。

二、继续推进农业结构调整，挖掘农业内部增收潜力

（四）全面提高农产品质量安全水平。近几年，农业结构调整迈出较大步伐，方向正确，成效明显，要坚定不移地继续推进。要在保护和提高粮食综合生产能力的前提下，按照高产、优质、高效、生态、安全的要求，走精细化、集约化、产业化的道路，向农业发展的广度和深度进军，不断开拓农业增效增收的空间。要加快实施优势农产品区域布

局规划，充分发挥各地的比较优势，继续调整农业区域布局。农产品市场和加工布局、技术推广和质量安全检验等服务体系的建设，都要着眼和有利于促进优势产业带的形成。2004年要增加资金规模，在小麦、大豆等粮食优势产区扩大良种补贴范围。进一步加强农业标准化工作，深入开展农业标准化示范区建设。要进一步完善农产品的检验检测、安全监测及质量认证体系，推行农产品原产地标记制度，开展农业投入品强制性产品认证试点，扩大无公害食品、绿色食品、有机食品等优质农产品的生产和供应。加强动物防疫体系建设，实施重点区域动物疫病应急防治工程，鼓励乡村建立畜禽养殖小区，2004年要启动兽医管理体制改革试点。加快实行法定检验和商业检验分开的制度，对法定检验要减少项目并给予财政补贴，对商业检验要控制收费标准并加强监管。

（五）加快发展农业产业化经营。各级财政要安排支持农业产业化发展的专项资金，较大幅度地增加对龙头企业的投入。对符合条件的龙头企业的技改贷款，可给予财政贴息。对龙头企业为农户提供培训、营销服务，以及研发引进新品种新技术、开展基地建设和污染治理等，可给予财政补助。创造条件，完善农产品加工的增值税政策。对新办的中小型农副产品加工企业，要加强创业扶持和服务。不管哪种所有制和经营形式的龙头企业，只要能带动农户，与农民建立起合理的利益联结机制，给农民带来实惠，都要在财政、税收、金融等方面一视同仁地给予支持。

国务院关于全面推进农村税费改革试点工作的意见（节选）

（2003年3月27日　国发〔2003〕12号）

七、严格执行村内“一事一议”筹资投劳政策

村内“一事一议”筹资投劳制度是农村基层民主政治建设的重要内容，必须长期坚持。各地区要适应新形势，转变观念，统筹安排农村集体公益事业发展，坚持走群众路线，及时制定和完善“一事一议”的议事程序、议事范围和上限标准。村内事业发展要坚持量力而行的原则，充分考虑农民的经济承受能力，有多少钱办多少事；充分尊重农民的民主权利，多数农民同意的事就办，不同意的就不办；决不能把“一事一议”筹资投劳变成农民负担的固定项目。

农业综合开发中农民筹资投劳，应纳入村内“一事一议”范畴，实行专项管理。其范围只限于受益村改善农业生产条件的建设项目，并与农民商议，由农民签字认可，实行民主决策、数量控制、以村为单位统一组织，不准搞强迫命令。确需农民投劳进行农业综合开发的项目，农民只出工，不得要求农民以资代劳，不得跨村筹劳；确需跨村使用劳力的，应采取借工、换工或有偿用工等形式，不能平调使用农村劳动力。要逐步降低农民筹资投劳在农业综合开发中的比例。

认真贯彻十六大精神　为推进农村小康建设而奋斗

——在中央农村工作会议上的讲话（节选）

温家宝

（2003年1月7日）

六、关于加强农业基础设施和生态环境建设

农业基础设施建设滞后，生态环境恶化，是我国农业和整个经济社会发展的长期制约因素。加强农业基础设施建设和生态环境建设，从根本上说，就是要提高农业的综合生产能力和可持续发展能力，推动农村社会走上生产发展、生态良好、生活富裕的文明发展道路。这是一项长期任务，任何时候都不能放松。

要继续加强大江大河大湖治理，提高防洪和排涝能力。干旱是我国农业发展的最大威胁。要合理开发和调配水资源，加强节水灌溉设施建设，推广旱作节水农业，提高农业用水的利用率。加强农业综合开发，不断增强农业综合生产能力。要进一步加强有利于直接增加农民收入、改善农村生产生活条件的农村中小型基础设施建设。退耕还林是关系经济社会可持续发展的重要举措。这项重大的生态建设工程已经取得初步成效，要在讲求实效的基础上逐步扩大规模，完善政策，巩固成果。目前草原生态环境恶化的问题非常突出，加快治理已刻不容缓。要加强牧区水利建设，加大已垦草原的退耕还草力度，采取草场围栏、轮牧、休牧、禁牧、舍饲圈养等措施，加强天然草场的保护和建设。实行退耕还林还草，要与当地经济发展和调整农业结构结合起来，解决好农民的长期生计问题，千方百计增加农民收入；与改善农村能源结构结合起来，积极稳妥地发展沼气等再生能源，确保退得下，还得上，稳得住。

加强农村基础设施建设，关键是要增加投入。各级政府都要调整财政支出结构，增加对农村基础设施和生态环境建设的投资。要加强资金管理，保证工程质量。要坚持谁投资、谁受益的原则，调动社会各方面的积极性，引导和鼓励个人、集体和各种经济主体投资农业基础设施建设。这方面潜力很大，关键是要有好的政策。发动农民群众开展农田水利基本建设，是我国的一个好传统。农村税费改革以后逐步取消“两工”，并不是要丢掉这个传统，而是采取一事一议，让基层干部学会用民主的方法来搞这些建设。只要坚持农民自愿，不搞强迫命令，坚持注重实效，不劳民伤财，农民是愿意投工投劳不断改善农业生产条件的。我们要调动和保护好农民在这方面的积极性。

在中央农村工作会议上的讲话（节选）

回良玉

（2003年12月24日）

三、保护和提高粮食生产能力，确保国家粮食安全

……

在市场经济条件下，粮食生产的环境和条件发生了很大变化，市场在农业资源配置中越来越起到基础性作用，价值规律在粮食生产中越来越发挥导向作用。我们必须用新的思路、新的办法，来研究解决新阶段的粮食问题。要始终坚持调整农业结构不动摇，始终坚持增加农民收入不动摇，始终坚持立足国内解决粮食供给不动摇，始终坚持实行省长负责制不动摇。具体要把握好以下几点：

第一，兼顾保障粮食供给和增加农民收入两个目标，把发展粮食生产与增加农民收入结合起来。这是我们做好农业农村工作的繁重任务和重要职责。要全面正确地理解和贯彻农业结构调整方针，不能把增加农民收入与发展粮食生产对立起来。调整农业结构要坚持在发展粮食生产和增加农民收入两个方面下功夫。特别是在粮食主产区，粮食收入是农民收入的主体，促进农民增收必须首先抓好粮食生产。农业结构调整不能简单地压缩粮食面积，明年粮食播种面积不能再减少。要加大优势农产品区域规划的实施力度，加快优势粮食产业带建设，优化粮食品种结构，提高粮食质量，促进粮食加工转化，增加种粮农民收入。

第二，充分发挥市场机制的作用，综合运用各种经济手段，保护和调动农民的种粮积极性。粮食生产稳不稳，粮食安全基础牢不牢，关键在于种粮农民的生产积极性高不高。价格是调节生产最基本的杠杆，有利可图是农民发展生产最基本的动因。新阶段发展粮食生产、确保国家粮食安全，最根本的是要通过市场引导，提高种粮效益，让农民种粮不赔本、能赚钱。粮食是弱质产业，国家必须给予必要的保护和扶持，尽量让农民在政策支持和利益驱动下积极种粮。明年，各地要通过政策和价格信息引导，搞好服务，调动农民种粮积极性，努力恢复粮食生产，不能搞指令性计划，搞强迫命令。

第三，守住耕地、依靠科技、改善条件，进一步加强粮食生产能力建设。加强粮食生产能力建设，是保障粮食供给的重大举措，是确保国家粮食安全的重要基础。没有稳定可靠的粮食生产能力，就没有稳定可靠的粮食安全。要把加强粮食生产能力建设作为我国农业和整个国民经济发展的重要任务来抓。一是要守住耕地。耕地是不可再生、不可替代、易于流失的稀缺资源，对国家粮食安全具有基础作用，对农民生计具有保障作用，对农村社会具有稳定作用。粮食调控主要在于“库”，保障能力主要在于“地”。要实行最严格的耕地保护制度，基本农田这条“红线”决不能逾越。不能随意改变基本农田用途，禁止在基本农田挖鱼塘、栽种树木。在这方面要有硬手段。二是要依靠科技。集中力量加强科研攻关和技术推广，培育一批影响重大、优质高产的优良品种，加快科技成果转化，发挥科技对粮食生产的支撑和促进作用。三是要改善条件。加强农业综合开发，加快中低产田改造，建设高标准基本农田，扩大高产稳产、旱涝保收面积。大力发展节水灌溉和旱作农业。

第四，突出重点，集中力量支持主产区发展粮食生产。保护和提高粮食生产能力重点在粮食主产区。抓住了主产区，就抓住了大头，就稳住了全局。粮食主产区多年来为国家做出了重大贡献，耕地面积和粮食播种面积都占全国的60%以上，粮食产量占全国的70%左右。今后主产区要继续发挥粮食生产的比较优势，发挥他们对确保国家粮食安全的重要作用。国家将采取力度更大、更有针对性的政策措施，加大对粮食主产区和种粮农民的支持力度，帮助主产区特别是中部主产区解决种粮效益低、财政负担重等问题。要加快实施优质粮食产业工程，通过多渠道筹集资金，支持主产区搞好粮食产能建设和粮食加工转化。粮食主销区和产需平衡的省区，也要注意保护粮食生产能力，也要支持粮食主产市县。

第五，大力发展粮食产业，提高粮食生产的综合效益。要把粮食的生产、转化、加工、流通、消费作为一个完整的产业体系，进行系列开发和整体建设。特别是粮食主产区，更要立足粮食优势，做大做强粮食产业，把生产优势转变为产业优势、经济优势。不少粮食主产区通过发展优质专用粮和发展畜牧业，搞加工增值，提高了粮食效益，促进了农民增收。要大力支持和发展粮食加工、储运和流通，延长粮食产业链，提高粮食附加值，增强粮食的市场竞争力。要启动重点区域动物疫病应急防治工程，提高畜牧业的经济效益和畜产品贸易的安全性，为粮食的转化增效开拓空间。

在国家农业综合开发联席会议第一次会议上的讲话

回良玉

（2003年8月20日）

农业综合开发是党中央、国务院加强农业的一项重大决策，是国家支持和保护农业的重要举措，是进一步发展农村生产力、提高农业综合生产能力的有效途径。农业综合开发自1988年实施以来，经历了15年的发展，既为我国农产品实现总量平衡、丰年有余的历史性转变做出了重大贡献，又为增加农民收入发挥了重要作用；既推进了农业基础设施和生态环境建设，又推进了农业和农村经济结构的战略性调整。今天召开新一届政府成立以来的第一次国家农业综合开发联席会议，主要任务是以“三个代表”重要思想和党的十六大精神为指导，贯彻落实中央农村工作会议精神，回顾总结五年来农业综合开发取得的成就和经验，研究分析农业综合开发面临的新形势、新任务，谋划部署当前和今后一个时期的工作。刚才，财政部廖晓军同志作了全面的工作汇报，大家发表了很好的意见，并讨论通过了国家农业综合开发联席会议制度。下面，我讲三点意见。

一、充分肯定五年来农业综合开发取得的成就

过去的五年，是我国农业发展进入新阶段的初始五年。在党中央、国务院的正确领导下，在家宝同志的直接指导下，农业综合开发工作适应农业发展进入新阶段的要求，指导思想更加明确，投入力度不断加大，项目管理不断加强，取得了显著的成绩，积累了丰富的经验。

第一，在指导思想上，实行了“两个转变”。由改造中低产田和开垦宜农荒地相结合，转到以改造中低产田为主，尽量少开荒甚至不开荒，把提高农业综合生产能力与保护生态环境结合起来；由以增加农产品产量为主，转到积极调整结构，依靠科技进步，发展高产优质高效农业上来。

第二，在工作思路上，突出了“两个着力、两个提高”。坚持以农业主产区为重点，着力加强农业基础建设和生态环境建设，提高农业综合生产能力；着力推进农业和农村经济结构的战略性调整，提高农业综合效益，增加农民收入。

第三，在资金安排上，加大了投资力度。1998—2002年，农业综合开发累计投入资金994亿元，其中中央财政投入303亿元，地方财政配套、银行贷款和农民筹资等投入691亿元。农业综合开发走过了三个五年，第三个五年（1998—2002年）的投入比第一个五年（1988—1992年）的投入翻了两番，比第二个五年（1993—1997年）的投入翻了一番。

第四，在项目建设上，取得了巨大成就。1998—2002年，农业综合开发累计改造中低产田1.63亿亩，新增粮食生产能力620亿斤，棉花838万担，油料168万吨，糖料347万吨。同时，建立优质专用和特色农产品生产基地，扶持农业产业化龙头企业发展，推进了农业结构调整；扶持新品种和新技术的引进、示范和推广，促进了农业科技进步和农民科技文化素质的提高；支持退耕还林还草、江河防护林、水土保持、农田林网、农业生态等项目建设，促进了农业可持续发展。

第五，在发展实践中，积累了宝贵的经验。这些基本经验可以用20个字来概括，即“改善条件、综合发展、民办公助、合力开发、规范管理”。改善条件，就是始终把改善农业生产条件和提高农业综合生产能力作为首要任务、立足之本和重要评价标志。综合发展，就是要尊重自然规律和经济规律，实行山水田林路综合治理、农林牧副渔综合开发、人财物和科技等要素综合投入，推进贸工农一体化、产加销一条龙经营，实现经济效益、社会效益和生态效益的整体提高。民办公助，就是按照“国家引导、配套投入、民办公助、滚动开发”的投入原则，以农民为主体，国家补助投资，引导社会各方参与农业综合开发。合力开发，就是继续坚持农业综合开发联席会议制度，各有关部门密切配合协作，积极引导和组织广大农民群众参与农业综合开发，使上下左右的力量形成强大的合力。规范管理，就是建立一整套比较完善的项目和资金管理制度，实行科学化、规范化和制度化管理。这些在实践中创造和积累起来的宝贵经验，是今后农业综合开发工作应该遵循的基本原则。

农业综合开发取得的巨大成绩和宝贵经验，充分表明了党中央、国务院对“三农”问题的高度重视，充分体现了财政、金融等部门对农业的大力支持，是上届联席会议开拓创新、科学决策的结果，是地方各级党委、政府狠抓落实，带领项目区广大干部群众自力更生、艰苦奋斗取得的，也凝聚着各级农业综合开发办公室广大干部职工的精力和心血。在此，谨向上届联席会议成员和成员单位，向全国所有从事和关心、支持农业综合开发事业的同志们，致以崇高的敬意和真挚的感谢！

二、充分认识新阶段农业综合开发的重要意义

当前，我国农业和农村经济正处在新的发展阶段。新阶段是统筹城乡经济社会发展，建设现代农业，发展农村经济，增加农民收入，推进农村小康建设的阶段。立足农业综合开发15年的发展实践，着眼全面建设小康社会的战略目标，继续大力推进农业综合开发，对于改善农业生产条件，发展农村生产力，增加农民收入，加快农村小康建设步伐，具有十分重要的意义。主要体现在以下五点：

（一）推进农业综合开发，是践行“三个代表”重要思想的具体体现。“三个代表”重要思想的本质是坚持立党为公、执政为民。践行“三个代表”必须体现在实际行动上，围绕群众最现实、最关心、最直接的利益去落实。推进农业综合开发，发展的是农村生产力，改善的是农村生产和生活条件，增加的是农民收入，直接受益和得到实惠的是农民群众。这是一个德政之举，是实现好、维护好、发展好广大农民群众根本利益的具体措施。

（二）推进农业综合开发，是稳定增加农业投入的长效机制。巩固和加强农业基础地位，建设现代农业，关键是加大对农业的投入，改善农业生产条件，提高农业技术装备水平。农业综合开发通过中央财政预算安排资金，带动地方财政、金融部门和广大农民对农业进行综合开发，既是国家支持农

业发展的一笔数量不小、实实在在的投入，又符合世贸组织“绿箱”政策的要求，更是市场经济条件下稳定增加农业投入的长效机制，必须作为一项有效的政策，长期坚持下去，并在实践中不断加以发展和完善。

（三）推进农业综合开发，是提高农业综合生产能力的关键措施。农业是安定天下的产业，确保解决12亿多人口的吃饭问题，始终是头等重要的大事。随着我国人口的增长和人民生活水平的提高，全社会对农产品的需求刚性增长，而随着城镇化的推进和经济的发展，耕地减少、水资源日趋紧张的趋势不可逆转，提高农业综合生产能力的任务更加艰巨。既要实行最严格的土地制度，严格保护、合理利用和节约使用水资源，还要继续进行农业综合开发，提高农业综合生产能力，特别是粮食生产能力，确保我国农产品供求基本平衡，确保国家粮食安全。

（四）推进农业综合开发，是推进农业结构调整、增加农民收入的重要途径。新阶段农业和农村工作，主线是推进农业和农村经济结构的战略性调整，中心任务是千方百计增加农民收入。实践证明，组织实施农业综合开发，可以加强农业产前、产中、产后的基础设施建设，建立优势农产品和特色农产品生产基地，推进优势农产品区域化布局；可以加快引进和推广新品种、新技术，推行农业标准化生产，提高农产品质量安全水平；可以扶持农业产业化龙头企业、专业合作经济组织，促进农业产业化经营发展；可以通过农村小型基础设施建设，带动农民直接增加劳务收入。这是一项一举多得的有效组织形式，对推进结构调整、增加农民收入发挥着越来越重要的作用。

（五）推进农业综合开发，是实现农业可持续发展的重要推动力量。加强生态建设，改善生态环境，实现人与自然的和谐，是全面建设小康社会的前提条件。农业综合开发坚持以内涵开发为主，具有区域性、综合性的特点，有利于按流域或灌区统筹规划，实施跨省区、跨流域的农业生态项目，通过对农业资源的合理利用和开发，提高现有耕地资源的产出率和水资源的利用率，实现经济效益、社会效益和生态效益的有机统一，促进农业的可持续发展。

三、与时俱进地做好新阶段农业综合开发工作

当前和今后一个时期农业综合开发工作的总体要求是：以“三个代表”重要思想和党的十六大精神为指导，紧紧围绕全面建设小康社会的目标，着力加强农业基础设施和生态建设，提高农业综合生产能力；着力推进农业和农村经济结构的战略性调整，提高农业综合效益，增加农民收入。进一步改革完善投资政策和运行机制，切实加强项目和资金管理，努力开创农业综合开发的新局面。

一要继续增加投入。要按照“国家引导、配套投入、民办公助、滚动开发”的原则，实行中央、地方、农民和社会各方面一起上，积极探索多种渠道的投入机制和形式多样的开发方式，加大农业综合开发投入力度。要适应社会主义市场经济和公共财政管理体制的要求，切实贯彻落实《国务院办公厅转发财政部关于农业综合开发若干意见的通知》（国办发［2002］13号）精神，确保“十五”及今后一个时期内用于农业综合开发投入的财政资金增长幅度高于“九五”水平。要发挥中央财政资金“四两拨千斤”的作用，逐步扩大贴息资金规模，引导金融部门加大对农业综合开发的投入力度。要继续争取利用世界银行、亚洲开发银行贷款等外资，并积极创造条件吸引工商资本和民间资本，鼓励和支持工商企业、民营企业参与农业综合开发。

二要突出开发重点。新阶段农业和农村发展，要办的事很多，要花钱的地方也很多。农业综合开发必须按照总体要求，集中投资办大事，突出重点抓关键。在区域布局上，要突出农业主产区和农产品优势产区，下决心解决“开发面铺得过大”问题。确保国家粮食安全要靠商品粮集中产区，参与国际竞争要靠优势产区。在投资重点上，要突出改善农业生产条件、推进农业结构调整和增加农民收入。加强农业基础设施和生态建设，始终是农业综合开发的基本任务。同时，要按照优势农产品区域布局规划，积极支持优势农产品产业带建设，增强我国农产品的国际竞争力。要积极探索支持农业产

业化龙头企业、专业合作经济组织和农产品行业协会的有效形式，重点支持有市场、有效益、带动效应大、农民受惠多的龙头企业、合作经济组织和专业协会的发展，引导和组织千家万户农民进行标准化生产，使农民生产与市场有效对接，促进农民稳定增加收入。国家农业综合开发办公室要组织有关部门深入调研，提出具体意见提交下次联席会议审议。

三要完善投资政策。针对不同地区的经济实力，科学合理地确定地方财政配套比例，特别要考虑农业生产区财政的实际困难，实事求是地调整地方财政的配套比例，做到每个开发项目不留资金缺口。进一步完善财政有偿资金政策，加强对经营性项目使用财政有偿资金的监督管理，确保有偿资金的有效使用和及时回收。要严格按照农村税费改革有关规定，将农业综合开发中的农民筹资投劳纳入村内“一事一议”的范畴。要考虑农村税费改革后农民的承受能力和当前农民增收困难的实际情况，区别对待，合理确定农民筹资投劳的比例。农业综合开发中的农民筹资投劳，要与受益农民商议，不准搞强迫命令、不准搞平调、不准搞以资代劳。切实把实事办好，把好事办实。

四要强化项目管理。实行项目和资金管理有机结合，以资金投入确定项目规模，按项目管理资金。不断完善项目监督管理制度，强化项目前期科学立项、中期监督检查、后期竣工验收和监测评价。全面推行专家评审制、项目法人制、招投标制和工程监理制。坚持对农业综合开发资金实行专人管理，专账核算，专款专用。同时，要逐步对现有农业项目、农业资金进行整合，积极探索农业综合开发与扶贫开发、农业生态建设、农村中小型基础设施建设等相互配合、统筹安排的投资机制，确保重点地区、重点项目，避免重复投资、重复建设。

五要探索运行机制。对已建成的农业综合开发项目，要及时明晰产权归属，落实管护主体，建立必要的运行管理制度，保证项目正常运转和国有资产保值增值。可以结合企业改革，对农业综合开发建成项目的运行与管理方式进行试点，逐步形成国有资产运营收益继续用于农业综合开发的自我积累、滚动性开发的机制。

六要加强队伍建设。要进一步总结经验、规范管理，对实践证明和长期以来行之有效的工作制度，通过法规的形式予以规范，为农业综合开发提供法律法规保障。各级党委、政府要切实加强对农业综合开发工作的领导，把这项工作放在整个农业和农村经济工作的重要位置，稳定和加强农业综合开发工作机构，充实人员力量，使之与承担的工作任务相适应。各有关部门要紧密配合，不断增强开发的合力。农业综合开发工作机构及其工作人员，要切实改进工作作风，牢固树立为农民服务的意识，强化责任意识，坚持廉洁从政、勤政为民，踏踏实实地为农民办好事、做实事。

当前全党全国正在兴起学习贯彻“三个代表”重要思想的新高潮，让我们紧密团结在以胡锦涛同志为总书记的党中央周围，践行“三个代表”重要思想，与时俱进，开拓创新，扎实工作，狠抓落实，努力开创农业综合开发的新局面，为推进农村小康建设做出新的更大的贡献。

在国家农业综合开发联席会议第一次会议上的讲话

金人庆

（2003年8月20日）

我今天列席这个会议，目的是听取回副总理对农业综合开发的指示，同时也听取联席会议成员单位对财政部工作有什么意见，没想发言。刚才廖晓军同志代表财政部对农业综合开发工作作了全面汇报，我不再重复。但听了许多同志的发言，有感而发。我想谈点个人想法，不是财政部党组的意见，也不是农发办的意见。在这个范围内讲对了最好，讲错了也没关系。

我记得农业综合开发这件事是十多年前俊生同志管农业时搞起来的。那时我在财政部当副部长，我记得第一年给了几个亿，后来就滚动起来了。这次我回到财政部工作，叫农发办的同志介绍情况，一听已经80多个亿了。这十多年农业综合开发越滚越大，并且确实为加强农业基础设施建设，改善生态环境，提高农业综合生产能力，做了不少好事和实事。

财政部党组最近围绕贯彻落实党的十六大精神，深入学习了“三个代表”重要思想。我们讨论后认为，中国要实现小康社会，问题不在城市，而是在农村，在农民，特别是中西部的农村、农民。“三农”问题喊了那么多年了，已有进展，已有成果，但是确实还不是令人满意。财政上究竟如何解决这个难题？我们都在农村工作过，我认为中国农民是最苦的，确实应该想想农民。有时候看电视，老动感情，农民实在该帮一把。我们给温总理、回副总理汇报，认为“三农”问题核心是农民增收的问题。农民增收怎么办？作为财政来说，首先是减负。现在农村“三乱”，增加农民负担，所以我们想加快农村税费改革步代。今年全国推开，财政支出305亿。现在看来，还不够。下一步我们想，一是拿出一部分粮食风险基金，加大直补力度；二是进一步降低农业税，降低农民负担；三是取消农业特产税。通过这几条措施，本届政府把农民负担从8.4%降到3%左右。到那时可以考虑把农业税改成其他什么税，比如土地使用税。现在农村最大的两个问题是义务教育和基层政权运行，特别是SARS过后，反映出农村公共卫生事业薄弱。要增加这方面的投入，但增加投入不要从农民身上“刮油”。虽然国家财力有限，但公共财政的阳光要照到农民身上。这一点经过我们努力是可以做到的。总的来说，一方面要减负，另一方面要改善农民生产生活条件。这也是我们应该做的。这样每年做一点，连续做几年，必有成果。

本届政府的施政纲领，温总理和回副总理都已讲了，财政部要把这些政策落实好。但是，现在有一个大问题，就是农民增收。中国农业干了几千年了，没有解决吃饭问题。毛主席他老人家领导我们建立了新中国后，把土地给了农民，农业有了较大发展，但后来搞人民公社、“三面红旗”，走了回头路。十一届三中全会后，实行改革开放和家庭联产承包，土地使用权又分给了农民，吃饭问题解决了，但又遇到了一个“坎”，碰到了一个问题，即农民增收难。搞农业是不是一定富不起来，一定要赔钱？我在地方干过。1985年在云南工作的时候，当时就有三句话“无农不稳，无工不富，无商不活”。在讨论云南边疆农业省份如何发展县域经济时，有同志主张要搞工业。但是搞一个厂，垮一个厂，仅银行贷款利息就要上百万甚至上千万，把一

个县的财政全拉进去了。我当时的观点就是：像云南这样的农业省，还是搞农业。后来实践表明，云南是靠烟草起家的，烟草是靠种烟起家的。种烟——卷烟——卖烟这样一条线，实现了经济的发展。现在，云南成了西部地区经济和财政状况比较好的地区之一。所以搞农业不一定富不起来，关键是搞单打一的农产品生产肯定不行。假如农业搞深加工，与发展加工业结合起来，就像云南搞的那样，“加强农业促轻工，依靠轻工促发展”，情况就好多了。

这几年农民增收确实困难，但农业搞得好的还是有许多典型的。实践证明，只要农业结构调整搞得好的，农业产业化经营搞得好的，有好的龙头企业带动的，“公司＋中介组织＋农户”这条路子走得好的，一样可以致富。

前几天陪温总理到大兴调研，看到大兴养殖业搞得比较好。他们与蒙牛集团联合，发展很快。其他一些地区如山东、江苏等地产业化搞得都比较好。但我认为，总体看，农业产业化在全国还是一个雏形，但这条路子是可行的，干农业还是可以致富的。

国际上，巴西、墨西哥等国前几年担心实行自由贸易区和贸易自由化后本国农业受到冲击，怕美国农业把他们给挤垮了。但是，现在反过来了，美国农业担心被巴西和墨西哥农业给冲垮了。中国农业历史悠久，农民一点也不比巴西和墨西哥农民差，完全可以比他们做得更好。

现在，我们有一些做法需要认真研究。

第一，刚才讲了，农业综合开发 80 多个亿，1 800多个项目县，一个县就是 400 万元左右，干不了什么事，结果肯定会“撒胡椒面”。

第二，我认为，由政府来搞项目是不行的。尽管政府是辛辛苦苦为老百姓办实事，心是好的，但对下面确实难以控制。中央电视台“焦点访谈”播的那两期关于农发工作问题的报道我都看了，心里不好过。我对农发办的同志讲，你们也不能完全怪他们，他们也挺辛苦。这种机制必然带来这种结果。政府引导，创造环境是可以的。但政府去办项目，一般来说，效益不会太好。另外，财政还要搞配套，许多地方应付过去完了，你也不可能每天都去查他。今后要多用点市场机制，不要太相信我们政府办项目的能力。我在政府干了多年了，换了许多地方，我认为政府直接办项目不可取。这不是我们不努力，这种机制决定了效益不会太好，对于农业综合开发来说，不可能“包打天下”，把中国农业基础设施都干下来。不要说 80 亿，800 亿也干不下来。关键还是起示范带动作用，而不是我们去包打天下。

第三，我认为农业综合开发主体应该是农民，应该是产业化龙头企业；另外，搞农业开发，要提高综合生产能力，提高竞争力，假如不与农民增收、不与具体产品开发结合起来，我看也是空的。包产到户后有的农民愿意起早贪黑，因为他们的劳动跟利益结合在了一起。这几年粮食卖不出价，农民没有兴趣，要是粮食 2 元钱 1 斤，你看看，恐怕农民晚上也不睡觉，要去想办法了。现在的问题是农民没有动力，应付应付算了。所以，我主张将来我们这块钱能不能一分为二：一部分搞公益性建设，大江大河治理由发改委安排，我们搞中小型的，包括扶贫地区每人有一亩或半亩基本农田，帮助他们把吃饭的问题解决了；一部分用于引进“三资”、“四资”，咱们能不能跟他们参股，有搞得好的龙头企业我就参股，参了股后让他们去干，干得好赚了钱，就分钱；另外，产业化企业很可能有一些是有综合效益的，他一下子没有那么多钱投放，我进去就加大了力度，也见效了。最后搞好了，股份可以卖掉，又去干别的，用不着老放在那里，这样可能就越搞越大。我这个想法没有把握，因为这几年我没有直接管过农业。我看关键是要选好项目，选好合作的人，在粮食主产区看准的龙头企业，可以搞试点，帮助做大做强，让它带动更多的农民。

向国家农业综合开发联席会议第一次会议汇报提纲

廖晓军

（2003年8月20日）

在全国兴起学习贯彻“三个代表”重要思想新高潮，全面建设小康社会的新形势下，回副总理主持召开国家农业综合开发联席会议，对于深入学习贯彻“三个代表”重要思想，开创农业综合开发事业的新局面，具有重要意义。财政部党组一直十分重视农业综合开发工作，始终要求把农业综合开发作为支持和保护农业发展的一项重要措施抓紧抓好。最近，又对如何做好新时期农业综合开发工作，大力支持和促进农村小康建设的问题进行了认真研究。下面，向联席会议作简要汇报。

一、两年来农业综合开发的主要工作

2001年7月，温家宝总理在第四次联席会议上作了重要讲话。他指出，农业综合开发要“以农业主产区为重点，着力加强农业基础设施和生态环境建设，提高农业综合生产能力；着力推进农业和农村经济结构的战略性调整，提高农业综合效益，增加农民收入”，要“逐步完善运行机制，提高农业综合开发的水平”。温家宝总理的讲话，深刻地阐明了新时期农业综合开发的指导思想、目标和任务，为农业综合开发工作指明了方向。

为了全面贯彻落实温家宝总理的讲话精神，同年8月，财政部召开了全国农业综合开发办公室主任会议，传达学习温家宝总理的讲话，研究部署了贯彻讲话精神的具体措施，提出了突出重点、完善政策、健全制度、加强管理的要求。2003年初，财政部党组专门研究了农业综合开发如何支持和推进农村小康社会建设等问题。新一届党组成立后，又专门听取了农业综合开发工作汇报，提出了具体要求。两年来，农业综合开发的主要工作情况是：

（一）积极增加投入，为农业综合开发提供财力保障

根据“十五”时期农业综合开发的目标任务，中央财政在财力较为紧张的情况下，尽力增加对农业综合开发的投入，每年增长幅度均超过经常性财政收入的增长幅度。其中，2002年中央财政安排农业综合开发资金73亿元，比上年增加10亿元，增长了15.8%；分别安排用于土地治理项目50.7亿元、多种经营项目19.9亿元、科技示范项目2.4亿元。2003年已安排81亿元，比上年增加8亿元，增长了10.9%；分别安排用于土地治理项目55.6亿元、多种经营项目22.8亿元、科技示范项目2.6亿元。2003年还将视中央财政收入情况，尽可能再适当增加。

同时，继续加强与国际金融组织的联系与合作，积极争取世行贷款用于农业综合开发。目前，农业综合开发利用世行贷款1亿美元的“农业科技推广项目”、利用世行贷款2亿美元的“加强灌溉农业三期项目”，均已列入国家发展改革委报经国务院批准的《利用世行贷款2003—2005财年备选项目规划》，正在进行项目前期的各项准备工作。

（二）以农业主产区为重点，认真贯彻“两个着力、两个提高”的方针

按照第四次联席会议要求，经过认真调查研究，确定了黑龙江、吉林、辽宁、河北、河南、山东、江苏、安徽、四川、湖南、湖北、江西、广西、新疆和新疆生产建设兵团等15个省级单位为农业综合开发的重点地区，对其实行倾斜政策，

即：从2003年起，每年新增中央财政资金的70%以上用于这些重点地区。2001、2002两年，全国农业综合开发共完成改造中低产田5 905.6万亩，其中重点地区3 969.3万亩，约占67.2%；新增农田林网防护面积3 393.7万亩。经改造的中低产田，许多已成为旱涝保收、高产稳产农田。2003年，计划改造中低产田1 516.5万亩，其中重点地区950.4万亩。通过以改造中低产田为主，加强农业基础设施和生态环境建设，巩固和提高了农业综合生产能力，促进了农业可持续发展。

同时，农业综合开发继续以扶持优势农产品生产和农业产业化经营为重点，促进农业结构调整。2001、2002两年，共建设优势农产品基地1 094.5万亩，其中优质粮食基地894.2万亩、优质饲料作物基地200.3万亩；扶持重点产业化龙头项目291个。2003年，农业综合开发进一步加大对优势农产品生产的扶持力度，计划扶持优势农产品基地1 711.5万亩。同时，扶持重点产业化龙头项目273个。

此外，农业综合开发还扶持了一些专项示范项目。两年来，建设科技示范项目73个，建设农业现代化示范项目12个。为农业先进技术和优良品种的推广，发挥了较好的示范和引导作用。

（三）从实际出发，进一步调整和完善农业综合开发资金投入政策

为减轻地方特别是西部地区和农业主产区财政配套压力，2002年将中央财政资金与地方财政资金的配套比例，由1:0.98调整为1:0.82，下降幅度为16.3%。其中：西部地区由1:0.79下调为1:0.63，下降20.3%；农业主产区由1:0.92下调为1:0.74，下降19.6%。由此减少的地方配套资金，主要用于减轻经济不发达的地、县配套困难，对于国家扶贫工作重点县，原则上县级可以不配套。

根据近年来农产品销售不畅、价格低迷的情况，为配合部分地区农村税费改革的顺利推行，缓解地方还款压力，一是适当降低中央财政有偿投入比例。按照公益性投入实行无偿使用、非公益性投入实行有偿使用的原则，将中央财政资金无偿、有偿投入的比例由67:33调整为71:29，无偿投入所占比例提高了4个百分点。其中：土地治理项目的无偿、有偿投入比例，由85:15调整为90:10；多种经营项目无偿、有偿投入比例，由15:85调整为20:80。二是对部分有偿资金延期还款。2001—2003年，中央财政到期应回收的有偿资金为74.33亿元，经严格审核后，对其中的28.17亿元实行延期3—5年偿还。延期以后，2001—2002年应回收有偿资金为29.13亿元，实际回收28.33亿元；2003年应回收有偿资金为17.03亿元，目前正在积极催收。

根据《国务院关于全面推进农村税费试点工作的意见》（国发［2003］12号）中有关农业综合开发中农民筹资投劳的规定，及时制定了农业综合开发农民筹资投劳的原则、程序以及筹集、使用、管理和监督的具体规定，规范筹资投劳的管理，并将中央财政资金与农民筹资和投劳折资投入的比例，由1:1调整为不超过1:0.7。

（四）健全制度，不断加强农业综合开发项目和资金管理

2001年以来，围绕规范项目与资金管理，进一步加强了规章制度建设。主要有：制定《农业综合开发项目招投标管理暂行办法》，规定项目土建工程施工、大宗物资设备采购、主要单项工程规划设计和工程监理等事项实行招标投标的具体措施，以降低项目成本，提高项目建设的质量；制定《县级农业综合开发工作规程》，明确县级农发机构在编制总体规划、建立项目库、项目申报和实施、资金管理、检查验收和工程管护等方面的工作职责，以规范县级农业综合开发工作行为；制定《农业综合开发资金报账实施办法》，规定各级财政无偿资金实行县级报账制，并对报账资金管理、报账程序和要求等做了具体规定，以保证资金安全和有效使用。同时，还制定了“项目评估暂行办法”、“项目贴息资金管理办法”等制度，修订了“农业综合开发资金会计制度”。这些规章制度的建立与完善，对于提高项目和资金管理水平，发挥了积极作用。

（五）切实加强对重大问题的调查研究

两年来，结合工作实际，对农业综合开发重大

问题进行了调查研究。重点调查研究了入世后农业综合开发的作用、全面建设小康社会中的农业综合开发、农村税费改革后农业综合开发中的农民筹资投劳、农业综合开发扶持优势农产品发展等重要问题。温家宝总理对“应对入世挑战要更加发挥农业综合开发的作用”和“关于农村税费改革后农业综合开发农民筹资投劳有关问题”两篇调研报告，做了重要批示。

两年来，在联席会议各成员单位的大力支持配合下，经过农发机构和项目区广大干部群众的共同努力，农业综合开发工作取得了较好成绩。同时，我们也清醒地认识到，目前农业综合开发工作中还存在一些困难和问题，主要有：有的同志对新时期农业综合开发工作的重要地位和作用认识不足，重视不够；资金投入与需求仍然存在一定矛盾，不少地方过分依赖中央财政投入；开发的面铺得过大，资金使用有些分散；部分地方存在重项目立项和资金分配，轻项目和资金管理的倾向，个别地区甚至弄虚作假，搞“形象工程”等。在今后的工作中，我们要按照党的十六大精神和“三个代表”重要思想的要求，进一步改革和完善农业综合开发的管理机制，认真解决存在的问题，努力提高农业综合开发工作水平。

二、深入贯彻落实“两个着力、两个提高”的指导思想，进一步做好新阶段的农业综合开发工作

为适应市场经济体制、农业发展和农村改革及公共财政管理的要求，深入贯彻“两个着力、两个提高”的指导思想，继续大力推进新阶段的农业综合开发，最近，我们重温了党中央、国务院对农业综合开发工作的一系列重要指示，特别是温家宝总理近年来关于农业综合开发工作的讲话精神，认真思考新阶段农业综合开发工作的思路。我们认为，必须深刻理解和准确把握农业综合开发的定位，进一步改革和完善农业综合开发政策和机制，切实加强项目和资金管理，确保农业综合开发资金安全运行和有效使用，使农业综合开发为促进农业增效、农民增收，推进农村小康建设，发挥更加重要的作用。

（一）突出重点，集中投入

全面建设小康社会的重点和难点都在农村，农业和农村经济发展面临的任务是非常繁重的。但由于农业综合开发资金有限，必须有所为有所不为。在发展社会主义市场经济和农村实行家庭联产承包责任制的条件下，农业综合开发要按照“两个着力、两个提高”的要求，坚持政府行为，重点解决单纯依靠市场调节解决不了的、农民一家一户想办但办不了的事情，实行集中投入，不断提高资金的使用效益。

首先，农业综合开发要以农业主产区为重点，以改造中低产田为主，加强农业基础设施，改善农业生产条件和生态环境，提高农业综合生产能力。1998年10月党的十五届三中全会通过的《中共中央关于农业和农村工作若干重大问题的决定》中明确指出：“农业综合开发要以改造中低产田为重点，集中连片治理，力争平原地区大部分耕地实现旱涝保收、高产稳产，丘陵山区人均达到半亩以上高标准的基本农田”。这是中央从长远的、全局的利益出发，做出的战略决策。农业发展进入新阶段以后，我国人口多、耕地少、水资源紧缺的基本国情没有改变，农业生产条件比较落后，生态环境比较脆弱，农业抵御自然灾害的能力不强，多数地方还是“靠天吃饭”，这种状况在短期内是难以改变的。从长远看，随着经济发展和人民生活水平的提高，对农产品的需求会不断增长。为保证粮食等主要农产品长期有效供给，必须进一步研究确定农业综合开发的重点地区，充分挖掘现有耕地的潜力，适当加大土地复垦力度，提高农业综合生产能力。同时，加大生态治理力度，建设农业生态屏障，提高农田防护功能，改善生态状况。

以中低产田改造为重点的农业基础设施建设，提供的是公共产品或准公共产品，比较效益低，难以依靠市场调节来解决。同时，在实行家庭联产承包责任制的前提下，农民一家一户也难以有效地进行大规模的农业基础设施建设。因此，政府应当予以扶持。农业综合开发是国家增加对改造中低产田的投入，改善农业生产条件的主要途径之一，应当继续坚持以改善农业生产条件为基本任务。通过综

合运用工程、生物、科技等措施，对中低产田进行山水田林路综合治理，并配套改造一批与中低产田改造密切相关的中型灌区，建设高产、稳产、节水、高效的基本农田，巩固、保护和提高农业综合生产能力。

同时，促进农业结构调整，推动农业产业化经营也是农业综合开发的重要任务。农业综合开发在改善农业生产条件和生态环境的基础上，通过引进和推广新品种、新技术，建设优质特色农产品的种植、养殖和加工基地，扶持辐射带动作用强的产业化龙头企业等，积极推进农业和农村经济结构的战略性调整，提高农业的综合效益，不断增加农民收入。农业综合开发坚持以改善农业生产条件为基本任务与促进农业结构调整相结合，提高资金的综合效益，增强促进农业增效、农民增收的效果。

（二）改革和完善农业综合开发政策

第一，根据任务确定项目。为突出农业综合开发的重点，集中资金投入，根据新时期农业综合开发的任务，确定农业综合开发项目为土地综合治理项目（包括中低产田改造、生态综合治理项目等）、农业产业化开发项目（包括优势特色农产品建设项目、服务体系建设项目和产业化龙头项目等）两大类，以土地综合治理项目为主。土地综合治理项目坚持以改造中低产田为重点；农业产业化开发项目要突出扶持优势特色农产品，优先扶持国家级、省级农业产业化龙头企业。同时，在土地综合治理项目、农业产业化开发项目中，继续逐步加大科技措施的投入，提高农业综合开发的科技含量。

第二，调整完善配套政策。进一步调减西部贫困地区和中部粮食主产区财政资金配套比例，并取消部分贫困县的财政配套资金。按照各省（区、市）贯彻落实政策制度和项目实施情况、当年项目准备和财政配套资金落实情况等，统筹安排中央财政资金。农业综合开发中农民筹资投劳的规定，要根据农村税费改革政策的要求和实际执行情况及时调整完善。

第三，调整资金使用政策。按照公共财政的要求，根据“投入公益性的财政资金实行无偿使用，投入非公益性的财政资金实行有偿使用”的原则，严格界定财政无偿资金和有偿资金的具体使用范围，在此基础上，按照有关规定确定项目财政无偿投入、有偿投入的比例。

第四，积极探索利用贴息、补贴等政策，鼓励和引导银行贷款及其他各类社会资金投入农业综合开发，不断增加投入来源。

（三）加强项目和资金管理

充分发挥和利用市场机制的作用，坚持项目和资金管理有机结合，切实加强项目和资金管理，不断提高资金使用效益。

一是按照权责统一、分级管理、分级负责的原则，进一步调整和明确各级农发办职责。国家农发办应坚持抓大事、议大事，摆脱具体事务束缚，把主要精力用于农业综合开发法规、政策、制度和规划的制定及检查监督上，组织开展对重大问题的调研，为项目区农民提供更多的信息服务。地方各级农发办事机构应把全面贯彻落实国家农业综合开发各项政策和制度、加强项目和资金管理作为中心工作。

二是加强项目管理。充分发挥专家和专业评审机构在项目评审中的作用，严格评审程序，制定各类项目可行与否的评定标准，完善农业综合开发项目评审制度。改革目前的项目计划审批办法。产业化开发项目的立项、管理等，必须按市场机制的要求运作。全面实行项目招投标制，把竞争机制引入到所有农业综合开发项目的确立程序中。推行法人责任制和工程监理制，探索实行项目公示制，进一步强化对项目实施的监督。改进验收办法，广泛吸收各地财政监察专员办和社会中介机构参与竣工项目验收工作。

三是强化资金管理。全面落实农业综合开发资金专人管理、专账核算、专款专用制度。严格推行县级报账制。推行财政有偿资金委托银行放款制，切实加强有偿资金管理，确保财政有偿资金安全运行。注重发挥审计等部门和社会中介机构的作用，加强项目资金的监督检查。建立农业综合开发资金违纪违规处罚制度和项目资金责任人追究制度，发现违纪违规问题，按规定严肃处理。

（四）转变工作作风

各级农业综合开发办事机构要把作风建设作为一项十分重要而紧迫的任务，下大力气抓紧抓好。坚持重实际、说实话、办实事、求实效，反对搞形式主义，不做表面文章，坚决杜绝沽名钓誉的“形象工程”。要从具体事务中摆脱出来，加强调查研究和监督检查工作。切实加强项目和资金管理，把农业综合开发项目的确立和实施、资金分配和使用等，置于严格的监督和制约之下，真正做到公正、公开、透明。坚持廉洁从政，勤政为民，切实做到权为民所用、情为民所系、利为民所谋。坚持全心全意为人民服务的宗旨，进一步增强使命感和责任感，强化责任意识，不断提高人员素质，提高工作效率。

三、关于增加项目县问题的请示

目前全国列入农业综合开发范围的县（市、区），已从1988年的495个扩展到1 847个。温家宝总理在第四次联席会议上明确指出，农业综合开发存在“开发面铺得过大”的问题，要求集中资金，突出重点。但目前各地要求增加项目县的呼声仍然很高。为贯彻温家宝总理的指示精神，我们的意见，今后原则上不再增加农业综合开发项目县数量，对少数开发潜力比较大的农业县及国有农场，可作为特例予以考虑。同时，对各省（区、市）的项目县实行总量控制，允许少量县调进或调出。

以上汇报，请予审议。

国家农业综合开发联席会议制度

（修订稿，2003年8月20日新一届政府国家
农业综合开发联席会议第一次会议通过）

一、国家农业综合开发联席会议主要任务是，研究决定国家农业综合开发的方针政策，协调农业综合开发中的重大问题。

二、国家农业综合开发联席会议由国务院分管领导同志主持，联席会议成员参加。联席会议根据工作需要（不定期）召开，由财政部商成员单位报国务院分管领导审批。

三、国家农业综合开发办公室是国家农业综合开发联席会议的办事机构，设在财政部，具体负责农业综合开发日常工作。办公室实行联合办公形式，农口成员单位派专业人员（水利部、农业部、林业局各2人，国土资源部、供销总社各1人），参加办公室的日常工作，并定期轮换。

四、联席会议各成员单位如因人事变动，需要调整联席会议成员的，由有关成员单位报国家农业综合开发办公室。

第二部分

国家农业
综合开发工作

全国农业综合开发工作综述

2003年，农业综合开发以“三个代表”重要思想和党的十六大精神为指导，认真贯彻落实中央农村工作会议、全国财政工作会议和国家农业综合开发联席会议精神，加大投入力度，完善投入政策，突出开发重点，加快改革步伐，强化各项管理，改进工作作风，为促进粮食增产和农民增收发挥了重要作用。

一、加大投入力度，进一步完善投入政策

农业综合开发是国家支持和保护农业的重要举措，是进一步发展农村生产力、提高农业综合生产能力的有效途径。2003年1月7日，温家宝副总理在中央农村工作会议的讲话中强调，要“加强农业综合开发，不断增强农业综合生产能力”。为此，中央财政加大了对农业综合开发的投入力度，全年共投入中央财政资金86.71亿元（含利用世界银行贷款4.40亿元），比2002年增加11.23亿元，增长了14.88%。同时，继续加强与国际金融组织的联系与合作，积极争取外资用于农业综合开发。其中，利用世行1亿美元贷款的“农业科技推广项目”和利用世行2亿美元贷款的“农业加强灌溉三期项目”，列入了国家发改委报经国务院批准的《利用世行贷款2003—2005财年备选项目规划》，世界银行已派项目准备团多次到拟建项目区考察，项目各项前期准备工作正在积极进行中。

2003年，为减轻地方特别是农业主产区财政资金配套压力，农业综合开发中央财政资金与地方财政资金的配套比例，由过去的1:0.98降低为1:0.82，下降幅度为16.3%。其中农业主产区财政资金配套比例由1:0.92下调为1:0.74，下降19.6%；而国家扶贫工作重点县县级财政原则上可以不安排配套资金。为配合农村税费改革，缓解地方还款压力，将中央财政资金无偿、有偿投入比例由67:33调整为71:29，无偿投入所占比例提高了4个百分点。同时，根据《国务院关于全面推进农村税费改革试点工作的意见》中有关农业综合开发农民筹资投劳的规定，及时制定了农业综合开发中农民筹资投劳的管理办法，明确农民筹资投劳的原则、程序以及筹集、使用、管理和监督的具体规定，规范筹资投劳行为的管理，并将中央财政资金与农民筹资和投劳折资投入的比例，由1:1调整为1:0.7。通过调整完善投入政策，农业综合开发更加符合农村工作实际，更加有利于推动农业和农村经济全面协调可持续发展，更加有利于促进农民增收。

二、突出开发重点，促进粮食增产农民增收

（一）以农业主产区特别是粮食主产区为开发重点，加强农业基础设施建设

确定农业综合开发重点扶持的农业主产区和粮食主产区范围，加大对农业主产区特别是粮食主产区的投入力度。以改造中低产田为主，加强农业基础设施建设，改善农业生产条件和生态环境，提高农业综合生产能力特别是粮食综合生产能力，保证国家粮食安全。2003年农业综合开发中央财政资金投入农业主产区59.96亿元，占当年全国中央财政资金投入总额86.71亿元的69.15%；其中当年新增中央财政资金投入主产区6.34亿元，占当年全国新增中央财政资金8亿元的79.25%。农业综合开发全年共改造中低产田1 711.16万亩，完成草原（场）建设301.66万亩，新增和改善灌溉面积2 144.54万亩，新增和改善除涝面积737.03万亩，新增农机总动力229万千瓦，造林312.29万亩，增加农田林网防护面积1 189.73万亩。农业综合开发新增主要农产品生产能力为：粮食35.64亿公斤，棉花0.67亿公斤，油料1.91亿公斤，糖料

8.20亿公斤。农业综合开发项目区农民人均纯收入明显高于当地农民人均纯收入。

（二）大力支持优势农产品生产，推进优势农产品区域化布局

2003年1月16日印发的《中共中央国务院关于做好农业和农村工作的意见》要求："国家用于农业的基本建设投资、农业综合开发等资金，要相对集中，向优势农产品和优势产区倾斜。"为贯彻落实这一要求，进一步优化农业区域布局，增强农产品市场竞争力，国家农业综合开发办公室及时下发了《关于大力支持优势农产品生产的意见》，确定了农业综合开发支持优势农产品生产的基本思路、原则和主要任务，规定各省（区、市）土地治理项目中财政资金用于优势农产品基地建设的比例不低于30%。各地及时制定具体措施，认真抓好落实。农业综合开发投入扶持优质粮食和优质饲料粮基地建设资金20.81亿元，共扶持优质粮食基地988.65万亩、优质饲料粮基地228.73万亩。

（三）积极推进农业产业化经营，提高农业生产组织化程度

2003年农业综合开发坚持扶优、扶大、扶强的原则，进一步加大对农业产业化经营的扶持力度，重点扶持对农民增收辐射带动作用强的国家级、省级重点农业产业化龙头企业。全年农业综合开发财政资金投入34.63亿元（其中中央财政投入18.78亿元），用以扶持种植经济林、蔬菜、花卉等优质高效经济作物73.08万亩和水产养殖面积39.17万亩，完成农产品加工服务建设项目668个。同时，农业综合开发积极扶持农业科技服务组织，加速农业科技推广应用，支持开展农民培训。全年共建设农业高新科技示范面积12.89万亩、农业科技推广综合示范面积213.08万亩、农业现代化示范面积4.85万亩，引进、示范、推广新品种1 492个，开展农民技术培训1 083.7万人次。

（四）加强项目县管理，严格控制开发范围

2003年坚持从严审批新增项目县，当年全国实际新增农业综合开发项目县数量，比上年减少了约一半。同时，进一步强调各省（区、市）要根据本地实际情况，研究确定重点开发的市、县。对项目县实行奖优罚劣、动态管理。对因项目和资金管理中存在违纪违规问题，造成工作损失或恶劣影响的，暂停或取消其项目县资格。对已基本没有开发潜力的项目县，要退出开发范围。

三、深化改革，探索农业综合开发机制创新

8月20日，回良玉副总理主持召开了新一届政府国家农业综合开发联席会议第一次会议。这次会议的召开，对于做好当前和今后一个时期的农业综合开发工作，具有十分重要的指导意义。会议充分肯定了农业综合开发取得的成就和积累的经验，深刻阐明了新阶段农业综合开发的重要意义，明确提出了农业综合开发工作的总体要求，强调要继续增加投入，突出开发重点，完善投资政策，强化项目管理，探索运行机制，加强队伍建设，努力开创农业综合开发的新局面。为贯彻落实联席会议精神，国家农业综合开发办公室在充分调查研究和广泛征求联席会议成员单位意见的基础上，起草了《关于改革和完善农业综合开发若干政策措施的意见》（以下简称《意见》），并以财政部文件正式下发。《意见》立足解决农业综合开发存在的困难和问题，着眼农业综合开发事业的长期发展，明确了改革的指导思想和基本原则，提出了严格控制开发范围、突出开发重点、改革和完善投入政策、加强科学管理、创新农业综合开发机制、加强作风建设等具体措施，反映了各方面对新阶段农业综合开发发展规律的科学认识，是今后一段时间改革和完善农业综合开发政策措施的纲领性文件。

根据《意见》要求，农业综合开发积极探索机制创新。一是探索投资参股机制。为实现国有资产保值增值，逐步形成国有资产运营收益继续用于农业综合开发的自我积累、滚动开发的机制，按照国务院和部领导的要求，在调研的基础上，国家农业综合开发办公室提出了投资参股试点的初步意见，财政部部长办公会议专题听取了关于投资参股试点工作的汇报，原则同意试点意见，并对试点工作提出了明确要求。国家农业综合开发办公室按照部党组的要求，认真研究有关政策问题，反复修改试点办法，拟从2004年开始试点。二是探索资金配合

机制。国家农业开发办公室组织了对投入同一个县的农业综合开发资金与扶贫资金、生态建设资金统筹安排使用的试点，探索形成农业综合开发与扶贫开发、农业生态建设、农村中小型基础设施建设等相互配合、统筹安排的机制，避免重复投资和建设，提高综合效益。

四、加强监督检查和科学管理，提高资金使用效益

（一）加大监督检查工作力度

为了纠正农业综合开发项目和资金管理中存在的问题，国家农业综合开发办公室组织开展了农业综合开发项目和资金管理大检查工作。此次大检查不同于以往的农业综合开发例行检查，一是检查范围广，包括所有的农业综合开发项目，重点是2000—2002年的项目。由各省（区、市）组织对所有农业综合开发项目逐个进行检查，深入查找项目建设和资金使用管理中存在的问题，主动进行整改。二是检查方式多样，自查和督察相结合，以自查为主。自查阶段国家农业综合开发办公室先后派出13个督察组赴17个省（市）进行督察。自查结束后，组织部分财政专员办对河北、山东等12省（区、市）的项目和资金管理情况进行了重点检查。整个检查过程中，国家农业综合开发办公室及时编发检查情况简报，密切跟踪检查情况，及时采取针对性措施，防止检查流于形式。三是本着从严处理的原则提出处理意见，认真研究制定了整改措施。

在开发项目和资金管理大检查的同时，严格组织了2003年农业综合开发竣工项目验收工作。全年分4批派出14个验收组，对12个省（区、市）地方农业综合开发项目、11个高新科技示范项目、5个专项实施的项目及水利骨干工程和太行山绿化2个部门项目进行了验收。在验收方法上进行了委托项目省相互验收的试点。与开展项目和资金大检查相结合，委托专员办对3个省的竣工项目进行验收。

以上全面检查、竣工验收、严肃处理、切实整改等一系列措施，对于加强农业综合开发项目和资金管理，确保财政资金安全运行和有效使用，起到了重要的促进和推动作用。

（二）强化资金管理

为督促各地区深入贯彻落实2002年下半年财政部印发的《关于进一步加强农业综合开发资金管理的若干意见》，国家农业综合开发办公室提出了明确具体要求，强调要严格按项目管理资金；坚持农业综合开发资金专人管理、专账核算、专款专用制度，严禁挤占挪用资金；全面推行农业综合开发财政无偿资金县级报账制；积极推行财政有偿资金委托银行放款制度；及时足额拨付资金；切实加强资金监管等。同时，及时了解掌握地方贯彻执行情况，发现问题迅速纠正。经部领导批准，对农业综合开发实施初期投放的财政有偿资金形成的部分呆账，经严格审核后，符合呆账核销条件的予以核销，防止形成债务风险。同时，为使处罚措施制度化，开始着手研究制定对违纪违规行为的处罚办法。

（三）规范项目管理

制定项目评审办法，进一步规范项目评审工作。将专家评审和实地考察相结合，对农业综合开发产业化龙头项目、科技示范项目和新增项目县，组织严格的评审，提高选项的科学性。大力推行工程建设和物资采购招投标制，积极探索推行项目法人责任制和工程监理制度，提高项目建设质量。制定《农业综合开发项目调整、变更和终止有关事项的规定》，明确这些事项的审批程序、条件和相关要求。此外，还制定了土地治理项目建设试行标准、专项科技示范项目管理试行办法等管理制度。

在制定和完善项目管理规章制度的同时，加强项目计划管理，认真审核、及时审批2003年各类项目计划，总结计划批复情况，避免计划审批流于形式。

五、加强统计和调研工作，改进工作作风

（一）强化统计工作

国家农业综合开发办公室将统计工作作为一项重点工作，多次进行专题研究讨论，采取了明确分工、落实责任，严格要求、加强管理，修订报表、统一口径，校核数据、规范使用等一系列加强统计

工作的措施。同时，分别指定专门人员，与各省（区、市）和中央农口有关部门农业综合开发办事机构共同反复校核历年的统计数据。经过近一年时间的努力，统计指标口径、数据审核使用的科学性和规范性进一步增强。在此基础上，编印了《国家农业综合开发统计摘要》（1988—2002年），改变了农业综合开发没有系统、准确统计数据的状况，为进一步提高统计工作质量和水平奠定了良好的基础。

（二）加强调查研究

2003年围绕准备联席会议材料和贯彻联席会议精神，进行了一系列专题调查和典型调查，分析农业和农村经济形势。同时，与有关单位密切配合，进行了《农业综合开发条例》的立法准备工作。各地农业综合开发办事机构按照国家农业综合开发办公室的统一部署和要求，也进一步加强了调研工作。调研报告的数量和质量进一步提高，国家农业综合开发办公室和省级农业综合开发办事机构全年共提交调研报告百余篇，学习第一次联席会议精神的体会文章30多篇。有些调研报告得到了国务院和财政部领导的充分肯定。回良玉副总理在国家农业综合开发办公室关于解决开发面铺得过大问题的调研报告上批示：“此调研报告很好，问题分析得比较准确，提出的四点建议也可行，望按此抓好落实。”

（三）加强作风建设

一是主动加强与有关部门和单位的联系和沟通。国家农业综合开发办公室领导带队主动走访农业部、中国农科院等单位，并邀请科技部有关单位介绍科技创新基金的管理方式和办法。通过这种“走出去，请进来”的方法，虚心听取有关部门和单位对农业综合开发工作的意见和建议，学习借鉴有关单位的经验和做法，增进了沟通和了解，密切了配合协作。二是高度重视并及时处理人民来信反映的问题。除督促有关地区查处以外，对重要的来信，从国家农业综合开发办公室抽调精干力量调查处理。有的调查采取了“微服私访”的形式，查清事实，了解真相，收到了较好效果。问题查清以后，及时提出处理意见，并将检查结果和处理情况及时反馈给举报人员。三是加强廉政建设。坚持党风廉政建设和农业综合开发业务工作“两手抓”。认真组织学习中央关于党风廉政建设的有关规定，反复强调工作中必须坚持原则、秉公办事，并对项目计划审批、评估论证、中期检查、竣工验收等提出了廉政建设的具体要求，进一步增强了工作人员廉洁自律的意识。四是努力提高工作效率。根据有关规定，结合工作实际，明确提出了国家农业综合开发办公室对工作时限的要求，以此为突破口，全面提高工作效率，做到布置的工作件件有落实，事事有回音，工作效率明显提高。

2003年全国农业综合开发工作取得显著成绩，但是，在机制、政策、管理等方面也暴露出一些问题。为此，要进一步深化改革，加强管理，提高农业综合开发工作水平，为确保国家粮食安全和增加农民收入做出新的更大的贡献。

（财政部国家农业综合开发办公室综合处供稿，李建民执笔）

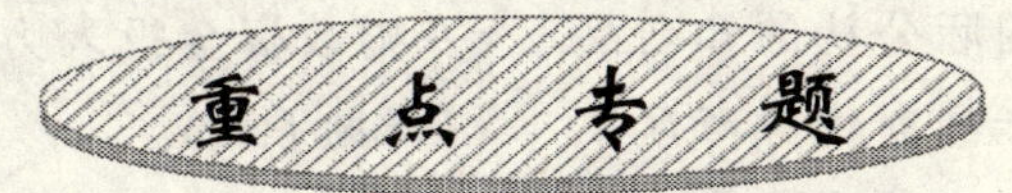

严格控制开发范围 突出开发重点

回良玉副总理在国家农业综合开发联席会议第一次会议上提出："新阶段农业和农村发展，要办的事很多，要花钱的地方也很多。农业综合开发必须按照总体要求，集中投资办大事，突出重点抓关键。在区域布局上，要突出农业主产区和农产品优势产区，下决心解决'开发面铺得过大'问题。"为贯彻落实联席会议精神，更好地发挥农业综合开发在保证国家粮食安全、促进农民增收方面的作用，国家农业综合开发办公室采取了一系列行之有效的政策措施，严格控制开发范围，突出开发重点。

一、以农业主产区特别是粮食主产区为重点

农业主产区特别是粮食主产区支撑着我国农业发展和粮食安全，农业综合开发实施以来，一直都以农业主产区特别是粮食主产区为重点，这是一项带有方向性、全局性的重要政策。

2003年，国家农发办进一步明确将黑龙江(含省农垦总局)、吉林、辽宁（不含大连)、内蒙古、河北、河南、山东（不含青岛)、江苏、安徽、四川、湖南、湖北、江西、新疆、广西、云南、新疆生产建设兵团等17个省级单位作为农业主产区，其中前13个省级单位为粮食主产区，新疆、新疆生产建设兵团为棉花主产区，广西、云南为糖料主产区，并要求各省（区、市）根据本地实际情况，研究确定重点开发的市、县。农业主产区农业综合开发的主要任务是：以中低产田改造为重点，特别是要加强基本农田保护区范围内的中低产田改造，着力加强农业基础设施建设，改善农业生产条件和生态环境，建设优质、高产、稳产、节水、高效农田，增强农业抗御自然灾害的能力，坚定不移地提高农业综合生产能力特别是粮食生产能力，保证国家粮食安全。

从2003年的情况看，农业综合开发中央财政资金投入农业主产区59.96亿元，占当年全国中央财政资金投入的69.15%。全国共改造中低产田1 711.16万亩（含利用世界银行贷款项目改造的中低产田面积)，其中农业主产区1 243.23万亩（含利用世界银行贷款项目改造的中低产田面积)，占72.65%。

二、以农产品优势产区为重点，积极支持优势农产品产业带建设

优势农产品产业带是指主要生产优质专用农产品，而且自然资源优良、生产规模较大、产业基础较好、空间上相对集中连片的优势区域。确保国家粮食安全要靠商品粮集中产区，参与国际竞争则要靠优势产区。2003年1月召开的中央农村工作会议强调要优化农业区域布局，促进优势农产品和特色农产品向优势产区集中，形成优势农产品产业带。

为了优化产业区域布局，增强农产品市场竞争力，国家农业综合开发办公室及时制定了《关于大力支持优势农产品生产的若干意见》，确定了农业综合开发支持优势农产品生产的主要任务，即，以改造中低产田为重点，改善农业生产

条件和生态环境，巩固和提高优势农产品的综合生产能力；立足国内外市场需求，按照产业化发展的要求，建设一批质量优、规模大、成本低、效益高的优势农产品标准化生产基地和加工、出口基地，逐步创造一批国内或国际公认的知名品牌；促进优势农产品和特色农产品向优势产区集中，逐步形成具有国际竞争力的农业产业带；增强农产品的市场竞争力，提高农业综合效益，增加农民收入，促进优势产区率先实现农业现代化。同时确定了支持优势农产品生产的基本原则，即坚持以市场为导向，充分发挥比较优势，坚持质量优先，尊重农民意愿。该文件还规定各省（区、市）土地治理项目中财政资金用于扶持优势农产品基地建设（含优质粮食和优质饲料作物基地）的比例不得低于30%。

通过项目和资金向农产品优势产区的倾斜，扶持了区域内的优势特色主导产业，引进了大量的先进适用技术、优良品种，推进了优势农产品区域化布局，推动了农业结构的调整，提高了我国农产品的国际竞争力。2003年全国土地治理项目安排用于优势农产品基地（含优质粮食基地和优质饲料作物基地）建设的财政资金为30.02亿元（其中中央财政资金投入16.98亿元），占到土地治理项目财政资金投入总额的32.9%，比上年提高27个百分点；共扶持优势农产品基地建设1 711.5万亩，其中农业主产区1 224.7万亩，占全国的71.56%。

三、加强项目县管理，控制项目县数量

项目县数量过多，增长过快，是导致开发面铺得过大的一个主要原因。1988年农业综合开发开始实施时，全国有项目县495个（含市、区，不包括农场，下同），主要集中于黄淮海平原、东北平原等粮食主产区。2003年全国项目县为1 864个，已扩大到全国各个省（市、区），十几年间，全国项目县数量增加了3.7倍，平均每年增加91个。

由于项目县数量过多，导致财政资金投入比较分散，特别是对农业主产区项目县，中央财政资金投入规模明显低于非农业主产区。从最近五年的情况来看，农业主产区每个项目县中央财政投入虽然逐年增加，但始终低于非农业主产区。2003年尽管国家加大了对农业主产区尤其是粮食主产区的中央财政资金投入力度，这种状况也没有根本改变（详见下表）。

1999—2003年平均每个项目县土地治理项目中央财政投入情况表

单位：万元

区域 / 年度	全国	农业主产区		非农业主产区
		平均	其中：粮食主产区	
1999	205	207	187	206
2000	210	203	185	228
2001	233	223	205	255
2002	251	242	223	271
2003	273	265	255	286

为了实现集中投入，扩大规模，提高标准，必须要从严控制项目县的数量，加强项目县管理。一方面，2003年农业综合开发坚持从严审批新增项目县，全国新增和恢复项目县共64个，比2002年新增和恢复数量净减少58个，减幅47.5%。另一方面，制定了《国家农业综合开发办公室关于暂停或取消农业综合开发项目县资格的暂行规定》，对暂停或取消项目县资格的处罚条件、审定程序等加以规范。对因违纪违规造成工作损失或恶劣影响的项目县，规定要视情节暂停或取消其项目县资格，并不得因此新增项目县。2003年，全国农业综合开发系统取消了山东省安丘市、广东省开平市、化州市以及甘肃省民乐县的项目县（市）资格，严肃了农业综合开发的纪律，表明了下大力气狠抓项目县管理的决心。

财政部在2003年12月下发的《关于改革和完善农业综合开发若干政策措施的意见》（以下简称《意见》）中，针对控制开发范围问题，提出了“要对现有的项目县实行总量控制，原则上不再新增项目县”的非常重要的原则。同时《意见》还规定：允许各省（区、市）在保持项目县总数不变的前提下，采取“末位暂停”的办法，对少量项目县调进或调出，实现动态管理；对已经基

本没有开发潜力的项目县，要退出开发范围。依据《意见》的要求，国家农发办正研究拟定开发县管理办法。

四、优化整合项目，突出项目扶持重点

农业综合开发以中低产田改造为重点，以提高粮食综合生产能力为主要目标，但近几年来为适应全国农业和农村经济结构调整，加强生态治理的需要，从1999年开始逐渐增设了土地治理项目的种类，在原有的改造中低产田、草场（原）建设两类项目的基础上，又先后增加了优质粮食基地、优质饲料基地、节水农业示范、农业生态工程等四类项目。项目类型过多，容易导致资金安排上的过于分散。虽然国家农发办明确要求每个项目县在安排土地治理项目时，要因地制宜地选择一个类型的项目作为重点进行集中扶持，但不少地方在实际执行中仍“广泛撒网”，搞多个类型的项目。

针对以上问题，2003年，农业综合开发将原有项目整合为土地治理和产业化经营两类，并决定从2004年开始，不再单独设立专项科技示范和农业现代化示范项目。在土地治理项目和产业化经营两类项目中，以土地治理项目为重点，下设中低产田改造、生态综合治理、中型灌区节水配套改造3小类项目，其中以中低产田改造项目为重点。同时还规定土地治理项目要遵循“统筹规划、集中投入、连片开发”的原则，按灌区、流域或某一相对完整连片的耕地进行全面规划，其整体建设任务可分年连续实施。项目建设要突出解决制约当地农业生产的关键因素，在此基础上进行山水田林路的综合治理。

五、坚持集中投入原则，控制项目个数

按要求，土地治理项目建设必须集中连片，保证建设一个，成效一个，但是近年来，各地项目安排越来越分散。例如2001年安排的土地治理项目为3 542个，平均每个项目县为2.2个，2003年增至4 764个，平均每个项目县为2.6个（详见下表）。

2001—2003年全国项目县土地治理项目数量和中央财政投入情况表

年度	全国			农业主产区			非农业主产区		
	项目个数	平均每个县安排项目个数	平均每个项目中央财政投入（万元）	项目个数	平均每个县安排项目个数	平均每个项目中央财政投入（万元）	项目个数	平均每个县安排项目个数	平均每个项目中央财政投入（万元）
2001	3 542	2.2	108	2 194	2.1	107	1 348	2.2	117
2002	4 113	2.3	109	2 581	2.3	107	1 532	2.3	120
2003	4 764	2.6	107	2 988	2.3	104	1 776	3.2	111

出现上述问题，主要是不少地方没有正确执行国家农业综合开发的有关政策规定，无法摆脱“人情项目、关系项目和首长项目”的困扰，使每个项目县安排项目的数量过多；有的不是根据本地实际，选择最为适宜的某一类土地治理项目，进行重点建设，而是几类土地治理项目在一个县内齐头并进，造成了中低产田改造项目安排不够突出的局面。项目个数多，是造成开发面大的重要因素，所以要从严控制每个项目县内的项目数量。

为此，2003年年底编制的《国家农业综合开发办公室关于编制2004年农业综合开发土地治理项目计划的通知》要求各地土地治理项目安排必须以中低产田改造项目为主，西部生态环境较差的省份用于中低产田改造项目的财政投资不得低于土地治理项目财政总投资的80%，其他省份不得低于90%。每个项目县用于土地治理项目（不含中型灌区节水配套改造项目）的财政投资在500万元（含）以上的，项目安排不得超过2个；财政投资在500万元以下的，安排一个项目。认真执行这些要求，可以很好地控制项目的个数，利于集中资金，扩大开发规模，提高开发效益。

六、完善项目建设标准，单位面积投资标准因地制宜

一直以来，农业综合开发土地治理项目实行的都是统一的建设投资标准，没有考虑项目区的不同条件状况。事实上由于农业综合开发项目区各方条件的千差万别，实行单一的建设标准，显然是不符合实际情况的。

在严格控制开发范围的同时，为了将项目区建成适应主导产业发展需要、标准较高的优势农产品生产基地，2003年，农业综合开发在完善项目建设标准的基础上，拟制定新的投资标准，逐步提高项目单位面积投资标准，逐步使投资标准真正达到建设标准的需要。2003年年底编制的《国家农业综合开发办公室关于编制2004年农业综合开发土地治理项目计划的通知》提出，2004年土地治理项目（不含中型灌区节水配套改造项目、修建小型水库）亩投资标准（含中央和地方财政资金、乡村集体和农民群众自筹资金及投劳折资）要按照以下原则掌握：中低产田改造项目中的平原地区为440元/亩，丘陵山区为570元/亩；生态综合治理项目的草原（场）建设参照《国家农业综合开发“十五”计划》中的有关标准执行，小流域治理参照《关于下发农业综合开发“四个重点”示范工程实施意见的通知》中的“坡改梯”标准执行，土地沙化治理可根据实际情况确定；中型灌区节水配套改造项目，单个项目中央财政投资标准原则上控制在500万元至800万元。同时规定，各地可在以上投资标准内，对不同地方、不同条件的土地治理项目实行不同的标准，但中低产田改造项目亩投资标准，以全省为单位加权平均计算，平原县和丘陵山区县均不得超过上述标准。这就真正体现了南北方差异，平原、丘陵、山区的差异，不同产业发展需要的差异。

（财政部国家农业综合开发办公室土地处供稿，吕彤轩、许峰执笔）

改革和完善资金投入政策

2003年，国家农业综合开发办公室适应新形势、新任务的要求，进一步改革和完善了农业综合开发资金投入政策。

一、调整投入比例，完善相关政策

（一）调整中央财政资金与地方财政资金配套比例

2003年，中央财政资金与地方财政资金总体配套比例为1:0.82，这是根据《财政部关于印发〈关于调整农业综合开发资金若干投入比例的规定〉的通知》确定的。其中：北京、天津、上海、大连、青岛、宁波、厦门、深圳各市配套比例为1:2，江苏、浙江、广东各省为1:1.2，福建省为1:1.05，山东省为1:1.02，山西、重庆、海南各省（市）为1:0.85，河北、辽宁各省为1:0.82，云南、陕西、甘肃各省为1:0.75，黑龙江、四川、安徽、湖北各省为1:0.72，吉林、河南、湖南、江西各省为1:0.7，内蒙古、贵州、青海、宁夏各省（区）为1:0.55，广西壮族自治区、新疆维吾尔自治区为1:0.52，西藏自治区为1:0.35。

为进一步改革和完善农业综合开发投入政策，2003年底，国家农发办经过深入调研和反复测算，提出了调整中央财政资金与地方财政资金配套比例的意见。在此基础上，财政部正式下发了《关于调整农业综合开发资金若干投入比例的规定》。此次调整的重点是：针对不同地区的经济实力，进一步降低了农业主产区和西部财政困难地区的地方财政资金配套比例。调整后，地方总体配套比例由1:0.82下调到1:0.66，下降了0.16个百分点。其中，农业主产区由1:0.74下调到1:0.5，下降了0.24个百分点。此外，调整后地方财政分级配套比例省本级总体上承担80%以上，地（市）、县承担20%以下。国家扶贫重点县和财政困难县原则上取消县级配套，由此减少的配套资金由省级负担。新的投入政策将于2004年执行。

（二）调整中央财政有偿和无偿资金投入比例

2003年，中央财政资金无偿、有偿投入比例按照《财政部关于印发〈关于调整农业综合开发资金若干投入比例的规定〉的通知》执行。其中：土地治理项目的无偿、有偿资金投入比例为90∶10；多种经营项目20∶80；高新科技示范、科技推广综合示范、农业现代化示范等三类科技示范项目的无偿有偿资金投入比例分别为80∶20、80∶20、65∶35。

为了体现公共财政职能，加大对农业基础设施和产业化经营项目的扶持力度，2003年底，国家农发办提出了调整农业综合开发财政资金有偿、无偿投入比例的意见。调整方案中，取消了土地治理项目原10%的有偿资金投入，实行全部无偿投入。产业化经营项目（原多种经营项目），分类确定中央财政资金的有无偿比例，其中产业化龙头项目财政无偿、有偿资金投入比例仍为20∶80，一般多种经营项目无偿、有偿资金投入比例调整为30∶70。三类科技示范续建项目仍实行原比例。同时，进一步调整了产业化经营项目的有偿资金回收期限，由现在的第4年开始回收延长至第5年开始回收，每年回收50%，第6年全部还清。新的财政资金有偿、无偿投入政策将于2004年执行。

（三）中央财政资金用于土地治理、产业化经营项目投入比例暂不做调整

2003年，中央财政资金用于土地治理和多种经营项目的总体比例为70∶30。《财政部关于印发〈关于调整农业综合开发资金若干投入比例的规定〉的通知》规定，农业综合开发财政资金用于土地治理和多种经营项目投入的比例根据各地实际情况确定，其中：北京、天津、上海、大连、青岛、宁波、厦门、深圳各市财政资金用于土地治理和多种经营项目比例为50∶50；江苏、浙江、福建、山东、广东各省为65∶35；河北、山西、辽宁、吉林、黑龙江、河南、湖北、湖南、安徽、江西、海南各省，黑龙江农垦总局及海南农垦总局为70∶30；陕西、甘肃、青海、宁夏、新疆、云南、贵州、四川、重庆、广西、内蒙古各省（区、市）及新疆生产建设兵团为75∶25；西藏自治区财政资金100%用于土地治理项目。

按照改革意见，国家农发办在进一步调整农业综合开发投入比例的方案中，提出农业综合开发财政资金用于土地治理和产业化经营项目投入比例暂不做调整，仍执行现行比例。

（四）完善财政有偿资金呆账核销机制

为缓解地方财政部门还款压力，减轻农民群众和农村基层组织债务负担，根据《农业综合开发财政有偿资金延期还款和呆账处理暂行规定》和《财政部关于申报2001年以前中央财政农业综合开发有偿资金呆账处理事项的通知》两文件的精神，2003年，国家农发办对2001年（含2001年）以前到期中央财政有偿资金形成的呆账进行了核销处理，分两批对各地财政和农发部门上报的呆账核销材料进行了集中审核，共核销呆账资金10.59亿元，并要求地方将呆账核销资金逐级落实到核销呆账的具体项目，按照规定解除相应债权债务关系。

为了进一步完善农业综合开发有偿资金呆账核销机制，防止财政有偿资金债务风险加剧，根据新一届政府国家农业综合开发第一次联席会议精神，国家农发办进一步提出了完善财政有偿资金呆账核销机制。按照《农业综合开发财政有偿资金延期还款和呆账处理暂行规定》的规定，每年将根据实际发生额核销一部分呆坏账，进一步清理地方历年累积的债务和呆坏账问题，同时对有偿资金不再实行延期还款，以防债务风险的积累加剧。

（五）完善农民筹资投劳政策

2003年，根据《国务院关于全面推进农村税费改革试点工作的意见》，国家农发办及时调整了农业综合开发农民筹资投劳政策，出台了《国家农业综合开发农民筹资投劳管理暂行规定》，明确了农业综合开发农民筹资投劳的原则、程序以及筹集、使用、管理和监督的具体规定，规范了筹资投劳的管理。严格按照农村税费改革有关规定，将农业综合开发中的农民筹资投劳纳入村内“一事一议”的范畴；考虑农村税费改革后农民的承受能力和当前农民增收困难的实际情况，区别对待，合理确定农民筹资投劳的比例，将中央财政资金与农民筹资和投劳折资投入的比例由1∶1调整为不超过1∶0.7。

二、加大投入力度，完善引导机制

为进一步完善“国家引导、配套投入、民办公助、滚动开发”的投入机制，农业综合开发积极探索多种渠道、多种形式的投入方式，加大资金投入规模。

（一）加大中央财政资金投入力度

为适应社会主义市场经济和公共财政管理体制的要求，切实贯彻落实《国务院办公厅转发财政部关于农业综合开发若干意见的通知》精神，确保“十五”及今后一个时期内用于农业综合开发投入的财政资金增长幅度高于“九五”水平，中央财政在财力较为紧张的情况下，仍然增加了对农业综合开发的投入。2003 年，中央财政安排农业综合开发资金 81 亿元（不含利用世界银行贷款资金），比 2002 年增长 8 亿元，增长了 10.9%。这部分资金分别安排用于土地治理项目 55.5 亿元，占总投资的 68.5%；多种经营项目 22.9 亿元，占 28.3%；科技示范项目 2.6 亿元，占 3.2%。

（二）落实地方财政配套资金

2003年，各省（区、市）采取了积极有效措施，增加对农业综合开发的投入。首先是省本级加大了对配套资金的投入力度。虽然 2003 年国家将中央与地方财政资金配套比例作了调减，但一些省份，特别是粮食主产区省份，省本级财政配套资金实际安排数并未减少。除了在预算内安排的农业综合开发配套资金比上年有所增加外，还利用预算外资金和回收的有偿资金安排配套资金。其次，各地、市特别是财政状况较好的地市加大了农业综合开发配套资金的投入。2003 年，全国地方各级财政配套资金共 62.5 亿元，其中省级财政配套 39.92 亿元，占地方配套资金的 64.08%；地市级配套资金 6.83 亿元，占 10.96%。

（三）运用贴息政策，引导社会资金投入

农业综合开发采用财政贴息的办法，发挥中央财政资金“四两拨千斤”的作用，吸引了社会资金的投入。2003 年，中央财政用于农业综合开发贴息的资金有 0.41 亿元，这对于鼓励银行增加贷款，引导其他各类社会资金参与农业综合开发，逐步形成全方位、多渠道、多途径的农业综合开发投入格局起到了积极的作用。

（四）积极争取利用世界银行贷款等外资的投入

随着我国对外开放的不断扩大，外资对农业的投入大幅度增加，开创了内资、外资相互补充、相得益彰的新局面。农业综合开发引入世行贷款投入在一定程度上弥补了财政资金对农业投资的不足，为筹集资金开辟了新的渠道，对我国农业综合开发的发展起到了积极的促进作用。2003 年，国家农发办密切关注国际资本流向，积极与世行、亚行沟通洽谈，其中，争取世行贷款 1 亿美元用于农业科技推广项目、世行贷款 2 亿美元加强灌溉农业三期项目已经国务院批准，列入了利用世界银行贷款备选项目规划。

（五）提出恢复农业综合开发政策性贷款建议

2000年以前，农业综合开发专项贷款由人民银行统一安排，下达指令性贷款计划指标。自 2001 年国有银行实行商业化自主经营后，农业综合开发贷款开始按照市场化进行运作，这使得大多数农业综合开发项目难以利用银行贷款，对农业综合开发投入规模和开发任务完成带来了一定影响。2003 年，国家农发办经过调查研究之后，提出将农业综合开发专项贷款列入农村政策性贷款范围，恢复农业综合开发政策性银行贷款的建议，并与中国人民银行、农业发展银行、农业银行等有关部门积极沟通协商，共同探讨，研究恢复农业综合开发政策性银行贷款的问题。

（六）探讨利用国债资金投入农业综合开发

与农业综合开发承担的任务相比，农业综合开发资金存在很大的缺口，利用国债资金增加农业综合开发投入是一个现实的选择。2003 年，国家农发办就利用国债资金投入农业综合开发问题进行专题研究，分析了利用国债资金投入农业综合开发的必要性、可行性，认为利用国债资金投入农业综合开发，既能保证农业综合开发资金的及时到位和稳定增长，又可以起到导向作用，更好地吸引和筹集各方面资金。因此，建议以优化我国的国债期限结构和国债资金使用方向为契机，在国债发行期内，

安排一定比例，专项用于农业综合开发生态环境治理与保护、农业基础设施建设。此项建议已报送有关部门和财政部领导。

三、健全考核体系，完善资金分配办法

2003年，国家农发办根据“公正、公开、科学、合理”的原则和奖优罚劣的要求，在中央财政农业综合开发资金的分配上，实行了完全“综合因素法”。

(一) 健全考核体系

2003年，国家农发办进一步建立健全了农业综合开发工作考核制度，加强对下一级农业综合开发工作绩效的考核，根据考核结果，按照综合因素法分配中央财政农业综合开发资金，使财政资金的分配与工作绩效考核挂钩，保证农发资金分配更加科学、合理。

(二) 按照综合因素法分配资金

2003年中央财政农业综合开发资金的分配，在总结1998—2002年所采用的“基数+因素分配法”的基础上，按照《农业综合开发资金分配暂行办法》，完全采用综合因素法进行分配。

综合因素法是指中央财政对地方分配农业综合开发资金时，将各地区基础资源因素和工作质量因素分别量化为一个个指标，对每个指标按一定标准划分为若干等级的得分，以确定各指标的权重，计算得出应分配给各地区的中央财政投资额度。基础资源因素包括各地区待开发的中低产田资源、农业主产区、水资源、生态建设、农业投入产出率等。工作质量因素包括各地区项目管理、资金管理、机构及人员管理等。采用综合因素法分配中央财政农业综合开发资金，对提高农业综合开发资金使用效益发挥了积极促进作用。

(三) 对违规违纪问题单独扣减投资指标

2003年国家农业综合开发办公室分配中央财政资金时，除了按综合因素法分配外，还对资金使用和管理存在严重违规违纪的地区实行单独考核，相应扣减投资指标。2003年，对存在问题的省份，国家农发办根据违规违纪情节的轻重，分别采取按违纪金额的三倍或一倍扣减中央财政资金投资指标的办法，体现奖优罚劣，促进各地进一步加强农业综合开发资金管理，提高管理水平。

四、突出投入重点，集中使用资金

2003年，按照新阶段农业综合开发的总体要求，国家农发办对农业综合开发项目资金集中使用管理进行了相应改革。

(一) 以农业主产区特别是粮食主产区为投入重点

农业主产区是指农业生产在全国占有重要地位，能够提供较多粮棉油肉糖等关系国计民生的大宗农产品的集中产区。2003年，国家农业综合开发对黑龙江（含省农垦总局）、吉林、辽宁（不含大连）、内蒙古、河北、河南、山东（不含青岛）、江苏、安徽、四川、湖南、湖北、江西、广西、云南、新疆和新疆生产建设兵团等17个农业主产区省份实行倾斜政策，将本年度新增中央财政农业综合开发资金的70%以上用于这些地区。通过中低产田改造，改善主产区农业基本生产条件，提高农业特别是粮食综合生产能力。2003年，全国农业综合开发土地治理项目投资完成中央财政资金47.73亿元，其中主产区省份33.9亿元，占71.02%；改造中低产田1 686.16万亩，其中主产区省份1 218.23万亩，占72.25%。

(二) 以农产品优势产区为重点，积极支持优势农产品产业带建设

2003年，农业综合开发为推动产业结构调整，增强我国农产品的国际竞争力，进一步加大对优势农产品生产的扶持力度，积极支持优势农产品产业带建设。重点扶持优势区域内农业基础设施建设，为发展优势农产品生产提供条件，扶持有市场、有效益、带动效应大、农民受惠多的龙头企业、合作经济组织和专业协会的发展，积极推进产业化经营。2003年，共扶持优势粮食基地988.65万亩、优质饲料粮基地228.73万亩和中央财政资金在200万元以上的重点产业化龙头项目273个。

（财政部国家农业综合开发办公室计财处供稿，李纬湘执笔）

大力支持优势农产品产业带建设

优化农业区域布局，是新阶段推进农业结构战略性调整的重大举措，也是应对入世挑战、发挥农业比较优势的一项紧迫工作。2003年，农业综合开发按照中央部署，大力支持优势农产品产业带建设，取得了明显成效。

一、制定和完善相关扶持政策

（一）贯彻落实中央农村工作会议精神，制定了《关于大力支持优势农产品生产的若干意见》

2003年《中共中央、国务院关于做好农业和农村工作的意见》明确指出：国家用于农业的基本建设投资、农业综合开发等资金，要相对集中，向优势农产品和优势产区倾斜。为贯彻落实中央的要求，国家农业综合开发办公室在广泛深入调研的基础上，适时制定印发了《关于大力支持优势农产品生产的若干意见》。文件明确了农业综合开发支持优势农产品生产的重要意义、主要任务和基本原则等内容。其中基本原则共有四项：一是坚持以市场为导向的原则。面向国际和国内市场，立足多样化、优质化的市场现实需求及潜在要求，重点扶持市场占有率比较高、国内或国际市场前景广阔的优势农产品生产。二是坚持充分发挥比较优势的原则。综合考虑资源条件、生产基础、市场环境、技术水平等因素，扬长避短，实施扶优扶强的战略，优先扶持具有一定基础和竞争力的优势产品和产区，尽快形成规模优势。三是坚持质量优先的原则。突出品种、质量、安全、生态和效益指标，淡化面积和产量指标，坚持把品种质量放在首位，从源头上保证优势农产品的质量安全。四是坚持尊重农民意愿的原则。充分尊重农民的生产经营自主权，通过政策引导和示范带动，调动农民发展优势农产品生产的竞争力。文件提出要加大对优势农产品的支持力度，要按照支持优势农产品生产的要求整合项目，要提高农产品的科技含量。文件还要求，各级农业综合开发办事机构必须提高认识，加强组织，理清思路，采取措施，把大力支持优势农产品生产作为一项重要任务狠抓落实、抓出成效。

（二）根据国家农业综合开发联席会议精神，进一步完善对优势农产品产业带建设的扶持政策

为贯彻落实联席会议关于“积极支持优势农产品产业带建设”的要求，财政部印发的《关于改革和完善农业综合开发若干政策措施的意见》又进一步完善了对优势农产品产业带的扶持政策，提出：以农产品优势产区为重点，积极支持优势农产品产业带建设。优势区域的农业综合开发项目县，要参照农业部制定的《优势农产品区域布局规划》确定本地的优势农产品和产业，紧紧围绕优势农产品产业带建设统筹安排农业综合开发项目。重点扶持优势区域内农业基础设施建设，为发展优势农产品生产提供条件。对位于优势区域内项目县申报的农业综合开发项目，在同等情况下给予优先扶持。《优势农产品区域布局规划》以外的地区，也要围绕扶持具有地方特色的主导产业来安排项目。

二、切实采取有力措施

（一）明确任务，找准扶持的切入点

农业综合开发的基本任务是着力加强农业基础设施和生态环境建设，提高农业综合生产能力特别是粮食综合生产能力，确保国家粮食安全。支持优势农产品产业带动建设必须与这个基本任务有机结合，即以改造中低产田为重点，改善其农业基本生产条件和生态环境，把优势产区内的中低产田改造成高产稳产、旱涝保收、节水高效的高标准基本农田，形成粮棉油糖等大宗优势农产品生产基地，以巩固和提高优势农产品的综合生产能力。要立足国内外市场需求，按照产业化发展的要求，建设一批

质量优、规模大、成本低、效益高的优势农产品标准化生产基地和加工、出口基地，促进优势农产品和特色农产品向优势产区集中，逐步形成具有国际竞争力的农业产业带，促进优势产区率先实现农业现代化。

（二）加大投入，重点向农业主产区倾斜

《国家农业综合开发办公室关于大力支持优势农产品生产的若干意见》明确要求：农业综合开发要切实加大对优势农产品生产的投资力度。从2003年起，各省（区、市）农业综合开发土地治理项目中财政资金用于扶持优势农产品生产基地建设（含优质粮食基地和优质饲料作物基地）的比例不得低于30%；多种经营项目和科技示范项目中的财政资金应全部用于扶持优势农产品项目建设。中央农口部门农业综合开发的各类良种繁育项目要向扶持优势农产品生产倾斜。2003年，全国农业综合开发安排用于土地治理项目优势农产品基地（含优质粮食基地和优势饲料作物基地）建设的财政资金为30.02亿元（中央财政资金16.98亿元），占土地治理项目总投资的32.93%；扶持优势农产品基地建设1 711.5万亩，共涉及1 181个项目县，平均每县1.4万亩。农业综合开发支持优势农产品生产，体现了向农业主产区倾斜的政策。17个农业主产区共安排扶持优势农产品基地建设的财政资金19.21亿元，占全国优势农产品财政总投资的63.99%。农业主产区扶持优势农产品基地建设1 224.7万亩，占全国的71.56%。

（三）突出扶持粮棉油糖等大宗优势农产品

2003年农业综合开发重点扶持的有专用小麦、优质水稻、专用玉米、高油大豆、优质棉花、双低油菜、双高甘蔗、优质蔬菜等8种优势农产品基地建设项目。这些项目共安排财政投资23.37亿元，占优势基地项目财政总投资的77.9%；种植面积为1 312.5万亩，占优势基地项目总面积的76.7%。其中所扶持的专用小麦基地重点在黄淮海、长江下游和大兴安岭沿麓地区，特别扶持了黄淮海优质强筋小麦带和长江下游优质弱筋小麦带；所扶持的优质水稻基地重点在东北及江南水稻主产区；所扶持的专用玉米重点在东北、内蒙古及黄淮海地区；所扶持的高油大豆重点在东北地区；所扶持的优质棉花基地重点在黄河流域、长江流域和西北内陆棉区；所扶持的双低油菜重点在长江流域地区；所扶持的双高甘蔗基地重点在广西的中南地区、云南的西南地区和广东的西部地区；所扶持的优质蔬菜基地重点在辽宁、山东等具有比较优势的蔬菜主产区。

（四）突出扶持关键环节

根据农业综合开发支持优势农产品生产的主要任务，重点加大了对项目区农业基础设施建设的支持力度，为发展优势农产品生产提供条件。同时，大力引进、培育和推广优良品种，优化品种结构，提高优势农产品内在品质，积极开展直接面向农民的技术培训活动，建立和扩大优良种子（种苗、种畜）繁育生产基地，加强农产品国际标准化生产技术的引进推广工作，提升优势农产品的质量与安全水平。

（五）按照支持优势农产品生产的要求整合项目

扶持优势农产品除加大扶持力度外，还要逐步整合农业综合开发土地治理、多种经营和科技示范三类项目：把土地治理项目建成种植业优势农产品（经济林除外）的生产基地；把多种经营项目建成优势农产品种植、养殖和加工基地，并在优势农产品集中产区重点扶持一批辐射带动作用和市场竞争力强的产业化龙头项目；把科技示范项目建成提高优势农产品质量和效益的有效载体。

根据国家农发办的要求，地方各级农发办事机构高度重视建设优势农产品产业带的工作，积极探索，创新模式，产生了许多好的经验。如山东、安徽两省按照产业化经营思路，重点扶持基地建设和农业产业化龙头企业发展，坚持以建设优质粮食基地为重点，同时根据自身比较优势和资源优势，因地制宜，积极支持蔬菜、瓜果、花卉和畜牧等产业发展，发展各具特色的优势特色产业，提高农产品的市场竞争能力，主要采用了两种建设模式，一是在过去已改造好的中低产田上通过建设良种田，引进新品种新技术建设优势农产品基地；二是把中低产田改造与基地建设相结合，采取农业措施和科技措施，将改造的中低产田同时建设成优势农产品基地。在资金投入上，主要采取了补贴（包括良种田建设、种子加工体系建设和科技推广示范补贴等）和直接支付（包括设施建设费用、设备购置费用、材料购买费用、聘请专家和技术人员费用等）的方式。广东省的主要做法是以提高优势农产品市场竞争力和经济效益最大化为目标，加强优势农产品产后保鲜、精深加工以及市场体系建设，统筹安排农业综合开发各类项目，通过完善政策提高招商引资的能力。

2003 年农业综合开发扶持优势农产品生产虽然取得了初步成效，但是还存在一些问题，比如项目建设比较分散，项目之间的结合还不够紧密。主要体现在优势农产品基地项目与中低产田改造项目之间、土地治理项目和多种经营项目之间结合不够紧密，产业化经营的水平也有待进一步提高。

（财政部国家农业综合开发办公室土地处供稿，吕彤轩、赵迪娜执笔）

积极扶持农业产业化经营

2003 年农业综合开发在着力加强农业基础设施建设，提高粮食综合生产能力的同时，充分发挥各地农业资源优势和区位特色，大力发展优势特色农产品生产基地、龙头加工企业和各类服务组织，积极推进农业产业化经营，增加了农民收入，为建设农村小康社会做出了新的贡献。

一、研究制定一系列政策措施，推动项目区农业产业化经营

国家农发办 2003 年工作要点和 3 月份下发的《关于大力支持优势农产品生产的意见》，明确指出要立足国内外市场需求，按照产业化发展的要求，建设一批质量优、规模大、成本低、效益高的优势农产品标准化生产基地和加工、出口基地。8 月份召开的新一届政府国家农业综合开发联席会议再次明确指出：促进农业结构调整，推动农业产业化经营是农业综合开发的重要任务之一。要积极探索支持农业产业化龙头企业、专业合作经济组织和农产品行业协会的有效形式，重点支持有市场、有效益、带动效应大、农民直接受益的龙头企业、合作经济组织和专业协会的发展，引导和组织千家万户农民进行标准化生产，使生产与市场有效对接，促进农民稳定增加收入。12 月份财政部制定下发了《关于改革和完善农业综合开发若干政策措施的意见》，在改革的指导思想和基本原则中，再次强调农业综合开发要着力加强农业基础设施和生态建设，保证国家粮食安全，"着力推进农业和农村经济结构的战略性调整，积极推进农业产业化经营，提高农业综合效益，增加农民收入"，并根据新时期农业综合开发多种经营项目的主要任务——积极推进项目区农业产业化进程，对多种经营项目名称、分类项目设置和扶持重点等进行了适当的调整，即将多种经营项目更名为产业化经营项目，分类项目设置调整为产业化龙头、多种经营两类项目，确定扶持的重点为确能带动农民增收致富的国家级和省级农业产业化龙头项目。

新一届政府国家农业综合开发联席会议和财政部、国家农发办制定的一系列政策措施，在各地产生了积极的影响。各省积极着手建立有效的工作机制，制定具体的实施意见和办法，研究制定扶持政策，推动农业产业化经营快速发展。甘肃省农发办为贯彻国家农发办《关于大力支持优势农产品生产的若干意见》和甘肃省委、省政府《关于大力推进产业化经营的意见》精神，制定了《关于大力支持特色优势农产品生产的意见》，并经省政府办公厅批转各地执行。河北省农发办提出要通过扶持、完

善、延伸产业链条，促进农业产业化进程，加快推动优势农产品区域种植、规模生产、产业化经营，带动农民走向市场，不断增强农民的组织化程度，增强农产品的竞争优势，增加农民收入，促进农村小康建设目标的早日实现。这些具体措施确保了国家农发办推进农业产业化经营的一系列政策措施落到实处。

二、一批重点龙头企业项目成为推动农业产业化经营发展的骨干和示范

农业综合开发本着缺什么补什么的原则，重点扶持具有开发潜力、示范带动作用的龙头项目，加强对产业化链条薄弱环节的扶持，使龙头和基地二者有机结合，形成产加销一条龙、“龙头＋基地＋农户”的农业产业化发展格局。2003 年各级财政共安排农业综合开发财政资金 23.7 亿元，用于产业化龙头项目，占多种经营项目财政总投入的 60.5%。其中，中央财政 12.2 亿元，地方财政 11.5 亿元，分别为多种经营项目财政投入的 58.5%和 62.5%。2003 年国家农业综合开发立项扶持的 746 个农业产业化龙头项目中，中央财政投资 200 万元以上的农业产业化龙头项目有 273 个，占 36.6%。从投资情况看，中央财政投资 200 万元以上的产业化龙头项目共安排财政资金 16.8 亿元，其中中央财政资金 9 亿元，地方财政配套资金 7.8 亿元。

一批确能带动农民增收的农业产业化龙头企业先后建成，成为推动农业产业化经营发展的骨干，为项目区广大农民增收发挥了示范带动作用，为当地经济健康快速发展注入了活力。如湖南省兰岭茶厂以前是一家小企业，从 1997 年开始，通过农业综合开发连续三次 400 多万元的扶持，企业得到了飞跃性的发展，成为全省 20 家重点农业产业化龙头企业之一，带动全县 5 000 多户农民栽种了 7 000 多亩良种茶，户均收入超过了 2 000 元，多的达到 1.1 万元。2003 年国家农发办立项扶持的四川省资阳市无公害优质猪养殖加工项目，共投入农业综合开发财政资金 860 万元，建设良种猪繁育场和养殖场各 1 个，扩建生猪屠宰加工生产线 1 条，20 吨急冻库 3 座。承建项目的资阳市四海公司，按照产业化经营的思路，为养殖农户提供优质仔猪和疫病防治及饲养技术服务，出栏后，按保护价收购，进行加工。目前其生产的生猪分割肉等产品已获俄罗斯认证，并成为香港免检产品。预计该项目可实现新增产值 6.81 亿元，税金 241 万元，利润 1 744 万元，带动上万农户，相关农民人均增收 800 元。

三、农业综合开发项目区农业产业化经营成效显著

经过农业综合开发战线和项目区广大干部群众的共同努力，2003 年多种经营项目各项投资和建设任务已基本完成，项目区农业产业化经营发展势头良好，既提高了农业综合效益，增加了农民收入，又增强了我国农业的国际竞争力，成效显著。从建设任务看，项目区已建成经济林、蔬菜、花卉、药材等优势特色种植业基地 73.08 万亩，水产养殖基地 39.17 万亩，发展畜禽养殖 15 136.83 万头（只），扶持农产品加工项目 590 个，培育发展产地批发市场、合作经济组织和专业协会等各类产业化经营服务组织 78 个。从产品和产值看，项目区全年生产干鲜果品 29 705.80 万公斤，蔬菜 79 198.97 万公斤，花卉 39 267.88 万株，药材 4 665.51万公斤，肉 59 012.62 万公斤，蛋 1 425.95 万公斤，奶 49 268.22 万公斤，水产品 29 501.18 万公斤。

2003 年地方各级财政部门、农业综合开发办事机构和有关部门按照国家农发办的要求，根据各自的资源优势、区域特色和经济发展水平，明确扶持的重点产业和有效扶持方式，形成了各具特色的农业产业化经营发展格局。从东、中、西部看，东部及沿海发达地区把发展外向型农业作为发展农业产业化经营的重点，大力发展蔬菜、茶叶、花卉、苗木、畜禽、水产品等出口农产品生产加工基地，发挥外向型农业对农民增收、农业增效的带动作用。如浙江省农业综合开发通过连续几年的扶持，初步形成了柑桔、胡柚、竹子、茶叶、水产、畜禽、瓜果蔬菜、花卉、苗木等具有区域经济优势和市场竞争力的种植、养殖基地，培育了杭州天地保健品有限公司、德清东立实业总公司、浙江李子园牛奶食品有限公司、浙江五芳斋实业股份有限公司、浙江欧诗漫集团公司等国家和省级龙头企业，在激烈的市场竞争中形成了自己的品牌优势，创造了良好的经济效益，带动了农业产业化经营，使大批农民走向国内外市场，走上了致富之路。

中部粮食主产区重点围绕优质专用小麦、高油大豆、专用玉米、畜禽、柑桔、水产品等优势农产品生产，扶持具有市场开发前景，已建立现代企业制度的龙头企业。如河南省淇县通过农业综合开发扶持的永达4 000万羽肉鸡孵化和肉鸡屠宰加工项目，按“农户建场，龙头承包”的模式，将龙头企业与养殖户的经济利益有机结合，养殖户无需承担市场风险和养殖风险，龙头企业减少固定资产投入，实现了龙头企业与养殖户的双赢。2003年在许多畜牧龙头企业因“非典”影响，效益严重下滑的情况下，永达公司上半年就实现畜牧业产值5.3亿元，加工产值6.8亿元，出口肉品4 000多吨，创汇300多万美元，并使养殖户收入较往年明显增加。

西部欠发达地区重点扶持草畜、优质蔬菜、特色瓜果、制种、特色油料、酿酒原料、中药材、马铃薯、烟叶、花卉、油橄榄、橡胶、蚕桑和高效特种水产品养殖等优势特色农产品生产基地及加工服务业。如农业综合开发2003年立项扶持的青海省大通县清真牛羊肉加工项目，投入中央财政资金300万元，扩建加工车间2 171平方米，建成牛羊肉加工生产线两条，使企业的年加工能力从80万公斤提高到180万公斤。公司采取与养殖户签订合同、定点收购的方式，直接扶持8 000户农户养殖和贩运牛羊，企业销售收入从过去的800万元增加到2 500万元，实现利润390万元，上缴国家的税收由过去的16万元增加到95万元，带动的农户户均增收2 000元。

四、改革创新，明确了今后农业综合开发推进农业产业化经营的工作思路

针对农业综合开发多种经营项目管理中存在的问题和不足，特别是江西省玉山县农业综合开发多种经营项目管理中暴露出来的问题，国家农发办在总结以往农业综合开发实践经验和大量调查研究的基础上，对农业综合开发产业化经营项目管理政策措施进行了大胆的改革和完善，进一步明确了今后农业综合开发推进项目区农业产业化经营的工作思路。

1. 更新项目名称。农业综合开发多种经营项目更名为农业综合开发产业化经营项目，下设产业化龙头和多种经营两类项目。产业化龙头项目包括与优势产业和优势农产品产业带建设相关的农产品加工、储藏保鲜、产地批发市场等；多种经营项目包括经济林及设施农业种植基地、畜牧水产养殖基地等。

2. 明确推进农业产业化经营的指导思想和基本原则，把增加农民收入作为根本出发点和落脚点。通过扶持具有明显资源优势的多种经营项目，扶持联结基地和农户的农业产业化龙头，积极发展农业产业经营，推进农业和农村经济结构战略性调整，提高农业综合效益，促进农民增加收入，推动农村小康社会建设。

3. 明确扶持的重点产业。参照农业部制定的《优势农产品区域布局规划》、国家林业局制定的《全国经济林和花卉产业规划》和《农业综合开发多种经营项目指导意见》，根据各地的资源优势，确定重点扶持的优势产业，紧紧围绕优势农产品基地建设，发展优势农产品加工、储藏保鲜和产地批发市场。

4. 明确扶持的对象和条件。产业化经营项目扶持的对象，包括农民专业合作组织、农户联合体、种养大户及龙头企业等。特别强调产业化龙头项目要重点扶持国家级、省级农业产业化龙头企业和具备相当条件的企业。

5. 改革和完善扶持政策。按照龙头企业发展的实际需要、农民直接受益程度等因素，分别采取有偿和无偿相结合、投资参股、贷款贴息等灵活多样的扶持方式，广泛吸引金融资本、民间资本、工商资本和外资等投入农业综合开发。

进一步加大对产业化龙头的扶持力度，将产业

化经营项目中央财政资金的50%以上用于产业化龙头项目，充分发挥产业化龙头的辐射带动作用，并要求单个项目的投资要尽可能按实际需要确定。单个多种经营项目中央财政资金一般不低于100万元，单个产业化龙头项目中央财政资金一般不低于300万元。

6. 改革和完善项目评审办法，明确项目评估、审定权责。按照权责统一、分级管理的原则，中央财政投资300万元（重庆除外的直辖市和计划单列市为200万元）以上的单个产业化龙头和多种经营项目，经省级农发办初步筛选后报国家农发办评估审定，其他项目由省级农发办评估审定。按照谁评审、谁批复的原则，中央财政投资300万元以上的产业化龙头和多种经营项目年度实施计划由国家农发办审批，其他项目年度实施计划由省级农发办审批，报国家农发办备案。

（财政部国家农业综合开发办公室多种经营项目处供稿，栾海波执笔）

加强科学管理　探索机制创新

2003年，国家农业综合开发通过开展加强农业综合开发项目和资金管理大讨论、农业综合开发项目和资金管理大检查、深入开展专题调查等活动，研究出台了《财政部关于改革和完善农业综合开发若干政策措施的意见》，提出了今后一个时期农业综合开发加强科学管理、探索机制创新的总体思路和具体办法，有些措施2003年已经付诸开发实践，并取得了很好的效果。

一、健全制度，加强管理，进一步提高开发效益和水平

2003年，国家农业综合开发办公室认真总结以往的经验，实行项目和资金管理的有机结合，以资金投入确定项目规模，按项目管理资金，不断改进完善项目和资金管理制度。按照市场经济要求，采取科学管理办法，运用科学管理手段，选好建好每一个项目，管好用好每一笔资金，进一步提高了农业综合开发的效益和水平。

（一）健全管理制度，加强项目管理

健全制度，加强管理，是提高农业综合开发水平的关键。2003年，适应农业综合开发新形势的需要，国家农业综合开发办公室加强制度建设。一是制定了《关于暂停或取消农业综合开发项目县资格的暂行规定》，明确暂停或取消项目资格的处罚条件、审定程序等内容。二是制定了项目评审办法，进一步规范项目评审工作，将专家评审和实地考察相结合，严格组织产业化龙头项目、科技示范项目和新增项目县评审工作，提高选项的科学性。三是制定《农业综合开发项目调整、变更和终止有关事项的规定》，明确这些事项的审批程序、条件和相关要求，规范调整、变更行为，为今后变更和终止项目提供了法规依据。四是适应土地治理项目类型变化的要求，修订土地治理项目建设试行标准，进一步规范土地治理项目管理。五是制定专项科技示范项目管理试行办法，明确专项科技示范项目建设目标、立项条件、建设内容和建设标准等内容，为今后实施世行科技示范项目提供了有益的借鉴。

在健全政策制度的同时，国家农业综合开发办公室不断加强项目管理工作。一是加强项目计划管理，认真审核、及时审批2003年各类项目计划，认真总结计划批复情况，避免计划审批流于形式。二是积极探索推行项目法人制、项目和资金公示制，大力推行工程建设和物资采购招投标制，试行工程监理制度，努力提高项目建设质量。三是下发了关于加强科技示范项目管理工作的通知。

这主要是因为从2004年开始农业综合开发不再新立科技示范项目，为避免在建科技示范项目发生管理疏忽的问题，通知要求指定专人负责项目，落实有关责任，确保资金专款专用，加强国有资产的管理。

（二）强化资金管理

为督促各地区深入贯彻落实2002年下半年财政部印发的《关于进一步加强农业综合开发资金管理的若干意见》，国家农业综合开发办公室提出了明确、具体的要求，强调要严格按项目管理资金；坚持农业综合开发资金专人管理、专账核算、专款专用制度，严禁挤占挪用资金；全面推行农业综合开发财政无偿资金县级报账制；积极推行财政有偿资金委托银行放款制度；及时足额拨付资金；切实加强资金监管等。同时，国家农发办及时了解掌握地方贯彻执行情况，发现问题迅速纠正，并着手研究制定对农业综合开发资金违纪违规行为的处罚办法，以使处罚措施制度化。

（三）加大监督检查力度

为了纠正农业综合开发项目和资金管理中存在的问题，2003年国家农业综合开发办公室组织开展了农业综合开发项目和资金管理大检查工作。一是检查要求明确。检查的范围包括所有农业综合开发项目，重点是2000—2002年的项目。由各省（区、市）组织对所有项目逐个进行检查，深入查找项目建设和资金使用管理中存在的问题，主动整改。二是检查措施得力。检查采取自查和督察相结合的方式，以自查为主。自查阶段国家农业综合开发办公室先后派出13个督察组赴17个省（市）进行督察。自查结束后，组织部分财政专员办对河北、山东等12省（区、市）项目和资金管理情况进行了重点检查。三是跟踪检查情况。为防止检查流于形式，对检查情况密切跟踪，根据检查情况迅速编发简报，及时采取针对性措施。四是严肃处理存在问题。对查出的问题本着从严处理的原则提出处理意见，并认真研究制定了整改措施。

同时，改进验收方式，严格组织2003年农业综合开发竣工项目验收工作。国家农业综合开发办公室分4批派出14个验收组，对12个省（区、市）地方农业综合开发项目、11个高新科技示范项目、5个专项实施的项目及水利骨干工程、太行山绿化2个部门项目进行了验收。除常规验收外，还进行了委托项目省相互验收的试点，并与开展项目和资金大检查相结合，委托财政监察专员办对3个省的竣工项目进行验收。通过开展全面检查、验收项目、切实整改、严肃处理、奖优罚劣等一系列的措施，对于加强项目和资金管理，确保农业综合开发资金安全运行和有效使用，起到了重要的推动作用。

（四）狠抓开发统计工作

统计工作长期以来一直是农业综合开发工作中一个十分薄弱的环节，存在对统计工作不重视、统计资料不全、统计数据不准确、统计指标不衔接、数据使用不规范等诸多问题。2003年国家农发办将统计工作列为一项重点工作，由常务副主任亲自抓，多次召开办务会议专题研究讨论。经请示部领导同意，采取明确分工、落实责任，严格要求、加强管理，修订报表、统一口径，校核数据、规范使用等一系列加强统计工作的措施。同时，各处分别指定专门人员，与各省（区、市）和中央农口有关部门农业综合开发办公室共同反复校核历年的统计数据。经过近一年时间的努力，全办同志对统计工作重要性的认识、做好统计工作的能力和统计工作的水平均有所提高，统计指标口径、数据审核使用等科学性和规范性进一步增强，并编印了《国家农业综合开发统计摘要》（1988—2002年），改变了农业综合开发没有系统、准确的统计数据的状况，为进一步提高统计工作质量和水平奠定了良好的基础。

二、积极探索机制创新，努力开创农业综合开发新局面

农业综合开发进入新阶段以后，为适应社会主义市场经济、公共财政管理体制和农村改革要求，适应农业和农村经济发展要求，农业综合开发解放思想，实事求是，勇于创新，完善机制，在开创新局面的过程中有新的作为。

（一）积极探索经营性开发机制

为实现国有资产保值增值，逐步形成国家资产运营收益继续用于农业综合开发的自我积累、滚动开发的机制，按照国务院和财政部领导的要求，在调研的基础上，研究提出了投资参股农业产业化龙头企业的初步意见。这就是将中央和地方农业综合开发财政资金以参股的形式投入农业综合开发项目，资本运营取得的收益继续用于农业综合开发。国家农发办起草了投资参股开发试点管理办法，提出了实行投资参股的原则、申报条件和审批程序、管理责任、试点范围等内容。财政部部长办公会议专题听取了国家农业综合开发办公室关于投资参股开发试点工作的汇报，原则同意试点意见，并提出了明确的要求。按照部党组的要求，国家农业综合开发办公室认真研究有关政策问题，反复修改试点办法，拟从2004年开始试点。这是农业综合开发在机制创新上取得的重要进展。

（二）积极探索以农民为主体的项目扶持机制

2003年，国家农业综合开发办公室努力践行“三个代表”重要思想，牢固树立“为民服务”的观念，进一步明确了以农民为主体的项目扶持机制。要求土地治理项目以“农民要办”为前提，充分尊重农民的意愿，努力把一家一户农民想办但办不了、办不好的事情办实办好。产业化经营项目要以带动农民增收为前提，让更多的农民从中受益。农业综合开发项目建设，要更多地吸收农民工参与，增加农民的就业机会。项目和资金的管理，要实行公示制，接受项目区农民群众的监督。同时，高度重视人民来信特别是农民来信问题，及时组织认真查处，并将检查结果和处理情况及时反馈给举报人员。

（三）认真实行项目管理内部制约机制

一是继续坚持自下而上逐级申报项目的制度，不得受理越级申报项目。尤其是中型灌区节水配套改造项目、中央财政年度投资500万元以上的土地治理项目和中央财政年度投资300万元以上（除重庆市之外的直辖市、计划单列市中央财政年度投资200万元以上）的产业化经营项目，必须严格实行自下而上逐级申报制度。二是委托评审中心组织项目评审和竣工项目验收，做到项目评审和项目立项分离、项目监管和项目验收分离，形成有效制约机制。三是有选择地进行实地考察，包括抽查部分专家评审通过、建议立项的项目，确保项目申报材料的真实性和可靠性。四是坚持由办务会议审定项目的制度，必要时还要签报分管部领导审定，保证项目立项的公开、公平和公正。五是坚持验收组出发前由国家农业综合开发办公室研究决定验收哪个项目县、抽查项目由验收组在验收现场决定的制度，尽量避免发生验收造假问题。

（四）健全财政资金的引导机制

2003年，国家农业综合开发办公室坚持利用贴息、补贴等方式，健全财政资金引导机制，鼓励各地采取多种有效措施，广泛吸引信贷资金和民间资本、工商资本、境外资本投入农业综合开发，逐步形成了全方位、多渠道、多途径的农业综合开发投入格局。如江苏、云南、四川等不少地方，充分利用财政资金作引导，通过加强规划指导、加大招商引资工作力度、试行财政资金投资参股等多种有效形式，吸引了大量的社会资金投入农业综合开发，显著地做大了农业综合开发“蛋糕”，有力地推动了当地农业和农村经济的建设和发展。

（五）积极探索与其他专项资金结合使用的新机制

2003年，国家农业综合开发办公室坚持灌区水利骨干工程建设完成后再进行田间水利工程建设，坚持按照农业产业化经营思路统一安排各类土地治理和产业化经营项目；同时，积极探索农业综合开发与其他专项资金结合使用的新机制。如与退耕还林资金结合，在退耕还林地区的适宜地块加强基本农田建设，使退耕还林退得了、稳得住。特别是2003年在昆明市寻甸县实施的农业综合开发、扶贫、退耕还林三结合项目，按照“统筹规划，集中投入，综合治理”的原则，三类项目有机结合、优势互补、各有分工，农业综合开发负责农田基本建设、农业产业化开发，扶贫项目重点建设人畜引水工程、农村道路和农村电网，退耕还林项目主要进行生态和农村能源等建设。通过三类项目的配套实施，项目区基础设施得到加强，生态环境得到改善，农业产业结构得到优化，农民收入明显增加，农业综合开发、扶贫、退耕还林的成效相互巩固、相互提高。实践证明，整合农业口的项目，是提高农业投资整体效益的有效途径。

（财政部国家农业综合开发办公室科技处供稿，吴洪伟、车新执笔）

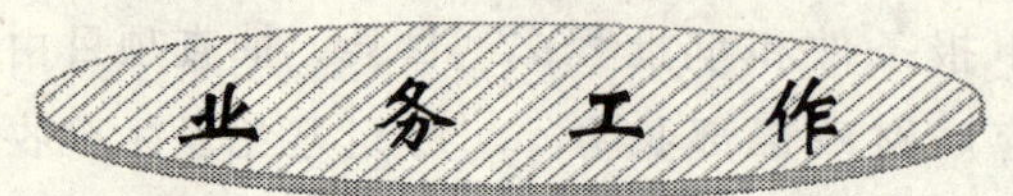

农业综合开发资金管理

一、2003年国家农业综合开发投入概况

国家农业综合开发在实施中逐步建立了“国家引导、配套投入、民办公助、滚动开发”的投入机制。这种机制，既发挥了国家资金的导向和支持作用，又体现了“谁开发、谁受益”的原则，调动了农民和社会有关各方面的积极性，从上到下形成了多渠道、多形式吸引和增加投入的良好局面。2003年中央财政资金、地方财政资金、银行贷款和自筹资金（含农村集体、农民群众和项目建设单位筹集的现金和以物折资，以下简称自筹资金）总计投入农业综合开发237.99亿元，是国家支持和保护农业发展的一笔数量可观、实实在在的投入。

（一）投入构成

2003年国家农业综合开发总投入237.99亿元中，中央财政资金86.71亿元（其中，中央财政资金82.31亿元，利用世界银行贷款4.4亿元），占36.44%；地方财政配套资金62.5亿元，占26.26%；银行贷款20.37亿元，占8.56%；自筹资金68.41亿元，占28.74%。在中央财政、地方财政、银行贷款、自筹资金这四项资金来源中，中央财政资金占的比例最高。（见图一）

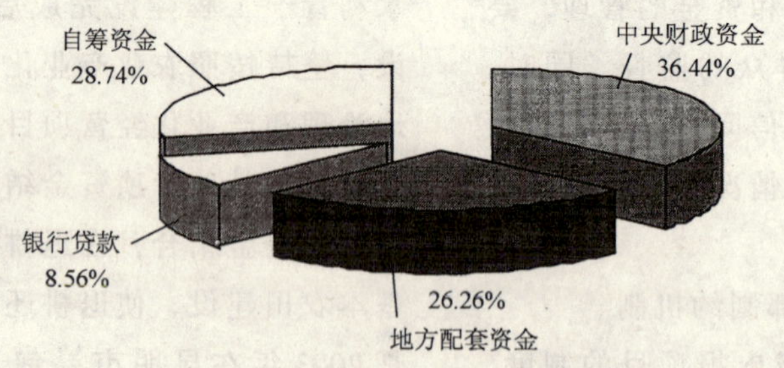

图一　2003年农业综合开发资金投入情况

（二）增长幅度

2003年，国家农业综合开发中央财政资金投入总额（含利用世界银行贷款）比2002年增加11.23亿元，增长14.88%，其中2003年中央财政预算安排的农业综合开发资金比2002年增加8亿元，增长10.96%。2003年地方财政配套资金比

2002年增加0.91亿元，增长1.48%。2003年银行贷款比2002年下降20.34%。2003年自筹资金比2002年下降7.62%。（见图二）

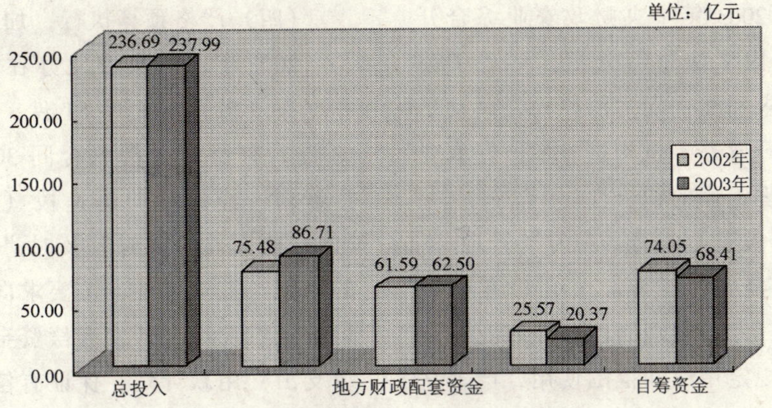

图二　2002—2003年农业综合开发资金投入情况比较图

2003年，国家农业综合开发财政资金投入保持了较高的增长幅度，体现了党中央、国务院和地方各级党委、政府及有关部门对农业综合开发的重视和支持，同时也是各级财政部门认真贯彻落实《国务院办公厅关于转发财政部关于农业综合开发若干意见的通知》所提出的“逐步加大农业综合开发资金投入，确保‘十五’及今后一个时期用于农业综合开发投入的资金增长幅度高于‘九五’水平”这一要求的结果。

与2002年相比，2003年农业综合开发银行贷款与自筹资金投入数额有所下降。其原因，一是因为农业是弱质产业，受自然条件和市场风险双重因素影响较大，金融部门从规避风险的角度出发，对农业综合开发项目贷款比较谨慎。二是农业综合开发农民筹资投劳纳入农村税费改革“一事一议”的范畴，足额落实农民群众筹资投劳有一定的困难。同时，考虑到农村税费改革的要求，国家农发办于2003年下半年将中央财政资金与农民群众筹资和投劳折资比例由1:1调整为1:0.7。

（三）资金投向

农业综合开发坚持以改善农业生产基本条件和生态环境为基本任务，以提高粮棉油等主要农产品综合生产能力和增加农民收入为目标，在重点改造中低产田的同时，因地制宜扶持多种经营，努力发展优质高产、高效农业。2003年全国农业综合开发项目完成的总投资中，用于土地治理项目116.63亿元，占53.33%；多种经营项目93.23亿元，占42.63%；科技示范项目8.85亿元，占4.04%。（见图三）

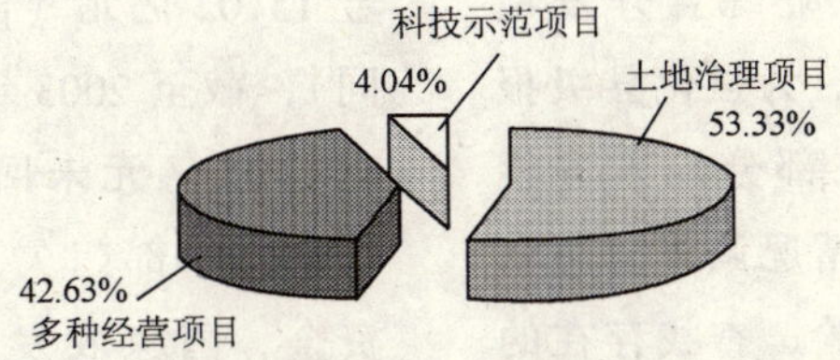

图三　2003年农业综合开发资金投向情况图

二、2003年国家农业综合开发资金使用管理情况

国家农业综合开发办公室从加强资金基础管理工作着手，围绕农业综合开发资金使用监管、提高资金使用效益，认真落实资金管理各方面工作，开拓创新，不断完善农业综合开发资金管理制度。

（一）完善资金分配办法

为进一步实现农业综合开发资金分配的科学化和规范化，将财政资金的分配与工作绩效考核情况挂钩，国家农发办对2003年中央财政农业综合开发资金全部按照综合因素法进行分配，体现了公正、公平、公开的要求和奖优罚劣的原则，调动了地方财政、农业综合开发办事机构进一步做好农业综合开发项目资金管理工作的积极性。

(二) 农业综合开发资金实行“三专”管理

农业综合开发资金实行“专款专用、专账核算、专人管理”的“三专”管理制度，即农业综合开发资金必须严格按规定用途和范围使用，严禁挤占挪用；所有农业综合开发项目资金都应当分别纳入相应的专账核算体系，并严格执行《农业综合开发资金会计制度》；应配备专人管理、核算农业综合开发项目资金。按照要求，地方各级财政部门、农业综合开发办事机构认真落实农业综合开发资金管理制度，基本上做到了农业综合开发资金的专款、专账、专人管理，一些地区还通过设立专户对农业综合开发资金进行管理。实践证明，实行“三专”管理有利于全面反映农业综合开发资金的运动过程，有效控制了支出，保证了项目资金的安全有效运行。

(三) 实行县级报账制度

根据《农业综合开发资金报账实施办法》，各级财政用于国家立项的农业综合开发项目无偿资金实行县级报账办法，财政无偿资金不再按照行政隶属关系由县级财政划拨到乡级财政，而是由项目建设单位或施工单位按照工程进度，到县级财政部门或农发机构报账。2003年，全国农业综合开发项目县基本上都实行了县级报账制度。为强化县级报账制度管理，2003年国家农发办在部分地区进行调研，在全国进行县级报账制执行情况调查，总结各地区在执行县级报账制度中的经验，查找存在的问题。同时，在下发的《国家农业综合开发办公室关于贯彻落实〈关于进一步加强农业综合开发资金管理的若干意见〉》中进一步强调各地要规范报账审核程序，明确拨款手续，严格执行县级报账制。对没有实行县级报账制的项目县，国家农发办按照《国家农业综合开发办公室关于暂停或取消农业综合开发项目县资格的暂行规定》取消其项目县资格。

(四) 严格预算执行，加强资金核算

2003年，国家农发办在批复项目计划后，共办理拨（借）款文件81件，委托拨（借）款文件13件，有偿资金借款合同300份，基本做到了项目计划一经批复即迅速拨（借）资金。在办理拨（借）款文件的同时，及时进行农发资金日常账务的登记与核对工作，按要求向财政部预算司、国库司报送农业综合开发有偿资金和事业费（即中央本级支出）用款计划，保证有偿资金和事业费能按时调拨到预算专户，同时与财政部有关司局及时核对2003年农业综合开发资金预算拨付情况，并完成与预算司、国库司的账务核对工作。

(五) 做好资金决算以及资金季报汇总工作

2003年，国家农发办对各地上报的农业综合开发资金决算、季报进行了汇总审核。了解各地2002年全年、2003年一至三季度农业综合开发资金拨付及有偿资金借出、回收等情况，对资金拨付不及时的地区进行督促，加快了各地资金拨付进度。在报表汇审过程中，国家农发办按照《农业综合开发资金决算和项目统计工作评比暂行办法》要求，对各地报送的决算、季报进行了评比，并将评比情况纳入综合因素法，使工作绩效考核情况与财政资金的分配挂钩。

(六) 催收到期有偿资金，落实有关奖惩措施

1. 催收2002年到期欠还有偿资金。2002年全国各地、各农口部门累计应还到期中央财政有偿资金15.02亿元（含占用费和世行贷款到期资金，下同），截至2003年2月底，已回收13.06亿元，尚有1.95亿元未回收。其中，地方欠还1.61亿元，中央农口部门欠还0.34亿元。对尚未归还的有偿资金，国家农发办认真催收，并落实以下奖惩措施：对不及时还款的地区，暂不拨付2003年项目资金；对在规定期限内足额还款的单位，按还款本金的10%奖励下年农业综合开发项目资金。截至2003年11月，2002年到期欠还资金已全部收回。

2. 催收2003年到期有偿资金。为了配合农村税费改革，财政部对2001年至2003年到期的部分

中央财政农业综合开发有偿资金实行了延期回收政策。在催收2003年到期有偿资金之前，国家农发办下发了《财政部关于申报2003年中央财政农业综合开发有偿资金延期还款项目的通知》，对各地上报的延期还款项目，进行了认真审核，并逐笔落实到具体合同。随后起草了《财政部关于回收2003年度到期中央财政农业综合开发有偿资金的通知》，催收2003年农业综合开发到期有偿资金。

（七）做好2001年度以前到期的中央财政农业综合开发有偿资金呆账核销工作

农业综合开发财政有偿资金在使用中由于受自然条件和市场风险双重因素影响，一些项目效益不佳，无力还款，形成呆账。在归还资金时，一些地区采用了财政垫付等方式。但随着还款量的增加，有些地方出现以当年项目资金抵顶到期有偿资金的做法，造成农业综合开发项目资金的空转，影响了农业综合开发的滚动发展。为妥善解决农业综合开发有偿资金呆账问题，按照《农业综合开发财政有偿资金延期还款和呆账处理暂行规定》和《财政部关于申报2001年以前中央财政农业综合开发有偿资金呆账处理事项的通知》，国家农发办分别于2003年1月和8月对各省（区、市）的呆账申报材料进行集中审核。两次审核共核销2001年以前到期农业综合开发有偿资金呆账10.59亿元，占各地申报核销呆账总额的96.1%。两次呆账核销实事求是地解决了农业综合开发有偿资金的部分历史遗留问题，有效地缓解了地方财政有偿资金还款压力。今后，国家农发办将进一步完善呆账核销机制，每年根据实际发生的呆账额核销一部分呆账，并通过其他一系列配套措施，逐步解决农业综合开发有偿资金债务问题。

（八）加强调查研究，完善农业综合开发资金管理制度

2003年，国家农发办深入开展调查研究工作，了解农业综合开发资金管理情况，针对存在的问题提出了一系列改进、加强资金管理的意见和相关制度办法。

1.提出关于调整农业综合开发项目资金若干投入比例的意见。按照联席会议精神，国家农发办在深入调查研究、认真测算的基础上，对2003年农业综合开发若干投入比例提出改革意见：进一步降低农业主产区和西部地区的地方财政配套比例，调整各类项目财政资金有、无偿比例，同时对部门项目的上述比例也进行相应的调整。这些意见，集中体现在财政部印发的《关于调整农业综合开发资金若干投入比例的规定》中。

2.起草了《农业综合开发工程建设监理办法》。按照项目管理有关规定，农业综合开发项目实施过程中，对主要单项工程的施工要推行工程监理制。在调研及座谈讨论的基础上，国家农发办起草了《农业综合开发土地治理项目工程建设监理办法》。该办法将明确农业综合开发工程建设监理的范围、程序和监理费的列支渠道和标准，为广泛推行农业综合开发工程监理制创造条件。在征求有关部门意见后，将对该办法作进一步修改并下发各地执行。

3.起草了《农业综合开发资金违规违纪处理暂行办法》。针对每年检查验收、中期检查和审计过程中发现的挤占、挪用农业综合开发资金，滞拨、缓拨财政资金，会计管理不规范等违规违纪问题，国家农发办草拟了《农业综合开发资金违规违纪处理暂行办法》。按照规定，待财政部、监察部、审计署联合制定的《财政违法行为惩处条例》出台后，将对该办法作进一步修改以后下发。

4.研究投资参股试点问题。实行投资参股是创新农业综合开发投入机制的一项有益探索。按照财政部领导的指示精神，国家农发办在总结财政有偿资金投入机制以及深入调研的基础上，研究制定了关于在农业综合开发多种经营项目中进行投资参股试点的方案，起草了《农业综合开发投资参股试点管理办法》（初稿），邀请部内有关司局及有关省（区、市）的同志对该办法进行了讨论和修改，并初步选定了试点地区，拟在2004年进行投资参股试点工作。

三、强化农业综合开发资金监督检查工作，提高农业综合开发资金管理水平

（一）以项目资金管理大检查为契机，强化资

金监督检查工作

1. 在全国范围内开展了对2000—2002年农业综合开发项目资金管理大检查。大检查以各省自查为主，同时，国家农发办派出督察组赴各地进行督察，对查出的问题有针对性地提出整改措施。

2. 在地方进行自查的基础上，会同财政部监督检查局组织财政监察专员办对甘肃、广东、山东、新疆兵团等12个省（单位）2000—2002年农业综合开发资金管理使用情况进行了专项检查。对查出的问题，国家农发办根据情节轻重分别给予了通报批评、取消或暂停项目县、扣减2004年中央财政资金投资指标等处理。

3. 实行省际的相互验收和委托财政部监督检查局组织各地专员办进行检查验收两种办法，同时加大利用社会中介机构对农业综合开发项目资金进行检查的力度。

（二）主动接受社会监督

1. 认真对待审计监督。一是积极配合年度审计工作。2003年，国家农发办积极配合审计部门对2002年中央财政农业综合开发资金的年度审计，及时向审计部门提供有关账簿、文件和资料，与审计人员沟通情况，解释问题，对审计部门提出的意见和建议进行认真研究，提出具体整改措施，并提交了《关于2002年农业综合开发资金审计有关问题的反馈意见》，得到审计部门的认可。审计部门在向财政部正式提交的审计报告中，未反映农业综合开发资金使用管理方面的问题。二是重视审计部门对部分地区进行的例行审计。2003年审计署驻河北、辽宁等15个省（区、市）以及新疆生产建设兵团的审计部门对以上15个地区2000—2002年农业综合开发资金管理使用情况进行了例行审计，查出这些地区在农业综合开发资金使用中存在着管理不规范等问题。对此，国家农发办对查出的问题逐一分析原因，有针对性地制定整改措施，并及时将有关情况反馈审计部门，得到了审计部门的肯定。三是重视重点审计。2003年，审计部门在对广东省财政支农资金的审计中发现广东省雷州市、化州市农业综合开发项目资金管理中存在违规违纪问题。为查清问题，国家农发办组织了对两市的专项检查，并将专项检查情况进行了通报。在对两市按有关规定做出处理的同时，国家农发办要求各地要针对专项检查发现的问题，进一步深入开展农业综合开发项目资金检查，对存在的问题认真查找原因，有针对性地制定整改措施，使检查不流于形式，整改措施切实落到实处。根据《关于改革和完善农业综合开发若干政策措施的意见》，国家农发办将进一步加大对农业综合开发资金监管的力度，加强与审计等监督检查部门的沟通与合作，不断规范农业综合开发资金使用管理，提高资金使用效益。

2. 拟实行项目资金公示制。农业综合开发土地治理项目拟推行项目资金公示制，即对项目工程内容、总投资、投资构成和资金使用等重要内容进行公示，主动接受农民群众和社会各界的监督，提高资金筹集和使用的透明度，确保项目资金实现预期效益。

（财政部国家农业综合开发办公室计财处供稿，李鹏执笔）

农业综合开发土地治理项目管理

2003年，农业综合开发土地治理项目坚持以农业主产区特别是粮食主产区为重点，着力加强农业基础设施和生态环境建设，切实保护和提高农业特别是粮食综合生产能力，保证国家粮食安全；大力支持优势农产品生产，促进优势农产品产业带建设，优化农业区域布局，提高农业综合效益和农民

收入。同时，围绕贯彻落实新一届政府国家农业综合开发第一次联席会议精神，大力改革和完善土地治理项目政策措施，不断加强科学管理，不断创新运行机制，取得了明显成效。

一、突出重点，着力加强农业基础设施和生态环境建设，提高农业特别是粮食综合生产能力

（一）以农业主产区为重点，加大对土地治理项目的投入

2003年全国土地治理项目完成投资116.63亿元，其中：中央财政资金47.73亿元，地方财政配套资金37.64亿元，自筹资金30.32亿元，银行贷款0.94亿元。另外安排农民投工投劳20 439.2万个工日。农业主产区土地治理项目完成投资81.12亿元，占全国完成投资的69.6%；其中中央财政资金33.9亿元，占全国中央财政资金的71%，体现了向农业主产区倾斜的政策。

（二）以中低产田改造为重点，加强农业基础设施建设

2003年，土地治理项目用于中低产田改造项目的总投入为64.38亿元，占土地治理项目总投入的55.2%；其中安排的中央财政资金为25.45亿元，占土地治理项目安排中央财政资金的50.6%。中低产田改造亩投入标准由2002年的330元提高到400元。土地治理项目共改造中低产田1 686.16万亩；其中，农业主产区改造中低产田1 218.23万亩，占全国总数的72.2%。

（三）以优势产区为重点，大力支持优势农产品生产

为促进优势农产品产业带建设，国家农业综合开发办公室《关于大力支持优势农产品生产的意见》明确要求：各省（区、市）2003年土地治理项目中财政资金用于优势农产品基地建设的比例不低于30%。全国土地治理项目中安排优势农产品基地建设的财政资金为30.02亿元，其中中央财政资金16.98亿元，占土地治理项目财政资金投入总额的32.9%。农业主产区安排财政资金17.44亿元，占全国优势农产品财政总投资的58.1%；其中中央财政资金10.54万元，占优势农产品中央财政总投资的62.1%。共扶持优势农产品基地建设1 217.38万亩；其中农业主产区895.69万亩，占全国的73.6%。重点扶持了专用小麦、优质水稻、专用玉米、高油大豆、优质棉花、双低油菜、双高甘蔗和优质蔬菜等8种优势农产品。

（四）以节水示范和生态工程项目为重点，着力改善农业生态环境

《国家农业综合开发办公室关于下达2003年中央财政农业综合开发资金投资控制指标和编报项目计划的通知》中规定，以省为单位计算，土地治理项目中用于扶持节水农业示范和农业生态工程两类项目的中央和地方财政配套资金总比例应达到20%。2003年全国安排节水农业示范项目财政资金13.07亿元，占安排土地治理财政资金的14.3%；其中中央财政资金7.37亿元，占安排土地治理中央财政资金的14.5%，累计进行节水示范项目建设309.34万亩。安排农业生态工程项目财政资金8.5亿元，占安排土地治理财政资金的9.3%；其中中央财政资金4.57亿元，占安排土地治理中央财政资金的9%，累计进行农业生态工程项目建设247.24万亩。另外，全国累计安排草原（场）建设项目财政资金3.24亿元，占安排土地治理财政资金的3.6%；其中中央财政资金2.05亿元，占安排土地治理中央财政资金的4%。全国累计进行草原（场）建设项目256.3万亩。项目区累计增加农田林网面积1 108.88万亩，增加控制水土流失面积4 420.18平方公里。

2003年全国土地治理项目预期效益明显。在改善农业生产条件方面，新增和改善灌溉面积1 901.58万亩，新增和改善除涝面积721.04万亩，增加机耕面积604.22万亩，新增农机总动力227万千瓦。在提高农业综合生产能力方面，全国新增粮食生产能力34.94亿公斤、棉花0.64亿公斤、油料1.83亿公斤、糖料8.2亿公斤。其中农业主产区新增主要农产品生产能力为：粮食27.59亿公斤，棉花0.5亿公斤，油料1.46亿公斤，糖料7.97亿公斤，分别占全国总数的78.9%、78.1%、79.8%和97.2%。

二、加强制度建设，提高管理水平

（一）加强项目县管理，从严控制开发范围

严格控制开发范围，突出开发重点，必须要规范和加强项目县管理。为此，2003年国家农发办坚持从严审批新增项目县，当年全国新增项目县64个，比2002年新增的122个减少了58个，减幅达47.5%，初步遏止了新增项目县的过快增长。为进一步加大对违纪违规项目县的处罚力度，国家农发办制定了《关于暂停或取消农业综合开发项目县资格的暂行规定》，首次明确和规范了暂停或取消项目县资格的认定标准、审定程序和整改期限等，是加强项目县管理的重要政策。该规定明确：对于违反国家农业综合开发政策制度，在项目和资金管理中出现违规违纪问题，造成较大损失或恶劣影响的项目县，国家农发办视情节轻重，可暂停或取消其项目县资格。该规定明确了暂停和取消项目县资格的几条“红线”，其中取消项目县资格的条件是：项目申报和实施中弄虚作假，搞形象工程，欺骗上级部门和项目区农民群众；不执行农业综合开发财政无偿资金县级报账制，不实行专账核算、专人管理和专款专用，违规用大额现金开支项目资金，财务管理混乱；以项目县为单位，挤占挪用项目财政资金累计达100万元以上；因项目和资金管理中存在的问题，在社会上造成重大恶劣影响，败坏农业综合开发声誉；强迫农民筹资投劳，并突破农业综合开发农民筹资投劳数额上限规定。根据规定，2003年国家农发办暂停和取消了一批项目县，起到了很大的震慑作用。

（二）完善农业综合开发农民筹资投劳政策

2003年3月27日，《国务院关于全面推进农村税费改革试点工作的意见》中，对农业综合开发中农民筹资投劳作了明确规定：“农业综合开发中农民筹资投劳，应纳入村级‘一事一议’范畴，实行专项管理。”这是农业综合开发农民筹资投劳政策取得的重要阶段性成果。因为自2001年国发［2001］5号文件的实施给农业综合开发筹资投劳带来新情况后，各级农业综合开发办事机构积极主动应对，做了大量工作。特别是2002年国家农发办与国务院税改办组成联合调查组，赴安徽省进行调研，形成了《关于农村税费改革后农业综合开发中农民筹资投劳有关问题的报告》，并以财政部名义呈报国务院领导，得到了充分肯定。2003年1月，国家农发办继续深入基层开展调研，取得了第一手资料，提出了重要政策建议。这些工作成果最终在国发［2003］12号文件中得到了体现。根据国发［2003］12号文件精神，国家农发办研究制定了《国家农业综合开发农民筹资投劳管理暂行规定》，并经国务院税改办同意后，正式印发各地执行。该文件明确规定，筹资投劳要遵循“农民自愿、量力而行、民主决策、数量控制”的原则，并将农业综合开发中央财政资金与农民自筹资金（含以物折资、投劳折资）配套投入的比例，由原来的1:1调整为1:0.7。这意味着困扰农业综合开发工作的农民筹资投劳问题，基本得到了妥善解决。

（三）制定土地治理项目建设标准

为提高新阶段农业综合开发土地治理项目管理水平，使项目的规划设计、施工检查、验收管护等有符合实际的标准，国家农发办对1994年颁布的《国家农业综合开发项目建设试行标准》（土地治理部分）进行了修订，研究制定了《国家农业综合开发土地治理项目建设试行标准》。修订的基本原则是：紧紧围绕新阶段农业综合开发的指导思想和目标任务，相应提高土地治理项目建设标准；按照科学、合理、规范、适用的要求，对原标准过时无效的予以废止，不适应的修订，缺位的补充，有效的保留；体现按项目进行管理的原则，与新修订的土地治理项目计划报表确定的建设内容衔接一致，突出每类项目建设特色；兼顾不同地区、不同生态类型，提出相对具体的建设标准。据此原则，新标准主要涉及中低产田改造、草原（场）建设、优势农产品基地、节水农业示范和农业生态工程5类项目的建设内容。新标准以项目管理类型为主线，兼顾不同生态类型区的经济发展要求，因地制宜确定项目建设标准，对规范土地治理项目建设，可起到积极促进作用。

三、改革和完善政策措施，创新土地治理项目运行机制

（一）明确了农业主产区特别是粮食主产区农业综合开发土地治理项目的任务

其任务是：以改造中低产田为重点，加强基本农田保护区范围内的中低产田改造，着力加强农业基础设施建设，改善农业生产条件和生态环境，建设优质、高产、稳产、节水、高效农田，增强农业抗御自然灾害的能力，坚定不移地提高农业综合生产能力特别是粮食生产能力，保证国家粮食安全。以市场为导向，发挥农业区域比较优势，积极培育和壮大优势特色产业，促进农业和农村经济结构战略性调整，提高农业的综合效益，不断增加主产区农民特别是种粮农民的收入。

（二）进一步完善了支持优势农产品产业带建设的政策

其主要内容是：优势区域的农业综合开发项目县，要参照《优势农产品区域布局规划》确定本地的优势农产品和产业，紧紧围绕优势农产品产业带建设统筹安排农业综合开发项目。重点扶持优势区域内的农业基础设施建设，为发展优势农产品生产提供条件。对位于优势区域内开发县申报的农业综合开发项目，在同等情况下给予优先扶持。《优势农产品区域布局规划》以外的地区，也要围绕扶持具有地方特色的主导产品和产业安排项目。

（三）整合土地治理项目类型，突出中低产田改造

针对项目类型过多造成的重点不突出问题，土地治理项目又进行了整合，主要包括中低产田改造、生态综合治理、中型灌区节水配套改造3小类项目，以中低产田改造项目为重点。中低产田改造的内涵进一步丰富，目标是建成优质、高产、稳产、节水、高效农田和粮棉油糖等大宗优势农产品生产基地。中型灌区节水配套改造项目是根据需要新设置的一类项目，重点扶持为农业综合开发项目区提供灌排条件的、设计控制灌溉面积5—30万亩的中型灌区灌排骨干工程的配套完善和节水改造项目。同时，要求土地治理项目必须根据“统筹规划、集中投入、连片开发”原则，按灌区、流域或某一相对完整连片的耕地进行全面规划，其整体建设任务可分年连续实施。项目建设要突出解决制约当地农业生产的关键障碍因素，在此基础上进行山水田林路综合治理。严格控制项目个数，每个项目县每年原则上只安排1—2个项目。

（四）明确了项目县管理的基本原则

今后项目县管理，基本原则的主要内容是：对现有项目县实行总量控制，今后原则上不再新增项目县；对因项目和资金管理中存在违纪违规问题，造成工作损失或恶劣影响的项目县，要视情节暂停或取消其项目县资格，并且不准因此新增项目县；允许各地在保持项目县总数不变的前提下，采取“末位暂停”等办法，对少量项目县调进或调出，实现奖优罚劣，动态管理；建立项目县退出机制，已基本没有开发潜力的项目县要退出开发范围。这些原则为制定国家农业综合项目县管理办法奠定了基础。

（五）取消土地治理项目10%的有偿投入

土地治理项目进行的是农业基础设施和生态环境建设，提供的是公共产品或准公共产品，公益性强。同时，近年来有偿资金回收难度很大，不少地方存在各级财政垫付现象，出现了“上清下不清”现象；一些地方存在用当期有偿资金抵顶现象，造成项目的空转；一些地方有偿资金债务积累加剧，有可能形成基层财政风险。回收难直接导致了投放难，相当部分有偿资金出现了滞留。可以说，原来的有偿资金政策已难以为继，必须进行重大调整。因此，为适应公共财政管理的要求，国家农发办取消了土地治理项目现行的10%有偿资金投入，实行全部无偿投入。

（六）创新机制

适应社会主义市场经济和公共财政管理体制的要求，引入市场机制，利用市场手段，充分调动广大农民及社会各界参与农业综合开发的积极性，真正建立以农民为主体、政府辅助和引导、社会各方参与的运行机制。重点是创新四个方面的机制：一是完善以农民为主体的机制。土地治理项目的确立以“农民要办”为前提，充分尊重农民的意愿，采

用民主的方法，多与农民商量，努力把一家一户农民想办但办不了、办不好的事情，办实办好，让农民得到看得见、摸得着的利益。项目和资金的管理，要实行公示制，自觉接受项目区农民群众的监督。二是完善自我积累、滚动开发机制。用于土地治理项目的财政资金，总体上视为国家对农民的补助，但对有一定经济效益的机电井、苗圃及其他单项工程，要通过移交、拍卖、租赁、承包等方式，及时明晰产权，并将资产收益用于工程运行管护或继续用于滚动开发，确保项目工程长期发挥效益。三是完善财政资金的引导机制。充分利用市场机制，发挥财政资金"四两拨千斤"的作用，逐步形成全方位、多渠道、多途径的农业综合开发投入格局。四是形成资金配合机制。积极探索农发资金、扶贫开发资金、农业生态建设、农村中小型基础设施建设等资金相互配合、统筹安排的投资机制。2003年土地治理项目在机制创新方面进行了有益的探索，如：积极支持辽宁省阜新市城市经济向现代农业转型；积极探索云南省寻甸县农业综合开发与退耕还林、扶贫开发三类项目相结合的试点工作等。

（财政部国家农业综合开发办公室土地处供稿，吕彤轩、祖峰执笔）

农业综合开发多种经营项目管理

2003年农业综合开发多种经营项目管理工作针对过去管理中浓厚的计划经济色彩，不断完善政策，创新机制，是农业综合开发多种经营项目管理改革力度较大的一年，也是管理不断规范、项目和资金执行情况较好的一年。

一、2003年多种经营项目建设进展良好

经过各级农业综合开发办事机构和项目区广大干群的共同努力，2003年多种经营项目执行情况明显好于往年。

1. 财政资金投入力度加大。2003年农业综合开发共完成多种经营项目资金93.22亿元，其中，财政资金34.63亿元。在这部分财政资金中，中央财政资金为18.78亿元，地方财政配套资金为15.85亿元。财政资金投入增长较快。

2. 项目安排更趋合理。2003年多种经营项目在加大粮食主产区投入力度，重视种粮农民增收的同时，特别强调要根据区域资源和产业优势，按照产业化经营思路，扶优、扶大、扶强，着力扶持当地的主导产业。从项目安排的具体情况看，粮食主产区重点扶持优质专用小麦、专用玉米、高油大豆及畜产品等的加工项目，提高粮食等主要农产品的加工能力和转化增值能力，增加种粮农民收入和种粮积极性。黑龙江省农发办2000年以来投入资金3.2亿元，扶持奶牛、肉牛、生猪和蛋禽等畜牧养殖产业项目63个，新增奶牛、肉牛饲养量46万头、生猪3.4万头、禽686万只，转化粮食27 280万公斤，实现过腹增值2.7亿元；投资2.15亿元，扶持水稻、玉米、大豆、马铃薯等深加工项目40个，项目区新增粮食加工能力1.1亿公斤，实现加工增值0.5亿元。东部沿海地区以蔬菜、水果、茶叶、花卉、畜牧、水产品等出口农产品生产加工基地为主，以扶持资金密集、技术密集、劳动力密集的项目为载体，引进推广新品种、新技术，提高科技水平，增强农产品质量，全面提升农产品综合竞争能力。山东省鲁南牧工商公司，经过农业综合开发连续几年的扶持，由一个资产仅2 739万元，年产值不过3 605万元的小厂，快速成长为资产逾3.5亿元，年产值过8亿元，年利税达2 650万元的国家级重点龙头企业。2003年，农业综合开发扶持的该公司肉兔加工项目，年加工能力已达到2 000万只，出口量占全国的12%，加工和出口均

居全国第一位。鲁南牧工商公司在取得自身经济效益的同时，还发挥了巨大的社会效益，共带动肉鸡、肉兔农民专业户1.2万户，安排农村剩余劳动力及城镇下岗职工3万多人，一座占地1 500亩，集规模饲养、综合加工、科研开发于一体的现代食品城正在悄然兴起，促进了城乡一体化发展。西部地区以草畜产业、蔬菜产业、特色瓜果业、中药材、烟叶、花卉、棉花、草食畜、奶业等特色农业和生态农业为重点，大力扶持辐射带动作用强、市场前景广阔、开发潜力大的特色农产品加工、储运、保鲜等产业化龙头项目，带动项目区农民增收。农业综合开发2003年立项扶持的宁夏惠农县枸杞加工项目，主要生产精品枸杞、枸杞饮料、枸杞果酒、枸杞多糖片剂和冲剂、枸杞色素软胶丸、枸杞籽油软胶丸等枸杞系列产品，生产原料全部以定单的形式从农民手里收购，目前，已签定单3 000余份，直接带动当地3 000多户农民种植枸杞15 000亩，辐射带动作用明显。

2003年农业综合开发多种经营项目按照突出重点、集中投入和积极推进农业产业化经营进程的要求，进一步加大了对产业化龙头项目的扶持力度，特别是加大了对中央财政投资200万元以上的重点产业化龙头项目的扶持力度，在立项扶持的746个农业产业化龙头项目中，重点农业产业化龙头项目273个，占36.6%。从投资情况看，对这些重点产业化龙头项目共安排财政资金16.8亿元，其中，中央财政资金9亿元，地方财政配套资金7.8亿元。2003年有近40个产业化龙头项目的中央财政投资超过500万元，其中吉林省德惠市肉鸡养殖项目投入中央财政资金3 000万元，黑龙江省农垦总局北大荒米业有限公司精米加工项目投入中央财政资金2 100万元，新疆生产建设兵团乔尔玛食品有限公司优质小麦深加工项目投入中央财政资金1 050万元。

3. 各项规章制度落实得比较好。2003年多种经营项目管理工作在改革中进一步规范。各地认真贯彻落实国务院办公厅转发的《关于农业综合开发的若干意见》和财政部下发的《国家农业综合开发项目和资金管理暂行办法》等政策规定，将农业综合开发的各项规章制度落实在具体工作中。表现为：前期准备工作进一步规范，专家评审制度更为完善；严格执行经国家农发办批复的项目和资金计划，项目的调整、变更和终止按规定报批或报备案；项目组织管理和实施逐步走向市场；财政有偿资金按照“谁借款、谁受益、谁还款”的原则，完善借款合同，落实债务主体；无偿资金县级报账程序严密，手续齐全等。

4. 项目执行情况良好，预期效益显著。2003年的多种经营项目共发展经济林41.4万亩、蔬菜12.05万亩、花卉5.95万亩、药材13.68万亩；发展水产养殖39.17万亩、畜禽养殖15 136.83万头（只），新建加工项目231个，改扩建项目359个，建设农业生产服务项目78个。生产干鲜果品29 705.8万公斤、蔬菜79 198.97万公斤、花卉39 267.88万株、药材4 665.51万公斤、肉59 012.62万公斤、蛋1 425.95万公斤、奶49 268.22万公斤、水产品29 501.18万公斤。项目预期效益为：新增农业总产值340亿元、利税58.6亿元，安排农村劳动力193.5万人。

二、多种经营项目管理改革迈出坚实步伐

2003年，江西省玉山县多种经营项目实施和资金使用、管理中的问题，被中央电视台“焦点访谈”曝光，反映了农业综合开发多种经营项目和资金管理中还存在着不容忽视的问题，对此国家农发办从思想上、行动上高度重视，通过召开全国农业综合开发办公室主任会议、组织专题座谈会、开展全国范围内的资金和项目管理大检查等方式，认真查找问题、分析原因、研究对策，并以财政部文件下发了《关于改革和完善农业综合开发若干政策措施的意见》，出台了一系列的改革措施，向多种经营项目和资金的规范、科学管理迈出了坚实的步伐。

1. 明确扶持重点。财政部下发的《关于改革和完善农业综合开发若干政策措施的意见》明确指出，要“着力推进农业和农村经济结构的战略性调整，积极推进农业产业化经营，提高农业综合效益，增加农民收入”。为此，将多种经营项目更名

为产业化经营项目，下设产业化龙头和多种经营两类项目。产业化龙头项目重点扶持国家和省级产业化龙头企业，以农产品加工、储藏保鲜及产地批发市场项目为主，同时加强对农民专业合作组织的扶持；多种经营项目按照国家制定的优势农产品区域布局规划要求，集中扶持与龙头相配套的优势农产品种植、养殖基地，促进优势农产品产业带建设。

进一步加大对产业化龙头的扶持力度，将产业化经营项目中央财政资金的50%以上用于产业化龙头项目，充分发挥产业化龙头的辐射带动作用。同时要求单个项目的投资要尽可能按实际需要确定，单个多种经营项目中央财政资金一般不低于100万元，单个产业化龙头项目中央财政资金一般不低于300万元。

2. 在较大范围内择优选项。为广泛动员社会力量参与农业综合开发，在更大范围内择优选项，提高选项透明度，通过新闻媒体向社会公布产业化龙头项目申报指南，明确产业化龙头项目申报的指导思想、重点建设内容和其他相关要求。《2004年国家农业综合开发扶持产业化项目申报指南》已于2004年1月19日在《农民日报》发布。

3. 严格申报条件。《关于改革和完善农业综合开发若干政策措施的意见》明确规定，申报产业化龙头项目单位或其控股单位应具有独立的法人资格；经营期在两年以上，有一定的经营规模和经济实力，有较强的自筹资金能力；近两年资产负债率小于70%，银行信用等级A级以上（含A级）；有优势农产品基地作依托，开发产品市场潜力大，科技含量高，竞争优势明显；带动能力强，向农户采购的原料占60%以上，与农户建立了紧密、合理的利益联结机制；建立了符合市场经济要求的经营管理机制；经济效益好，能确保用企业盈利归还财政有偿资金。

多种经营项目须有明显的资源优势和特色，有龙头带动，有一定经营基础和规模。由农民专业合作组织、农户联合体、种养大户等承建多种经营项目，须提供经实地评估的有自筹能力、能保证资金安全运行的证明。由龙头企业承建的多种经营项目，侧重扶持具有辐射作用的基地设施建设及种苗、良种繁育项目。

4. 改革投资控制指标下达方式和资金分配方式。国家农发办分别下达土地治理项目和产业化经营项目的投资控制指标，同时将产业化经营项目投资控制指标由指令性变为指导性，根据项目准备及评审情况，确定各地产业化经营项目投资规模。某省（区、市）指导性指标如有结余，在全国范围内调剂使用。

5. 严格规范项目评审。进一步明确项目评估、审定权责，国家农发办只负责产业化龙头项目的评估、审定，其他项目由省级农发办评估、审定。属于省级农发办评估、审定的项目，不得层层下放。要严格项目评审标准，坚持专家评审和实地考察相结合，探索项目申报单位答辩的评审新模式。按照谁评审、谁负责的原则，建立严格的评审责任制。

产业化经营项目的部分评估审定权限下放到省级农发办后，要相应完善制约监督机制。要确保项目申报材料的真实性，如弄虚作假，一经发现要取消立项资格。要公开、公正、透明地选择扶持项目，全面推行项目招商，严格项目评审。

6. 改变计划审批方式。按照权责统一、分级管理的原则，中央财政投资300万元以上的单个产业化龙头和多种经营项目，经省级农发办事机构初步筛选后，报国家农发办评估、审定；其他项目由省级农发办事机构评估、审定。按照谁评审、谁批复的原则，中央财政投资300万元以上产业化龙头和多种经营项目年度实施计划由国家农发办审批，其他项目年度实施计划由省级农发办事机构审批，报国家农发办备案。

7. 完善财政资金投入政策。将产业化经营项目中一般多种经营项目的中央财政无偿、有偿资金比例调整为30:70，产业化龙头项目中央财政无偿、有偿资金比例仍执行20:80；调整产业化经营项目的有偿资金回收期限，由现在的第4年开始回收、第5年还清延长至第5年开始回收、第6年还清。

8. 积极探索多元化扶持方式。按照产业化龙头企业发展的实际需要、农民直接受益程度等因

素，积极探索贴息、投资参股、借给有偿资金等灵活多样的扶持方式。充分利用市场机制，发挥财政资金“四两拨千斤”的作用，吸引民间资本、工商资本和外资等投入农业综合开发。2003年国家农发办在深入研究、实地调查的基础上，已初步完成了投资参股试点办法，并对投资参股项目管理、申报等提出了初步意见。

9. 坚持扶持与监管相结合。把对龙头企业的积极扶持与严格监管结合起来，加强产业化经营项目的中期检查和运行监管。防止企业多头申报项目，严防资不抵债、经营业绩不良和不能有效带动农民增收的企业，骗取国家财政资金。严明工作纪律，加强资金管理，确保资金安全运行和有效使用。

三、调研、统计和宣传工作扎实有效

为夯实多种经营项目管理基础，争取各级政府和社会各界对农业综合开发多种经营项目的关心、支持，2003年全国各级农业综合开发办事机构都加强了调研工作，认真整理了历年统计材料，加大了宣传工作力度。

2003年，全国各级农业综合开发办事机构结合项目和资金大检查，围绕多种经营项目改革等开展了形式多样、卓有成效的调查研究。如国家农发办组织了“关于如何积极扶持农业产业化龙头、农村合作经济组织和农产品专业协会”的调研，提出了多种经营项目改革的总体思路；国家农发办组织的“关于投资参股经营有关问题”的调研，通过对农业综合开发投入机制的探索，回答了在市场经济条件下，如何发挥公共财政的职能，如何适应WTO规则的问题；国家农发办组织的其他专题调研，都为完善政策、深化改革提供了依据。同时，各级地方农发办事机构也都组织了大量的调查研究，形成了许多有价值的调研报告，为进一步强化和完善多种经营项目管理奠定了坚实的基础。

为回顾多种经营项目在扶持农业产业化方面取得的成效和经验，明确今后的发展方向和重点，2003年4月13日至5月18日，国家农发办在《经济日报》第四版开辟了《农业综合开发扶持农业产业化经营巡礼》专栏，以每周一次、每次半个版面的频率和篇幅，以扶持农业产业化经营为重点，连续六次进行宣传报道，做到了版面固定、醒目，时间连续、集中。宣传报道的内容既有对全国农业综合开发扶持农业产业化成效、经验的总结和对今后工作的指导意见，又有有关省（区、市）在扶持农业产业化方面成功的经验和做法，从有关省（区、市）的典型材料看，既有对发展思路的概括，又有对扶持某一产业成功经验的诠释，是对农业综合开发扶持农业产业化发展一次系统、深刻和有份量的报道，取得了良好的社会效果。地方各级农业综合开发办事机构也通过新闻媒体，采取多种形式对农业综合开发进行了宣传报道，取得了较好的宣传效果。

四、多种经营项目管理中一些亟待解决的深层次问题已提上研究日程

1. 积极探索多元化扶持的具体方法。为贯彻《关于改革和完善农业综合开发若干政策措施的意见》，充分利用市场机制，发挥财政资金“四两拨千斤”的作用，吸引民间资本、工商资本和外资等投入农业综合开发，正在研究按照龙头企业发展的实际需要、农民直接受益程度等因素，积极探索贴息、补贴、投资参股、借给有偿资金等灵活多样的扶持方式的具体操作办法。

2. 积极探索投入机制改革。投资参股经营是多种经营项目投入机制改革的突破口，要进一步研究投资参股经营项目的重点和范围、申报和评审、资产评估和国家股确认、运营和监管、退出和滚动发展等。

3. 积极开展多种经营分类项目建设标准研究。按照经济林和花卉、蔬菜和茶叶、畜禽养殖、水产养殖、农产品加工和产地批发市场等5个分类邀请有关专家进行深入研究，广泛听取地方农发办事机构的意见，早日出台产业化经营项目建设规定，为产业化经营项目立项、建设和检查验收等提供参考依据。

4. 积极开展产业化经营项目管理改革的深化

研究。针对项目在实施过程中可能出现的问题进一步加大调研力度，从项目申报、审批、实施、竣工完成、发挥预期效益等各方面对农业综合开发产业化经营项目进行比较系统全面地研究和探索，使农业综合开发产业化经营项目充分体现先进性和超前性。

（财政部国家农业综合开发办公室多种经营项目处供稿，栾海波执笔）

农业综合开发科技项目管理

提高项目科技含量和项目区农民科技素质是农业综合开发的一项重要任务，也是提高项目区农产品市场竞争力，促进农业增效、农民增收的重要手段。因此，农业综合开发逐步加大对科技的投入力度，推广先进适用农业技术，引进示范高新技术，加强农民技术培训，通过推动农业科技进步，在促进农业增效、农民增收中发挥示范和带头作用。

一、科技投入概况

农业综合开发资金中的科技投入，包括土地治理项目中的科技投入、产业化经营项目中的科技投入和科技示范项目投入三部分。2003 年，土地治理项目及产业化经营项目中的科技投入继续用于项目技术服务、技术培训、推广良种良法及购买必要的仪器设备等公益性投入。科技示范项目仍然以示范推广先进适用农业技术为主要建设内容。高新科技示范项目侧重于生物工程技术、农业信息技术、新型材料技术和其他前沿农业技术等农业高新技术的示范应用；科技推广综合示范项目仍以大规模推广先进适用农业技术为主，促进区域农村经济发展；农业现代化示范项目重点加强农业基础设施、投入要素、农业科技和经营管理体制等方面的建设。

2003 年，农业综合开发继续增加用于科技方面的投入。其中，土地治理项目完成科技投入 7.04 亿元，重点用于加大项目区新品种、新技术示范推广和对农民的技术培训力度；科技示范项目完成投入 8.85 亿元，其中中央财政资金 2.48 亿元，地方财政配套资金 2.97 亿元，银行贷款 1.24 亿元，自筹资金 2.16 亿元，显著高于 2002 年科技示范项目投入水平。

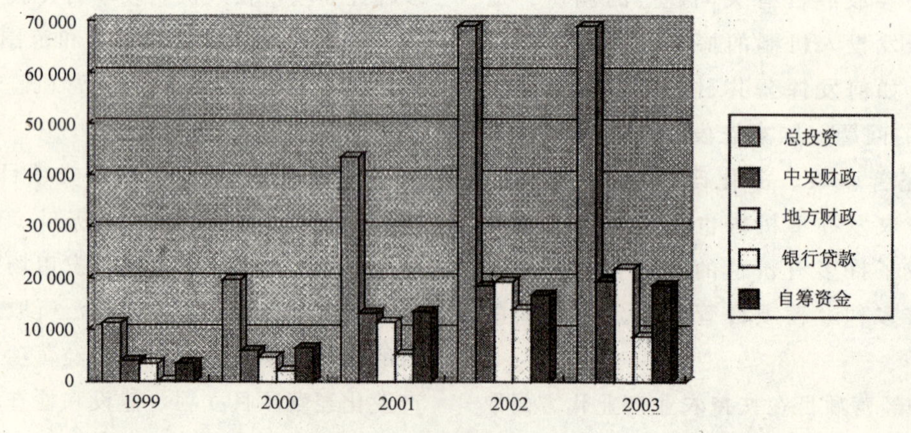

图一 1999—2003 年科技示范项目投入增长情况（单位：万元）

二、科技示范项目建设

农业综合开发科技示范项目，包括高新科技示范项目、科技推广综合示范项目和农业现代化示范项目，是农业综合开发的重要组成部分。

2003年科技示范项目申报的指导思想和原则是，按照国家农业综合开发第四次联席会议提出的“两个着力、两个提高”的要求，以市场为导向，以效益为中心，在改善农业基本生产条件的基础上，着力进行农业先进适用技术的推广示范及农业高新技术示范，加速科技成果转化，推动项目区农业科技进步，培育区域主导产业，调整和优化农业产业结构，促进产业化经营，探索形成不同区域最先进适用的开发模式。

2003年，农业综合开发围绕充分发挥科技示范项目的示范推广和辐射带动作用，提高项目区科技含量和农民科技素质，做了大量工作。全年新立项科技示范项目36个，其中农业高新科技示范项目3个，科技推广综合示范项目29个，农业现代化示范项目4个；在建科技示范项目87个，其中农业高新科技示范项目26个，科技推广综合示范项目49个，农业现代化示范项目12个。

三、科技示范项目管理

经研究，国家农业综合开发从2004年起不再新立科技示范项目。但是，考虑到以前年度立项的科技示范项目较多，尤其是在建的项目如果疏于管理，就不能善始善终建设好，而且经立项的项目，不论哪一类，一旦出现问题，都会对整个农业综合开发事业造成不良的影响，因此对科技示范项目的管理提出了严格要求。

1. 对在建的科技示范项目要善始善终管理好，绝不能因不再新立科技示范项目而放松管理。承担科技示范项目的各级农发（财政）管理部门，要指定专人负责该类项目的管理工作，并落实相关责任。要克服“重申报、轻管理”，“重投入、轻效益”的倾向，把发挥已建成科技示范项目的作用放在比建设更为重要的位置。

2. 确保科技示范项目资金真正用在项目建设上。要保证各类资金及时足额到位，严格按规定用途和经批准的项目计划使用资金。尤其要切实加强无偿资金管理，严格实行县级报账制。对于科技示范项目资金使用情况，国家农发办在适当时候要进行专项检查，各省（区、市）农发办（财政）要进行定期检查。如滞留、挤占挪用项目资金或擅自调整项目计划，一经查实，要从严处理并终止项目，收回资金。

3. 加强科技示范项目财政无偿投入所形成国有资产的管理。凡属财政无偿投入所形成的国有资产，都应当明晰产权归属，明确各自权责，防止国有资产流失。国家农发办在《关于贯彻落实改革和完善农业综合开发若干政策措施意见的具体措施及分工》中，将此作为一个重要问题作专题研究，在充分调研的基础上，积极探索农发国有资产管理的有关问题，研究制定科技示范项目财政无偿投入形成国有资产的管理政策和措施。

4. 积极探索科技示范项目运行机制。科技示范项目是投入比较集中且科技含量比较高的项目，既要努力把项目建设好，又要在项目建成后有一个好的运行机制。要积极探索符合市场经济发展要求的项目运行机制，使科技示范项目真正发挥示范带动作用。

5. 为了规范和加强科技示范项目管理工作，对《国家农业综合开发专项科技示范项目管理试行办法》（以下简称《试行办法》）文稿进行修改完善，同时征求部分省（区、市）农业综合开发项目和资金管理单位以及部分农业科研教学单位专家意见，完成了《试行办法》的修改工作。虽然今后不再新立科技示范项目，但对今后在建项目管理和即将实施的世行科技示范项目的管理有一定借鉴意义。

四、科技投入成效显著

2003年，农业综合开发土地治理项目科技投入支持完善农业服务体系建设2 790个，完善农产品质量检测体系468个，对农民开展技术培训1 083.70万人次，购置科技推广、示范、培训仪器设备7 521台套，明显提高了项目区乡镇农业技术服务能力，示范推广了一大批先进成熟适用的农业技术，显著提高了农民科学种田水平，促进了农业结构调整，提高了农业效益，增加了农民收入。

2003年，通过科技示范项目建设，农业综合开发项目区引进、示范、推广优新品种1 492个，示范推广应用先进适用技术841项，不算辐射带动，仅示范推广规模就达200多万亩，总结形成了一些先进成熟适用的技术体系和开发模式，有效地推动了农业科技成果产业化进程，一批具有发展前景的主导产业得到了较大的扶持，项目区农业产业化经营水平得到了明显的提高，较大幅度地提高了区域优势农产品市场竞争力，显著提高了农业效益，增加了农民收入。

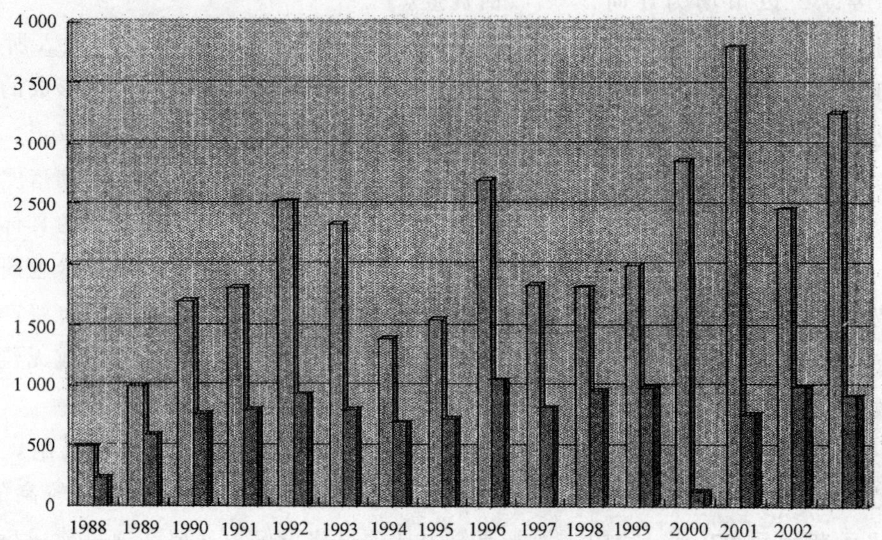

图二　1988—2003年土地治理项目科技措施主要任务完成情况

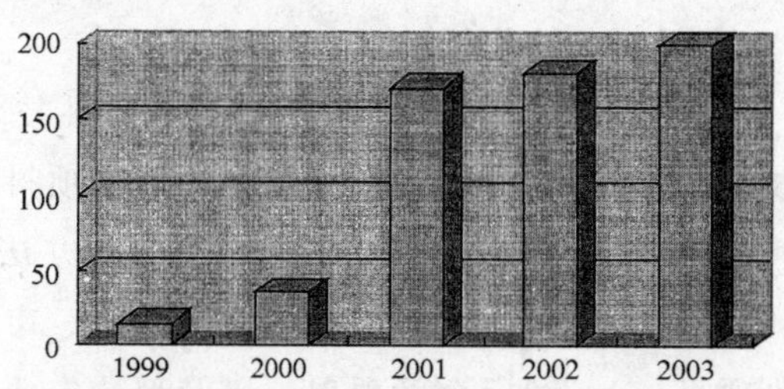

图三　1999—2003年科技示范项目示范推广面积情况

五、以科学发展观推动农业科技进步

（一）努力提高项目科技含量和效益

“科技是第一生产力”。我国的农业落后，说到底是科技的落后。农业的根本出路也在于科技的发展。科技决定着未来农产品市场的份额和农业发展的前景，进而决定着农民的收益。面对世界科技日新月异发展的形势，我国必须走用科技推动农业发展的道路。我国农业发展的科技贡献率是42%，同发达国家的60%—80%相比还有很大差距。农业综合开发中农业科技进步贡献率是45%，同全国平均水平相比仅高出3个百分点。这说明农业综合开发在依靠科技进步方面虽然已经取得了一定的成绩，但是还有很大潜力可挖。国务院办公厅转发财政部《关于农业综合开发的若干意见》规定，要进一步加大科技投入力度，逐步将财政资金中科技投入比例提高到10%。2003年，农业综合开发科技投入约占农业综合开发总投入的6.68%，科技总投入中的财政投入约占财政总投入的7.76%以上，比以前年度有较大幅度的提高，但离10%的

比例还相差甚远。因此，今后农业综合开发要不断提高对科技方面的投入比重，全面提高项目的科技含量，积极支持项目区良种繁育和推广体系建设，广泛采用先进适用技术全面提高农产品质量、效益和国际竞争力，进一步提高农民科技文化素质。

（二）大力推进农业产业化经营

农业综合开发通过多年土地治理和产业化经营项目扶持，为我国农业向现代化迈进打下了坚实的基础。今后要在此基础上积极探索支持农业产业化龙头企业、农业专业合作经济组织和农产品行业协会的有效形式，重点支持市场前景好、经济效益高、带动效应大、农民受惠多的龙头企业、合作经济组织和专业协会的发展，引导和组织千家万户进行标准化生产，努力提高农产品质量标准和科技含量，实行品牌化上市，使农业生产与市场有效对接，促进农民稳定增加收入。在新一届政府国家农业综合开发联席会议第一次会议上回良玉副总理提到，今后要在调研的基础上，尝试扶持农民专业合作经济组织和农产品行业协会。就此问题，2003年国家农发办作了专题调查研究，今后拟通过调整支出结构予以适当扶持。

（三）以机制创新促进项目良性发展

农业综合开发今后在土地治理项目中要大力推广节水技术和旱作农业技术，加快种子、种苗和种畜繁育体系建设，加快品种更新换代，加强先进适用技术推广，把农业综合开发项目区建成农业科技示范区和推广基地。产业化经营项目要继续积极探索市场导向机制、多元投入机制、产业化经营机制、企业化管理机制和技术合作机制等，提高项目科技含量，延续科技开发的生命力，促进农业综合开发项目良性发展。要完善农业信息服务、农产品质量标准体系及检验服务建设，实现农户小规模生产与农产品大市场相结合，推进农业现代化建设进程。

（四）以科学发展观指导科技开发工作

党的十六届三中全会提出要牢固树立以人为本，全面、协调、可持续的科学发展观。对于农业综合开发科技工作，一要以人为本，即把农民的利益作为一切工作的出发点和落脚点；二要全面发展，即统筹兼顾，着眼于效益、社会、生态等各方面的发展；三要协调发展，即要各方面发展相互衔接、相互促进、良性互动；四要可持续发展，就是既要考虑当前利益，又要兼顾未来发展的需要。根据这些要求，我们要本着为农民谋利益，既讲求经济效益又保证可持续发展的原则来确定农业综合开发科技项目扶持的内容、扶持的方式、资金的投向、效益的评价等诸多环节，努力实现综合效益的最大化。

（财政部国家农业综合开发办公室科技处供稿，吴洪伟执笔）

农业综合开发外资项目管理

2003年，农业综合开发利用外资项目取得新的进展：在继续做好利用世界银行贷款加强灌溉农业二期项目（以下简称“世行二期项目”）后续工作的同时，经国务院批准列入利用世界银行贷款2003—2005财年备选项目规划的农业科技项目（以下简称“世行科技项目”）和加强灌溉农业三期项目（以下简称“世行三期项目”）开始启动；利用英国政府赠款实施“面向贫困人口的农村水利改革项目”获得批准。

一、继续做好利用世界银行贷款加强灌溉农业二期项目后期工作

截至2003年底，实施世行二期项目的河北、江苏、安徽、山东、河南5省投资计划和建设任务

全面完成。自1998年实施世行二期项目以来，5省累计完成投资70.32亿元，占计划的101.3%；累计改造中低产田2 300.3万亩，占计划的100%。2003年围绕该项目后期建设所做的主要工作有：

（一）顺利完成世行二期项目国内竣工验收

世行二期项目既是外资项目，同时又是国内农业综合开发项目的一个重要组成部分，因此在项目的竣工问题上，既要符合世行项目的后评估要求，又要满足国家农业综合开发的验收标准。

根据国家农发办的统一部署，从2003年初开始，世行项目区5省陆续进入了项目自验阶段。自验分县、地（市）、省三个层次，地（市）级农发部门对所有项目县进行全面验收，省级农发部门在各地（市）全面验收的基础上，抽取不少于50%的项目县进行复验。验收内容包括项目建设任务完成及质量情况、资金使用和管理、招标采购、报账支付、自主管理灌排区建设、工程运行维护以及项目效益等。

在省级农发部门复验合格并申请进行总验收的情况下，国家农发办从2003年12月份开始，分4个组对世行二期项目实施5年来的总体情况进行验收，每个省重点抽验3—5个项目县。

从验收情况看，各省均完成了国家农发办批复的各项投资及建设任务，项目建设不仅取得了显著的经济效益、社会效益和生态效益，而且成功引进并应用了世行先进的项目管理方法，包括招标采购、支付报账、监测评价等。此外，项目建设中还在加强工程建后管护，创新管护机制方面进行了有益的探索和尝试。总之，项目建设达到了预期项目目标。

验收过程中也发现各省在项目和资金管理方面还存在一些问题，如农发部门与财政部门分设造成项目管理与资金管理衔接不够；个别省、市擅自调整财政资金配套比例，加大了县级财政配套困难；个别抽验县存在自筹资金管理不规范、有偿资金提前回收、报账材料不齐全等问题；在工程建设方面，因项目时间跨度较长，各省不同程度存在部分工程和建筑物损坏现象；在招标采购方面，个别抽验县存在合同议标情况，评标小组人员构成不尽合理，评标过程的原始资料不完整等情况。这些问题与不足，有待在今后的项目建设中加以改进。

（二）世行进行了第十次检查，并予以高度评价

2003年10月16日至11月6日，世行方面派出了第十次检查团，对世行二期项目进行实地检查。检查内容包括：项目总体进展情况，管理信息系统运行情况，农民用水者协会发展及质量，2002年度审计结果，保护地下水及控制地下水超采的措施，水费，大坝安全，采购，运行和维护计划，量水设施安装等。世行检查团对项目执行情况给予了高度评价，他们在备忘录中写道："世行二期项目现已基本完成，项目的管理非常有效，实施是高标准的，没有突出的遗留问题，——项目的实施是杰出的。世行二期项目为重要的灌溉管理改革引了路；在帮助农民应对加入WTO后的竞争上，显示了农业综合开发样板的力量；项目中还引进了可用于国家农业综合开发项目的新的运行和管理方法。"因此，检查团再次将该项目评为"非常满意"项目。

（三）精心编制，按时提交监测报告

从2003年初开始，各项目省精心组织人员力量编制项目年度监测报告，报告中详述了上年度项目工程及资金完成情况、采购完成情况、提款报账完成情况，项目法律文件中特别关注的问题（如大坝安全、地下水、水费等），以及项目建设过程中存在的问题和所采取的措施等。同时，各项目省分别委托省水文水资源局、省农业厅土壤肥料总站和省环保部门，按照统一的技术规程要求，完成了地下水、土壤肥力和环境质量三份专业监测报告。在分省报告的基础上，国家农发办完成了汇总报告，并按照项目法律文件的要求，将各省年度监测报告和专业监测报告以及国家农发办的汇总报告于3月底按时提交世行。

（四）加强培训与交流，确保项目后期工作顺利进行

为巩固和发展世行二期项目灌区管理体制改革的成果，3月22—24日，国家农发办和世行方面在河北省唐山市共同举办了自主管理灌排区培训

班，与会人员近100人。培训班采取专家授课与现场考察相结合的方式，总结了发展自主管理灌排区工作的经验与做法，就发展自主管理灌排区所涉及的各个方面进行了专题培训，取得了良好的效果。此外，国家农发办还分别就世行二期项目财务管理、报账支付、竣工报告中项目经济评价等有关问题多次举办小型研讨会，及时总结工作经验，研究解决存在的问题，确保项目的后期工作顺利进行。

（五）积极配合，顺利通过世行审查和国家审计

2003年8月，世行随机抽查河北省，进行了采购后审和财务管理审查，国家农发办和河北省农发办及有关市、县积极配合，顺利通过了审查。第四季度，国家农发办和各省、市、县农发办配合各级审计部门完成了世行二期项目2002年度审计工作。世行审查和国内审计没有发现重大违规违纪问题。

二、启动利用世界银行贷款农业科技项目

2003年1月23日，财政部以财发函［2003］2号文《财政部关于报送〈利用世界银行贷款农业科技项目建议书〉的函》，向国家计委（现更名为国家发展和改革委员会）报送了世行科技项目建议书，标志着该项目正式启动。

该项目世行贷款由中央财政统借统还，对内实行农业综合开发科技项目政策。为了提高项目管理水平，使更为广大的农业综合开发项目区能够借鉴世行项目管理的先进经验，并起到以点带面的作用，该项目选择陕西、湖南、黑龙江、安徽4省作为项目区。

该项目贷款总额1亿美元，分配到各项目省额度为：陕西4 000万美元，湖南、黑龙江、安徽各2 000万美元。根据国家农业综合开发配套资金政策，各项目省地方财政配套资金为各自贷款额度的一半，农民自筹资金为各自贷款额度的70%。按此政策计算，该项目投资总额为18.19亿元，其中陕西省7.28亿元，湖南、黑龙江、安徽分别为3.64亿元。为了这个贷款项目，一年中主要做了四个方面的工作。

（一）明确有关政策，为项目前期准备工作的顺利开展奠定基础

按照国家农业综合开发的有关规定，结合项目的实际情况，同时考虑世行方面的要求，国家农发办明确了诸如项目选择标准、投入机制、投入标准等相关政策，使项目前期准备工作得以顺利开展。

（二）编制、完善项目建议书，以便尽早通过国家发改委审批

2003年初，国家农发办完成了科技项目建议书的编制工作，并以财政部名义上报国家发展与改革委员会。根据该委的初审意见，国家农发办对建议书进行了修订、完善，并于8月份重新上报，由该委委托中国国际工程咨询公司进行评估、论证。

（三）举办研讨会、培训班，扎扎实实进行项目前期准备

2003年初，国家农发办与世行专家共同组织项目4省有关人员举办科技项目研讨会，研究如何进行项目选择，如何编制投资概算等问题。11月，国家农发办在湖南长沙举办培训班，就项目准备过程中发现的问题进行探讨，并就世行项目管理、采购、报账提款等进行专题培训。通过举办研讨会、培训班，集思广益、开阔思路，使项目准备工作少走弯路，大大减少了工作量。

（四）认真做好世行项目准备和预评估工作

世行方面分别于3月24日—4月5日，8月25日—9月5日两次派出项目准备团到项目4省实地考察，并于12月1日—19日对项目进行预评估。为配合世行工作，国家农发办积极准备有关文件、资料等，并派人陪同世行专家深入项目区进行实地调查，保证了世行项目准备和预评估工作顺利开展。

三、启动利用世界银行贷款加强灌溉农业三期项目

2003年1月23日，财政部以财发函［2003］3号文《财政部关于报送〈利用世界银行贷款加强灌溉农业三期项目建议书〉的函》，向国家发展和改革委员会报送了世行三期项目建议书。根据国家发改委的初审意见，项目建议书应由具备甲级资质的

单位编制。11月，国家农发办委托具有工程咨询甲级资质的农业部规划设计研究院重新汇总项目建议书，并报国家发展与改革委待批。

与此同时，世行方面于10月16日至11月6日对世行三期项目开始了第一个鉴定团的工作。世行专家与国家农发办和项目5省有关人员就项目进度、项目建设内容和下一步的工作安排等问题进行了详细研究和探讨。

四、利用英国政府赠款实施“面向贫困人口的农村水利改革项目”获得批准

利用英国政府赠款实施“面向贫困人口的农村水利改革项目”原计划于2003年初开始实施，由于英国国际发展部内部事务以及随后我国的“非典”疫情等原因，项目准备相应推迟。9月份英国国际发展部和世行方面又恢复了该项目的申请准备工作。其后，国家农发办与英国国际发展部、世界银行、水利部就该项目的资金额度、政策措施、项目区选择、国内配套资金比例以及项目进度安排等问题进行了多次讨论协商，并积极与世行方面配合，提供相关资料，使项目准备工作取得了实质性进展。该项目于2003年12月获得英国政府正式批准。

（财政部国家农业综合开发评审中心外资处供稿，王兰英、罗禄勇执笔）

农业综合开发项目评审、检查和验收

2003年农业综合开发项目评审、检查和验收工作，紧紧围绕加强项目监管这个核心，进一步改进方式方法，加大工作力度，提高工作质量，为提高农业综合开发工作水平，发挥了重要作用。

一、项目评审、检查和验收

（一）做好项目评审工作

2003年，国家农发办改进项目评审办法，将原应由自己负责评审的拟建项目全部委托专家评估，并试行了专家独立评审办法。2003年5月，《国家农业综合开发办公室关于委托评审2003年科技示范项目的通知》决定对10个专项科技示范项目和5个现代化示范项目进行评审。之后，根据这些科技项目涉及的专业，共委托了18位在京的专家教授，进行项目可行性研究报告单独阅评。在此基础上国家农发办组织了4个小组，对吉林松原等8个省（区、市）的有关项目进行实地考察。经过国家农发办认真研究，对9个科技示范项目和4个现代化示范项目批准立项，吉林长春高新科技项目和黑龙江哈尔滨现代化科技示范项目因存在产权归属不明等问题，未同意立项。

（二）针对问题，及时组织开展各项检查

1. 组织复查1999—2001年竣工项目验收整改情况。为督促地方切实对2002年竣工验收项目存在的问题进行整改，2003年3月4日，国家农发办下发了《国家农业综合开发办公室关于核查2002年竣工验收项目存在问题整改情况的通知》，决定对陕西、重庆、青海、甘肃、广西、贵州、湖南、湖北等8个省（区、市）1999—2001年竣工项目验收整改情况进行复查。4月20日国家农发办组织4个复查小组，每组4人，历时10天，分赴这8个省进行实地核查。检查组听取地方整改汇报，针对竣工验收报告提出的问题，逐项核查了整改措施，现场核对项目工程整改情况。这是国家农办首次对地方验收项目存在问题的整改情况进行实地核查。核查结果令人满意，并且为颁发竣工验收合格证提供了进一步的证明资料。

2. 组织开展全国农业综合开发项目和资金大检查工作。2003年6月25日和6月29日，中央电视台“焦点访谈”栏目分别对江西玉山县农业综合

开发多种经营项目和山东安丘市农业综合开发土地治理项目管理中存在的严重问题进行曝光。为认真吸取教训，切实改进农业综合开发管理工作，6月30日国家农发办下发了《国家农业综合开发办公室关于立即组织开展农业综合开发项目和资金管理大检查的紧急通知》，指出玉山县和安丘市暴露出的问题如不能采取得力措施加以解决，必将影响农业综合开发事业的发展，各级农业综合开发办事机构要将此次大检查提到事关农业综合开发事业前途命运的高度来认识。同时规定了对2000—2002年各类项目和资金的检查重点，明确采用自查和督察相结合的方式。各级农发部门根据该通知随即展开声势浩大的项目和资金自查工作。为保证大检查工作落到实处，在各地自查过程中，国家农发办共派出22人组成7个督察组，赴地方检查落实情况，同时下发了《关于农业综合开发项目和资金管理大检查不得走过场的紧急通知》，对大检查工作进一步提出具体要求。8月初，国家农发办专门召开会议通报全国项目和资金大检查情况，肯定了大检查工作取得的成绩，指出了存在的不足，并对进一步做好整改工作提出了具体要求。

为了核查地方自查情况，国家农发办又委托财政部监督检查局组织驻地方财政监察专员办，于9月和10月对江西、湖北、广东、重庆、贵州、陕西、甘肃、新疆生产建设兵团和黑龙江农垦总局9省（单位）的2000—2002年农业综合开发项目和资金管理情况进行了重点检查；对山东、河北、河南3省的情况进行了全面检查。对这次大检查查出的严重违纪问题，国家农发办及时处理，其中取消了3个项目县，并通报全国。同时对违规违纪问题逐一分析原因，有针对性地制定了整改措施。

2003年12月，国家农发办还积极配合审计部门，组织专门力量对广东农业开发项目资金进行了专项检查。同时，针对审计部门例行审计提出的问题，国家农发办也组织力量做了进一步的检查，对存在问题按有关规定进行处理，得到了审计部门的肯定。

3．草拟中期检查的有关规定和暂行办法。为加强中期检查工作，指导多种形式中期检查工作的开展，国家农发办拟定了《国家农业综合开发项目中期检查管理暂行办法》和《社会中介机构参与农业综合开发项目验收及检查的暂行办法》等规定。

（三）探索项目验收新方式和方法，进一步做好项目验收管理工作，努力提高项目验收工作水平和验收质量

按照农业综合开发竣工项目验收的有关规定，从2003年3月起，国家农发办开始进行2000—2002年竣工项目验收布置工作。3月4日下发了《国家农业综合开发办公室关于做好2003年国家农业综合开发竣工项目验收的通知》，明确了2003年竣工项目验收的范围、时间和具体要求等事宜。8月15日国家农发办又进一步下发《国家农业综合开发办公室关于2000—2002年竣工项目验收的通知》，除对验收范围与依据、验收内容和组织做出进一步要求外，还重点对竣工项目验收评价工作做了细致而严格的规定，明确列出可直接将竣工项目评为不合格的四条规定，并且对在验收中可能查出的问题也提出了处理意见。9月10日至11月15日，国家农发办组织了4批12个验收组（包括两个委托地方的验收组），委托河北、河南和山东3省地方财政专员办组织了11个验收组，采取按一定比例随机抽样确定重点的办法，对15个省（区、市）农业综合开发项目、13个高新科技示范项目、4个专项项目、3个水利骨干工程项目和1个林业项目进行验收。此次验收共涉及908个县（市）、62个县（团）级国营农场，抽查了17个地市（州）、91个县（市、区），抽查数量占总量的11.13%。

为搞好2003年验收工作，国家农发办以加强项目管理、提高项目建设水平为中心，着力加强了以下几方面的工作。

1．进一步修改完善了以《验收工作手册》为主的一系列办法和表格，增强了该手册对验收实践的指导性。针对一些问题和新情况，国家农发办将原手册的九部分内容缩减为六个部分，对每部分进行精简和更新。新手册的六部分包含了所有验收工作必须具备的基本知识和基本验收方法，列举了项目和资金验收中的常见问题及其检查办法，优化了

验收评分标准和各种验收项目检查表。许多地方同志认为，该手册很实用，对验收工作的各环节很有指导意义，使许多过去难以掌握的验收工作落到了实处。当然该手册仍存在一些问题，如评分标准的确定不够合理等，需进一步加以修改完善。

2. 狠抓抽验工作的几个主要环节。国家农发办针对近年来在农发系统和项目管理上出现的一些问题，狠抓了竣工项目验收工作中对几个重要环节的检查，即重点检查擅自调整项目计划、疏忽建设项目工程质量、挤占和挪用项目资金、未按国家规定完成地方各级财政配套资金等等问题。国家农发办对每个验收小组都进行有针对性的事前培训，使之能够在实际验收时按规范程序，认真细致地追查项目计划执行情况和资金使用情况，取得了较好的效果。

3. 积极探索多种形式的竣工项目验收办法。为增强地方农发机构的责任感，发挥地方财政专员办的职能作用，2003年国家农发办对竣工项目验收工作方式做了变革，采取了直接组织验收和委托验收两种形式。直接组织验收是指按前几年的做法，组织验收组对被验收单位进行抽验；委托验收指国家农发办委托地方农发部门和地方财政专员办对被验收单位进行抽验。2003年国家农发办委托黑龙江省和湖北省农发办，分别对浙江省和安徽省的农发竣工项目进行验收。受委托的两省对交办的工作都高度重视，精心组织，所派人员精明能干，认真负责，圆满完成了验收任务。同时，国家农发办还委托河南、河北和山东三省财政监察专员办，对各自所在省的农发竣工项目进行验收。三省财政监察专员办从上到下表现出高度负责的态度，积极准备、认真细致、实事求是地完成了检查验收工作。

4. 完善项目验收制度建设。2003年国家农办拟定了《农业综合开发竣工项目省际间互验试行办法》、《社会中介机构参与农业综合开发项目验收及检查方法》和《农业综合开发项目验收、考察和检查人员责任制》。还草拟了《农业综合开发竣工科技项目验收办法》，深入反思几年来农业综合开发的验收工作，探讨农发竣工项目验收办法的变革。

二、工作成效和存在的问题

(一) 工作成效

1. 第一次委托地方农发机构和财政监察专员办单独完成了农发项目验收和检查工作，为农发项目管理注入了新理念和新方式。2003年国家农发办所采取的两种不同形式的委托，从受托单位的组织准备直到查验结果来看，都是成功的。被委托单位能站在第三者的立场，以较为客观的眼光和态度，严格按国家农发办有关规定和要求，进行认真细致的工作，做出了有理有据、客观公正的评价和结论。这种新的检查和验收方法对今后改革方向的确定有很好的导向作用。

2. 调动了地方各级部门管理项目的积极性。2003年国家农发办对竣工项目存在问题的复查，切实抓住竣工项目验收的几个主要环节查深、查透，以及开展项目和资金大检查，对验收、评审和检查中出现的问题，一视同仁严加处理等一系列工作，严肃了纪律，整顿了作风，使地方及项目建设单位的责任感得以强化，地方各级的管理意识和自觉性明显提升，有效地促进了地方各级机构管理项目的积极性。

3. 修改拟定了项目验收、评审和检查等方面的办法，努力做到规则与行为的高度统一。这对于规范今后的工作，促进各项工作健康、有序地开展，具有重要意义。

(二) 存在的问题及改进意见

1. 竣工项目责权划分不尽合理。国家农发办对竣工项目验收一直采取层层验收办法，这种办法逐步暴露出一些问题。如：各级农发机构权责划分不合理，基层农发机构或项目建设单位疲于应付上级部门验收，影响了项目监管工作等。因此，要修订农业综合开发项目验收办法，合理划分国家农发办和地方农发机构的权责。应停止层层验收竣工项目的办法，取消县级农发机构自验，使其专心负责项目建设和日常管理工作。要加大地方省级农发机构对本级批准和国家农发办批准项目竣工验收的职权。国家农发办则应加强对整个竣工项目验收的指导和监督。

2. 评审工作效果有待进一步提高。目前评审工作办法单一，对专家在评审中所起作用认识不到位，没有开展对专家的管理和培训工作，致使专家评审的作用没能得到较好的发挥。因此，有必要对长期以来的评审工作进行一次全面检讨，修订项目评审办法，加强专家评审的作用，搞好专家管理工作。

3. 中期检查环节薄弱。主要表现在中期检查在时间、内容和形式等方面没有规范，中期检查工作的开展相对滞后。因此要加强中期检查工作，提高对中期检查工作重要性的认识，采取有力措施，加大对中期检查人员等方面的投入，制定相应的管理规定和办法，逐步使中期检查工作制度化。

（财政部国家农业综合评审中心评审处供稿　王毅洪执笔）

农业综合开发信息系统建设与干部培训

一、认真抓好信息系统建设

一是及时召开信息系统工作小组会议，研究落实“金财工程”建设有关要求。结合农业综合开发的工作实际，设计修改新增了档案管理模块；在内部局域网上开设了英语九百句、情景对话等学习园地；申请了国家农发办网上域名，并将标志性符号“ACD”在国际互联网上成功注册；研究了农业综合开发项目数据库课题。

二是遵照国家有关信息管理的规定，经多方收集资料和仔细研究分析，拟定了国家农发办办公用计算机及相关设备管理办法和应用软件开发、管理暂行办法，完善了规章制度。

三是继续做好世行项目省信息系统建设工作：督促供货商做好设备的安装调试工作，与五省农发办共同进行设备的清点、核对和交接，办理垫付有关设备进口关税和增值税的相应手续，完成合同执行的后续工作。

四是做好小型机、服务器、中心机房设备的调试和维护工作。完成 IBM、SUN 小型机和服务器的安装和调试；经过与 IBM（中国）有限公司协商，免费更换了 IBM RS/6000 S80 上损坏的硬盘；与上海阿尔西空调系统服务有限公司签订了中心机房空调保养合同。

五是完成邮件系统的初步调试。在现有机器和域名的基础上，研究设计了国家农发办邮件系统的开发方案，并已着手进行开发，预计 2004 年将正式投入使用。

六是编制了相关业务应用软件。根据业务处室实际需求，完成了专家管理数据库和来文登记管理数据库软件的编写工作。

七是积极参加计算机专业技术培训。根据工作需要，积极组织有关同志参加计算机专业技术培训，如组织参加了 IBM 小型机、CISCO 设备专业技术的培训学习，提高了工作人员的业务素质和工作技能。

二、努力做好培训基地建设工作

2003 年，在财政部国家农业综合开发培训基地建设领导小组的关心和指导下，培训基地旧楼装修改造和污水处理工程基本完工，新建项目工程的设计、施工、监理招标等工作也得以顺利完成，取得了阶段性成果。

1. 克服“非典”影响，完成了旧楼 1、2、3 号楼装修改造和污水处理工程的建设工作。完成了 1、2 号楼旧楼装修改造收尾工程。4 月份以后，受“非典”影响，1 号楼大堂和 2 号楼厨房装修改造不得不停止，为保证留守施工人员有活干，组织人员对原 3 号楼进行了简易改造。“非典”过后，及时安排人员，督促有关单位完成了旧楼装修改造和污水处理工程的建设工作。

2. 对室外管线工程进行了勘察和设计。原建筑物室外管线工程施工时发生变更、洽商资料不全等问题，加之地面沉陷等因素的影响，原有管道已经不能正常使用，设计单位出具的室外管线工程设计图纸与事实也存在一定出入。为此，先后召集有关单位的代表和专家对原水、暖、电等室外管线进行实地勘察，找准了原有管线，然后组织设计人员对室外管线工程图纸进行了修改和完善，最后签定了设计合同。新的室外管线设计合同将把旧楼改造和新建工程结合起来。

3. 完成了新建项目工程施工单位的招标工作。经与世行多次谈判，世行同意培训基地综合楼及其附属设施工程采取国内竞争招标形式进行，确定委托中招国际招标公司全权负责此次招投标事宜。经过对工程量清单的整理、细化，在《经济日报》及中国工程建设信息网、中国采购与招标网刊登了招标公告，同时在北京市建设工程发包承包交易中心公开组织报名并发售资格预审文件，确定了符合资格预审条件的14家投标单位。经过下发补充通知、现场答疑、开标、评标、合同谈判等环节，并报世行核准，与江都建设工程公司签订了施工合同。

4. 完成了工程精装修设计招标和设计方案的修改工作。委托中招国际招标公司公开邀请7家设计单位参加新建工程精装修设计的投标。根据专家打分情况，确定北京市建筑工程装饰公司为中标单位，并签订了设计合同。随后多次组织专家对精装修设计方案进行修改，为下一步具体施工提供了详细依据。

5. 完成了工程监理单位的招标工作。在北京市建设交易及服务信息网和中国采购与招标网发布了"监理招标公告"，并发售了资格预审文件。通过资格预审，确定了4家符合条件的投标单位。通过开标、评标，确定北京铁辰工程建设监理部为中标单位，并签订了工程委托监理合同。

6. 坚持了例会制和定期向领导小组报告制。把每周一定为工作例会日，总结上周工作，研究存在问题，安排部署下周工作，并形成会议纪要印发有关部门和领导，同时及时将需要协调的重大问题报告领导小组。

7. 及时做好协调工作。由于培训基地建设既涉及世行业务，又涉及北京市和领导小组成员单位，包括建委、规划、消防、环保、卫生、设计、监理、施工等诸多单位，经常会发生扯皮现象，为能及时做好协调工作，曾多次召开协调会。

8. 做好资料收集整理工作，编辑《培训基地重要文件汇编》。在做好资料整理工作的同时，整理出了"培训基地建设大事记"，并将主要资料和领导的重要批示编辑成供内部使用的《财政部国家农业综合开发培训基地重要文件汇编》。

9. 在调查研究的基础上，起草培训基地管理办法。通过对安徽马鞍山南湖宾馆、江苏镇江碧榆园财政培训中心、上海财税局宛平宾馆、山东淄博鲁中财会培训中心等地的实际考察，起草完成了《培训基地管理暂行办法》和《培训基地财务会计管理办法》。

三、积极做好干部培训

一是举办财政业务知识、业务技能专题讲座。邀请有关专家和部内有关司局领导，围绕财税改革和"三农"问题中的热点、难点问题以及提高业务技能等进行专题讲解，共安排了4期。同时，组织了2期全办同志的集体业务学习。

二是积极组织参加各种形式的培训学习。积极做好外语培训、计算机培训、干部下基层锻炼和挂职锻炼，同时，还组织办内和有关省的同志参加了国外考察培训。

三是继续办好国家农业综合开发新增项目县培训班。10月27日至31日，在北京举办了农业综合开发新增项目县培训班，邀请中央财经领导小组、国务院发展研究中心、农业部产业化办公室有关领导和办内同志，全面、系统地讲解了当前我国"三农"形势与政策分析、统筹城乡经济发展、农业综合开发项目管理和资金管理、农业产业化等方面的基本知识和方针政策。参加培训的173名学员普遍感到学习收

获很大。

四是研究拟定了培训管理办法。为使培训工作能够有序开展，做到有制度可循，在多方听取意见的基础上，起草完成了《国家农业综合开发培训管理暂行办法》，对培训工作的原则、内容、程序、方式方法等做了明确规定。

（财政部国家农业综合开发评审中心信息处、培训处供稿，翟俊武执笔）

第三部分

地方和部门农业综合开发工作

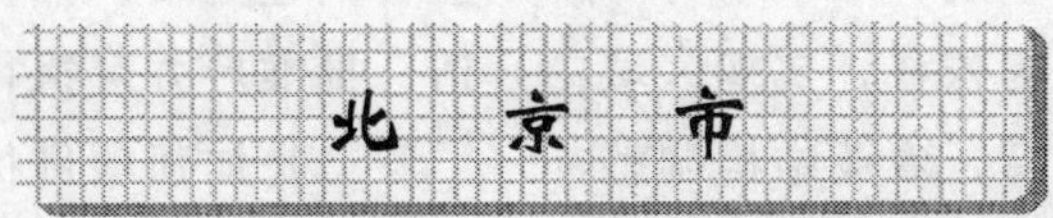

2003年，北京市按照统筹城乡经济发展，全面建设小康社会的要求，以打牢农业基础为前提，以推进农业产业结构调整为重点，以实现农业增效和农民增收为目标，通过加强农业基础设施和生态环境建设，提高农业综合生产能力；通过积极推进农业产业结构调整，使农业结构发生显著变化，农业综合开发工作取得了明显成效。

一、农业综合开发基本情况

2003年，北京市共投入农业综合开发资金3.62亿元，其中：中央财政资金8 000万元，地方财政配套资金1.53亿元，自筹资金1.28亿元，银行贷款100万元。通过资金投入，在全市的10个农业综合开发项目区实施了农业综合开发项目，共完成土地治理项目28万亩，其中中低产田改造10.3万亩、农业生态工程3.4万亩、节水农业示范4万亩、优质粮食基地10.2万亩；完成产业化经营项目19个，其中种植项目7个、养殖项目3个、加工项目7个、农业生产服务项目2个；完成科技示范项目2个。

二、农业综合开发项目取得的效益

通过项目实施，项目区取得了良好的经济、社会和生态效益。一是改善了农业基本生产条件，提高了农业综合生产能力。2003年全市新增农田灌溉面积22.69万亩，改善除涝面积15.29万亩，新增机耕面积2.27万亩，新增农机总动力80 200千瓦。项目区主要农产品生产能力显著提高，增产粮食625.9万公斤。二是农业产业结构得到优化，促进了项目区经济作物和多种经营生产的发展，引导和带动了农业产业结构、种植结构和品种结构的调整，建立和发展了一批具有区域特色的多种经营基地和龙头企业，项目区农民人均纯收入得到增加。三是农业生态环境进一步优化。四是提高了农业科技含量，农业可持续发展能力增强。

三、加强农业综合开发采取的措施和做法

（一）提高思想认识，更新开发观念

为适应农业和农村经济发展的新形势，北京市确立了新阶段都市型农业综合开发发展战略。一是要求农业能够提供更多的与国际媲美的优质、鲜活、洁净、安全、精致的农副产品。二是要着力解决人口密集引起的生态失衡及水质、空气、土地等方面的污染问题。三是要大力发展都市休闲农业，从而使都市与农村真正融为一体。围绕这一发展战略，北京市要更新开发观念，依托城市，发展集约化、科技化、园艺化、市场化的都市农业，将农业综合开发与改善城市生态环境结合起来，走生态城市发展之路。

（二）明确工作思路，突出开发重点

一是加强了农业基础设施和生态建设，提高农业综合生产能力。北京按照要率先基本实现农业和农村现代化的要求，大力加强农业基础设施建设和环境保护建设投入，努力实现农业的可持续发展。在中低产田改造上坚持集中投入，连片区域治理，做到治理一片，见效一片，切实提高农业抵御自然灾害的能力，解决农民后顾之忧。同时，将中低产田改造与农业产业结构调整、培植特色产业、实施农业产业化经营结合起来，带动农民对土地进行投入，增加农民收入。通过项目的综合治理，全市项目区基本达到了田成方、林成网、渠相通、路相连的要求，初步建成了一批优质、高产、稳产、节水和高效农田，农业生产基本条件有了显著改善，抗御农业自然灾害能力有了明显提高。

二是促进农业结构调整，大力推进农业产业化经营。2003年，北京市农业综合开发把促进农业结构调整，推进农业产业化经营作为开发工作的重中之重。在农业结构调整中，围绕率先实现农业现代化的目标，坚持以富裕农民为主线，以市场为导向，以效益为中心，以高新科技为依托，实现区域化布局、专业化生产、产业化经营，农业结构调整不断深化，产业逐步升级。通过实施19个产业化经营项目，进一步优化了农业结构，使区域布局趋于合理，并培育出了一批优势明显，资源配置合理，具有较大规模、较好效益和较高科技含量的主导产业。如：通州形成了蔬菜、苗木花卉等五大产业；房山建成了食用菌大区；平谷的果品产量占全市的四分之一，其中大桃占二分之一强；怀柔的板栗和西洋参、大兴的西瓜、顺义的种猪种羊、密云的特色果业和绿色产业等均已被培育成本地区的优势产业。同时，做大、做强了优势产业，如怀柔天惠西洋参在国内市场占据了一定份额，年总产值8亿元，实现利税1 000万元，带动农户5 100户。

三是加大科技投入，发挥科技在农业综合开发中的先导作用。2003年，北京市农业综合开发把加快发展高新技术产业，大力推进农业科技成果产业化作为投入重点，加强良种繁育体系建设，加快培育籽种产业，突出应用生态农业技术、农业工厂化技术、农业生物技术、信息农业技术，积极推广实施籽种工程、设施工程、绿色或无公害工程、信息化工程等。通过加大科技投入，名优品种的比重不断增加，农业经济效益进一步提高，农业可持续发展能力增强。

（三）加强项目管理，提高工作水平

一是严格计划管理。国家下达年度投资控制指标后，全市及时召开了项目计划编制工作会议，根据各区、县农业综合开发实际情况，将投资控制指标及市级配套如数分配到项目区，要求项目单位按有关制度要求做好项目实施计划编制工作。同时严格规定，在项目实施中，计划一经国家批复，不得擅自调整更改；如确需调整的，要及时上报变更申请，批准后方可执行。

二是加强项目检查验收制度。在项目检查上做到经常化。各级农业综合开发部门严格按照国家有关验收标准，每年组织农、林、水等有关部门的专业技术人员对项目建设情况进行检查验收，发现问题及时纠正，限期整改。

（四）规范资金管理，提高资金使用效益

按照国家对农业综合开发资金使用管理的要求，进一步加强农业综合开发资金管理，规范县级报账制的审批程序。通过对有关区、县的调研，针对县级报账制中存在的问题及报账工作中的实际情况，制定了《北京市农业综合开发县级报账制实施细则》。

（五）开展农业综合开发项目和资金大检查

根据国家农业综合开发办公室召开的全国农业综合开发办公室主任紧急会议的精神及《国家农业综合开发办公室关于立即组织开展农业综合开发项目和资金管理大检查的紧急通知》的要求，北京市及时召开了由10个项目区财政主管局长和农业综合开发负责同志参加的开展农业综合开发项目和资金管理大检查动员会，对大检查提出了具体要求和部署，并用1个月的时间对全市2000—2002年农业综合开发项目和资金使用管理情况进行了全面自查。8月—11月间，配合财政部驻京财政监察专员办对2000—2002年农业综合开发资金的拨付使用和项目管理情况进行了专项检查和绩效监督，对检查中发现的问题及时进行了纠正。

（北京市农业综合开发办公室供稿，殷世红、张梅执笔）

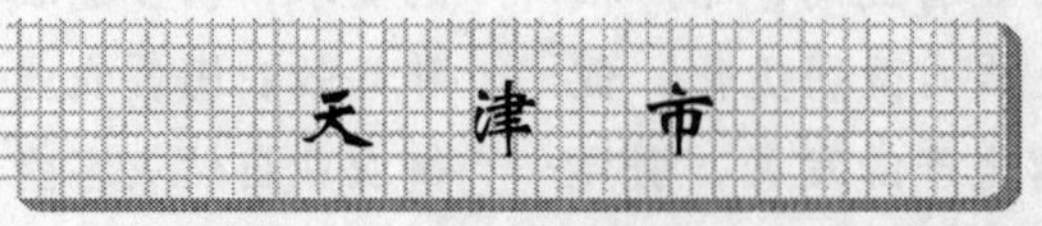

天津市

2003年，天津市农业综合开发工作克服了“非典”疫情所造成的不利影响，较好地完成了各项工作任务。

一、农业综合开发基本情况

2003年，天津市共实施国家农业综合开发项目24个，项目涉及全市的11个区（县）。共计投入各类资金2.41亿元，其中：中央财政资金6 100万元，市级及区（县）财政配套资金1.37亿元，自筹资金和银行贷款4 300万元。

通过项目实施，新增和改善农田灌溉面积17.2万亩，改善除涝面积9.8万亩，新增节水灌溉面积11.93万亩，年可节约用水量2 567.04万立方米，增加农田防护林网面积11.85万亩。全市新增粮食生产能力2 290.4万公斤，增加棉花生产能力23.4万公斤，同时进一步完善了农机、林业等农业服务体系，使项目区农业基础设施得到进一步加强。此外，还新建和改扩建农产品加工项目6个，进一步提高了农产品的加工、储运和转化能力，带动了农民增收，2003年项目区农民人均纯收入达到5 277元。

二、主要工作情况

（一）及时完成项目计划的编报、批复工作

2003年，天津市农业综合开发办公室按照国家农业综合开发项目的申报和审批程序，在项目申报前组织有关专家积极做好项目论证工作，对项目区（县）上报的项目实施计划进行认真审核，按期保质保量地完成了项目计划的编报工作。国家项目计划批复下达后，及时将计划批复转批到项目区（县），及时下拨资金，保证项目的顺利实施，并督促各项目区（县）抓紧实施，确保工程质量。

（二）加大监督检查工作的力度，圆满完成大检查工作

按照《国家农业综合开发办公室关于立即开展农业综合开发项目和资金大检查的紧急通知》的要求，天津市农业综合开发办公室及时下发了《关于开展农业综合开发项目和资金大检查的通知》，对全市的农业综合开发大检查工作进行部署，并组织由市农业综合开发办公室、市财政局检查分局、市水利局三个部门参加的检查组，对全市11个项目区（县）2000—2002年农业综合开发项目和资金管理情况进行了检查。从检查的总体情况看，各项目区（县）认真执行国家和市农业综合开发的制度、政策，项目建设质量较好，资金管理较严格，但同时也存在一些问题。针对检查中发现的问题，天津市农业综合开发办公室对项目区（县）提出了整改意见，限期整改，并在验收2002年度竣工项目的同时对各项目区（县）的整改情况进行了复查。大检查期间，国家农业综合开发办公室先后向天津市派出了大检查督察组和调研组，他们对天津市农业综合开发大检查工作的组织形式、检查方法、上报材料等方面给予了充分肯定。

（三）完成农业综合开发竣工项目验收工作

按照国家农业综合开发办公室验收标准，天津市结合本市实际，拟定了《天津市农业综合开发竣工项目验收考核评价暂行标准》，下发了《天津市农业综合开发竣工项目验收暂行办法》。验收中对项目、资金管理存在问题较多的区（县）下发了限期整改和缓验通知，并于事后组织人员复查了有关项目区（县）的整改情况，将整改情况以正式文件的形式上报天津市农业综合开发办公室备案。

（四）加强决算的汇总、编制工作

天津市注重做好农业综合开发的决算工作，努力提高决算质量，按期完成上报了农业综合开发资金决算报表、统计报表、季度报表等各项财务报表。

（五）做好有偿资金呆账的核销工作

按照财政部有关文件的规定，天津市农业综合开发办公室制定下发了《关于申报2001年以前中央财政农业综合开发有偿资金呆账处理事项的通知》，并在2003年分两次完成了对宝坻区、静海县、武清区、宁河县、农业局、林业局等单位共计200万元的2001年度以前农业综合开发资金呆坏账核销工作。

三、加强农业综合开发采取的措施和做法

为进一步做好农业综合开发项目和资金管理工

作，天津市农业综合开发办公室按照全年工作计划安排，从规范项目前期准备工作着手，注意规范工作程序，不断加强项目和资金管理工作。

（一）继续加强项目前期准备工作

按照《县级农业综合开发操作规程》的要求，重新修订了土地治理、多种经营项目建议书编制提纲和可行性研究报告编制提纲，并以正式文件下发。同时，完善了《天津市农业综合开发土地治理项目水利工程扩初设计图册》，为申报2004年项目打下了坚实的基础。

（二）开展农业后备资源调查

对各项目区农业基础资源、区域布局、主导产业等情况，特别是对土地后备资源情况开展了深入细致的调查，摸清了各项目区（县）已开发面积、尚未开发面积等情况，为今后分配土地治理开发任务提供了依据。

（三）规范资金拨借手续，加大到期有偿资金回收力度

完成了2003年度农业综合开发项目资金的批复工作，与财政部、项目区（县）签定了有偿资金借款合同，并及时将中央、市级农业综合开发有偿、无偿资金拨借到各项目区（县）。同时，为提高资金使用效率，与有关处室和部门协商修定了有偿资金拨借手续，明确资金借款程序，规范了借款合同。依据财政部《农业综合开发有偿资金管理暂行规定》，加大了对到期有偿资金回收的力度，督促项目区（县）按期偿还财政有偿资金。截至2003年底，各项目区（县）已基本完成了2002年度农业综合开发到期财政有偿资金还款工作。

（四）加强调研工作

联系本市农业综合开发工作的实际情况，加强调研工作，撰写了《认真学习国家农业综合开发联席会议精神，努力做好新时期农业综合开发工作》一文。此篇文章被国家农业综合开发办公室选编在《学习贯彻国家农业综合开发第一次联席会议精神文集》中。同时为加强对竣工项目的管护工作和规范部门项目管理工作，组织有关人员对如何加强竣工项目的管护工作、如何积极配合有关部门参与部门项目的前期准备工作等问题进行了认真的研究，并在各项目区（县）进行了广泛的讨论，拟定了《天津市农业综合开发工程管护暂行办法》和《天津市农业综合开发部门项目管理暂行办法》。这两个办法将在试行一段时间后以正式文件的形式下发各项目区（县）和有关部门。

（五）加强队伍建设，提高干部素质

组织农发系统全体干部认真学习党的十六大的有关文件，加强干部的政治理论和业务学习，提高干部的政治、业务素质，进一步提高工作质量和办事效率；加强廉政建设，牢固树立为广大农民服务的意识；对重大问题的决策实行集体研究、集体决定，做好会议记录。同时督促各项目区（县）按照“上下对口、相对独立、挂靠财政”的要求，建立健全农业综合开发机构。2003年东丽区、蓟县、塘沽区相继按照要求成立了农业综合开发机构，为更好地完成农业综合开发各项工作提供了组织保证。

今后，天津市农业综合开发将继续加强和规范项目和资金管理，积极参与各项目区（县）对农业综合开发项目的选项工作，加大监督检查的力度，搞好业务培训工作，督促各项目区（县）加强机构建设，充实农业综合开发干部队伍，使天津市农业综合开发工作再创新水平。

（天津市农业综合开发办公室供稿，赵军执笔）

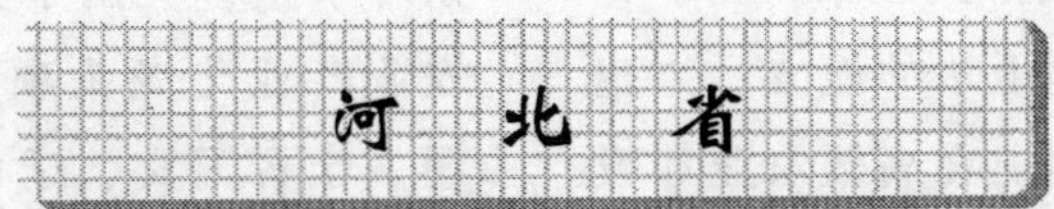

河　北　省

一、主要工作任务完成情况

2003年，河北省共完成农业综合开发总投资8.35亿元，其中：中央财政资金2.67亿元，地方配套资金2.29亿元，银行贷款1.21亿元，群众自筹资金2.18亿元。各类项目完成情况分别为：

土地治理项目全年完成总投资4.61亿元，其中财政投资3.58亿元，农民自筹资金1.03亿元。共改造中低产田50.17万亩，建设优质粮食基地19.37万亩，建设优质饲料作物基地9.04万亩，营造农田防护林81.45万亩。

多种经营项目全年完成总投资3.31亿元，其中财政投资1.13亿元，自筹资金1.02亿元，银行贷款1.15亿元。共建设多种经营龙头项目38个。

科技示范项目全年总投资4 302.4万元，其中财政投资2 426万元，自筹资金1 276.4万元，银行贷款600万元。共建设科技示范项目6个。

外资二期项目方面，2003年是项目建设的最后一年，重点抓了工程扫尾、监测评价、内业管理等。年内，按要求进行了项目、资金大检查，完成了省级验收工作。

二、农业综合开发项目取得的整体成效

（一）加强了农业基础设施和生态环境建设

围绕农业结构调整和发展优势农产品的需要，以农民增收为目标，在农业基础设施和生态环境建设方面投入了4.61亿元，因地制宜安排中低产田改造项目和坝上生态项目，扶持优势农产品基地项目建设，实施节水农业示范和生态环境建设项目。通过项目建设，项目区生产条件明显改善，为农业结构调整创造了条件，也为农民增收和生态环境改善做出了贡献。

（二）支持了农业产业化和民营经济发展

按照河北省发展优势产业的布局规划，围绕畜牧、林果、蔬菜三大主导产业和花卉、食用菌等新兴产业，农业综合开发投入3.31亿元，安排了38个多种经营项目。扶持的重点是大龙头、大产业和民营企业。通过实施多种经营项目，对区域特色主导产业的发展和农民增收产生了较强的带动作用。

（三）支持了农业科技进步

2003年河北农业综合开发围绕提高项目科技含量，实施了与农业开发相配套的科技推广项目，投入1 688万元，重点解决种子、种畜、种苗等关键问题和农业科技进步中的薄弱环节。全年共投入4 302.4万元，建设了6个科技示范项目。

（四）推动了农业对外开放工作的开展

2003年是农业综合开发利用世界银行贷款二期项目的最后一年。该项目总投资5 000万美元，分5年实施。建设内容主要是发展农田节水灌溉，以调整农业结构，促进农业增产、农民增收。

三、主要工作情况

（一）加强农业基础设施建设，提高农业综合生产能力

按照国家农发办要求，河北省把加强农业基础设施建设、改造中低产田继续作为重点来抓，围绕河北省农业结构调整和优势农产品生产，建设优质高产、稳产、节水和高效农田。安排中低产田改造项目由过去只管建项目，不问种什么，转变为先看打算种什么，需要怎样搞改造，再根据结构调整需要安排设计和实施项目。对进行结构调整发展高效农业的地方优先安排项目。根据河北省水资源严重短缺的实际，中低产田改造仍然以节水为重点，因地制宜地采取不同的节水措施。对有水源但没有采取节水措施或节水措施不到位、水资源浪费较严重的地方，把工程建设重点放在了为现有水利设施配

套、铺设防渗管道提高水资源利用率上。在地下水源丰富，适宜打井的地方坚持合理规划、科学开采，节水措施同步到位。在有地上水的地方，兴建拦、蓄、引、提工程和集雨工程。在高效农业和设施农业项目区积极发展喷灌、滴灌、微灌等高效节水灌溉方式。在黑龙港流域采取了以生物措施为主、工程措施为辅的治理方法。在开发治理的模式上，依据不同的地理条件因地制宜进行开发治理，不搞一刀切。例如：要求平原项目区既要建设林网化农田，又要尽量减少林路占地，只要方便田间作业，农田林网能起到防护作用就行；山区开发治理坚持与小流域治理相结合；东部低平原地区发展苜蓿生产和旱作农业；坝上项目坚持按区域或流域为单元进行综合治理，在项目安排上与大生态建设相配套，将以植树种草为主调整为以将耕地作为核心的生态农业综合治理为主，把重点放在建设基本农田上，保证退耕退得出、稳得住，不反弹。

（二）积极扶持优势农产品生产和农业产业化经营

按照国家农发办安排，2003年土地治理项目应将30%的资金直接用于扶持优势农产品生产。河北省按照发展优势农产品区域布局规划，扶持了优质专用小麦、优质专用玉米、优质棉花、无公害蔬菜以及马铃薯、优质苜蓿等优势农产品生产基地。多种经营项目围绕省委、省政府确定的畜牧、蔬菜、林果三大主导产业和花卉、苗木、食用菌等优势产业来安排项目，扶持了奶牛、肉牛、肉羊和生猪产业，以及果品改造、花卉苗木生产、食用菌加工和果菜批发市场。所扶持的项目都具有一定的龙头带动和辐射作用。为了提高农产品市场竞争力，注意扶持农产品的标准化生产，提高农产品安全质量和水平，河北省要求所有立项的项目必须采用先进科技。科技示范项目围绕优势农产品生产和发展农业产业化，重点扶持、引进、推广了优良品种和与优良品种相配套的种养技术。

（三）突出重点，集中扶持

2003年河北省农业综合开发在安排和实施项目时进一步突出了重点，加大了对重点项目的扶持力度。在产业上突出扶持了畜牧业；在区域上，突出了环京津和不同区域的交通干线两侧；在产业链条环节上，突出了具有较强带动作用的龙头企业。农业产业化龙头项目重点抓了京安集团、河英公司、宁晋国宾、迁西板栗、明慧养猪、定兴昌利、高阳天丰、怀来与魏县蔬菜水果批发市场等项目。这些项目都是连续几年立项、重点扶持的项目。河北省农业综合开发扶持的农业产业化龙头项目占多种经营项目投资的80%以上。科技示范园区项目重点抓了三河市、邯郸县、桃城区项目。优质农产品基地重点抓了永清、青县、永年无公害蔬菜项目。坝上项目重点抓了奶牛舍饲养殖小区、脱毒马铃薯、错季蔬菜和优质水稻。山区重点抓了优质林果基地。在黑龙港流域重点抓了优质苜蓿种植基地和肉牛、肉羊养殖基地。土地治理项目和坝上生态项目抓了重点县和示范区建设。

（四）坚持高标准、高质量地进行项目建设

高质量地进行项目建设，前期工作是基础。河北省坚持在深入调研考察的基础上，精心组织编写可研报告，严格扩初设计，实行专家评审、竞争招标和择优选项；项目建设坚持注重实效，不图虚名，不搞华而不实的“形象工程”、“政绩工程”，实实在在为农民办实事、办好事。同时强调项目计划的严肃性，按照计划和设计施工，不得随意变更项目。特殊情况确需对项目进行变更调整的，必须按规定经过审批。在项目实施过程中，加强督导检查，召开调度会、现场会和交流会，总结推广先进经验。一系列的措施促进了项目建设整体质量水平的进一步提高。

（五）管好用好农发资金，提高资金使用效益

2003年河北农业综合开发共投入各级财政资金4.96亿元。为了管好用好这些资金，河北省采取多种形式督促地方落实配套资金，加快支出进度，确保资金足额到位，保证项目顺利实施。在支出管理上，全面推行县级财政报账制，规范资金支出程序，加快支出进度，有效遏制了大额现金支出和不合格票据入账。在财务管理上，加强对农发资金的事前、事中、事后监督检查，做到专款专用、专人管理、专账核算，促进了农发资金的规范化管理。在资金的使用上，推行大宗物资集中采购，节

约了资金，防止了违规违纪问题的发生。在有偿资金管理上，坚持放得出、用得好、收得回；对到期有偿资金实行回收与投资规模挂钩，有效地促进了到期有偿资金的按时回收和上缴。

（六）加强制度建设，实现规范化管理

为实现对农业综合开发项目的规范化管理，按照国家农发办项目和资金管理的有关规定，结合河北省工作实际，河北省制定了管理制度，又对部分制度进行了修订和完善。现已形成和实行的省内规章制度主要有：按综合因素分配农发资金的办法，项目立项运行管理程序，项目评审办法和专家管理办法，项目建议书编制提要，项目变更暂行规定，项目扩初设计编制提要，项目检查评比及奖惩办法，农发资金县级报账实施细则，有偿资金管理办法，农发资金监督检查办法，项目验收办法，工程运行管护办法，土地治理科技推广项目和资金管理办法，农开办工作规程等。同时还转发了国家农发办制定的《土地治理项目建设试行标准》、《农民筹资投劳管理暂行规定》、《项目调整、变更和终止有关事项的规定》、《关于暂停或取消农业综合开发项目县资格的暂行规定》。这些制度的制定和实行有效地规范了项目管理和资金管理，促进了农业开发工作的顺利开展。在建章立制的基础上，继续开展争先创优活动，实行奖优罚劣。2003 年度各市的投资规模就是参照国家农发办综合因素分配办法，着重考核资金的配套、回收、使用、管理和项目工程质量、项目管理水平、抓重点情况、抓典型示范情况、扶持优势主导产业及计划编报情况等因素而确定的。对考核情况好的增加投资规模，工作落后的减少规模，存在严重问题的撤消立项资格。2003 年 7 月对 2002 年度项目进行了检查评比，评出了土地治理项目“红旗县”、多种经营“优胜项目”和坝上“创业杯”县。

（七）创新开发机制，发挥长久效益

在土地治理项目的实施中，为更好地明确产权，落实管护主体，发挥项目效益，实行了谁受益、谁承担筹资投劳的政策，财政资金作为补贴或只投资主体工程，配套工程由群众自筹资金解决。农田水利工程承包到组，责任到人，使用、管理、维修责权利结合。农田林网进行拍卖、承包，回收资金用于工程建设。有的项目还吸引了社会资金以股份制的形式进行经营式开发。多种经营项目选择已建立了现代企业制度、能带动区域特色主导产业发展和农民增收的龙头企业，不上纯行政行为的项目，不扶持吃“大锅饭”不改制的企业。

（八）加强培训、宣传和调研

针对市、县机构改革后一些干部新到农发办业务不熟的情况，各级农发机构及时组织了业务培训，提高干部业务素质，促进了项目和资金管理工作。同时加强与新闻媒体的联系与合作，加大了农业开发宣传力度。2003 年在河北电视台《河北新闻联播》栏目播发农业开发新闻报道十余条，在《中国河北》栏目播出反映农业综合开发工作的专题片一部；与《河北日报》共同组织了“提高农业综合开发生产能力”系列报道；编辑了《河北农业综合开发画册》，为迎接验收制作了电视片《新世纪的辉煌》。围绕农业综合开发面临的新形势、新任务和新问题，河北省各级农发机构还开展了广泛深入的调研活动，撰写了一批调研报告，对调整思路、改进工作、创新管理发挥了积极作用。

（河北省农业综合开发办公室供稿，阎明珠执笔）

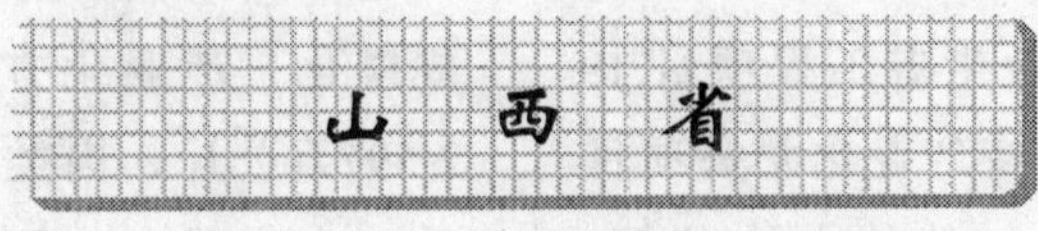

山 西 省

2003 年，山西省农业综合开发认真贯彻执行国家农业综合开发的方针政策，紧紧围绕年初制定的计划，抓住项目和资金管理不放松，采取了一系列措施，取得了明显的成效。

一、基本情况和主要成效

2003年国家批准立项的山西省农业综合开发项目共涉及大同、朔州、忻州、吕梁、太原、晋中、临汾、长治、运城、晋城、阳泉11个市的62个县（市、区），以及省监狱局、劳教局所属的4个农场和山西省农科院、山西省农业厅、山西省林业厅、山西省水利厅、山西省国土资源厅等部门项目，项目县占全省总县数的52.1%；涉及乡、镇164个，占全省乡、镇数的13.9%；涉及行政村558个，占全省行政村总数的1.8%；涉及农业人口83.58万人，占全省农业人口的3.6%。项目区内土地资源优势明显，交通便利，农业种养资源丰富多样，既是山西省农业的主产区，也是山西省粮食的主产区，同时也是山西省农业和农村经济较发达地区。

（一）资金投入情况

2003年，山西省农业综合开发项目完成资金投入5.63亿元，其中：中央财政资金1.94亿元，地方财政配套资金1.64亿元，自筹资金1.57亿元，银行贷款4 800万元。

土地治理项目完成投资2.58亿元，其中中央财政资金1.1亿元，地方财政配套资金9 600万元，自筹资金5 200万元。产业化经营项目完成投资2.33亿元，其中中央财政资金4 700万元，地方财政配套资金4 200万元，自筹资金1亿元，银行贷款4 400万元。科技示范项目完成投资2 265万元，其中中央财政资金750万元，地方财政配套资金625万元，自筹资金490万元，银行贷款400万元。

（二）项目建设情况

2003年，山西省农业综合开发共扶持了土地治理项目139个，其中改造中低产田项目59个，优势农产品基地项目54个，农业生态工程项目19个，节水农业示范项目7个；扶持产业化龙头项目7个和一般多种经营项目36个；扶持永济芦笋、大同马铃薯脱毒和祁县养牛3个农业科技推广综合示范项目。此外，还争取和支持了太行山绿化、黄河上游水土保持、土地复垦等农业综合开发部门项目。

2003年，山西省农业综合开发改造中低产田30.2万亩，建设优质粮食基地29.24万亩，建设优质饲料作物基地15.38万亩，实施节水农业示范2.18万亩，实施农业生态工程10.91万亩。建设经济林0.11万亩，种植蔬菜1.04万亩，完成水产养殖0.01万亩，畜禽养殖11.49万头（只），建设加工项目27个，完成农业生产服务项目3个。完成科技示范项目3.48万亩，示范推广了多项先进、成熟、适用的农业技术。

（三）取得的主要成效

1. 加强基础设施建设，提高了农业综合生产能力。山西省的农业综合开发针对项目区水资源短缺、自然灾害频繁、基础建设薄弱、生态环境较差的实际，按照“区域规划，规模开发，集中连片，突出重点，综合配套，全面建设”的原则，通过加大中低产田改造力度，高标准、高质量地完成了土地治理项目，建成了一批规模较大、具有现代农业特色的高产、稳产农田和优势农产品生产基地，为提高山西省农业综合生产能力、促进农业结构调整、增加农民收入做出了贡献。2003年，山西省共新增灌溉面积13.68万亩，改善灌溉面积21.23万亩，新增节水灌溉面积17.77万亩，增加农田林网防护面积25.11万亩，控制水土流失面积93.36万亩；新增粮食生产能力6 460.18万公斤，新增棉花生产能力72.2万公斤，新增种植业产值2.63亿元，新增农民纯收入总额1.17亿元，项目区农民人均纯收入增加206.28元。

2. 发挥区域优势，推动了农业结构调整。按照“围绕资源搞开发，瞄准市场上项目，突出特色树品牌，壮大龙头抓带动”的指导思想，2003年山西省通过农业综合开发产业化经营项目的建设，促进了山西省农业结构调整，推进了山西省农业向规模化、产业化方向发展。项目区共计新增蔬菜2 597万公斤、肉类304万公斤、鲜奶1 095.8万公斤、水产品1.5万公斤；新增总产值7.33亿元，增加值3.24亿元，新增利税1.37亿元，新增农民纯收入总额2.23亿元。

3. 兼顾生态建设，推进了农业可持续协调发展。山西省农业综合开发把提高农业综合生产能力与保护农业生态环境紧密结合起来。在生态项目建设上，2003年重点实施了太行山绿化工程、重点流域水土保持和土地复垦等项目，完成人工种草1.7万亩，建设农业生态工程10.91万亩，使项目区的林草覆盖率进一步提高，生态环境得到了明显的改善。

4. 加大科技推广力度，促进了农业科技进步。永济芦笋和大同马铃薯科技示范项目已经实施了两年，为山西省芦笋和马铃薯两大主导产业的发展提供了强有力的科技支撑。实施祁县标准化养牛科技示范项目，为当地提供了优质肉牛和奶牛，从而促进了养牛事业的发展。2003年，通过实施科技示范项目，山西省扩大良种种植面积2.26万亩，示范推广先进成熟适用农业技术3.48万亩。通过新品种、新技术的引进、示范和推广，大大地提高了项目区优质农产品的生产能力，项目区新增农产品总产值4 669万元，新增农民纯收入总额810万元，带动农户0.9万户。

二、开拓创新，强化农业综合开发项目和资金管理工作

（一）加强农业综合开发项目和资金管理

1. 安排部署了农业综合开发项目和资金管理年活动。2003年，山西省农业综合开发办公室制定下发了《关于开展山西省农业综合开发项目和资金管理年活动的通知》，要求各市、地及省直农口部门全面实行新的会计制度、财政资金县级报账制、项目和工程招投标制，加强农业综合开发项目和资金管理。各市、地、县及省直农口部门按照山西省农业综合开发办公室的要求制定了详细的实施方案。通过开展项目和资金管理年活动，促进了农业综合开发健康发展，全面提升了项目管理水平和资金使用效益，达到了以管理促开发，以开发强管理，向管理要效益的目的。目前，山西省62个国家立项的项目县全部实行了县级报账制和新的会计制度，大部分县实行了项目招投标制，为农业综合开发资金管理的规范化、科学化奠定了坚实的基础。

2. 认真组织开展了农业综合开发项目和资金管理大检查工作。根据国家农业综合开发办公室《关于立即组织开展农业综合开发项目和资金管理大检查的紧急通知》的要求和全国农业综合开发办公室主任会议的精神，山西省农业综合开发办公室组织全体工作人员深刻反思开发工作的经验教训和目前存在的问题，在统一思想、提高认识的基础上，结合山西省的实际，制定了山西省农业综合开发项目和资金管理大检查方案，并召开了动员会议，对大检查工作进行了认真的部署。为确保这次大检查工作不走过场，切实解决目前工作中存在的突出问题，山西省农业综合开发办公室抽调有关部门的同志分赴项目县进行重点抽查。在国家农业综合开发办公室督察组认真、负责的监督指导下，在山西省各级农发办和财政部门的共同努力下，大检查工作圆满完成。通过大检查提高了全省广大开发工作者的思想认识，增强了责任心和使命感。对查出的问题，采取了措施，进行了整改，严肃了工作制度，对进一步搞好山西省农业综合开发工作起到了积极的作用。

3. 进一步核实了1999—2001年竣工项目验收中所发现问题的整改情况。2003年，在接到国家农业综合开发办公室关于上报存在问题整改情况的通知后，山西省农业综合开发办公室又下发了进一步核实整改情况的通知，及时部署全省核查整改工作，重点督促晋中市平遥县等地进行实地检查，并按照国家有关要求按时上报了山西省整改报告。

（二）强化基础工作，提高山西省农业综合开发管理水平

1. 加强农业综合开发培训力度，努力提高农业综合开发人员业务素质。为提高山西省农业综合开发财务管理水平，确保农业综合开发资金安全有效使用，结合山西省农业综合开发2003年项目和资金管理年活动，山西省农业综合开发办公室于2003年7月30日至8月15日分三批、三片，在忻州、榆次、长治，对全省农业综合开发系统的主任及财务会计人员进行了财务和会计制度培训。每批

培训时间为5天，培训人员达350多人。培训包括六项内容，一是农业综合开发财务管理制度，二是农业综合开发新的会计制度及会计基本知识，三是农业综合开发县级报账制，四是会计实务操作，五是农业综合开发会计电算化操作，六是按照农业综合开发会计制度统一建立的县级农业综合开发会计账务。这次培训基本达到了预期的目的，取得了明显的成效，为山西省进一步实现农业综合开发项目和资金规范化管理打下了坚实的基础。

2. 对历年欠缴的农业综合开发财政有偿资金进行了清理和回收。根据《财政部关于申报2001年以前中央财政农业综合开发有偿资金呆账处理事项的通知》，山西省各级财政部门按照认真负责、实事求是、严格把关、逐级审查的原则，对2001年以前到期应予核销的中央财政农业综合开发有偿资金进行了详细清理，摸清了呆账的底数，找出了呆账形成的原因，并向国家农业综合开发办公室提出了申请核销的报告。同时，为加强资金回收工作，山西省及时下达了财政有偿资金的回收任务，并将回收任务列为各市开发工作目标考核的重要内容，与项目资金安排挂钩。截至2003年，山西省累计到期财政有偿资金3.03亿元，累计回收2.54亿元，回收率为84%。

3. 建立健全了山西省农业综合开发规章制度。为了提高农业综合开发管理水平，山西省转发了财政部《关于农业综合开发的若干意见》，制定下发了《山西省农业综合开发资金分配考核办法》、《山西省农业综合开发办公室关于支持优势农产品生产的指导意见》、《山西省农业综合开发办公室关于支持生态农业工程的指导意见》、《全面推行招投标制，强化农业综合开发项目管理》等制度和办法。

4. 认真组织评审2003年立项实施的农业综合开发项目。为把好项目申报关，山西省农业综合开发办公室于2月20日组织水利、农业、财经、畜牧、农机等方面的专家，对全省11个市、地和省直部门申报的2003年的土地治理项目、产业化经营项目进行了评审，并按照国家农业综合开发办公室的有关要求，按时上报了项目年度计划等资料。

5. 大力开展调研工作。根据国家农业综合开发办公室关于开展调查研究工作的通知，结合山西省的实际，省农业综合开发办公室确定了调研重点及提纲，先后开展了“全面推行招投标制，强化农业综合开发项目管理”、“解决开发面铺的过大问题”、“以县级为重点，建立系统的监管机制”、“农业综合开发生态项目建设”、“农业综合开发优势农产品建设”等课题的调研，写出了一批调研报告。这些调查报告为各级领导决策提供了依据。

6. 努力加大宣传工作力度。2003年，山西省通过电视、报纸、杂志等新闻媒体对农业综合开发工作进行了广泛的宣传，先后在《中国农业综合开发》杂志、《山西日报》、《山西经济日报》、山西电视台等媒体对山西省的农业综合开发工作做了报道。同时，山西省农业综合开发办公室编印了《山西农业综合开发》杂志5期、《山西农业综合开发简报》60期，扩大了山西省农业综合开发的影响。

（山西省农业综合开发办公室供稿，郭炎武执笔）

内蒙古自治区

一、农业综合开发基本情况

2003年，内蒙古自治区有农业综合开发项目旗（县）78个、农牧场管理局8个。这些项目旗（县）和农牧场管理局全部设置了农业综合开发专职机构，自治区及各盟市、旗（县）农业综合开发

在职干部人数达到了 1 424 人。

2003 年全区共安排农业综合开发资金 8.18 亿元，其中：中央财政资金 3.72 亿元，地方各级财政配套资金 1.88 亿元，银行贷款 0.38 亿元，集体和群众自筹资金 2.2 亿元。全年改造中低产田 61.23 万亩，完成草原（场）建设 121.75 万亩，建设农业节水示范项目 4.7 万亩、优质粮食基地 19.5 万亩、优质饲料基地 48.7 万亩，建成多种经营项目 60 个。

此外，国家农业综合开发还在内蒙古组织实施了农口部门项目，其中包括水利骨干工程 2 个，土地复垦项目 1 个，良种繁育项目 3 个，秸杆养畜项目 3 个，防沙治沙项目 2 个。项目总投资 5 433.5 万元。其中中央财政资金 2 360 万元，地方财政配套资金 2 302.5 万元，自筹资金 1 421 万元。

二、农业综合开发项目取得的效益

通过项目建设，项目区新建和完善了一批农业基础设施，改善了农业生产条件，有效地提高了农业生产能力。2003 年，内蒙古自治区共新增和改善灌溉面积 97.7 万亩，新增和改善除涝面积 11.56 万亩，新增节水灌溉面积 83.53 万亩，增加机耕面积 74.45 万亩，年节约用水 8 307.7 万立方米；改良土壤 45.52 万亩，新增农田及草牧场林网防护面积 73.72 万亩，完善农牧业服务体系 139 个。全区全年新增粮食生产能力 8 936.5 万公斤、棉花 15 万公斤、油料 780.3 万公斤、糖料 1 555.7 万公斤、干草 19 270.85 万公斤，新增种植业产值 4.1 亿元，新增利税 1.75 亿元，农牧民纯收入总额增加1.91 亿元。

此外，农口部门项目完成后，预计还可防沙造林 1.14 万亩；新增水利骨干工程灌溉面积 15.1 万亩，改善灌溉面积 13.3 万亩，年增供水能力 3 155 万立方米；新增复垦耕地面积 1 500 亩。

三、以科技创新为先导，以农田基础建设为重点，努力提高水资源利用率，为农牧民增收创造条件

2003 年内蒙古自治区农业综合开发工作以节水为中心，以农业基础设施建设为重点，依靠科技进步，在继续抓好优良新品种推广和科技示范区建设的基础上，着力抓了以下几项工作。

（一）依托科研院所把先进、实用的技术送到项目区农牧民手里

由内蒙古农业大学、农业科学院、草勘院、园艺所、水设院等各类院所的学者、教授组成实用技术推广小组，围绕自治区农牧业生产的难点，如有效截留天上水，不同类型节水模式，划区轮牧优良粮、草种推广，畜群良种化等，2003 年农业综合开发安排财政资金 200 万元，直接同项目区农牧民效益挂钩，同农业、草原建设项目区签定技术推广合同，把先进的农科技术送到项目区的农牧民手里，以此提高项目区科技贡献率，增加农牧民收入。

（二）强化农业基础设施建设，紧紧抓住粮食安全不放松

农业项目始终以改造中低产田为重点，进行了以水利为中心的基础设施建设，改善了农业基本生产条件，增强了农业生产抗御自然灾害的能力，提高了基本农田的综合生产能力，为推进农村牧区经济结构战略性调整创造了条件。

（三）抓住农业综合开发建设重点，积极争取国家的大力支持。回良玉副总理在 2003 年的国家农业综合开发第一次联席会议上强调："农业综合开发必须按照总体要求，集中投资办大事，突出重点抓关键。"农业综合开发的重点是保证国家粮食安全的问题。国家农发办 2004 年将内蒙古列入农业综合开发粮食主产区，依靠农业综合开发的加大投入，内蒙古自治区将努力为全国粮食安全生产做出更大的贡献。

（四）加强节水措施的实施，走可持续发展道路。一是因地制宜地选择不同的节水灌溉模式；二是加强田间的节水工作；三是制定合理的灌溉制度。草原建设按照以户为主、以草为主、以封育恢复植被为主的建设方针，在水资源缺乏地区大力发展小水库、小塘坝、蓄水池等小型水利工程，充分利用天上水和地表水，广泛、有效地推广应用节水灌溉措施。2003 年，自治区在阿拉善盟摇把滩实

施的50亩滴水灌溉项目和在巴盟实施的井渠双灌节水模式等都收到了良好效果，为这些地区实现全面节水做了有益的探索。

（五）加强农牧业生态保护和建设，实现生态和生产良性循环

生态环境是经济社会发展的重要基础。制约自治区生态环境改善的主要原因是多数地区的少雨缺水。为解决草场播种中因雨水不及时而造成新的沙化的问题，自治区积极组织从澳大利亚进口免耕补播机31台，在锡盟、呼伦贝尔市、鄂尔多斯市、乌盟等地的15.05万亩草场播种面积上推广使用，取得了较好的保护和恢复植被的效果。

（六）合理选择和确立主导产业

按照“充分利用资源优势、突出本地特色、符合市场要求、形成生产规模”的原则，突出“小规模、大群体”的发展思路，自治区积极扶持企业加基地、公司加农户、生产加服务、收购加销售的产业体系建设，重点发展优质绿色无污染的农畜产品生产，把项目建设和各地养殖优势结合起来，形成“为养而种、为种而建、为建而投”的投资模式，为解决牧区牛羊四季出栏问题奠定了基础。

（七）加强资金管理，提高资金使用效益，千方百计落实地方配套资金

从自治区到盟（市）、旗（县），各地农发机构都坚定不移地执行农业综合开发“三专”管理模式，坚持农业开发资金封闭运行，防止资金被挤占、挪用和流失，提高资金的使用效益。为确保落实有偿资金债权债务，将对基层放款单位的还款责任落实到户、到人，并对所借款项要有担保、有抵押，坚持“谁受益、谁还款”的原则，确保了按期还款，使到期有偿资金能够足额回收。在资金管理方面，内蒙古主要采取了以下一些措施。

一是及时拨付财政资金，加大到期有偿资金的回收力度。2003年中央投入内蒙古自治区农业综合开发财政资金3.3亿元。自治区本级财政配套资金8 078万元。按照“先自筹、后配套，先地方、后拨款”的原则，在农牧民自筹资金和盟旗财政资金到位后，及时将中央财政资金和自治区财政配套资金拨付4亿多元。回收到期财政有偿资金1.13亿元。

二是加强对会计、项目管理人员的培训，建立一整套科学规范的项目和资金管理模式。为了提高基层农业开发财会人员的素质，内蒙古农发办将盟（市）、旗（县）、农场管理局财会人员集中在呼和浩特市，就会计软件使用和规范财会制度等课题进行了全面培训，为规范农业综合开发资金的使用打下了良好基础。

三是在各盟（市）、旗（县）项目区全面实行县级报账制。按照国家农发办的要求，项目区旗（县）全部实行县级报账制，各盟（市）和农管局项目区则直接到农业开发办报账。凡未实行县级报账的开发区旗（县），一律按照挪用资金处理，予以重罚。

四是严格落实农业综合开发奖罚制度。自治区将从2004年起鼓励各盟（市）实行末位淘汰制度，经考评排在末位的旗（县），盟（市）可履行手续给予其暂停一年立项资格的处理，其原有的资金可用于奖励本盟（市）农业综合开发工作搞得好的旗（县）。

（内蒙古自治区农业综合开发办公室供稿，郭建勋执笔）

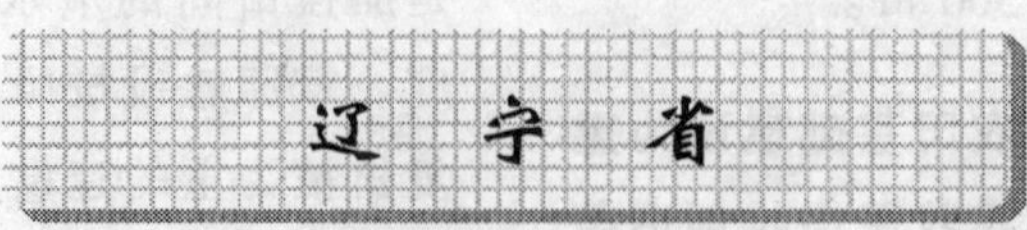

辽宁省

2003年，辽宁省认真贯彻落实国家农业综合开发的方针政策，坚持“改善条件、综合发展、民

办公助、合力开发、规范管理”的基本原则，将农业综合开发同辽宁的实际情况紧密结合，紧紧围绕农民增收这个重点，做到“四个结合”，即：和调整农业结构相结合，促进农业经济和农民收入的增长；和四个倍增计划相结合，促进农产品市场竞争力的提高；和辽西北地区开发和扶贫开发相结合，促进农村经济协调发展；与以林业为主体的生态建设相结合，促进农业可持续发展。

一、农业综合开发基本情况

（一）资金投入情况

2003年，辽宁省农业综合开发项目共涉及14个市的60个县（市、区）。全年完成总投资16.51亿元，其中：中央财政资金4.25亿元，地方财政配套资金4.28亿元，银行贷款2.18亿元，农民群众自筹资金5.79亿元。土地治理项目投资共完成8.44亿元，其中：中央财政资金2.44亿元，地方财政配套资金2.42亿元，农民群众自筹资金3.22亿元，银行贷款3 576万元。多种经营项目投资共完成10.11亿元，其中：中央财政资金1.06亿元，地方财政配套资金1.16亿元，银行贷款3.21亿元，农民群众自筹资金4.69亿元。科技示范项目投资共完成3 929.18万元，其中：中央财政资金944万元，地方财政配套资金1 946万元，银行贷款270万元，农民群众自筹资金769.18万元。

（二）项目建设情况

土地治理项目完成中低产田改造92.17万亩，建设优质粮食基地14.58万亩、优质饲料粮基地9.5万亩。

多种经营项目共发展经济林1.58万亩、蔬菜0.54万亩、花卉0.42万亩；水产养殖17.9万亩，畜禽养殖53万头（只）；建设农产品加工项目35个、农业生产服务项目6个。

建设高新科技示范项目0.2万亩，开展农业科技推广综合示范7.7万亩，建设农业现代化示范项目0.46万亩。

二、农业综合开发项目取得的效益

（一）改善了农业基本生产条件和生态环境

通过农业综合开发，加强了农业基础设施建设。2003年，新建扩建小型水库1座，新建和修复机电井8 075眼，完成灌排渠系建设2 972.95公里；改良土壤22.57万亩，修机耕路1 035.87公里；造林227.2万亩；开展技术培训73.35万人次。通过农业综合开发的填平补齐、挖潜改造、配套成龙，项目区基本上建成了“旱能灌、涝能排、田成方、树成行、渠相连、路相通”的规范化高产稳产农田。通过土地治理项目建设，改善了农业生产条件及生态环境，新增和改善灌溉面积107.59万亩，新增和改善除涝面积27.18万亩，新增农田林网防护面积145.76万亩，增加机耕面积90.22万亩，新增农机总动力75 800千瓦。

（二）提高了农业综合生产能力

通过土地治理项目建设，新增粮食1.29亿公斤、油料435万公斤、糖料700万公斤、优质粮食3 734万公斤、优质饲料作物4 876万公斤。通过多种经营项目建设，新增干鲜果品2 636.7万公斤、蔬菜1 921.55万公斤、花卉1 666.05万株、肉2 394.7万公斤、奶3 208万公斤、水产品1 809.95万公斤。

（三）促进了农民增收

通过农业综合开发，项目区农民人均纯收入比非项目区多160元左右。通过开展专项科技示范项目，共扩大良种种植面积10.14万亩，新增总产值3 103万元，增加值1 778.5万元。

（四）加快了农业现代化步伐

2003年，农业综合开发完善农产品质量检测体系5个，优质农产品种植面积达到111.06万亩。盘锦市进行稻田立体开发，实行养蟹、种豆、植树相结合，达到绿化、美化、香化，实现了一地多用、一地多收、一水多养的综合效益。2003年，盘锦市有机大米已发展到81 900亩，分布在6个种植基地，通过了国家有机食品发展中心（OFDC）的有机认证。

三、农业综合开发采取的主要措施和做法

（一）继续坚持“稳定提高建设中部，加大力度开发西部，突出特色发展东部”的战略布局

辽宁在实施农业综合开发的过程中，要求省内各地区明确各自的主攻方向，大力培育主导产业、优势产业和产品。西部地区在生态建设中追求最大的经济效益，重点抓好退耕还林、还草，特别是抓好“两杏一枣”、“四位一体”和蔬菜保护地生产，努力使辽西做到用少量的耕地进行集约化生产，用大量的耕地进行退耕还林还草，发展畜牧业，加快辽西农民脱贫致富步伐。东部山区在不破坏生态环境的前提下，抓好小流域治理，努力建设一批有规模、形象和质量的生态农业、特色农业和绿色农业综合开发项目，为东部山区农民在天然林禁伐后寻找一些替代产业、替代能源和替代收入。中部地区大力发展高效农业，加快农业现代化步伐，通过产业结构调整，推动产业结构升级。

（二）坚持“基础性、示范性、引导性”的开发取向

一是紧密围绕优势农产品发展，切实带动农民增收。根据国家农发办的要求和辽宁省优势农产品区域布局规划，2003年辽宁省农业综合开发加大了对优势农产品生产的扶持力度。全省共安排优质农产品项目131个，主要包括优质粮豆项目、优质水果项目、优质蔬菜（含山野菜、食用菌）项目、中药材项目。为切实使这些优势农产品基地项目按无公害标准化生产，提高农产品质量和生产能力，省农发办与省农业厅协作齐抓共建，在2003年共同确定了20个优势农产品基地县，建设优势农产品示范区100个。二是大力发展节水灌溉工程，努力促进农业结构调整。全省发展水浇地67.72万亩，其中高标准节水示范农田23.12万亩，共新增结构调整面积101.18万亩。三是全线启动高速公路、铁路沿线项目。全省实施高速公路、铁路沿线项目43个，总开发面积28.8万亩。这些项目集中连片，统一规划，坚持高标准，建设精品工程。四是大力扶持龙头企业和基地，促进农业产业化经营发展。2003年共安排产业化龙头项目11项，其中中央财政资金500万元以上的有5个，单个龙头项目平均总投资在2 000万元以上。这些项目的实施，促进了辽宁省农业产业化经营的发展，加快了项目区农民增收致富的步伐。五是继续加大科技投入力度。围绕2003年辽宁省的开发任务、开发重点及区域布局，农业综合开发加大了科技投入及管理力度，安排了项目区急需的技术，实行科技跟着项目走。全年共安排了14个省级农业综合技术示范推广项目，主要以依托省直科研、教学单位到项目区进行科技集团承包的方式实施。同时，抓好农业园区基础建设项目，为招商引资打下了基础。

（三）做好农业综合开发资金的筹集工作

一是积极拓宽资金渠道，努力增加资金投入。充分发挥财政资金“四两拨千斤”的作用，广泛吸引银行资金，积极鼓励农民在自愿的前提下增加自筹项目资金。二是制定切实可行的办法，保证全省各级地方财政资金配套任务的完成。从2003年开始，省财政为19个扶贫工作重点县和少数民族自治县解决了部分配套资金，确保了全省地方财政资金配套任务的完成。三是资金分配实行奖优罚劣。在资金分配过程中不搞平均主义，实行了“基数加因素”的资金分配方法，对开发工作质量高、开发资源潜力大、财政资金配套能力强的项目县扩大投入规模，对开发工作质量低、开发资源少、财政资金配套能力差的项目县减少资金投入规模。

（四）努力做好阜新市经济转型试点工作

经国家农业综合开发办公室批准，阜新市农业综合开发经济转型项目于2003年开始正式立项。共投入农业综合开发财政资金1 820万元，地方财政配套资金820万元，全部由省财政承担。在阜新市经济转型规划区和辐射区，配合龙头企业建园区式基地，建设北方农村能源专业生态示范园区25个，其中包括生猪养殖示范园区13个，肉鸡养殖示范园区10个，奶牛专业示范园区1个，温室专业示范园区1个。项目涉及阜新县、细河区两个县区的10个乡镇。所有示范园区的建设标准都较高，生态环保设施齐全，做到了生产与环保并重。13个生猪示范园区作为双汇龙头的配套基地，年出栏优质商品生猪可达13万头。10个肉鸡养殖示范园区均为大江公司肉鸡配套养殖基地，现大江公司日屠宰肉鸡2.5万只。通过农业综合开发扶持的龙头企业及其基地建设，已安排下岗职工再就业及农村剩余劳动力5 000多人。2003年6月27日，新华社

编发了《阜新市经济转型试点工作取得初步成效》(国内动态清样2 378期)，专门反映了国家农业综合开发对阜新经济转型的支持情况。文中写道：“实践证明，围绕资源型城市经济转型加大农业综合开发的力度，一笔资金获得了两个效益，既解决了农民脱贫致富问题，又解决了下岗职工再就业问题，起到了‘四两拨千斤’的作用。”

（五）加强农业综合开发制度创新工作

2003年，为了进一步规范农业综合开发的管理工作，在全省范围内推行了项目法人责任制、工程监理制，制发了省级农业综合开发项目评估工作规程，并在转发《国家农业综合开发项目评估暂行办法》、《农业综合开发招标投标管理暂行办法》时提出了辽宁省的具体实施意见。各市也进一步加强了项目管理，积极进行制度建设。沈阳市、抚顺市、辽阳市、铁岭市、盘锦市等地在近年的实践基础上组建了专家库，全面实行了项目评估，认真把好项目申报关。

（六）加强对项目和资金的检查、监督工作

建立健全了全省农业综合开发系统财务管理工作目标责任制和县级财政报账制等制度，提出了财务管理工作关口前移，实行全程管理的新要求。2003年，是辽宁省农业综合开发检查密度最大的一年。国家农业综合开发办公室组织了农业综合开发项目和资金大检查活动，并对辽宁省2000—2002年项目进行了验收。审计和财政监督局等也对农业综合开发资金进行了审计和检查，各种审计、检查时间长，范围大，效果好。各种检查促使全省农业综合开发系统发现并采取措施纠正了以往存在的问题，提高了项目管理和财务管理的质量。

（辽宁省农业综合开发办公室供稿，任世忠执笔）

一、农业综合开发基本情况

2003年，大连市农业综合开发项目共涉及全市7个区（市）的58个乡镇、228个行政村，涉及农业人口88.11万人，分别占全市的乡镇数、行政村数、农业人口数的52.73%、22.98%和33.11%。项目区共有中低产田面积166.5万亩，有效灌溉面积147.98万亩，分别占全市中低产田面积和有效灌溉面积的46.83%和41.62%。项目区农民人均收入5 558元，比全市农民人均收入高出467元。

2003年，国家批复大连市农业综合开发总任务为改造中低产田11.45万亩，建设优质粮食基地5.69万亩、优质饲料作物基地3万亩、节水农业示范面积1.7万亩、农业生态工程2.9万亩，水产养殖10.86万亩，种植经济林0.57万亩、蔬菜0.27万亩、花卉0.12万亩，建设农产品加工项目8个、农业现代化示范项目1个、农业高新科技示范项目1个。

经过一年的努力，大连市共完成资金投入6.66亿元，其中：中央财政资金4 300万元，地方财政资金1.35亿元，自筹资金2.33亿元，银行贷款2.55亿元。土地治理项目完成中低产田改造13.88万亩，建设优质粮食基地4.81万亩、优质饲料作物基地面积2.4万亩、节水农业示范面积1.34万亩、农业生态工程1.82万亩，完成计划的81.4%。畜禽水产养殖、加工项目及现代化示范项目如期完成计划，达100%。高新科技示范项目完成0.2万亩，完成计划的95%。

经过项目建设，2003年，大连市土地治理项目新增和改善灌溉面积22.51万亩，新增和改善除涝面积0.2万亩，新增林网防护面积1.1万亩，新增机耕面积2.65万亩，新增粮食产量1 094.6万公斤。

多种经营项目新增产干鲜果品1 275.7万公斤、花卉142万株、水产品1 455.4万公斤。农业专项示范项目共扩大良种种植面积0.27万亩、示范面积0.27万亩。新增农业总产值19.04亿元。项目区新增就业人数1.7万人次，培训合格劳动力600人。

二、主要工作及成效

（一）提前准备，尽快下达项目资金，保证项目顺利完成

2003年，大连市农业综合开发办公室克服“非典”疫情的影响，提前做好项目批复计划的准备工作，及时转批了国家批复的计划。同时，改变了往年先拨付大连市本级再拨付中央财政资金的做法，在扣除工程质量保证金之后，市本级和中央财政资金一次性拨付到各地区，拨付速度比2002年提高了43.4%，减少了环节，节省了时间，提高了效率，使各农业综合开发项目能够及早开工建设。

（二）加强对项目和资金的监督检查，确保资金安全

2003年，大连市组织工作组分赴各农业综合开发项目区，督察各地区开展2000—2002年项目竣工检查验收工作。此次督察，市农业综合开发办公室采取听取汇报和实地检查相结合的工作方式，对每个项目的建设内容，建后运行、管护、效益情况，县级财政资金配套、拨付、管理情况，项目档案（项目建议书、可行性研究报告、批复计划文件）管理情况等进行了全面检查。发现问题，可以整改的，要求各地区农业综合开发办公室会同项目实施单位限期进行整改；暂时整改不了的，要求各地区整理好材料，上报大连市农业综合开发办公室汇总备案，研究进一步处理的办法。

7月，国家农发办在北京紧急召开了全国省级农业综合开发办公室主任会议，通报了山东省安丘市和江西省玉山县两起侵害农民利益的事件。会议结束后，大连市农业综合开发办公室召开会议，部署了全市农发项目和资金大检查，并对北三市及金州区4个重点项目区分别派员进行了协助检查。大检查后，大连市农业综合开发办公室对存在的问题进行了认真的讨论总结，并正式向国家农发办上报了大连市2000—2002年农业综合开发项目和资金大检查的报告。

（三）全力以赴，做好竣工项目国家验收工作

2003年，国家农业综合开发竣工项目验收组对大连市2000—2002年农业综合开发工作进行了全面验收。验收期间，大连市财政局、农业综合开发办公室领导陪同国家农发办验收组对抽验项目区进行验收的同时，经常同验收组进行沟通和交流，圆满地完成了此次竣工验收任务。

（四）组织做好申报2004年农业综合开发项目的前期准备工作

按照《关于申报2004年农业综合开发项目有关问题的通知》要求，大连市各地区在规定的时间内上报了2004年农业综合开发项目建议书。市农业综合开发办公室立即分组按照项目申报条件和农业综合开发项目投资重点，对所有项目建议书进行了审核，并按照大连市农业综合开发项目立项工作的指导意见和项目前期工作程序的要求，对所有上报项目进行了实地考察，提出了初步安排意见。

（五）完善和健全项目管理的各项规章制度，提高项目管理水平

为加强农业综合开发项目的立项管理工作，保证农业综合开发立项工作的科学性、公正性和公开性，大连市农业综合开发办公室相继下发了《关于大连市农业综合开发立项工作的指导意见》、《关于进一步做好农业综合开发项目可行性研究报告评审工作的通知》、《关于批复2003农业综合开发项目可行性研究报告的通知》、《关于申报2004年农业综合开发项目有关问题的通知》，分别对项目立项、专家评审、项目建议书、项目扩初设计及概算书的格式等进行了规范。

三、加强农业综合开发采取的主要措施和做法

2003年，大连市农业综合开发主要坚持了以下几点做法：

（一）因地制宜，突出重点，择优选项

根据大连市山多地少、人均耕地面积不足0.8亩、中低产田多、粮食自给率低、水资源匮乏的实

际情况，市农业综合开发办公室按照国家农业综合开发联席会议精神以及大连市市委、市政府对农业和农村工作的整体部署和要求，以提高粮食产量、增加农民收入和农副产品的社会有效供给为目标，坚持集中投入、连片开发、综合治理的原则，加大中低产田改造力度，努力提高复种指数，大力开发节水灌溉项目，抓好农业综合开发的精品工程，不断改善农业生产条件，促进粮食生产稳定发展。同时，利用大连市靠近黄渤海的资源优势和外向型的临港优势，重点择优发展产业化经营龙头项目，为拉动大连市的农业发展奠定坚实基础。

（二）明确责任，加强管理，追踪检查

为确保完成各项农业综合开发任务，在大连市农业综合开发办公室的组织协调下，大连市领导与各区、市、县长签定了项目责任状，将国家农发办下达的各项开发任务指标分解落实到各区（市）县、乡、镇、项目施工单位，层层落实责任制。区（市）县农业综合开发办公室经常深入施工现场，跟踪检查；乡、镇长亲临一线，组织施工，跟踪进度，监督工程质量。庄河市专门制订了《农业综合开发项目奖惩办法》，对工程设计、项目实施、资金使用、工程验收和管护等各个环节都作了明确的规定。通过层层签订责任状和对农业综合开发项目的建设实行定任务、定质量、定工期、定投资、定奖惩的管理，保证了工程建设质量。

（三）搞好水利配套设施建设，促进农业生产稳定发展

近几年，大连市市委、市政府一直把粮食生产做为大连市农业生产发展的一项重要工作来抓。水利措施建设是大连市粮食生产发展的关键。2003年，大连市通过修筑堤坝、衬砌渠道、埋设地下管网、打井挖塘等措施，在水利基础设施的完善及配套方面下功夫，大搞农业基础设施建设，改善了农业基础生产条件，保证了粮食产量稳定增长。

（四）调整投资结构，加大对造林和科技推广的投入

根据国家农发办的有关精神，大连市对农业综合开发土地治理项目资金投资结构进行了适当调整，提高了造林和科技推广项目的投资比重，将资金主要用于项目区内科技推广和应用。通过推广和繁育，项目区内玉米和水稻的良种普及率达100%。特别是金州区采用良种包衣的办法，既保证了良种质量又节省了种子；瓦房店市大抓“种子工程”，推广应用了“连试13、14”、“沈丹10”、“新铁10”等7个新品种。其次是发展节水灌溉。庄河市、普兰店市水田基本实现了管网化，兴建千亩林业苗圃，栽种松柏、云杉、银杏、小叶黄杨等近千万株。

（五）立足本地资源优势，着力发展特色农业

多种经营项目主要以建设“海上大连”和发展特色养殖业等为主。经过重点扶持发展，一些优秀的农产品品牌如“东方岘子库”、“红果”牌大米、“双塔”牌苹果、“础明”牌系列肉产品等已出现供不应求的局面；海参、鲍鱼、虾夷马粪海胆、三倍体太平洋牡蛎等几十种海珍品已成为国内国际市场的抢手货，畅销日、韩、美、俄罗斯、东南亚等20多个国家和地区。庄河市观驾山镇海洋村滩涂贝类养殖项目农发总投资2 000多万元，其中财政资金400万元，年产各类贝类苗50亿粒，年增收入500多万元。由于项目立足当地资源优势，带动了一个产业的形成和发展，使很大范围内的老百姓富裕了，安排了很多人员就业。金州区向应镇组织农民种植桔梗、甜玉米、草莓苗、蔬菜种子、特中果菜等10多种经济作物，出口韩、日、加拿大等国，带动了全镇1 400户农民出口农产品，年增收入800多万元，其中城东、城西两村年人均收入达5 100元。

大连市的农业综合开发工作成效显著，成功的主要经验是：

（一）各级领导高度重视农业综合开发工作

为适应农业综合开发工作新形势，切实加强对大连市农业综合开发工作的领导，市政府成立了大连市农业综合开发工作联席会议，刘俊文副市长亲自挂帅，市财政、农行等有关农口部门领导为成员，一同制定各时期农业综合开发的工作思路和工作重点，审议年度开发项目计划。

（二）指导思想明确

2003年大连市农业综合开发主要围绕农业增效和农民增收的目标，坚持“一个前提”，实现“两个转变”。“一个前提”就是农业综合开发要把坚持加强农

业基础设施建设，改善农业生产基本条件，提高农业综合生产能力，作为新阶段农业综合开发工作的根本方向。“两个转变”就是要从过去以改造中低产田和开垦宜农荒地相结合，转到以改造中低产田为主，尽量少开荒，最好不开荒，实现农业综合开发与保护生态环境的有机结合；从以往以追求增加主要农产品产量为主，转到积极调整结构，依靠科技进步，努力发展“优质、高产、高效”农业上来。

（三）坚持农业综合开发以项目管理为主线

紧紧围绕项目的立项、评审、执行、验收各个环节做文章，形成一个完备的开发项目管理体系。大连市要求申报农业综合开发项目必须按要求编报项目建议书和可行性研究报告。市农业综合开发办公室组织协调对农发项目的专家评估、论证工作，全面推行项目法人制、工程招投标制，每年定期进行项目中期检查，按照统一规定实施项目竣工验收。同时严格对资金实行“三专”管理制度，全面推行县级报账制和项目资金公示制。

（大连市农业综合开发办公室供稿，李晓峰执笔）

吉林省

2003年，吉林省农业综合开发紧紧围绕农业增效、农民增收的目标，牢牢抓住农业机械化示范工程建设、“十大产业”开发和农村小康示范工程建设三项重点，推进了项目建设，强化了各项管理工作，取得了预期成效。

一、农业综合开发基本情况

2003年，吉林省农业综合开发项目涉及全省9个市（州）的63个县（市、区）。共投入农业综合开发资金8.88亿元，其中：中央财政资金3.91亿元，地方财政配套资金2.45亿元，银行贷款1 000万元，自筹资金2.43亿元。改造中低产田55.5万亩，改良草场23.5万亩，建设优质粮食基地61.1万亩、优质饲料作物基地41.5万亩，建设节水农业示范基地16万亩；建设多种经营种植业基地1.8万亩，发展畜禽养殖2 256.23万头（只），新建和改扩建加工项目15个，建设产地批发市场2个；建设农业科技推广综合示范项目3.7万亩、农业现代化示范项目0.3万亩。

二、农业综合开发项目取得的效益

一是通过农业综合开发，加强了农业基础设施建设，改善了农业生产条件，提高了农业抵御自然灾害的能力，取得了明显的经济、社会和生态效益。通过农业综合开发项目建设，项目区共新增主要粮食生产能力8 592万公斤，新增油料生产能力190万公斤，新增农业总产值14.4亿元，新增利税3亿元，项目区农民新增纯收入2.4亿元。二是通过科学规划、综合治理，实行开发与保护相结合的原则，全省项目区的农业生态环境得到了极大的改善。昔日杂草丛生、干旱贫瘠、景象荒凉的涝洼、盐碱、风沙地变成了农林水措施综合配套、农牧业协调发展的生态区。三是通过对农民技术员的定期培训，提高了农民的文化素质和科学种田水平。四是完善了农业生产的产前、产中、产后服务体系，农民建设小康社会的热情空前高涨。通过龙头企业的牵动，使农村经济活力进一步增强，村容、村貌及人民的精神面貌发生了翻天覆地的变化，极大地促进了农村精神文明的健康发展，形成了各级领导重视开发，各行各业大力支持开发，农民群众积极参与开发的良好局面。

三、农业综合开发采取的措施和做法

（一）围绕农民增收，扎实推进重点项目建设

一是加强农业基础设施建设，提高农业综合生产能力。2003 年，共配套建设了 5 个大的灌区、2 个大的涝区，完成大小水利工程 2 000 多项。这些农业基础设施的改善，有效地增强了农业抵御自然灾害的能力，提高了主要农产品的生产能力，增强了农业发展后劲，为保证国家粮食安全做出了贡献。二是通过推进农业机械化，降低了农业生产成本、提高了生产经营效益。在全面总结 2002 年全程农业机械化试点经验的基础上，2003 年的农业机械化示范工程投入农业综合开发资金 2 395 万元，进一步扩大试点范围。试点项目区通过实行农业机械化，使斤粮成本降至 0.21 元，比一般性生产成本降低 36%，为广大农民提供了降低生产成本、提高效益、提高农产品竞争力的样板。三是积极扶持优势农产品生产，促进了农业结构的战略性调整。2003 年，吉林省农业综合开发在保证粮食安全的前提下，积极参与农业结构调整。共建设优质粮食基地 61.1 万亩、优质饲料作物基地 41.5 万亩，主要扶持了专用玉米、优质大豆的生产。同时根据国内外市场的变化，扶持无公害，绿色、有机农产品的生产，并通过为产业化龙头企业建设基地、发展订单农业等形式，在增加农民收入的同时，减少了农民进行农业结构调整的风险。四是重点支持了“十大产业”建设，促进了农业产业化发展。2003 年，在对全省优势产业进行充分调研的基础上，投入农业综合开发资金 2.7 亿元，主要用于发展肉（奶）牛、生猪、肉羊、家禽、特种渔业、北药系列、经济林、优质粮食、饲料饲草、绿色有机蔬菜等十大类农产品的养殖种植及加工，重点扶持了德大、皓月、金昌等产业化龙头企业。通过龙头企业的快速发展，进一步加快了吉林省农业产业化的步伐。五是把生态农业作为农业综合开发的主要内容，走农业可持续发展之路。生态项目作为农业综合开发的重要内容，一直得到足够的重视。除坚持不懈地改良草场、植树造林、治理小流域外，吉林省还大规模地在西部进行荒漠化治理，使全省 23.5 万亩沙化、碱化的草场和 19 万亩水土流失的土地得到了有效的改造和治理，改善了农业生态环境，项目区的农业生产初步形成了良性循环。六是坚持依托科技，进一步强化农业综合开发的样板示范功能。吉林省农业综合开发在立项初期就确立了依托科技搞开发的原则。2003 年启动科技投入资金 2 550万元，共建设了 3 个国家农业综合开发科技园区，吸引全省 5 所大专院校、科研单位和 100 多位科技人员参与农业综合开发项目建设。通过示范推广先进实用的农业技术和培训农民，形成了适合全省不同区域的开发建设模式，建设了一批高标准农田示范区。七是推动小康示范工程建设，使农业综合开发成为农村小康建设的重要力量。2003 年，加大了小康示范工程农业综合开发项目的扶持力度，投入农业综合开发资金 4 836 万元，积极扶持小康示范村的农业基础设施建设和产业化项目，使小康示范村的农业生产条件得到了明显改善，产业化发展模式初步确立，促进了小康村的农业结构调整，农民收入有了大幅度的提高，当地的农村经济得到了前所未有的大发展。农业综合开发已经成为全面建设小康社会的一支重要力量。

（二）加大措施，强化监管，全面提高农发资金管理水平

一是重点抓资金到位。2003 年，吉林省把调度各地农业综合开发资金到位作为一件大事来抓，高度重视，频繁调度，及时督促。经过全省农业综合开发工作机构的共同努力，资金到位率达到 87%，基本上实现了按工程进度拨款，保证了项目的顺利实施。二是开展了全省范围内的项目和资金管理情况大检查。按照国家农发办的统一部署，在各市（州）、县（市、区）进行全面自查的基础上，组织力量，由农发办负责人带队，对全省 9 个市（州）的 29 个县（市、区）进行了抽查，抽查面达到全省开发县（市、区）的 60%，并对在大检查中发现的问题进行了严肃认真的整改。此外，配合省审计厅对全省农业综合开发资金使用情况进行了审计，并针对审计部门提出的问题，召开了由各级农业综合开发办事机构和审计厅（局）长参加的审计整改会议。审计部门对农业综合开发办事机构认

真负责的态度非常满意。三是加强了以县级报账制为核心的资金管理制度。2003年，吉林省的县级报账制工作得到了进一步的规范。省农发办明确要求各地县级报账制做到有招投标或承包合同，有单项工程和总工程预决算，有工程阶段性验收和总验收的合格单，有工程支出合法正规的原始发票。同时，结合审计和系统内检查，加强对此项工作的监督约束。四是实现了按因素法分配农业综合开发资金。2003年，对农业综合开发中央财政资金实行了按因素法分配。按照11项影响因素，对各个市（州）进行打分，在综合考虑各市（州）的项目县数量的基础上，分配中央财政资金，体现了资金分配环节的公平、公正、公开和透明。五是加强了有偿资金的到期回收工作。2003年需要回收到期的农业综合开发有偿资金1亿元。吉林省把有偿资金回收作为一件大事来抓，通过召开会议和分别派人深入市、县催收等办法，强化有偿资金回收工作，督促各市、县采取坚决措施，确保还款任务落到实处，并对全省资金回收情况及时通报，圆满完成了有偿资金回收任务。

（三）加强了农业综合开发的宣传和调研工作

一是抓住机遇，对吉林省农业综合开发工作进行宣传。吉林省始终把加强宣传和调研作为一项重要工作来抓，利用广播、电视、报刊杂志等多种渠道，不失时机地宣传农业综合开发的政策，让广大农民群众和社会各界了解开发、支持开发、积极地参与开发。在党的十六大召开期间，吉林省在《农民日报》上发表了系列文章，《认真贯彻十六大精神，再创吉林农业综合开发新辉煌》，其中包括杨庆才副省长的署名文章《统筹整合　再创突破》。国家农业综合开发办公室部署农业综合开发项目和资金管理情况大检查时，吉林省迅速做出反应，召开布置会，并及时向国家农发办汇报情况。另外，吉林省紧紧抓住贯彻本届政府国家农业综合开发第一次联席会议精神的契机，在新华社《经济参考报》上发表了《谱写吉林农业综合开发新篇章》一文，收到了良好的效果。2003年，吉林省的理论调研文章，有4篇被《中国农业综合开发》杂志刊用；在国家级简报上发表文章2篇；在《农民日报》发表系列文章5篇；在新华社发表文章2篇；在《吉林日报》发表署名文章和专题报道3篇；在《吉林财税》、《吉林财政研究》、《农村财税》和各种有关的年鉴、杂志和书籍上发表文章10篇。为了进一步扩大农业综合开发的影响，省农业综合开发办公室于2003年8月15日—21日，首次作为参展单位参加中国长春第四届农业·食品博览（交易）会。吉林送展的有4大类19个系列的农业综合开发项目区产品，突出了绿色、有机、科技的主题。通过参加农博会，提高了农业综合开发在领导同志、企业、广大消费者和农民群众中的知名度，并架起了供需之间的桥梁，扩大了项目区产品的销售渠道，受到了社会各界的好评。在农博会参展期间，中央电视台对吉林省农发办进行了专访。二是加强了农业综合开发的调研工作。2003年是农业综合开发的改革创新年，调研工作显得尤其重要。一年中，吉林省共撰写并上报国家农发办《新时期，新起点，以新的举措开发优势农产品产业带》、《推行农业综合开发产权制度改革，建立滚动开发机制》、《关于农业综合开发支持农业产业化项目情况的调查报告》、《吉林省上半年农业和农村经济形势分析以及农业综合开发应采取的对策与建议》、《新时期农业综合开发的地位和作用调研报告》、《深入学习贯彻第一次联席会议精神　开创吉林农业综合开发工作新局面》等专题调研材料6篇，积极为农业综合开发在新时期的改革创新献计献策。

（吉林省农业综合开发办公室供稿，齐健执笔）

黑龙江省

一、农业综合开发基本情况

2003年，黑龙江省农业综合开发项目区涉及84个县（市、区），共建设农业综合开发项目275个，其中土地治理项目185个，多种经营项目84个，科技示范项目6个。共投入资金10.75亿元。完成中低产田改造83.5万亩，建设优质粮食基地134万亩、优质饲料作物基地16.4万亩、农业生态工程42.74万亩。多种经营项目和科技示范项目的厂房、畜舍、温室等工程的建设都较好地完成了计划。

二、农业综合开发取得的主要工作成效

农业基础设施建设进一步加强。全年农业综合开发项目区共开挖沟渠1 486.68公里，新打和修复机电井1 899眼，架设输变电线路548.48公里，修建机耕路1 686.48公里，新购置农业机械6 090台(套)。除个别项目区外，多数项目实现了当年立项开发，当年竣工见效。项目区农业生产条件大为改善，抗灾能力明显增强。

农业生态环境有新的改善。全省农业综合开发坚持走可持续发展的路子，加大农业生态环境治理力度，水土流失治理、小流域治理、风沙治理取得明显成效。全年共完成水土流失治理面积299.35万亩，治涝4.1万亩，植树造林8.88万亩，改良草场11.9万亩，泰来、穆棱、宾县、尚志等地农业生态环境治理成效尤为显著。

农业产业化经营有较大突破。围绕比较优势产业上项目，全年共立项农业综合开发产业化经营项目189个，投入省级财政资金5.61亿元，加上企业和农民自筹资金，共投入8.87亿元。通过一年的开发建设，农业综合开发扶持的绿色食品、奶牛、肉牛、亚麻、马铃薯等重点产业链条进一步完善，区域主导产业进一步发展和壮大。

农业结构调整步伐加快。全年项目区围绕龙头企业进行基地建设共投入资金4.96亿元，比2002年增加1.98亿元，增长66.4%。为了促进农业结构调整，黑龙江省农业综合开发围绕特色绿色安排项目，积极发展养殖和加工项目，项目区畜牧业和加工业占农业的比重进一步加大。

农业综合效益显著提高。全年农业综合开发项目区粮食生产获得较好收成，新增粮食1.41亿公斤，新增农业总产值6.6亿元，新增纯收入4.29亿元，人均增收467元，实现每亩增粮168公斤。每百元增粮47公斤，新增产值98元，新增纯收入63元。项目区农民人均纯收入2 617元，比非项目区农民人均纯收入高出276元。

三、农业综合开发采取的主要措施和做法

（一）突出重点，大力加强农业基础设施建设

2003年，全省农业综合开发项目区坚持以抗旱水源工程建设为重点，大力加强农业基础设施建设。农业综合开发项目区共打机电井1 899眼，修建小型水库213座，开挖修建灌排渠系7 189.76公里。通过抗旱水源工程建设，有效缓解了项目区的旱情，把旱灾造成的损失降到了最低限度。同时，坚持专业队伍常年施工，利用秋后和封冻前有利时机，大搞农田基本建设突击会战，抓紧修路、打井和田间工程建设，既保证了当年项目当年建成，又为今后项目建设奠定了基础。

（二）立足结构调整，加大对优势产业的扶持力度

一是确定农业综合开发扶持优势产业发展格局。在充分调研论证的基础上，依据县（市）优势产业规划，省农业综合开发办公室下发了《关于扶持农业产业化经营的指导意见》（试行），确

定从2003年起至今后几年内，省农业综合开发重点扶持大豆、奶牛、肉牛、生猪、蛋禽、果菜、亚麻、马铃薯等8大优势产业，市（地）县重点扶持特色谷米、万寿菊、红干椒、葵花、大麦、烤烟、北药、名特鱼、肉羊、绒山羊和蚕等11个优势产业，并组织专家对大豆、奶牛、马铃薯、亚麻等产业做了进一步深入调研和论证，对有关项目进行了认真考察和评估。7个以生态农业建设为重点的县（市）也分别明确了一项重点扶持的优势产业。全省农业综合开发已基本形成“一县一业”扶持优势产业的发展格局。二是加大对优势产业的扶持力度。全省围绕立项的189个优势产业项目投入大量资金，使项目的实施有力地带动了项目区农业结构调整，推进了农业产业化经营。

（三）认真做好迎接国家验收的准备工作，全面开展对2000—2002年项目与资金管理的大检查

从2003年4月20日开始，在市（地）级自验的基础上，省农业综合开发办公室组成5个验收组，对全省1/3的县（市）进行了省级检查验收。7月1日后，由市（地）农业综合开发办公室负责对2000—2002年项目与资金管理情况进行了全面复查，省验收组进行了重点督察。针对检查中发现的项目与资金管理存在的问题，认真分析原因，集中进行整改，对问题严重的肇东市在全省进行通报批评，收到了较好效果。在国家大检查总结会议上，黑龙江省农业综合开发办公室做了《认真抓检查，深入搞整改，进一步提高农发项目与资金管理水平》的经验介绍。由于自查自验严肃认真，有效解决了项目与资金管理存在的问题，黑龙江省顺利通过了国家级验收。

（四）突出抓好农业科技示范，进一步提高项目区科技含量

一是促进项目区科技成果转化。在克东、嫩江等6个县进行了项目区1.2万亩大豆行间覆膜技术示范。此项技术使大豆产量在大旱之年取得了平均增产33.8%的效果，亩产最高达到210公斤。省农业综合开发办公室在克东县召开全省农业综合开发大豆行间覆膜现场会，总结推广了6县（市）经验。二是在项目区引进和示范了一批新品种、新技术。从法国引进的阿里亚娜亚麻良种和水稻大中棚育秧、奶牛胚胎移植等一批先进品种和技术率先在项目区示范成功和普遍推广。同时，成功地完成了世行科技项目考察的接待任务，为世行科技项目尽早启动做了前期工作。

（五）加大农业综合开发招商引资工作力度，广泛开展内引外联活动

为扩大农业综合开发项目资金投入规模，充分吸引工商资本、民间资本和外资对农业综合开发的投入，省农业综合开发办公室配合省委、省政府的招商引资行动，于10月下旬分三个组赴山东、江苏、上海三省（市）开展招商引资活动。此次活动中，共推荐招商项目60多个，推荐农业综合开发优质农产品9类92种。通过初步联系商洽，与三省签订项目招商或农发农产品贸易协议额近10亿元。

（六）深入调查研究，创新农业综合开发工作思路

一是就“农业综合开发促进农业生产方式转变”这一主题进行调研。上半年对部分县、市项目做了现场调研，对20多个县、市情况进行研究分析，起草形成了《新阶段、新探索、新启示——黑龙江农业综合开发促进农业生产方式转变的调查与思考》的调研报告。省政府领导为报告作了批示，省政府《决策参考》转发了报告，《中国农业综合开发》杂志也将其全文刊载。二是开展村级经济发展调查。4月，省农业综合开发办公室组成6个调查组，分别到齐齐哈尔、佳木斯、绥化、鹤岗所属县（市）的一些村屯进行了深入调查研究，了解村级经济发展现状，与县、乡、村干部和农民群众进行座谈，广泛征求对农业综合开发扶持村级经济发展的意见和建议，形成了6份调研报告，制定并下发了《扶持村级经济发展示范点实施方案》。三是完成国家农业综合开发办公室部署的专题调研任务。各处室密切配合，深入调研，完成了《农业综合开发如何突出农业主产区和优势产业带建设》、《如何加强和改进项目与资金管理机制》、《如何加强和改进农发项目评估工作》、《农业综合开发实行

经营性开发的探索和思考》等5个调研课题。这些深入的调研工作，为创新农业综合开发工作思路、进一步做好农业综合开发工作提供了参考和决策依据。

（七）加强舆论引导，努力做好农业综合开发宣传工作

一是搞好新闻报道。2003年积极向新华社、《人民日报》、《经济日报》、《经济参考报》、《中国财经报》、《农村财政与财务》、《中国农业综合开发》、《黑龙江日报》、黑龙江电视台等新闻媒体供稿，先后发表反映农业综合开发工作的文章或报道10余篇（次），进一步扩大了农业综合开发的社会影响。二是不断总结经验。征集了2000—2002年全省典型项目信息，归纳整理了新阶段省、厅、办领导讲话及调研报告、典型经验、典型信息等资料，编辑了50多万字的农业综合开发文集《新阶段、新探索、新启示》。三是为招商引资做好宣传工作。筛选了近几年农业综合开发土地治理、多种经营、科技示范等典型项目，编印成30多万字的介绍省优势农产品和项目的招商图册，在配合招商引资工作的同时，也对全省农业综合开发工作进行了广泛宣传。

（黑龙江省农业综合开发办公室供稿，任秀峰、张广仁执笔）

上　海　市

2003年，上海市农业综合开发工作紧紧围绕全面建设农村小康社会的目标，认真贯彻执行国家农业综合开发方针政策，积极筹措各项资金，加大农业基础设施和生态环境建设，推进农业科技进步，支持农业产业化经营，增强了农业综合竞争力，增加了农民收入。通过进一步加强项目立项前期工作，完善项目竣工审价制度，积极探索投资政策和运行机制，提高了农业综合开发的效益和水平。

一、农业综合开发基本情况

根据上海市各区、县的资源条件、区域布局、功能开发、土壤结构和发展潜力等状况，2003年，上海市确定了宝山区、南汇区、奉贤区、松江区、金山区、青浦区和崇明县等7个区、县作为农业综合开发项目县。

（一）土地治理项目实施情况

2003年，上海市共立项实施土地治理项目13个，其中改造中低产田项目5个、节水示范农业项目3个、优质粮食基地项目5个；改造中低产田5.31万亩，建设节水示范农业3.54万亩，建设优质粮食基地4.91万亩。在土地治理项目的实施中，按照“田成方、林成网、渠相通、路相连”的建设目标和要求，主要采取了以下措施。

水利措施：修建排灌站53座，配套输变电线路20.5公里，建设灌排渠系223.55公里，建设渠系建筑物156座，建设喷灌农田1 000亩、微灌农田300亩。

农业措施：改良土壤3.65万亩，建设良种基地1万亩、种子仓库2 760平方米、种子晒场2 100平方米，修建机耕路163.25公里，购置农业机械4台（套）。

林业措施：营造农田防护林1.64万亩。

科技推广：开展农民技术培训1.22万人次。

通过对项目区公共性的农业基础设施的建设，改善了项目区农业生产条件，保护了项目区农业生产能力。

（二）产业化经营项目实施情况

2003年，上海市共立项实施了产业化经营项目7个，其中种植项目2个，加工项目5个。

（三）科技示范项目实施情况

2003年，上海市仍在实施的科技示范项目共2个，分别是奉贤区科技推广综合示范项目和浦东新区农业现代化示范项目。

1. 奉贤区科技推广综合示范项目建设情况

技术推广：推广“番茄908”等蔬菜新品种3个，优质蔬菜配方施肥技术1项，“大王枣”经济林品种1个，生态果园管理技术1项，珍禽养殖品种“肉用鹌鹑”1个，工厂化有机肥料生产技术1项。

技术引进：引进种植新品种“胜先锋”菠菜1个，野生保健蔬菜栽培管理技术1项，经济林新品种“蜜梨”1个，林牧结合大力发展梨园养鸡技术1项。

乡镇农业技术服务站建设：购置仪器设备31台（套），技术培训4 000人次，建设农业服务信息网络系统5（套）。

配套设施：建设珍禽屠宰加工车间1 000平方米、冷库400平方米，购置机械设备12台（套）及配套锅炉、专用冷藏车各1台（套）。

2. 浦东新区农业现代化示范项目建设情况

引进、试种了一些蔬菜品种，编印了培训材料，添置了培训设备，开展了技术培训工作；建设有机蔬菜包装流水线一条，购置运输车辆2辆，建设冷库2 640立方米、紫苏茶加工车间1 200平方米、锅炉房200平方米，购置锅炉1座，建设冷藏能力为200吨的加工冷库1座，购置冷藏保鲜运输车1辆；进行了道路建设和环境绿化，进行了高压配电站、微生物检验、化验室等配套设施建设。

（四）开发资金完成情况

2003年，上海市农业综合开发土地治理项目完成投资8 820.32万元，其中中央财政资金2 378.74万元，地方财政配套资金4 423.41万元，自筹资金2 018.17万元。在土地治理项目总投资中，41.2%的资金用于改造中低产田，20%的资金用于节水示范农业项目建设，38.8%的资金用于优质粮食基地项目建设。

产业化经营项目完成投资6 101.45万元（不包括做了调整的松江区五库镇芦荟系列保健品加工项目），其中中央财政资金2 041.62万元，地方财政配套资金3 035.34万元，自筹资金1 024.49万元。用于种植项目和加工项目的资金各占50.6%和49.4%。

科技示范项目完成投资2 233.73万元，其中中央财政资金540万元，地方财政配套资金900万元，银行贷款200万元，自筹资金593.73万元。

总体计算，2003年，上海市农业综合开发完成投资2.32亿元，其中中央财政资金0.76亿元，地方财政配套资金1.18亿元，银行贷款200万元，自筹资金0.36亿元。

二、主要成效和做法

2003年，经过各有关部门共同努力，上海市农业综合开发工作不论在生产条件、生态环境，还是在农业经济效益方面都得到了较大改善和提高。全年新增灌溉面积1.89万亩，改善灌溉面积9.66万亩；新增除涝面积1.77万亩，改善除涝面积3.39万亩；新增节水灌溉面积3.67万亩，每年节约水量931.5万立方米；新增农田林网防护面积2.72万亩；扩大良种种植面积3.61万亩；增加粮食产量529万公斤（其中优质粮食314万公斤）、油料15万公斤、优质饲料粮45万公斤；安排农村劳动力就业2 400人；带动21 200农户，受益农户每户可以增收3 058元。

（一）积极支持产业化经营，增加农民收入

2003年，上海市产业化经营项目的安排以农业增效、农民增收为目标，积极支持有品牌、有市场、有规模、有科技含量的农业产业化龙头企业发展，以推进上海市农业结构的战略性调整。2003年，上海市共立项实施了10个产业化经营项目，其中种植业项目2个，加工业项目8个。这些项目的选择，旨在发挥区域经济优势，同时以点带面，形成滚动发展态势。据统计，2003年上海市完成的产业化经营项目可以新增总产值2.3亿元，新增利税2 700万元。

（二）落实相关措施，贯彻“三个确保”

为加强农业和粮食工作，上海市委、市政府明确了确保粮食生产能力、确保基本农田保护、确保粮食市场稳定的“三个确保”政策。为此，上海市

落实了保护和稳定粮食生产的相关措施。一是加强农田基础生产设施投入，以提高粮食生产能力。二是对在郊区种植粮食的农户实施财政补贴政策，鼓励农户开展生产。三是对郊区种植绿肥的农户，市级财政每亩给予30元补贴，以改善土壤结构。四是对郊区种植优质杂交水稻和优质常规水稻的农户市级财政给予一定的补贴，以提高粮食质量。农业综合开发贯彻落实“三个确保”，配合开展了加强农田基础设施建设、加强优质粮食基地建设、改良土壤等基础性工作。

（三）推进城乡一体化建设

2003年，上海市农业综合开发在项目的地域分布和投入建设上坚持相对集中、成片开发原则，通过采取地域捆绑和项目捆绑等形式，充分考虑区域布局，依据资源特点和产业结构，调整区域经济结构，优化生产布局，注意规模推进。同时把多个项目按项目特点综合配套实施，使项目互为依托，互相促进，发挥整体效益。在此基础上，逐步培育形成了布局合理的产业带，变分散的小规模经营为集中的大规模经营，为推进小城镇建设创造了条件。

（四）积极筹措，落实项目建设资金

为保质保量地完成农业综合开发建设任务，2003年上海市农业综合开发办公室积极筹措建设资金。一是在预算安排上落实市级财政资金配套计划。二是整合用于粮食生产方面的各项资金，如整合土地治理项目、“三高”农田项目建设资金等，根据“有分有合、统分结合”的原则，界定两项资金各自的支出内容，高标准建设农田基础设施。三是加强项目资金管理，细化县级报账制内容，将建设单位自筹资金纳入报账制范围，保证自筹资金落实到位。

（上海市农业综合开发办公室供稿，徐和平、袁俭执笔）

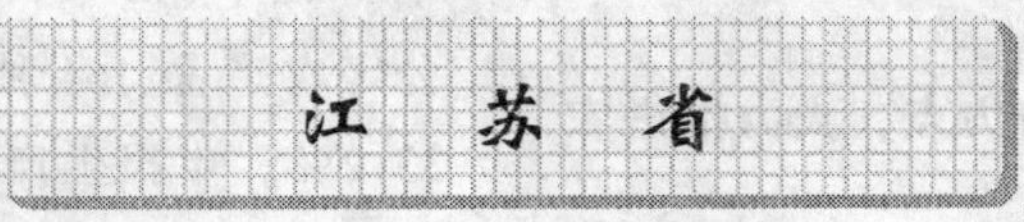

江　苏　省

2003年，江苏省完成中央立项的农业综合开发投资10.3亿元，其中：中央财政资金3.38亿元，地方财政配套资金3.08亿元，银行贷款1.47亿元，自筹资金2.37亿元。项目涉及70个县（市、区）和9个省属国营农场。全省的农业综合开发工作坚持“两个着力，两个提高”的指导方针，以促进农业增效、农民增收为目标，狠抓农业基础设施建设，积极扶持优势农产品生产，着力推进农业产业化经营，农业综合开发工作又登上了一个新的台阶。概括起来，主要取得了八个方面的成效。

一、以接受国家总体验收为契机，全面提升农业开发水平

2003年，为了迎接国家总体验收，省、市、县逐级组织了项目检查和验收，特别是根据国家农业综合开发办公室的统一部署，组织了项目和资金大检查，并进行了认真整改，全省农业开发项目管理水平有了明显提高。江苏省第五期国家农业综合开发项目、高邮高新科技示范项目、西山国家现代农业示范园区项目以及世行二期项目相继圆满通过了国家验收。此次国家验收的项目总投资35亿元，涉及江苏省10个市，是对全省近年来农业综合开发工作的一次总体检阅。国家验收组用“与时俱进、探索进取、工作扎实、印象深刻”16个字高度评价了江苏省第五期国家农业综合开发工作，充分肯定了江苏省在机制创新、规范管理方面的做法，认为江苏省农业综合开发思路对头，工作扎实，管理规范，研究和探索了不少新的问题，很多方面的工作都走在了全国的前头。在接受验收的

15个省级单位中，江苏省被评为四个“优秀”省级单位之一，受到了国家农业综合开发办公室的通报表扬。

二、以农业增效、农民增收为目标，全面加强年度项目建设

2003年，全省改造中低产田46.16万亩，建设优质粮食基地66.01万亩，安排了18个省级科技示范项目、55个产业化经营项目。2003年项目实施时间紧，压力大，特别是“非典”疫情发生后，加大了项目建设的难度。各地一手抓防治“非典”，一手抓项目建设，确保了项目的如期建成，并发挥了预期的效果。南京市在2002年秋季开展了土方预启动工程，为2003年项目按期完成争得了主动。据统计，全省项目区共推广新型渠道衬砌和管道输水680公里，建设机电井、排灌站688座，配套输变电线路134公里，建设机耕路900.39公里。建设良种仓库、晒场8.5万平方米，配套农业机械2 734台（套），项目区农业综合生产能力得到了有效提高。

三、以扶持优势农产品为着力点，大力推进农业产业化经营

2003年，全省集中60%以上的农业综合开发项目资金，继续重点扶持了优质粮、优质油、优质蔬菜、经济林果、花卉苗木、畜禽养殖和水产业等7类优势农产品。55个多种经营项目中，平均财政投资311万元，比2002年单个项目平均投资额增加71万元。财政投资440万元以上的产业化重点龙头项目达14个，较上年增加了3个。为积极推进农业产业化龙头企业的发展，2003年开展了为龙头企业配套建设基地的试点工作，对连云港兴云集团、沭阳高墟米业公司、姜堰河横绿色食品公司、丹徒恒丰酱醋公司、徐州高榕食品公司等5家企业，不仅给予了产业化经营项目投资扶持，而且相应地配套了相应的优势农产品生产基地建设项目。为了推进优势农产品产业化发展，省政府决定今后一段时期全省重点扶持16个优势农产品产业化发展，并确定由江苏省农业资源开发局牵头，组织实施发展优质稻米和特色蔬菜两个产业的工作。这是全省面积最大、影响最大、难度最大的两个基础产业，将扶持这两个产业发展的任务交给农业综合开发机构去执行，充分体现了省政府对农业综合开发部门的信任和重视，也有效地扩大了农业综合开发的影响力。本着“早行动、早落实、早实施、早见效”的原则，省农业资源开发局6月份就启动了这项工作，分别从省农林厅、省农科院、南京农业大学及本局业务处室抽调技术骨干，组建了优势农产品产业化工作班子，开展了前期调研和咨询活动。在此基础上，与省财政厅联合出台了《农业综合开发扶持优势农产品产业化发展意见》，并制订了优质稻米和特色蔬菜产业化发展实施计划。农业综合开发扶持优势农产品产业化发展的思路得到了省委、省政府领导的肯定。

四、以推广新品种、新技术、新产品为切入点，着力提升农业综合开发的科技水平

据统计，全省项目区全年引进瓜果、蔬菜、苗木新品种442个，示范推广新技术245项；新增无公害农产品164种，占全省新增无公害农产品的33.2%；申报生产技术规程98项；申报注册农产品品牌122个，占全省农产品申报注册品牌总数的37.9%。同时，各地加大了农业科技示范项目的建设力度。镇江句容国家农业综合开发科技示范项目开始启动建设；泰州启动了江苏省现代农业综合开发示范区建设；苏州市全面启动了新一轮农业科技示范园区建设。许多市、县还组织了送科技下乡活动，邀请专家到项目区举办专题讲座，现场指导、答疑。全系统共培训了22.57万人次，受训农民至少掌握了一项新的生产技术。今年江苏省农业资源开发局牵头申报的“丘陵山区应时鲜果新品种新技术成果转化”项目获省农业科技成果转化二等奖，受到了省政府的表彰。

五、以改造和围垦为重点，超额完成了新一轮百万亩滩涂开发工程的年度任务

2003年全省落实用于已围滩涂开发的国家农业综合开发项目资金8 104万元，实际改造利用已

围滩涂12万亩，高涂蓄水养殖新增3万亩，新增潮间带养殖10万亩，较计划增加了3万亩，超额完成了新一轮百万亩滩涂开发工程的年度建设任务。沿海各市高度重视滩涂开发工作。盐城市实施了沿海滩涂开发“一路五区四带”建设，沿海经济实现了国内生产总值170亿元，同比增长了22%，占全市经济总量的21%。南通市面对滩涂开发和管理工作中遇到的新情况、新问题，认真履行职责，继续做好滩涂大断面测量，及时掌握滩涂第一手资料，做到了每个县局有一张滩涂开发现状和规划图、一本滩涂开发台账、一套滩涂开发统计表。全市已围和在围滩涂4.6万亩，高涂养殖面积达到5万亩，潮间带养殖面积达到100万亩，滩涂社会总产值达到100亿元。

六、以招商引资为突破口，着力创新农业综合开发投资机制

全省开发系统开展了农业综合开发招商引资促进年活动，把招商引资作为农业综合开发的一项重要工作来抓，努力当好农业招商引资的宣传员、联络员、服务员，通过规划指导、政策引导和环境营造，做实、做细招商引资工作。全省首次建立了全系统招商引资季度通报制度，把招商引资的实绩作为系统年度目标考核与“创业杯”竞赛的重要内容之一。各市、县农业开发部门高度重视招商引资工作，扬州、徐州、连云港、宿迁和淮安等市出台了农业综合开发招商引资工作意见，并实行了目标考核。南通市以农业开发项目为载体吸引“三资”5亿多元，为同期农业综合开发财政投入的7倍多。徐州市协议利用“三资”3.1亿元，几乎是“九五”期间引资总额的2倍。扬州市还开展了冬季招商攻势活动。据统计，2003年全省农业综合开发项目区合同利用“三资”40亿元，实际利用“三资”17.7亿元，较去年增加77%，其中外商资本占28%，工商资本占27%，民间资本占45%。

七、以改革和发展为主题，广泛开展调查研究

2003年，围绕加强项目管理和改进开发工作的主题，组织了大量的调查研究活动。调研的主要内容包括沿江农业综合开发规划、改革农业科技示范园区机制、新时期专项科技项目示范带动作用、农业综合开发促进农村小康建设等。特别是新一届国家农业综合开发联席会议第一次会议之后，江苏省农业资源开发局协助国家农业综合开发办公室，在江苏就加强农业综合开发项目和资金管理、农业综合开发扶持合作经济组织以及实行经营性开发等重大问题组织了调研。同时，按照产业化经营的要求谋划农业综合开发的思路，在实践中进一步深化和完善，2003年江苏省农业资源开发局提出的“六化”联动开发战略，得到了广泛的认可。中共江苏省委《江苏农村要情》还刊登了专题文章《实施六化联动开发战略，强力推进产业化经营》。

八、以正面宣传为引导，唱响农业综合开发的主旋律

2003年是全省农业综合开发宣传工作整体推进、重点突破取得显著成效的一年。一年来，全省紧紧围绕“总结经验，宣传成果，展示风采，扩大影响”的思路，大力宣传农业综合开发取得的新成效、新经验。全省先后在《人民日报》、《新华日报》、《经济日报》、《农民日报》、《中国农业综合开发》等省级以上主要报刊上刊登了宣传江苏农业综合开发的文章50多篇。中央电视台、江苏电视台和省内各市电视台也大量报道了全省农业综合开发工作。12月5日，中央电视台《新闻联播》对苏州西山国家现代农业示范园区正式建成进行了报道。中央电视台七套节目3次报道了徐州市农业综合开发取得的显著成绩。扬州市结合招商引资举办了全市农业综合开发系统文艺汇演，反响强烈，塑造了农业综合开发良好的社会形象，扩大了农业综合开发的社会影响力。

（江苏省农业资源开发局供稿，邱泽森、赵唯伟执笔）

浙　江　省

2003年，浙江省农业综合开发认真贯彻落实国家农业综合开发第一次联席会议精神，紧紧围绕农业增效、农民增收的目标，坚持以中低产田改造为重点，加强农业基础设施和生态环境建设，提高农业综合生产能力；积极支持农业和农村经济结构的战略性调整，推进农业产业化经营；进一步完善制度，加强管理，创新机制，不断提高农业综合开发工作水平。

一、农业综合开发基本情况

2003年，浙江省农业综合开发项目涉及全省的52个市（县、区）及3个省直农场（其中温州市2003年度暂停立项一年），占全省市（县、区）总数的83%；涉及193个乡（镇）、1 673个行政村。项目区总人口3 445万人，其中农业人口2 596万人。

2003年全省农业综合开发总投入17.69亿元，其中：中央财政资金3.3亿元，地方财政配套资金6.26亿元，银行贷款2.61亿元，自筹资金5.52亿元。在总投入中，已完成土地治理项目投入5.59亿元，多种经营项目投入9.77亿元，科技示范项目投入7 112万元。

2003年全省农业综合开发土地治理项目实际完成治理任务89.67万亩。其中改造中低产田51.63万亩，建设节水农业示范工程4.44万亩、优质优势农产品基地28.36万亩、农业生态工程5.24万亩。扶持多种经营及产业化龙头项目63个，其中种植项目4个、养殖项目19个、加工项目39个、农业生产服务项目1个。同时，还实施了桐乡市农业综合开发科技推广综合示范项目和余杭区农业综合开发高新科技示范项目。

二、农业综合开发项目取得了明显的经济、社会和生态效益

（一）农业生产条件得到改善

通过灌排设施及渠系和桥涵闸的工程建设，项目区农田实现了“旱能灌、涝能排”，为提高粮食生产能力提供了保障。通过田间高标准机耕路建设，农业机械能方便地进出，达到了“进得去、出得来、兜得转”的要求。生产条件的改善，有效地提高了农业综合生产能力。据统计，2003年浙江全省项目区新增粮食生产能力8 870万公斤，新增优质粮食1 169.44万公斤。新增种植业总产值2.23亿元，新增利税4 531.97万元，带动项目区农民增加纯收入1.58亿元。

（二）种植结构得到优化

项目实施前，由于农业基础设施建设滞后，项目区的农业生产条件较差，到了冬季，大批农田渍水或干旱严重，抛荒闲置现象十分普遍。项目实施后，为优化农业结构和提高土地利用率提供了条件。项目区农民根据季节差异积极调整和优化种植结构，在确保粮食生产能力提高的同时，大力发展效益农业。目前，已有不少农户通过利用各闲田种植蔬菜、瓜果等经济作物，取得了良好的收益。据统计，2003年，通过实施多种经营项目，浙江省新增干鲜果品生产能力1 059万公斤，蔬菜5 420.2万公斤，花卉303万株，肉1 065万公斤，奶1 251.55万公斤，水产品1.03亿公斤。

（三）农业科技含量进一步提高

项目区在农业科技的应用方面起到了良好的示范作用。2003年，通过科技示范项目建设，浙江省扩大良种种植面积1.51万亩，技术培训2.35万人次。

（四）改善了党群、干群关系

农业综合开发使项目区生产环境得到改善，给农村带来了致富奔小康的良好机遇，受到广大农民群众的欢迎，也改善了党群、干群关系。

三、加强农业综合开发工作的主要措施及做法

（一）认真贯彻国家农业综合开发联席会议第一次会议精神

2003年8月，新一届政府国家农业综合开发联席会议第一次会议召开以后，浙江省农业综合开发办公室认真组织全办同志学习，并向各市、县转发了回良玉副总理的重要讲话，及时在全省贯彻了会议精神。各市、县农业综合开发办公室根据会议精神，结合当地实际，提出了下一步工作打算和具体措施。同时，浙江省农业综合开发办公室及时将贯彻落实会议精神的情况向国家农业综合开发办公室做了书面汇报。

（二）认真开展国家农业综合开发项目省级验收

根据农业综合开发项目管理要求和国家农业综合开发办公室关于项目验收的有关规定，浙江省农业综合开发办公室于2003年4月至6月，组织人员对全省2000—2002年国家农业综合开发项目进行了全面的省级验收。三年间，浙江省国家农业综合开发总投资33.5亿元。完成土地治理项目314.45万亩，其中改造中低产田275万亩，建设优质粮食基地3万亩，建设节水农业示范项目28.1万亩、农业生态工程8.35万亩。扶持多种经营项目145个，其中产业化龙头项目19个，养殖项目39个，农副产品加工项目69个，农业生产服务项目12个。同时完成了1999年立项的嵊州市农业综合开发高新科技示范项目。省级验收表明，浙江省农业综合开发全面完成了国家下达的项目资金计划。在省级验收的基础上，2003年9月，国家农业综合开发办公室组织验收组对浙江省2000—2002年项目进行了验收，并对绍兴市、东阳市、嵊州市、龙游县、三门县的农业综合开发项目进行了抽验。在全国同时验收的15个省市中，浙江省农业综合开发项目被评为“优秀”。

（三）强化管理，严格审查项目设计，确保年度项目计划顺利实施

为做好2003年农业综合开发项目的实施工作，浙江省农业综合开发办公室完善了《关于建设国家农业综合开发山区小流域农业生态工程项目的意见》等办法，进一步加强了项目建设力度，提高了建设水平，使项目建设更切合各地实际需要。同时，按照《农业综合开发土地治理项目规划设计编制纲要》要求，于8月份对全省2003年国家立项的土地治理项目施工图设计和规划设计进行了审查，对设计提出了具体的修改补充意见和建议，提高了2003年项目的规划设计质量。经过完善制度、加强管理和严格审查，确保了2003年项目计划的顺利实施。

（四）接收省级农业综合开发资金、财务管理工作，实现项目管理与资金财务管理的统一

根据浙江省财政厅厅长办公会议的决定，省级农业综合开发资金、财务管理职能于2003年9月份划归省农业综合开发办公室。资金、财务管理职能划转后，省农业综合开发办公室修订完善了相关的资金财务管理制度，下发了《关于农业综合开发地方财政配套资金问题的通知》、《关于农业综合开发项目由企业实施部分的资金管理和会计核算问题的通知》、《关于农业综合开发财政有偿资金全面推行委托银行贷款的通知》等一系列文件，加强了农业综合开发资金财务管理工作。同时，加大了当年到期、逾期农业综合开发财政有偿资金的催收力度，2003年共回收到期资金1.44亿元，占到期应回收资金的89%。还根据财政部有关文件规定，报批后核销呆账资金1 367万元。

（五）积极开展农业综合开发项目和资金管理大检查

国家农业综合开发办公室《关于立即开展农业综合开发项目和资金管理大检查的紧急通知》下发以后，省农业综合开发办公室针对江西玉山、山东安丘事件暴露的问题，联系浙江省实际深刻反思，迅速召开了全省农业综合开发工作紧急会议，并组织抽调了市、县技术、财务骨干人员20余人次，分5批次对全省2000—2002年项目和资金管理进行了认真仔细的检查。对检查中发现的问题，逐个向有问题的单位发放整改通知书，责成各地农业综合开发办公室限期整改，并向省农业综合开发办公室提交书面整改报告。此举促进了全省农业综合开发项

目和资金的规范管理，有效地提高了资金使用效益。

（六）开展业务培训，深入调查研究，搞好工作宣传

为提高全省农业综合开发系统全体同志的理论和业务水平，加强财务管理和会计核算工作，省农业综合开发办公室举办了全省农业综合开发办公室主任培训班和财务会计业务培训班。在深入调研的基础上，省农业综合开发办公室完成了“新时期农业综合开发项目建议内容初探”这一调研课题，还向国家农业综合开发办公室提供了《农业综合开发推动浙江向农业强省迈进》、《对做好新阶段农业综合开发工作的若干政策建议》、《浙江省农业综合开发项目实施工程监理有关情况汇报》等多篇调研文章。同时，为加大农业综合开发宣传力度，省农业综合开发办公室策划制作了电视宣传片《让大地插上腾飞的翅膀》，并和中央电视台联合拍摄电视专题片5集，全面反映浙江省近年来的农业综合开发成果。

（浙江省农业综合开发办公室供稿，赵国瑛、方优良执笔）

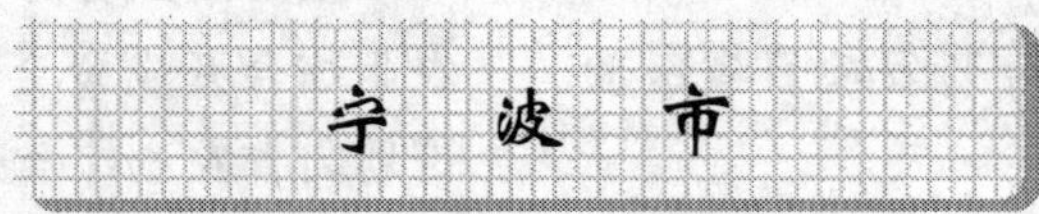

宁波市

2003年，宁波市农业综合开发工作按照“调整结构、突出重点、强化管理、提高水平”的要求，继续加大资金投入力度，继续完善农业基础设施建设，着力推进农业产业结构调整，大力扶持农业产业化经营，项目区农业增效，农民增收，龙头企业壮大了实力，综合效益十分显著。

一、农业综合开发基本情况

2003年，宁波市农业综合开发共有项目县（市、区）9个，其中土地治理项目涉及全部9个县（市、区），多种经营项目涉及除江北区以外的8个县（市、区）。投入农业综合开发资金3.43亿元，其中：中央财政资金6 100万元，地方财政配套资金1.55亿元，银行贷款2 700万元，自筹资金1亿元，投入规模为历年之最。

通过项目实施，完成中低产田改造17.55万亩，建设优势农产品基地1.84万亩，完成节水农业示范项目0.5万亩，完成农业生态工程建设1.18万亩。组织实施了10个多种经营加工项目，涉及蔺草制品加工、绿色畜禽加工、腌制食品加工以及有机茶加工等多种产品，有力地促进了农产品的加工、转化和升值。

二、农业综合开发取得的工作成效

宁波市农业综合开发办公室围绕“两个着力，两个提高”的目标，精心组织，认真实施，扎实工作，圆满完成了各项建设任务，取得了显著成效。

（一）精心准备，2000—2002年农业综合开发项目顺利通过国家验收

2003年9月，国家农业综合开发办公室委托黑龙江省农业综合开发办公室组成验收组，对宁波市2000—2002年农业综合开发项目进行了三年总验收。验收组对宁波市2000—2002年农业综合开发项目建设给予了高度评价，认为宁波市农业综合开发项目工程质量优良，资金管理规范，验收准备工作充分，圆满地完成了国家下达的各项建设任务，取得了预期效益。经国家农业综合开发办公室认定，宁波市2000—2002年度农业综合开发项目顺利通过国家验收，并被评为“优秀”等级。这标志着宁波市农业综合开发工作在规范项目管理、加强资金监督方面取得了明显成效，步入了健康发展的良性轨道。

（二）加大宣传力度，编辑出版画册《农业现代化之路——宁波市农业综合开发巡礼》为集中反

映宁波市九次党代会以来农业综合开发的成果，市领导要求加大宣传力度。2003年初，大型画册《农业现代化之路——宁波市农业综合开发巡礼》正式编印出版，宁波市委书记黄兴国和市长金德水同志分别为画册题字作序。该画册由分管农业的副市长担任主编，各有关部门参加编撰工作，历时5个月编辑完成。画册全面反映了1998年以来宁波市农业综合开发为推进农业现代化、促进农业增效和农民增收所做的工作和取得的成就，既是宁波市农业综合开发重要的历史资料，也是宣传农业综合开发工作的重要载体。画册出版后，取得了良好的宣传效果。

（三）加强监督，组织开展农业综合开发项目和资金大检查

根据国家农业综合开发办公室的统一部署，宁波市农业综合开发办公室于2003年7月中旬组织开展了项目和资金管理大检查，对2000—2002年农业综合开发项目建设和资金使用情况进行了专项检查。通过大检查发现，宁波市项目建设的总体情况较好，但在项目和资金管理中还存在一些问题，要求各县（市、区）限期改正。大检查的开展，营造了一种强化资金使用监督的氛围，促进了各地进一步规范管理，也为国家验收奠定了较好的基础。

（四）完善制度，规范了基础管理工作

为改变重项目建设、轻基础管理的现象，进一步提高宁波市农业综合开发资金决算和统计报表编制的质量，市农业综合开发办公室修订下发了《关于开展农业综合开发资金和项目统计报表考评工作的通知》，把日常工作中的工程进度月报表、资金拨付季报表、资金决算年度报表和统计年度报表全部纳入考评的范围，每年评比一次先进，并以此作为资金分配的重要参考。同时，还制订了土地治理和多种经营项目库标准文本，对申报农业综合开发项目的建议书格式进行了规范，使各地的项目前期工作质量也有了明显的提高。市农发办规定，只有列入项目库以后才有资格列入第二年的年度计划，确保了项目库内每年都有一批经过专家评审的待建项目，大大缩短了项目筛选的过程，提高了科学选项的水平。

（五）组织召开农业综合开发政策理论研讨会

2003年10月，宁波市农业综合开发办公室在宁海县召开了农业综合开发政策理论研讨会，各县（市、区）农业综合开发办公室主任参加了会议。会议研究探讨了下阶段农业综合开发投入的重点。与会代表紧紧围绕调整农业综合开发结构、突出开发重点、扶持农业专业协会和农村专业经济合作组织等课题展开了热烈的讨论。通过研讨，与会的各级农发办领导对当前农业、农村经济形势有了进一步的了解，对下阶段农业综合开发工作有了新的思路，对强化资金监管、规范项目管理有了新的认识。各地都递交了高质量的理论研讨文章，为形成2004年农业综合开发工作思路提供了参考。

（六）狠抓进度，2003年农业综合开发项目进展顺利

2003年，宁波市农业综合开发克服了“非典”、干旱缺水、建材涨价等困难带来的影响，精心组织实施，狠抓工程进度，较好地完成了年度建设任务。据统计，2003年农业综合开发土地治理项目建设灌排渠系473.05公里，改良土壤3.4万亩，新建机耕路407.35公里，购置农业机械138台（套），营造农田林网0.16万亩，培训农民3.3万人次；多种经营项目完成改扩建产业化龙头项目2个；专项科技示范项目完成农业科技推广综合示范项目1.3万亩、农业现代化示范项目0.2万亩，引进新品种6个，推广新技术5项。这些项目的建设产生了良好的经济、社会和生态效益。据测算，项目区新增和改善灌溉面积12.68万亩，新增和改善除涝面积20.42万亩，增加农田林网防护面积7.43万亩，新增机耕面积2.51万亩，新增粮食生产能力612.5万公斤、棉花生产能力37万公斤、油料生产能力24万公斤。

三、为加强农业综合开发工作所采取的措施和做法

（一）积极筹措项目资金，保障农业综合开发建设需要

资金是农业综合开发项目顺利实施的保障，宁波市各级农业综合开发办公室和财政部门从实际出

发，积极探索，大胆实践，努力筹措项目资金。一是多渠道筹措市、县两级财政资金。各级财政对农业综合开发配套资金予以优先安排，预算内安排不够的，从农发基金或其他预算外资金中弥补，确保财政配套资金100%到位。二是把中央财政用于土地治理项目的有偿资金全部转化为无偿使用，由宁波市财政来统一归还，减轻了项目区农民的还款负担。三是拓宽农业综合开发资金投入渠道，用活用足浙江省有关土地整理的政策，在中低产田改造的同时，以进行土地整理、平整来获得新增耕地指标，并将新增耕地有偿转让后的收入作为镇、村自筹资金。

（二）坚持项目管理和资金管理两手抓，严把“四关”

一是切实强化项目前期准备工作，严把立项关。对项目建议书、可研报告和初步设计的编制格式、编制资质要求和申报程序进行了明确的规定，分门别类建立了土地治理和多种经营项目库，认真做好立项前的考察评估工作。二是积极推行招投标制度和质量监督（监理）制度，严把施工关。象山、鄞州等地把农业综合开发工程集中起来，由县、区招投标中心实行统一招标。宁海、余姚等地规定当年经验收认定工程质量较差的施工单位三年内不得参与农业综合开发招投标。这些规定取得了较好的效果，2003年工程建设总体质量令人满意。三是加强对项目的日常检查，实行分级验收，严把验收关。四是全面实行县级保障和委托放款的办法，严把财务关。这些措施在实践中都取得了很好的效果。

（宁波市农业综合开发办公室供稿，陈杰执笔）

安徽省

2003年，安徽省农业综合开发深入贯彻落实国家农业综合开发联席会议精神，以农业主产区特别是粮食主产区为重点，着力加强农业基础设施和生态建设，提高农业综合生产能力，确保国家粮食安全；着力推进农业结构调整，发展农业产业化经营，提高农业综合效益，确保农民增加收入；加强管理，完善机制，开拓创新，推动全省农业综合开发不断向前发展。

一、农业综合开发基本情况

2003年，安徽省农业综合开发项目涉及全省的17个市83个县（市、区）、3个省直单位的18个国有农场。其中土地治理项目涉及83个县、15个国有农场，多种经营项目投资涉及51个县，专项科技示范项目涉及4个县。

2003年，全省共完成农业综合开发资金6.91亿元，其中：中央财政资金2.76亿元，地方财政配套资金2.01亿元，自筹资金1.7亿元，银行贷款4 300万元。

土地治理项目共完成投资3.16亿元。其中：改造中低产田（含灾毁修复项目）投资1.88亿元，改造63.99万亩；建设优质粮食基地完成投资6 532.3万元，建设基地57.67万亩；建设节水农业示范项目完成投资3 735.57万元，建设示范面积14.2万亩；建设农业生态工程项目完成投资1 563.35万元，建设生态工程面积4.06万亩。

多种经营项目共完成投资1.57亿元。其中：建设种植业项目完成投资4 425.54万元，建设种植面积6.96万亩；养殖业项目完成投资5 090.1万元，建设水产养殖项目0.92万亩，发展畜禽养殖95.35万头（只）；完成加工业项目28个，投资5 770.07万元；完成农业生产服务业项目2个，投资192.82万元。

高新科技示范项目共完成投资1 986.41万元。

二、农业综合开发项目的主要效益

一是取得了明显的经济效益。农业生产基础条件有较大改善，抵御自然灾害的能力和农产品生产能力均显著提高。粮食产量稳步提高，经济作物比例趋向合理，农村种植结构调整步伐加快。主要农产品优质品种率提高，促进了科技推广和品种更新。

二是取得了显著的社会效益。改善了灌溉条件，完善了服务体系。农业产业化进程不断推进。促进了农产品信息流和商品流，提高了农产品商品率和增加值。农民科技素质和农业生产科技水平得到提升。

三是取得了突出的生态效益。项目区森林覆盖率提高，土壤得到改良，水土流失得到控制，农民生活质量进一步提高。

三、主要措施和做法

（一）全力以赴做好竣工项目接受国家验收的准备工作

2003年，安徽省应接受国家验收的竣工项目包括2000—2002年实施的国内农业综合开发项目和利用世界银行贷款二期加强灌溉项目。两类项目在安徽省的总投资规模达到31亿元，改造中低产田任务为760万亩，项目涉及全省所有市、县。经过五年的建设，2003年项目建设进入扫尾阶段，要接受国家的总验收。这是对安徽省近五年来农业综合开发工作的一次全面检验。安徽省农业综合开发局高度重视此项工作，紧紧围绕项目验收，狠抓项目扫尾建设，确保按期完工。同时及时下达项目总体验收计划，认真开展省、市、县三级验收工作，为国家总验收做好相关的准备工作。通过抽验，国家验收组认为，安徽省国内和世行两大类项目完成了计划建设任务，成效显著，达到了国家合格标准，建议国家颁发合格证书。同时，也对两大项目的建设管理提出了改进意见，并要求进行整改。

针对国家验收中检查出的问题，安徽省农业综合开发局一是狠抓整改，对项目验收中发现的问题进行回头看，督促整改工作做到位。二是对全省所有县的项目建设进行评比，并相应地给予奖励和处罚。全省有19个县（区、场）被评为优良；有3个县被评为不合格项目，被要求抓紧整改，并对它们重新进行验收。其余项目县被评为合格项目。

（二）扎扎实实开展农业综合开发项目资金大检查工作

2003年，安徽省组织力量，对近三年实施的各类农业综合开发项目和资金管理进行了全面检查。通过检查，各地对农业综合开发工作的成绩和问题有了清醒认识，增强了紧迫感，坚定了搞好开发工作的信心和决心。检查有以下特点：

一是高度重视，行动迅速。为了做好这次大检查工作，安徽省农业综合开发局召开全体职工大会，传达全国农发办主任紧急会议和省领导指示精神，制定下发关于项目和资金大检查的文件。同时召开全省农业综合开发大检查工作培训会议，对大检查工作提出了具体、明确的要求，强调对大检查工作要做到认识到位，从讲政治、讲全局的高度，统一思想，提高认识，集中全力做好此项工作。

二是工作到位。对各地的要求是，在此次大检查中，要克服麻木心理和侥幸心理，认真做好自查工作。第一是整改要到位，做到工作细化，措施落实。第二是措施要得力，检查要深入。首先是全面自检，各级农发办都认真对照国家农业综合开发各项政策要求，进行了自检。其次是认真开展督察。市对县进行全面督察，同时请社会中介机构对重点市、县近三年的项目资金管理情况进行全面审查。第三是严明纪律，奖惩分明。提出：自查自纠，从宽处理；隐瞒不报，从重处理；督察发现问题严肃处理；各级开发办自身违规加重处理。第四是根据检查开展的情况，及时调整检查工作重心。针对各地自查反馈的情况，及时下发通知，督促各地加强对重点问题的检查。第五是检查取得了实效，查出了一些违规违纪问题。

三是触动很大，反响很好。第一，通过大检查，各地对全省农业综合开发工作成效有了比较全面和客观的认识。从检查结果看，安徽省农业综合开发项目的前期准备工作基本做到了有章可循，项目评估规范、科学。在筹集财政资金特别是省级财政配套资金方面有关部门尽了很大努力，项目计划完成情况良好。特别是在遭受多次特大自然灾害的情况下，安徽省农业生产仍然保持了稳定的发展，农民收入仍有一定增长，项目建设的作用是毋庸置疑的。第二，通过大检查，对项目和资金管理中存在的问题有了更加清醒的认识。农业综合开发工作中存在的种种问题，有各级农发办工作不深入、不细致、不扎实，管理监督不力等原因，同时也反应出一些深层次的问题，如投入机制、运行机制、管理方式等方面的问题。要解决这些问题，农业综合开发的管理机制需要进一步改进和完善，农业综合开发的监督管理力度需要进一步加大，农业综合开发工作者的思想观念需要与时俱进，不断更新。第三，通过大检查，进一步增强了各级农业综合开发办事机构的责任感和使命感，增强了广大干部群众做好开发工作的信心和决心。

（三）有条不紊地推进世行加强灌溉三期项目及世行科技项目前期工作

世行加强灌溉三期项目和世行科技项目，总投资为5 000万美元，其中世行加强灌溉三期项目为3 000万元，科技项目为2 000万元。这两大项目是国家进一步加大对安徽省农业综合开发投入的一项重要举措。做好世行项目前期工作对于增加投入、加大开发力度具有重要意义。2003年安徽省按照国家农发办和世行的要求有条不紊地开展了项目的前期工作。

1. 世行加强灌溉三期项目总投资为5.53亿元，其中世行贷款为2.49亿元，地方财政配套资金为1.79亿元，农民自筹资金为1.25亿元。2003年安徽省为实施世行三期项目着重做了三个方面工作。一是抓好项目区范围选定。按照安徽省委、省政府集中资金加大江淮分水岭地区治理力度的总体要求，三期项目区以江淮分水岭地区为主。经过比较，同时考虑世行项目要与二期项目县不重复、集中连片治理的要求，选定合肥、蚌埠、淮南、滁州4市16个县为世行加强灌溉三期项目区。二是初步确定项目主要建设内容。安徽省世行三期项目仍以改造中低产田为主，根据江淮分水岭地区特点，项目主要建设内容是小型水利基础设施、节水灌溉、农田林网、优势农产品基地建设及量力而行发展经济自立灌排区。三是抓好项目启动工作。8月11日在合肥召开前期工作启动会，布置项目区市、县开展项目建议书、可研报告的编制工作。10月28日至29日，世行三期鉴定团一行11人对安徽省项目的前期工作进行了论证，初步同意了安徽省的项目安排。由于世行项目前期工作周期长、工作量大，计划在2004年基本完成项目的鉴定、评估和谈判等工作，2005年正式实施。

2. 世行贷款农业科技项目总投资规模为3.6亿元。2003年安徽省为实施世行贷款农业科技项目主要做了四项准备工作。一是根据国家农发办和世行第一次鉴定团的要求，对世行科技项目准备阶段工作做了全面布置。年初专门召开了由与15个子项目有关的市、县农发办主任和龙头公司负责人、项目经理共同参加的“项目可研报告暨成本核算和财务分析”培训会。会议对项目准备阶段的工作做了全面布置，下发了项目可研报告的编制大纲、成本核算和财务分析的基本要求，要求各地根据新大纲要求对项目报告进行全面修改。二是接受了世行科技项目准备团对安徽省进行的第二次考察和审查。经考察，世行准备团认为安徽省项目较好地把握了世行选项原则，在申报的15个子项目中初步定了11个项目。三是准备接受关于社会影响评价的评估工作，社会影响评价是世行项目评估的重要组成部分。世行已委托中国学者于2003年7月份到安徽省进行了为期2周的项目社会影响评价评估工作，将对各个子项目逐一进行现场调研和社会评估。四是完善项目可研报告，接受项目预评估。根据世行第三次准备团的要求，安徽省及时完善项目可研报告，尤其是对项目的成本核算和财务分析进一步做了补充计算和修改。世行预评估团对安徽省选定的11个项目进行了预评估后通过了其中10个，否决了肥西县的花生项目，但是同意安徽省继续选择项目提交下次评估团评估。

（四）改进完善项目管理，做到当年立项、当年开工建设、当年见成效

1. 严格把关，选好项目，编好计划。经过严

格筛选，选定2003年度项目268个。在此基础认真编制了项目建设计划，下达了《关于编报2003年农业综合开发项目计划的通知》，并开展了项目计划编制培训工作。在各地编报的基础上，按国家要求认真审查了每一个项目计划，汇总上报了《安徽省农业综合开发2003年项目建设计划》。2003年度项目全部一次性在国家农发办获得通过。

2. 简化审批手续，明确建设内容。通过调整管理重心，进一步下放初步设计审批权，加大市级农发办的管理权限和责任，减少具体事务，重点强化对建设内容的管理，使项目管理更加科学、简便。

3. 狠抓了项目建设的招标采购管理工作。2003年安徽省对项目建设全面推行工程建设招标采购制度，印发了《安徽省国家农业综合开发项目采购管理暂行办法若干条文解释》，出台了竞争性招标采购标书商务格式和评标格式等招标采购规范性文件，进一步规范了招标采购的程序、标准、职责等问题。据统计，在2003年度项目中，80%以上的县、市都进行了工程招标，减少了漏洞，节约了资金，提高了项目建设的质量和水平。

4. 加快项目建设进度，做到当年初见成效。在2003年项目实施中，安徽省注意了及时拨付项目资金，并督促各地抓住冬春的有利时机加快项目建设，确保当年项目土方工程基本完工，配套工程完成50%以上。据统计，到2003年12月底，土方工程已完成60%，配套工程正全面加紧施工。

（五）深入学习和贯彻国家农业综合开发联席会议的精神，进一步理清工作思路

回良玉副总理在新一届政府召开的国家农业综合开发第一次联席会议上的讲话，充分肯定了农业综合开发工作取得的成绩，深刻阐明了新阶段农业综合开发的重要地位和作用，明确了今后一段时期内农业综合开发工作的任务和目标，同时对加大投入、突出开发重点、完善投资政策、强化项目管理、加强队伍建设等方面工作提出了具体要求。为把联席会议精神贯彻下去，各级农发机构将工作深入到项目区广大干部群众中去，结合安徽省实际，提出了学习和贯彻的具体意见，制定了学习方案和措施。一是及时传达回良玉副总理的讲话精神。二是通过文件、简报等多种方式宣传回良玉副总理讲话精神。三是要求各市、县农发办联系本地实际，开展大讨论，撰写学习贯彻联席会议精神的心得体会。同时，结合安徽省实际，有针对性地开展专题调研，进一步理清工作思路。全省各级农发工作人员共撰写学习体会和心得50多篇。省局负责人带头，全局每位同志都结合自己的工作，为大讨论撰写了文章，并且有多篇文章发表在《中国农业综合开发》杂志上。通过学习和开展大讨论，安徽省进一步理清了农业综合开发工作思路，明确了工作重点，为全面启动新一轮开发奠定了思想和理论基础。

（六）加强机构建设，加强培训，促进全省农发工作均衡发展

1. 加强机构建设，推进全省农发工作全面均衡发展。由于历史的原因，安徽省少数市、县农发机构体制不顺，影响了开发工作的发展。尤其是阜阳和亳州两市，近年来农业综合开发工作严重滞后，项目建设基本处于停止状态，影响了全省开发工作的均衡发展。

为了扭转两地工作被动的状况，安徽省农业综合开发局专门召开了两市分管农业的市、县领导参加的通报会。要求两市认识到当前农业综合开发的形势，痛下决心，理顺关系，加强机构建设，充实人员力量，并以年底为限，规定机构不理顺的县、区一律停止2004年项目投资，直至关系理顺为止。这次会议取得了预期效果，两市农发机构建设取得了新进展，县级机构已全部合并到财政局，做到了先归并机构，再充实人员。

与此同时，省局与各地对人员进行充实和完善，明确职责，以适应新形势下开发工作的需要。省局通过公开招考录用了一批新人，增加了人员力量。

2. 加强业务学习，加大培训力度，提高业务工作水平。2003年省局进一步加强了业务培训工作。结合各项业务工作的开展，重点就农发项目计划编制、信息系统（MIS）、监测评价、项目建设招标采购管理、资金财务管理、县级报账管理等方面内容进行了全面培训和学习，累计培训100多人

次，提高了各地的工作水平和效率。

（七）加大宣传力度，努力营造农业综合开发的良好氛围

2003年，安徽进一步加大了农业综合开发宣传力度，紧紧围绕世行加强灌溉二期项目和2000—2002年项目验收工作，着重宣传了农业综合开发成效以及新时期农业综合开发的方针政策。主要做了四项工作。一是围绕世行加强灌溉二期项目和2000—2002年项目验收工作建设，拍摄了两部宣传专题片，全面介绍了世行项目和三年来国内项目建设取得的新进展和新成果。二是编辑出版了宣传画册《江淮大地展新姿》，全面展示了安徽省农业综合开发取得的新成果。三是继续做好为《安徽财政年鉴》及相关杂志提供图片的工作。四是全面改版《安徽农业综合开发》简报，扩大发行面。通过多种方式的宣传，农业综合开发工作的影响在进一步扩大，为开发工作营造了一个良好的氛围。

（安徽省农业综合开发局供稿，王定友执笔）

福建省

2003年，福建省农业综合开发适应农业和农村经济发展新阶段的要求，紧紧围绕省委、省政府确定的农业和农村工作重点，以全面建设小康社会为目标，以确保粮食安全和促进农民增收为主要任务，突出开发重点，明确主攻方向，集中有限财力，支持农业综合开发重点区域和重点项目，提高农业综合开发整体效益。

一、农业综合开发基本情况

2003年，福建省国家农业综合开发项目涉及9个设区市的56个县（市、区）。完成总投资9.08亿元，其中：中央财政投资2亿元，地方财政配套2.32亿元，银行贷款1.98亿元，群众筹资投劳2.78亿元。共改造中低产田47.88万亩，发展节水农业示范面积9.37万亩，建设生态农业工程4.14万亩，建设优势农产品基地25.09万亩，建设农业科技推广综合示范工程10.62万亩，建设农业现代化示范工程1.15万亩，新建扩建农产品加工项目34个、农业生产服务项目3个。新增粮食生产能力8 215.16万公斤、油料生产能力108.61万公斤，新增干鲜果品4 546万公斤、蔬菜3 926.2万公斤、肉蛋奶5 918.5万公斤、水产品342.43万公斤。通过实施农业综合开发，项目区改善了农业生产基本条件和生态环境，提高了粮食综合生产能力，建立了一批优势农产品生产基地，培植了一批农业产业化龙头企业，推动了农业结构调整和产业化经营，促进了项目区农业增效、农民增收。

二、认真传达贯彻联席会议精神，全面部署新时期农业综合开发工作

本届政府国家农业综合开发第一次联席会议及国家农发办工作通报会召开后，福建省农业综合开发办公室认真组织学习联席会议精神，结合本省实际，提出了具体的贯彻意见。省政府农业综合开发领导小组召开了有各设区市、各项目县（市、区）的分管领导、农发办主任、财政局分管领导共150人参加的全省农业综合开发工作会议，统一思想认识，明确新时期农业综合开发的工作思路，研究部署当前及今后一个时期农业综合开发工作。通过学习，全省上下进一步明确了新时期农业综合开发的目标任务，提高了对农业综合开发深化改革、创新机制、加强管理重要意义的认识，增强了搞好新时期农业综合开发的责任感和使命感，真正把联席会议精神落实到农业综合开发实践中。

三、精心组织项目和资金大检查，进一步改进农业综合开发管理工作

福建省把加强对项目和资金的检查监督作为一项重要工作来抓，先后组织开展了多次全省性的检查抽查工作，主要有：在市、县对2002年度竣工项目组织了自查验收的基础上，省里组织农业、林业、水利等部门工作人员，并抽调地市人员力量组成8个检查验收组分赴各地进行全面检查和重点抽查；与省财政厅、省监察局配合，开展2002年度农业综合开发资金到位、使用以及县级报账制实施情况的专项资金检查；按照国家农业综合开发办公室统一部署，在全省范围内开展对2000—2002年农业综合开发项目和资金管理的拉网式大检查；配合财政部专员办对宁德、南平、三明、龙岩等困难市2001—2002年农业综合开发资金使用情况进行专项检查；配合省审计厅对2002年度农业综合开发资金进行专项审计。检查中发现的问题和不足被逐一列出，由财政厅下文敦促各项目县限期整改。在抓好整改的同时，分析查找问题原因，改进工作，强化管理。省进一步提高省级财政配套比例，市、县着力加强财务管理，严格执行农业综合开发资金管理“三专”制度，进一步完善农业综合开发资金县级报账制。逐步扩大报账资金范围，有条件的地方，将自筹资金也纳入报账制范围，并注意加强财务管理和会计核算的培训工作，有效地规范财务管理。在有偿资金的使用方面全面推行有偿资金委贷制，保证有偿资金投放的安全性和有效性。同时，完善农业综合开发规章制度，进一步规范项目和资金管理。根据国家政策要求，结合我省农业综合开发的实际工作情况，相继制定下发了《关于调整福建省国家立项农业综合开发投资政策的通知》、《关于农业综合开发农民筹资投劳推行一事一议政策的通知》、《关于2004年度农业综合开发优势农产品基地建设项目实施竞争立项的通知》等规定，努力探索和总结新形势下各种积极有效的管理思路和管理办法。

四、集中财力保重点，突出重点抓关键

（一）继续加强农业基础设施建设，稳定和提高粮食综合生产能力

山东以商品粮基地县为重点，以改造中低产田和灌区节水改造为主要建设内容，改善农业生产条件，加强农业基础设施建设，逐步提高土地治理的质量和效益。2003年，全省农业综合开发完成土地治理47.88万亩，新建和续建配套东圳、浦南两个重点灌区水利骨干工程，项目区共新增和改善灌溉面积40.3万亩，新增和改善除涝面积10.1万亩，增加林网防护面积6.49万亩，新增机耕面积11.37万亩。通过实施农业综合开发土地治理项目，建设了一批高产、稳产、节水、高效基本农田，进一步加强了农业基础设施建设，在百年一遇的大旱之年，项目区已建的水利灌溉工程和小型蓄水工程发挥了重要作用，增强了福建省农业生产的防灾减灾能力，为农业持续稳定发展创造了良好的生产条件和生态环境。

（二）加大对农业产业化龙头企业的扶持力度，推进农业产业化经营

在农业综合开发工作中，福建省注重把培育壮大龙头企业作为推进农业产业化经营和促进农民增收的突破口，加大政策、资金等方面的扶持力度。根据本地资源优势和市场需求，按照扶强扶优扶大的原则，立足对现有农产品集中产区和农副产品加工企业进行改造提高，重点扶持有市场、有效益、能带动当地农业结构调整、与农民建立了紧密的利益联结机制、能有效增加农民收入的农副产品精深加工、储藏保鲜的农产品产地批发市场等服务体系建设项目，实现生产与市场的有效对接，促进农业产业化经营。全省共扶持发展产业化龙头和农业生产服务项目39个。其中，以40%以上的多种经营财政资金重点扶持了9个带动能力强、辐射面广、产品竞争优势明显、与农户利益联系紧密的国家级和省级产业化龙头项目。通过扶持农业产业项目，带动银行贷款1.98亿元，新增产值9.82亿元，带动农户59 407户，安排农村劳动力27 576个，培植壮大了一批具有一定带动力和竞争力的龙头企业，有效提高了农业产业化经营水平。

（三）发挥区域比较优势，大力支持优势农产品产业带建设

福建省把支持优势农产品产业带建设，增强农产品的国际竞争力作为农业综合开发工作的一项重要内容，按照省委、省政府确定的构筑临海蓝色产业带、闽西北绿色产业带和闽东南高优农业产业带的总体规划，从基础设施建设、品种引进和改良、农产品的精深加工和市场开拓等环节入手，大力扶持发展具有一定国际竞争力和较强国内竞争力的优势特色农产品。各地围绕优势农产品产业带建设统筹安排各类农业综合开发项目，使中低产田改造项目适应优势产业的要求，以龙头项目带动优势产业的发展。全省重点扶持建设了无公害农产品生产基地和优质高效农产品生产基地28.14万亩，培育壮大区域特色和优势产业，加快优势农产品产业带形成，不断提高农产品的质量档次和市场竞争力，促进农民增收。

（四）加大农业科技投入力度，推动先进实用技术在农业生产中的普及推广

各地在农业综合开发项目的建设中，十分重视发挥科技创新在农业生产中的主导作用，不断加大科技投入力度，2003年科技投入占财政总投入比重提高到8%。项目区大力引进推广农业优良品种，推广先进实用的农业科学技术，积极开展对项目区农民的科技培训，进一步提高农民科技文化素质和应用农业科技的能力。与此同时，按照“高标准、严要求、重在示范”的原则，重点抓好漳浦、长乐、新罗、惠安、集美、同安等6个国家级农业综合开发专项科技推广综合示范项目和农业现代化示范项目建设，充分发挥科技示范项目在品种引进、科技推广等方面的示范、辐射和带动作用。2003年，全省项目区累计示范推广农业新品种、新技术243项，建立示范面积11.77万亩，开展新技术培训24.73万人次，推动了先进实用技术在农业生产中的普及推广。如，宁德市以聘请农业院校和农业科研机构的专家讲课和让农民现场观摩的形式，加强对项目区农民及农发部门干部的技术培训。该市共举办各类农业实用技术培训班30多期，受训人数5 000多人，建立农民科技示范户20户，推广农业科技成果3个，引进示范推广水稻、蔬菜、茶叶、食用菌、水果、水产等新品种50多种，推广面积2万亩以上，有效地带动了周边群众学科技、用科技的热潮，增加了社会经济效益。

五、深化改革，创新农业综合开发机制

（一）完善项目库制度

根据新时期国家农业综合开发的方针政策，福建各地结合自身的资源特点和比较优势，认真抓好各类项目的储备。省、市、县各级农发办都按年度投资规模扩大一定比例，按项目年度提前一年，分别建立、完善农业综合开发项目库。凡申请国家立项实施的项目，按规定程序从项目库中筛选，逐级申报。

（二）加强项目评审工作

全面推行专家评审制，完善专家咨询制度。为调整和充实专家队伍，省农发办共聘请了39名不同专业的具有高级职称的专家，并从农口有关部门抽调了20名技术骨干作为工作班子。评审工作中坚持专家评审和实地考察相结合，努力提高农业综合开发项目立项审查与论证的质量。在制订发展规划、确立开发项目、进行项目设计过程中，注意依靠科技人员的作用，经过专家考察评估、咨询论证，把开发项目建立在科学决策的基础上。

（三）引入竞争机制

进一步完善资金综合因素分配法，把地方财政配套、有偿资金还款、群众筹资投劳、开发工作业绩、日常工作情况等作为主要条件，建立奖优罚劣的竞争机制，以促进各地积极开展工作。创新项目生成机制，积极开展竞争立项工作，对国家农业综合开发产业化龙头项目打破基数，实行全省范围竞争立项，并引导各项目县（市、区）开展项目区竞争立项。

（四）完善工程招投标制

在总结经验的基础上，继续全面推广工程招投标制，逐步推行项目建设大宗物资、设备政府统一采购制，增加项目工程确定过程的透明度与竞争性。同时加强对项目的跟踪问效工作，进一步规范工程管理，降低工程造价，保证建设工程质量。长乐、平潭等县对农发项目建设材料全部实行由政府统一采购，加强工程监理，通过强化

项目实施过程中的管理工作来保证项目建设任务圆满完成。

（五）改进竣工项目的检查验收办法

各级农业综合开发办把主要精力放到加强项目和资金管理上来，在加强日常检查的同时，做好中期检查、专项检查和竣工项目验收工作。省农发办切实改进省级验收办法，进一步细化量化各项验收指标，提高验收办法的科学性和可行性。严格执行验收奖惩制度，对于验收不合格的单位，除要求其限期整改并予以通报批评外，根据不同情况，酌量扣减其下一年度的财政投资控制指标。

六、加强系统内部建设

（一）加强调查研究

为了进一步做好农业综合开发工作，福建组织省、市农发办有关人员，分赴兄弟省、市学习考察农业综合开发项目与资金管理经验，重点学习农业综合开发在扶持优势农产品、推进农业产业化经营、推行县级财政报账制及项目招投标等方面的做法和经验，并结合福建省的情况和特点，探讨研究新时期农业综合开发的新思路、新举措。同时，紧密联系工作实际，就农业综合开发支持农民专业合作经济组织和农产品行业协会、完善农业综合开发投资机制、支持优势农产品产业带等问题展开调研，为改进管理工作提供科学依据。

（二）加强业务培训

在业务培训方面，组织了省农业综合开发领导小组成员、各项目县（市、区）分管领导以及财政局分管领导、农发办主任参加农业综合开发政策制度培训，着重讲解新时期国家和省农业综合开发重点工作及投资政策，对农业综合开发项目管理程序、要求和资金管理的有关制度进行重点培训。通过培训，不仅让市、县各级分管领导了解了农业综合开发的政策和业务，而且取得了他们对农业综合开发工作的理解和支持。同时，在农业综合开发系统内积极开展农业综合开发计划统计、财务管理、会计电算化等业务的培训，提高干部业务素质。

（三）加强项目档案建设

2003年，省农发办对历年来全省农业综合开发项目档案进行了全面整理，将文档资料、计划统计报表、项目设计图纸等制作成光盘，实行软件化管理，并推行土地治理项目扩初设计图纸以电脑绘图。

2003年福建省农业综合开发虽然取得了一定的成绩，但与国家农业综合开发联席会议的要求还有一定差距。新时期福建省的农业综合开发工作将紧紧围绕全面建设小康社会的目标，以提高粮食综合生产能力和农民收入为核心，着力加强农业基础设施和生态建设，提高农业综合生产能力特别是粮食综合生产能力，保证粮食安全；着力推进农业和农村经济结构的战略性调整，大力支持优势农产品产业带建设，积极推进农业产业化经营，提高农业综合效益，增加农民收入。同时，适应社会主义市场经济、公共财政管理体制和农村改革发展要求，深化改革，创新机制，加强管理，转变作风，努力开创农业综合开发工作的新局面。

（福建省农业综合开发办公室供稿，童祥斌执笔）

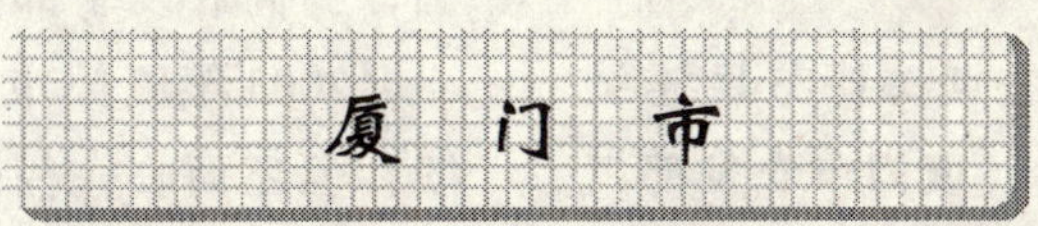

厦　门　市

2003年，厦门市农业综合开发认真贯彻国家农业综合开发联席会议和全国农业综合开发办公室主任会议精神，紧紧围绕农业增效、农民增收的目标，加强农业基础设施建设，改善农业生产条件和生态环境；促进农业结构调整，大力发展农业产业化经营；加大科技投入，推动农业科技进步。主要完成了以下几方面的工作。

一、加强农业基础设施建设，改善农业生产条件

认真组织实施了土地治理项目，坚持把改善农业生产基本条件和治理生态环境作为主要任务，以中低产田改造为重点目标，大力建设高标准农田，对项目区的田、水、路、林、电进行综合治理。2003年共完成上年结转中低产田改造任务2.12万亩，建成了一批排灌设施齐全、耕作运输便利的高标准农田，大大改善了农业生产条件，提高了农业生产能力。

二、扶持和培植龙头企业，发展农业产业化经营

大力发展多种经营，培育和扶持了一批经济实力强、市场广阔、带动性强的农业产业化龙头企业。经过一年的努力，扩大了订单农业的规模，延长了农业产业链，增加了农产品附加值，农业生产结构和农村经济结构得到优化，农民收入大幅增加。

三、加大农业科技投入，加快农业现代化建设

在土地治理和多种经营的基础上，加大了农业科技投入力度。2003年积极组织实施了同安区农业综合开发农业现代化示范项目和集美区农业综合开发高新技术示范项目，大力引进推广农业优良品种，推广应用先进的农业科技，积极开展对项目区农民的科技培训，提高了农民的科技文化素质和应用农业科技的能力。全年共引进推广新品种90个、新技术3项，建设示范基地3 500亩，开展农业科技培训3 200人次。

四、开展农业综合开发项目和资金大检查，加强项目和资金管理

2003年6月，中央电视台焦点访谈节目连续曝光江西玉山和山东安丘事件后，厦门市农发部门高度重视。根据国家农业综合开发办公室关于立即开展农业综合开发项目和资金管理大检查的紧急通知精神，厦门市组织了有关人员奔赴内厝、莲花、新圩、灌口、后溪、东孚等各项目镇以及多种经营建设单位进行拉网式检查，将检查情况及时报告国家农发办，并对存在的问题进行了整改。

五、积极准备竣工验收的各项工作，完成第二期（2000—2002年）竣工项目验收

2003年是厦门市第二期农发项目竣工验收年，工作任务繁重。从4月开始，厦门市便着手准备验收工作，多次到项目区检查，督促各区全面完成项目的建设任务。同时，积极配合审计部门深入各建设单位审计农发资金使用情况。此外还组织有关成员单位对项目区进行检查验收，完成各项准备工作。在国家农发办的验收中，厦门市积极配合国家验收组的工作，并对验收中发现的问题认真整改。经验收，厦门市第二期农业综合开发完成总投资2.99亿元，改造中低产田9.4万亩，建设优质粮食基地0.17万亩，建设节水农业示范1.2万亩，完成多种经营项目13个。

六、加强农业综合开发干部队伍建设

为更好地完成农业综合开发的各项工作，厦门组织农发干部进行了一系列的学习。首先，学习党的十六大和十六届三中全会精神，以“三个代表”重要思想教育广大农发干部，不断提高政治素质，增强服务“三农”的意识，提高管理水平。其次，组织学习本届政府国家农业综合开发第一次联席会议精神，学习财政部《关于农业综合开发的若干意见》、《关于改革和完善农业综合开发若干政策措施的意见》以及各项政策、措施，提高农发干部的政策水平和业务水平。同时，以江西玉山和山东安丘事件为鉴，教育农发干部增强责任心和使命感，加强项目和资金管理工作。借厦门市机构改革和区划调整之机，调整和加强厦门市农发力量，举办培训，提高农发干部业务水平。

2003年厦门市农业综合开发工作取得一定成绩，但还面临一些困难，如近年来的机构改革和区划调整给农发工作带来了一些不利影响，厦门市农发力量仍显不足，地方落实配套资金还有些难度等。2004年，厦门市农业综合开发工作将继续贯彻党的十六大和十六届三中全会精神，认真贯彻落实国家农发办《关于改革和完善农业综合开发若干

政策措施的意见》和国家农业综合开发第一次联席会议精神，加强农业基础设施建设，发展产业化经营，加大农业科技推广示范的力度，推动厦门市农业综合开发工作不断发展。

（厦门市农业综合开发办公室供稿，洪建文执笔）

江　西　省

2003年，江西农业综合开发认真贯彻全国、全省农村工作会议和全国农业综合开发会议精神，以农业主产区特别是粮食主产区为重点，围绕“深化主题、加强管理”这一思路，科学规划，合理布局，突出重点，完善政策，与时俱进，开拓创新。着力加强农业基础设施建设和生态环境建设，提高农业特别是粮食综合生产能力，保证国家粮食安全；着力推进江西农业和农村经济结构的战略性调整，继续实施“一县一业”的开发战略，积极扶持优势农产品基地建设，大力促进农业产业化经营，提高农业综合开发效益，增加项目区农民收入。经过不懈的努力，江西全面完成了2003年农业综合开发的各项工作任务。

一、农业综合开发基本情况

2003年，国家农业综合开发项目共涉及江西省的11个市的72个项目县（市、区）及省农业厅、省监狱局所属的4个国营农场，与2002年相比，增加了2个项目县，即赣州市的信丰县和萍乡市的芦溪县；恢复了1个项目县，即九江市的都昌县。

2003年，江西农业综合开发项目总投资8.35亿元，其中：中央财政资金3.25亿元，地方财政配套资金2.72亿元，银行贷款9 400万元，自筹资金1.45亿元。通过土地治理、多种经营、科技示范三类项目的实施，全年完成中低产田改造62.81万亩，建设优质粮食基地7.12万亩、节水农业示范基地4.96万元；新建改建小型水库51座、拦河坝46座、排灌站100座，新建和修复机电井329眼，建设输变电线路242.4公里，建设排灌渠系工程3 829.88公里，新建和续建小型蓄水工程893座，建设喷滴灌面积0.76万亩，改良土壤15.43万亩，建设机耕路1 421.9公里，购置设备570台（套），造林16.08万亩，培训各类技术人员30.03万人次；种植经济林3.85万亩、蔬菜5 500亩、花卉3 000亩、药材9 200亩；建设农业高新科技示范基地1.29万亩、科技推广综合示范基地2.04万亩。

二、项目建设成效显著

（一）经济效益

通过土地治理项目的实施，新增粮食生产能力1.1亿公斤、棉花63万公斤、油料1 030.6万公斤。项目区新增农业总产值5.27亿元，利税6 427.23万元，农民新增纯收入总额1.93亿元。通过多种经营项目的实施，新增农业总产值4.57亿元，增加值2.28亿元，利税4 474.5万元；新增农民收入总额9 851.31万元，带动农户13万户，增加农民就业人数6.54万人。通过专项科技示范项目的实施，新增农业总产值4 298.7万元，其中种植业2 430.2万元，养殖业1 868.5万元；新增农业增加值2 255.23万元，新增利税492万元，新增农民纯收入总额1 388万元；带动农户1.15万户，培训合格劳动力人数0.55万人次。与非项目区比较，项目区的农业经济和产业结构调整获得显著发展，农民收入及地方财政都有很大的增长。

（二）社会效益

通过实施土地治理项目，新增和改善灌溉面积

71.64万亩，新增和改善除涝面积28.43万亩，新增节水灌溉面积14.34万亩，年节约水量3 072万立方米，新增旱作农业面积8.88万亩，新增机耕面积17.06万亩，新增农机总动力190 200千瓦。项目区的农业生产条件得到明显改善，生产能力普遍提高，农业发展后劲显著增强。通过实施多种经营项目，除种植经济林3.85万亩、蔬菜0.55万亩、花卉0.3万亩、药材0.92万亩外，还发展水产养殖13.24万亩，饲养畜禽200.95万头（只），新建加工项目17个，改扩建项目19个，扶持农业生产服务项目4个。这些项目的建设在产生巨大的经济效益的同时，更引导和扶持了广大农民对农业产业结构进行调整，大力发展优质高产高效农业，壮大加工及服务业，优化了农村经济结构，为农业产业化发展奠定了基础，同时转化了农村剩余劳动力，稳定了农村社会。通过实施专项科技示范类项目，引进新品种13个，引进技术工艺10项，建设技术示范推广面积2.04万亩，提高了项目区的科技含量和农业开发效益，也不断提高着农民群众的科学知识水平。

（三）生态效益

江西省农业综合开发项目始终坚持把基础设施建设与保护生态环境有机结合起来，一年来新增农田林网防护面积17.11万亩，控制水土流失面积142.1万亩。在项目实施过程中，各项目县、市十分注意保护和建设生态环境，结合小流域生态进行综合治理，改造荒山，种植经济林，生态效益十分明显。随着农业科技的不断推广和产业化经营步伐的加快，项目区传统农业正逐步向现代农业转变。生态农业前景喜人，有机茶、优质水果、无公害蔬菜、大宗水产品等绿色农产品正成为项目区重要的经济来源，有力地促进了农民增收和财政收入的增长。

三、农业综合开发采取的主要措施和做法

（一）高度重视，周密部署，抓好2003年项目的实施

2003年，全省农业综合开发任务重，时间紧，要求高，又有“非典”疫情的影响，开发工作面临严峻挑战。江西省各级党委、政府高度重视农业综合开发工作，把农业综合开发作为一项重要工作来抓。为保证完成年度计划任务，确保工程质量，省农发办从年初就进行了组织动员，要求各地精心安排、及时动手，做好项目实施工作。由于2002年出现了暖冬气候，2003年春季雨水又偏多，工程实施进度一度受到影响。为此，省农发办专门召开了设区市的农发办主任会议部署工作，并下发了《关于做好当前农业综合开发工作的紧急通知》，派出工作组深入项目县进行督察指导。一是要求加快项目实施进度，克服不利天气所带来的影响，集中人力、物力和财力，抓时间，抢进度，确保工程如期完成。二是要求调度好项目资金，督促项目资金尽快拨付到位，以满足项目工程实施的需要。三是要求认真把好工程质量关，进一步完善项目招投标、工程监理等各项管理制度，加强对工程施工现场的监督，发现问题，及时处理。在项目实施和资金使用上，各地注重把财政资金用于农业生产基础设施、公共设施和生态环境建设方面，解决了一家一户办不了、办不好的事情，既提高了项目区农业生产特别是粮食综合生产能力，保证了粮食生产安全；又为优势产业的可持续发展夯实了基础，创造了条件。

（二）不断完善措施制度，加强项目和资金管理

为保证项目顺利实施和产业开发效益，结合工作实际，进一步完善了《江西省农业综合开发项目实施和产业开发年度验收考评办法》，对各项目县的项目实施、资金管理和产业建设进行一年一验一评制。通过检查验收评比，建立奖优罚劣机制，使项目资金安排逐步向粮食主产区、优势产业区和开发工作卓有成效的县（市、区）倾斜。从2003年3月至6月，省农发办分组分产业对每个项目县的项目实施和产业建设情况进行了全面的检查验收评比，评出先进县（市、区）34个，先进设区市4个，并先后召开了四次产业总结暨现场工作会，认真总结了开发工作的经验和做法，客观地指出了工作中的不足和问题，提出了具体的整改措施，同时对先进县（市、区）进行了表彰。在项目实施中各

地普遍推行了工程招投标制、项目专家评审制、项目立项公示制、财政资金县级报账制、项目立项评估论证制等制度。省农发办初步制订了《江西省农业综合开发项目资金管理细则》、《江西省农业综合开发项目评估办法》、《江西省农业综合开发工程招投标管理办法》、《江西省农业综合开发项目检查验收办法》、《江西省农业综合开发财政资金县级报账制》等一系列规章制度，推动开发管理工作走上科学化、制度化、规范化的轨道。

（三）创新农业开发机制，提高农业开发效益

一是创新了农业综合开发的投入机制。为了吸引社会各界投资农业综合开发，加快农业综合开发步伐，全省各地按照“国家引导、民办公助、滚动开发”的原则，与时俱进，努力创新开发机制，积极探索农业综合开发与招商引资相结合的新途径，取得了一些成功经验。如，安义县把蔬菜产业开发与招商引资有机结合起来，对外商投资蔬菜产业开发的项目，在农田基本建设和加工方面给予扶助。2003年，该县通过建设高标准的基本农田，完善各项基础设施条件，吸引广东从玉菜业集团投资8 600多万元到项目区建设蔬菜生产、加工出口基地。目前已建成田成方、渠成网，大棚连片、自动喷灌的高标准蔬菜生产基地3 000多亩，并采用了现代农业工厂式作业方式。项目建成后，已累计出口外销蔬菜850吨，实现销售收入680万元，填补了江西无鲜菜出口的空白。又如，东乡县按照“旱能灌、涝能排”的要求，帮助外商搞好农田基础设施建设，帮助培训农民，吸引外地客商在小璜项目区建立荷兰豆、扁豆等订单农业基地，对带动项目区蔬菜产业的发展，发挥了重要作用。

二是创新了经营组织形式。通过加大对经营大户、开发大户的扶持力度，充分发挥能人的示范带动作用，带动当地百姓，促进优势产业的形成和发展。同时加大了对农业产业化龙头企业的扶持力度，积极推行“龙头企业＋中介组织＋农户”、“公司＋农户”等组织形式，引导建立龙头企业和农户之间利益共享、风险共担的机制，充分发挥龙头企业对农民增收的带动作用。2003年度全省共有12个项目被列入国家级农业综合开发产业化龙头项目，安排中央财政资金2 680万元。此外全省还重点扶持了65个多种经营项目，增强了龙头企业的辐射带动作用和市场竞争力。

三是创新科技开发机制。结合国家专项科技示范类项目的实施，围绕“四大产业”开发，2003年度江西省农业综合开发重点抓好进贤县河蟹、高安两系杂交水稻、南昌县种猪、广昌县太空莲和寻乌县脐橙种苗等良种繁育体系的建设，积极引导各开发县的开发经营组织与高等院校、科研院所联合，通过建立紧密性或松散性的农业科技开发实体，完善农业综合开发的技术服务及创新体系，及时把先进适用的农业技术转化为现实生产力，增强主导产业的科技含量和市场竞争力。如，进贤县与江西省水科所合作，建成了全国最大的工厂化蟹苗繁育中心，已建设温室大棚23 000平方米、蟹苗培育池832个，并完善了相关配套设施，建设了1 200亩的蟹苗培育基地以及5 000亩的蟹苗扩繁基地。项目建成后，已利用人工半咸水技术成功地繁育出首批中华绒螯蟹苗近1 000公斤，繁育扣蟹2 000万只，预计可为4万亩“双用田”提供种苗，有效地解决了长期制约江西省河蟹养殖业发展的瓶颈问题。又如，为促进赣南果业向纵深发展，农业综合开发高新科技项目帮助赣南寻乌县建立了一个600万株的脱毒脐橙种苗基地，为赣南脐橙产业的发展在种苗上提供了保证。

（四）突出重点，扶优扶强，建设江西优势农业产业基地

根据形势发展的需要，江西农业综合开发提出了按照比较优势的原则，推行“一县一业”的开发战略。根据资源优势，对全省72个项目县（市、区）分四大产业进行区域布局，即丘陵山区特色经济作物产业（赣南果业）、平原特色经济作物产业、稻草畜禽产业及环鄱阳湖区的“三水”（水产、水禽、水生植物）产业。一年来全省各项目县紧紧围绕确定的产业来安排项目，把土地治理、多种经营和科技示范三类项目有机结合，集中资金搞好产农业生产的基础设施和生态环境建设，为产业开发夯实基础，初步形成了产供销、农科教、贸工农一体化经营的产业格局，“一县一业”的开发格局已全

面形成。2003年全省农业综合开发共建设优质农业产业基地70余万亩，其中以赣南果业为重点的丘陵山区特色经济作物基地20万亩，以环鄱阳湖区为中心的“三水”产业基地10万亩，蔬菜、蚕桑、药材等特色经济作物基地20万亩，稻草畜禽基地20万亩。这些优势农业产业基地，已成为江西农业和农村经济发展的新亮点，有力地带动了全省农业产业结构的战略性调整，提高了江西农产品的市场竞争力。如今，赣南脐橙已成为全国的知名品牌，并大有希望做成全国第一、世界一流的大产业；环鄱阳湖30万亩（含2001—2002年开发面积）双用田已成为全省特色水产养殖基地，在全国市场上异军突起；赣抚平原和吉泰盆地草食畜禽和无公害蔬菜等产业也有了很大的发展。

农业综合开发项目的实施，为江西农业和农村经济的发展注入了强劲动力，开发成效显著，成绩很大。同时也存在一定的问题和困难，如：距年度任务及资金的完成尚有一定的差距；少数地方在对项目的管理上存在薄弱环节，项目前期准备工作不充分，项目选项不当，因而擅自变更项目；个别地方政策观念不强，措施制度不够完善，缺乏监督约束机制，出现挤占挪用项目资金情况，等。针对这些问题和困难，江西将加大管理力度，总结经验教训，完善措施制度，认真做好整改工作，同时用科学、全面的发展观指导农业综合开发工作，努力创新开发机制，推动江西农业综合开发再上新台阶。

（江西省农业综合开发办公室供稿，杨建军执笔）

山东省

2003年，山东省农业综合开发工作以农村经济结构战略性调整和保证粮食安全为中心，按照“区域化布局、规模化开发、基地化建设，标准化生产、产业化经营、外向化发展”的要求，以中低产田改造为重点，着力加强农业基础设施建设，改善农业生产条件和生态环境，建设优质、高产、稳产、节水、高效农田，提高农业综合生产特别是粮食生产能力，积极扶持优势农产品生产和农业产业化经营，推进农业结构调整，提高农业综合效益，为促进农业增效、农民增收，推进农业现代化进程做出了突出贡献。

一、农业综合开发基本情况

2003年，山东省农业综合开发项目共涉及17个市，123个县（市、区），1个监狱农场。拟建项目涉及185个乡、镇，1 610个行政村，总人口200万人，其中农业人口175万人。共安排农业综合开发资金14.45亿元，其中：中央财政资金4.54亿元，地方财政配套资金3.71亿元，银行贷款6 400万元，自筹资金5.56亿元。计划安排中低产田改造任务75.7万亩，优势农产品基地建设65万亩，节水及生态示范工程21万亩；安排多种经营项目98个，其中种植业项目13个，养殖业项目20个，加工项目55个，生产服务类项目10个；安排专项科技示范项目4个。

由于受季节的影响，山东的农业综合开发项目一般跨年度实施。国家批复山东2003年项目计划后，全省各地采取各种措施，在搞好规划设计的基础上，认真组织开发建设。截至2003年底，山东全省农业综合开发共完成投资13.02亿元，其中：中央财政资金2.9亿元，地方财政配套资金3.6亿元，自筹资金5.89亿元，银行贷款6 400万元。

通过项目建设，共改造中低产田127.71万亩，建设人工草场0.6万亩，建设优质粮食基地1.7万亩。完成的各项主要建设内容是：修建小型水库22座，修建灌排渠系4 771.3公里，新打、修复机

电井5 088眼，改良土壤95.5万亩，修建机耕路2 548公里，购置农机具545台（套），造林12.57万亩（折实），培训农民41.2万人次；发展经济林4.98万亩，新增畜禽养殖5 027.5万只，新建、扩建加工项目54个，扶持生产服务项目6个；建设农业高新科技示范园0.56万亩、农业科技推广综合示范区8万亩。其他建设任务将于2004年4月底全部建成。上述项目完成后，产生了良好的经济效益、社会效益和生态效益，共新增和改善灌溉面积144.8万亩，新增和改善除涝面积97.9万亩，增加林网防护面积110.5万亩，新增机耕面积26.3万亩。新增主要农产品生产能力为：粮食4.85亿公斤，棉花698万公斤，油料656.5万公斤，糖料360万公斤，果品739万公斤，蔬菜2.74亿公斤，肉类7 856万公斤，水产品2 986万公斤。项目区农民人均新增纯收入达600元以上。开发建设不仅有效地提高了项目区农业综合生产能力，而且使区域内农业产业化格局得到进一步优化，新的优势产业带逐步兴起，为全省农业和农村经济发展注入了新的生机。随着农业科技成果推广应用程度的提高，科技兴农对项目区农业和农村经济发展的支撑作用日益增强，农业和农村经济结构更加合理，实现了农业增产、农民增收，促进了经济社会的发展。

二、主要工作情况

（一）高标准、高质量地完成了第五期（2000—2002年）农业综合开发任务

2003年是山东省第五期农业综合开发项目的总验收年。全省上下以强化项目管理和资金管理为重点，以“高标准、高质量、高效益”为总目标，较好地完成了三年的农业综合开发任务。在此基础上，全省自下而上组织了对第五期农业综合开发项目的全面验收，查找问题并及时解决，使项目建设标准和质量上了一个新台阶，取得了良好的社会效益、经济效益和生态效益，顺利通过了国家农业综合开发办三年总验收。改造后的农业综合开发项目区，基本达到了旱能浇、涝能排、旱涝保丰收的水平。农业综合开发扶持的产业化龙头企业项目，带动了土地治理项目区及周边地区的结构调整，形成了紧密有效的产业化链条，实现了农业增效、农民增收。

（二）认真组织实施了2003年农业综合开发项目建设

根据国家农发办“两个着力、两个提高”的指导思想，山东省结合本省实际，提出了“区域化布局、规模化开发、基地化建设、标准化生产、产业化经营、外向型发展”的农业综合开发总体思路。在2003年计划编制和项目实施中，坚持建设具有区域优势和产业优势的名优农产品基地，提高我省农产品国内外市场竞争力；坚持培育有较大带动能力、出口创汇型的农业龙头企业和种植、养殖项目，以龙头带基地、基地带农户的农业产业化组织形式，带动项目区农业经济结构调整和农民增收。

（三）精心组织大检查，认真整改问题

根据国家农业综合开发办公室的统一部署和要求，山东省组织了全省范围的2000—2002年农业综合开发项目和资金管理大检查。省、市、县三级成立了大检查领导机构，集中时间，集中人员，集中精力，进行全面的拉网式检查。全省县以上投入到大检查工作的人员达1 200多人。市、县两级对查出的问题明细列表，签字画押，责任到人，立说立行，边查边改。对检查不认真、整改不彻底的，追究主要负责人和有关责任人的责任。省开发办先后两次组织督察组对大检查工作进行督促和指导，并抽查了部分重点县（市、区）。全省召开了大检查工作汇报会，听取各地的检查情况汇报，对已查清的各种问题提出了明确的整改要求和整改期限。在全面自查和认真整改的基础上，山东配合财政部驻山东专员办对农业综合开发项目和资金进行了专项检查，使大检查工作向纵深发展。通过连续、深入地开展大检查，全省农业综合开发工作存在的各种问题得到了整改，农业综合开发项目和资金管理工作提高到了一个新水平。

（四）注重宣传和市场开拓，不断扩大农业综合开发的影响

为了扩大农业综合开发的影响，争取全社会的支持，山东2003年先后在中央电视台、齐鲁电视台、人民日报、大众日报、省委主办刊物《山东通讯》等新闻媒体上宣传山东农业综合开发的政策、

举措、经验和成绩；通过张榜公示的办法，向项目区农民群众宣传开发项目的宗旨、具体建设内容和投入政策。同时，与《农业知识》杂志社联合开辟了农业综合开发专栏。全省农业综合开发系统单独组团参加了在上海举办的“雁来红杯”山东省名优农产品展示订货暨经贸洽谈会，取得了丰硕成果。全省共组织了由农业综合开发扶持发展起来的近百家农产品加工企业参展，参展品种达133种，重点推出了100多个招商引资项目。农业综合开发以其高标准的产品质量、完善的基础设施、良好的生产条件、优惠的政策环境吸引了广大与会客商的青睐。整个开发展团共签订合同14个，金额2.6亿元；达成协议及合作意向21个，金额5.3亿元。这次活动取得了令人鼓舞的成效，在宣传农业综合开发、开拓市场、推动农业综合开发招商引资工作等方面都起到了很大的作用。

（五）加强调查研究，不断探索农业综合开发工作新思路

针对进入新阶段后农业综合开发面临的新形势和工作中存在的新问题，组织开展了大量的调查研究，先后撰写了《关于农业综合开发扶持优势农产品发展的调查报告》、《关于农业综合开发扶持农业产业化情况的调查报告》、《关于解决“开发面铺得过大问题”专题调研报告》等多篇调查报告，提出了一些新思路、新措施，为国家制定农业综合开发政策提供了参考和依据，对全省农业综合开发发挥了重要的指导作用。同时，在调查研究的基础上，加大了实行招标竞争立项的力度。安排省以上财政资金2 590万元，在全省范围内对8个土地治理项目和4个多种经营项目进行了招标，取得较好效果。

（六）切实加强自身建设，不断提高干部队伍素质

为做好新阶段的农业综合开发工作，山东组织全省农业综合开发系统干部职工认真学习中央和省下发的重要会议文件，注重理论素养、思想水平、全局意识和群众观念的提高。通过举办“农业综合开发县级工作规程”、“项目规划与设计”、“农业综合开发县级报账制”等专题培训班，学习有关农业综合开发业务知识，不断提高业务能力和业务水平。通过加强农业综合开发组织机构、领导班子的作风建设，注重部门配合、内部团结、廉政建设，使开发队伍形成较强的凝聚力和战斗力。制定和完善了项目和资金管理制度，逐步使各项工作走上规范化管理的轨道。

（山东省农业综合开发办公室供稿，丁福亮、袁文兵、张宜宏、朱孝德执笔）

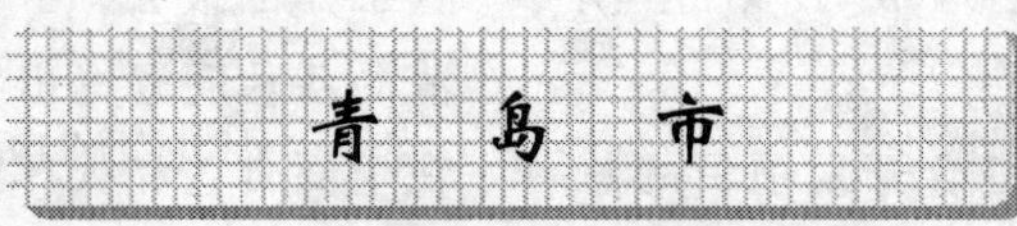

青　岛　市

2003年，青岛市农业综合开发抓住改善生产条件、改善生态环境、推进农业产业化经营“三个重点”，把农业综合开发与稳定粮食生产、调整产业结构、壮大龙头企业、完善市场建设及发展农村专业经济组织有效结合起来，全面开创了农业综合开发工作的新局面。

一、农业综合开发基本情况

2003年，青岛市实施国家农业开发项目的共有平度、莱西、胶州、胶南、即墨等远郊五市和城阳、崂山、黄岛等近郊三区共8个项目区（市）。项目涉及乡、镇（街道办事处）47个。共投入项目资金1.92亿元，其中：中央财政资金6 100万元，地方财政配套资金7 800万元，项目建设单位和农民自筹资金5 400万元。完成土地治理面积23.17万亩；建设多种经营项目21个，其中加工类项目18个，市场服务类项目2个，养殖类项目1个。经过全市各级、各部门和项目区广大干部群众

的共同努力，全年建设任务圆满完成，经济、社会和生态效益显著。

二、农业综合开发项目取得的效益

（一）改善了农业生产条件和生态环境，农业综合生产能力显著提高

青岛市土地治理项目区大都是贫水区，由于干旱少雨，水资源短缺成为制约全市农业发展的主要障碍。为此，2003年青岛市农业综合开发投资6 400万元，开展了以小型水利建设为主的中低产田改造，进行了以蓄水、调水、节水为主要形式的科学治水。全年共修建小型水库17座、拦河坝17座、排灌站32座，新打、修复机电井621眼，开挖疏浚渠道29.7公里，铺设输水管道351.2公里，较好地解决了项目区农业生产用水的问题。全市新增和改善灌溉面积17.47万亩，新增和改善除涝面积6.5万亩，新增农田林网防护面积11.1万亩。项目区林木覆盖率由开发前的15%提高到18%，基本实现了田成方、林成网、路相连、渠相通、旱能浇、涝能排。粮食和油料生产能力大幅度提高，新增粮食生产能力2 079万公斤、油料生产能力202万公斤、优质粮食生产能力96万公斤。新增种植业总产值达到5 395万元，项目区农民收入总额增加3 712万元。

（二）加快了农业结构调整步伐，推进了农业产业化进程，大幅度提高了农民收入

2003年青岛市的农业综合开发工作，坚持把在项目区推进农业产业化经营作为促进农业和农村结构调整、推进农业产业化进程、增加农民收入的一项重大举措。财政投资5 246万元，用于扶持即墨恒生源公司、黄岛瑞源公司、城阳浩源食品有限公司、平度食品公司等农副产品加工龙头企业和崂山区崂东海珍品试验养殖等基地建设，对农民群众增收起到了较好的辐射拉动作用。通过这些多种经营项目的实施，新增肉类加工能力8 300万公斤，新增果蔬加工能力2 350万公斤，新增粮油加工能力3 000万公斤。新增总产值5.94亿元，新增利税6 605.9万元，新增固定资产8 248.5万元。这些项目不仅自身具有良好的经济效益，而且能够带动农民尽快调整产业结构、加快增收致富的步伐。平度市食品公司肉类加工项目和即墨市恒生源生猪机械化宰杀加工项目的实施，可带动2万多户农民从事生猪养殖，增加农民收入4 000多万元。莱西市大旺食品公司波尔山羊繁育加工项目，年繁育波尔山羊种羊4 700只，年新增羊肉加工能力5 000吨，年新增总产值578万元，增加农民收入800多万元。此外，这些多经项目还安排农村劳动力30 070人。

（三）农业科技水平显著提高

积极引进农业新品种，优化品种结构。大力推广应用先进适用的生产新技术，农技配套高产栽培、平衡施肥、脱毒栽培、蔬菜大棚栽培、种子包衣等新技术在项目区得到了广泛应用和推广。同时，还通过多种渠道，采用多种形式向农民传授农业新知识、新技术，提高了农民的综合素质。

三、农业综合开发采取的主要措施和做法

（一）提早准备使农业综合开发项目建设质量比往年有了明显提高

2003年，青岛市农业综合开发项目经青岛市组织的专家评审通过后，农业综合开发领导小组办公室和财政局及时地督促各区（市）早动手，争主动，抓紧落实具体实施方案，在国家计划批复下达前就抓紧时机实施土石方开挖工程和主体建设工程。国家农业综合开发年度实施计划批复下达后，青岛市农业综合开发领导小组办公室和财政局及时地对各区（市）的项目具体建设计划进行了批复。同时，多次组织有关人员逐个区（市）地落实项目建设计划内容，研究解决项目实施过程中出现的有关问题。各区（市）的农业综合开发领导小组办公室和财政局也都专门召开了项目计划实施工作会议，对2003年农业综合开发工作分别进行了认真细致的部署。各区（市）的分管领导对2003年农业综合开发项目的实施、开发资金的使用与管理等方面提出了严格的要求。各项目建设单位按照青岛市及区（市）两级农业综合开发领导小组办公室和财政局的工作部署和具体的工作要求，扎扎实实地开展了2003年度的项目建设工作。由于从上到下的各级农发部门加大了督察力度，改进了财政资金

拨付方式，项目建设的质量也得到了明显提高。

（二）加快推行项目的“市场化运作、产业化经营、企业化管理”新机制

2003年，青岛市积极探索政府财政投资通过企业和独立的经济实体进行运作的机制，把开发的主动权交给企业，使农业综合开发逐步实现完全的企业化管理、企业化经营、企业化运作的项目运行和管理的新机制，提高资金投入的风险意识，落实责任，提高开发成效。在农业综合开发实践中，进一步采取了新的科技服务、信息服务、市场对接等项目合作和运作机制，吸引农业科研、教学单位、推广服务机构、农村经济合作组织和农产品行业协会等进入农业综合开发主战场，通过技术开发、科技承包、信息服务、创建基地和兴办科技型企业等方式，实行产、学、研相结合，社会化服务与技术推广相结合，加快农业生产与产品市场的对接。

（三）认真扎实地组织开展农业综合开发项目和资金管理大检查工作

根据国家农业综合开发办公室《关于立即开展农业综合开发项目和资金管理大检查的紧急通知》的要求和工作部署，青岛市农业综合开发领导小组办公室和财政局对大检查工作高度重视，专门召开了农业综合开发工作领导小组会议，学习传达有关文件和全国开发办主任紧急会议精神，收看了中央电视台《焦点访谈》有关节目的电视录像。市政府分管副市长明确要求市农业综合开发领导小组办公室和财政局，要以对党、对人民、对农业综合开发这项事业高度负责的态度，以玉山、安丘事件为戒，举一反三，认真检查青岛市的农业综合开发各领域、各层面的工作。青岛市农业综合开发领导小组办公室会同财政局及时制定了项目和资金管理大检查工作方案，在各区（市）广泛开展自查自验的基础上，集中用半个月的时间对全市项目区2000—2002年的项目进行了一次全面细致的大检查，并对检查中发现的问题及时研究制定了整改意见。在此基础上，形成了《青岛市2000—2002年度农业综合开发项目和资金大检查情况的汇报》，按时上报了国家农业综合开发办公室。

（四）开拓创新，努力提高农业综合开发的管理水平

2003年，青岛市各级农业综合开发部门面对新形势和新任务，在农业综合开发的思路和措施上有了新的发展。

一是项目的选项原则有了新的调整。在土地治理项目上，根据青岛属于沿海经济发达城市的特点，调整投入重点，着重解决农业先进技术的应用、农产品质量建设体系的配套、农产品市场体系的完善等要素，搞好农业产前、产中和产后各环节的基础设施建设，为发展优质、高产、高效农业夯实基础。在多种经营项目上，按照产业化经营思路，加大培育主导产业力度，大力扶持龙头企业，充分发挥农业综合开发项目资金的整体优势，尽快形成全市的规模大、水平高、效益显著的产业化经营体系。同时，通过财政资金“四两拨千斤”的杠杆作用，引导其他资金向龙头企业聚集，在技术、信息、土地使用等方面切实为龙头企业搞好服务，推进农业产业化经营的发展，实现农业产业升级，带动农业增效和农民增收。

二是投资重点有了新的调整。根据国家农业综合开发资金投入比例的新政策和青岛市的经济发展需要，调整了土地治理项目和多种经营项目的资金配置比例和在五市三区的投资重点。针对远郊五市土地面积大、改造中低产田任务重和近郊三区急需发挥郊区优势，扶持多种经营项目的特点，调整项目资金的配套比例。土地治理项目资金重点向远郊五市倾斜，多种经营项目资金重点向资金偿还能力强、使用效益高的近郊三区倾斜，从而使农业综合开发资金的分配更加科学合理，使资金的效益得到更充分的发挥。

三是在农业综合开发与农村扶贫开发的结合上有了新的发展。2003年，市农业综合开发在符合全市农业综合开发总体规划的前提下，把全市21处经济困难乡、镇优先列入开发范围。在项目选择上，优先考虑21处经济困难乡、镇和大型水库库区移民乡、镇，实现了农业综合开发与农村扶贫开发的有机结合，较好地发挥了农业综合开发的资金优势，有力地加快了农村扶贫开发进程，受到了经济困难乡、镇和库区移民乡、镇广大干部群众的一致好评。

四是在项目资金管理方面有了新的方法。第一，加强了配套资金的落实。将国家立项的开发项目全部纳入本级财政预算，确保资金及时足额到位。第二，在资金使用上，坚持资金跟着项目走。严格落实县级报账制。第三，项目建设完成后，及时组织审计部门对资金使用情况进行审计，强化监督管理，确保资金真正用到项目上。在加强资金管理的同时，通过签订合同、完善手续、层层分解、落实债务的办法，财政部门与项目实施单位签订还款计划与协议，确保财政有偿资金及时足额归还，实现农业综合开发资金的有效周转和良性循环。

五是部门协作、合力开发的工作方式有了新发展。农业综合开发是一项系统工程，无论哪个部门、哪个环节上出了问题，都会影响开发的进度和质量。因此，青岛市农业综合开发领导小组明确了有关部门的职责，做到既分工负责，又配合协作。在确定农业综合开发项目时，由市农业综合开发领导小组办公室会同财政局牵头，统一组织协调农业、林业、畜牧、水利、水产等相关部门积极参与项目论证，并对设计、实施的全过程进行指导，充分发挥部门的作用和优势，形成工作合力，确保开发任务的顺利完成。

（青岛市农业综合开发领导小组办公室、青岛市财政局供稿，孙刚、刘碧录执笔）

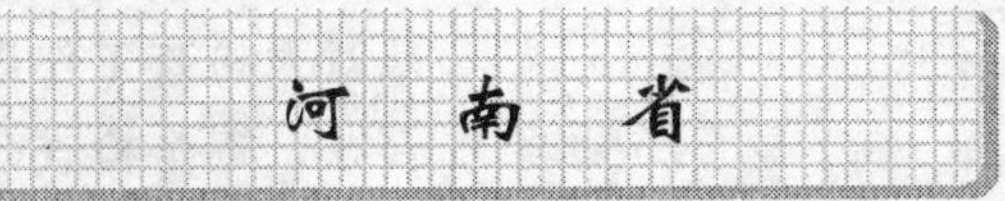

2003年，河南省农业综合开发工作认真贯彻执行国家有关农业综合开发的方针政策，以农业综合开发项目和资金管理大检查为契机，不断加强和完善项目和资金管理工作，较好地完成了年度项目计划和建设任务，为全省农村经济发展和小康社会建设做出了应有的贡献。

一、基本情况

（一）全面完成了2003年农业综合开发项目建设任务

2003年河南农业综合开发土地治理、产业化经营和科技示范项目涉及全省18个省辖市、121个县（市、区）。总投资8.45亿元，其中：中央财政资金4.3亿元，地方财政配套资金2.01亿元，自筹资金2.14亿元。改造中低产田71.56万亩，建设优质粮食基地72.06万亩，修建小型水库17座，建设灌排渠系2 904.13公里，新打和配套完善机电井5 905眼，改良土壤27.67万亩，修建机耕路2 150.37公里，购置农机具2 645台（套），植树造林9.87万亩，技术培训53.87万人次。新建产业化加工项目8个，改扩建产业化加工项目8个，安排水产养殖0.2万亩，养殖畜禽4 046.59万头（只），种植经济林0.99万亩、蔬菜0.35万亩、花卉0.11万亩、药材0.9万亩。实施新建、在建科技示范项目5个，其中高新科技示范项目2个，示范1.43万亩；科技推广综合示范项目3个，示范7.11万亩。引进新品种31个，推广新技术5项。经省农业综合开发办公室组织的年度检查，各类项目全部建成，建设质量较好，效益明显，为当地农业结构调整和增加农民收入发挥了示范带动作用。

（二）通过了财政部驻河南省监察专员办事处对河南省第五期农业综合开发的验收

2000—2002年河南省实际完成农业综合开发总投资14.3亿元，完成土地治理任务449.13万亩，完成计划的100.2%。其中完成改造中低产田357.09万亩，发展优质粮食基地61.6万亩，建设优质饲料作物基地2.3万亩，建设节水农业示范项目24.22万亩，建设农业生态工程3.92万亩。共扶持建成多种经营项目245个，其中产业化龙头项目23个。实施科技示范项目7个，其中完成2个。河南省在第五期项目建设过程中，认真贯彻执行国家农业综合开发的指导思想和基本原则，较好地完成了国家下达的开发任务和投资计划，并取得了明显的效益。

（三）完成了世行二期项目的检查验收和世行三期项目的认定工作

河南省从1998年开始实施利用世行贷款加强灌溉农业二期项目。该项目实施期5年，总投资15亿元（其中世行贷款折合人民币5.17亿元），计划改造中低产田500万亩，涉及9个省辖市的27个县（市、区）。截至2003年底，该项目建设已顺利通过了国家的验收。同时，完成了世行三期项目的部分前期准备工作，《河南省利用世界银行贷款加强灌溉农业三期项目建议书》已通过世行鉴定。

二、主要工作

（一）结合河南省的实际认真学习贯彻国家农业综合开发第一次联席会议精神

本届政府国家农业综合开发联席会议第一次会议召开以后，河南省采取多种形式进行了学习贯彻。一是立即召开了农发办党组会、主任办公会、干部职工会传达学习。二是向省政府领导汇报了联席会议精神。三是召开省政府农业综合开发领导小组会议，联系实际学习贯彻国家农业综合开发第一次联席会议精神。领导小组会议强调并明确了当前和今后一个时期的指导思想，即：河南省农业综合开发要以“三个代表”重要思想和党的十六大及十六届三中全会精神为指导，紧紧围绕全面建设小康社会的目标，着力加强农业基础设施和生态环境建设，提高农业综合生产能力；着力推进农业和农村经济结构的战略性调整，提高农业综合效益，增加农民收入。突出农业主产区地位，进一步增加投资，完善机制，切实加强项目和资金管理，确保第六期农业综合开发和第三期利用世行贷款项目取得更大的成效。

（二）高度重视、切实抓好项目和资金管理大检查工作

一是高度重视，精心组织。根据《国家农业综合开发办公室关于立即组织开展农业综合开发项目和资金大检查的紧急通知》和有关大检查的紧急会议精神，省农发办、财政厅先后四次召开专题会议安排部署全省农业综合开发项目和资金管理的自查整改工作。二是狠抓自查、检查和督察工作。在突出抓好各省辖市、各开发县（市、区）农业综合开发项目和资金管理大检查自查整改工作的同时，先后多次派出督察组对各省辖市的自查整改工作进行督察、检查。三是采取得力措施，抓好整改工作。要求各地普遍建立了整改台账，责任到人，整改到日，纠正一个，销号一个，并定期通报整改情况。四是积极配合财政部驻河南省财政监察专员办事处对郑州、信阳、驻马店、南阳、周口、平顶山、漯河、商丘等8个省辖市2000—2002年农业综合开发项目和资金管理情况进行了专项检查和验收。五是对大检查工作进行了回头看，再次认真对照整改台账，逐个检查落实，巩固大检查成果。项目和资金管理大检查历时4个多月，从实际情况看，由于领导重视，认识到位，组织严密，措施得力，对工作中存在的问题，自查是彻底的，整改也是到位的。

（三）切实抓好各类项目建设工作，为农民增加收入奠定基础，创造条件

一是抓好中低产田改造，提高农业综合生产能力。继续按照水土田林路综合治理的方针，以建设“优质、高产、稳产、节水和高效”农田为目标，按照当年中低产田治理的投资标准，抓好中低产田治理项目，确保项目工程高标准、高质量。二是抓好节水农业示范及生态项目建设。按照节水灌溉示范项目的投资标准，大力推广节水灌溉农业的各种技术与措施，在豫西干旱缺水地区注重探索旱作农业建设的新模式；继续加强生态项目建设，完成了原阳、杞县两个专项生态项目建设任务，初步积累了生态项目建设的经验。三是抓好优质农产品基地建设。按照《国家农业综合开发办公室关于扶持优势农产品发展的意见》，根据资源和市场的比较优势，在充分尊重农民意愿的前提下，积极扶持优势农产品基地建设，共完成了优质小麦基地、“双低”油菜基地、特色优质农产品基地建设任务。四是抓好多种经

营和龙头项目建设，推动农业和农村经济结构调整。积极扶持培育以种植业、养殖业和农副产品加工业为主的龙头项目，优先选择那些市场前景好、带动能力强的项目，加快农业产业化步伐。企业在自身取得良好经济效益的同时，带动周围农户增收，推动了农业产业化经营的发展。郑州市扶持的河南鸿宝园林苗木基地建设项目，在公司3 000亩名优苗木基地的带动下，周边1 000多农户进行苗木生产，对建设郑州东部苗木城起到了较好的辐射和导向作用。周口市打破了各县、市业已存在的资金投放基数，坚持资金跟着项目走，并集中部分多种经营和龙头项目资金，重点扶持有规模、效益好、上档次的项目，也收到了好的效果。信阳市立足资源优势，坚持以龙头企业带动农民发展经济，探索出了一条有偿资金使用的可行之路。他们扶持的茶叶、花木、山野菜、干果、名优水产品、固始鸡等地方特色项目，都采取了以龙头企业带农户的办法，项目的经济效益和发展前景都比较好。如连续三年得到扶持的固始县三高集团，发展固始鸡系列生产，企业已跻身于“151家农业产业化经营国家重点龙头企业”之列，成为当地的一大支柱产业，累计带动农户4.6万户。

（四）完善投入机制，加强资金管理

一是把农业综合开发纳入各级财政预算，在财政比较困难的情况下基本落实了各级配套资金。二是项目区积极执行税费改革政策，农民按税费改革政策规定的程序积极自筹资金。三是全部推行了县级报账制，进一步规范了项目资金管理。四是部分市、县实行了项目资金公示制，进一步提高了项目资金的透明度。五是组织对2003年及第五期农业综合开发资金进行了全面审计，对存在的问题进行了认真整改。

（五）严格项目管理程序，加强项目日常监管

一是实行项目和资金管理有机结合，以资金投入确定项目规模，按项目管理资金。不断完善项目监督管理制度，强化项目的前期科学立项、中期监督检查、后期竣工验收和监测评价工作。坚持对农业综合开发资金实行专人管理，专账核算，专款专用。二是积极推行竞争立项机制，实行竞争开发。为了充分调动各方面搞好农业综合开发工作的积极性，不少地方把竞争机制引入到农业综合开发工作的各主要环节，对建设工程项目实行了招投标制。有些省辖市还实行了竞争确立土地治理项目制度，实行立项选点竞争，在不违背区域开发、连片治理原则的前提下，将开发任务以市为单位向县（市、区）、乡（镇）公开招标，对积极性高、规划科学、筹资能力强、配套资金及时、组织措施得力、开发效益显著者优先立项。同时，在分配各县（市、区）年度开发任务时，都以上年度开发任务完成情况作为依据，实行奖优罚劣。三是全面推行项目招投标制、工程监理制和竣工验收制。洛阳、济源等市坚持科学管理，规范施工，实行项目工程招投标制，引入先进管理模式，节约了人力、物力和财力，保证了工程进度和质量。工程承包后，由监理方监督工程进度和质量，乡、村不再分派干部蹲点，可以腾出手来做其他工作，减轻了工作压力。并且规定谁施工谁垫支，前期工程所需资金完全由施工队垫支，减轻了筹资的难度。整个招标过程严格按照公开、公平、公正的原则进行，增加了项目建设的透明度，得到了群众的信任和支持。施工中严格遵循施工计划和工程建设标准，按合同规定，完成一段验收一段，并由监理人员和乡、镇负责人签字生效。工程施工过程中，真正做到了开工有报告，施工有记录，竣工有验收，克服了以往工程完工后，需要重新补办报账手续的做法，杜绝了项目资金的挤占和挪用。四是抓好项目的跟踪管理，对项目建设进行全方位、全过程的监督、监控。郑州市实行了定任务、定时间、定标准、定责任、定奖惩的“五定”工程施工管理办法，确保了工程保质保量地完成；制定了严格、详细、操作性强的验收评分办法，保证了验收的公正、公平。根据验收结果奖优罚劣，促进了开发项目建设质量的不断提高。

（六）努力抓好科技开发，提高项目科技含量

一是加大科技开发力度。2003年，国家农发办给河南省新立项了一个农业综合开发科技推广综合示范项目，总投资1 320万元。省本级又安排了262万元科技专项资金，实施科技项目19个。二是以科技示范项目为载体，组织省农大、农科院等7个科研、教学、推广单位的54名高级科技人员，深入农业综合开发项目区，指导实施项目，推广农业先进技术，全年培训农民1.03万人次以上。三是组织评定农业综合开发科技成果66项，调动和激发农村基层科技人员进行科技创新的积极性。目前，这些成果已在开发项目建设中得到了推广应用，明显增强了河南省农业综合开发的科技含量，促进了当地优势产业的升级，提高了项目区农民的科技素质。

（七）不断探索新的管护制度，加强项目工程建后管护工作

各地坚持“建管并重”的思想，不断探索新的管护制度，突出抓好了以下几个方面工作：一是健全制度，建立组织。开发中，各项目区工程建设与管护制度的建立同步进行。工程结束后，管护制度、管护经费、管护人员三到位。为确保对管护工作的领导，各项目区均成立了农业综合开发工程建设与管护领导小组，组建精干的管护队伍，制定了严格的农业综合开发工程管护制度。二是广辟渠道，积极筹措管护资金。洛阳市规定，各县（市）财政每年拿出5万元资金，乡、村再相应匹配一部分资金作为项目区项目工程的管护资金，有效地开辟了管护资金来源渠道，基本满足了管护工作的需要。三是对竣工项目的使用权进行拍卖，将项目的管护与利益挂钩，按市场规律经营项目。漯河市推行了以明晰产权为重点的林权制度改革，对项目区内宜林路、沟统一规划、统一放线、统一定株定位，然后以村为单位，以20年作为一个承包期，面向社会公开拍卖，产权明晰到人，从根本上解决了管护责任不明确、收益分配界线不清等问题，做到了连利连心。四是广泛进行宣传，提高管护意识。充分利用广播、电视、板报等多种手段，大力宣传国家农业综合开发政策，宣传项目工程管护奖惩条例，不断提高群众的管护意识，变被动管护为主动管护，使管护工作取得较好成效。

（八）抓好调查研究，切实转变机关工作作风

根据国家农发办《关于认真做好2003年调查研究工作的通知》精神，下发了《关于集中时间和精力认真抓好专题调研工作的通知》，要求各省辖市农业综合开发办公室高度重视调研工作，以“三个代表”重要思想为指导，结合农业综合开发的自身特点和本地实际，主要领导亲自挂帅，组织力量，深入调研。省农发办张成智主任亲自召开会议，安排调研工作。全办处以上干部都完成了一篇以上质量较高的调研报告，还举办了全办的调研报告演讲会。在省农办的带动下，2003年河南省全面完成了国家农业综合开发办公室下达的调研任务，共上报《关于按照优势农产品区域布局规划，积极支持优势农产品产业带建设的调研报告》、《关于“解决开发面铺得过大问题”的调研报告》等8个调研报告，完成了土地治理、产业化经营、科技示范等18个典型项目材料的推荐工作。

（九）开展以“牢记两个务必，坚持执政为民”为主题的权力观教育活动，加强机关自身建设

2003年，全省各级农业综合开发办事机构按照党中央和省委的统一部署，认真贯彻落实党的十六大精神，掀起了学习“三个代表”重要思想的新高潮，开展了以“牢记两个务必，坚持执政为民”为主题的权力观教育活动，不断加强机关精神文明建设和党风廉政建设。通过深入扎实的学习教育活动，全体党员干部和职工进一步提高了对“三个代表”重要思想的认识，深刻领会其精神实质，树立正确的权力观、地位观、利益观，保持了饱满的精神状态和工作热情。

河南省农业综合开发工作尽管取得了显著的成绩，但也存在一些困难和问题。一是河南省是个农业大省，基础设施和生产条件较差，现有亟待改造的中低产田5 800多万亩，开发任务重，财政状况差，资金投入不足。河南省作为全国重点支持的粮食主产区之一，目前的投资规模与开发任务不适应，投资力度需要进一步加大。二是资金项目管理还存在一些问题，特别是项目资金大检查中暴露出

来的问题，有些已经整改，有些还没有得到彻底整改，全省存在不平衡。三是少数多种经营项目因市场的变化或经营管理不善，效益不明显，财政有偿资金回收的难度越来越大。四是在研究目前出现的新情况、新问题和制定新措施方面做得还不够。这些问题需要在今后的工作中认真研究解决。

（河南省农业综合开发办公室供稿，张成智执笔）

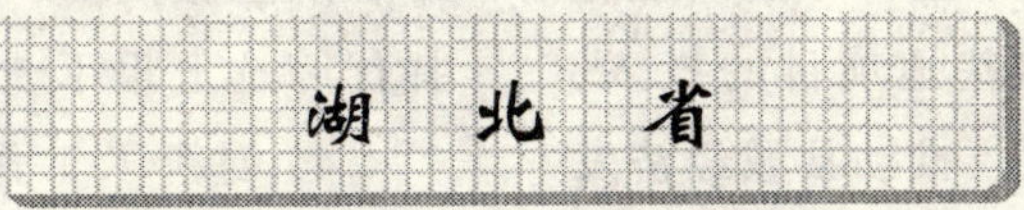

湖　北　省

一、农业综合开发基本情况

2003年，湖北省共投入农业综合开发资金6.66亿元，其中：中央财政资金3.11亿元，地方财政配套资金1.46亿元，银行贷款4 800万元，自筹资金1.6亿元。土地治理项目总投入3.16亿元，其中中央财政资金1.5亿元，地方财政配套资金8 400万元。多种经营项目总投入1.81亿元，其中中央财政资金7 000万元，地方财政配套资金3 100万元。科技示范项目总投入926.4万元，其中中央财政资金244万元，地方财政配套资金194.4万元。在全省82个县（市、区、场）实施土地治理项目200个，其中改造中低产田项目95个，优势农产品基地项目30个，节水农业示范项目14个，农业生态工程项目6个；建设产业化龙头项目10个、一般多种经营项目45个；建设科技示范项目2个。

二、农业综合开发的主要工作成效

（一）改善农业生产条件和生态环境保护和提高农业综合生产能力，加强农业基础设施建设

改善农业生产条件，加强农业生产基础设施建设，始终是农业综合开发的基本任务。2003年，湖北农业综合开发全面完成了2002年度土地治理项目建设任务，并顺利启动了2003年度土地治理项目建设，重点支持了以治理“水袋子”和“旱包子”为主要内容，以建设高产、稳产、节水、高效基本农田为主要目标的中低产田改造及万亩以上、集中连片的高标准节水农业示范项目建设。全年改造中低产田70.25万亩，建设优质粮食基地27.9万亩，发展节水农业4万亩，新增和改善灌溉面积58.07万亩，新增和改善除涝面积37.07万亩，增加林网防护面积39.57万亩，新增机耕面积34.5万亩，新增农机总动力31 100千瓦。全年新增粮食生产能力11 173.3万公斤、棉花516.74万公斤、油料2 551.28万公斤。

（二）优化农业结构，加大对优势农产品产业带建设和特色农产品发展的扶持力度

按照省委、省政府确立的优势农产品产业带和特色农产品发展规划，按照有规模、有龙头、有品牌、有技术支撑体系、有社会化服务网络的要求，湖北在实施农业综合开发中积极扶持了优势和特色农产品开发，努力做大做强优势产业。在抓好2002年度立项的9个优质粮基地、1个优质棉基地、2个优质油基地项目建设的同时，按照省委省政府确立的九大优势农产品产业带和九种特色农产品基地规划，重点扶持了30个以草本作物为主的优势农产品基地，开发了一批具有比较优势和地方特色的优质粮油、果茶、药材、畜禽、水产等主导产品，部分项目区农产品优质率达到90%以上。如蔡甸区洪北项目区的优质瓜菜、云梦的无公害蔬菜长廊、仙桃张沟镇的黄鳝养殖等，均已成为农产品板块开发的亮点。全年新增优质干鲜果品3 242万公斤、蔬菜1 254.1万公斤、花卉213.5万株、药材312万公斤、肉类1 197.88万公斤、奶165万公斤、水产品95.5万公斤。

（三）推进农业产业化经营，大力扶持骨干龙

头企业发展

本着抓龙头、带基地、带农民的原则，湖北省在开发一般多种经营项目、发展各类种养基地的同时，重点抓了建始县魔芋种植加工、沙洋县“双低”油菜籽加工、宜都市桔橙营销市场等6个骨干龙头项目建设。同时加大了对鹤峰县特种蔬菜产业化、丹江口市黄姜产业化、钟祥市金林木业产业化等10个多种经营产业化龙头和基地项目的投入，为培植优势产业、促进农民增收、推动县域经济发展发挥了较大作用。

（四）促进农业科技进步，进一步加大科技开发力度

湖北省农业综合开发在项目建设上切实注重发挥科技的作用，大力实施科技开发，在项目区重点示范推广了平衡施肥、高产高效种植模式、脱毒苗木等农业新技术270多项。全年培训农民35.65万人（次）。同时认真抓好浠水县“双低”油菜繁育推广和江夏区优质水产、蔬菜先进技术推广等农业综合开发科技推广综合示范项目的建设，全面完成了项目的年度建设任务。此外，石首市农业综合开发科技推广综合示范项目也获得了国家立项批复。

三、农业综合开发采取的主要措施和做法

（一）适应新形势，创新了四大机制

1. 创新了投资分配机制。在2003年度项目投资分配上，改革过去按基数分配的办法，建立了对重点示范项目以项目定投资、一般项目按综合因素法分配投资的新机制，既体现效率又兼顾公平，使开发县市既有压力又有动力，开发积极性不断提高。

2. 创新了项目竞争立项机制。在总结2002年枝江市项目立项招标试点经验的基础上，又进一步扩大了项目招标立项试点范围，不仅省重点选择10个县、市实行招投标立项，而且有关开发市、县，如宜昌各县市、随州市、南漳县等地都相应进行了试点，为制订出台具体的农业综合开发项目招标立项实施办法摸索了经验。

3. 创新了选项决策机制。在总结完善2003年度多种经营产业化龙头项目选项申报“票决制”的基础上，按照决策科学化、民主化的要求，对上报的62个2003年重点土地治理项目，经专家评审通过后，本着集思广益、优中选优的原则，由省农业综合开发办公室集体投票表决，择优筛选上报了优势农产品基地项目30个、节水农业示范项目14个；从上报的64个一般多种经营项目中经“票决”择优筛选上报了55个。

4. 创新了工作考核机制。为建立全省农业综合开发工作的激励机制和约束机制，制定下发了《湖北省农业综合开发工作综合考核办法》，考核和检验各地履行工作职责、完成工作任务的业绩和效果，并实行奖优罚劣。这一制度的全面实施，对全省各级农业综合开发办公室加强自身建设，认真履行职责，提高工作水平、服务水平和管理水平起到了积极作用。

（二）针对薄弱点，推出了四项制度

1. 建立了项目库管理制度，规范了项目前期工作。为进一步加强全省农业综合开发项目前期工作，在深入调研的基础上，制订了《湖北省农业综合开发项目库管理暂行办法》。随后，省农业综合开发办公室与襄樊市合作，组织开发了项目管理软件——《湖北省农业综合开发项目管理系统》，经专家评审后，已正式投入使用，进一步提高了全省农业综合开发项目前期工作的效率和规范程度。

2. 建立了农业综合开发项目财政专管员制度，增强了项目开发责任。2003年上半年，在总结曾都区建立农业综合开发项目财政专管员做法的基础上，下半年，又在咸宁市、蕲春县等地试点、推广，并根据试点情况，制定出台了具体的制度办法。农业综合开发项目财政专管员制度的推行，强化了农业综合开发干部的工作责任，为建好管好每一个农业综合开发项目提供了有力的组织保障。

3. 健全了工程项目建设管理制度，推进了项目有序运作。在工程项目建设中，进一步引入市场化机制，全面推行了项目法人制、工程招投标制、工程物资政府采购制以及项目工程监理制等有效的

管理办法，实现了项目建设的规范实施、高效运作。

4. 健全了项目资金公示（公告）制，推进了项目的“阳光操作”。继2002年在襄阳区开展项目资金公示（公告）制试点后，2003年又在总结试点经验的基础上，将这一制度推广到全省其他部分县市，并制定了《湖北省农业综合开发项目和资金公示（公告）暂行办法》。这一举措不仅有力地确保了资金运行安全和项目工程质量，而且大大激发了农民自觉参与农业综合开发的热情，效果显著。

（三）坚持高标准，强化了三项管理

1. 强化了资金管理。一是全面规范财政无偿资金县级财政报账制，坚持对农业综合开发资金实行专人管理、专账核算、专款专用的“三专”管理，确保了资金运行安全。二是积极申报并实事求是清理核销了部分2001年以前投放的农业综合开发中央财政有偿资金呆账，争取国家呆账核销资金2 776.25万元。三是加强了对有偿资金的回收管理，采取各种有效手段和过硬措施，全年回收到期有偿资金9755.2万元，占全年回收任务的62%。

2. 强化了项目管理。一是对2003年项目扩初设计实行严格的分级审查和分级批复制度，组织邀请有关科研院、所和大专院校的专业人员，对各地上报的50个重点示范项目扩初设计进行了全面审查，经认真修改完善再批复实施。一般土地治理项目由各市、州组织审查批复后实施。这一做法从规范设计的角度确保了项目建设质量。二是对2001年以来在建项目开展了中期检查。共派出3个检查组，委托5个交叉检查组，对全省15个市、州的25个项目县、市的在建项目进行了认真检查。检查项目77个，项目县检查面达到28%。

3. 强化了监督管理。一是从2003年6月下旬开始，根据国家农发办的要求，在全省周密部署、精心组织了农业综合开发项目和资金管理大检查，并督促各地针对自查和抽查中发现的问题，举一反三，彻底整改。同时要求各地进一步完善措施，改进管理，为农业综合开发项目资金的安全有效运行提供保障。二是在大检查、自查、督察的基础上，配合财政部驻湖北监察专员办顺利完成了对全省2000—2002年度农业综合开发资金的专项检查。专项检查以解剖麻雀的方式，重点检查了襄樊市、荆州市、宜昌市、黄冈市及所属的南漳县、公安县、枝江市和武穴市。对检查中发现的问题，省农业综合开发办公室一方面及时与专员办沟通、协调并做解释工作；另一方面督促被查县、市高度重视，认真对待，深刻反省，彻底整改，采取强有力措施，确保大检查不走过场。除了责令有问题的单位及时整改外，还向全省进行了通报。三是为使大检查达到预期目的，进一步强化内部监督和外部约束，采取了通报批评、调减投资额度、暂停立项资格等措施，加大了对资金使用违纪违规等重大问题的查处、惩罚力度。通过扎实深入开展农业综合开发项目资金大检查，全省项目县、市农业综合开发资金与项目管理中存在的问题得到了及时整改，工作中的不足得到了纠正，有关制度办法得到了完善，国家的方针政策得到了落实，农业综合开发工作秩序和纪律得到了强化，收到了较好的实效。

（四）加强自身建设，增强了工作活力

1. 加强了宣传和调查研究。一是加强了信息宣传。2003年，在全省建立了农业综合开发宣传信息员制度，构建了全省农业综合开发宣传信息网络，并进行了形式多样的宣传活动。主要如：在《湖北财税》开辟了“农业综合开发巡礼”专栏，持续一年。全年刊发稿件22篇。编发《湖北农业综合开发》信息简报16期。向《中国农业综合开发》杂志、《湖北日报》、湖北电视台、湖北广播电台等新闻媒体投稿50多篇（次），被采用20余篇。其中《积极推进农业产业化经营，全面建设农村小康社会》在《国家农业综合开发简报》2003年第1期刊发；《湖北省采取五项措施加强农业综合开发管理》在省财政厅的《湖北财政信息》刊发后，被财政部《财政信息》2003年第6期转载；《我省农业综合开发重点做出重大调整》被《湖北政务信息》2003年第67期刊发。二是加强了调查研究。2003年，组织力量，在全省各项目市、州展开了农业综合开发支持县域经济发展、支持农业结构调整等10多个专题的系统调研，并先后50多次赴全省40多个县、市、区、农场，就农村税费改革对农业综合开发的影响、农业综合开发支持优势产业建设、支持农村专业合作组织、农业综合开发如何引导社会资本投入等问题进行调研，形成了多篇有一定份量和深度的调研报告。同时，高质量地完成了国家农业综合开发办公室下达的近10项专题调研任务，如《财政支持农村专业合作组织的若干思考》、《湖北省2003年上半年农业和农村经济形势分析》等。

2. 开展了三期培训。为进一步提高全省农业综合开发干部的业务和理论水平，11月29日—12月8日，在武昌连续举行了全省农业综合开发项目管理、资金财务管理和农发办主任3期培训班，培训全省农业综合开发干部300多人（次）。培训准备充分，内容充实，组织得力，受到参训者的普遍好评。此外，还分别于2003年7月份、8月份和10月份先后召开了3次全省农业综合开发工作会议，以会代训，以多种形式、多种途径提高干部队伍素质。

（湖北省农业综合开发办公室供稿，柳以洲、周学武、葛松涛执笔）

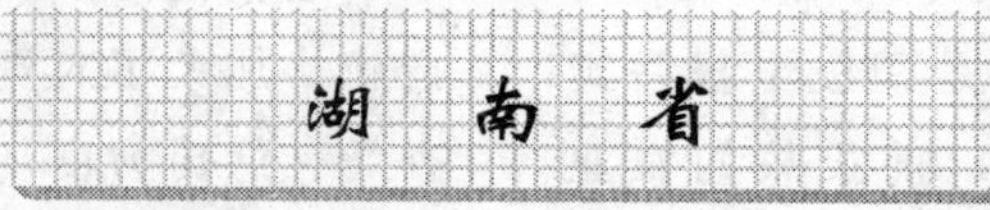

湖　南　省

2003年，湖南农业综合开发深入贯彻落实中央农村工作会议和国家农业综合开发联席会议精神，以促进农民增收为核心，以农业主产区特别是粮食主产区为重点，着力加强农业基础设施和生态建设，提高农业综合生产能力，确保国家粮食安全；着力推进农业结构调整，发展农业产业化经营，提高农业综合效益，确保农民增加收入；改革和完善政策措施，加强科学管理，创新运行机制，开创了全省农业综合开发的新局面。

一、农业综合开发基本情况

2003年，湖南省农业综合开发分为土地治理、多种经营和高新科技示范三类项目，项目涉及14个市（州）的86个县（市）、3个国有农（牧）场，253个乡镇，1 675个行政村。全省共完成农业综合开发项目总投资10.59亿元，其中：中央财政资金3.69亿元，地方财政配套资金2.61亿元，银行贷款1.61亿元，农民群众和项目单位自筹资金2.67亿元，项目区农民群众投工2 078万工日。

通过项目实施，全省共改造中低产田98.99万亩，建设节水农业示范基地15.33万亩、优质粮食生产基地22.6万亩，改良草山草坡2.5万亩，完成农业生态工程建设1.3万亩，营造经济林2.27万亩，种植花卉500亩、药材1万亩，发展水产养殖0.13万亩、畜禽养殖0.72万头（只），建成农林产品加工项目27个（其中新建项目6个，改扩建项目21个），比较圆满地完成了国家农发办批复的项目投资计划和建设任务。

项目完成后，全省共维修加固了小型水库85座，修建拦河坝195座，排灌站207座，开挖及衬砌灌排渠道5 698.97公里，修建机耕路1 178.42公里，改良土壤45.26万亩，建设良种基地4.03万亩。由于农业综合开发实行集中投入，规模开发，高标准治理，各地建成了一批田成方、渠成网、路相通、工程配套形象好、综合治理成效大的农业综合开发项目区，在全省农村起到了良好的辐射带动和示范样板作用。通过立项开发，项目区新增和改善灌溉面积85.98万亩，新增和改

善除涝面积36.05万亩，新增粮食生产能力1.5亿公斤、棉花261万公斤，油料1 332.8万公斤，肉类1 182.5万公斤、新增农业总产值10.37亿元、项目区农民年人均纯收入增加338.77元，对促进农村经济发展、确保国家粮食安全起到了有力的推动作用。

二、加强农业综合开发工作的措施和做法

（一）加强领导

全省各级党委、政府都把农业综合开发作为一件大事，纳入了农业和农村工作的重要议事日程，切实加强领导，突出政府行为，做到了“四个到位”。一是领导力度到位。各级党政主要领导挂帅抓，分管领导具体抓，部门领导配合抓，形成了强大的开发合力。二是目标管理到位。各地普遍推行了目标管理责任制，层层签订责任状，定投资、定任务、定质量、定时间、定奖罚，形成了县级领导包项目区、乡镇领导包重点工程、农发办领导和技术人员负责工程技术指导和质量监督、财政部门领导和财务人员负责资金调拨和监督检查项目管理的分工负责机制。三是解决问题到位。各级党委、政府和有关部门对农业综合开发工作中遇到的实际困难和问题，主动关心，积极协调，认真研究，及时解决，确保了开发工作的顺利进行。四是宣传发动到位。充分利用报刊、电视、广播等新闻媒体，宣传农业综合开发的政策和要求，使社会各界理解开发、支持开发、参与开发，为农业综合开发营造了良好的氛围。

（二）突出重点

各地坚持以改造中低产田为主攻方向，以提高农业综合生产能力、增加农民收入为主要目标，突出开发重点。一是突出农业主产区建设，选择农业资源潜力大、水土资源条件好、地方配套能力强、干部群众热情高、投入产出效益好的粮棉油主产区和特色农业产区作为开发重点，集中连片，规模开发。二是突出农业基础设施建设，把改善农业生产基本条件作为投资重点，建成了一批旱涝保收、高产稳产的高标准农田。三是突出产业化龙头项目建设，根据各地的资源优势和比较优势，重点扶持了一批有区域特色和市场前景的产业化龙头项目，促进了农业产业化发展，带动了项目区农业结构调整。四是探索了对项目县实行动态管理。对没有开发潜力的项目县，要求其逐步退出开发范围；对国家立项的项目县实行末位暂停制，以实施奖优罚劣、动态管理。

（三）明确思路

各地认真贯彻农业综合开发“两个转变”的指导思想，做到：立足资源搞开发，瞄准市场需求，集中开发具有资源和比较优势的产业；面向市场搞开发，将市场经济观念、市场运作机制和市场管理模式寓于开发工作中，立足市场选择项目，面向市场吸引投资，瞄准市场生产产品；讲求效益搞开发，把增加农民收入、促进农村经济发展作为开发是否成功的标准；注重示范搞开发，集中力量搞好节水农业、优质粮食基地、产业化龙头项目建设，发挥农业综合开发项目的辐射带动和示范样板作用。

（四）规范管理

各地把计划管理放到突出位置。在投资分配上，坚持不留机动。湖南省财政厅每年将中央财政投资规模连同省级配套，如数分配到各市、州，不留机动，不安排无具体项目内容的投资指标。各市、州也按湖南省财政厅要求，将投资指标如数安排到各项目县、市。在项目管理上，坚持资金跟着项目走，项目按照计划建，不擅自调整项目计划，使项目管理逐步走向科学化、规范化、程序化和制度化。在资金管理上，坚持实行县级报账制，严格按规定程序和手续及时办理财政无偿资金和群众自筹资金的报账，实行专账核算、专户储存、专人管理、专款专用，保证开发资金真正用于项目建设。在工程质量上，坚持精益求精。全省普遍推广了各具特色、经久耐用的工程预制构件，较大工程由具备相应资质的专业队伍施工，小型工程也统一标准、统一质量、统一要求，并建立了比较严格的检查监督和责任制度，从而使工程质量较前有所提高。在竣工验收

上，坚持引入竞争机制，把计划批复作为检查验收的惟一标准，对年度任务完成好、工程标准质量高、资金及时足额到位、管理规范的项目县市给予表彰和奖励，对做得差的予以通报批评，并坚决调减下年度投资规模甚至暂停立项，促使项目县、市加强管理。

（湖南省农业综合开发办办公室供稿，陈纯执笔）

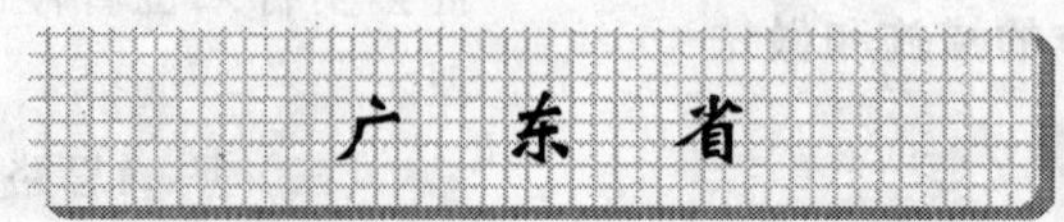

广 东 省

2003年，广东省农业综合开发围绕广东省农业农村经济建设的中心工作，以农业结构调整和增加农民收入为主线，在全省农业综合开发项目区大规模进行农田基础设施建设和大力扶持农业龙头企业，改善了农业生产条件，有力地推动了农业产业化经营的发展，为调整农业产业结构、提升农产品国际竞争力和增加农民收入做出了显著的贡献。

一、基本情况

2003年，广东省农业综合开发在投资规模、开发县数等方面均有增长，投资完成情况较好。

（一）投资总体情况完成较好

2003年，广东省完成农业综合开发总投资6.51亿元，其中：中央财政资金2.62亿元，地方财政配套资金2.65亿元，银行贷款4 700万元，自筹资金7 700万元。在完成的投资中，用于土地治理项目2.61亿元，用于产业化经营项目1.99亿元，用于科技示范项目4 900万元。资金投入总体情况完成较好。

（二）开发范围略有扩张

2003年，广东省农业综合开发项目涉及42个县（同比2002年的38个增长了10.53%）、1个国营农场（县团级）、673个乡镇、592个行政村。项目涉及总人口301.62万人、农业人口258.01万人、农业劳动力128.14万人。

（三）项目建设进展顺利

1. 土地治理项目

2003年，按“田成方、树成行、路相通、渠相连、旱能灌、涝能排”的标准，广东省建成高产稳产农田54.93万亩，其中改造中低产田33.32万亩，建设优质粮食基地15.16万亩，建设节水农业示范基地6.45万亩。在2003年度项目计划任务中，广东省完成修筑灌排渠系工程1 504.47公里，改良土壤24.7万亩，修建机耕路373.92公里，购置农机具1 801台套，培训农民20.39万人次。

2. 产业化经营项目

2003年，广东省注重加强农业综合开发项目对农民的辐射带动能力，大幅度增加了农产品加工、流通类项目的建设，减少了种养类项目的建设。全年共完成9个加工项目建设，2个农业生产服务项目建设，同时种植经济林1.50万亩，种植花卉2万亩，养殖畜禽47.48万头（只）。

3. 科技示范项目

2003年，广东省新建1个科技示范项目，在建6个科技示范项目，共计7个科技示范项目。其中高新科技示范项目2个，科技推广综合示范项目2个，农业现代化示范项目3个。经过项目单位和技术依托单位的共同努力，引进种养品种35个、先进技术11项，示范推广种养品种23个、先进适用技术17项，培训农民3.8万人次，建设示范区6.64万亩，建设种植生产基地近万亩。

二、主要成效

2003年，广东省的农业综合开发工作通过大力加强农业基础设施建设，扶持产业化龙头项目，取得了良好的综合效益。

（一）调整了农业产业结构

通过综合整治，有效地提高了项目区的农业综合生产能力和抵御自然风险的能力，推进了项目区优势农产品的发展和农业产业结构的调整，增强了农业发展后劲。据统计，在2003年全省改造的农田内，利用冬种等形式进行农业结构调整的有30万亩左右。如，南海市和顺镇万顷洋项目区，在治理前由于路难行、受渍涝影响严重等原因，收成无法保证，当地农民不愿耕种，中心区4 000多亩土地以每亩仅50元的价格承包给外来人员耕种。治理后，排灌和交通条件得到了根本的改善，昔日无人愿意耕种的渍涝地如今身价大增，土地年租金提高到平均800元/亩，单地租增值一项，农民每年就增收276万元。同时以项目实施为契机，在土地经营方式上也进行了改革，改千家万户的分散经营为集中发包，农民以土地入股，按股分红，对比项目实施前，农民人均增收500多元。通过治理和改制，还吸引了19家企业进入到该项目区，引入资金6 000多万元，进行花卉和高档无公害蔬菜等园艺作物的开发种植。

（二）推进了农业产业化经营

产业化经营项目的实施，提高了项目区经济作物种植和优质水产品养殖的比例。特别是农产品加工项目的实施，进一步提高了农产品加工品质和国际市场竞争力，同时辐射带动了周边农民，推动了农业产业化经营的发展，促进了农民增收。如广州市从玉蔬菜保鲜加工项目建设后，从玉公司产品品质进一步提高，产品大部分出口欧美、香港及东南亚等地，同时带动了5 000户农民从事优质蔬菜生产，推进了产业化经营，促进了农民增收。

（三）提升了农产品科技含量

为了提高科技推广示范工作的成效，广东省农业综合开发办公室坚持以省农科院等科研部门为技术依托，充分发挥基层农技部门的技术力量，采取省级科技部门和地方农技推广部门分工合作的办法，统筹考虑经费安排。2003年，广东省从土地治理项目科技推广经费中统筹安排450万元给省农科院水稻所、作物所等科研单位，在项目区建设优质稻、甜玉米、抗黄曲霉花生、优质蔬菜等良种良法示范基地9 000亩，培训农民12.05万人次，有效地提高了项目区农民的科学种田水平和农产品的科技含量。如技术依托单位省农科院作物研究所在开平市、博罗县、增城市、高要市、茂港区等农业综合开发项目区示范推广该所培育的“粤甜3号”超甜玉米10多万亩，并与香港仁宝食品有限公司、香港明丰公司等外商签订出口合同，以订单农业的形式组织生产，取得了良好的经济效益。农民单季每亩收入1 000多元，对比水稻耕作要增收500多元。又如珠海高新科技示范项目，以高新技术为手段，通过优良新品种、新技术、新设施的推广应用，建成了一个建设田园化、灌溉自动化、栽培技术规范化、质量检测现代化、上市产品洁净化及产销一体化的无公害蔬菜生产现代化基地，被珠海市动植物检验检疫局认定为供澳蔬菜出口基地，使珠海市无公害蔬菜产销综合水平达到了国内先进水平。

（四）增加了农民收入

2003年，广东省农业综合开发带动农民增收效果显著，项目区各项经济指标均呈稳步增长的态势。一是通过土地治理项目的实施，使项目区新增粮食生产能力3 645.39万公斤、油料260.89万公斤、糖料235万公斤，新增农业总产值4.78亿元、农业增加值3.06亿元，项目区农民新增纯收入总额1.95亿元，新增农民人均纯收入122.26元。二是通过实施产业化经营项目，推进了农业产业化经营，提高了农产品附加值，带动农民增产增收效果明显。2003年，广东省新增水产品生产能力1 239万公斤、肉类2 800万公斤，新增总产值5.79亿元、增加值1.8亿元，新增利税6 100万元。如惠州市博罗县在项目实施后，及时推广韭黄、甜玉米、黑美人西瓜、蔬菜等优质高效经济作物品种，引进外资推进订单农业发展，使项目区粮经比从原来的6.5:3.5调整至现在的4:6，提高了农业效益，增加了农民收入。

（五）密切了党群关系

2003年，广东省通过实施农业综合开发项目，提高了项目区土地利用率和土地产出率，提高了项目区农民的科技意识和农业科技水平，提高了劳动效率，促进了农业增产、农民增收和农村社会稳定，体现了“三个代表”的重要思想，密切了党群、干群关系。如雷州市土地治理项目建设有力地加速了耕作制度的改革，“公司+基地+农户”的生产模式和一年三熟的耕作制度得以大幅度推广。同时，吸引外商投资项目8个，引入资金910万元，以农业企业化方式经营，发展高效益的反季节西（甜）瓜和西红柿等瓜菜生产，促进了当地高效农业和农村经济的发展。因此，项目区农民对农业综合开发赞不绝口，称这是一项真正的富民工程。

三、主要措施和做法

（一）贯彻执行国家农业综合开发规章制度，努力提高项目管理水平

2003年，为切实加强农业综合开发管理工作，广东省在贯彻执行国家有关管理制度的基础上，针对项目评估、规划设计等前期准备工作和资金管理上的一些薄弱环节，重点抓了以下几个方面的工作：一是认真实行专家评审制度。2003年，由省农业综合开发评估中心组织各专业的专家，对各市、县报来的51个产业化经营项目全部进行了认真细致的评估，并对初选入围的项目进行了现场考察论证。在此基础上，还委托会计师事务所对通过了现场考察的项目承建单位的资信情况进行抽查、复核。通过严格的专家评审制度，从源头上避免了“人情项目”、“关系项目”的出现，确保了项目选择的科学性，提高了产业化经营项目的选项质量。二是切实抓好了土地治理项目的规划、设计等工作，提高了土地治理项目的前期准备工作水平。实践证明，土地治理项目的实施成效显著与否，关键是规划、设计是否合理。为了做好土地治理项目的前期工作，广东省农业综合开发办公室除了通过下发文件的形式对土地治理项目的选项、规划、设计等提出明确要求外，还专门举办培训班，针对项目规划设计、投资估算等方面存在的问题进行详尽的讲解。通过培训，使各市、县上报的项目计划质量有了明显的提高。同时，完成了农业综合开发土地治理项目规划、设计及工程概预算等方面教材初稿的编写工作，填补了广东省农业综合开发的空白。三是全面实行了工程招投标和工程质量监理制，有效地保证了工程质量，降低了工程造价，防止了工程腐败现象的产生。如清远市清城区，通过招投标，降低了工程造价的10%左右。四是在资金管理上全面实行了财政无偿资金县级报账制，有效地防止了资金被挤占挪用，提高了资金使用效益。

（二）根据国家农业综合开发办公室的工作部署，积极抓好了全省农业综合开发项目和资金管理大检查工作

2003年，广东省按照国家农业综合开发办公室的要求和部署，开展了历时半年的农业综合开发大检查工作。对这次大检查工作，广东省高度重视，态度坚决。一是积极部署全省各项目区开展自查自纠工作，并派出4个工作组分赴各地进行抽查。在此基础上，向国家农业综合开发办公室上报了《广东省农业综合开发项目和资金管理大检查报告》，在如实反映广东省农业综合开发存在的问题的同时，也提出了一些针对性较强的对策、建议。二是积极配合国家农业综合开发办公室督察组、财政部驻湖南省财政专员办、审计署驻广州特派办的专项检查和审计工作。对被检查出来的问题，广东省积极督促整改。问题严重者，当地党委政府还对有关责任人给予了党纪处分。

（三）加大了财政有偿资金的回收力度

2003年5月，广东省财政厅、农业综合开发办公室组织工作组，对全省自1992年以来的农业综合开发财政有偿资金使用、发放、偿还和回收情况进行了一次彻底清理，弄清了多年来农业综合开发财政有偿资金的投放和回收情况，并在此基础上采取了各种措施，加大了对农业综合开发财政有偿资金的回收力度，确保了到期财政有偿资金的回收。

（广东省农业综合开发办公室供稿，刘柏文执笔）

深　圳　市

2003年，深圳市农业综合开发深入贯彻新一届政府国家农业综合开发第一次联席会议精神，紧紧围绕促进都市农业发展的目标，拓展开发领域，创新开发机制，推动农业综合开发工作不断发展。

2003年，深圳市实施了4个中低产田改造项目、3个多种经营项目、2个部门项目、1个农业高新技术示范项目和1个农业现代化示范项目。全年共计投入开发资金6 439.67万元，其中：中央财政资金1 450万元，地方财政配套资金3 250万元，自筹资金1 739.67万元。通过项目建设，共改造中低产田4 400亩，发展经济林1.5万亩，增加养猪规模5万头；新增农业产值2 301万元，新增农业增加值1 150万元。农业综合开发项目有力地促进了都市农业发展，取得了良好的经济、生态和社会效益。

一、围绕都市农业，拓宽开发领域

随着中国加入WTO以及城市化进程的加快，处于改革开放和经济发展前沿的深圳特区必须大力发展都市农业。都市农业着重应用现代生物技术、工程技术、信息技术以及工厂化农业生产技术等现代农业生产手段，提高资源利用率和劳动生产率，致力于逐步将农业从传统生产模式转向更多地依靠现代科学技术、实行有利于生态环境和资源保护的无公害、高回报、高效益的生产模式。因此，都市农业代表了现代农业的发展方向，是现代农业的发展龙头。发展都市农业有利于加快我国农业现代化的进程。

深圳是我国最重要的沿海开放城市之一，发展都市农业有较大的技术、人力和管理等资源优势。深圳紧临香港，目前香港鲜活农产品消费的很大部分靠深圳提供，且深圳市区的农产品市场体系比较发达，发展都市农业有独到的国内和国际市场优势。深圳又是珠江三角洲和香港都市农业的衔接区，发展都市农业有良好的区位优势。最重要的是，目前深圳的经济发展水平已具备了大力支持和反哺农业的能力。这些优势为深圳探索发展现代农业模式，创造了良好的机遇和条件。

2003年，深圳市的农业综合开发项目紧紧围绕都市农业发展目标，先后支持建设了辉银投资发展有限公司等2个无公害农产品生产基地项目，农牧公司瘦肉型供港活猪等2个出口创汇型优势农产品项目，碧岭生态村和平湖生态农业园等2个以农业技术推广示范、农业科普教育、旅游观光农业和综合利用农业生态资源为主的生态农业项目和2个花卉生产项目。这些项目的实施，提升了深圳都市农业的档次，进一步拓宽了农业综合开发领域。

二、严格项目评审，确保选准项目

一般都市农业项目具有市场化程度高、科技含量高、投入产出高的特点，项目选择有一定难度。为了提高农业综合开发项目选择的透明度，确保选准项目，深圳市农业综合开发办公室在项目选择上坚持做到以下几点：一是按照立项原则引入市场竞争机制，公开项目选择标准和具体要求，让有关企业或单位自主申报项目。二是规范立项程序，全面推行项目选择专家评审制，坚持在各单位申报项目的基础上，聘请项目评审专家小组，逐个对项目进行实地踏勘和评审专家小组会议集体评审。三是根据评审专家小组的意见确定项目，并实行以评审专家小组为主的集体负责制和项目选择失误责任追究制。

由于严把了立项关，已建成的农业综合开发项目取得了明显的经济效益、生态效益和社会效益，有力促进了都市农业的发展，建设了像碧岭生态村和10万头深农牌三元杂交猪等一批深圳都市农业新亮点工程。2003年的碧岭生态村土地治理项目建成后，进一步改善了项目区的生产和生态环境条件。

三、全面推行项目法人开发模式

为了保证项目建设质量，提高资金使用效益，在项目建设上全面推行了项目法人开发模式，所有农业综合开发项目都是由法人单位进行开发建设。项目建成后，由项目建设单位具体负责项目的建后管护和经营管理，切实提高了项目建设单位的质量意识和责任意识，提高了资金使用效益。

由深圳市农牧实业有限公司实施的深农猪配套系生态种养现代化示范项目，通过不断强化经营管理取得了明显的经济效益。2003年该公司出栏商品猪13万头，销售收入1.3亿元，实现利润1 145万元，分别比2002年增长11.3%、13.2%和27.1%。

四、大力推行财政和项目法人合力投入机制

在项目投入机制上，坚持“国家引导、配套投入、民办公助、滚动开发”的方针，大力推行财政部门和项目法人单位合力投入机制，不要项目区农民出资，项目自筹资金全部由项目法人单位筹集。2003年，农业综合开发项目法人单位共筹集资金1 739.67万元投入农业综合开发项目。

推行财政和项目法人合力投入机制，吸引了民间资本投入农业综合开发，提高了项目建设标准。寰通公司甲子塘蔬菜基地项目，在完成计划安排的567万元（含81万元自筹资金）项目资金的情况下，公司又从不同渠道筹集资金1 000多万元投入项目区，把蔬菜基地建成了有遮阳网覆盖的高标准园田化生产基地，并实现了施肥配方化、灌溉自动化、管理程序化的要求。目前基地生产的蔬菜大部分出口到新加坡市场。

（深圳市农业综合开发办公室供稿，孙强执笔）

广西壮族自治区

一、农业综合开发基本情况

2003年，广西新增加农业综合开发县3个，即桂林市的永福县、河池市的环江县以及防城港市的东兴市。至此广西国家立项的农业综合开发项目县达到61个，项目县范围涉及全自治区的14个市。项目投入资金达到4.57亿元，其中：中央财政资金2.27亿元，地方财政配套资金1.26亿元，银行贷款500万元，自筹资金9 957.01万元。

土地治理项目投资完成3.27亿元，其中中央财政资金1.6亿元，地方财政配套资金9 236.52万元，自筹资金7 570.31万元。多种经营项目投资完成1.02亿元，其中中央财政资金4 637.24万元，地方财政配套资金2 732.2万元，银行贷款500万元，自筹资金2 288.7万元。科技示范项目投资完成717万元，其中中央财政资金344万元，地方财政配套资金275万元，自筹资金98万元。

部门项目财政资金规模为3 112万元，其中中央财政资金1 630万元（其中有偿资金491万元），地方财政配套资金1 482万元（其中有偿资金635.7万元）。主要用于水利项目1个，中央财政资金500万元；林业项目2个，中央财政资金230万元；科技推广综合示范项目3个，中央财政资金600万元；优势特色农产品开发示范项目1个，中央财政资金140万元；秸秆养畜项目2个，中央财政资金160万元。

为加快广西农业综合开发项目区建设步伐，促进项目区农业结构调整，增加农民收入，自治区选择14个县（市、区）作为自治区级立项农业综合开发项目县，从自治区本级财力拿出5 700万元实施重点投入，资金全部用于土地治理项目。其中用于优质粮食基地项目1 900万元，用于节水农业示范项目3 800万元。项目县财政配套资金按自治区财政资金的1:0.3的比例配套投入，共计1 710万元；农民自筹现金、实物折资配套投入的比例参照国家农业综合开发办公室的规定执行，即按自治区财政资金的1:0.5:0.5的比例配套投入。

2003年，广西农业综合开发财政资金实际支出3.83亿元，比上年增加3 623.27万元，增长10.47%。其中国家立项开发的项目财政支出2.82亿元（包括地方财政配套资金支出），比上年减少786.3万元，下降2.71%。下降的主要原因是中央调整了地方财政资金配套比例（由原来的1:0.7调整为1∶0.52）；地方立项开发的项目财政支出9 188.08万元，比上年增加4 144.89万元，增长82.19%；农业综合开发事业费支出813.9万元；结转下年96.6万元。截至2003年底，全自治区61个项目县都严格按项目计划实施了项目建设，建设进度达到了45%。

二、基本经验和主要工作成效

（一）落实配套政策，确保农业综合开发资金及时、足额到位

对应由自治区本级财政配套的资金7 877万元，做到早计划、早安排、早落实，按规定及时配足到位。同时督促项目县也按规定配足应配的财政资金，杜绝项目资金的假配套。督促项目县认真细致地做好对农民群众的宣传发动工作，积极引导他们投入农业综合开发项目。加强预算执行情况分析，及时拨付资金，确保农业综合开发资金的及时足额到位。根据年初确定的预算方案，分两次拨付了农业综合开发项目资金，并督促各市将项目资金及时拨付到有关项目县。同时，对全区预算执行情况进行定期或不定期分析，并针对执行过程中存在的问题，研究改进措施，推动各市及其所属项目县重视农业综合开发支出进度，确保农业综合开发资金的及时足额拨付到位。

（二）集中财力，优化支出结构，突出农业综合开发的重点

根据自治区党委制定的经济发展战略和经济发展布局，2003年农业综合开发的工作重点是：扶持以高新技术产业为特色的农产品出口基地和生态渔牧养殖业；扶持发展蔗糖（高产高糖）产业和节水农业；大力发展优质水稻、优质蔬菜、名特优水果生产及加工基地、现代观光农业和生态农业。2003年广西农业综合开发用于土地治理项目的财政资金为2.44亿元（其中中央财政资金1.6亿元，地方财政资金8 346万元），重点支持优势农产品基地项目和节水农业示范项目建设。优势农产品基地项目重点是优质糖料基地项目和优质粮食基地项目，共安排18个项目县，财政资金总额为7 596万元（其中中央财政资金4 992万元，地方财政资金2 604万元），占财政资金总额2.44亿元的31.2%。其中优质粮食基地项目的4个项目县是灵川县、桂平市、田阳县和田东县；优质糖料基地项目的14个项目县是武鸣县、邕宁县、柳城县、鹿寨县、上思县、横县、宾阳县、扶绥县、上林县、象州县、武宣县、兴宾县、忻城县和宜州市。节水农业示范项目共安排10个项目县，财政资金总额为5 624万元（其中中央财政资金3 700万元，地方财政资金1 924万元），占财政资金总额2.44亿元的23.1%。用于多种经营项目的财政资金7 932万元（其中中央财政资金5 203万元，地方财政资金2 729万元），重点扶持一批由企业法人经营的、与农民群众享有共同利益、市场牵动力强、产业化程度高的龙头项目，具有地方特色、能进行水果品种改良的示范型种植项目，以及以农副产品为原料的出口创汇能力强的外向型加工项目。

2003年广西农业综合开发实际完成改造中低产田68.18万亩，其中完成2003年计划任务30.17万亩，占当年计划任务56.42万亩的53.47%；完成优质粮食基地项目19.93万亩，其中完成2003年计划任务11.93万亩，占当年计划任务24.94万

亩的47.83%；完成节水农业示范任务12.94万亩，其中完成2003年计划任务8.44万亩，占当年计划任务12.5万亩的67.52%。新建、修建、加固小型水库82座，其中完成2003年计划任务14座，占当年计划任务20座的70%；新建和修复机电井19眼，其中完成2003年计划任务7眼，占当年计划任务27眼的26%；新（扩）建排灌站57.68座，其中完成2003年计划任务23座，占当年计划任务39座的58.97%；完成灌排渠系工程2 748.67公里，其中完成2003年计划任务1 174.21公里，占当年计划任务2 267.95公里的51.77%；完成输变电线路配套工程72.77公里，其中完成2003年计划任务32.76公里，占当年计划任务58.2公里的56.29%。新增农机总动力9.2万千瓦；增加机耕面积15.26万亩。新增灌溉面积17.72万亩，新增除涝面积5.014万亩，改善灌溉面积36.63万亩，增加农田林网防护面积6.4万亩。这些工程为改善广西农业特别是粮食和糖料的生产条件奠定了物质基础，增强了农业抗御自然灾害的能力，使项目区基本实现了“大灾小灾不减产，正常年景稳增产”的目标，有力地促进了农业生产力水平的提高。

多种经营项目重点扶持了30个县的竹子、良种速生桉树、桑树、剑麻、桂花梨和名、特、优、新水果蔬菜等13个种植项目，奶牛、参皇鸡、对虾等7个养殖项目，以及奶制品、蚕桑、罗汉果、月柿、精米等11个加工项目。项目完成后，每年新增总产值4亿元，新增利税总额5 443.37万元，增加农民收入2.63亿元。

通过项目的实施，项目区内积极调整了农业产业结构，建成了一批集中连片、规模适度且具有地方特色的农业商品基地，初步形成了集约化经营、企业化管理和区域化生产的格局，加速了自然农业向市场农业、传统农业向现代农业的转变。

（三）结合广西实际，扶持支柱产业，积极参与项目区的结构调整

在认真组织实施国家立项的农业综合开发项目的同时，为了贯彻落实自治区党委提出的“1234610”工作思路，加快广西农业综合开发项目区建设步伐，促进项目区农业结构调整，增加农民收入，广西根据自治区本级财力加大了农业基础设施的投入力度。2003年，自治区本级财政拿出5 700万元，选择14个县（市、区）作为自治区级立项农业综合开发土地治理项目，实行重点投入。为把该项目各项工作落到实处，就如何确保项目的顺利实施以及充分发挥项目效益提出了具体要求，并明确了自治区、市、项目县的责、权、利以及资金的使用范围等。从实施情况看，自治区立项的农业综合开发项目达到了预期的目的，社会效益和经济效益逐渐显现。

（四）加强监督检查，强化农业综合开发项目管理和资金管理

根据国家农业综合开发办公室的统一部署，广西2003年先后召开了三次全区农业综合开发办公室主任会议，部署了广西农业综合开发项目管理和资金管理大检查工作，并提出了检查的内容、具体要求、任务和目标。同时，为防止农业综合开发项目管理和资金管理大检查流于形式，自查和重点检查结束后，广西将工作的重点放在对存在问题的整改上。自治区农业综合开发办公室组织两个工作督查组对来宾市、柳州市、梧州市、贺州市、玉林市开展大检查，对整改工作的落实情况进行督查。与此同时，继续做好国家农业综合开发办公室对广西1999—2001年项目验收时查出的问题的整改工作，主动接受国家农业综合开发办公室的核查验收。

继续贯彻执行农业综合开发资金县级财政报账制和项目资金财务管理办法。一是规定项目资金统一归口财政部门管理，由财政部门根据农业综合开发计划，分配和拨付项目资金，以杜绝多头分配、交叉管理、职责不清问题的发生。二是实行“以项目定资金”的管理办法，即：定开发任务，定投资规模，定补助标准，定开发范围，定使用效益，资金跟着项目走。三是实行“专户储存、专人管理、专账核算”管理，确保项目资金封闭运行和专款专用。四是农业综合开发财务人员必须相对稳定，而且必须具有会计上岗资格。五是加强对资金运用的日常监督检查，发现问题，及时纠正。

加大农业综合开发财政有偿资金的回收力度，采取各种行之有效的措施，确保财政有偿资金按期足额回收，化解和降低财政风险，保证财政有偿资金的安全完整，维护财政政策的严肃性。截至2003年12月底，共回收财政有偿资金1 547万元。

（广西壮族自治区农业综合开发办公室供稿，李丽琪、曹延斌执笔）

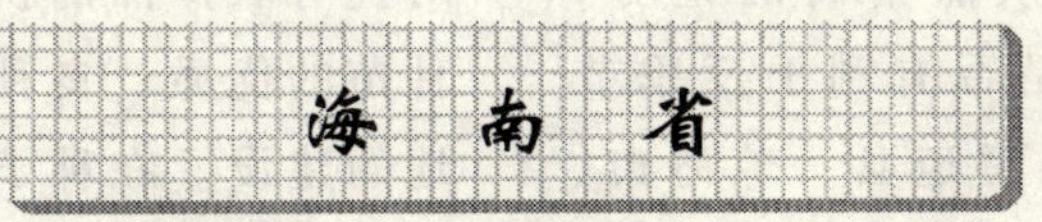

海南省

2003年，海南省农业综合开发按照本届政府国家农业综合开发第一次联席会议和全国农业综合开发办公室主任会议精神，紧紧围绕农业增效、农民增收和农产品竞争力增强的工作目标，坚持加强农业基础设施建设，改善农业生产条件和生态环境；坚持促进农业结构调整，推进农业产业化；坚持推进农业科技进步，开创了农业综合开发工作的新局面。

一、农业综合开发基本情况

2003年，农业综合开发项目区涉及海南省18个市（县）的70个乡镇。项目涉及行政村769个，涉及总人口183万人。除完成2002年结转项目外，还实施完成了部分2003年的新立项项目。项目共投入资金3.16亿元，其中：中央财政资金1.44亿元，地方财政配套资金5 700万元，自筹资金8 500万元，银行贷款3 000万元。

通过资金投入，全省完成中低产田改造22.82万亩，建设优质粮食基地9.2万亩，完成节水农业示范项目建设8.9万亩；建设排灌站1座，输变电线路1.8公里，灌排渠系1 353.84公里；改良土壤8.6万亩，修建机耕路358.64公里，购置农用动力机械和配套农机具456台（套）；完成造林任务2.75万亩，建设苗圃250亩；进行技术培训10.95万人次。发展多种经营经济林种植面积0.45万亩，发展水产养殖面积700亩，建设农产品加工项目2个、农业生产服务项目1个。完成农业科技推广综合示范项目建设1.37万亩，完成良种基地建设1 500亩，进行技术培训0.25万人次。

二、农业综合开发取得的主要工作成效

（一）高标准地改造了一批中低产田。

海南省水利设施基础较差，特别是农田水利设施建设起步晚，标准低，大部分农田的灌排系统基本处于未开发状态，严重制约了农业生产特别是反季节瓜菜的生产，从而制约了农民收入的增长。农业综合开发抓住了这一影响农民收入增长的主要矛盾，根据国家的政策，结合实际，集中力量，合理规划，高标准、高质量实施农田整治项目。经过重点改造的田洋全部达到旱能灌、涝能排、路相通、渠相连的标准，并且达到节水灌溉的要求，成为旱涝保收的高产良田。省委、省政府领导到万宁市视察工作，实地考察了2003年农业综合开发大乳洋农田整治工程后，深有感触地说：两次来到大乳洋真是两个样。2002年到这里时，几千亩禾田干旱枯黄，田间既没有渠道也没有道路。现在看到的是田成方，渠相通，路相连。大乳洋农田整治工程全面通水后，村民们燃放鞭炮庆祝。保定村3名村民代表带着全村6 000多名群众的心意，将两面写着“感党恩，受实惠，30年盼来农综水”的锦旗分别送给省、市农业综合开发办。

（二）促进了农业结构的调整

海南省在农业综合开发工作中，紧紧结合农业结构调整的实际情况，找准农业综合开发支持

农业结构调整的"切入点"、"着力点"和"牵引点"，努力将农业综合开发项目区建成有效益的农业结构调整生产基地和示范区。在这方面主要做了以下工作：

一是将改造中低产田与推动反季节瓜菜生产联系起来。在选择开发项目时优先安排发展反季节瓜菜生产潜力大、群众热情高的地方，中低产田改造规划优先考虑是否有利于反季节瓜菜生产。临高县、琼山市、澄迈县、琼海市、定安县、陵水县等地，抓住农田排水不畅这一制约当地反季节瓜菜发展的"瓶颈"问题，重点整治田洋的排涝问题，为发展反季节瓜菜生产创造了有利的条件。

二是充分利用改造后农田良好的基础条件，综合利用科技、农业等开发措施，支持和引导农民在改造的"农综田"上，因地制宜发展反季节瓜菜、优质米等特色品种的生产，使"农综田"成为农民的"致富田"。由于灌溉条件和田间交通条件的改善，保证了生产用水和生产资料、农产品的运输，过去只能种一造的田洋，现在变成了两造或三熟，提高了土地利用率。现在，凡是农业综合开发整治过的田洋，基本实现了一年三熟制。

三是支持一批符合海南省农业结构调整方向，具有本地资源优势，有示范和带动作用的种植、养殖和加工项目，积极培育各具特色的主导产业，大力推进农业产业化经营。2003年共安排中央财政资金4 063万元，支持26个农产品种、养、加工、市场建设等项目。在文昌市和乐东县分别建设有加工、冷藏、交易、运销等功能齐全的市场，目前，工程进展顺利。该项目建成使用后，将有力地推进当地农业产业化发展进程。8个农产品深加工和运销项目及16个特色农产品种植、养殖项目在抓紧建设。项目建成后，将为促进本地农民收入增长发挥重要作用。

（三）实施科教兴农战略，提高农业综合开发的科技含量

海南省具有得天独厚的自然条件，发展农业特别是热带高效农业潜力很大，但由于农业科技含量低，造成农业生产效率不高，制约了热带农业的发展。因此，海南省把农业科技的推广和应用作为农业综合开发工作的一项重点来抓。一是认真组织农业综合开发高新科技示范项目的实施，建设好国家立项的科技推广综合示范项目。二是以良种良苗基地建设为依托，大力推进优势农产品建设步伐。结合农业结构调整目标，加大对优势农产品的扶持力度，解决农业发展中种子种苗的优质、良种化问题，重点抓好瓜菜育苗基地的建设。在种子种苗基地建设上，实行统一规划、逐年实施的办法。2003年安排资金1 000万元，在澄迈县、陵水县、三亚市、乐东县、儋州市等五市、县建设24 640平方米瓜菜育苗标准大棚，为当地发展冬种生产提供优质种苗。

三、农业综合开发采取的主要措施和做法

（一）加强项目和工程管理工作

科学规划设计，精心组织实施，确保项目建设高标准、高质量地按期完成。

一是认真抓好2003年农业综合开发项目的实施。围绕农业结构调整这一工作重点，努力抓好多种经营项目的落实。2003年的多种经营项目主要安排在市场、加工、运销和种植养殖方面。为使项目顺利实施，提前做好项目单位的调查工作，摸清债权债务情况，落实有效抵押物，为项目的顺利实施做好准备；认真总结了2002年的经验教训，采取相应措施，提高了2003年农田整治的标准、质量，做到整体水平上了一个档次；认真做好项目实施方案的审核批复工作，对设计上、规划上存在问题的市县，省农发办派出工程师帮助解决；积极抓好土地治理项目中的农业、科技、林业、农机等项目的实施；做好统计工作，掌握工程的进展情况。

二是推行项目责任制和工程招投标制。根据《国家立项农业综合开发项目招标投标管理办法》，遵循公开、公平、公正的原则，研究制定了农田整治工程招标投标实施方案。要求各市县对所有农田整治项目工程，都要按照公开、公平、公正的原则进行招标，把竞争机制引到项目建设中。2003年全省18个市、县中有14个市、县采取公开招投标

方式，有3个市、县采取邀标的方式选择施工队伍。通过推行招标制和项目法人制，明确了责任，增强了透明度，避免了人情关系的影响。同时，对农业综合开发项目工程实行责任制管理；对农田整治项目工程，落实工程的总责任人、质量责任人等，公开接受群众的监督。

三是狠抓工程进度和质量标准。加强了对各市、县工程施工的技术指导工作，认真研究解决项目建设中的问题。

四是加强监管，严把质量关。采取了有效措施，保证预制构件质量。如，实行"四统一"做法，即统一水泥、统一砂石、统一配比、统一模具，对预制件采取验收合格选用制。同时，在农田整治实施的阶段，到市、县了解、检查施工进度和质量情况，发现问题及时纠正处理。

五是继续完善农田整治工程的检查评比制度。制订了农田整治工程的检查评比制度，对项目的财政资金到位、群众投资投劳、配套资金、工程完成量、工程设计、工程质量、组织管理等方面情况进行检查、打分。对获得一等奖的陵水县、澄迈县、定安县和琼海市，以省政府的名义在全省农村工作会议上给予表彰，省委书记、省长亲自颁奖。对工程完成较差的市、县则通报批评，限期整改。

（二）完善各项资金管理制度

在财政较为困难的情况下，采取了许多有效措施，加强对农业综合开发的资金管理，增加资金的投入，提高资金的使用效益。

一是实行倾斜政策，促进农业综合开发财政资金落实到位。按照公共财政的要求，在农业综合开发的资金使用中注意突出重点。首先保证具有公益性质的土地治理项目，特别是农田整治项目建设的资金投入；及时下达市、县财政配套资金任务，要求市、县在年度预算中足额安排；抓好项目专款的及时拨付到位工作；按照工程进度，制订农业综合开发专款的分月拨款计划。同时针对往年市、县不同程度占用农业综合开发项目资金的情况，实行跟踪管理的办法，制订项目建设和资金报账拨付情况表，每10天汇总一次，及时掌握项目建设进度和资金拨付情况。发现资金拨付与项目建设进度相违背的现象，及时检查和纠正。规定对占用农业综合开发专款的市、县，取消原下达的项目，追回下拨的资金，减少或取消下年度的项目投资计划。此外，对农业、科技、林业、农机等项目，要求市、县上报规范的实施方案，方案中要确定项目的具体承担单位、建设内容、建设地点、规模、资金使用情况和计划达到的效果等，省农发办对方案进行审批后，才予下达项目资金，并据此进行检查。

二是以项目和资金大检查为契机，进一步规范项目和资金管理。在各市、县和各项目单位进行自查的基础上，省农发办组成三个检查组，在全省范围内开展2000—2002年农业综合开发项目建设和资金使用情况大检查。按照批复计划，逐项检查。对项目未完成、资金未落实的市、县进行通报批评并限期整改。同时，对各市、县的项目验收、档案、财务管理及工程建后管护等方面情况进行检查，为第五期国家验收做好准备工作。向国家农业综合开发办公室上报《海南省农发办公室关于开展农业综合开发项目和资金大检查情况的报告》。通过检查，掌握了全省2000年到2003年项目建设和资金使用管理情况，纠正了工作中存在的问题，为做好今后的项目管理工作打下良好的基础。

三是加强有偿资金的发放和回收管理。研究制定了《海南省农业综合开发多种经营项目和资金管理暂行规定》，对多种经营项目从立项审批、借款办理、资金拨付、资金监督等方面作了具体的规定。特别是规定多种经营项目借款，业主必须按规定提供合法、有效的抵押物作担保，提交省财政厅审核，帮助市、县把好借款担保抵押关。同时，抓好有偿资金回收管理工作。省对市、县实行统借统还的管理办法和奖励制度，不按时还款的，进行通报批评，调减其年度项目计划，从市、县可用财力中扣还；对完成回收任务好的市、县，给予表扬并增加其下年度的项目投资计划。此外，在通过司法程序进行回收借款方面也取得较大进展。如中国种子海南公司逾期借款300万元，屡催不还，省农发办将其告到三亚市中级人民法院，并申请对其财产进行了保全措施。在法院判决将强制执行还款的威慑作用下，该公司主动请求调解，第一次归还资金80万元，重新签订协议，做出了短期内全部归还的计划。以此事为例，省农发办指导各市、县开展“司法收借”工作，并在三亚市、澄迈县等地取得了一定的成效。为能回收资金，省农发办领导还分别带领工作组，到各市、县和各单位催收到期资金，讲明政策，落实回收措施。经过努力，2003年省级财政回收资金3187万元，基本完成中央有偿资金回收任务。

(三) 加大了农业综合开发宣传工作力度

2003年省农发办与海南电视台联合录制了海南省农业综合开发农田整治项目专题报道电视片，并在海南新闻中以专题形式连续播出；积极向国家农业综合开发杂志选送5个图片材料和资料稿件一批；主动邀请了各级人大代表、政协委员考察农业综合开发项目区，扩大农业综合开发的影响；整理、制作2002年农业综合开发项目建设录像资料，对2003年有关省农业综合开发项目建设的图片、文字资料也进行了收集和整理。

(四) 加强干部队伍建设，加大政策调研力度

认真组织全办人员学习回良玉副总理在新一届政府农业综合开发联席会议上的讲话和国家农发办工作通报会精神，联系当前农业综合开发中的重大问题，结合海南的情况，深入基层，积极开展调研工作。在学习和调研的基础上，撰写了学习体会1篇、调研报告3篇、政策建议1篇，按时上报了国家农业综合开发办公室。

(海南省农业综合开发办公室供稿，梁振强执笔)

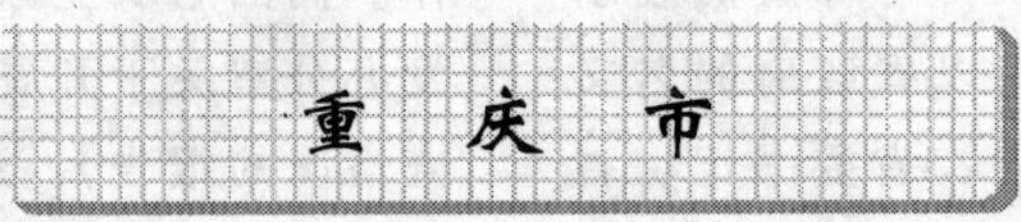

重庆市

2003年，重庆市农业综合开发认真贯彻执行国家农业综合开发方针政策，进一步深化改革，完善政策，创新机制，加强管理，较好地完成了2003年的项目计划和建设任务，取得了比较显著的成绩。

一、农业综合开发基本情况

2003年，重庆市农业综合开发项目区涉及34个县（市、区）和1个国营农场。总计完成农业综合开发项目总投资3.35亿元，其中：中央财政资金1.98亿元，地方财政配套资金9 700万元，银行贷款200万元，自筹资金3 800万元。全年完成中低产田改造17.6万亩，建设优质粮食基地11.92万亩，建设节水农业示范项目0.7万亩，建设农业生态工程4.71万亩；完成经济林、蔬菜、花卉、药材等种植3.13万亩，建设加工项目16个、农业生产服务项目5个；实施新建和在建科技示范项目5个。

二、农业综合开发项目取得的效益情况

(一) 改善了农业生产条件和生态环境，提高了农业综合生产能力

2003年，重庆市农业综合开发土地治理项目加强了以水利、田间道路、生态防护林为主的农业基础设施建设，大大改善了农业生产条件和农业生态环境，农业综合生产能力大为提高，农业可持续发展能力大为增强，农业生产运输、农民生活条件及生态环境得到明显改善，受到了广大农民群众的高度赞扬。巫山县庙宇镇农业综合开发土地治理项目区，改造前是常年渍水难排，一遇洪水更是一片

汪洋的地方，广大农民深受洪涝灾害之苦。经过农业综合开发土地治理项目的改造，建成了蓄、排、灌相结合的水系网络，有效地改善了农业生产条件和生态环境。项目区粮食生产实现了旱涝保收、稳产高产的目标，水稻单产达650公斤，比改造前每亩增产200公斤以上。南川市大观农业综合开发项目区把中低产田改造与农业生态工程建设相结合，项目区呈现出道路四通八达、沟渠纵横相连、山峦青葱翠绿、山下良田万顷、农家绿树掩映的优美田园风光。

（二）推进了农业结构的战略性调整，促进了特色产业和优势农产品的发展

2003年，重庆市农业综合开发结合全市推进的农业产业化10个"百万工程"建设，大力推进农业结构调整，柑桔、油菜、蔬菜、花椒、花卉苗木、中药材等特色农产品基地建设得到快速发展。秀山县依托农业综合开发，建设中药材种苗基地1 500余亩，带动当地8 000多户农民群众发展种植金银花2.4万多亩，新增收入6 000多万元。巴南区跳石镇大佛村项目区，引导群众规模种植西洋杜鹃，已发展杜鹃生产基地1 000多亩，纯利润达5 000元/亩。该项目区种植的西洋杜鹃在重庆市的销售份额达到60%，形成了品牌优势，成为当地农民致富的主导产业。

（三）项目的开发利用成效明显，带动了观光农业等相关产业的发展

2003年重庆市农业综合开发土地治理项目的实施，不仅大大改善了农业生产条件，而且增强了农村田园风光的观赏性，吸引了城区市民到农村观光，带动了农村第三产业的发展。垫江县农业综合开发项目区，通过土地治理项目，改造了中低产田，建成了排灌自如、稳产高产的基本农田。项目区进行规模成片的杂交油菜制种，每当油菜花开的季节，吸引了本县及邻县乃至重庆市区的市民前往观光。江津市通过实施农业综合开发项目，扶持发展花椒、柑桔、青果、花卉、苎麻等产业化生产基地，转移农村剩余劳动力5.6万余人。

（四）促进了农民思想观念的更新和科技意识的增强

2003年，重庆市通过实施农业综合开发项目，项目区农民的市场意识和科技意识明显增强，出现了不少农民"土专家"和专业贩运队伍，农民的整体素质得以明显提高。

（五）农民收入明显增加

2003年，重庆市通过实施农业综合开发项目，改善了农业生产条件，降低了农业生产成本，推进了农业结构调整，促进了农民收入的增加。酉阳县小坝农业综合开发项目区，通过改造治理土地，改善了项目区的水利条件，增强了排灌能力，改善了交通条件，带动了农业结构调整，大大提高了项目区农业生产效益，增加了农民收入。据调查统计，项目区农民年均纯收入从项目实施前的1 700元增加到2 500元，净增800元以上，比全县平均水平的1 510元高出近千元。

三、主要做法

（一）以中低产田改造为重点，突出农业基础设施建设

2003年，重庆市以土地治理项目特别是中低产田改造项目为重点，通过山水田林路综合治理，项目区农业综合生产能力、可持续发展能力进一步增强，农业生产运输、农民生活条件及生态环境得到了明显的改善，为农业结构调整、农村全面建设小康社会提供了有利的条件。在土地治理中，坚持集中连片、规模治理，注意改造与利用紧密结合，做到治理到哪里、结构调整就跟到哪里，有力地促进了优质粮油产业和特色优势农产品基地的发展。

（二）以发展优势农产品为途径，大力推进优势农产品产业带建设

2003年，重庆市农业综合开发结合全市推进的10个农业产业化"百万工程"建设，确立了优质柑桔等优势农产品作为农业综合开发的扶持重点。在柑桔主产区的长江柑桔带各区、县，通过土地治理项目，为柑桔发展创造基础条件，降低柑桔生产成本。引进法国威望迪公司、三峡建设集团、澳门恒河集团、北京汇源集团等知名企业，对重庆

市优化柑桔品种、革新柑桔生产方式和提高柑桔生产水平起到了积极的作用，显著提高了重庆市柑桔的市场竞争力。

（三）以扶持农业产业化龙头企业为载体，大力推动农业结构调整和农业产业化经营

2003年，重庆市坚持“两个着力、两个提高”的方针，把支持农业产业化经营作为农业综合开发的工作重点。一是加大对龙头企业的扶持力度。重庆市农业综合开发办公室制定出台了《重庆市农业综合开发龙头企业管理试行办法》，审定命名了47家市级农业综合开发产业化龙头企业，明确农业综合开发项目资金要对这些企业予以重点扶持、连续扶持。通过扶持，重庆市涌现出了如江津四面山花椒开发有限公司、涪陵新盛罐头食品有限公司、万州鱼泉榨菜公司、巴南二圣茶厂、璧山光宁公司、奉节汀来绿色食品开发有限公司等一批突出发展农产品加工销售的龙头企业，延长了产业链条，促进了农产品增值，加快了相关产业发展。通过龙头企业的带动，推进了全市农业结构的战略性调整，促进了全市农业产业化经营。二是引导龙头企业带动农民增收致富。重庆市德佳食品（集团）有限公司结合合川市生猪资源丰富的优势，采取“公司+合作社+农户”的模式，致力于生猪的产业化开发，已拥有PIC生猪父母代种猪5 000头和年出栏10万头的生猪养殖场，带动了近4万户农户养猪，每户平均增收1 000余元，取得了明显的经济效益和社会效益，公司自身也得到了新的发展。三是结合农业结构的调整进行土地治理改造。按照结构调整的需要进行土地综合治理，大大提高了土地治理效益。巫溪县利用山区资源优势，大规模种植党参、黄姜、冬花等中药材，并进行林药间作，探索出了农耕、农艺、生物措施和集雨节灌相结合的旱地综合治理模式。此外，重庆市农业综合开发还充分发挥科技人员、专家顾问在农业结构调整中的作用，初步构建起了科技与农业综合开发的联系机制。如重庆市农业综合开发办公室与西南农业大学合作，在农业综合开发项目区引进了美国黄金梨、杨梅、无花果、太空茄等40多个优良品种，显著地提高了农业综合开发的效益。

（四）加强前期工作，择优确立项目

一是进行了立项调查。重庆市坚持择优选项的原则，按照立项先入库、入库先评估的要求，加强了对项目立项的管理。2003年11月，市农业综合开发办公室组织人员分成6个组，对各县（市、区）上报的82个拟于2004年新建的项目进行了实地调查论证，对其中22个不符合立项条件的项目决定不予立项，对2个存在少许问题的项目要求其进行调整。二是初步建立了项目库。各县（市、区）结合2004年度项目计划申报，在调查研究的基础上，加强与有关部门的联系，扩大选项视野，择优筛选项目。如巫溪县、垫江县、永川市、秀山县、涪陵区等县（市、区）把项目库建设放在重要位置，项目库有充足的项目储备。三是加强项目评审工作。2003年，重庆市成立了项目评审中心，建立了项目评审专家库，大力推行项目专家评估制度，明确要求新立项项目必须通过专家评审论证，凡专家评审论证未通过的项目，一律不予立项。同时，实行了项目评估、立项决策分离制度。

（五）认真组织项目实施，确保项目建设质量

2003年，重庆市加大了项目建设管理力度。一是严格按照批复的项目计划和方案组织项目实施。在项目建设前，各项目县（市、区）农业综合开发办公室按照项目工程规划图搞好定位放样，并监督建设单位实施。如确需调整建设地点或部分建设内容，则要按照有关规定申报审批，批复后方可调整。若擅自调整项目，市级验收时实行一票否决制，将被直接评为不合格。二是对施工严格进行监督管理。实行项目建设责任制，大力推行了招投标制，通过竞争确定施工队伍，并坚持施工合同制，预留工程质量保证金，严格按照建设标准，加强施工质量检查，搞好项目建设质量控制。巫溪县等地还试行了工程监理制，推行了项目联系人制度，进一步明确了有关人员的责任。同时，2003年，重庆市农业综合开发办公室也加强了对项目的中期检查，由办领导带队，分组对全市项目建设情况进行了2次督查，

做到早发现问题，早采取措施，搞好事前控制。由于强化了项目管理，把质量监督贯彻到了项目管理的全过程中，2003 年重庆市的项目建设质量普遍较高。

（六）开展项目资金大检查，建立健全农业综合开发管理制度

2003 年，按照国家农业综合开发办公室的统一部署，重庆市精心组织，及时布置了 2000—2002 年农业综合开发项目和资金管理大检查工作。通过县级自查、市级督查、专员办抽查，发现全市比较普遍地存在土地治理面积与计划出入较大、地方财政配套资金未足额落实、未经审批擅自调整项目计划、挤占挪用项目资金、虚报完工工程任务等问题。对这些问题，重庆市农业综合开发办公室进行了深入分析，提出了整改措施，并以此为契机，建章立制，加强了规章制度建设，如制定了《重庆市农业综合开发项目和资金管理办法》、《重庆市农业综合开发土地治理项目建设标准》、《重庆市农业综合开发龙头企业管理办法（试行）》、《重庆市农业综合开发系统年度工作目标考核办法》。同时向国家农业综合开发办公室提出了一些针对性较强的政策建议，包括降低地方财政配套比例、取消贫困县县级财政配套、取消土地治理项目的有偿资金投入、提高投资标准等。

（七）改革市级验收方法，严肃农业综合开发纪律

2003 年，重庆市在对 2002 年度项目进行验收时，改革了验收的办法。一是借鉴国家农业综合开发办公室《验收工作手册》，制定了重庆市农业综合开发项目验收办法。二是对检查验收中发现的问题，下发整改通知书，限期整改。三是将验收结果纳入农业综合开发考核内容，作为来年资金分配的重要因素，奖优罚劣。验收工作中严肃执行纪律，不但发文通报问题，要求限期整改，而且对存在县级报账制不完善和产业化项目未按时完成的北碚区、涪陵区、奉节县、丰都县、南岸区、沙坪坝区 6 个区县暂缓通过验收。把擅自调整项目计划、任务完成差、工程质量低、资金拨付不到位、县级报账制不够完善的綦江县确定为验收不合格，决定暂停立项资格一年。这些动真格的举措，对各项目县（市、区）的震动很大。

（八）创新运行机制，提高资金使用效益

一是实行因素法分配农业综合开发增量资金，初步形成了奖优罚劣的资金分配机制。二是建立项目组装配套建设机制。围绕全市 10 个农业产业化“百万工程”和各地特色优势农产品，以产业化为纽带，申报和安排各类农业综合开发项目。三是进一步强化财政资金引导机制。据初步统计，2003 年，重庆市通过财政资金引导，拉动 4 亿元“三资”投入农业综合开发，较好地做大了农业综合开发“蛋糕”。四是探索形成产业化龙头与农民群众利益联结机制。项目区农民已从单纯获取土地租金，向与产业化龙头结成更紧密的利益共同体、分享更多的开发效益转变。五是在项目实施中，充分发挥科技人员、专家顾问的作用，初步构建起了科技与农业综合开发的联合机制。

（九）加强学习，严格考核，努力提高队伍素质

一是加强“三个代表”重要思想的学习，认真学习党的十六大和十六届三中全会精神，认真贯彻落实本届政府国家农业综合开发第一次联席会议精神和国家农业综合开发的方针政策。牢固树立正确的发展观和为民服务的思想，建立处室联系项目县负责制，进一步增强服务意识，转变工作作风。二是加强机构建设，进一步健全项目县（市、区）农业综合开发办事机构，做到职能、财务、人员三独立。部分项目县（市、区）还成立了农业综合开发评审中心，工作成绩显著。不少项目县（市、区）获得了重庆市农业综合开发年度目标考核特等奖、一等奖和二等奖，进一步增强了农业综合开发工作人员队伍的凝聚力。三是加强调查研究。2003 年，重庆市农业综合开发办公室求真务实，深入基层，调查研究，撰写了《农业综合开发全面推进小康建设的措施》、《重庆市山区农村全面建设小康社会中的农

业综合开发工作现状、问题、目标和措施》等8篇文章，为领导的工作决策提供了依据。四是加强宣传力度，营造良好的工作环境。一方面，通过加强与新闻媒体的联系与合作，大力宣传重庆市农业综合开发所取得的巨大成绩，报道实际工作中涌现出来的好的开发典型，如在《经济日报》上刊登重庆市扶持农业产业化建设的文章3篇，在《画刊》、《思考与运用》、《重庆改革》、《新重庆》、《决策参考》等杂志各刊登了1篇文章。另一方面，继续邀请市人大代表和政协委员视察农业综合开发项目区，吸引社会各界继续关心、支持农业综合开发，努力提高农业综合开发的知名度。

（重庆市农业综合开发办公室供稿，马平执笔）

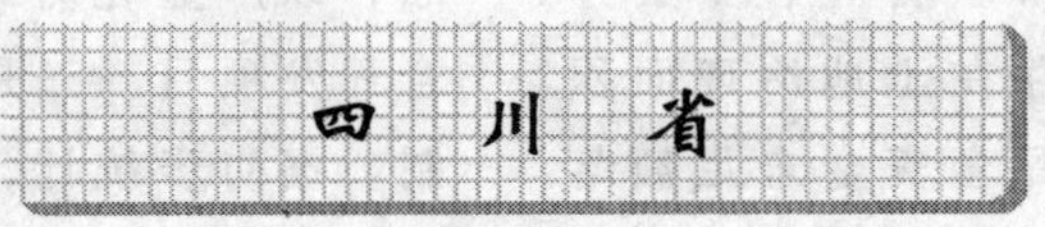

四　川　省

2003年，四川省农业综合开发围绕“推进产业化、全面建小康”的方针和农民增收这个中心任务，坚持以中低产田改造为重点，加强农业基础设施和生态环境建设，提高农业综合生产能力；积极支持农业和农村经济结构的战略性调整，推进农业产业化经营，提高农业综合效益；进一步健全制度，创新机制，强化资金和项目管理，提高农业综合开发管理水平。

一、项目投资及建设情况

2003年，经国家农业综合开发办公室批准，成都市龙泉驿区、达州市宣汉县、巴中市通江县、广元市旺苍县、雅安市雨城区等5个县（区）增列为国家农业综合开发项目县，全省农业综合开发项目县由2002年的105个增加到110个，占全省总县数的60.7%。

（一）项目投入及完成情况

2003年，四川省农业综合开发实施的项目包括中央立项的土地治理、多种经营、专项科技示范项目、农口部门项目和省级立项的产业化项目。中央立项项目计划总投资17.74亿元，其中：中央财政资金4.13亿元，地方配套资金3.03亿元，农民和企业自筹资金7.59亿元，银行贷款1.89亿元。经过一年的实施，项目实际完成总投资12.95亿元，为年度计划的73%。其中：土地治理项目完成投资5.79亿元，多种经营项目完成投资6.84亿元，专项科技示范项目完成投资3219万元，其余未完工程全部结转下年度跨年实施。此外，省、市（州）、县财政还单独立项实施安排了一些地方项目，共计投入财政资金1.09亿元。

（二）项目建设成效

2003年，四川省土地治理项目共新建和改扩建小型水库42座，修建拦河坝14座、排灌站63座，建设排灌渠系工程5 146.51公里，新打和配套完善机电井233眼；改良土壤58.41万亩，新建及改建机耕路1 139.14公里，购置农用动力机械12 688台（套），新增农机总动力37 100千瓦；营造防护林11.21万亩，使项目区农业基本生产条件和生态环境得到明显改善，农业综合生产能力得到明显提高。通过项目实施，项目区新增和改善灌溉面积74.72万亩，新增旱作农业面积15.47万亩，完善农业服务体系185个，培训农民154.54万人次，当年新增粮食生产能力3.94亿公斤、棉花生产能力201.4万公斤、油料生产能力3 293.7万公斤、糖料生产能力2 338.5万公斤，项目区农民增加收入总额7.4亿元。

同时，多种经营项目还新增干鲜果品产量265万公斤，蔬菜2 140万公斤，花卉117万株，

药材360万公斤，肉9 747万公斤，蛋300万公斤，水产品29万公斤。带动农户35.91万户，增加农民就业3.45万人，新增农民纯收入2亿元。

专项科技示范项目扩大良种种植面积15.70万亩，新增节水灌溉面积1.16万亩，新增农机总动力45千瓦。新增农业总产值1.11亿元，利税3 403.2万元，新增农民纯收入4 417.2万元。

二、全面加强项目和资金管理工作

2003年，四川省在强化农业综合开发资金和项目管理方面，重点抓了优化投资结构，突出投资重点，并进一步创新项目立项和建设机制，不断加强对农业综合开发资金和项目监管的工作。

(一) 优化投资结构，突出投资重点

在投资区域上，向农业主产区倾斜。2003年，全省根据各项目县的农业规模、贡献和基础设施三大类指标，按客观因素计算，确定了53个项目县作为全省农业综合开发的农业主产区，予以重点扶持。一是中央新增投资主要用于农业主产区；二是对非主产区项目县统一压缩一定比例投向农业主产区。在建设内容上，重点支持中低产田改造、优势农产品基地、节水农业和农业产业化经营。

(二) 积极支持农业、农村经济结构调整和农业产业化经营

按照省委"推进产业化、全面建小康"的方针，根据"扶龙头、建基地、带农户"这一农业综合开发项目安排的思路，2003年全省着重围绕农业和农村经济结构战略性调整来选择农业综合开发的土地治理、多种经营、科技示范等项目，大力推进农业产业化进程，培育农业支柱产业和特色产业，抓好一批优势突出、带动力强、辐射面广的产业化骨干龙头项目。

(三) 对省级产业化项目试行公开招商

为使农业综合开发扶持产业化经营项目的政策更加透明，项目选择范围更加广泛，项目评审筛选工作更加科学规范，省农业综合开发办公室制定了《四川省农业综合开发产业化项目招商管理暂行办法》，对省级立项的农业综合开发产业化项目试行了公开招商、竞争立项的办法。在此项工作中，共组织完成了优质生猪繁育和农户规模饲养、优质肉羊和高产奶牛种畜繁育、优质大米产业化、优质名牌茶叶产业化、中药材种植和加工五个类别66个参与竞争项目的初选、评估、审定，并运用财政有偿、贴息和直接投资等方式对6个项目给予了重点扶持。

(四) 进行土地治理项目建设工程招标试点，重点工程建设试行监理制，进一步推行工程建设所需大宗物资政府采购办法

全省各市（州）选择1—2个项目县按照《国家农业综合开发项目招标投标暂行办法》规定，进行土地治理项目建设工程招投标，并对重点工程建设试行监理制。部分项目县对工程建设所需大宗物资实行政府集中采购。凉山州、绵阳市的部分项目县对土地治理项目建设工程试行了公示制。

(五) 进一步加强对农业综合开发资金使用的监管

一是各级农业综合开发办公室按照《县级农业综合开发报账操作规程》的要求，全面实行了财政无偿资金县级报账制。对项目资金的管理坚持实行专人管理、专户储存、专账核算，基本做到了专款专用，切实加强了资金使用的内部约束。

二是狠抓2002年到期有偿资金的回收工作，足额归还到期中央财政有偿资金。2002年各地到期应还中央和省有偿资金1.74亿元，加上往年到期应还未还数9 739万元，共计应归还2.71亿元。其中到期应还中央的有偿资金总数为1.48亿元，中央核准延期6 000万元。经过艰苦努力和大量工作，省归还到期的中央有偿资金为8 754万元，是应还数的100 %。

三是清理核销历史呆、坏账。按照《农业综合开发财政有偿资金延期和呆账处理暂行规定》的通知要求，组织对2001年以前到期有偿

资金形成的呆、坏账进行了认真清理。经过各级农业综合开发办公室的严格审核，上报中央核销了7 000万元。

四是按照国家农发办《关于立即开展农业综合开发项目和资金大检查的紧急通知》的要求，精心组织，周密部署，对全省2000—2002年国家立项实施的822片土地治理项目、163个多种经营项目、5个科技示范项目以及水利骨干工程、良种推广、育草基金、水土保持、秸秆养畜、名优经济林、菜篮子工程等部门项目建设和资金管理情况进行了全面自查、检查和整改，并配合国家审计署、省审计厅、财政部驻四川省专员办对全省农发资金的使用情况进行了审计和检查。

（六）进一步加强对农业综合开发项目的监管

一是进一步完善多种经营项目的选项程序和方法。2003年产业化多种经营项目的选择，坚持在全省范围内竞争立项，择优扶持，并严格按立项程序筛选，坚持专家评审、部门会商、投票表决、登报公示、领导审批的立项程序，确保公开、公平、公正。

二是强化项目建设的后续监管和跟踪问效工作。对2002年立项实施的项目进行了一次全面调查和问题分析。

三是强化竣工项目验收工作。根据《国家农业综合开发办公室关于2000—2002年竣工项目验收的通知》精神，省农业综合开发办公室牵头组成6个竣工项目验收小组，对20个市（州）40多个项目县的2002年国家及省级立项的农业综合开发土地治理项目、科技示范项目、多种经营及产业化项目建设工程的数量、质量、财务管理等，进行了重点抽查验收，并把验收情况纳入2004年农业综合开发工作绩效考核内容给予了奖惩。

四是搞好部门协作，形成开发合力。按照“政府负责，农发办牵头，部门协作配合打总体战”的原则，各级农业综合开发办公室采取联合办公、有事集中等多种形式，联合农口主管部门共同参与项目规划、项目选择、计划申报、项目实施及检查验收，形成合力，共同管理和实施好农业综合开发项目。

三、加强调查研究，搞好年鉴组织编写工作

2003年，四川省农业综合开发办公室按照国家农发办和四川省财政厅党组的部署，围绕新时期农业综合开发工作的热点和难点，开展了大量的专题调研，完成了一批有较高质量的汇报材料和调研报告，如《四川农业及农村经济形势分析》、《农业综合开发扶持重点龙头企业情况》、《县级农业综合开发土地治理项目建设工程招、投标试点情况》；《收缩开发范围，突出重点，科学合理设置农业综合开发项目的建议》、《农业综合开发项目经营性开发的有关问题》、《改革完善农业综合开发政策和运行机制建议》等，并及时上报国家农发办，为改革和完善农业综合开发政策提供了参考依据。

同时，为配合《中国农业综合开发年鉴1988—2003》的编写工作，省农业综合开发办公室认真布置，合理分工，组织编写了反映1988—2000年四川国家农业综合开发工作情况的稿件，全面总结了全省农业综合开发多年来在资金投入与管理、农业基础设施和生态环境建设、促进农业结构调整和农业产业化经营、推动农业科技进步、农业综合开发项目评估、检查和验收、农业综合开发干部培训等各个方面所做的工作及取得的成效，保质保量地完成了国家农发办布置的稿件征集任务。

（四川省农业综合开发办公室供稿，林峰执笔）

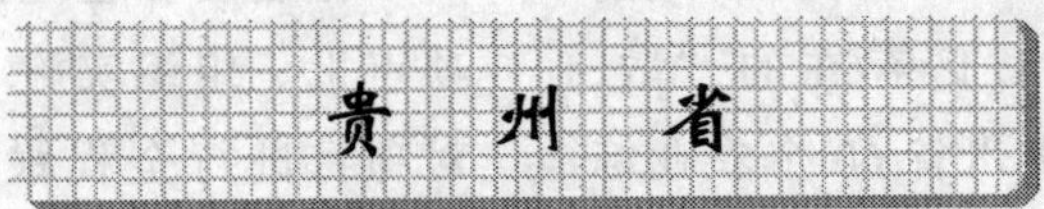

贵　州　省

2003年，贵州省农业综合开发办公室认真贯彻落实国家农业综合开发办公室要求，明确指导思想，紧密结合实际，把做好农业综合开发工作提高到实践“三个代表”重要思想的高度来认识，始终把为基层服务，为人民群众服务作为工作的出发点和落脚点，加强领导，明晰思路，扎实工作，取得了可喜的成绩。

一、农业综合开发的基本情况

2003年，贵州省农业综合开发项目共涉及9个市（地、州）的60个县（市、区、特区）以及省监狱管理局和林业厅所属的5个农、林场，共65个开发单位。共计投入农业综合开发资金4.39亿元（含奖励项目资金），其中：中央财政资金1.85亿元，地方财政配套资金1.1亿元，银行贷款4 800万元，自筹资金9 600万元。

通过项目实施，全省土地治理项目共完成中低产田改造44.85万亩，建优质粮食基地27.57万亩，优质饲料作物基地6.88万亩，改良土壤11.25万亩；修建小型水库12座，提灌站24座，排灌渠系773.58公里；修建机耕路361.77公里，购置农机具795台（套），新增农机总动力98 000千瓦，增加机耕面积10.49万亩；造林1.08万亩，增加农田林网防护面积3.11万亩，有效地改善了项目区生产条件。2003年，全省新增和改善灌溉面积25.56万亩，新增和改善除涝面积9.97万亩，新增旱作农业面积3.31万亩，新增节水灌溉面积2.57万亩；控制水土流失面积102.39平方公里。当年全省新增粮食生产能力8 251.4万公斤、油料生产能力1 125.45万公斤。项目区农民人均纯收入2 042元，高于本地区农民人均纯收入平均水平462元。

同时，农业综合开发还在贵阳、遵义等9个市（地、州）的24个县（市、区）和1个国营农场实施了28个多种经营项目。项目完成后，建成经济林0.54万亩、花卉0.2万亩、药材1.06万亩；发展畜禽养殖22.24万头（只）。年新增干果产量120万公斤、蔬菜4 144万公斤、花卉1 255万枝（株）、中药材174.5万公斤、绿化苗木559.5万株、水苔50万公斤；新增鲜牛奶产量177.5万公斤、水产品68万公斤。新建了加工项目4个，改扩建加工项目1个，新增肉类加工能力450万公斤，奶类加工能力500万公斤，农产品冷藏保鲜能力100万公斤。由此新增总产值1.48亿元，实现新增利税4 003.76万元，解决了农村劳动力27 884人的就业。

二、取得的主要工作成效

（一）指导思想进一步明确，“综合”意识进一步增强

在项目区选择和子项目安排组合上，认真贯彻执行了“统筹规划，突出重点，择优扶持，强化科技，注重效益，富裕农民”的指导思想和原则，综合意识较过去有了较大提高，绝大多数项目县的开发区基本做到了集中连片，规模开发。

（二）工作作风进一步扎实

省农业综合开发办公室始终把为农民群众办实事、办好事作为工作的出发点和落脚点，领导精力更加到位，思路更加明晰，工作作风更加扎实。特别是在2003年展开的项目资金大检查中，省农业综合开发办公室与各地、县农业综合开发办公室认真落实国家农发办的部署，主要领导亲自带队，多次深入项目区调查研究和检查指导工作，取得了良好的检查效果。

（三）土地综合生产能力不断增强

农业综合开发对项目区进行统一规划，实行山

水田林路综合治理，使项目区得到集中有效的开发和治理，有效地改善了农业生产条件和生态环境，较好地解决了农业综合开发项目区存在的“散、小、差”问题。到2003年底，贵州省60个农业综合开发县都基本建成了一个3 000亩至10 000亩左右不等的旱涝保收、稳产高产的园田化项目核心区，涌现出了锦屏县墩寨镇、天柱县凤城镇、都匀市甘塘镇、红花岗区新蒲镇、西秀区幺铺镇、大方县达溪镇冷底坝子、开阳县三合镇等综合配套好、工程质量高的土地治理先进典型。通过农业综合开发的土地治理，提高了土地的综合生产能力，有力地促进了农业产业结构的调整，增强了农民的商品意识，为贵州省农民脱贫致富奔小康奠定了良好的基础。

（四）以科技进步为动力，不断转变农业增长方式

贵州省结合实际，把科技推广资金占农业综合开发财政资金的比例提高到8%，有力地推动了新技术、新品种、新设施的引进和推广。如“两杂”良种、水稻旱育稀植、玉米育苗移栽、配方施肥、农作物病虫害综合防治技术等良种良法的推广率和覆盖率均在95%以上。在项目区内建设的稻鱼工程、U型渠道、四位一体沼气池、大棚蔬菜、三元杂交瘦肉型商品猪等项目，都收到了较好的经济效益和社会效益，起到了良好的示范带动作用。项目区内农业科技贡献率比非项目区高出4个百分点以上，有力地推动了农发项目区内生产经营的“两个转变”。

（五）农业产业化经营发展迅速，基本形成一批拳头产品、龙头企业和支柱产业

通过连续多年的支持与扶持，2003年，贵州省初步建成了一批优质、高效的农业综合开发多种经营项目工程。如遵义县虾子镇的辣椒产业及其市场建设，2003年销售额接近4亿元，带动农户种植辣椒近100万亩，有力地带动了一方经济的发展。

（六）项目管理水平进一步提高

贵州省各级党委、政府加强了对农业综合开发工作的领导，加大了支持协调力度。各级农业综合开发办公室进一步强化了责任制，建立健全了相关的工作制度和管理制度，严格按照“评估论证、立项审批、组织实施、竣工验收、管理维护”的程序对项目进行全程跟踪管理。2003年贵州省农业综合开发绝大多数工程建设都坚持了“实际、实用、实效、示范”和“高起点、高标准、高质量、高效益”的原则，保质保量完成了工程任务。同时，对土地治理主要项目工程实行项目法人负责制、招（议）投标制和工程监理制，对农业产业化龙头项目及多种经营项目试行招投标制，有效地提高了项目筛选、确定过程中的工作透明度，提高了项目建设的质量。

（七）积极回收到期农业综合开发有偿资金，资金管理水平进一步增强

2003年，贵州省农业综合开发办公室把各市（州、地）归还的当年到期中央财政和省级财政有偿资金作为年度工作考核和分配下年度农业综合开发财政资金的重要指标，调动了各市（州、地）归还到期财政有偿资金的积极性，加快了到期有偿资金的回收进度。截至2003年底，全省共回收当年到期的中央财政和省级财政有偿资金5 971.66万元，占当年应回收资金的96.7%，按时足额归还了到期中央财政有偿资金，并连续五年获得国家农业综合开发办公室的奖励。

（八）进一步完善规章制度

各级农业综合开发办公室进一步强化了责任制，建立健全了相关的工作制度和管理制度。省农业综合开发办公室按照国家农发办的有关规定和要求，根据《贵州省农业综合开发办公室项目申报审批暂行办法》、《贵州省农业综合开发资金管理暂行办法》等规章，结合贵州实际，在大量调查研究的基础上，充分听取各市（州、地）意见后，出台了《项目区规划、项目立项和实施的有关要求》、《项目验收暂行办法》、《项目评估暂行办法》、《关于农业综合开发土地治理项目建议书的编写要求和审定的暂行意见》、《山区园田化和梯田化治理试行标准》、《农业综合开发土地治理项目可行性研究

报告编写要求》、《关于发展农业产业化经营项目的指导意见》、《贵州省农业综合开发产业化龙头项目申报指南》等相关配套政策。

三、农业综合开发的一些基本经验和做法

（一）加强资金管理，推行统一规范的县级报账制度

2003年，贵州省财政厅、贵州省农业综合开发办公室联合下发了《关于印发〈贵州省农业综合开发资金报账制实施细则〉的通知》，要求全省各农业综合开发县及省级有关厅、局的农（林）场全面实行县级报账制。强调农业综合开发资金实行“三专四统一”管理（“三专”即有会计从业资格的专业人员管理、专户储存、专账核算，“四统一”即统一会计科目、统一会计账簿、统一记账方法、统一会计报表）。严禁以“白条”入账和抵充库存现金。区分招投标（包括议标）项目和未承包项目的资金拨付的方法和程序，确定预留保证金的比例。加强对报账凭证的管理及对实行报账制的监督检查。2003年，全省60个农业综合开发县（市、区）和5个农（林）场已全面实行了报账制。

（二）加大土地治理项目财政投入资金的因素分配力度

2003年，贵州省农业综合开发办公室按照资金因素分配法（土地治理财政资金基数占40%，因素占60%）的比例，对2004年土地治理项目财政投入资金进行了预安排。各因素所占比例分别为：地、县财政配套资金和归还中央财政及省级财政到期有偿资金占40%，验收检查占30%，项目申报占10%，开发工作量占10%，日常工作占10%。同时，对财政安排了农发事业费的农发县另行加分。

（三）加强项目前期管理工作

贵州省在全省范围内总结推广了黔南州的“两论一审”制，即筛选论证、评估论证和现场审定制度，提高了工程项目的科学性和可行性，有效地减少和防止了临时调整项目的现象。

（四）强化验收工作的深度和力度

遵照国家农业综合开发办公室关于项目和资金大检查的要求，贵州省2002年度农业综合开发项目省级抽查验收工作，由省农业综合开发办公室相关处长带队，深入到项目区实地进行逐项验收检查。在验收中，注重对项目的纵深检查，保证了项目验收工作取得实效。

（五）加强项目评估，不断完善评估程序

贵州省农业综合开发评估中心采取“一听二看三查四议五评”的评估程序对项目进行严格评估。“听”是听取当地政府和农业综合开发部门对被评估项目的情况介绍；“看”是到现场考察和了解情况；“查”是认真审查可行性研究报告或扩初设计，审查项目区定位图、现状图和规划图；“议”是邀请各级农发办领导或专家对项目进行共同研究，形成意向性评估意见；“评”是在规定的时间内，与当地政府、业务部门和项目申报单位的负责人员交换意见。如果项目申报单位对评估结论有不同意见，将组织专家进行复查，以确保被评估项目的公平、公正和科学、合理。

（六）优化组装项目区内的子项目

项目单位在申报项目时，由于对项目区现场的实际考察不够，对国家农业综合开发项目政策不熟悉或受当地技术力量限制等原因，会存在项目区内子项目的组装不够科学合理的情况。为解决此问题，2003年组织专家现场考察和评审了项目区内本年度的项目。经过充分的评估和论证，使得项目区内子项目的组装更趋科学和合理。

（七）优化专家队伍建设，实行评估责任制

贵州省农业综合开发评估中心自有和聘用的专家共有70多名。评估中心依据《贵州省农业综合开发评估专家管理办法》，对专家进行优胜劣汰的管理，经过不断筛选，基本建立了一支较为精干的专家队伍。同时，建立专门的项目评估档案，坚持“谁评估，谁负责”的原则，实行项目评估责任制。2003年贵州省所有的农业综合开发项目全部委托贵州省农业综合开发项目评估中心评估，由具有高级职称的专家和相关业务处

长组成评估组，按照各项目县项目区的规划要求，对照有关农发政策的规定，由省、市（州、地）、县（市、区）三级农业综合开发办公室和评估组“四堂会审”，使评估工作更加科学化、规范化和合理化。

（贵州省农业综合开发办公室供稿，杨长萍执笔）

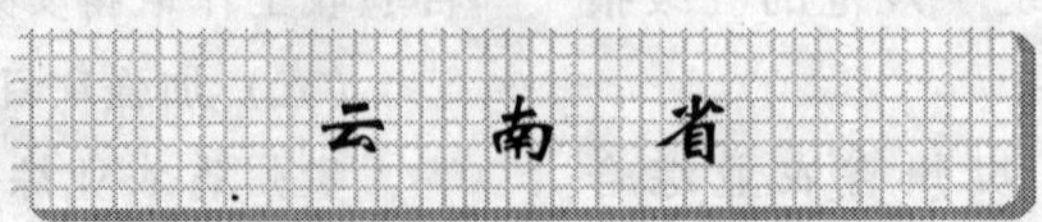

云南省

2003年，云南省农业综合开发工作按照全面建设小康社会的要求，积极落实中央和全省农村工作会议精神以及国家农业综合开发联席会议精神，紧紧围绕农业增效、农民增收的目标，在继续加强农业基础设施和生态建设的同时，突出重点，优化布局，着力支持优势农产品开发和农业产业化经营，为促进农业产业结构调整和农业综合生产能力提高，推进新阶段农村小康社会建设，发挥了重要作用。

一、着力提高效益，促进农业农村经济较快发展

2003年，云南省农业综合开发项目区涉及全省16个地（州、市）的66个县（市），农业综合开发县占全省总县数的51%。总计投入资金6.46亿元，其中：中央财政资金2.4亿元，地方财政配套资金2.65亿元，银行贷款4 000万元，自筹资金1亿元。在总投入中，土地治理项目投入3.78亿元，产业化经营项目投入1.36亿元，科技示范项目投入1 600万元。全年完成的主要建设任务包括：改造中低产田67.93万亩，建设优质粮基地48.48万亩、节水农业示范工程4.25万亩、农业生态工程5.93万亩，完成经济林果、蔬菜、花卉、药材种植5.72万亩，完成加工项目17个，促进了全省农业农村经济的较快发展。

（一）加强农业基础设施建设，农业综合生产能力进一步提高

云南省农业综合开发始终坚持以农业基础设施建设为根本职责，2003年新建及扩建加固小型水库1座，开挖衬砌灌排渠系1 096.43公里；新增和改善灌溉面积67.39万亩，新增和改善除涝面积9.92万亩。通过土地综合治理，有效地解决了项目区制约农业生产的主要障碍因素，提高了农田抗御自然灾害的能力和土地的综合生产能力，尤其是提高了粮食生产能力。据统计，全年新增粮食生产能力1.04亿公斤。在稳定和提高粮食生产能力的同时，还完善了一批优质粮加工设备和设施，全年新增优质粮食1.03亿公斤，进一步优化了全省粮食的品种结构。

（二）积极扶持重点龙头企业和优势农产品基地，农业产业结构调整和农业产业化步伐进一步加快

2003年，云南省农业综合开发紧紧围绕全省优势农产品区域布局规划和省农业综合开发“十五”规划，结合区域优势和资源优势，重点支持了蔬菜、茶叶、花卉、蔗糖、畜牧、天然药物等产业的发展，共建设名优农副产品基地5.72万亩。其中：优质林果基地2.43万亩，名优花卉100亩，特色蔬菜1.5万亩，天然药物基地1.78万亩；新增干鲜果品2 754万公斤，蔬菜1 382.5万公斤，花卉75万株，药材504.7万公斤；新增总产值2.8亿元，带动近9万户农户，户均增收922元。在支持优势农产品基地建设的同时，还扶持了7家重点龙头企业和38家种养加工企业，发展了相关产业。

（三）加强生态环境建设，农业可持续发展能力进一步提高

2003年，云南省加强了农田水利建设和部分农田防护林建设，有效地改善了项目区生态环境。在生态建设过程中，通过合理选择生态效益与经济

效益兼顾的树种，建成了一批生态效益和经济效益兼容的项目区，控制水土流失面积145平方公里，既促进了生态环境的改善和农业的可持续发展，又探索了经济效益型的生态治理模式。

（四）强化科技措施，农业生产水平进一步提高

2003年，全省继续加大农业综合开发的科技投入，进一步突出科技项目的示范效应。实施了富民县国家农业综合开发高新科技示范项目和元谋县国家农业综合开发科技推广示范项目，引进先进品种50个，先进技术16项，示范推广近2万亩，培训农民3.9万人次。同时，集中资金，突出重点，与省级有关科研院校合作实施了12个省级科技推广示范项目，并加大了对面上项目科技措施的投入力度。通过这些措施，项目区科技贡献率达到了45%左右。

二、坚持与时俱进，提升农业综合开发管理水平

（一）突出特色，突出重点

根据农业综合开发综合性、区域性和示范性的特点，2003年，云南省本着突出重点、突出特色的原则，重点抓了几项工作。一是制定农业综合开发规划。云南省农业综合开发规划坚持与地方国民经济发展规划相结合，与全省优势农产品建设规划相结合。通过规划，明确了农业综合开发的重点区域、重点产业和应重点支持的环节，为农业综合开发资金向优势农产品主产区倾斜提供了基础依据。二是整合项目，加大优势农产品开发的力度。云南省坚持围绕优势农产品开发进行土地综合治理，对部分土地治理项目和产业化经营项目打捆编制项目建议书并向上申报，从而在立项时就有机地把土地治理项目和产业化经营项目结合在一起。三是坚持竞争立项。对产业化经营项目和部分与产业化结合的土地治理项目，实行全省集中资金、竞争立项，从而保证重点优势产业的开发和重点项目的实施。

（二）拓宽筹资渠道，确保资金落实

云南省各级农业综合开发办事机构均隶属于财政部门，这为各级财政资金的配套落实创造了良好的条件。加之各级政府的高度重视，因此虽然财政较为困难，2003年全省仍然落实地方财政配套资金2.73亿元，为中央规定配套资金的157%，超额完成了国家规定的配套任务。

在切实落实地方财政配套资金的同时，通过采取在《云南日报》登广告、向社会发布《云南省农业综合开发招商合作项目简介》等措施，加大争取银行贷款和吸引工商等社会资金的力度，进一步拓宽筹资渠道，在一定程度上缓解了投资供应不足的矛盾。

（三）合力开发，提高投资效益

在各级农业综合开发领导小组的统一协调指挥下，云南省农业综合开发注重与农业、水利、林业等部门的专项建设相结合，探索了整合项目、合力开发的路子。如，与水利部门配合，在水利部门建了干渠、支渠等水源工程的基础上，农业综合开发着力解决“下游”工程，进行农渠、斗渠等田间渠系建设，并在农业生产条件改善后及时进行种植业结构的调整，实施产业化开发。再如，与科研部门配合，利用其科研成果和技术力量，在项目区大力推广先进适用的科学技术，提高农业开发的科技含量。又如，与林业部门配合，在退耕还林区实施生态效益和经济效益兼容的农业综合开发生态治理项目，使退耕还林退得下来、稳得住。尤其是2003年在昆明市寻甸县实施的农业综合开发、扶贫、退耕还林三结合项目，按照“统筹规划，集中投入，综合治理”的原则，三类项目有机结合，优势互补，各有分工。农业综合开发负责农田基本建设、农业产业化开发。扶贫项目重点建设人畜引水工程、农村道路和农村电网。退耕还林项目主要进行生态和农村能源等建设。通过三类项目的配套实施，项目区基础设施得到加强，生态环境得到改善，农业产业结构得到优化，农民收入明显增加，农业综合开发、扶贫、退耕还林的成效相互巩固，相互提升。实践证明，整合农口项目，是提高农业投资整体效益的有效途径。

（四）加强监督检查，规范项目和资金管理

2003年是农业综合开发监督检查力度较大的一

年，根据《国家农业综合开发办公室关于立即组织开展农业综合开发项目和资金管理大检查的紧急通知》精神，全省先后开展了县级自查和州级、省级全面检查。各地对照国家农业综合开发办公室通报的问题，进行认真、细致、全面的检查，进一步查找出了全省农业综合开发存在的问题和不足，并从政策、机制、管理等方面分析问题产生的根源，提出了改进的措施和意见，以改促发展，以改促管理，起到了推动农业综合开发事业健康发展的积极作用。

通过加强监督检查，农业综合开发项目和资金管理进一步规范。全省100%的项目县实行了报账制，报账程序和报账凭证进一步规范，减少了拨付环节，提高了资金使用效率。7个州（市）的18个县（市）试行了财政有偿资金委托银行贷款，投放财政有偿资金2 661万元，对债务人实行严格的“抵押、担保”手续，有效地提高了财政有偿资金借款的安全性。资金管理严格实行“三专四统一”，即：有会计从业资格的专人管理、专户储存、专账核算；使用统一会计科目、统一账簿、统一记账方法、统一会计报表，按照财政资金和报账资金设置两套账务体系进行13个账簿的明细核算。全省农业综合开发系统的会计核算工作已逐渐走上了统一、规范的轨道。此外，在项目管理上，坚持对工程建设和大宗物资的采购实行招投标制度，项目实行法人负责制，确保了项目建设的质量和效率。

（五）加强干部队伍建设，切实转变工作作风

各级政府关心和重视农业综合开发机构和队伍建设，农业综合开发机构得到了稳定和加强。2003年，2个地级市所属的农业综合开发办公室升格为副处级单位，21个县级农业综合开发办公室升格为副科级单位，多数地、县农业综合开发办事机构人员充足，结构合理，确保了工作的顺利运转。与此同时，通过抓政治学习和业务培训，各级农业综合开发办事机构的工作人员树立了全心全意为人民服务、为农民服务的思想，坚持按照“三个代表”的要求，重实际，说实话，加强调查研究，为农民办实实在在的事，并根据新任务和新要求，及时调整思路，自觉增强工作的科学性和预见性，使农业综合开发干部队伍的整体素质不断提高。

（云南省农业综合开发办公室供稿，李笠菲执笔）

西藏自治区

2003年，西藏自治区农业综合开发深入贯彻落实国务院新一届政府国家农业综合开发联席会议精神，加强领导，解放思想，圆满地完成了各项开发任务。为促进全区农牧业快速发展和农牧区长期稳定做出了较大的贡献。

一、农业综合开发基本情况

（一）项目安排及投资情况

2003年，西藏自治区农业综合开发办公室重点抓了项目区的基础设施建设、农业结构调整、多种经营项目和农业适用科学技术的示范推广。全年在17个项目区实施了开发项目。项目总投资1.23亿元，其中：中央财政投资8 300万元，地方财政配套资金3 665万元，农民群众集资115万元，银行贷款210万元。通过项目建设，全区治理土地19.45万亩，其中改造中低产田8.32万亩，草场建设11.13万亩。修建灌排渠系103.2公里；改良土壤6.04万亩；修建机耕路119.6公里，购置农机具20台（套），人才培训3.07万人（次）。

通过开发治理，17个项目区的农业基础设施得到有效改善，农业生产能力得到加强。田间有效灌水率从治理前的65%提高到现在的95%，新增和改善灌溉面积11万亩，新增和改善除涝面积0.6万亩，改良土壤6.04万亩，年新增粮食800.6万公斤、油料87.4万公斤；年人均增加纯收入200元以上。农牧民的科技意识和经营管理水平都有较大幅度提高。通过农田林网种植，提高了林木、植被覆盖率，改善了生态环境，增强了农作物抗御自然灾害的能力，促进了项目区自然生态的良性循环。

二、农业综合开发的主要工作情况

（一）召开了全区农发工作座谈会

在全国上下兴起学习贯彻"三个代表"重要思想新高潮之际，为进一步探讨研究自治区农业综合开发工作，推动农业综合开发工作再上新台阶，8月19日—20日全区召开了农业综合开发工作座谈会。区党委、政府对这次会议高度重视，次仁副主席到会听取了农业综合开发工作汇报并作了重要讲话，传达了自治区党委书记郭金龙对全区农村工作的重要指示。会议对上半年农业综合开发工作进行了认真总结，就如何做好今后的工作进行了广泛深入的交流。

（二）通过了1999—2001年农业综合开发项目的国家验收工作

在全区全面自验的基础上，2003年8月17日—26日，国家农业综合开发办公室组织验收组对西藏自治区1999—2001年的农业综合开发土地治理、多种经营和科技项目进行了验收。验收组主要查验了拉萨市城关区，日喀则地区江孜县、白朗县，山南地区扎朗县、乃东县1999—2001年的农业综合开发项目，所验收的农业综合开发项目全部合格。

（三）完成了2002年全区农业综合开发初验工作

根据国家农发办和自治区党委、政府的统一安排部署，2003年12月中下旬，由自治区农发办、财政厅组成验收组，在各地（市）全面自验的基础上，采取深入项目区察看、实地测量和听取汇报等方式，分别对拉萨市、山南地区、日喀则地区、昌都地区、林芝地区和那曲地区的17个农业综合开发区进行了初验。验收结果显示，全区2002年农业综合开发建设项目全部合格。同时，针对验收中发现的问题，验收组也及时提出了整改意见和建议。

（四）深入开展了调查研究

分析西藏自治区"三农"经济中面临的困难和问题，深入贯彻落实新一届政府国家农业综合开发第一次联席会议精神和回良玉副总理在联席会上提出的"突出农业主产区，下决心解决摊子铺得过大的要求，全区各级农业综合开发部门认真分析了自治区农村经济中面临的困难和问题，紧紧围绕"土地治理项目如何收缩范围"，"如何扶持农产品优势产业、增强国际竞争力"和"如何积极支持产业化龙头企业、经济合作组织和行业协会"三大专题，组织了多个专题调研小组，由办领导分别带队，广泛深入项目区，开展了大范围、宽领域、深层次的调查研究。通过调研，进一步理清了思路，明确了新目标，确立了新重点，提出了新要求。各地市、县级农业综合开发部门在深刻领会会议精神的基础上，也结合实际，认真分析研究本地的农业综合开发工作，提出了贯彻落实会议精神的具体办法，写出了符合本地实际的调研报告。

（五）编撰完成了1990—2002年西藏自治区农发年鉴

为全面系统地记述、反映西藏农业综合开发的工作历程和取得的成就、经验，大力推进新时期农业综合开发工作，西藏自治区农业综合开发办公室组织编印了《西藏自治区1990—2002年农发年鉴》。年鉴收录了大量的重要资料和主要统计数据，全面、系统、翔实地记载和反映了西藏自治区1990—2002年以来农业综合开发所取得的成就及经验，为研究和了解西藏农业综合开发提供了丰富的历史资料。

三、加强农业综合开发工作的主要措施及做法

（一）加强领导，坚持以土地治理为中心

2003年，西藏农业综合开发办公室狠抓农业综合开发工作，把农业综合开发作为关系到改革和发展、稳定的大事，摆在一切经济工作的首位，从区情和项目区的实际出发，对农业综合开发工作做到早安排、早布置，实事求是地确定全年的开发目标和任务。

（二）优化方案，完善措施，确保年度开发任务的全面完成

首先，认真贯彻执行国家农发办在新形势下确定的农业综合开发指导思想和开发思路，结合当地实际，选好农业综合开发项目。同时，围绕增加群众收入这个工作重点，加大了对多种经营项目的资金投入。此外，在项目建设上，坚持建设标准，严格工程管理，保证工程质量，有效地提高了农业综合开发资金的使用效益。

（三）采取有效措施，确保项目工作质量

对各项目区的国家农发项目严格要求，严格管理，实行项目负责承包制，明确质量负责人，由上至下一抓到底。除项目区的主要技术负责同志要经常深入施工现场外，自治区农业综合开发办公室还经常派人下乡到各项目区进行质量检查和技术指导。对施工中发现的质量问题，及时提出，该返工的坚决返工，不讲人情。同时，为使工程质量检查验收有据可依，有章可循，根据农、林、牧、水、土建等各类项目的设计要求制定了施工质量检查标准。

（四）严格项目管理，实行建管并重

为了保证和提高开发规划和开发项目的科学性和可靠性，组织了区内各行业的专家进行项目论证和评审，严格了立项程序，确保了前期工作质量。按照国家、自治区的有关要求，对在建项目实行了全过程管理和检查监督，对重点工程设立专门的监理机构或监理人员，严把质量关，并交由质检部门检查验收。对验收合格的竣工项目，根据“谁建设、谁受益、谁管理”的原则，及时向有关行业主管部门和单位办理移交手续，并督促各项管护措施的落实，部分项目区还成立了专门的公司或管理委员会，确保了工程的正常运转和长期发挥效益。

（五）加强宣传，广泛发动群众，全民搞开发

一是及时传达学习国家农业综合开发联席会议和全国农业综合开发工作会议精神，采取多种形式，宣传农业综合开发工作的重要性和必要性。二是学习已实施项目地区的好经验，让农牧民群众看到开发建设的广阔前景，使之更新观念，提高对农业综合开发事业的认识。通过宣传，农牧民群众已不满足于单一的农业生产，纷纷要求投入到开发建设中去。三是组织群众支持和参与农业综合开发。在项目建设中，农牧民既得到一定的劳务投入，又学到了开发技术，增加了知识。

（西藏自治区农牧开发建设办公室供稿，赵文锋、李亚兵、林蓓执笔）

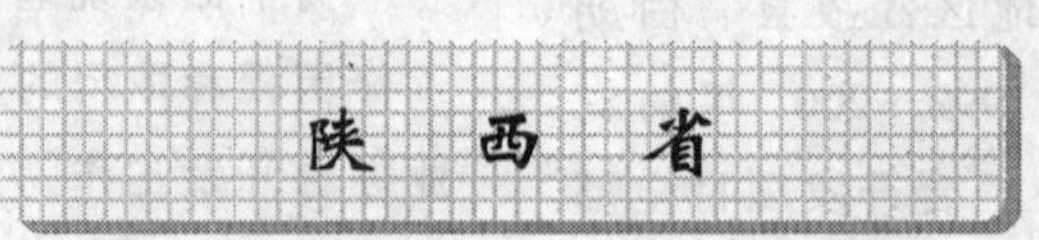

陕西省

2003年，陕西省农业综合开发工作以加快发展为主题，坚持“两个着力、两个提高”，紧紧围绕省委、省政府加强关中“一线两带”建设、加快畜牧产业化和果业产业化建设以及加快陕南中药产业建设的部署，进一步加强农业基础设施建设和生态环境建设，大力推进农业产业结构的战略性调整，千方百计增加农民收入，为全面建设小康社会做出积极贡献。

一、农业综合开发基本情况

2003年，陕西省农业综合开发项目区涉及西安市、铜川市等10个市和杨凌农业高新科技示范区的74个县，以及省农垦总公司、省监狱管理局的2个国营农场。项目县总人口2 904万人，占全省总人口的78%；其中农业人口2 290万人，占全省农业总人口的81%。

2003年，陕西省投入农业综合开发资金8.51亿元，其中：中央财政资金2.73亿元，占32.1%；地方财政配套资金1.49亿元，占17.5%；银行贷款7 500万元，占8.8%；自筹资金3.54亿元，占41.6%。通过项目实施，土地治理项目共完成中低产田改造91.83万亩，建设优质粮食基地12万亩、节水农业示范基地2.6万亩、农业生态工程14.23万亩。多种经营项目完成种植面积2.73万亩，其中经济林1.78万亩，蔬菜0.34万亩，药材0.61万亩；发展水产养殖面积0.03万亩，畜禽养殖63.77万头（只）；建设加工项目10个，建设农业生产服务项目3个。专项科技项目完成农业科技推广综合示范5.5万亩。

二、农业综合开发项目取得的效益

一是改善了农业基本生产条件，提高了农业抗御自然灾害的能力。2003年，陕西全省新增灌溉面积29万亩，改善灌溉面积61万亩，新增机耕面积26万亩，增加粮食综合生产能力1.32亿公斤、棉花76万公斤、油料531万公斤、干草1 356万公斤。

二是促进了农业产业结构的调整。按照陕西省委、省政府发展果业、畜牧业两大决定和加快陕南中药材基地建设的通知精神，农业综合开发坚持把增加农民收入作为根本出发点和落脚点，立足资源优势和比较优势，面向市场，依靠科技，瞄准关键环节，进行重点突破。2003年，完成20万亩的绿色果品基地配套建设，集中投入6 000万元，对现有果园的基础设施进行改造，积极推广实用栽培技术。以培育壮大主导产业和地方优势产业，推进农业产业化经营为目标，建设大基地，扶持大龙头，建设了一批各具特色的优势农产品生产基地和产业化龙头项目，新增各种农产品产量为：肉1 374万公斤、奶6 290万公斤、水产品32万公斤、干鲜果品964.4万公斤、蔬菜3 198万公斤、花卉417.2万株。通过建设和扶持区域优势产业，进一步提高了地方农产品的竞争力，加快了农业与市场的对接步伐，为促进县域经济发展做出了积极贡献。

三是改善了农业综合开发项目区的生态环境。以控制水土流失、改善生态环境为核心，以小流域为单元，以村庄为依托，山水林草田园路村统一规划，工程、林草、耕作措施优化配置。在平原地区以农田防护林建设为重点，陕南、陕北突出山地、台塬的综合治理，共栽植各种苗木500余万株，营造农田防护林8.3万亩，新修宽幅梯田1.4万亩，退耕还林草8.4万亩，治理小流域面积28万亩，控制水土流失面积50万亩。较开发前农业综合开发项目区林网覆盖率提高3到4个百分点，农业可持续发展能力得到恢复和加强。

四是增加了农民收入。2003年新增种植业农业总产值2.65亿元，多种经营项目新增总产值8.56亿元，新增利税总额1.62亿元，项目区农民当年新增纯收入4.5亿元，人均纯收入达到了1 785元。

三、农业综合开发采取的措施和做法

(一) 突出重点，积极加强“一线两带”建设

根据省委、省政府关于加强关中“一线两带”建设的战略部署，陕西省农业综合开发领导小组办公室（以下简称“省农发办”）及时对农业综合开发投资方向和开发重点进行了调整，按照分类指导、突出重点、提高效益的原则，将中低产田改造的重点向关中地区倾斜，将生态项目建设的重点向陕南、陕北倾斜。其中在“一线两带”的关中五市一区内，投资6亿元完成土地治理面积70万亩，占总投资的70%；在陕南、陕北实施以小流域治理为主要内容的开发项目37个，投资1.9亿元，完成综合治理面积28万亩。

为促进陕南中药材基地建设，安排投资8 739万元，重点扶持了0.61万亩中药材基地和1个药材深加工龙头企业。这些项目的实施，为区域经济的发展注入了新的活力。

（二）狠抓落实，全面完成各项工程建设任务

组织实施了2003年度项目，续建和完善了2002年度开发项目。由省农发办召开全省农发办主任座谈会，对全年工作进行安排部署，明确了“大干大支持，小干小支持，不干不支持”的原则，落实了目标责任；对2003年度项目建设，提出“当年项目，当年完工”的更高要求。各地牢牢抓住工程建设的黄金季节，充分发动群众，在全面完成2002年度续建项目的同时，在国家计划和省投资未下达前，千方百计筹措配套资金，提前启动了2003年度项目建设，在时间上赢得了主动。

（三）强化管理，推动农业综合开发项目建设

一是创新管理机制。首先狠抓制度建设，制订了《陕西省农业综合开发项目中期检查暂行办法》，修订完善了《陕西省农业综合开发竣工项目验收暂行办法》，拟定了《陕西省农业综合开发项目评估实施细则》，转发了《国家农业综合开发办公室关于暂停或取消农业综合开发项目县资格的暂行规定》等文件，为项目建设提供了必要的制度保障。其次是创新了项目管理方式。全面引入了竞争激励机制，完善了末位惩罚管理办法，加大了工程招标制和监理制的推行力度。同时，全面推行了农业综合开发项目县级报账制，按照建立公共财政的思路，对农业综合开发项目的投入政策、资金配套比例等适时做了调整，提高了土地治理亩投资标准，降低了市、县财政配套和农民筹资投劳的比例，减轻了基层财政和群众的压力。

二是加大了监督检查力度。2003年各级农发部门狠抓各项管理措施的落实，全省先后进行了多次项目和资金大检查。第一次是对19个县、区的2000—2002三个年度的农业综合开发小流域治理项目进行了全面检查。第二次是配合财政部驻陕专员办、国家审计署、国家农业综合开发办公室（以下简称：“国家农发办”），分别对陕西省农业综合开发项目管理和资金使用情况进行检查，以及对西安、铜川等9市54个开发县省级年度抽审后的整改工作进行核查。第三次是按照国家农发办要求，组织开展了为期一个月的项目和资金管理大检查活动，对于检查发现的问题，限期整改，派专人督促落实。第四次是对25个县区的2002年度农业综合开发项目和渭南、延安、安康三市的市本级工作进行了省级验收。对验收中发现的先进的项目县和存在问题的项目县分别进行了奖罚，并对验收中处于各组末位以及存在问题的县（区）都相应扣减了2004年的土地治理项目规模，进行了通报批评，限期整改。被要求限期整改的项目县（区）也态度积极，认识到位，采取各种得力措施，取得了明显的整改效果，省级验收提出的有关问题和建议都得到了解决。

（四）认真落实项目带动战略，争取扩大投资

2003年，陕西省在争取更多的中央投资方面狠下功夫，取得了实效。中央财政年度投资基数较上年新增2 400万元；农业综合开发世行科技项目申报取得阶段性成果，4 000万美元的对陕投资额度已经确定；争取到中央财政水毁工程修复补助资金500万元；争取到横水河水利骨干工程中央投资850万元；争取到三原高新科技示范项目中央投资600万元，分三年实施，每年投资200万元；由于财政有偿资金回收有力，国家农发办一次性奖励陕西省开发资金450万元；在国家农发办原则上不再新增开发项目县的严峻形势下，经过多方努力，新增留坝县和宜川县为国家级农业综合开发项目县。这些投资对于加强陕西省农业基础设施建设，改善农业生产条件，促进县域经济发展，增加农民收入，必将产生重要的推动作用。

（五）做好世行科技项目的各项前期准备工作

为早日启动该项目，陕西省坚持一手抓机构建设，一手抓项目落实。省农发办先后两次向省项目领导小组作了专题汇报。省、市两级相继成立了管理机构，落实了工作人员，先后举办了2期世行项目建设和管理知识培训会，为项目的申报和实施做好了准备。为落实项目，省农发办还多次赴京汇报工作，反映情况，在较短时间内使陕西省的世行项

目建议书通过了国家农发办、财政部国际司等部门的审定。各有关市、县强化前期论证，层层筛选，严把立项关，并及时按照世行社会评估团和准备团的评估考察意见，完善各项准备工作，使项目建议书顺利通过了国家发改委的审批。国家农发办有关领导和世行官员先后共五次来陕考察、评估备选项目，已初定35个备选项目为申报项目，入围率在全国名列首位。世界银行农综项目经理称赞陕西省项目准备得非常好，建议书策划得很到位，项目管理人员做了大量富有成效的筹备工作。世行官员对陕西省在项目设置中采用的“公司+农户”以及农民协会模式大加赞赏，专拨50万元人民币进行专项调研。

（六）加强宣传，营造良好的舆论氛围

陕西省各级农发部门把抓宣传工作作为促进农业综合开发的一个重要手段。省农发办全年共出简报10期，在陕西电视台播放专题片4期，在陕西日报等报刊杂志上刊发农业综合开发宣传文章40余篇，为中国财经杂志社组稿2篇，向省政府办公厅提供稿件3篇。其中《陕西省农业综合开发实施末位惩罚制》和《农业综合开发成就辉煌》两篇稿件被《信息快报》刊登，上报到国务院，并抄送省级各位领导，扩大了开发工作的宣传面。

（七）狠抓干部队伍建设，“三型”机关创建活动取得实效

一是在全系统开展了以党的十六大报告和“三个代表”重要思想为主要内容的政治理论学习。回良玉副总理在新一届政府第一次联席会议上的讲话下发后，省农发办立即在汉中召开会议，对全系统的学习活动做出安排部署，要求各级农发部门深刻领会讲话精神实质，坚决贯彻落实在实际工作当中。省委、省政府有关部门负责同志和11个市区农业综合开发办公室主任参加了会议。二是山东安丘、江西玉山弄虚作假事件曝光后，及时在全省农发系统进行了干部作风转变教育活动，要求各级农发部门牢固树立立党为公、执政为民的思想，增强服务意识，把人民群众满意与否作为衡量工作成效的惟一标准，切实落实各项政策，做好农业综合开发工作。各农业综合开发项目市、县以此为契机促进干部队伍建设，并落实了整改措施，干部思想和作风发生了明显改变。为激励先进，鞭策后进，省农发办及时对2002年农发工作中的16名先进个人和17个先进集体进行了表彰。三是深入调研，积极探索农业综合开发新思路。省、市、县三级明确调研重点，集中精力，深入探索，先后完成了40份调研报告，提出了许多好的对策和建议，对指导当前和今后工作都具有重要意义。四是牢牢抓住党风廉政建设不放松。各级农发部门始终把廉政工作摆在重要位置，建立健全了各项规章制度。省农发办对此项工作也提出了明确要求，坚持了“五不准”的工作纪律。各级农发部门把廉政建设与业务管理工作紧密结合起来，抓廉政促工作，取得了实效。

（陕西省农业综合开发办公室供稿，来国超、张小峰执笔）

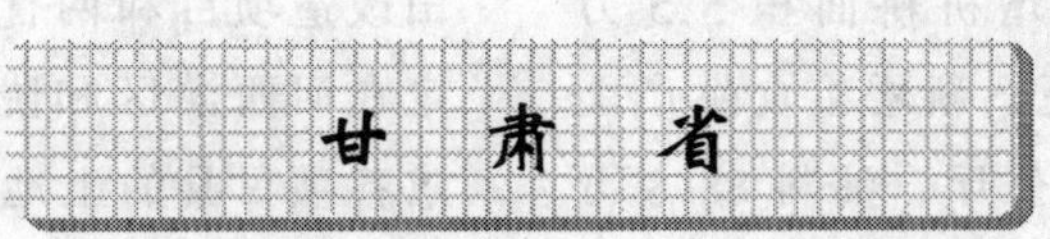

甘肃省

2003年，甘肃省农业综合开发进一步深化改革，规范管理，突出重点，紧紧围绕解决“三农”问题的基本思路，不断加强制度创新和机制创新，推动了全省农业综合开发工作再上新台阶。

一、农业综合开发基本情况

2003年，甘肃省实施农业综合开发的项目县42个，占全省87个县（市、区）的48%，项目区范围涉及除甘南藏族自治州以外的13个市（州、

地)。投入资金总规模3.91亿元，其中：中央财政资金1.97亿元，地方财政配套资金4 400万元，银行贷款2 800万元，自筹资金1.22亿元。

通过资金投入，组织实施土地治理项目88个，改造中低产田25.35万亩，建设优质粮食生产基地27.4万亩、优质饲料粮生产基地6.63万亩、草场3.36万亩，修建渠系769.08公里，新打和配套机电井597眼，改良土壤26.49万亩，营造农田防护林网和防风固沙林带2.2万亩，新建、改扩建机耕道路436.37公里，购置农机具1 260台（套），进行农民技术培训13.4万人次；组织实施多种经营项目26个，建设优质蔬菜生产基地0.29万亩，药材生产基地0.7万亩，花卉100亩，养殖肉牛肉羊等2.3万头（只），建设农产品加工项目8个，农业生产服务项目3个；组织实施农业科技示范项目5个，完成农业高新科技示范0.2万亩、农业科技推广综合示范9.93万亩。引进新品种21个、先进技术工艺10项，示范新品种20个、先进适用技术27项。

二、农业综合开发项目取得的效益

通过农业综合开发的项目建设，项目区建成了“渠相连、路相通、田成方、林成网”的高标准基本农田，提高了农业综合生产能力、综合效益和农业竞争力，增加了农民收入。

（一）加强农业基础设施建设，提高农业综合生产能力和市场竞争力

经过一年来的农业综合开发项目建设，全省农业综合开发新增和改善灌溉面积19.79万亩，增加林网防护面积17.56万亩，新增机耕面积5.5万亩，新增农机总动力6 800千瓦。新增粮食生产能力2 022万公斤、棉花89.8万公斤、油料88.8万公斤、糖料742万公斤。项目区单位面积粮食产量平均高出非项目区100多公斤，项目区农民人均纯收入比非项目区平均高出260元。

（二）促进了特色优势农产品生产，加快了农业产业化经营步伐

认真贯彻国家农发办关于大力支持优势农产品生产的意见，甘肃省研究制定了《甘肃省农业综合开发支持特色优势农产品生产的意见》。发挥区域比较优势，重点安排以肉羊育肥、农产品保鲜贮藏、花卉种球繁育为主的产业化龙头项目。以扶持优势特色农产品基地和龙头加工企业、培育区域优势主导产业和新的经济增长点为目标，重点扶持发展葡萄、花卉、中药材、蔬菜、肉牛、肉羊、乳品、果酒和优质无公害农产品生产基地等多种经营项目，积极推进农业产业化经营，提高产品质量和市场竞争力。通过多种经营项目建设，新增干鲜果品605万公斤、蔬菜1 072万公斤、肉类114.5万公斤、奶类50万公斤、水产品0.2万公斤。

（三）推进了农业科技进步，提高了农业科技含量

甘肃省2003年的农业综合开发项目突出抓好对科技措施的应用。立项前了解所掌握资源的利用价值，分析产品市场前景和经济效益，结合项目区主导产业，大力推广先进技术，特别是推广良种、改良土壤、科学施肥、节水灌溉、模式化栽培等适用技术。同时，加强对农业新技术、新品种、新工艺的引进、示范、推广工作，为全省依靠科技发展农业起到示范和带动作用。

三、农业综合开发采取的措施和做法

（一）加强管理制度的完善与创新

一是规范土地治理项目实施标准。多年来，农业综合开发在土地治理方面存在项目安排和资金使用分散、建设标准偏低、治理措施单一、未形成集中连片规模导致效益不足等情况。针对这些问题，省农发办调整指导思想，将全省中低产田改造项目和两优粮食生产基地项目建设重点确定在河西灌区和陇东塬区两大区域内，并严格要求各项目县的土地治理项目只能规划实施1—2个集中连片地块，综合配套运用水利、农业、林业、科技等多种措施，坚持标准，保证质量。二是明确多种经营项目的扶持重点。针对甘肃省生物资源品种多样，但产量不多，未形成区域比较优势的现状，经调查论证，提出从基地建设、科技支撑到龙头企业建设和产业化经营等，全方位进行项目资金倾斜的支持，力争几年内形成一批国内

国际知名的大产业和名牌产品。三是引入竞争立项机制。根据全省农业综合开发项目建设的实际情况，采取抓试点、促全面、逐步推开的办法，分类指导各项目县实行项目资金县级报账制、项目实施法人制、单项工程招投标制、工程监理制等制度。在项目立项审批和资金安排方面，积极引入竞争机制，根据对项目实施各项指标的考核，按综合因素法确定投资控制规模，公开、公平、公正地推荐选项，科学地评估、论证立项。四是加大力度进行政策理论和项目资金管理业务培训。全年通过集中办理和分片培训等方式，从政策理论到实际操作等方面有针对性地加强干部业务培训力度，强化提高各级农发办工作人员素质，促进工作质量、效率和水平的不断提高。

（二）认真开展项目和资金管理大检查

一是针对国家农发办在对1999—2001年竣工项目进行验收后提出的问题，省农发办对项目涉及的37个项目县进行了一次全面复查，对存在的问题要求限期整改。二是按照国家农发办的要求，在全省开展资金管理大检查活动。在安排布署项目区自查的基础上，对各市、县进行抽查。在这次大检查中，重点对资金到位情况、“三专”管理和县级报账制的执行情况进行了检查。三是全面进行了2002年度竣工项目省级检查验收工作。对2002年项目建设和资金使用情况逐一进行了检查验收，对发现的问题及时督促有关部门整改。四是认真整改专员办检查发现的问题。该收回的违规使用资金坚决收回。对留有尾巴的项目工程，要求限期完工。对查出问题的市、县分别给予扣减资金的处罚，对责任人严肃处理。

（三）深入开展调查研究

一是在分析全省农业和农村经济形势及存在的主要问题的基础上，研究确定了农业综合开发在加快全面建设小康社会进程中的作用和主要任务，形成了《全省农业和农村经济形势分析》、《农业综合开发支持西部地区全面建设农村小康社会思路与对策研究》等调研成果。同时，参与省委、省政府组织的加快欠发达地区发展问题调研，完成了《深入实施西部大开发战略，加快欠发达地区全面建设小康社会进程》和《关于加快欠发达地区发展的意见》等材料的撰写工作。二是在调查分析全省农业资源特点和区域优势的基础上，以提高农业效益、增加农民收入和提高农产品竞争力为目标，以扶大扶强龙头企业、带动推进农业产业化经营、形成特色优势农业产业和拳头产品为结果，确定了农业综合开发重点支持马铃薯、优质果品、制种、中药材、酿造葡萄、啤酒原料、蔬菜、球根类花卉、草食畜产品、油橄榄等特色和比较优势突出的十大优势农产品，提出了《甘肃省农业综合开发支持特色优势农产品生产的意见》，得到甘肃省政府的充分肯定并批转各地执行。三是根据国家农发办关于开展完善政策措施调研的要求，组织完成了《农业综合开发项目和资金管理有关问题调研报告》、《农业综合开发土地治理项目亩投资标准建设意见》、《农业综合开发农民筹资投劳管理办法建议》等专题材料。四是根据检查验收全省农业综合开发项目实施中存在的问题，为加强管理，研究制定了《甘肃省农业综合开发土地治理项目计划申报规程》、《甘肃省农业综合开发多种经营项目规范管理办法》和《甘肃省农业综合开发财务管理办法》等管理规定，促使项目管理规范化。

（甘肃省农业综合开发办公室供稿，周明执笔）

青　海　省

2003年，青海省农业综合开发工作全面贯彻国家农业综合开发方针政策和全省实施西部大开发的战略，按照省委、省政府关于加快农牧业发展的要求，紧紧围绕促进农牧业增效和农牧民增收这一工作目标，努力加大开发力度，调整优化项目投资结构，合理安排项目规划布局，突出重点地区和重点项目，狠抓项目建设管理，加大对项目资金监督检查的力度，较好地完成了各项工作任务。

一、农业综合开发基本情况

2003年，青海省有农业综合开发项目县（场）34个（县26个，场8个），比2002年增加2个，涉及西宁市、海东地区等7个市（地、州）的26个县、5个农牧场以及省监狱管理局、省农垦总局的3个农、牧场。共投入资金2.38亿元，其中：中央财政资金1.12亿元，地方财政配套资金4 100万元，银行贷款2 500万元，单位和群众自筹6 000万元。

通过资金投入，共安排土地治理项目39个，以农田水利工程配套、农业良种基地设施、草场围栏、牲畜棚圈、饮水工程等为主要建设内容，突出解决制约项目区发展的主要障碍。项目完成后，有力地支持了农牧业基础设施建设，使62个乡镇、315个村的17.89万农牧民直接受益。安排多种经营项目11个，以农牧民直接受益、见效较快、效益较好的温室蔬菜、花卉、农区牛羊养殖育肥等特色农牧业项目为主，重点建设日光节能温室、牲畜棚圈、生产车间等基础设施，积极促进项目区农牧业结构调整，有效地推进了农牧业的产业化进程。

二、农业综合开发的主要工作成效

2003年，青海省农业综合开发全面完成了2002年度续建项目的建设任务，并完成了2003年项目70%以上的建设任务，项目建设进度快于往年。其中的优势农产品基地项目、草原建设项目、日光温室蔬菜种植项目、农区牛羊养殖项目基本上完成了建设任务，已经投入使用，农牧民当年就获得收益。

2003年，共完成中低产田改造15.25万亩，发展节水灌溉面积3.19万亩，治理生态面积2.19万亩，改良草场63.92万亩，建设优势农产品（冬小麦、双低油菜、蚕豆、脱毒马铃薯）生产基地10.2万亩、优质饲草饲料生产基地22.32万亩。水利设施完成砼防渗渠道439.59公里、引水闸坝1座、提灌站5座；建成小涝池和集水池16座，饮水井115座，输电线路10.1公里。农业措施完成土壤改良8.67万亩，建设良种繁殖基地2.05万亩、种子仓库1 410平方米、晒场9 000平方米，配套农机具（包括仪器设备）2 241台（套），整修田间道路37.42公里，推广丰产栽培和优良品种示范面积152.6万亩，培训农牧民3.77万人次。草业措施完成草场围栏784.77公里，建设牲畜棚圈21.98万平方米。多种经营项目区建成智能化温室1座2 000平方米、花卉基地600亩、日光节能温室蔬菜基地400亩（每座占地1亩，室内净面积0.5亩以上）、养殖暖棚2.6万平方米，饲草加工点75处；引进良种牲畜1 150头（只），增养牛羊0.77万头（只）。专项科技示范项目引进、推广新品种5个，示范、推广技术2项，完成科技推广综合示范面积3.1万亩。这些基础设施的建成，极大地改善了项目区的生产条件，为农牧业结构调整和农牧业发展提供了基础保障。

2003年，土地治理项目区改善灌溉面积9.73万亩，增加节水灌溉面积4.8万亩，年节约水量1 595.09万立方米；扩大良种种植面积6.8万亩；新增农机总动力600千瓦；增加林网防护面积1.55万亩，控制水土流失面积11.5平方公里；完善农业服务体系6个，完善农产品质量检测体系6个；新增粮食生产能力513万公斤、油料生产能力118万公斤、干草3 651万公斤，其中新增优质粮食生产能力466.14万公斤，优质饲料作物生产能力2 446万公斤。新增种植业产值2 916.17万元，收入1 936.25万元；项目区农牧民人均增加收入108.2元。多种经营项目新增蔬菜594万公斤、花卉714万枝、牛羊肉22.85万公斤、牛奶186万公斤；新增总产值3 847.03万元，收入1 008.8万元；带动农户4 700户，增加农民就业人数3 100人。

三、农业综合开发采取的主要措施和做法

（一）贯彻国家政策，突出工作重点

青海省农发办在认真学习全国农村工作会议精神的基础上，制定印发了《2003年农业综合开发工作要点》，进一步明确了工作目标，突出了工作重点。在资金投向上，将75%的财政资金安排用于土地治理，用25%的财政资金发展多种经营和产业化开发。在地区安排上，遵循提高东部、加大西部、兼顾南部的原则，突出省委、省政府在实施西部大开发战略中确定的重点地区和优先发展地区，把西宁、海东、环青海湖地区和柴达木盆地作为农业综合开发的重点项目区。在项目安排上，土地治理项目坚持一县一个项目，实行集中连片规模开发；中低产田改造和节水农业项目按照灌区统一规划，小的一年完成，大的分年连续实施。草原建设项目以村为单元，集中在冬春定居草场上连片治理，整村推进。多种经营项目实行择优选项和竞争立项，重点安排实施农民增收明显的温室蔬菜种植、花卉种植、农区牛羊养殖育肥项目。项目州地市和项目县场以项目建设为龙头，把农业综合开发作为增加农民收入的重要措施，统筹安排，合理规划，紧密结合当地小康村社建设规划，切实搞好农业综合开发项目，为全面建设小康打基础创条件。

（二）积极筹措落实开发资金，大力支持农牧业基础设施建设

2003年，国家下达项目资金（包括部门项目）1.15亿元，省、州、县财政部门和农发办积极筹措落实开发资金。省级财政预算内安排配套资金3 500万元，比上年增加300万元，在有偿资金中安排361万元。州、县两级财政多方筹措，落实资金237万元，比上年增加127万元。这是近几年地方财政配套资金落实到位情况较好的一年。针对青海干旱缺水和农牧业基础脆弱的实际，在项目安排和资金使用上，重点解决制约项目区发展的主要障碍，重点支持项目区农牧业基础设施建设，帮助农牧民改善生产条件，将中低产田改造和节水农业项目的80%资金集中用于农田水利工程等基础设施建设，将草原建设项目的80%以上的资金集中用于草场围栏和牲畜棚圈建设，将多种经营项目的财政资金全部用于日光温室、牲畜棚圈建设，集中建设农牧业生产基地。

（三）狠抓八项工作，切实加强项目资金管理

一是严格项目评审论证。按照农业综合开发项目管理程序和要求，认真审核新上项目的可研报告和续建项目的实施方案。每一个项目都要经过相关专业的专家的评估论证，优化项目实施方案，提高项目的科学性和可操作性。

二是明确省、州、县农发办工作责任。根据工作要点，把各项任务分解落实到项目州、县农发办和每个工作人员。省抓州、州抓县，一级抓一级，层层抓落实，基本扭转了州级农发办只当“二传手”不管事的现象。

三是及时审批项目计划。针对青海高原工程可施工时间较短的实际，省农发办在收到国家批复文件的一个月内，及时审批下达各项目州、县的实施计划和项目资金，做到项目早审批，资金早下达，任务早落实，为完成当年建设任务创造条件。项目县普遍反映，比较起来，农业综合开发项目的批复和资金下达最早。

四是加大中期检查力度。2003年初，省农发办对2002年国家验收中提出的问题进行了专项整改检查，向国家农发办报送了整改报告，完成了国家项目检查组的复查。对17个项目县的项目执行和资金到位情况进行了检查，对发现的问题及时提出了整改处理意见。督促州、地、市农发办加强项目实施过程中的检查，对重点项目实行报告制，及时了解情况，解决问题，落实责任。第四季度，省农发办对资金到位和执行情况又进行了督促和核实，确保项目顺利实施。

五是认真搞好项目资金大检查。按照国家农发办的统一部署，对2000—2002年项目和资金管理进行拉网式大检查。省农发办对西宁市、海东地区、海北州、海南州、海西州等重点地区的大检查进行了督察督办，把大检查工作与督察督办人员的工作考核挂钩，明确和细化督察督办人员的职责和任务，实行分片包干，谁查的地区发生问题谁负

责。对检查中发现的问题及时进行了归类整理，向省委、省政府和国家农发办领导作了专题汇报，并召开自查自纠和整改总结会议，通报整改完成情况。对问题较多的4个农场暂停了立项，3个县给予黄牌警告，7个县给予通报批评，一个州暂停多种经营项目立项一年。对整改完成情况进行了回头看和再检查。大检查对各地领导、项目主管部门、项目执行单位做好农发工作起到了很大的推动作用，使他们既看到了农业综合开发在当地农牧业发展中发挥的重要作用，又认识到了目前项目和资金管理中存在的严重问题。省农发办的整改处理通报在项目县之间引起了广泛的关注，起到了警示教育作用，促使了各项目县场高度重视在建项目的建设和资金管理。国家农发办认为，青海的大检查工作有四个特点：省领导重视，措施得力，积极主动，工作认真。

六是严格执行项目和资金管理制度。按照国家农业综合开发项目资金管理要求，在项目管理上全面推行了专家评审、项目法人、工程招标投标、工程监理、质量监督、竣工验收责任制，制定和细化了验收考评办法和考核表格。在资金管理上严格按项目实行专账核算、专人管理、专款专用的“三专”制度；对财政无偿资金使用全面推行县级财政报账制；对财政有偿资金在有条件的县（区）进行了委托银行放款试点，从县级财政直接放款也办理了抵押担保或合同公证手续；对农牧民筹资投劳执行一事一议、民主协商的原则，并将其作为申报项目的基础材料坚持事前落实，同时加强了使用过程中的登记造册。

七是进一步规范有偿资金的借用、回收管理。有偿资金的使用和回收一直是青海农业综合开发工作中的难点之一，以前年度存在着用项目资金抵顶到期还款和上清下不清的现象。2003年在有偿资金管理中，进一步明确县级财政是有偿资金管理使用的责任单位，必须积极主动审查上报的项目，严格事前把关，细化借用、回收操作程序，严格实行借、收分离运行。省、州（地、市）和项目县财政严格按照有偿资金管理办法规范运行、规范操作，保证新项目资金按时到位，到期借款及时回收，顺利通过年度审计。

八是组织开展年度竣工项目验收工作。下半年，省农发办在搞好大检查工作的基础上，严格按照项目验收制度，组织州（地、市）对个别项目县因故未验的2001年项目和2002年度立项项目进行了初步验收，对西宁市、海西州、玉树州、果洛州和国有农牧场的项目进行了抽查验收，基本完成了下年检查验收上年项目的任务。

（四）积极开展调查研究和宣传工作

2003年，青海省根据国家农发办的要求和年度工作要点，制定了调研提纲，及时安排布置调研工作，先后完成了《农业综合开发项目资金县级报账情况的调研报告》、《青海省2003年上半年农牧业生产形势调研分析报告》、《农业综合开发工程招投标制和工程监理制执行情况的调查》、《关于控制开发范围、突出开发重点、建设优势农产品产业带、支持农业产业化的调研报告》，为推进农业综合开发工作和进一步加强项目资金管理提供了依据。

2003年省农发办在督促各州（地、市）和项目县努力做好项目建设宣传的同时，围绕大检查等重点工作，编发农业综合开发简报信息20期；撰写理论性稿件5篇，分别在《中国农业综合开发》、《经济日报》、《财源建设与农业综合开发》、《青海日报》、《青海财政》刊发；向国家农发办提供生态项目建设图片10张，项目成效图片及简介10组30张；在《青海财政》刊发项目图片5张，图文报道2次；在财政厅书法摄影展览展出图片4幅。

（五）切实加强项目前期准备工作

省农发办制定印发了《关于加强农业综合开发项目前期工作，提前准备2004年项目的意见》，对开展项目前期工作，编制项目规划设计和可行性研究报告做了详细安排，提出了按照国家投入政策和投资标准核算项目，按照县域比较优势筛选项目，按照农民意愿申报项目的要求。同时，建立了农业综合开发项目库，力求使项目前期工作做深做细。

（六）开展民主评议行风活动，切实转变工作作风

2003年，青海省财政厅被列为全省民主评议行风活动的单位之一。省农发办按照财政厅党组的安排和要求，制定了开展“改进工作作风，强化服务意识，提高工作效率，树立‘财政人’形象”活动的实施意见，将活动的具体计划、开展方法和时间步骤落实到工作责任人，农发办主任负总责，支部书记抓落实。活动中组织了农发系统干部学习胡锦涛同志视察西柏坡时关于坚持“两个务必”的讲话和郑培民同志的先进事迹，提高思想认识，增强参与活动的主动性。结合农业综合开发工作，采取走出去、请进来、召开座谈会、印发调查表等形式，扎实有效地开展民主评议行风活动，对意见和建议归类整理，逐项整顿改进。通过开展民主评议行风活动，强化了服务意识，树立了为下服务的思想。工作中勤政务实，高效运转，深入基层，在督促项目进度、检查工程质量和资金管理的同时，帮助指导基层改进工作，解决项目建设中出现的新问题。

（青海省农业综合开发办公室供稿，杨珠生执笔）

宁夏回族自治区

一、农业综合开发基本情况

2003年，宁夏农业综合开发项目区涉及银川市、贺兰县、永宁县、灵武市、平罗县、陶乐县、惠农县、利通区、青铜峡市、中宁县、中卫县、盐池县、同心县、红寺堡开发区、原洲区、彭阳县16个市（县、区）和农垦、监狱系统所属的9个农场。

全年共投入资金2.5亿元（不含部门专项资金），其中：中央财政资金1.12亿元，地方财政配套资金3 415.5万元，自筹资金5 522.29万元，银行贷款4 800万元。土地治理项目完成总投资1.32亿元，其中中央财政资金6 349.38万元，地方财政配套资金3 080.77万元，自筹资金3 759.53万元。多种经营项目完成总投资9 300.86万元，其中中央财政资金2 289万元，地方财政配套资金810.8万元，自筹资金1 601.06万元，银行贷款4 600万元。科技示范项目完成总投资961.7万元，其中中央财政资金400万元，地方财政配套资金200万元，银行贷款200万元，自筹资金161.7万元。全年完成农业综合开发部门项目专项资金投入1 770万元，其中无偿资金1 493万元，有偿资金277万元；完成日本协力银行贷款宁夏重点风沙区生态环境综合治理项目资金投入5 702万元（该项目与宁夏农业综合开发生态项目配套实施）。

2003年共改造中低产田30.88万亩，建设优质粮食基地15.17万亩、优质饲料基地29.77万亩、节水农业示范区2万亩、农业生态工程8万亩。实施多种经营项目25个，其中种植项目4个，养殖项目12个，加工项目8个，农业生产服务项目1个。实施农业高新科技推广综合示范项目2个。实施部门项目4个（水利骨干工程项目、防沙治沙项目、秸秆养畜示范项目和土地复垦项目各1个）。

二、主要工作成效

（一）狠抓基础设施建设，为发展优势农产品基地创造有利条件

2003年宁夏遭遇了黄河50年一遇的枯水期，引黄灌区农业生产面临着严重的干旱缺水、灌溉困难的局面。针对严峻的抗旱新形势，宁夏农业综合开发紧紧围绕自治区党委、政府制定的“节水、抗旱、增效”重大战略决策，以“缺水”为契机，以“节水”为中心，以“调优”为目标，加大农业基

础设施建设投资力度。2003年共投资1.32亿元用于项目区节水农业基础设施建设和种植业结构调整。对引黄灌区灌溉困难的平罗县、惠农县、农垦前进农场、黄羊滩农场、暖泉农场及监狱局惠农农场等实施了喷灌、滴灌、管道输水灌溉、井灌、井渠双灌等节水工程。新打机井398眼，输变电线路配套132公里，衬砌渠道209公里，埋设管道346公里，修建配套建筑物6 909座，发展喷、滴灌1.3万亩，切实解决了项目区农民灌水难的问题，提高了项目区抗灾减灾能力，为种植业结构调整奠定了良好的基础。在引黄灌区建设优势农产品基地41万亩，其中饲用玉米9万亩，饲用甜菜1万亩，地膜马铃薯3万亩，制种玉米11万亩，设施蔬菜1万亩，脱水蔬菜6万亩，优质米基地10万亩，项目区种植业结构调整实现了历史性突破。以位于灌区末梢的惠农县为例，粮、经、饲比例由2002年的53:37:10调整为37:53:10。粮、经、饲比例倒挂，确保了项目区农民受灾不减收，农民人均纯收入比上年增加172元，增长11%。通过农业综合开发共改善灌溉面积29.55万亩，新增节水灌溉面积3.6万亩，新增旱作农业面积31.66万亩。项目区年节约水量2 705.25万立方米，与非项目区相比平均亩节约水量为93.78立方米。土地治理项目区新增粮食1 924.18万公斤，其中优质粮食1 710.28万公斤；新增优质饲料作物1.8亿公斤；新增油料115.1万公斤；新增农业总产值7 948.84万元。项目区农民年人均纯收入比非项目区农民年均纯收入增长76.17元。项目区成为引黄灌区节水增效促调整的示范样板区。

(二) 加强农业生态建设，促进农业可持续发展

2003年，宁夏农业综合开发结合以日元贷款实施的宁夏重点风沙区生态环境综合治理项目，共营造农田防护林2.76万亩，建设防风固沙林8.84万亩，建设生态经济林6.2万亩，人工种草5.2万亩，建设中草药基地0.94万亩及高标准的综合示范区、中药材示范区各1个，保护和改善了生态环境，为农业可持续发展提供了有效的生态屏障。

(三) 培育优势特色产业，推进农业产业化进程

围绕自治区政府确定的农业十大主导产业，2003年重点扶持了牛奶、清真牛羊肉、枸杞、蔬菜等优势特色产业。投资1 187万元扶持了宁夏重点龙头企业夏进乳品奶源基地建设，支持龙头企业在奶牛养殖园区和基地建设机械化挤奶站，把奶牛养殖园区和基地作为企业的“第一车间”，实行“分散饲养、机械化挤奶、优质优价、全面服务”的产业化模式，增强了奶产业的规模效应，增加了农民收入，农民养殖户年平均增加纯收入2万元以上。同时，也形成了市场牵龙头、龙头带基地、基地连农户的奶产业链，推进了宁夏奶产业发展进程。投资1 177万元扶持了银北地区特色优势创汇脱水蔬菜产业，解决了制约脱水蔬菜产业的作物品种更新和冷冻加工瓶颈问题。扶持加工能力大、带动能力强的惠农县福民脱水菜加工龙头企业引进年产200吨冷冻生产线一条，新建脱水蔬菜基地6万亩，引进甜椒、洋葱、绿菜花、西芹等脱水蔬菜新品种。基地实行统一供种、统一联防、统一销售，使银北地区脱水蔬菜产业实现了区域化布局、规模化经营、社会化服务。2003年银北地区仅惠农县脱水蔬菜生产就实现产值1亿元，利税1 500万元，出口创汇收入达800万美元，基地农户比非基地农户人均纯收入增加100元左右。以贷款贴息方式扶持了中卫县万亩设施蔬菜产业带建设项目，贷款贴息46万元，吸引农民贷款1 100万元，新建温棚8 000亩，改建温棚2 000亩，当年建设，当年见效，生产的优质西红柿远销新疆，出口独联体，每栋温棚农民人均纯收入增加3 000元以上，有力地促进了宁夏蔬菜产业化发展。2003年新增蔬菜2 312.96万公斤、牛羊肉117.85万公斤、蛋类240万公斤、奶类469.5万公斤。多种经营项目新增总产值8 007.79万元，新增利税3 155.24万元，带动农户1.5万户，增加农民就业7 400余人，农民新增人均纯收入平均为413元，项目建设取得了明显的经济效益。

(四) 推广示范先进农业技术，提高项目区科

技含量

2003年宁夏农业综合开发建设国家专项科技推广示范区2个、万亩节水农业示范区2个，培训农民技术人员5.2万人次，购置仪器设备27台套，发行农业科技普及手册3万册，出版发行了《种植业结构调整增收百例》和《宁夏土地退化防治与生态环境治理》两本图书，项目区农民科技文化素质得到明显提高。同时在项目区大力实施良种工程，优质农产品种植面积达56.34万亩；积极推广以井补灌、小畦灌溉、滴灌、喷灌、膜上灌溉以及水稻、小麦、玉米等作物的节水栽培技术、保护性耕作、机械深松贮水等节水灌溉技术，推广水稻规范化旱育稀植、三元种植结构、病虫害综合防治等先进实用技术，示范面积15.62万亩，项目区农业科技贡献率达到48%，成为当地农业先进技术的示范样板区。

三、基本经验和做法

（一）领导重视为搞好农业综合开发提供了有力的保证

宁夏各级党委、政府历来高度重视农业综合开发，把农业综合开发作为实现小康目标的战略措施来抓，全面实行了政府首长负责制，走“政府负责、农发办牵头、农口有关部门配合搞开发”的路子，形成了“领导亲自抓，农发办具体抓，有关部门配合抓”的工作格局。2003年先后召开了两次自治区农业综合开发领导小组成员单位工作会议，传达贯彻国家农业综合开发联席会议精神和有关方针、政策，研究部署当前和今后一个时期宁夏农业综合开发的总体工作和要求。自治区人民政府领导同志经常听取农业综合开发工作情况汇报，并深入到项目区了解情况，调查研究，协调解决农业综合开发工作中的重大难题。各项目市（县）党委、政府主要领导亲自参加农业综合开发实施方案的研究，深入项目区，调查情况，解决实际问题。

（二）广辟筹资渠道，加大农业综合开发投入力度

2003年，宁夏农业综合开发办公室承担实施了日本协力银行宁夏重点风沙区生态环境综合治理项目、引进了西班牙节水灌溉设备与技术等，争取外资约7 000万美元。这些外资项目与农业综合开发项目配套实施，加大了农业综合开发投入力度，丰富了农业综合开发的建设内容，弥补了农业综合开发地方财政配套资金的不足。与此同时，注重与农业、水利、科技等部门专项建设相结合，按照“整合资金、渠道不变、管理有序、目标统一、合理分工”的原则，积极协调水利厅“抗旱打井”工程、农牧厅农业产业化“三个十工程”项目、节水抗旱种植业结构调整、乡镇企业二次创业行动及科技厅“科技特派员创业行动”等重点工程项目，通过统一规划、统一实施等措施，与有关部门合作，增加了农业综合开发投入，提高了项目建设标准和建设质量，拓宽了筹资渠道，提升了开发档次，实现了政策优势的组合和资金效益的整合。

（三）创新机制，努力提高项目管理水平

2003年，宁夏以创新项目运行管理为突破口，完善和深化了项目全程监管工作，提高项目管理工作的科学化和规范化水平。一是强化项目立项的评审论证工作，成立了农业综合开发项目评审中心，全面推行专家评审制，完善制定了《宁夏农业综合开发项目评估暂行办法》、《宁夏农业综合开发项目库管理暂行办法》、《宁夏农业综合开发项目评估专家评聘暂行规定》等细则，坚持专家评审和实地考察相结合，按照谁评审、谁负责的原则，推行严格的项目评审责任制，严把项目立项第一关。二是进一步加强了项目“三制”的管理，全面实行了项目法人制，中大型节水设备和生态项目实行了招投标制，水利工程建设项目推行了工程监理制，做到建设单位、施工单位、监理单位层层把关，坚决杜绝“豆腐渣”工程，确保项目工程质量符合设计要求。在工程管护上，按照“谁受益，谁管护、谁维修”的原则，将所有小型水利工程分类编号，建档立卡，移交给受益乡镇管护。对项目区内的支渠全部实行了承包经营，在设施管护、节水增效方面收到了良好的效果，为建立适应社会主义市场经济体制的水利设施建设、管护、运行新机制奠定了良好的基础。三是坚持搞好项目监测评价工作。

2003年，宁夏农业综合开发办公室继续委托自治区统计局农调队和自治区农牧厅农业勘查设计院，对宁夏2003年所实施的农业综合开发项目生态、经济等效益指标进行跟踪监测。监测结果不仅为客观、公正地评价宁夏农业综合开发项目成效提供了科学依据，而且为即将推行的项目资金追踪问效和效益评价体系提供了量化依据。四是利用先进信息技术，提升项目科学管理水平。2003年应用地理信息系统（GIS）、遥感（RS）和全球定位系统（GPS）技术，研发了宁夏农业综合开发信息管理系统，初步将3S技术逐渐应用到项目前期立项准备、项目实施监测、竣工验收等阶段，取得了良好的效果。

（四）完善制度，提高资金使用效益

一是严格实行资金专款专用、专账核算、专人管理的制度，确保资金安全。二是进一步规范县级报账制，规定报账范围和审批权限，严格拨款手续和审批内容。三是建立健全有偿资金借款手续，要求借款人办理财产抵押手续后再放款。同时尝试了财政有偿资金委托银行放款制度。四是加大有偿资金回收力度。把到期有偿资金回收与资金分配挂钩。对不能按时还款的单位采取扣款和调减下一年度项目资金等办法，对连续两年不积极主动偿还到期有偿资金的市、县，停止拨付当年项目资金。五是根据公平、公正、公开的原则和充分体现奖优罚劣的要求，对2004年各项目县资金分配实行因素分配法。

（五）强化监督，确保建成项目充分发挥效益

一是加强内部监管力度。坚持省级直接抓县级的特色管理方式，一直坚持不定期检查、年度检查验收和三年总验收相结合的做法。2003年，按照国家农业综合开发办公室和自治区农业综合开发领导小组的要求，宁夏抽调财政、审计等部门人员组成了农业综合开发项目和资金大检查工作小组，对全自治区16个项目市（县）和农垦、监狱系统9个国营农牧场以及水利、农业、林业、国土资源4个部门的项目单位2000年至2002年三年间下达的各类项目和资金管理情况进行全面的检查和跟踪复查。自治区财政厅还及时召开了全区农业综合开发工作通报会议，对大检查结果进行了全面通报，并根据复查结果，按照奖优罚劣原则及时进行了处理。在下达2004年度项目计划控制指标时，对大检查中问题较多、整改不力的单位，扣减了15%的财政无偿资金指标；对整改彻底的青铜峡市增加了15%的财政无偿资金指标。2003年11月在项目和资金大检查的基础上，对宁夏第五期（2001—2003年）三年批复实施项目资金逐个进行了总验收。验收实行百分考核制，验收结果作为项目县动态管理考核的主要依据。二是加强外部监管力度。在密切配合审计和财政监督等有关部门，定期和不定期地对农业综合开发资金的筹集、使用和管理进行监督检查的基础上，组织审计部门和会计师事务所参加2003年项目和资金管理大检查及年度项目竣工验收工作，并将宁夏第五期农业综合开发竣工验收评选结果在《宁夏日报》上张榜公示，自觉接受社会的监督。三是引入竞争机制，对项目县实行动态管理。根据第五期竣工验收考核结果，对第五期农业综合开发全区综合评比的第1名青铜峡市等先进单位予以大会表彰和追加年度投资指标的奖励；对全区综合评比倒数第一名和第二名的项目市、县，分别扣减下一年度项目投资40%和20%。对在限期内仍未达到整改要求者，给予通报批评，实行“末位警告”，形成奖优罚劣的竞争机制。

（六）转变作风，牢固树立优化服务意识

结合自治区财政系统开展的“树行业新风、促规范服务”的活动，农业综合开发工作积极为农民增收、农业发展、农村小康服务，为农民、为基层排忧解难，把维护和实现农民群众的根本利益作为工作的出发点和落脚点。例如，围绕项目区农民最迫切需要解决的灌水难问题，加强了项目区灌溉水源的建设，解决了农民用水的燃眉之急。同时注重加强宣传工作。2003年12月，为深入贯彻落实本届政府国家农业综合开发第一次联席会议精神，在《农民日报》（2003年12月29日第4版）上编发了一期专刊。

四、与时俱进，做好新阶段农业综合开发工作

新时期，宁夏农业综合开发应着力于创新观念，不断革新，围绕新阶段农业综合开发工作的基本准则和总体要求，用新的理念谋划农业综合开发工作。新阶段宁夏农业综合开发工作的基本思路是：以邓小平理论和“三个代表”重要思想为指导，按照中央、自治区农村工作会议部署，紧紧围绕全国农业综合开发工作会议所确定的奋斗目标，进一步加大投入，着力加强农业基础设施和生态建设，重点支持引黄灌区发展节水高效农业，提高农业综合生产能力特别是粮食综合生产能力，保证国家粮食安全；着力推进农业和农村经济结构战略性调整，以实施优势农产品区域布局与发展规划为重点，大力支持优势农产品产业带建设，积极支持农业产业化经营和农民专业合作组织发展，提高农业综合效益，增加农民收入；进一步改革创新投资政策和运行机制，切实加强资金和项目管理，提高农业综合开发成效，以新的风貌、新的工作水平，努力开创宁夏农业综合开发的新局面。当前和今后一段时期宁夏农业综合开发工作的主要任务是：促进项目区农民收入较快增加，农业综合生产能力稳步提高，农业综合开发资金投入持续增长，农业和农村经济结构实现战略性调整，初步建立起新型的农业综合开发运行机制和管理体制。按照“统筹安排、分工协作、相对集中、配套使用”和“整合资金、突出重点、创新机制、提高效益”的原则，加强项目管理，优化投资结构，集中财力办大事，扎扎实实地做好新阶段农业综合开发工作。土地治理项目要以黄河来水受限为契机，积极探索改变过去在项目基础设施建设方面传统的农业灌溉、耕作方式，从抗旱节水及调整种植结构入手，重点建设滴灌、喷灌等高标准节水农业示范区，大力发展节水高效农业，提高项目区农业现代化水平。产业化经营项目要重点扶持优势产业、优势产品、优势项目。让好的多起来，形成规模；让多得好起来，形成特色；让优的火起来，形成效益。在投入机制方面要研究吸引外资、社会资金、民间资本等积极参与农业综合开发的措施，壮大农业综合开发投资规模。管理制度上要加强项目评估、资金监管、效益审定等工作，提高农业综合开发资金运行质量；管理工作上要学习借鉴外资项目管理经验，实现真正意义上的项目管理。工作作风上要强化项目管理人员的责任意识，“树行业新风、促规范服务”，使农业综合开发工作顺应社会发展趋势和新形势的要求。

（宁夏回族自治区农业综合开发办公室供稿，马玉兰执笔）

新疆维吾尔自治区

一、农业综合开发基本情况

新疆维吾尔自治区辖15个地（州、市），88个县（市），817个乡（镇），519个国有农、林、牧、渔场，9 471个行政村。自治区总人口1 905.19万人，其中：农业人口1 221.12万人，乡村劳动力397.49万人，乡村从业人员373.41万人，农、林、牧、渔业从业人员325.99万人。土地总面积166.49万平方公里，其中：耕地411.59万公顷，园地22.21万公顷，林地666.39万公顷，牧草地5 135.75万公顷，其他农用地67.43万公顷。

2003年度，国家农业综合开发项目涉及14个地（州、市）的70个县（市、区）和司法部门的2个监狱农场及2个劳教所，占全区总县（市、区）数的68.7%，其中多种经营项目涉及11个县

(市)。项目重点涉及9个县团级国营农场和138个乡(镇、场),占自治区乡(镇、场)总数的11%。其中:土地治理项目涉及110个乡(镇、场),多种经营项目涉及33个乡(镇、场),专项示范项目涉及4个镇(场)。项目涉及573个行政村,占自治区行政村总数的6.1%。项目涉及总人口136.63万人,占全区总人口的7.2 %;涉及农业人口102.43万人,占全区农业人口的8.4 %;涉及农业劳动力39.99万人,占全区农业劳动力的1%。项目县耕地面积3 018.82万亩,占项目县土地总面积的1.4 %。其中项目区耕地面积363.21万亩,占项目县耕地面积的12%。项目县粮食总产量61.17亿公斤,其中项目区粮食总产量7.68亿公斤,占项目县粮食总产量的12.5%。

二、2003年项目计划情况

2003年新疆农业综合开发项目计划总投资9.7亿元(不包括部门项目),其中上年结转投资3.44亿元,本年度计划投资6.26亿元。本年度计划投资中:中央财政资金2.38亿元,占本年度计划投资的38.11 %;地方财政配套资金1.25亿元,占本年度计划投资的19.97%;自筹资金1.19亿元,占本年度计划投资的18.95 %;银行贷款1.44亿元,占本年度计划投资的22.98 %。

(一)土地治理项目计划

2003年度国家批复新疆农业综合开发土地治理开发任务106.3万亩(含追加自然灾害损毁工程修复项目面积2.3万亩),其中:改造中低产田76.3万亩,草原(场)建设7万亩,优质饲料作物基地3万亩,节水农业示范项目10万亩,农业生态工程10万亩。

项目计划总投资4.67亿元,其中:中央财政资金1.78亿元,地方财政配套资金9 232.6万元,自筹资金8 787.5万元,银行贷款1.1亿元。

(二)多种经营项目计划

2003年新疆实施农业综合开发多种经营项目32个,有种植项目12个、养殖项目6个、加工项目10个、农业生产服务项目4个,其中包括中央财政投资200万元以上产业化龙头项目6个(即新疆天彩科技棉花原原种繁育工厂项目、阿克苏地区温宿县昆托米业奶制品加工项目、新源县“康尤美”大豆精深加工项目、乌鲁木齐市北园春市场果蔬储藏保鲜项目、和硕县芳香植物种苗繁育项目、昌吉州麦趣尔养殖小区奶站建设项目)。

项目计划投资1.44亿元,其中:中央财政资金5 738万元(其中有偿资金4 590万元,占中央财政资金的80%),地方财政配套资金2 983.76万元(其中区级2 093.91万元,地级303.42万元,县级586.43万元,分别占地方财政配套资金总数的70%、10%和20%),银行贷款2 811.5万元,自筹资金2 869万元。

(三)高新科技示范项目计划

2003年新疆实施农业综合开发科技示范项目2个,分别是阜康市饲草料良种繁育科技推广综合示范项目和乌鲁木齐县水西沟麻黄种苗快繁及人工种植高新科技示范项目。

项目计划投资1 609万元,其中:中央财政资金400万元(其中无偿资金320万元,有偿资金80万元);地方财政配套资金304万元;银行贷款681万元;建设单位自筹资金224万元。

(四)部门项目情况

1.水利骨干工程项目1个,建设地点是乌鲁木齐县板房沟河灌区。项目总投资1 908万元,其中中央财政投资650万元(2003年投资500万元,2004年投资150万元),全为无偿投入,分两年实施完成。

2.良种繁育(育草基金)项目1个,建设地点是昌吉市大西渠乡,建设期限为两年。项目总投资500万元,其中中央财政投资200万元,全为无偿投入。

3.优势特色农产品开发示范(无籽西瓜良种繁育基地)项目1个,建设地点是昌吉市西域农业科技集团,建设期限为两年。项目总投资323万元,其中中央财政投资120万元。

4.秸秆养畜示范项目县(市)3个,即吐鲁番市、麦盖提县和阿瓦提县。项目计划总投资757万元,其中:中央财政投资240万元(有偿资金168万元),地方财政配套资金315万元,自筹资金202

万元。建设任务包括新建青贮氨化池 16 615 立方米，购置秸秆处理机械 300（台、件）。2003 年新疆实际安排秸秆养畜财政资金 315 万元，其中中央财政资金 240 万元，自治区财政配套资金 75 万元。财政资金安排的情况是吐鲁番市、麦盖提县和阿瓦提县各 105 万元。

三、农业综合开发项目资金完成情况

2003 年新疆农业综合开发实际完成总投资 6.54 亿元，完成计划数的 67.45 %。其中：上年结转完成 2.4 亿元，完成结转数的 69.66%；本年度计划完成 4.14 亿元，完成年度计划的 66.24%。上年结转完成财政资金 8 816.8 万元。本年度计划完成数中：中央财政资金 1.76 亿元，地方财政配套资金 5 295.81 万元，自筹资金 1.3 亿元，银行贷款 5 388.66 万元，其他资金 207 万元。项目区群众投工投劳 470.1 万工日，折资 7 798.36 万元。

土地治理项目完成投资 4.67 亿元，其中：完成上年结转 1.53 亿元，本年度计划完成 3.14 亿元。本年度计划完成数中：中央财政资金 1.32 亿元，地方财政配套资金 4 817.01 万元，自筹资金 9 980.5万元，银行贷款 3 235.28 万元，其他资金 207 万元，项目区群众投工投劳 424.29 万工日，折资 6 753.06 万元。

多种经营项目完成总投资 1.64 亿元，其中：完成上年结转 7 618.63 万元，本年度计划完成 8 802.15万元。本年度计划完成数中：中央财政资金 4 030.75 万元，地方财政配套资金 336.4 万元，自筹资金 2 746.5 万元，银行贷款 1 688.5 万元。

专项科技示范项目完成总投资 2 237.48 万元，完成计划数的 76.2 %，其中：上年结转完成 986.2 万元，本年度计划完成 1 251.28 万元。上年结转完成中财政投资 371.2 万元。本年度计划完成中：中央财政资金 400 万元，地方配套资金 142.4 万元，自筹资金 244 万元，银行贷款 464.88 万元。

四、农业综合开发财政资金筹集完成情况

（一）农业综合开发财政资金的筹集情况

2003 年新疆农业综合开发共筹集财政资金 3.1 亿元，其中：中央财政资金 2.5 亿元（其中有偿资金 6 667 万元）；地方财政配套资金 6 098 万元，其中自治区级 3 715 万元、地（市）级 1 615 万元、县级 768 万元。中央财政用于农业综合开发项目的资金 2.5 亿元中，用于土地治理项目的资金为 1.83 亿元，用于多种经营项目资金为 6 298 万元，用于专项科技示范项目资金为 400 万元。

（二）农业综合开发财政资金的使用情况

2003 年新疆农业综合开发财政资金实际支出（无偿资金）2.52 亿元，其中：农业综合开发专项支出 2.45 亿元（其中土地治理 2.2 亿元，占专项支出的 89.8%；多种经营 1 656.4 万元，占专项支出的 6.8%；科技示范项目 469 万元，占专项支出的 2%；其他 364.84 万元，占专项支出的 1.5%）。用于农业综合开发事业费支出 690.18 万元。

（三）农业综合开发财政有偿资金的回收情况

2003 年当年到期的有偿资金为 9 028.63 万元，扣除 3 000 万元延期还款，应回收 6 028.63 万元，实际回收 7 904.31 万元。累计到期资金 5.69 亿元，累计回收 4.64 亿元，累计回收率 81.6%。

五、主要工作成效

2003 年共改造中低产田 78.78 万亩，建设草原（场）8.27 万亩、优质饲料作物基地 2.75 万亩、节水农业示范项目 6.63 万亩、农业生态工程 6.54 万亩。多种经营项目共完成种植经济林 0.87 万亩、蔬菜 0.13 万亩、花卉 0.43 万亩、药材 0.57 万亩；完成水产养殖面积 0.02 万亩，畜禽养殖 150 万头（只）；新建加工项目 2 个，改扩建加工项目 3 个，新建农业生产服务项目 7 个。实际完成农业高新科技示范 0.7 万亩，其中完成上年结转工作量 0.2 万亩，完成本年计划 0.5 万亩，完成本年计划农业科技推广综合示范 0.13 万亩。

六、2000—2002 年农业综合开发项目验收情况

2003 年是国家对新疆农业综合开发项目的验收年。2003 年 5 月 9 日至 6 月 5 日，自治区农业综合开发办公室组成 5 个验收组对 15 个地（州、市）的 39 个项目县（市）2000—2002 年的农业综合开

发项目进行了抽验。8月27日至9月15日，国家农业综合开发办公室验收组重点验收了自治区本级、吐鲁番地区本级和乌鲁木齐市、昌吉市、阜康市、鄯善县和库尔勒市的农业综合开发项目。

（一）开发任务完成情况

2000—2002年完成中低产田改造面积283.53万亩，占中低产田改造计划面积290万亩的97.77 %；草原建设26.15万亩，占草原建设项目计划26.5万亩的98.68%；建成优质粮食基地项目2万亩，占优质粮食基地项目计划2万亩的100%；建成优质饲料作物基地11万亩，占优质饲料作物基地计划11万亩的100 %；建成节水农业示范项目40.16万亩，占节水农业示范项目计划41万亩的97.95%；建成农业生态工程基地16.31万亩，占农业生态工程基地计划16.5万亩的98.85%。完成的主要工程量有：扩建加固水库1座，新打及修复配套机电井876眼，输变电线路配套571.93公里，开挖疏浚渠道8 688.81公里，衬砌渠道4 055.09公里，埋设管道630.94公里，修建桥涵闸25 738座；改良土壤207.06万亩，建良种基地10.83万亩，修建机耕路4 057.11公里，购置农机具设备72台（套）；营造农田防护林29.45万亩，建苗圃640.13亩；人工种草9.9万亩，改良草场8.15万亩；技术培训610 654人次。多种经营项目建设情况：完成经济林种植5.87万亩，为计划6.17万亩的95.14%；蔬菜基地建设0.04万亩，花卉种植500.05亩，均完成计划的100%；养殖项目完成水产养殖4.17万亩，畜禽养殖完成0.19万头（只），均完成计划的100%；加工项目完成12个，为计划数15个的80%；农业生产服务项目完成12个，完成计划的100%。

（二）项目投资完成情况

2000—2002年计划总投资16.7亿元，实际完成14.56亿元，完成计划的87.23%。其中：中央财政投资计划5.95亿元，实际完成5.83亿元，完成计划的97.98%；自治区本级财政配套资金计划3.04亿元，实际完成7 203.8万元，完成计划的23.72%；地（州）级财政配套资金计划4 913.78万元，实际完成3 642.96万元，完成计划的74.14%；县（市）级财政配套资金计划8 086.82万元，实际完成2 501.11万元，完成计划的30.93%；自筹资金投资计划3.59亿元，实际完成6.38亿元，完成计划的177.82%；银行贷款投资计划2.82亿元，实际完成1.02亿元，完成计划的36.14%；农民投工投劳1 704.64万工日。

（三）资金管理使用情况

2000—2002年共投入各类资金14.56亿元，其中：土地治理项目完成投资10.82亿元，占项目总投资的74.3%；多种经营项目完成投资3.74亿元，占项目总投资的25.7%。投入比例符合国家农业综合开发以土地治理项目为主，兼顾多种经营项目的精神。

（四）项目效益情况

通过农业综合开发，三年新增生产能力为：粮食20 803.85万公斤，棉花2 579.56万公斤，油料1 483.23万公斤，糖料8 152.15万公斤，干草14 942.3万公斤。农牧民人均纯收入较非项目区高出155元。多种经营项目新增总产值3.25亿元，新增利税总额1.05亿元，农牧民人均纯收入较非项目区高出218元，项目安排就业人数131.85万人。

（新疆维吾尔自治区农业综合开发办公室供稿，王铁农、高文举执笔）

新疆生产建设兵团

2003年，新疆生产建设兵团围绕棉花主产区及优势农产品产业带建设，突出发展节水农业、特

色农业，着力培育新的区域和产业增长点，促进“三足鼎立”产业结构发展格局的形成，以加强农牧团场农业基础设施建设和绿洲农业生态建设、推进农业和团场经济结构战略性调整、优化和升级为重点，以提高农业综合生产能力和农业综合效益为主线，坚持统筹规划、突出重点、严格立项标准、择优选项的基本原则，依靠科技创新、制度创新、机制创新，在推进兵团农业现代化和产业化的进程方面取得了显著成效。

一、农业综合开发基本情况

2003年，兵团农业综合开发项目共涉及全团的71个项目团场及单位，其中项目团场65个（南疆30个、北疆35个），兵团直属单位1个，师属单位5个；涉及总人口95.03万人，其中农业人口66.91万人，农业劳动力29.66万人。

项目团场及单位计划投资共3.39亿元，其中：中央财政资金1.59亿元，银行贷款2 400万元，兵团自筹资金1.61亿元。实际完成投资3.22亿元，为计划的95%，其中中央财政资金完成1.57亿元，为计划的100%；银行贷款1 200万元，为计划的50%；兵团自筹资金1.53亿元，为计划的95%。

通过资金投入，土地治理项目共完成中低产田改造31.1万亩，建设优质饲料粮基地4 000亩，发展节水农业示范面积13万亩；建设了一大批农业基础设施，如新打和修复机电井51眼，配套输变电线路122.7公里，建设灌排渠系工程466.46公里，喷滴灌29.1万亩（其中滴灌26.7万亩）；改良土壤12万亩，建设良种繁育基地1万亩、晒场10 500平方米，新修机耕道路153公里；购置农（牧）业机械7台（套）；造林2.01万亩，营造农田防护林2.04万亩。多种经营项目共实施完成10个，其中种植项目2个，养殖项目3个，加工项目4个，农业生产服务项目1个。专项示范项目完成高新科技示范面积5 000亩，科技推广面积1万亩，引进品种12个，引进技术工艺24项，技术示范5项，技术培训0.3万人次，技术服务1 600人日。

二、农业综合开发项目取得的效益

（一）加强了农业基础设施建设，提高了农业综合生产能力

通过土地治理项目的实施，有效地加强了农业基础设施建设，改善了农业生产基本条件和生态环境，全面地提高了农业综合生产能力和综合效益，大力发展了节水农业、生态农业和“两高一优”农业，推进了农业产业结构的调整和种植结构的优化，实现了项目团场生产条件改善、生态环境改良、农业增效、职工增收的目标。项目实施后，新增和改善灌溉面积42.9万亩，新增节水灌溉面积45.7万亩，年节约水量6 640万立方米，增加农田林网防护面积20.1万亩，完善服务体系6个，完善农产品质量检测体系10个，完成优质农产品种植面积43.3万亩。预期主要农产品可增加的生产能力为粮食46.5万公斤、棉花886.05万公斤、油料37.5万公斤、糖料450万公斤、干草298万公斤、优质饲料作物553万公斤。新增农业总产值8 676万元，新增利税3 107万元，新增农民纯收入总额2 608.9万元。

（二）培育了区域特色优势产业，促进了农业产业结构优化升级

兵团农业综合开发办公室在以培育区域特色优势农产品产业、促进农业产业结构优化升级、实施精品农业和品牌农业的原则指导下，通过多种经营项目的实施，有效地提高了项目区特色农产品的市场竞争力，促进了项目区农业经济结构的进一步优化，实现了团场和职工双增收。2003年，项目区多种经营新增产干鲜果品720万公斤、肉6万公斤、奶2 344万公斤、水产品3万公斤；新增产值8 060元，增加值3 440万元；新增利税1 990万元，新增纯收入总额1 130万元；带动农户0.25万户，增加农民就业0.12万人。

（三）推广了科学技术，提高了科技含量

通过高新科技示范项目的建设，提高了项目区科技含量，取得了显著的经济和社会效益。项目区新增产值1 557.3万元，增加值388.6万元，新增利税498万元，新增纯收入总额233万元，带动农户0.31万户。

三、农业综合开发采取的措施和做法

（一）认真学习，统一认识

兵团农业综合开发办公室结合工作实际，学习“三个代表”重要思想、党的十六大和十六届三中全会精神，并按照国家农发办的部署和要求，认真积极组织各师及项目单位的业务领导和业务人员进行学习。在学习活动中，通过举办培训班、研讨会及专题会议，各级有关部门和人员针对验收工作中发现的及大检查中查找出来的突出问题，反复学习，联系实际找差距，挖根源，定措施，限期整改，进一步统一了思想认识，改进了工作作风。

（二）开展检查验收，规范项目资金管理

一是认真开展检查验收。首先，按照国家项目和资金管理规定，认真组织并完成了对2000—2002年兵团第五期农业综合开发项目的团场自验、师全面验收和兵团抽验三级验收，汇编了验收资料，完成了专题片的撰稿、拍摄、播放，加大了对兵团农业综合开发的调研及宣传的力度，并为国家组织的项目资金大检查和验收做了充分的准备工作。其次，在全兵团范围组织了两次大规模的项目资金大检查，并按国家农发办要求赴京做了专题汇报。为巩固大检查的阶段性成果，组织召开了两次兵团农发机构专题会议，促进了各师及项目团场整改工作的深入进行。同时，按照回良玉副总理提出的三个重大问题进行了专题调研。第三，认真配合财政部驻疆监察专员办完成了对兵团本级和6个师19个团场2000—2002年农发项目资金管理与资金使用情况的专项检查。为了深入贯彻落实本届政府第一次国家农业综合开发联席会议精神，规范项目和资金管理，结合检查验收和工作实际，举办了由各师及项目单位的项目和财务主管参加的业务培训及工作研讨学习班。最后，配合国家农发办验收组完成了对兵团136团高新科技示范推广项目的验收。

通过检查验收及研讨总结，兵团整个农发系统对新时期农业综合开发指导思想及项目和资金管理的新规定、新要求都有了一个全面的了解和掌握，为今后提升农业综合开发项目和资金的科学规范的管理水平奠定了基础。

二是加强调查研究。为进一步规范项目和资金管理，解决项目单位在项目和资金管理中存在的困难和问题，兵团农业综合开发办公室有计划地分批深入项目区进行调研与指导，先后对所有的项目师和80%的项目单位进行了实地调研。通过这项工作，不少长期存在的认识与管理中的问题，如项目管理与资金管理的衔接问题，抵顶到期有偿资金等问题，从根本上得到了较好的解决。

三是加强资金管理。通过验收、资金大检查和培训，进一步推进项目团场报账制的落实。随着财务管理“四专”（专账核算、专户存储、专人管理、专款专用）和“五落实”（落实计划任务、落实自筹配套、落实工程进度、落实有偿回收、落实规章制度）以及项目管理分级负责制的实施，有效地防止了截留和挪用资金，克服了管理上的脱节，促进了资金与项目管理的统一，保障了自筹配套资金的足额到位，完善了农业综合开发分级负责的管理机制，保障了农业综合开发任务的完成和资金使用效益的提高。

（三）坚持指导思想，突出建设重点

兵团2003年度的农业综合开发工作，按照新时期农业综合开发要突出“两个着力”、“两个提高”的指导思想，紧密联系兵团农业综合开发实际，围绕壮大发展项目区经济、促使职工群众致富这一根本目标，在农业基础设施建设和生态建设中，在优势农产品产业带的发展过程中，在科技示范带动中，做到有所为有所不为，突出支持重点地区、重点项目区、重点项目、重点产品及重点企业，力争上一个项目成一个项目，并使其发挥显著的示范带动作用。在这方面主要做了以下工作：

一是加强棉花主产区的农业基础设施和生态建设。此项工作以优质高产高效出口创汇商品棉生产基地建设为重点，涉及国家立项的农发项目团场67个，其中有61个植棉团场，分别占植棉团场和项目团场总数的53%、91%。10万亩以上的优质高产高效示范区团场中，农发项目团场占14个，达到70%。做大做强棉花产业和发展优势农产品产业化经营是兵团经济和社会发展的重点战略，也是农业综合开发投入的重点。同时，以农业基础设施和生态同步建设为重点。兵团大多团场地处风头、水尾，自然与生产条件恶劣，农业发展必须要与对生态环境的保护和发展同步，才能走上可持续发展之路。这也是兵团农业综合开发首要的和最基本的任务，是长期投入的主体。在农业基础设施建设中，强调综合配套，突出节水灌溉和防护林建设。2003年安排的土地治理项目总投资中，以喷滴灌节水技术为主要措施的项目所占资金均高于历年的比例，其规模及投资分别达到土地治理项目的67.1%、80%。在节水技术的应用带来巨大的生态效益的同时，配套的农业、林业、草业等措施的投资比例逐步提高，分别达到年度土地治理投资的4.8%、2.7%、0.7%。实践证明，以发展高效规模化节水农业为重点是兵团农业可持续发展的基础和必由之路。

二是扶持龙头项目，推进优势农产品产业带发展。2003年度，兵团的农业综合开发重点突出了扶持农业产业化经营，项目按照“公司＋基地＋农户”或“市场——团场＋基地＋农户”的产业化模式运作。加大了对产业化龙头项目、加工业项目和无公害农产品、绿色食品、有机农产品生产项目的扶持力度。产业化龙头项目和加工业项目形成了明显的区域特色，产业升级及联动效应明显。围绕丰富的马鹿资源进行系列产品加工的龙头项目建设，使过去的粗加工转向精深加工，由手工作坊式生产转向集约化工业生产，提升了产品质量，创出了品牌，提高了市场竞争力，产品增值8倍以上。例如，十师依托优质小麦产业带实施的小麦精深加工龙头企业改造提升项目，使产品增值达10倍以上，有效促进了粮食生产的进一步转化，带动了北疆粮食产区的经济增长和职工增收。此外，发展农区养殖业，使秸秆得到充分利用，过腹还田；饲草种植面积逐年扩大，种植业结构优化，经济结构升级。2003年有6个种植业项目按照无公害农产品或绿色食品标准生产，并取得了绿色食品认证。

三是进一步加大科技投入，提高项目区科技含量。兵团的农业综合开发一贯注重先进农业技术在项目区的引进、示范、推广应用，逐年加大对科技的投入，并维持在一个较高的投入水平。近年来，农业综合开发中科技推广项目的投资比例已占到中央财政资金的8%。2003年列入农业综合开发项目计划中的科技推广示范项目16个，涉及11个师30个项目团场，重点支持各垦区及项目团场科技服务体系建设以及兵团“六大”精准农业技术、“十大”主体技术的推广应用，促进项目区继续为引领兵团科技进步发挥示范先导作用。

（新疆生产建设兵团农业综合开发办公室供稿，刘兴东执笔）

黑龙江省农垦总局

2003年，黑龙江省农垦总局农业综合开发工作以全面建设小康社会和率先实现农业现代化为目标，加强农业基础设施建设，改善农业生产条件和生态环境，努力提高农业综合生产能力，大力发展优势农产品，扶持主导产业和龙头企业，促进农业结构调整，增加职工收入，提高农业综合效益。在国家农发办、农业部的正确领导下，项目区广大干部职工不懈努力，克服了全面春旱、局部洪涝、施工期短、资金紧张等不利因素的影响，基本完成了国家批复的各项开发建设任务，达到了预期目标，取得了显著效益，为黑龙江垦区经济发展注入了新的生机和活力。

一、开发任务和投资计划完成情况

2003年，黑龙江省农垦总局农业综合开发有项目农场66个。共投入农业综合开发资金5.6亿元，其中：中央财政资金2.15亿元，自筹资金3.43亿元，银行贷款248万元。依靠农业综合开发资金投入，全局土地治理项目共完成中低产田改造46.9万亩，优势农产品基地建设76.8万亩，优质饲料作物基地建设8万亩，节水农业示范基地建设12.2万亩，全面完成了国家下达的计划。通过项目实施，建设和完善了一大批农业基础设施，包括：修建水库3座，开挖和疏浚灌排渠道2 501.52公里，新打和完善配套机电井553眼；改良土壤24.4万亩，新修机耕路515.68公里，购置农业机械2 665台(套)；造林2.2万亩；开展技术培训3.1万人次。同时，通过多种经营项目的实施，还建设了蔬菜种植基地1.53万亩，发展畜禽养殖10.58万头（只）；新建和改扩建加工项目3个，农业生产服务项目1个，扩大了农产品加工和储存能力。

二、农业综合开发项目取得的效益

在2003年的农业综合开发工作中，黑龙江省农垦总局充分发挥农业生产集约化和机械化的特点，在以中低产田改造为主的同时，积极培育和发展区域主导产业，大力发展高油大豆、专用小麦、优质水稻、牛奶等优势农产品，为龙头企业建设原料生产基地，扶强扶壮米、面、油、奶等产品的省级及国家级龙头企业，在不断加强农业基础设施建设、提高农业综合生产能力的同时，推动农业产业化经营。

（一）农业基础建设得到加强，农业生产条件得到改善

加强以农田水利设施为主的农业基础建设，修建和完善了大量排、蓄、引、截、提水等水利工程，形成了一批旱能灌、涝能排的标准农田，为作物正常生长提供更好的条件，也为现代化大机械田间作业提供了便利条件。通过土壤改良的实施，改善了土壤的理化性状，提高了土壤有机质含量，为农作物生长提供了充足的养分。农田路、晒场、库房等基础设施的建设，不但减少了粮食运输、晾晒、储存等各环节的损失，间接提高了粮食产量，而且还提高了粮食的品质和粮食生产的经济效益。农业机械化措施的实施，极大地改善了项目区农机具老化陈旧的状况，新型农机具既节能又增强了适应性，提高了机械作业的质量和效率。节水农业示范项目的实施，不但节约能源，降低了成本，还增强了人们的节能意识、忧患意识和环境意识。通过以上各项措施的综合运用，一年来农业综合开发新增和改善灌溉面积33万亩；新增和改善除涝面积22.4万亩；新增节水灌溉面积12.2万亩，年节水量1 472万立方米；新增农田林网防护面积28.69万亩；增加农机总动力5.23万千瓦。开发前后项目区发生了明显变化。海伦农场九队项目区有一个种植户，承包耕地930亩，前几年由于农业基础条件差，受灾害的影响，粮食产量始终不高，效益一直不好。今年由于被列入农业综合开发项目区，在洪涝灾害比往年严重的情况下，粮食依然获得丰收，不但不亏损，还获得8万多元的纯效益。据统计，该项目区2003年增加粮食产量102万公斤，新增种植业产值228万元，职工收入增加98万元，人均种植业收入增加1 746元。

（二）农业综合生产能力提高，农民收入增加

在2003年的农业综合开发工作中，黑龙江省农垦总局因地制宜，发挥本地资源优势，依靠科技，调整结构，在提高农业综合生产能力的同时，努力提高职工收入，与非项目区相比粮食产量大幅度提高，职工收入也有了较大幅度的增长。在这方面采取的主要做法，一是以中低产田改造为重点，改善农业生产条件，提高抗灾和粮食生产能力。全年共完成中低产田改造46.9万亩，完成节水农业示范基地12.2万亩。二是发挥区域资源优势，大力发展优势农产品，提高农产品的市场竞争力和附加值，为职工增收创造条件。全年完成非转基因高油绿色大豆基地建设45.2万亩，完成优质、专用绿色水稻基地47万亩，完成优质专用小麦基地20万亩。优质农产品不但解决了卖粮难的问题，提高了产品的附加值，增加了农民收入，而且为龙头企业提供了充足、高品质的原料。据统计，全年农业综合开发新增粮食生产能力8 578万公斤，新增农业总产值4.5亿元，项目区农民新增纯收入8 240.9万元，人均纯收入达到了4 564元。

（三）促进结构调整，加快农业产业化进程

2003年黑龙江省农垦总局农业综合开发在确保主要农产品生产能力稳定增长的同时，因地制宜

发挥资源和比较优势，以优化品种、提高质量、增加效益为中心，以市场为导向，加大农业结构调整力度。通过引进、选育和推广优良品种，加强优势农产品基地库房、晒场等基础设施建设，装备收割机械、粮食处理机械及推广新技术、新肥药，促进了垦区优势农产品的快速发展。全年新增优质粮食产量20 395万公斤，增加优质饲料作物产量10 558万公斤。此外，黑龙江垦区还将扶持龙头企业和主导产业作为工作重点，集中资金给予重点扶持。为扩大国家级农业产业化龙头企业北大荒米业集团的稻米加工能力，投资6 296万元建设了年产18万吨的精制米生产线。该项目的建设，对保证和稳定垦区水稻生产，增加水稻产品附加值，做大做强稻米产业，增加职工收入，具有非常重要的意义。为落实黑龙江农垦总局党委确定的“主辅换位”战略，以发展“二牛一猪”为重点，大力发展畜牧业，2003在连续几年扶持完达山奶源基地的基础上，继续投资建设5个现代化奶牛养殖小区，每年可为完达山集团提供808万公斤鲜奶，对于巩固完达山集团国家级龙头企业的地位做出了贡献。为配合宝泉岭分局建设年屠宰加工200万头生猪的产业化龙头项目，重点安排了6个种猪繁育基地项目。项目建成后可提供种猪6.5万头，一方面实现粮食过腹转化增值，增加职工收入，另一方面又为200万头生猪屠宰加工生产线提供了充足的原料。据统计，2003年黑龙江垦区农业综合开发多种经营项目新增总产值1.9亿元，新增利税4 644万元。农业综合开发为垦区经济发展做出了重大贡献。

三、农业综合开发采取的主要措施及做法

（一）转变指导思想、调整工作思路

按照本届政府国家农业综合开发联席会议精神，立足于农村小康建设这个大局，黑龙江农垦总局农业综合开发进一步调整工作思路，明确新的工作重点。农业综合开发以中低产田改造为主，不断提高粮食生产能力，保证国家粮食安全，同时积极调整结构，依靠科技进步，发展优质、高效农业。2003年在继续抓中低产田改造的同时，集中资金安排76.8万亩优势农产品基地任务，积极培植新的经济增长点，调整农业种植结构，促进产业化发展，把农业增产与职工增收的目标统一起来。在项目的选择上，除安排优势农产品基地、优质饲料作物基地和节水农业示范项目外，还重点扶持以“两牛一猪”为重点的畜牧业这一主导产业，使农业综合开发既坚持了政府行为，又以市场为导向，在项目区引导、示范农业产业结构调整。

（二）严格项目管理，提高开发质量

2003年黑龙江省农垦总局农业综合开发坚持高起点、高标准、高质量、严要求，把加强项目管理贯穿于农业综合开发工作的全过程。一是加强项目的申报、评估审查、设计等前期工作，严把立项关，使农业综合开发工作建立在科学基础上。在项目的选择上，坚持按程序申报，按标准把关，积极试行“十不立项”原则（即：只为套取资金的不立项；开发效益不显著的不立项；配套资金不能足额配套的不立项；对财政有偿资金无偿还能力的不立项；未完成全年计划、建设进度和工程质量达不到要求，验收不合格的不立项；不具备资源条件的不立项；前期工作不符合要求的不立项；有截留、挤占挪用资金现象的不立项；工程管护不善、毁坏损失严重的不立项；随意变更调整计划的不立项）。此外，还对国家批准的项目坚持按规范进行初步设计，保证资金投放的准确性和有效性，使项目实施有章可依，客观实际，从源头上防范建设资金投放的风险。二是加强工程建设管理，积极稳妥地推行工程招投标制和工程监理制。项目单位在选择施工队伍和进行大宗物资采购时，大多采用在全社会公开招标的方法，从而打破了行政界限和地方保护，既节省了资金，又保证了工程质量和进度。如：绥化分局和齐齐哈尔分局，虽然投资总额不大，但对适于进行公开招标的内容都进行了公开招标，全年节省工程投资80多万元，节省额占9%左右。北安分局对重点工程实行工程监理制，发现并修改了许多设计中的错误，减少了损失，工程质量也大幅度提高。三是严格竣工验收。工程竣工后，总局、分局在项目农场自验的基础上，及时组织验收组，按国家颁布的验收评分标准，逐项进行定量验收评分，并将验收评分结果在全总局进行公开通报。对

验收中发现的问题责成限期纠正，遗留工程限期完成。凡验收不合格的，减少下一年度项目投资，问题严重的取消立项资格。四是抓好运行管护。对已竣工的项目，按行业管理，分级负责，及时办理固定资产移交手续，制定管护措施，落实管护人员和管护经费，巩固农业综合开发成果，使各项工程能够长久发挥效益。

（三）强化资金管理，确保开发资金的使用效果

为保证开发资金的使用效果，2003年黑龙江垦区把加强资金管理作为农业综合开发工作的重点。首先是加强资金的“三专”管理。总局、分局、项目农场均对农发资金实行专人管理、专户储存、专账核算，农场一级普遍实行报账制，从制度上保证开发资金专款专用。其次是加强对资金的监督检查和审计工作。各级农业综合开发部门与财务部门密切配合，定期和不定期地对项目资金的使用和管理进行检查，做到日常监督和定期检查相结合，一般性检查和重点检查相结合，年度检查同资金项目的阶段性验收相结合。2003年共组织4次农发资金检查工作，接受黑龙江省财政专员办检查1次。同时请审计部门进行专项审计，对发现的问题进行及时纠正和整改，从而杜绝了开发资金被挤占、挪用、浪费等现象的发生，提高了农业综合开发资金管理水平，强化了资金管理工作的严肃性。

（黑龙江省农垦总局农业综合开发办供稿，刘伟执笔）

水利部（水利骨干工程）

2003年，水利部水利骨干工程认真贯彻落实本届政府国家农业综合开发联席会议第一次会议精神，以农业主产区特别是粮食主产区为重点，紧密结合农业综合开发土地治理项目实施，加强农业水利基础设施建设，为农业综合开发不断向纵深发展奠定坚实的基础，为我国粮食安全以及建立节水型社会做出更大的贡献。

一、水利骨干工程项目安排及投资情况

2003年水利骨干工程项目安排的基本原则，一是贯彻国务院办公厅转发的《关于农业综合开发的若干意见》以及近年的国家农业综合开发联席会议精神，紧密结合农业综合开发土地治理特别是中低产田改造，总体布局适当向农业主产区以及水资源紧缺地区倾斜，加强农业水利基础设施建设，改善农业生产基本条件，提高农业抗御水旱灾害的能力。二是为农业综合开发土地治理特别是中低产田改造项目区提供灌排骨干工程条件，对重点中型灌区（灌溉面积5—30万亩）骨干工程设施的续建配套和节水改造起到示范作用，带动项目区农业节水灌溉发展，提高灌溉水利用效率，并通过项目的实施促进灌区管理体制和运行机制改革。三是要符合《国家农业综合开发部门项目管理试行办法》、《国家农业综合开发水利骨干工程项目管理实施细则》和《国家农发办关于进一步加强农业综合开发部门项目管理工作的通知》的有关规定，项目前期工作基础较好。四是优先考虑2003年因资金规模原因未能安排骨干工程项目的省份；对项目管理、部门配合、建设任务完成及工程质量、配套资金落实等方面做得较好的省份，亦给予适当的优先考虑。

根据上述原则，2003年，农业综合开发共安排支持水利骨干工程项目22个，涉及22个省、自治区、直辖市。完成总投资4.81亿元，其中：中央财政农业综合开发资金1.6亿元，地方财政配套资金1.6亿元，地方水利部门等自筹资金1.61亿元。

二、水利骨干工程项目的主要效益

（一）改善农业生产基本条件

22项水利骨干工程项目全部建成后，将新增灌溉面积73万亩，改善灌溉面积150万亩，新增供水能力3.83亿立方米，大大改善当地的农业生产基本条件，为农业综合开发土地治理提供灌排骨干工程保障。

（二）增加主要农产品生产能力

项目的实施，将为增加受益区的主要农产品生产能力创造条件。据测算，22个项目建成后，预计可新增粮食等主要农产品的生产能力2.39亿公斤。

（三）节约水资源

水利骨干工程项目建设始终注意突出节约用水这一核心主题，特别是北方水资源紧缺地区的项目，一般均要求对干、支渠等骨干渠道进行全面衬砌防渗，以减少输水过程中的水量损失，提高渠系水利用系数。据统计，22个项目建成后，预计每年可节约灌溉用水量约2.06亿立方米。通过节约灌溉用水量，减少了对地表水资源的引用量，加大了河流的下泄水量，从而为改善当地的生态环境提供了条件。

三、项目管理的主要做法和经验

（一）以规章制度规范项目管理

水利部农发办十分注重规章制度建设，1998年制定颁发了《农业综合开发水利骨干工程项目管理办法》。随着国家农发办一些新的项目和资金管理办法和规章制度的出台，又于2001年修订颁发了《农业综合开发水利骨干工程项目管理实施细则》，使项目管理做到有章可循，减少了项目管理中的随意性，强化了对项目的规范化、制度化、科学化管理。

（二）高度重视规划和项目前期工作

项目能否取得成功，规划设计等前期工作十分关键。2003年2月，水利部农发办印发了《农业综合开发水利骨干工程项目可行性研究报告编写提纲》，规范了项目可研报告的编制工作。2003年8月，水利部农发办部署开展了《全国农业综合开发重点中型灌区骨干工程配套改造建设规划》编制工作，并结合规划编制，开发建立全国农业综合开发水利骨干工程项目库及管理信息系统，用规划指导项目建设。

（三）坚持为农业综合开发区服务的选项原则

在项目选择上，坚持项目必须位于或跨越农业综合开发县（市、区），而且项目受益区已经或计划列入农业综合开发项目区，从而使水利骨干工程项目的建设与面上农业综合开发土地治理紧密结合起来，力求做到同步建设实施、同步发挥效益。

（四）积极推行“三制”，严格工程质量管理

就单个项目而言，水利骨干工程项目目前是农业综合开发土地治理类项目中工程规模最大的。项目包含的单元工程较多，技术难度较大，质量要求较高，并且往往是当地重要的农业基础设施建设项目，对当地的农业经济发展起着至关重要的作用。因此，水利部农发办在项目管理中始终十分注重工程质量问题，要求每个项目都要积极推行“三制”（项目法人制、招标投标制、工程监理制），做到建设单位、施工单位、监理单位、质检单位层层把关，坚决避免“豆腐渣”工程，确保项目工程质量符合国家的有关规定和要求。同时，通过招标投标，选择优良的施工队伍，降低工程造价，使项目建设投资控制在批复的投资计划内。

（五）加强项目建设资金管理

现行财政体制要求项目建设资金通过财政部门层层下拨。作为项目管理部门，我们亦十分重视项目的资金管理，在中央财政资金、地方配套及自筹资金的到位、拨付和使用等方面提出严格要求。同时，通过中期检查、临时抽查等方式，及时发现问题并加以纠正。在项目竣工验收时，要求对项目资金的使用管理进行专项审计。根据国家农发办的有关规定，要求项目资金实行报账制。通过采取这些措施，不断加强和规范对项目建设资金的管理，减少和杜绝违规违纪现象的发生。

（六）积极实施推进灌区管理体制改革

2003年年初，水利部下发了《农业综合开发

水利骨干工程项目灌区管理体制和运营机制改革指导意见》，进一步深化灌区管理体制改革。通过建立用水者协会等方式，推行用水户参与灌溉管理，促使灌区加强内部管理，降低供水成本，减轻农民负担。同时要求灌区，按照《水利工程供水价格管理办法》的有关规定，合理确定灌溉供水水价，并加强水费收取工作；按照有关规定做好灌区管理单位的定编、定岗、定员工作，加强工程建后管护工作，落实管护责任制，使工程能够长期发挥效益。

四、进一步加强水利骨干工程建设

据统计，全国设计灌溉面积5—30万亩的重点中型灌区约有1 500处，总的设计灌溉面积约1.6亿亩。这些灌区大多建于上世纪50—70年代，受当时经济社会条件所限，建设标准普遍偏低，配套不全，加之运行多年，目前灌区骨干工程普遍存在着老化失修、效益衰减的问题，亟待进行以节水为中心的续建配套和更新改造。

因此，水利骨干工程在今后的项目建设上，将进一步加大力度，向农业主产区特别是粮食主产区以及水资源紧缺地区倾斜，如黄淮海平原、东北松辽平原、长江中下游平原及丘陵、西北地区以及华北地区等。争取做到重点省区每年安排支持1—2个骨干工程项目，一般省区每年安排支持1个骨干工程项目，通过突出重点，集中投入，建设一片，成效一片，为加强农业综合开发水利设施建设和保障国家粮食安全做出更大的贡献。

（水利部农业综合开发办公室供稿，阎存立、李召祥执笔）

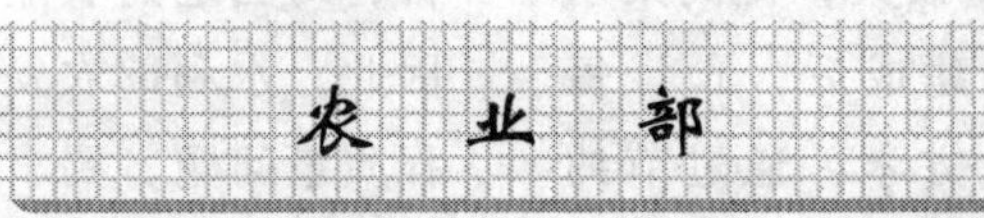

农业部

2003年，农业部农业综合开发工作以“三个代表”重要思想为指导，深入贯彻落实党的十六大、十六届三中全会和新一届政府国家农业综合开发第一次联席会议精神，按照“两个着力、两个提高”的要求，进一步明确工作思路，把握工作定位，切实加强项目和资金管理，扎扎实实地开展了各项工作，取得了较好的工作成效。

一、农业部农业综合开发项目安排及建设情况

2003年，在国家农业综合开发办公室的大力支持下，农业部依据农业综合开发的总体要求，围绕农业主产区和农产品优势产业带建设，把保护和提高粮食综合生产能力与促进农业结构调整、增加农民收入相结合，继续加大了农作物、畜禽、水产品良种繁育基地建设的力度。2003年度共下达项目资金4.73亿元，其中良种繁育、优势特色农产品开发示范、秸秆养畜三类专项项目资金4.25亿元，海南农垦天然橡胶项目资金4 808万元。在三类专项项目中，共安排各类项目121个，利用中央财政农业综合开发资金1.63亿元，带动地方配套投资1.56亿元，自筹资金1.06亿元。

在项目安排上，农业部力求做到“四个突出”。一是突出向农业主产区，特别是粮食主产区倾斜，保护和提高粮食综合生产能力。二是突出向优势农产品和优势产区倾斜，同时兼顾其他地区特色农业开发，增强优势产品的竞争力，促进农业结构调整，增加农民收入。三是突出重点扶持种子种苗等关键环节，提高科技含量和产品质量。四是突出扶持产业化龙头企业，集中力量，扶优扶强，增强项目的辐射带动功能。通过项目建设，取得显著成效。

（一）进一步完善农作物良种繁育体系建设，加速新品种推广速度

2003年农业部农业综合开发安排农作物原原种基地11个，重点支持了东北地区的大豆、新疆

地区的棉花原原种扩繁，同时兼顾油菜、玉米、水稻等主要农作物新品种的原原种、原种繁育及加工；在东北、黄淮海、新疆、四川等地，建设玉米种子加工繁育基地项目4个，专用小麦、优质棉花、双低油菜和杂交水稻制种项目各1个。通过项目建设，进一步改善了科研、教学单位的育种设施条件，对加速新品种的繁育和推广应用速度，保证良种质量和促进良种科技成果尽快转化为现实生产力发挥了积极作用。同时，种业基础设施得到加强，良种综合生产、加工、检验能力大幅度提高，优良品种的更新得到进一步增强。

（二）继续加强种养业良种体系建设，提高优势特色农产品良种覆盖率和综合生产能力

围绕农产品优势产区及种养业良种工程，2003年重点安排了优质园艺产品及出口基地21个，以省级肉羊、奶牛良种繁育体系为主的种畜禽扩繁场项目10个，名优水产品的种苗繁育基地14个。通过项目建设，建成了一批蔬菜、果、茶、中药材种苗基地和畜禽、水产良种场，使优势农产品供种能力和良种覆盖率进一步提高，加速了品种改良步伐，带动了产业化发展，为增强农产品竞争力发挥了积极的作用。

（三）有针对性地扩大牧草种子生产、加工能力，缓解我国牧草种子供不应求的矛盾

以强化牧草种子繁育体系为重点，按照牧草制种的生态适宜性原则，2003年重点安排了华中、南方和东部等地区的7个省级草种繁育基地项目。项目的建设进一步满足了东中部农区种草养畜和牛羊肉、奶业发展对草种的需求，扩大了牧草种子生产、加工能力，在一定程度上缓解了我国牧草种子供不应求的矛盾，为农区草食畜牧业发展提供了优质饲草，促进了当地农业结构调整。

（四）推进农作物秸秆资源的开发利用，促进农区畜牧业的快速发展

2003年安排了秸秆养畜项目50个。在区域布局上，东中部地区以中原、东北为重点，兼顾华南地区及长江中下游地区，并突出了示范区建设；西部地区重点选在农牧交错带等有条件的地区，主要推行秸秆养畜与种草养畜相结合、以舍饲取代放牧、集中连片的示范县建设。通过项目建设，使秸秆养畜示范区与肉牛、肉羊、牛奶的产业带紧密结合，建立三元种植结构，促进了区域化、专业化生产格局的形成，使项目区成为国内主要的牛羊肉及奶类商品产业化生产基地，同时减少了秸秆焚烧现象，经济效益和生态效益十分显著。

二、主要工作

（一）与时俱进，不断调整农业综合开发思路

一是对6个专项项目进行了整合。为了适应形势发展的要求，2003年年初，农业部对专项项目进行了整合。项目整合充分遵循了以下的原则：第一，保持工作和项目的相对连续性；第二，要与现行的国家农业综合开发管理体制相联系，尽量与其保持一致性；第三，既要注重专项名称上的整合，更要注重建设内容上的整合，保持形式与内容的统一；第四，既着眼于当前，也要考虑未来的发展趋势，满足农业和农村经济发展的总体要求。经过整合，农业部专项由原来的6个变为3个，即：将良种繁育及加工、原原种扩繁、育草基金三个专项合并为“良种繁育类”专项；将菜篮子工程、优质农产品开发示范两个专项合并为“优势特色农产品开发示范”专项；保留原有的“秸秆养畜”专项。这一整合意见体现了综合开发化繁为简、突出重点、集中投入的指导思想，符合国家开发办政策调整的方向，得到了各地的认可和好评。

二是研究制定2004年农发专项项目申报指南。2003年农业部把研究制定2004年项目申报指南作为落实国家农业综合开发各项政策措施的一件大事来抓，使农业综合开发新的思路和要求在项目申报指南中得到体现。2003年5月，在各行业司、局提出初步意见的基础上，经过反复协商和认真听取各方面的意见，制定了《2004年农业部农发项目申报指南》方案，并于网上公开发布。《2004年农业部农发项目申报指南》按照农业综合开发的要求，围绕农业主产区和农产品优势产业带建设，做到了以优化农业区域布局为目标，把保护和提高粮食综合生产能力与促进农业结构调整紧密结合起来。

（二）进一步强化对资金和项目的管理

一是举办农业综合开发项目会计培训班。针对专项项目管理中存在的财务管理不规范等普遍性问题，2003年3月上、中旬，农业部在京连续举办了两期项目单位会计培训班，培训会计人员230人。培训中结合项目管理实践中存在的问题，对农发各项资金的会计制度及财务管理办法进行了有针对性的讲解。由于培训班在教师配备、教材汇编等方面做了充分准备，培训效果较好，各省学员给予了积极的评价，认为这样的培训班很有必要，也很有针对性，能够解决实际问题。培训还吸引了一些省级项目主管人员参加。他们表示，通过培训，不仅增加了专业知识，更重要的是增强了加强项目监管的意识和责任感。

二是组织开展了农发专项项目及资金管理大检查。根据国家农发办对部门农发项目及资金管理大检查工作的部署，2003年7月，农业部组织有关司、局和各地农业部门开展了项目及资金管理大检查。检查采取全面自查与重点抽查相结合的做法，统一组织，统一要求，分头行动，联合协作，同时要求将检查与要求整改的项目追踪结合起来进行。7月中旬，农业部计划司与农垦局及部分地方的同志组成两个联合检查组分赴黑龙江、辽宁、海南等地进行了抽查。8月初，向国家农发办提交了检查报告。通过大检查，基本掌握了1999—2002年项目管理及资金使用情况，找出了存在的问题及不足。

（三）进一步完善了项目专家评审制

2003年9月，农业部对各省申报的2004年专项项目进行了专家评审。评审采取了统一组织，统一标准，司、局参与，集中评审的办法，筛选出一批好的项目。在此基础上，按照统一计划、分级管理、共同参与、协商办事、综合平衡的原则，根据项目专家的评审意见，经与部内有关司、局充分协商，提出了2004年农发专项项目的推荐项目方案。

（四）提出了对历年有偿资金债务问题的处理意见

根据国家农发办的有关要求，2003年农业部对1993—1997年间部分事业单位及原直属企业拖欠并沉淀下来的农业综合开发有偿资金债务进行了彻底的清理，共涉及5家单位及4类专项的9个项目，本金2 000多万元。在充分调查研究的基础上，摸清了债务成因，并根据欠款单位目前的情况及国家的有关法规制度，向国家农发办提出了合理的处理意见。

此外，2003年农业部还配合国家农发办完成了农业综合开发多种经营项目建设标准制订、项目实地考察论证等方面的工作。

三、完善制度，强化管理，做好下一步农业综合开发工作

根据新一届政府国家农业综合开发第一次联席会议所确定的指导思想和回良玉副总理的讲话精神，以及国家农发办《关于改革和完善农业综合开发若干政策措施的意见》要求，农业部农业综合开发工作将进一步向农业主产区及优势农产品生产区域倾斜，同时转变工作作风，深入调查研究，改革和完善项目管理，和国家农发办加强沟通，不断增强开发合力。一是进一步强化项目管理，提高项目建设质量和效益。将加大项目前期工作、人员培训、检查验收等工作的力度，不断规范项目和资金管理。二是进一步制定和完善各项规章制度，不断推进项目管理制度化、规范化、科学化。2000年农业部制订下发了《农业部农业综合开发专项项目管理实施细则（试行）》、《农业部农业综合开发专项项目专家评审办法》等规章制度，2002年建立了发布项目申报指南制度。农业部将对这些规章制度进行修改和完善，用制度来规范工作，从源头上解决项目管理中出现的问题。三是与时俱进，按照国家农发办的总体需要，及时调整农发专项资金投资方向，研究制定相关投资政策，提出政策建议，逐步完善投入机制。

（农业部发展计划司供稿，罗旭执笔）

国土资源部

2003年，国土资源部坚持以“三个代表”重要思想和十六大精神为指导，认真贯彻落实中央农村工作会议、中央经济工作会议及国家农业综合开发联席会议精神，以“统一规划、合理布局、因地制宜、综合治理”为原则，以农业主产区特别是粮食主产区为重点，以恢复利用废弃土地、实现土地资源可持续利用、增加农业用地为目的，加强农业基础设施建设，提高农业综合生产能力特别是粮食综合生产能力，保证国家粮食安全，促进农林牧副渔全面、协调和可持续发展，充分体现项目的社会效益、经济效益和环境效益。

一、农业综合开发工作基本情况

(一) 组织实施了2003年土地复垦项目

2003年，国土资源部继续实施农业综合开发土地复垦项目。项目共涉及河北、山东等11个省、自治区的27个县（市、区）。项目共计投入资金6 587.94万元，其中：中央财政投资2 600万元，地方财政配套2 060万元，自筹资金1 927.94万元。

通过资金投入，农业综合开发土地复垦项目新建小型水库9座，修建拦河坝2座、排灌站22座，新打机电井55眼，修复配套机井18眼，输变电线路配套85.8公里，开挖疏浚渠道64.65公里，衬砌渠道47.97公里，埋设管道50.8公里，修建渠系建筑物542座，发展喷灌0.04万亩、集雨节灌0.04万亩；改良土壤4.03万亩，修建田间机耕路169.45公里，购置农机具150台（套）、农用动力机械41台（套）、植保机械1台；营造农田防护林0.2万亩、水土保持林0.37万亩、水源涵养林0.07万亩、经济林0.66万亩，修建苗圃240亩；开展技术培训3.39万人次，购置仪器设备13台（件），开展技术示范推广7项，为加强项目区农业基础设施建设，改善农业生产条件起到了重要作用。

(二) 组织开展了土地复垦项目和资金大检查

为切实加强和改进农业综合开发土地复垦项目的管理，根据国家农业综合开发办公室的统一部署和要求，国土资源部组织开展了对2000—2002年度土地复垦项目的大检查工作。对项目前期工作是否规范，项目建设是否按国家批复的计划严格执行，是否做到按项目管理资金，是否按照规定足额落实地方配套资金，资金是否做到专账核算、专人管理、专款专用以及县级报账制的实施情况进行了全面检查。从检查结果看，各地对项目都能按有关文件和规定的要求严格管理，确保了项目资金落到实处，没有弄虚作假、套取财政资金的问题存在。

(三) 组织部署了2001—2002年度土地复垦项目验收工作

根据国家农业综合开发办公室关于竣工项目验收的工作部署，国土资源部组织了对2001—2002年度实施的项目进行验收。验收工作的安排是，先由项目县（市、区）国土资源部门组织初验，在此基础上以省为单位，由省级国土资源部门组织自验。自验合格的，向国土资源部提出验收申请和自验报告。国土资源部在省级国土资源部门自验的基础上，采用全面核实与重点验收相结合的方式对项目进行全面验收。

(四) 组织学习回良玉副总理在国家农业综合开发联席会议上的讲话

通过学习，大家一致认为，新一届国家农业综合开发联席会议第一次会议是以“三个代表”重要思想和党的十六大精神为指导召开的。会议回顾总结了最近五年来农业综合开发工作所取得的成就和

经验，分析了当前所面临的新形势、新问题，同时提出了做好新阶段农业综合开发工作的要求，充分体现了党中央、国务院对农业综合开发工作的重视。

通过学习，大家一致表示要继续坚持以工矿废弃地复垦为开发工作重点的原则和“集中投资办大事、突出重点抓关键”的原则，发挥财政资金的导向作用，继续加强项目立项前的评审、执行中的监督以及对项目资金的管理，努力开创农业综合开发工作的新局面。

二、农业综合开发土地复垦项目取得的效益

2003年，农业综合开发土地复垦项目在社会效益、经济效益、生态效益等方面均取得了较好的成效。

一是通过土地复垦，已被破坏废弃的土地资源重新得到恢复利用，缓解了人地矛盾。2003年，土地复垦项目共新增耕地9 700亩。特别是一些地区采取工程措施进行复垦整治后，既使废弃土地得到了恢复利用，增加了耕地面积，又提高了土地的人口承载力，有效解决了项目区农民无地可种的问题。

二是通过土地复垦，改善了农业生产基本条件，提高了土地产出率，经济效益明显。2003年，通过实施土地复垦项目，项目区新增灌溉面积1.04万亩，新增营造林1.33万亩、水土保持林0.37万亩、经济林0.66万亩。据估算，项目全部完成后，将新增产粮食910.45万公斤、油料43.9万公斤、蔬菜425.1万公斤、肉24万公斤、水产品287.6万公斤、干草600万公斤、果品1 066.25万公斤。在一些项目区，桥、涵、闸、田间排灌沟渠基本完善配套，实现了排灌化；田间道路规范、平整，实现了四通八达；机电井设施得以配套完善；农田防护林成行、整齐，生态林、经济林成片，起到了防风、固沙和调节小气候的作用，基本达到了“田成方、地平整、渠相连、树成行、路相通，旱能灌、涝能排”的要求。

三是通过土地复垦，改善了工农关系，促进了社会安定。复垦前，由于土地被破坏，农民利益受到侵害，工农矛盾经常发生。复垦后，土地得到增加，加之配套设施完善，农民通过承包经营土地和鱼塘，发展多种经营和优质高效农业，不仅生产生活问题得到解决，还逐步走向小康，工农矛盾由此明显减少，社会稳定也有了保障。

四是通过土地复垦，项目区农业生态环境得到根本改善。项目区的土地在复垦整治前，土地高低不平，跑水、跑土、跑肥，道路不畅，桥涵断裂，农田积水，茅草丛生，沼泽成片，污水倒灌，尾矿、煤矸石堆积，粉尘飞扬，生态环境破坏和大气污染现象非常严重。实施土地复垦后，通过以平整土地、填充造地、土壤改良、增施有机肥、修砌沟渠、营造林木等工程措施和生物措施相结合的方法进行综合复垦整治，使项目区水土资源得到了合理利用，土壤肥力增强，林木覆盖率得到较大的提高，水土流失现象得到彻底根治，生态环境破坏和大气污染现象得到明显改善。

三、实施土地复垦项目采取的措施和做法

在实施农业综合开发土地复垦项目的过程中，各级国土部门把土地复垦与农村经济结构调整、生态环境建设有机结合在一起，在“坚持统一规划、统一组织、因地制宜、综合治理”这一原则的指导下，积极增加有效耕地面积，发展高产、优质、高效农业，积累了许多经验，摸索出了很多行之有效的做法。

（一）加强组织领导，健全规章制度

从国土资源部分管部领导到项目所在地的各级政府和国土资源部门，对项目建设工作都非常重视，把复垦作为为民办实事、为民造福的重点工程来抓。国土资源部主管部领导多次批示，要求加强项目的组织和管理，落实各项方针、政策。项目所在县（市、区）也都根据要求，成立了由主管领导任组长，由国土、农业、水利、林业、农业综合开发办、财政等部门有关人员组成的领导小组，负责项目的统一协调工作。国土资源部作为项目的主管部门负责项目的组织实施和监督检查，各级国土资源部门明确主管部门和专人具体负责抓落实。项目乡（镇）也成立了相应的指挥机构负责项目建设。

从而，形成了各级领导亲自抓、国土部门具体抓、有关部门配合抓、齐抓共管的指挥管理体系，对项目实施起到了积极的组织保障作用。

同时，国土资源部为加强项目的法制化、制度化管理，规范项目的组织与实施，制定了《农业综合开发土地复垦项目管理暂行办法》。各有关项目区所在地的国土资源部门结合本地实际，制定、出台了一系列有关土地复垦的政策、文件和制度，对项目申报、审查审批、计划编制、组织实施、施工批准、资金管理到竣工验收等各方面工作都做出了明确的规定，为复垦工作创造了良好的制度环境，使项目建设有法可依、有章可循。

（二）坚持统一规划，集中连片，分期分批，规模复垦

各项目区依据土地利用总体规划，同时考虑水利建设、村镇建设及矿区建设等发展规划，对复垦的土地进行统一、科学、合理的规划，明确复垦区的范围、任务、目标及利用方向等。各地将复垦作为一个总体项目，在此基础上实行一张蓝图绘到底、一次定点定位、按年度逐年分期实施、滚动向前复垦的办法，进行综合治理，形成集中连片、具有规模效益的复垦治理项目区。

（三）加大项目自筹资金的力度，保证项目建设需要

农业综合开发土地复垦项目的中央财政投入资金有限，但项目的任务重，工程多，困难大。为解决这一矛盾，各项目区按照“国家引导、配套投入、民办公助、滚动开发”的原则，采用多形式、多渠道资金投入机制，加大自筹资金的投入力度。有的采取“谁受益，谁投资”的办法，把部分土方等工程按方量折款，分解到户，实行以劳抵资，以资补劳。有的推行“先干后投，不干不投”的竞争机制，促使群众投资。有的制定优惠政策，吸引企业、个人甚至是外资进行土地复垦。由于农民群众对农业综合开发土地复垦要求迫切，积极性很高，在财政资金投入有限的情况下，自筹资金起到了添砖加瓦的作用，有效保证了项目的顺利实施。

（四）以确保工程质量为核心，搞好项目施工建设

各项目区从实际情况出发，对项目的组织、施工、检查等环节都采取了很多行之有效的管理办法。为确保工程质量，大部分项目区通过实行项目管理责任制，逐级签定责任书，层层落实；通过采用招投标制确定施工单位，保证了施工质量和建设进度；通过完善建设监理制，制定或明确了项目建设质量标准和检查办法，对土地平整、农田水利设施建设、农田防护林建设等工程的质量做出了明确的规定，并在项目的实施中加强监督检查。如黑龙江鹤岗等项目区就从林业等部门抽调专业技术人员组成技术指导小组，深入施工现场，针对施工中出现的各种问题及时进行技术指导，保证了施工质量。

（五）根据实际情况，总结复垦模式并推广应用

根据采煤塌陷区的不同情况，按照综合利用的思路，各地总结了六种复垦模式：一是多层煤回采的深层塌陷区水产养殖模式，二是潜层塌陷区复垦造地种植模式，三是煤矸石充填塌陷区覆土种植模式，四是粉煤灰充填塌陷区覆土造林模式，五是深浅交错尚未稳定塌陷区鱼鸭混养、果蔬间作模式，六是利用大水面、深水体、优水质的塌陷区发展网箱养殖和兴建水上公园发展旅游业模式。安徽淮北、山东邹城等项目区专门培养了几个建设标准高、质量好的示范点，以点带面，逐步推广。这些模式为更好地开展土地复垦工作起到了积极的指导和示范作用。

（六）依托资源优势，积极开展农业结构调整，大力发展“高产、优质、高效”农业，使农民增收致富

土地复垦项目建设，在恢复利用土地资源、增加农用地特别是耕地面积和改善生态环境的同时，还注重把提高农产品质量和效益、增加农民收入放在重要位置。根据项目区土地尚未复垦利用或未有效利用的特点及原有资源优势，通过优化配置，积极进行农业结构调整。复垦后的土地，宜耕则耕，宜渔则渔，宜养则养，宜林则林。同时，积极发展“优质、高产、高效”种植农业、特色农业和绿色有机农业，开展多种经

营。在经营管理方式上，走“公司+基地+农户”、“市场+农户”、“订单农业”、合作制、股份合作制等发展路子。例如黑龙江鹤岗项目依据自身特点，在煤矸石山上种植松树获得成功的基础上，计划下一步发展沙棘等经济作物，希望以此带动深加工产业，不仅使废弃土地得到利用，更要充分体现出财政资金的杠杆作用，切实为地方经济的发展做出贡献。

（七）引进先进技术，加强人员培训，提高科技含量

土地复垦使农业生产条件从根本上得到了改善，而要使此项开发深入进行下去，就必须加大科技的投入。各项目区除了安排专项资金用于人员的技术培训外，还坚持把提高农业科技水平、增加科技含量作为重点。如：江苏铜山聘请中国矿业大学的专家指导复垦建设；安徽淮北引进节水灌溉、立体种植等方式，开展现代农业生产；山东曲阜狠抓农业高科技成果的转化，将试验室与农田紧密结合在一起。高新技术的引进和推广，不仅使农民得到了实惠，更使农业综合开发的土地复垦项目实施起到了示范和样板的作用。

（国土资源部耕地保护司供稿，朱晓冬执笔）

国家林业局

2003年是全面落实党的十六大精神，实现“十五”计划目标的关键一年，也是贯彻新一届政府国家农业综合开发联席会议第一次会议精神，深化农业综合开发改革，加强管理的重要一年。按照国家农发办的总体部署，结合林业六大工程建设，农业综合开发林业建设紧紧围绕全面建设小康社会的目标，以农业主产区，特别是粮食主产区为重点，着力加强生态建设，提高优势林产品建设，推进农业和农村经济结构的战略性调整，努力为改善生态环境和增加农民收入做出贡献。回顾2003年，国家林业局农业综合开发工作主要完成了以下工作。

一、全面完成各项工程建设任务

（一）长江流域防护林工程

2003年农业综合开发长江流域防护林工程项目建设总规模108.48万亩，建设范围包括安徽、江西、河南、湖北、湖南5个省45个县（区）。其中营造林60.51万亩，幼林抚育47.97万亩。项目完成总投资8 625万元，其中：中央财政资金3 700万元，占42.89%；地方配套资金2 960万元，占34.32%；群众自筹资金1 965万元，占22.78%；群众投工投劳共268万个工日。

（二）太行山绿化工程

2003年农业综合开发太行山绿化示范工程项目在2002年建设的基础上缩小了投资范围，增加了单位面积的投资额度。建设范围包括太行山地区的北京、河北、山西、河南的25个县（区）。建设总规模82.3万亩，其中营造林73.95万亩，幼林抚育8.35万亩。项目完成总投资4 444.5万元，其中：中央财政资金2 000万元，占45%；地方配套资金1 700万元，占38.25%；群众自筹及其他资金744.5万元，占16.75%；群众投工投劳共311.42个工日。

（三）防沙治沙示范工程

2003年农业综合开发防沙治沙示范项目建设总规模为24.75万亩，包括河北、内蒙古、江苏、安徽、山东、河南、西藏、宁夏8个省（区）的28个县（旗、区）。其中营造林23.98万亩，种草0.77万亩。项目完成总投资6 795万元，其中：中央财政资金2 250万元，占33.11%；地方配套资金3 295万元，占48.49%；群众自筹资金1 250万

元，占18.4%；群众投工投劳共79.55万个工日。

(四) 名优经济林和花卉项目

2003年项目共涉及到23个省、自治区、直辖市的82个项目县。共完成总投资1.82亿元，其中：中央财政资金6 900万元，占总投资的37.97%；地方财政配套资金4 140万元，占总投资的22.78%，自筹资金、银行贷款和其他资金共7 130万元，占39.24%。

从项目分类来看，2003年共立项实施项目82个，投入了中央财政资金6 900万元。其中：水果类项目34个，投入中央财政资金2 870万元，占中央财政总投入的41.6%；干果类项目11个，投入中央财政资金1 030万元，占中央财政总投入的14.93%；木本油料类项目3个，投入中央财政资金240万元，占中央财政总投入的3.48%；竹类项目7个，投入中央财政资金620万元，占中央财政总投入的8.99%；花卉类项目17个，投入中央财政资金1 380万元，占中央财政总投入的20%；其他项目10个，投入中央财政资金760万元，占中央财政总投入的11%。项目建设规模共计18.52万亩，其中水果8万亩、干果2.73万亩、木本油料0.65万亩、竹类2.69万亩、药材1.33万亩、茶叶0.19万亩、花卉0.59万亩、其他2.34万亩。

二、工程建设取得显著成效

2003年农业综合开发工作取得显著成效。长江流域防护林、太行山绿化示范、防沙治沙示范工程等生态项目共新增有林地面积101万亩，扩大良种栽植面积13.84万亩；基本控制水土流失面积1 611万亩；治理沙漠化土地面积35.4万亩。新增木材蓄积32.26万立方米，增产干草321万公斤，年产经济林产品2 765.93万公斤，新增药材588万公斤，新增产值1.89亿元。

名优经济林和花卉项目新增高标准基地18.52万亩，年产水果15 625.4万公斤、干果807.5万公斤、茶油106.38万公斤、竹笋244万公斤、竹材171.35万公斤、药材901万公斤、茶叶21万公斤、切花切叶2 203.8万枝、盆栽植物600.88万盆、其他花卉2 576.2万枝。年新增总产值6.91亿元；新增利税2.76亿元，其中纯利润1.66亿元；新增固定资产1.37亿元。安排农村就业人数23.53万人。

三、强化工程项目和资金管理

按照国家农发办对农发项目要进行认真检查的要求，结合对太行山绿化项目的验收工作，2003年，国家林业局组织有关省、市林业财务管理人员，分别对山东、内蒙古、山西、河南、河北、湖南、湖北、陕西、甘肃、新疆10个省（区）38个项目县（市、旗）2000—2002年度农业综合开发项目进行了检查。其中：经济林花卉示范项目抽查了17个县（市、旗），抽查率12%；防沙治沙示范工程抽查了13个县（市），抽查率24%；长江防护林项目抽查了4个县（市），抽查率2%；太行山绿化工程抽查了4个县（市），抽查率2%。

检查结果表明，各项目区能够按照国家林业局和国家农发办联合批复的计划进行项目建设。所检查的10个省（区）都超额完成国家下达的造林任务；造林核实合格率都达到规程规范的要求；除地方配套资金外，中央财政资金都足额到位。长江防护林和太行山绿化工程的生态建设明显加快，生态效益逐步提高；防沙治沙项目效果良好，很多项目已经考虑到后续产业的开发；经济林花卉项目建设各具特色，辐射和带动作用明显，推进了农业和农村经济结构的调整，增加了农民收入。

检查中也发现各地在农业综合开发林业项目管理中不同程度地存在项目前期工作不规范、项目管理相对薄弱、个别县擅自调整计划、项目建设不完整等一些不容忽视的问题。在资金管理方面也反映出一些问题，如：中央财政资金到位迟，地方配套资金不到位，个别县擅自调整项目资金，未按规定实行资金“三专”管理（专款专用、专人管理、专账核算），县级报账制实施不理想，滞留资金，项目竣工后没有验收报告和决算等。国家林业局将针对这些问题，逐步完善制度，加强管理，不断提高项目和资金管理水平。

四、完成竣工项目验收工作

按照国家农发办验收的有关要求，国家林业

局向有关省（区、市）下发了《关于做好2003年国家农业综合开发太行山绿化工程项目验收准备工作的通知》，在省级自验的基础上，组织有关业务单位对部分重点省、市的建设项目进行了抽验。此外，配合国家农发办对北京市房山区、河北省赞皇县、山西省平定县、河南省安阳县的竣工项目进行了验收。被验单位均顺利通过国家验收。

五、加强调查研究，开展各种专题研究

按照国家农发办的要求，2003年国家林业局加强了调查研究。例如，组织了林业局规划院、林产设计院等单位和专家开展了以“关于我国经济林发展问题的研究”为题的课题研究；结合部门项目实际，研究制定了《国家农业综合开发经济林建设标准》和《国家农业综合开发花卉建设标准》。这些工作对下一步提高项目建设质量和规范项目管理将起到重要作用。

（国家林业局农业综合开发办公室供稿，王新凯执笔）

第四部分

县市农业综合开发工作交流

强化管理　创新机制
努力实现农业综合开发工作的新突破

安徽省蚌埠市农业综合开发办公室

蚌埠市农业综合开发根据新形势、新任务的要求，突出思路创新，努力发挥资源优势和比较优势，用工业化的理念实施农业综合开发，走出了一条以项目建设带动产业发展、以机制创新促进规范管理的新路子。

一、强化思路创新，以工业化理念实施农业综合开发

近年来，蚌埠市农业综合开发按照蚌埠市委、市政府提出的"以工业化理念发展农业"的基本思路，不断创新项目管理机制和运作模式，把发展工业的一整套符合市场经济的思路、途径、办法运用到农业综合开发中来。以财政投资为引导，以项目招商为手段，以"龙头建基地、基地带农户"为形式，把土地流转、结构调整、产权制度改革融为一体，取得了农业增效、农民增收、企业发展、项目创优的多重效果，较好地发挥了农业综合开发资金的效益。

一是开展项目市场化运作。蚌埠市把农业综合开发项目对外进行整体招商，用各级财政的优惠投入作引导，吸引企业、农业大户参与项目规划、建设和运营管护，最大限度地把人才、资金和科技成果集聚到农业开发领域，实现了投资的多元化，使农业综合开发项目成为全市新的投资热点和经济增长点。2002年蚌埠市农业综合开发办公室与绿雨农业公司合作开发的优质稻麦制种基地，就吸引了企业投资200多万元，不仅拓宽了筹资渠道，解决了长期困扰开发工作的农民筹资投劳难、工程建设和管护难等一系列问题，还推动了企业改制，使企业得到快速发展。

二是依法实施土地流转，推进农业规模经营。蚌埠市在实施开发过程中，牢牢把握现代农业发展的趋势和特点，积极转变观念，推动相关的农业改革，先后在项目区集中流转土地近7 000亩，加快了农业的规模化和产业化经营，推动了标准化生产，使农民、企业、市场紧密对接，农业整体效益得到进一步提升。

三是大力推进项目产权制度改革。先后对农田林网、机井、小型电站等进行承包和拍卖试点。特别是农田林网，过去由于产权不清，责任不明，树木成活率低，盗伐破坏严重。产权制度的改革鼓励农民一次性买断，收益归个人所有。这样既盘活了项目资产，弥补了配套资金的不足，又调动了农民积极性，落实了管护责任，有效地延长了项目效益周期。

二、强化项目建设，突出"按区域综合治理，按产业整体开发"

(一) 围绕产业发展，优化项目组合

长期以来，农业结构不合理，产业化程度低，是制约蚌埠市农业发展的重要因素，为此，该市农业综合开发工作在加强基础设施建设的同时，把发展高效农业，推进结构调整作为工作重点。根据项目区的实际特点，"缺什么，补什么"，合理调配土地治理、科技推广和多种经营等各类项目，努力完善项目的整体功能，发挥农业综合开发在产业建设方面的综合优势。几年来，通过大力扶持龙头企业建基地、搞加工和完善配套服务体系，产业化程度

和市场竞争力进一步提高，项目区形成了以反季节蔬菜、优质烟叶、优质花生、优质粮棉、特种水产、畜禽养殖等高效农业为特色的主导产业，以及绿雨农业公司、圣泉养殖场、固镇种羊场等一大批农业龙头企业。其中，绿雨农业公司已拥有省内最大的优质水稻制种基地，圣泉养殖场年出栏规模达到4万头，固镇种羊场采取"以场带户"的养殖方式，开展农副产品深加工，带动周边农民致富，成为推动当地经济发展的新亮点。

（二）大力整合项目，突出开发重点

2000年以来，蚌埠市按照突出重点、集中开发的思路，大力整合各类项目，减少项目区数量。要求每个县尽可能将项目集中在一个乡镇实施，并选择重点领域、重点项目进行连续投入。一是以建设高标准土地治理示范区为重点，实行高起点规划、高标准实施，综合配套，整体开发，建设了一批效益好、辐射面广的示范工程，为促进优势农产品产业带的形成创造条件。二是以支持农业产业化为重点，集中财力，支持产业带动能力强的龙头企业扩大规模，做大做强。通过项目投资来推动现有农业企业的改组、改制和兼并，并依靠龙头企业带动，加快农民致富。三是以农业招商引资为重点，按照公共财政管理的要求，积极探索农业综合开发投入机制和项目运行管理方式改革，逐步建立适应市场经济和现代农业发展规律的新型开发模式和财政支农方式。

三、加强制度建设，突出改进和完善开发机制

（一）建立科学规范的项目评估体系

一是在项目规划前，广泛征集农民的意见，了解项目区农民的开发意愿和想法，发挥农民群众的主体作用和参与意识，使规划更加贴近实际。二是制定农业综合开发中长期规划。各项目区（县）分别编制农业综合开发"十五"发展计划和2015年远景规划，明确指导思想、开发目标和实施步骤。三是从2000年开始，推行实施了项目库制度。每年由市领导小组成立考察组，聘请农、林、水等方面的专家，对申报项目进行实地考察，严格考察关。四是推行专家评审论证制度。设立专家库，成员主要由领导小组各成员单位具有中、高级职称的技术骨干、退休专家组成，每年在组织评审时，从中随机挑选。通过专家评审，及时发现和改进项目规划和设计中存在的问题，提高了科学规划水平。

（二）引入竞争机制，实行项目区竞争立项和招投标制度

市农发办先后制定了《蚌埠市农业综合开发土地治理项目承建乡镇招投标办法》和《蚌埠市农业综合开发土地治理项目工程施工招标投标实施办法》，要求在项目立项申报前，由各项目区（县）农业综合开发领导小组对有开发要求的乡镇集中组织投标、竞标，根据土地是否集中连片、开发的潜力和优势、干部群众的积极性、领导重视程度等因素综合评定打分，择优选择项目实施乡镇；在工程建设上，要求5万元以上的单项土建工程，一律公开招标，并把工程所需的主要设备、材料纳入政府采购范围；在施工队伍选择上，也严格按照招标程序，审核工程报价、施工资质、技术力量以及施工经验，避免了暗箱操作和"人情工程"。

（三）精心组织，加快项目实施进度

一是健全项目领导机构，加强对项目实施的组织协调。市领导小组成立了六个专业组，明确职责分工，理顺工作关系。二是按月召开各项目区（县）财政局局长和开发办主任会议，通报工程进度，帮助解决项目建设中的实际困难。三是加强督促检查，确保工程质量和进度的同步提高。2003年，市农发办按照上级要求，认真组织对项目的专项财务检查，对发现的问题及时通报，限期整改。市农发办还多次到各项目区（县）调研，了解项目进展情况、建设质量以及工程招标采购制度执行情况，及时纠正存在问题，有力地推动了各区（县）的项目建设。

（四）加强监督检查和工程管护

一是吸收农民代表参与工程质量监督，每个施工环节都要有农民代表、项目质检员、乡村干部共同签字，否则不予验收和报账。市农发办还定期组织对工程质量的抽查和互查。二是实行开发项目县、乡、村三级公示制，将投资规模、建设内容、建设地点、投资构成予以公告，在项目所在乡、村

张贴，自觉接受农民和社会监督。三是积极开展工程监理试点。如2002年怀远县项桥节水灌溉项目的防渗渠工程实施工程监理后，工程质量有了明显提高。

四、强化资金管理，突出安全、及时、有效的保障原则

（一）严格资金拨付程序，实行市级拨款申请制

市农发办专门印制了“拨借款申请”和“拨借款协议”，每次区（县）来办理资金，必须首先填制资金拨借款申请，列明上期拨款的去向、存款余额以及本次申请资金的计划用途，并附上相应证明。到下次拨款时，再与本次申请进行核对，经审核通过后当即签定拨借款协议，办理拨款。如审核发现存在计划外项目拨款或区（县）专户资金滞留过多等，则进一步查明情况，督促整改，从而有效地避免了项目资金的截留、滞留和挪用，实现了按计划、按合同、按进度拨款。

（二）健全财务审批手续，推行县级拨款报账制

从2000年开始，蚌埠市就进行了县级报账制的试点，制定了《蚌埠市农业综合开发项目资金县级报账制办法》。2001年全面推开后，资金报账工作不断完善。报账范围涵盖了各级财政安排的无偿资金、土地治理项目的有偿资金以及乡镇上缴专户的自筹资金。同时还建立起一整套严格的报账审批制度，对一般工程报账做到预付有合同、验收有决算、报账有申请、拨款有手续，对货物和服务采购的报账，还做到有领用物资或提供服务的证明。在报账中，各区（县）农发办通过严格审核报账凭证，控制现金支出，确保了项目资金的安全运行和有效使用。

（三）坚持“三专”管理，强化财务工作的考核奖惩

“三专”就是专账核算、专人管理、专款专用。为加强项目资金管理，市农发办不断加大对区（县）财务工作的考核奖惩力度，实行“三个挂钩”和“一票否决”。“三个挂钩”即资金管理与投资规模挂钩、与市级配套比例挂钩、与市级专项补助挂钩；“一票否决”即凡出现挤占挪用等违反“三专”管理规定的，不管金额大小，一律取消年度评优评先资格。同时市农发办还定期组织各区（县）农发办主任和财务人员相互观摩，开展财务专项评比，对管理较好的区（县）给予表彰奖励；对问题较多，管理薄弱的区（县）及时进行通报，限期整改。

五、强化内部管理，突出责任意识和服务意识

（一）完善管理制度，规范工作程序

蚌埠先后制定了市农发办岗位责任制度、服务承诺制度、下乡检查、调研报告制度、每周工作例会制度、项目资金拨付申请审批制度等一系列内部管理制度，规定办文、办事时限，明确分工，责任到人。通过制定和落实各项制度，使项目决策做到了科学、公平、透明；资金拨付做到了有依据、有审核、有批示；内部管理实现了文档管理标准化、会计核算电算化、公文办理规范化。

（二）严格目标考核，落实奖惩责任

为加强对项目全过程的管理，提高项目的经济效益，市农发办逐步推行实施了项目绩效考核制度。对每个项目从初步设计、工程建设到效益发挥，都订立了具体实施目标，明确责任人，市农发办在综合各项目特点的基础上，制定统一的考核奖惩标准，由市领导小组组织有关部门专家进行验收评定，对优秀项目的责任人给予奖励。同时还建立了工作登记考核制度，设立登记簿，将上级和本级安排的工作逐项登记，列明工作内容、部署时间、计划完成时间、责任人、实际完成时间、完成效果等，定期汇总考核。这一制度强化了责任意识，增加了工作考核的透明度和可操作性。

（三）加强宣传和调研，努力扩大农业综合开发的影响

为宣传农业综合开发的意义和成果，争取各方面的理解支持，营造良好的外部环境，全市各级农发办不断加大宣传工作力度。一是定期召开座谈会，邀请市人大代表、政协委员以及农、林、水、审计等部门负责人参加，向他们汇报工作、听取意

见，并组织到项目区视察指导。二是通过电视、报刊等媒体广泛开展宣传，先后在《中国农业综合开发》、《安徽日报》、《蚌埠日报》、《蚌埠工作》、《蚌埠财会》等国家、省、市级刊物上发表文章20多篇，撰写了多篇调研文章和信息，产生了较大影响。市委和政府主要领导在多篇调查报告上做出批示，市人大农工委还专门发来书面反馈意见对农发工作给予高度评价。三是认真办好《蚌埠市农业综合开发简报》，及时宣传开发政策和工作动态，开展专题调研，有力地推动了全市的农业综合开发工作。

扶强龙头企业　带动农民增收

河南省淇县农业综合开发办公室

淇县隶属河南省鹤壁市，多年来，在农业综合开发工作上坚持以解放思想为先导，以促进农民增收、农业增效、农村发展为目标，以扶持畜牧业为重点，以扶优、扶强畜牧龙头企业为抓手，实施全程跟踪服务、全程监督管理、全程跟踪问效，走出了一条“扶强畜牧龙头企业，带动农民增收致富”的路子。

一、突破传统扶持观念和模式，形成带动增收效应

（一）突破所有制观念束缚，围绕农民增收确定扶持对象

淇县在开发扶持和资金投向上，“不管东西南北中，咬定农民增收不放松”，对民营企业与公有制企业同等对待。在农业结构战略性调整阶段，资金的需求和供给差距很大，农业开发资金要起引导作用，只能重点扶持基础性、示范性、引导性行业和企业。农业综合开发事业的本质是代表广大农民群众的利益，服务于农民的。在解决千家万户小生产与千变万化大市场的衔接中，需要各种所有制企业和中介组织的参与，特别是需要具有竞争实力的龙头企业的带动。无论是什么类型、什么所有制性质的企业和项目，只要能够带动农民增收，就一视同仁地予以支持。

（二）突破传统扶持模式，围绕示范带动扩大增收成效

改变过去“平均分配，全面扶持，分散用力”的做法，对龙头企业择优扶持，形成典型示范，强力带动农民增收。在过去的十多年间，县农发办在项目选项上，坚持“宁可少些，确保好些”，力求扶持一个，成功一个，对于带动能力强、发展前景好的产业化龙头企业和项目，集中资金和力量进行连续扶持。1990—2003年，县农发办通过对以永达公司为代表的一批畜牧业龙头企业的连续扶持，带动全县成为了河南省的畜牧大县。在龙头企业的示范带动下，淇县畜牧业产值连续10年以年均25%的速度递增；人均牧业产值，肉蛋产量等综合指标连续13年位居全省第一；农民人均纯收入2 626元，其中畜牧收入就达1 080元，占41.1%；全县接近一半的行政村靠畜牧业壮大了集体经济，免除了集体提留；畜牧业和畜牧相关产业转化农村劳动力3.6万人，加快了全县的城镇化和农业现代化进程，实现了农民增收、农业增效、农村发展的目标。

（三）突破陈旧的经营方式，围绕扶持资金形成良性循环

计划经济体制下，“扶阿斗”式的资金投资方式不符合市场经济规律，资金难以收回，无法形成“滚动发展”的良性循环。在农业综合开发实施过程中，县农发办顺应市场经济规律和运作模式的要求，认真搞好投资的经济和社会效益回报论证工作，在坚持扶优、扶强、扶大的基础上，注重与龙

头公司建立“风险共担，收益共享”的良好利益机制，既实现了带动农民增收、农业增效的目标，又实现了开发资金的良性循环。

二、扶龙头、带基地、带农户，全力促进农民增收

十多年间，县农发办解放思想，更新观念，始终坚持“谁能带动农民增收就扶持谁，谁是优势企业就扶持谁”的原则，把项目是否带动农民致富作为项目立项扶持的重要标准。县农发办通过对永达公司连续十多年的扶持，使其迅速发展成为一家地跨鹤壁、安阳两市，吸纳农民工3 200多人，带动农户2 400多户，集种鸡繁育、饲料生产、肉鸡饲养、屠宰加工、熟食品加工、冷藏运销及商业连锁为一体的国家级畜牧龙头企业，被农业部、财政部等八部委联合命名为“农业产业化国家重点龙头企业”。

为促进企业带动农民增收，县农发办还就企业与农民的投入和利益分配机制进行了深入研究，帮助企业建立“龙头＋基地＋农户”的生产模式，实行产加销一体化经营，带动农民增收。通过十多年的实践，县农发办与永达公司一道，探索总结出了一套“农户建场，龙头承包”模式，即由村集体或农户出资（龙头企业可提供70%建场资金贷款担保），按龙头企业的统一标准建设养殖场，龙头企业承包经营，年给予基地投资额26%以上的固定回报。通过这种模式，农民在无市场风险和养殖风险的情况下得到可观收益，既壮大了村集体经济，又使龙头企业在不投入固定资产的情况下，迅速实现了低成本膨胀，实现了农民与龙头企业的“双赢”局面。目前，通过这种模式在淇县及周边县市兴建的年出栏30万只以上规模的肉鸡场已经达到215个，有效促进了农民增收和企业的发展壮大。

为确保农民增收取得实效，县农发办还及时对扶持企业进行实地调查和跟踪问效。一是就农业产业化基地的发育、经济的发展程度和产业化龙头项目的情况邀请有关专家学者进行深入的调查研究，分析利弊，确保所扶持的项目适合实际情况，能有效带动农民增收，避免决策失误。二是采取明查与暗查结合、正常检查和突查结合的办法对资金使用、项目运作、企业生产经营等情况进行实地调查和跟踪问效，确保项目开发成功。三是对农民收益等情况进行实地调查和跟踪问效，确保项目真正促农业增效，带农民增收。

扶持主导产业　提高开发效益

江苏省海安县农业资源开发局

海安县是一个传统的农业大县，栽桑养蚕历史悠久。1991年海安县被列入农业综合开发项目区后，全县紧紧抓住这一机遇，不断调整思路，在着力加强农业基础设施建设、提高农业综合生产能力的同时，根据本县的资源条件、经济技术优势和区域特色，大力扶持主导产业，推进农业产业化。近年来，全县将茧丝绸业作为重点，集中投入，连续扶持，使之成为推动农业发展的主导产业之一。在扶持茧丝绸业主导产业，提高农业综合开发效益的过程中，着力做了以下三个方面的工作。

一、抓基地建设，为主导产业发挥优势夯实基础

桑园基地建设是扶大扶优扶强茧丝绸业的基础环节。海安县农业综合开发通过两个“推进”，强化桑园基地建设。

一是推进“缩粮扩桑”，培育主导产业规模优势。多年来的生产实践表明，一般情况下，蚕桑亩收入为粮食的2—3倍，并且茧丝绸产业是全县出口创汇、财政税收的重要来源。为此，海安县把“缩粮扩桑”作为促进农业结构调整、培育主导产业的重要手段，通过规范宣传、技术培训、提供新品种桑苗、协助调整茬口等服务，积极引导农民扩大桑园规模。仅2000—2001年间，全县就扩桑近5万亩，其中农业综合开发项目区扩桑3万多亩。全县粮桑面积比为3:1，而农业综合开发项目区粮桑面积比为1.5:1。按桑田亩产茧100公斤计算，项目区通过缩粮扩桑，新增鲜茧3 000吨，蚕农可增加收入达4 000多万元。

二是推进桑园标准化建设，夯实主导产业发展基础。海安县桑园面积虽逐年扩大，但田块零星分散，插花田多，桑田土壤肥力差，桑树长势弱。加之树龄老化，病株缺棵严重，叶质差，亩产叶量低，灌排系统不配套，抗灾能力差，经济效益不够明显。为了挖掘现有桑田的增产能力，提高叶质和亩产叶量，几年来，农业综合开发加大标准化桑园建设的推进力度。先后投入1 500多万元，改造中地产桑园6万多亩。改造后的桑园，灌排条件得到改善，抗灾能力得到加强，品种得到优化，药害得到控制，产量得到提高，效益得到增加。亩产茧量比改造前平均提高30%以上，亩增效益400元以上。城东镇项目区的高庄村，亩产茧达178公斤，亩产值超过了3 000元。

在项目区的示范带动下，2002年全县18万亩桑园共发放蚕种47.5万张，产茧1.89万吨，发种量、单产均为全国第一，总产量连续22年夺得了全省之冠，10万养蚕户人均栽桑养蚕收入超千元。由于桑蚕业取得的骄人业绩，海安县被农业部、中国农学会命名为“中国茧丝绸之乡”。

二、抓龙头带动，为主导产业规模经营创造条件

一是扶持薄弱环节，提升龙头企业竞争力。长期以来海安县蚕茧收烘站一直沿用60年代的土制茧灶，设备落后，烘茧速度慢，收烘能力低，茧子受热不均，影响解舒率、出丝率和清洁度，影响蚕茧后续加工，造成鲜茧品质下降和一定程度上的资源浪费。为解决这个问题，农业综合开发将县茧丝绸集团公司现代化鲜茧处理项目列入多种经营扶持项目，投资603万元新建厂房7 000平方米，引进国内技术领先的CL－100型自动循环式热风烘茧机4组，集蚕茧收购、加工、贮藏为一体。项目建成后，经新设备烘干处理的蚕茧，可提高解舒率5%以上，提高出丝率1.5%以上，提高清洁度2分以上，满足工厂缫丝5A级以上高档白厂丝的要求，从而突破了“好茧不能出好丝”这一制约发展的瓶颈，降低了白厂丝成本，直接保证了企业增效和蚕农增收。

二是不断开发新品，扩大市场占有。过去，蚕茧的主导产品白厂丝在国际市场上一直十分畅销。近年来，随着世界经济的不景气，茧丝绸国际市场也在发生变化，白厂丝的价格一跌再跌，而且订单不足。根据市场行情的变化，农业综合开发积极引导和帮助县茧丝绸集团公司进行丝织品的深加工，开拓国际、国内两大市场。经企业研制开发的“鑫缘”牌真丝系列产品，以其高贵、典雅、保健、独特的品质内涵，清爽、自然、轻松、浪漫的流行时尚，不但受到国内消费者的青睐，而且远销欧美、日本和东南亚等20多个国家和地区。2002年，“鑫缘”被中国品牌发展促进委员会授予“中国驰名品牌”。

三是创新管理机制，增强龙头带动作用。在农业产业化经营中，龙头企业与农户的利益分配是个核心问题。只有按照“风险共担、利益共享”的原则，均衡各方利益关系，才能保证主导产业的稳定发展，不断壮大。农业综合开发注意把扶持县茧丝绸集团公司新上项目与引导创新管理相结合，引导该企业在项目区建立蚕业合作社，与蚕农签订合同，实行保护价收购，实行组合售茧、缫丝计价，给予蚕农二次返利。不仅使蚕农的利益得到了保证，而且企业也稳定了货源，提高茧质，赢得了信誉。2002年，公司实现经营销售收入3.74亿元，利税2 100万元；依托集团公司，全县实现茧丝绸产业化经营销售收入9.5亿元，利税6 000万元。全县蚕农除了通过售茧获得3亿元收入外，还从二次返利中再增加了910万元的收益。

三、抓科技开发，为主导产业提升品质增加动力

农业综合开发在对茧丝绸主导产业的扶持开发过程中，注重由资源依存型向科技依存型转变，加大科技投入，让科技发挥裂变和催化的作用，推进实用新技术的普及和应用。

一是搞好培训。根据茧丝绸产业链各个环节的不同技术要求，制定有针对性的培训计划。在栽桑养蚕方面，依靠龙头企业和项目区乡村干部和农技人员，利用广播、电视，印发宣传材料，举办培训班或直接深入农户和田间地头等形式，向蚕农宣传新技术，提高广大蚕农的科技素质。每年举办2—3期培训班，受训蚕农达5万多人次。

二是更新品种、设备。在项目区桑树品种上，积极推广叶质厚、产量高的早生桑——育71－1新品种，实施合理密植，平均亩栽桑1 200株以上，亩桑有效枝条数10 000根以上，与老品种相比，亩增桑叶30%以上，亩增效益400元以上。在蚕的品种上，项目区全面推广抗逆性强、干壳量高的优良品种。在蚕茧收烘环节上，推广自动循环式热风烘茧机；在缫丝加工环节上，淘汰立缫机，推广D301、飞宇2000型自动缫丝机；在丝织环节上，推广剑杆织机。

三是推广新技术。与南京农业大学、苏州大学等单位合作，先后引进推广了桑树嫁接一步成园技术、五龄蚕条桑斜面育技术、蚕病综合防治配套技术，推广应用了小蚕自动加温补湿器等。

全面推行县级报账制　强化资金管理

辽宁省锦州市农业综合开发办公室

辽宁省锦州市在农业综合开发资金管理上，坚持以提高资金使用效益为目的，以强化资金管理为突破口，不断完善和深化资金财务管理和会计核算，近几年，率先在全省全面推行资金县级报账制，从制度上理顺了各级各部门在项目资金管理上的职责。报账制的实施，增加了资金的透明度和规范性，有效避免了挤占挪用农发资金现象的产生，保证了中央财政资金、各级地方财政配套资金及时足额到位，同时由于减少了资金拨付环节，极大地提高了农业综合开发财政资金运转速度，提高了资金使用效益。

一、精心组织，强化基础工作，为实施县级报账制做好准备

一是认真学习报账制知识。在实行县级报账制之初，市农发办及时组织有关人员采取自学和集体学习讨论的方式，反复学习财政部《农业综合开发财务管理办法》、《农业综合开发资金报账实施办法》，省财政厅《辽宁省农业综合开发项目资金实施县级报账制暂行办法》等规章制度，掌握了解县级报账制的具体要求和操作程序。二是加强岗位培训。组织全市各项目区乡镇财政所长、农发财务人员、水利站站长参加县级报账培训班，使之了解掌握乡镇在农业综合开发资金报账工作中的职责和报账核算要求，同时还要求乡镇农发资金主管会计必须由财政所所长或总预算会计兼任。三是确保农发资金实行“三专”管理，即专人管理、专户存储、专账核算。实行国库集中支付制度，由县级财政成立会计结算中心，实行零户管理、统一结算。将农发资金原有专户撤消，使农发资金成为目前锦州市县级惟一的单独设立专户进行管理的专项资金。四是实行招投标制，规范项目资金拨借程序。对土地治理项目采用邀标方式择优选定有资质和垫付能力的

施工单位进行施工建设。填制“农业综合开发工程建设预拨款申请书”，资金经项目和资金专管员核实，农发办主任审批，并根据工程实施进度，由专户分批拨借项目建设单位。五是明确县级报账范围、要素，严格要求报账凭证。县级报账资金为各级财政用于实施国家或地方立项农业综合开发项目建设的无偿资金，各级财政有偿资金及群众自筹资金、银行贷款虽不列为报账范围，但也要由项目实施单位根据要求上报有效支出凭证的复印件，报县级农发办进行会计核算。

二、制定县级报账核算管理实施细则，使报账工作有章可循

在财政部《农业综合开发资金报账实施办法》和省财政厅《辽宁省农业综合开发项目资金实施县级财政报账制办法》所规定的基本原则和各项要求的基础上，市农发办结合本地实际，制定了《锦州市农业综合开发资金县级报账核算管理实施细则(试行)》，进一步完善了县级报账管理制度。一是划分资金管理责权范围和工作任务；二是做好报账基础工作，建立工程资金会计账簿；三是规定资金的拨借原则及要求；四是明确报账的程序和方法等。

三、加强监督检查和跟踪审计，提高县级报账运行质量

坚持对农发资金实行事前预算审查、事中严格手续、事后全程跟踪验收监督检查制度，积极配合同级审计部门实行年度验收审计。对无视财经纪律、弄虚作假以及挤占挪用资金的，除严肃查处，责令改正外，在全市范围内进行通报，结合综合因素法对其给予制裁，相应扣减下一年度项目资金。通过各种手段的综合运用，有效地减少和杜绝了农业综合开发资金使用中的各种违规违纪现象。

推行项目专管机制　把好项目管理“五关”

湖北省阳新县农业综合开发办公室

2003年，湖北省阳新县农业综合开发办公室在进一步健全农业综合开发各项管理制度的同时，推行库管员、专管员、报账员、督察员和管护员管理责任制，严把项目管理“五关”，即立项申报关、项目实施关、资金拨付使用关、工程质量监管和竣工验收关、工程管护关，强化“五员”专管职责，严格考核考评机制，效果显著。

一、推行“五员”专管机制，把好项目管理“五关”

(一) 库管员把好立项申报关

立项申报是农业综合开发项目产生和实施的前提和基础。把好项目立项申报关，既可以提高项目申报的成功率，减少人力物力资源的浪费，又为项目申报成功后的实施和项目建后效益的发挥，提供了最基本的保证。阳新县在按省、市要求建立农业综合开发项目库的同时，根据新形势配备了专门的项目库管理员，由农发办分管项目的副主任和项目股长共同担任。其职责是根据省、市要求，结合阳新县农业综合开发的整体和中长期规划，对规划项目进行立项前的可行性研究和分析，并经有关专家论证后，初步立项，入选项目库。同时根据上级农发工作的有关精神，对入库项目及时调整，确保备选项目切实可行，潜在效益显著。同时，明确规定每年农业综合开发项目的立项和申报，必须从入选项目库的项目中筛选，并由库管员把关，避免人为因素干扰和政府行为干预，坚决杜绝行政命令式的立项申

报，确保申报项目优中选优。

(二) 专管员把好项目实施关

项目实施是确保农业综合开发工作的重要一环，事关工程质量好坏和建后效益能否充分发挥。从项目实施开始，到工程全面竣工，专管员必须负全面的管理职责，包括工程施工进度、施工质量等，沟、渠、涵、闸等工程施工须按扩初设计方案进行；工程队不得逃避专管员的管理，不得擅自改变主体工程和配套工程的施工方案，在用料选材上不得偷工减料，以劣充优；工程队所有施工记录都必须有专管员签字，没有专管员签字的完工工程，农发办一律不得验收和支付工程款。专管员由项目股长担任，做到吃住在工地，以促使工程施工能够保质保量保进度，真正将农发工程建成“放心工程”和“民心工程”。

(三) 报账员把好资金拨付使用关

对于承包工程，县农发办明确要求设立专职报账员，并进一步完善和强化报账员职责，规定农业综合开发所有项目资金，都必须全部纳入报账范围。报账员必须设立报账账簿，从单项工程预决算，到建设材料的采购和用料管理，都必须全程参与，收集有关凭证和单据，进行准确、真实的记录核算，并严格按照规定的报账程序和资金审批拨付办法，做到及时、准确报账。对于未承包工程，由农发办的分管资金副主任和资金会计进行审核拨付、跟踪管理，确保资金使用效益。同时，为提高报账员素质，阳新县还定期对报账员进行业务培训，不断提高其报账的业务水平。

(四) 督察员把好工程质量监管和竣工工程验收关

根据项目工程建设实行全程质量监管和跟踪督察相结合的办法，由县农发办主任和综合股长担任督察员，其主要职责一是对专管员的专管情况进行督察；二是对工程建设的质量进行监管检查；三是对完工工程的验收进行把关，没有督察员的签字，工程验收结果无效；四是督察员对在建工程的建设质量负最后的监管职责。

(五) 管护员把好工程管护关

工程管护是工程效益能否得到顺利发挥的最后一环，也是一个最容易被忽略和不受重视的环节。因此，县农发办积极推行管护员责任制。县级农发项目管护员由综合股长担任，并将管护“关口”前移，从工程建设开始，管护工作就上马。并明确管护员的主要职责一是在建工程的建设质量管护；二是建后工程的运行管护，要定期、不定期地对乡镇管护情况进行监督检查，督促乡镇管护措施的落实和有效发挥作用，并深入项目区对镇级管护情况进行核实查证，确保桥、涵、闸、泵及田间林网等工程和设施不被毁损和破坏。同时，对完工验收合格工程，县农发办还采取了“两级管护、共同负责”的办法，即先由农发办制定管护办法和工程毁损处理、处罚等规章制度，再和项目区所在镇签订工程移交和工程承包管护合同。工程移交后，农发办仍担负监管职责，镇政府或镇农发机构具体担负管护职责，并确定具体的管护人员，报农发办备案。乡镇具体管护结果对农发办负责。

二、强化“五员”专管职责　增强主观管理责任

(一) 加强学习，提高专管员的管理水平

阳新县把组织职工学习，提高业务素质和管理水平作为农发工作的头等大事来抓，定期组织职工学习管理业务，包括报账制的报账方法、报账程序、施工管理、工程预算等。经常组织有关业务人员外出学习先进县（市）的管理经验，并挤出有限的经费，新购置了电脑等办公设备，做到人人懂电脑，个个会操作，基本实现了办公自动化，提高了办事效率和管理水平。

(二) 转变观念，增强专管人员的服务意识

农业综合开发工程从立项申报到完工后交付使用，到工程管护，每一个环节管理的好坏，都直接关系到项目运行的成败，事关农业综合开发工作的民心得失。为此，阳新县农发办在大力提高管理人员工作水平的同时，注重转变全体专管人员的工作观念，从增强服务意识入手，强化主观管理责任。通过转变观念，所有专管人员的服务意识大大增强，管理效率得到了很大的提高。

(三) 建章立制，强化职责抓管理

一是制定岗位责任制，严格考勤制度。根据主任每周安排的工作内容，各农发专管人员各负专管职责，并且实行主任值周制，即每周由农发办主任根据本周工作安排进行考勤记载，全面掌握专管人员的工作动态。二是实行责任追究制。对由于专管人员工作不力或人情因素干扰，造成专管工作失误的，一律按追究制度的规定进行处理处罚，情节严重的上报财政局处理，取消年终评先评模资格。三是严格廉政责任制。任何专管人员都不得利用专管职权谋取私利，坚决杜绝“吃、拿、卡、要”等不良行为发生。对于项目资金的拨付与使用在严格按照报账制进行审批拨付的同时，还定期联合财政局监督办、审计科和县审计局“三位一体”抓监督，确保廉政制度得到落实。

三、严格考核考评机制，确保专管工作顺利推行

县农发办根据各专管员的专管职责和专管内容，在细化、质化的基础上，再进行量化考核评分，在实行周工作制的前提下，一周一考评，一月一总结，并将考核结果作为年终评先评模的重要依据。

实行工程招投标　提高工程建设质量和水平

湖北省沙洋县农业综合开发办公室

湖北省沙洋县从2001年起，大力推行工程招投标。经过近三年的努力，探索出一套行之有效的农业综合开发工程招投标操作管理办法。2003年，沙洋县的官当镇马坪优质粮基地项目区和沈集镇王田土地治理项目区的11项工程均实行了招投标办法，县内外的16家单位参加投标，招投标额达168.62万元。通过招投标，既保证了设备和物资的质量，又减少了中间环节，节约了开支，杜绝了过去资金中途截留、挪用和工程质量低劣现象的发生，有效防止违纪违规行为的发生，谱写了农业综合开发新篇章。

一、规范程序，科学操作

县农发办按照《中华人民共和国招标投标法》和《湖北省政府采购招标投标管理暂行办法》等有关法规，根据《国家农业综合开发招投标管理暂行办法》，着力在规范招标程序上下功夫：

1.编制工程预算。招标前对所属的招标工程进行详细测算，按照国家定额，参照市场价格，编制工程预算，合理确定标的。

2.发布招标公告。以项目所在地政府名义对社会各界具有资质证书、优质证书、法人资格证书的单位或个人发出公示公告，列示招标项目、内容、形式及投标、开标时间。

3.编制招标文书。由县农发办根据相关法规，制定较为规范的招标文件。具体内容包括投标方须知、招标项目清单及技术规范、投标文件格式、合同协议格式等。

4.资质审查。通过一段时间的登记，县农发办和项目区所在地政府一起共同对投标人的资质进行认真审查考证，每项招标工程要求有3—5家单位参加竞标。资质审查包括：资质等级、经营性质、经济实力、优质证书、法人资格等情况。

5.制定评标办法。评标采取百分制，其中评标单位的资质10分、施工能力20分、承诺条件10分、工期5分、工程报价15分、报价内容质量和依据40分。

6.组建评标委员会。评标委员会由市农发办技术专家以及县计委、县财政局、县农发办、县采购办的领导组成，由县纪委对招投标全过程进行监督。

7. 确定中标单位。首先认真听取各个投标人对投标报价、工程质量、主要材料用量、服务承诺、投标保证金、优惠条件的发言，然后进行综合评分，以得分最高者为中标单位。

8. 签订承包合同。中标单位与项目区所在镇人民政府签订工程承包合同。县农发办为合同监督方，并对合同进行司法公正。

二、强化措施，稳步运作

实行“一票否决”。对未交纳履约保证金的、无施工资质以及投标文件资料不全的投标单位实行一票否决。

坚持两个原则。一是坚持公开、公平、公正的原则。凡具有水利水电施工资质的县内或县外的建筑企业和私营业主参与投标竞标不受限制，严格按招投标程序进行，避免“暗箱操作”。二是坚持保密的原则。对标的严格保密，对评标委员会的名单也要保密，严肃招投标纪律。

搞好三个结合。一是招投标与为项目施工服务相结合。投标前，县农发办组织投标单位到项目区熟悉施工环境和了解工程量，使投标单位编制标书心中有数。开标后，县农发办会同项目区所在乡镇解决好施工地段的“水、电、路”三通。施工中，及时协调好承包方与当地村组之间的关系。二是招投标与工程质量监督相结合。确定项目区所在镇工程技术人员为工程质量监理员，负责工程标准和质量的全程监理。县农发办组织专门人员，经常对施工情况进行检查监督，对工程情况随时利用《沙洋农业综合开发》简报进行通报。三是招投标与加强项目验收相结合。对招投标工程的竣工验收，先由项目区所在政府组织工程人员进行初步验收，把好质量关，对尚未达标的工程一律责令返工。其次县农发办再组织有关部门对项目工程全面验收，进一步做好工程的全面达标升级工作。最后，待国家、省、市验收合格后，由承建方、所在地政府、县农发办三方签字认可，交由当地政府使用和管护。

做到严格审批。中标工程一律按工程进度拨款，制定分期拨款计划，实行“承建者接钱，财政所报账”的核算办法。首先由承建者提出申请，填好“沙洋县农业综合开发预付工程款申请单”经镇分管领导签字把关后，报县农发办和县财政局分管领导审批，然后县农发办财会人员才能将工程款直接拨付给工程施工单位或个人，工程款不落入项目区所在地政府手中。工程支出实行县级报账制，即工程施工单位或个人首先提供原始单据交由项目区所在地财政所专业会计，专业会计通过审核整理，完备好一切手续后，填好“报账清单”再向县农发办实行报账。

三、成效明显，赢得赞誉

招投标制在沙洋县实施三年来，取得了明显成效，受到了各级领导和项目区人民群众的赞誉。

确保了工程质量。通过招投标，工程建设标准一年高于一年，工程定额测算准确，资金结算操作严格规范，加强了中标单位争创优质工程的责任感，工程质量有很大提高。

加快了工程进度。签订合同给施工单位头上加了一道“紧箍咒”，促使他们保证施工队伍稳定，技术力量强劲，大大加快了施工进度，基本上个个招投标工程按合同期限提前完工，为全面完成项目区综合开发工程争得了主动。

节约了工程资金。2003 年度，沙洋县的两个农田治理项目中标金额比标的价降了 3.8%，由县采购办定点招标采购的物资相对预算价格降低了 12.5%，大大节省了工程资金。

严格了资金拨付。首先，通过招投标，共收到项目工程投资总额的 20% 的履约保证金，该资金于工程验收后返还，减轻了资金拨付压力，使多项工程得以全面展开，加快了工程的实施。其次，资金严格控制在招投标范围内。招投标前，对工程进行了严密的设计，确保“滴水不漏”，做到工程预算胸中有数，招投标合同上对工程量也规定得清楚明白，杜绝了工程建设的盲目性，也避免了过去工程施工中随意加大工程量导致工程投资追加的现象，保证了工程拨款按计划进行。

实现了政务公开。实行招投标制，变暗箱操作为阳光操作，增强了透明度，扩大了参与度，得到了社会各界的好评和投标单位的拥护。通过公开、公平、公正竞标，让项目区工程建设接受领导和群众监督，密切了党群关系，有效地实现了政务公开。

加强建后管护　确保项目工程起长效

山东省枣庄市农业综合开发办公室

枣庄市自1988年国家立项进行农业综合开发以来，累计投入资金4.4亿元，其中土地治理项目投入资金3.1亿元，涉及滕州、薛城、峄城、台儿庄和山亭五个区（市），改造治理了一大批中低产田，相继建设了一大批农业、林业、水利等项目工程，为枣庄市农业增产、农民增收、农村稳定发挥了非常重要的作用。随着农业综合开发的不断发展，所建项目工程越来越多，工程的运行管护越来越成为保证项目工程长期发挥效益的关键因素。十几年来，为使农业综合开发土地治理项目长期发挥效益，枣庄市在抓好项目建设的同时，狠抓项目工程的管护工作，积极探索不同项目工程的管护形式，落实各种管护措施，取得了显著成效。

一、提高认识是做好项目工程管护的前提

要使农业综合开发项目长期发挥效益，建好项目只是开始，运行管护好才是问题的关键。因此，针对以往项目工程重建轻管，管理不到位，造成前建后毁，项目工程效益不能充分发挥的教训，枣庄市用事实说服、教育、帮助项目区干群提高对项目工程管护的认识，并明确要求，农业综合开发项目工程建成，管护必须相应跟上，将建成项目工程的管护作为农业综合开发的一项重要工作来抓。

二、立项规划是做好项目工程管护的关键

项目工程管护始终贯穿农业综合开发的整个过程，要使农业综合开发项目管好、用好，就必须立项准确，规划科学，设计合理。例如项目区管护房的布局，提水站管护房的设计等，在规划设计时就要考虑管护问题，能结合的尽可能结合建，以求节省投资，而不能建成以后再考虑。为此，在制定农业综合开发规划设计时，枣庄市做到理论与实践相结合，图上规划与现场勘查相结合，专家意见与农民意愿相结合。项目立项时多次请各方面的专家论证，规划设计时请有资质证书的单位承担设计任务，确保项目实用，杜绝形象工程，花架子工程，拍脑袋工程。而正是工程科学实用，使得管护项目工程成了广大农民的自觉行动，由“要我管”变成了“我要管”。

三、建好项目是做好项目工程管护的基础

要使项目管护好，长期发挥效益，项目实施是基础。在项目建设中，枣庄市农发办实行项目法人制、招标投标制和工程监理制。一是严格工程标准，严把工程质量关。枣庄市及下属区（市）都相继制定了《农业综合开发方田建设标准要点》、《农业综合开发项目水利工程施工管理办法》、《低压输水管道安装规程》、《现浇U型渠施工规程》、《预制U型渠施工规程》、《砂石山治理标准》等规章。所有项目工程严格按图纸施工，确保标准不降低，为保证工程质量，田间小型水利工程以镇（街）水利站为主成立的水利施工专业队承担施工任务，较大的水利工程由有资质证书的水利施工企业施工，农技站等由建筑公司承建。如总投资132万元的台儿庄区付庄提水站，采取招标方式确定由枣庄市水利建筑安装工程总公司施工，确保了工程质量。在项目区桥涵建设中，对个别质量差，标准低的工程坚决返工重建，绝不迁就，确保了工程标准质量。

对项目区林网建设，由镇（街）林业站负责，实行专业队统一规划，统一提供优良树种，统一栽植标准，统一专业队栽植，确保林相整齐，成活率高。二是实行项目工程责任制。市技术人员包区（市），区（市）、镇（街）技术人员实行定村庄、定工段、定工期、定质量、定奖惩“五定”责任制，增强了责任心。三是抓示范，全面提高项目的标准质量。所有林网建设、田间桥涵等水利工程建设都是先搞出样板，通过现场会等形式在项目区全面推广，以点带面，全面促进。由于工程建设质量标准高，为管好用好工程，使之长期发挥效益打下了坚实基础。

四、制定政策是做好项目工程管护的重要手段

为加强对农业综合开发建成项目的运行管护，枣庄市提出了确保管护人员、组织、制度、经费“四落实”的管护工作基本要求。一是制定了《枣庄市农业综合开发建成项目运行管护办法》，市政府出台的《枣庄市农业综合开发项目检查验收表彰奖励办法》、《枣庄市实施利用世界银行贷款加强灌溉农业二期项目的规定》、市开发办和市财政局联合制定的《枣庄市农业综合开发验收及表彰奖励办法》，都对建成项目的管护提出了明确要求。以上办法都规定，每年验收新建项目时，同时要检查验收至少三分之一已建项目的管护和效益发挥情况，并将检查验收已建项目的管护得分纳入年度验收总分，且不少于20%的权重。二是将农业综合开发项目的管护工作列入重要议事日程，市政府与各区（市）政府签订了农业综合开发项目建设与管护责任状。三是将建成项目管护工作的优劣作为下一步农业综合开发项目立项与否的重要考查内容。

五、落实措施是做好项目工程管护的保证

农业综合开发建成项目，在明晰产权的前提下，实行所有权与使用权分离的管理办法，宜统则统，宜包则包，宜租则租，宜卖则卖，宜经济自立则经济自立，使项目工程管理由行政管理型、纵向垂直管理型逐渐向利益趋动管理型、社会服务管理型、市场带动管理型、经济自立协会自主管理型转化，逐步实现以工程养工程，以项目养项目的目的。枣庄市根据项目工程的实际，采取了不同的管护措施，收到了显著效果，归纳起来主要有以下几种形式：

1. 政府为主——行政统一管理型。如滕州市级索镇经济实力强，1994—1996年第三期建设的3.5万亩项目区，在项目建成后镇政府及时下发了《关于项目区设施管理的六项规定》、《林木管理意见》等规范性文件，项目区并成立了78人的林网、道路、水利工程管护队伍，实行分段、分片、网络管理，责、权、利相结合，每人月工资60—80元，分基础工资和浮动工资两部分，项目区统一灌溉、统一对道路上砂养护，统一对林网施肥、打药。实现了管护人员、组织、制度、经费“四落实”，效果一直很好。这种形式群众省心、省事也满意。这种管理办法政府调控力度大，但镇财政每年要拿出一定资金。否则，管护人员、组织、制度就是一纸空文，建成项目也管不好。

2. 社会服务——租赁经营管理型。主要是项目区的农机站、农技站的机械、场房、门市部等。在社会主义市场经济条件下，镇（街）农技站、农机站既有社会服务功能，又存在自身发展问题。农业机械在农业生产的关键时候，镇（街）集中统一调配管理使用，农闲季节租赁出去，以增加收入。场房、门市租赁用于经营种子、化肥、农药。这种形式既统又放，既方便了生产，又增加了收入。

3. 市场带动——拍卖管理型。主要是项目区的林网和部分项目区的机电井，拍卖管理最好的还是林网。如薛城区沙沟镇项目区的林网，镇政府统一组织，以村为单位，分路段全部实行竞价拍卖，竞买者和村集体根据路段不同7:3或6:4分成，成活一年的杨树最高竞价每棵树达13.7元，竞买者和村集体现场签订合同，公证机关现场公证，责、权、利紧密相联，管护效果很好。2001年麦收期间，一农户烧麦茬时烧死了部分树木，竞买者和肇事者两家就赔偿资金数额没能达成一致意见，最后通过司法部门解决，在当地引起强烈反响。再如，台儿庄区涧头集镇小山子项目区生产路植树，镇政府统一提供树苗，按统一标准栽植，按米竞价，一

次性拍卖，每米路段竞价高达11元，村集体收回拍卖资金用于农业综合开发。拍卖后，竞买者植树、浇水，管护仔细、认真，自发在田间盖起了管护房，日夜看护。这种形式政府最省心，一次拍卖完毕，基本不要再管，管护好与否和竞买者利益最直接，管护者责任心最强。但政府一定要加强监督、协调，这一点，特别是机电井的拍卖更为重要，否则就会引发矛盾。

4. 利益趋动——承包管理型。承包管理有单户承包和联户承包两种类型。

单户承包的主要是项目区的提水站、林网、排水沟、生产路等。如峄城区阴平项目区的林网、排水沟和生产路捆在一起承包，即承包者对所承包的路段不但有使用权和树木的收益权，还有管理好所在路段生产路和排水沟的义务。树木成材后，由村负责统一办理采伐手续，所得收益承包者、村集体和树木两侧土地承包者按5:2:1.5:1.5比例分成。薛城区邹坞镇庄头村将建好的提水站承包给了责任心比较强、愿为群众服务的农户，由其负责日常维修和灌溉，该户常年吃住在提水站，广大群众也非常满意。这种形式，集体、承包者和相关农户连心连利，但政府要加强监督和协调，避免发生矛盾。

联户承包的对象主要是项目区的机电井、小型提水站等。如滕州市北辛项目区的机电井的管护，就是机电井灌溉范围内的农户联合起来，由联户推荐一名代表负责日常维修等灌溉管理工作。灌溉按时间，或按上水量收取费用。日常维修等管理费用按亩分摊，遇到问题联户协商解决，村集体一般不再过问。这其实就是农民用水者协会的前身。这种形式较民主，群众容易接受，是现阶段机电井管护的发展方向。

5. 经济自立——协会自主管理型。这种形式就是在建设好的项目区内，政府通过引导、组织，并经过一定程序成立农民用水者协会，建设经济自立灌排区，实行自主经营，独立核算，最后达到经济自立，自负盈亏的目的。滕州市的马河水库三、四支渠，台儿庄区的耿山子提水站等灌区就是采用成立农民用水者协会，建设经济自立灌排区的形式进行管理。这种管理形式，政府省心，群众满意，一次建成，长期见效，是今后工程管护发展的方向。

建立农民用水者协会　提高水利灌溉工程使用效益

湖南省岳阳市农业综合开发办公室

岳阳市地处洞庭湖与长江交汇点，水源丰富。但长期以来，由于没有缺水之忧而导致农业用水浪费严重，灌溉成本居高不下，一到春耕和“双抢(抢收、抢种)”季节，有的地方还闹出水事纠纷。针对这一情况，岳阳市在农业综合开发实施过程中，始终把改善水利灌溉条件作为重点，自1995年来每年都投入4 000多万元资金，对水利灌溉工程进行改造。这些工程竣工建成后，如何进行管护，如何提高工程使用效益的问题逐渐提上了议事日程。面对问题，岳阳市积极探索，通过建立农民用水者协会，逐步形成了群众支持协会，协会管护工程，工程发挥效益的良性循环。到目前，全市共建立农民用水者协会组织58个，其他用水者组织1 620个，涉及8个县市区的58个乡镇，475个行政村，入会农户达25万户。

一、做好三个结合，建立农民用水者协会

（一）坚持典型示范与大面积推广相结合

连续两年投入480多万元的临湘市长塘镇农业综合开发项目区，水利灌溉条件得到了彻底改善。

为了管护好这些工程，该镇通过广泛征求群众意见和总结过去的管水经验，从镇领导到群众一致认为，成立农民用水者协会管护工程是最好的办法。这样，岳阳市第一个农民用水者协会于1995年12月19日在临湘市长塘镇成立，并在民政部门办理了登记手续，取得了法人资格。在运作形式上该协会坚持四条原则：一是依法管理的原则，从本地实际出发，依照国家法律法规，维护和管理工程灌溉系统；二是非营利性的原则，协会具有法人资格，实行独立核算，在工程建成后实现经济自立，但属非营利性组织；三是自愿入会的原则，所有农民经自愿申请都可以加入协会，成为协会会员，对协会成立时未申请入会的农户，以后再申请入会的，需按规定补交前段工程的部分建设和管理费用；四是按水系管理的原则，协会按水系成立了长塘、幸福、何洞三个分会，分会内打破原有行政界线，按斗渠划分用水小组，其中长塘分会15个用水小组，幸福分会7个用水小组，何洞分会12个用水小组。这样，一个较为科学的协会组织系统对34个用水小组和2万多亩耕地的灌溉管理开始履行职责。岳阳市及时总结了长塘镇农民用水者协会的做法，在全市推介，组织全市农民代表实地参观，听介绍，看现场，并以现场做课堂，请协会主席当老师，先后有国内外100多个考察团相继赴长塘访谈，在全市产生了积极影响。

（二）坚持前期工程建设与后期竣工管护相结合

各地农业综合开发项目区农民用水者协会在工程的建、管、护方面开展了一系列工作，为当地政府分忧，为群众服务，得到了广大群众的大力支持。一是协助做好有关前期工作。临湘市长塘项目区工程建设之初，少数群众因为看不到长远利益，对工程不放心，自筹资金一直拖而不交。协会成立后，这些群众感到自己的利益能得到保障，不仅主动加入了协会，而且都积极补交了自筹资金，为工程的顺利实施提供了资金保障。二是制定协会章程。各地协会成立后，先后制定了协会章程、财务管理制度、工程管理制度、用水管理制度、奖惩制度等。如岳阳县朱仑项目区，结合灌区的实际，采取从群众中来到群众中去的办法，制定了《朱仑灌区农民用水者协会章程》，对协会的宗旨，会员的权利和义务，协会的组织制度，水费的计收与使用等事项作了具体的规定，为协会的工作提供了可靠的组织保证。三是坚持工程常年管护。农业综合开发项目水利灌溉工程竣工验收后，各地农民用水者协会相继成立了最高权威机构——协会执委会。执委会每季度组织一次工程巡查，发现问题，及时处理。项目区渠道投入季节性浇灌前和灌溉结束后，由执委会组织水管员、工程技术员对灌溉设施状况进行全面检查，及时组织力量清淤除障和维修养护；灌溉期间由执委会组织安排协会代表、水管员巡渠护堤，确保安全畅通。

（三）坚持群众监督与协会领导小组监督相结合

一是主动接受群众监督。各地农民用水者协会根据本地实际设立了代表大会制度，成立的方式是每个用水小组（约相当于一个村民小组）按灌溉面积大小，可推选1—3名用水者代表，由各用水组的代表组成协会的用水者代表大会，代表大会选举3—5人组成执委会；执委会主席是协会的法人代表。工程的管护由执委会主席负责，执委会具体组织，用水者代表执行。用水者代表大会每年至少召开两次，平时用水小组有三分之一以上会员提议，可召开用水小组会员会议；凡群众代表对工程管护和用水灌溉方面提出的意见，由本组代表汇总后，提交代表大会讨论；协会有三分之一以上代表提议时，可召开用水者代表大会特别会议。代表大会由各位代表提出意见后，有半数以上代表同意即可形成决议，并且一旦代表大会对工程管护形成决议，执委会要无条件限期保质完成，对群众提出的有关问题要限期改正。二是接受领导小组的监督。为了确保协会正常开展工作，项目乡镇还成立了工程管护协调领导小组，协助协会解决工程管护过程中的有关问题，对协会的工作依法进行监督。特别是工程管护涉及到上级主管部门、技术部门时，当地工程管护协调领导小组主动与上级部门联系，为协会的工作提供了良好的服务。

二、发挥用水者协会作用，提高工程使用效益

通过建立农民用水者协会，有效地解决了过去长期存在的建后工程管理体制不畅问题，降低了灌溉成本，提高了用水效益，对促进农业增效、农民增收起到了重要作用，有效地提高了工程的使用效益。

一是理顺了管理体制。过去是乡、村、组、户和水管部门共同管水，由于职责不明确，造成水系工程管理不善、用水混乱。成立农民用水者协会后，变多家管为一家管，理顺了管理体制。如岳阳县铁山水库推行用水者协会参与灌溉管理后，灌区总干渠和分干渠以上工程，由供水公司管理，支渠及以下渠系工程由协会和用水者管理，使专管部门和协会两个管理主体职责分明，任务明确。

二是减轻了农民的负担。过去农民交纳的水费一般每亩20—30元，并且征收水费要经过乡、村、组三级，各级搭车收费部分占水费的40%左右，农民交了许多不该交的钱，有时交了水费，由于灌水不及时，造成严重减产，农民群众意见很大。由农民用水者协会参与管理后，水费计收通过农民用水者协会直接开票收费到户。推行水务公开，按量收费，用多少水，交多少钱，向农民张榜公布，接受检查，提高财务透明度，减少了中间环节，杜绝了搭车收费现象。岳阳县西塘项目区，农民通过农民用水者协会交纳水费后，每亩减少负担11元。

三是节约了生产成本。以前农田用水由村干部组织，农民想要灌水，村干部不组织谁也没办法。现在由农民用水者协会组织灌水，协会执委会成员负责支渠的管理，一般按面积大小向斗渠配水。用水紧张时，实行分段轮灌，做到按时供水，上下游配水均匀。斗、农渠由用水组代表组织灌水，控制灌水深度和灌水质量。这种分层协调的灌水模式，减少了卡水、偷水、灌水过多过少、弃水等现象，提高了水的利用率，降低了灌水定额，节约了用水。据调查，凡由农民用水者协会管水的项目区，一般每亩水田提灌费由35—45元降至11—14元，节约成本25元左右。临湘市长塘镇过去种田每亩用水成本42—43元，且家家户户都要有抽水机，不仅不便于管理，而且有时机械出了毛病还要增加非预算开支，而现在每亩用水成本只有16元左右，平均每亩节约成本26元左右。

四是减少了用水纠纷。由于协会是农民自己的管水组织，通过协商可以有效解决用水矛盾。如岳阳县朱仑水库四新支渠是一条两个村都受益的灌渠，过去常因灌溉用水发生纠纷，造成上游漫灌、下游无水状况，灌溉秩序无法保证。成立农民用水者协会后，通过制定各项规章制度，并召开用水者代表大会广泛宣传、耐心协调，最终实现了统一管水，严格执行管水员一把锄头放水制度，先下游后上游，解决了用水纠纷。

第五部分

重要法规选编

财政部关于印发《关于改革和完善农业综合开发若干政策措施的意见》的通知

（2003 年 12 月 10 日　财发［2003］93 号）

各省、自治区、直辖市、计划单列市财政厅（局）、农业综合开发办公室，新疆生产建设兵团财务局、农业综合开发办公室，水利部、农业部、国土资源部、国家林业局农业综合开发办公室：

农业综合开发是党中央、国务院加强农业的一项重大决策，是国家支持和保护农业的重要举措，是发展农村生产力的有效途径，是提高农业综合生产能力的关键措施。进一步深化改革，完善政策，创新机制，加强管理，不断提高农业综合开发的工作水平和成效，对于解决好“三农”问题，加快农村小康建设步伐，具有十分重要的意义。

现将《关于改革和完善农业综合开发若干政策措施的意见》印发给你们，请结合实际认真贯彻落实，并将贯彻落实情况于 2004 年 2 月底之前报我部国家农业综合开发办公室。

附件：关于改革和完善农业综合开发若干政策措施的意见

附件

关于改革和完善农业综合开发若干政策措施的意见

为贯彻落实新一届政府国家农业综合开发第一次联席会议精神，进一步深化改革，完善政策，创新机制，加强管理，不断提高农业综合开发工作水平，现对改革和完善农业综合开发若干政策问题提出以下意见：

一、改革和完善农业综合开发若干政策的指导思想和基本原则

改革和完善农业综合开发若干政策的指导思想和基本原则是：以“三个代表”重要思想和党的十六大精神为指导，紧紧围绕全面建设小康社会的目标，以农业主产区特别是粮食主产区为重点，着力加强农业基础设施和生态建设，提高农业综合生产能力，保证国家粮食安全；着力推进农业和农村经济结构的战略性调整，积极推进农业产业化经营，提高农业综合效益，增加农民收入。适应社会主义市场经济、公共财政管理体制和农村改革要求，适应新阶段农业和农村经济发展需要，完善投资政策，加强科学管理，创新运行机制，不断提高农业综合开发工作水平。

二、严格控制开发范围，突出开发重点

（一）以农业主产区特别是粮食主产区为重点

农业主产区是指农业生产在全国占有重要地位，能够提供较多粮、棉、油、肉、糖等关系国计民生的大宗农产品的集中产区。我国农业发展和粮食安全主要靠农业主产区支撑。农业综合开发以农业主产区特别是粮食主产区为重点，有利于提高全

国农业综合生产能力，保证主要农产品的有效供给，增加农业主产区农民的收入。

1. 进一步界定农业主产区及粮食主产区的范围。依据各地主要农产品的产量等主要指标，并参考有关部门的界定办法与范围，确定黑龙江（含省农垦总局）、吉林、辽宁（不含大连）、内蒙古、河北、河南、山东（不含青岛）、江苏、安徽、四川、湖南、湖北、江西、新疆、广西、云南、新疆生产建设兵团等17个省级单位作为农业综合开发的农业主产区，其中前13个省级单位为粮食主产区，新疆、新疆生产建设兵团为棉花主产区，广西、云南为糖料主产区。各省（区、市）要根据本地实际情况，研究确定重点开发的市、县。

2. 进一步明确农业主产区特别是粮食主产区农业综合开发的任务。农业综合开发以中低产田改造为重点，特别是要加强基本农田保护区范围内的中低产田改造，着力加强农业基础设施建设，改善农业生产条件和生态环境，建设优质、高产、稳产、节水、高效农田，增强农业抗御自然灾害的能力，坚定不移地提高农业综合生产能力，特别是粮食生产能力，保证国家粮食安全。以市场为导向，发挥农业区域比较优势，积极培育和壮大优势特色产业，大力扶持辐射带动作用强的产业化龙头企业和与农民建立起紧密的利益联结机制的专业合作经济组织，积极推进产业化经营，促进农业和农村经济结构的战略性调整，提高农业的综合效益，不断增加主产区农民特别是种粮农民的收入。

（二）以农产品优势产区为重点，积极支持优势农产品产业带建设

1. 优势区域的农业综合开发项目县，要参照《优势农产品区域布局规划》确定本地的优势农产品和产业，紧紧围绕优势农产品产业带建设统筹安排农业综合开发项目。重点扶持优势区域内农业基础设施建设，为发展优势农产品生产提供条件。对位于优势区域内项目县申报的农业综合开发项目，在同等情况下给予优先扶持。

2.《优势农产品区域布局规划》以外的地区，也要围绕扶持具有地方特色的主导产品和产业安排项目。

（三）整合项目

1. 根据农业综合开发的主要任务，将农业综合开发项目整合为土地治理项目和产业化经营项目两类。从2004年开始，不再单独设立专项科技示范和农业现代化示范项目。同时，整合现有中央农口部门项目，原则上一个部门内只保留1—2类项目，分别纳入土地治理和产业化经营项目范畴。

2. 在两类项目中，以土地治理项目为重点，下设中低产田改造、生态综合治理、中型灌区节水配套改造三小类项目。土地治理项目必须适应优势农产品生产的要求，根据“统筹规划、集中投入、连片开发”的原则，按灌区、流域或某一相对完整连片的耕地进行全面规划，其整体建设任务可分年连续实施。项目建设要突出解决制约当地农业生产的关键障碍因素，在此基础上进行山水田林路的综合治理。严格控制项目个数，每个项目县每年原则上只安排1—2个项目。

3. 将多种经营项目更名为产业化经营项目，下设产业化龙头和多种经营两小类项目。产业化龙头项目扶持的重点是国家级、省级产业化龙头企业和农民专业合作经济组织，包括农产品加工、产地批发市场及储藏保鲜项目。多种经营项目扶持的重点是经济林及设施农业种植基地、畜牧水产养殖基地项目。

（四）严格项目县的管理

1. 对现有的项目县（含农场，下同）实行总量控制，原则上不再新增项目县。除对农业主产区少数开发潜力比较大而至今未纳入开发范围的农业大县，可作为特例予以考虑以外，今后原则上不再新增项目县。

2. 对因项目和资金管理中存在违纪违规问题，造成工作损失或恶劣影响的项目县，要视情节暂停或取消其项目县资格，并且不准因此新增项目县。

3. 允许各省（区、市）在保持项目县总数不变的前提下，采取“末位暂停”等办法，对少量项目县调进或调出，实现奖优罚劣，动态管理。

4. 建立项目县“退出”机制。对已基本没有开发潜力的项目县，要退出开发范围。

三、改革和完善资金投入政策

(一) 加大对农业主产区特别是粮食主产区的投入力度

从2004年起，每年将中央财政新增农业综合开发资金的80%以上，集中用于农业主产区特别是粮食主产区。但对列入农业主产区的省份，要根据其管理情况和财力状况区别对待。同时，中央农口部门农业综合开发项目资金也适当向农业主产区倾斜。各省（区、市）在财政资金安排上，要向重点开发市、县倾斜。

(二) 调整地方财政配套政策

1. 针对不同地区的经济实力，科学合理地确定各地区地方财政配套比例。进一步降低农业主产区和西部地区的地方财政资金配套比例，并根据各省（区、市）的财力状况区别对待。

2. 在总体调低地方财政资金配套比例的前提下，突出解决地、县两级财政困难，减轻其配套压力。取消国家扶贫工作重点县的配套任务。

3. 从2004年起，选择部分省（区）进行财政资金“倒配制”试点，即：根据试点省（区）已经安排落实的地方财政配套资金，结合贯彻落实政策制度和项目实施情况、当年项目准备情况等，确定中央财政资金投入规模。

(三) 改革和完善财政有偿资金政策

1. 调整确定各类项目的财政资金有无偿比例。土地治理项目进行的是农业基础设施和生态环境建设，提供的是公共产品或准公共产品，公益性较强，适应公共财政管理的要求，取消土地治理项目现行10%的有偿资金投入，实行全部无偿投入。中央财政有偿资金集中用于产业化经营项目，但对不同类型的产业化经营项目，也要分类确定中央财政资金的有无偿比例。适当降低种养业项目的有偿资金比例。

2. 逐步化解财政有偿资金债务风险。完善财政有偿资金呆坏账核销机制，每年根据实际发生额核销一部分呆坏账。今后不再实行延期还款，以防债务风险的积累加剧。摸清地方各级财政用垫付、抵顶等方式偿还有偿资金的实际情况，通过部分核销方式挤出已回收有偿资金中的水分，真正做到“上清下也清”。

(四) 制定和完善财政贴息政策

在农业综合开发中央财政资金中单独设立贴息资金，对产业化龙头企业利用银行贷款，给予贴息，凭利息单报账。

(五) 因地制宜制定项目建设标准，逐步提高单位面积投资标准

项目建设标准要体现南北方差异，平原、丘陵、山区的差异，不同产业发展需要的差异。逐步提高单位面积投资标准，将项目区建成适应主导产业发展需要、具有较高标准的优势农产品生产基地。允许在已建项目区的基础上重新立项，进一步重点建设适应优势农产品生产要求的基础设施。

(六) 完善农业综合开发农民筹资投劳政策

继续督促各地认真贯彻执行《国务院关于全面推进农村税费改革试点工作的意见》(国发［2003］12号）和《国家农业综合开发农民筹资投劳管理暂行规定》，及时了解政策执行情况，并进一步完善农业综合开发农民筹资投劳政策。

四、制定和完善扶持产业化龙头企业、农民专业合作经济组织政策

(一) 完善对产业化龙头企业的扶持政策

1. 采取灵活多样的扶持方式。按照龙头企业发展的实际需要、农民直接受益程度等因素，分别采取贴息、补贴、投资参股、借给有偿资金等灵活多样的扶持方式。同时，土地治理项目也要紧密围绕龙头企业进行优势农产品基地建设。

2. 明确申报条件。坚持扶大扶优扶强的原则，申报农业综合开发产业化龙头项目的企业，必须是国家级和省级产业化龙头企业。同时还需具备：有独立的法人资格；经营期2年以上，有一定的经营规模和经济实力，有较强的自筹资金能力；资产负债率小于70%，银行信用等级A级以上；开发产品市场潜力大，竞争优势明显；带动能力强，与农户建立了合理的、紧密的利益分配机制；企业建立了符合市场经济要求的经营管理机制。项目申报须附有社会中介机构出具的财务审计报告。

3. 完善监管机制。把对龙头企业的积极扶持与严格监管结合起来，加强项目立项评审工作和项目执行过程中的监管工作，防止企业多头申报项目，严防资不抵债、经营业绩不良和不能有效带动农民增收的企业，骗取国家财政资金。

(二) 制定和完善对农民专业合作经济组织和农产品专业协会的扶持政策

1. 坚持民办、民管、民受益的原则，重点扶持以产品或产业为纽带组织起来的农民专业合作经济组织。允许具有法人资格的农民专业合作经济组织作为项目主体申报农业综合开发项目，对符合立项条件的项目，要一视同仁乃至优先予以扶持。扶持的条件是：优势产业明显；具有法人资格；经营管理规范；与会员建立起紧密型的利益联结机制。

2. 对农产品专业协会，重点扶持其开展科技推广、技术培训、营销服务等；对其承担某个农业综合开发项目的技术培训、科技推广任务，允许用该项目的科技推广费给予相应补贴。

五、加强科学管理

(一) 明确各级农发办事机构工作职责

按照权责统一、分级管理、分级负责的原则，进一步明确各级农发办事机构的工作职责。国家农发办要与有关部门紧密配合，以宏观管理为主，负责农业综合开发方针政策及规章制度的制订及监督检查，组织开展重大问题调研等。地方各级农发办事机构要贯彻落实国家农业综合开发的各项政策制度，具体负责加强项目和资金的管理。

(二) 发布项目立项（招商）指南

从2004年起，国家农发办于每年上半年，向各省（区、市）发布下一年度项目立项指南，明确项目申报的指导思想、重点建设内容及其他相关要求，以利于各地组织申报项目。其中对产业化龙头项目，要通过新闻媒体向社会公布招商指南，以利于在全国范围内实现择优立项。

(三) 改革下达投资控制指标的方式

国家农发办每年分别下达土地治理项目和产业化经营项目的投资控制指标。同时，将产业化经营项目投资控制指标由指令性变为指导性，根据项目准备及评审情况，确定各地产业化经营项目投资规模。一省（区、市）指导性指标如有结余，大部分指标可在全国范围内调剂使用，少部分指标留在本省（区、市）转用于土地治理项目。

(四) 改进项目评审工作

合理划分国家、省两级项目评审权限。国家农发办负责少数重点项目的评审，其他项目均由省级农发办和中央有关部门农发办负责评审。坚持专家评审和实地考察相结合，探索项目申报单位答辩的评审新模式。按照谁评审、谁负责的原则，建立严格的评审责任制。产业化经营项目的部分评估审定权限下放到省级农发办后，必须相应完善制约监督机制。

(五) 改进项目计划审批方式

1. 国家农发办继续审批各省（区、市）土地治理项目计划，但要进一步简化审批内容。国家农发办审批少数重点产业化经营项目计划，其他产业化经营项目计划由省级农发办审批并报国家农发办备案。

2. 规范项目计划的调整事项。各级农发办事机构要切实加强项目可行性研究和评估论证工作，避免项目的调整、变更和终止等事项。如在建设期内确需调整项目计划，须按规定报经批准，由国家农发办评审的或项目财政资金超过规定额度的项目计划调整，需报国家农发办批准；由省级评审的需报省级批准并报国家农发办备案。确需调整的项目计划，最晚应在项目立项的次年6月底之前报国家农发办审批或备案，严禁随意或无限期地调整项目计划。

(六) 完善项目监管

制定并推行项目招投标制、工程监理制、项目和资金公示制、法人负责制，加强项目效益监测，利用社会中介机构（如会计师事务所）参与项目检查、验收。完善建后工程管护制度，明确产权主体和利益主体，确保工程长期发挥效益。

(七) 规范资金管理

进一步完善财政资金分配的综合因素法。各级农发办都要加强对下一级农发办工作绩效的考核，将财政资金的投入与工作绩效考核情况挂钩，向工

作先进地区倾斜。严格对农业综合开发资金实行专人管理、专账核算、专款专用。严格推行规范的县级报账制。从2004年起，对不实行县级报账制的项目县，取消其项目县资格。总结部分省（区、市）委托银行放款试点的经验，改进和完善委托放款的办法，进一步扩大试点范围。建立农业综合开发资金违纪违规资金处罚制度。

六、创新农业综合开发机制

适应社会主义市场经济和公共财政管理体制的要求，按照"国家引导、配套投入、民办公助、滚动开发"的原则，引入市场机制，利用市场手段，充分调动广大农民及社会各界参与农业综合开发的积极性，真正建立以农民为主体、政府辅助和引导、社会各方参与的运行机制。

（一）完善以农民为主体的机制

土地治理项目的确立，要以"农民要办"为前提，充分尊重农民的意愿，采用民主的方法，多与农民商量，努力把一家一户农民想办但办不了、办不好的事情，办实办好，让农民得到看得见、摸得着的利益。产业化经营项目的确立，要以能带动农民增收为前提，让更多的农民从中受益。农业综合开发项目建设，要更多地吸收农民工参与，增加农民的就业机会。项目和资金的管理，要实行公示制，自觉接受项目区农民群众的监督。

（二）完善自我积累、滚动开发机制

1. 用于土地治理项目的财政资金，总体上视为国家对农民的补助，但对有一定经济效益的机电井、苗圃及其他单项工程，要通过移交、拍卖、租赁、承包等方式，及时明晰产权，并将资产收益用于工程运行管护或继续用于滚动开发，确保项目工程长期发挥效益。

2. 产业化经营项目要积极探索经营性开发方式，即将农业综合开发财政资金以参股形式投入产业化经营项目，逐步形成用国有资产运营收益继续用于开发的自我积累、滚动开发机制。拟从2004年开始进行试点，今后要根据投资参股试点情况，逐步扩大参股试点的范围和比重。

（三）完善财政资金的引导机制

充分利用市场机制，发挥财政资金"四两拨千斤"的作用，通过扩大贴息规模等方式，吸引金融资金；凡民间资本、工商资本和外资等投入农业综合开发，兴建具有公益性和社会效益并能带动农民致富项目的，可通过补贴、贴息等方式引导和鼓励，逐步形成全方位、多渠道、多途径的农业综合开发投入格局。

（四）形成资金配合机制

积极探索农发资金、扶贫开发资金、农业生态建设、农村中小型基础设施建设等资金相互配合、统筹安排的投资机制。

七、切实加强作风建设

（一）实事求是地开展工作

各级农发办事机构要重实际，说实话，办实事，求实效，不做表面文章，坚决杜绝形象工程，要从项目区广大群众的根本利益出发，为老百姓真正办点实实在在的事。

（二）自觉接受社会监督

各级农发办事机构要采取多种行之有效的方式，如设立举报电话、举报信箱等，建立起社会各界及项目区农民群众对农业综合开发工作的监督渠道。对群众举报的问题，要高度重视，及时调查，秉公处理，并将处理结果在一定范围内公开，让群众满意。

（三）全心全意为农民服务

各级农发办事机构要努力践行"三个代表"，想群众之所想，急群众之所难，办群众之所盼，与民亲，分民忧，帮助群众解决生产当中的实际困难，让项目区广大群众切实享受到农业综合开发的成果，感受到党和政府的温暖，感受到公共财政的阳光。靠实实在在的工作，在老百姓的心中树立丰碑。

国家农业综合开发办公室关于贯彻落实《关于进一步加强农业综合开发资金管理的若干意见》的通知

（2003年6月17日　国农办［2003］165号）

各省、自治区、直辖市、计划单列市财政厅(局)、农业综合开发办公室，新疆生产建设兵团财务局，农业部，水利部，国土资源部，国家林业局：

财政部《关于进一步加强农业综合开发资金管理的若干意见》（财发［2002］25号，以下简称《意见》）下发以来，各级农业综合开发办事机构按照《意见》要求，健全制度，严格管理，进一步提高了农业综合开发资金的使用效益。但一些地方的农业综合开发资金管理工作中仍存在一些不容忽视的问题，有的问题严重影响了农业综合开发资金管理目标的实现。为切实加强和规范农业综合开发资金管理，提高资金使用效益，必须严格按照《意见》要求，管好用好农业综合开发资金。现就进一步贯彻落实《意见》精神，加强农业综合开发资金管理的有关问题通知如下：

一、严格按项目管理农业综合开发资金。各级农业综合开发办事机构要根据“按项目开发、按项目管理、资金跟着项目走”的要求，严格按照项目管理资金。凡农业综合开发办事机构未设在财政部门的，双方要相互支持，密切配合，共同做好项目的评估论证、计划管理和检查验收等工作，项目计划必须联合上报；农业综合开发资金的拨借必须依据批复的项目计划，必须落实到项目上并严格按照规定的范围使用，严禁挤占和挪用。

二、必须保证及时足额拨借农业综合开发资金。各级农业综合开发办事机构要按照有关规定，及时下拨农业综合开发资金，不得任意滞留。未经批准，不得擅自调整项目计划、任意缓拨或停拨项目资金。

三、财政无偿资金的使用必须严格实行县级报账制。要按照规定的程序和手续及时办理报账，报账凭证经县级农业综合开发办事机构审核后，县级财政部门办理报账手续。要认真审核各种报账凭证的真实性、合法性及准确性。报账资金的拨付实行转账结算，要严格控制现金支出。

四、切实加强农业综合开发资金的监管。各级财政部门、农业综合开发办事机构要定期对农业综合开发资金的拨付使用情况进行总结分析，并于每季度终了时向上级财政部门报送季度报表，年终时编报资金决算。季度报表和资金决算必须附相关的文字说明，要对资金的拨借和使用情况作出分析，及时发现问题并提出改进的意见和建议。

各地、各有关部门接到此通知以后，要按照《意见》的要求，于近期内组织开展农业综合开发资金使用、管理情况的专项检查，对发现的问题予以严肃处理，限期整改，并将检查情况以书面形式于2003年7月底之前报国家农业综合开发办公室。我办将选择部分省（区、市）对农业综合开发资金检查情况进行抽查。

国家农业综合开发办公室关于编制利用世界银行贷款加强灌溉农业三期项目建议书有关问题的通知

（2003年6月27日 国农办［2003］179号）

河北、江苏、安徽、山东、河南省农业综合开发办公室（局）、财政厅：

农业综合开发利用世行贷款加强灌溉农业二期项目即将结束，经财政部批准，国家农业综合开发办公室决定在河北、江苏、安徽、山东、河南五省继续实施利用世行贷款加强灌溉农业三期项目（以下简称世行三期项目）。现就世行三期项目建议书编制的有关问题通知如下：

一、项目内容

世行三期项目内容为农业综合开发土地治理项目，以中低产田改造为主，重点是小型水利基础设施、节水灌溉、农田林网、优势农产品基地建设及经济自立灌排区（SIDD）试点。

二、贷款分配

五省利用世行贷款19 000万美元，其中河北、江苏、山东、河南四省各4 000万美元，安徽省3 000万美元。

经济自立灌排区（SIDD）试点利用世行贷款900万美元，具体试点地区及相关政策另行通知。

三、项目县的选定

世行三期项目县必须是农业综合开发县，在项目实施期内，利用世行贷款项目县原则上不再安排其他农业综合开发土地治理项目。

四、相关政策

（一）配套资金：执行现行农业综合开发土地治理项目配套资金政策，且在项目实施期内保持配套资金比例不变。

（二）抵顶农业综合开发中央财政资金：全额抵顶农业综合开发中央财政资金。

（三）有、无偿资金比例：执行现行农业综合开发土地治理项目政策，有偿资金10%，无偿资金90%，并随其政策调整而作相应调整。

（四）投资标准：考虑到项目一定5年的不变因素，投资标准暂按500元/亩计算（含不可预见费）。

五、上报项目建议书时间

各省根据项目建设内容，结合本省实际情况，尽快组织专家编制项目建议书，并于2003年7月底前上报国家农业综合开发办公室。

国家农业综合开发办公室关于立即组织开展农业综合开发项目和资金管理大检查的紧急通知

（2003年6月30日　国农办［2003］181号）

各省、自治区、直辖市、计划单列市财政厅（局）、农业综合开发办公室，新疆生产建设兵团财务局、农业综合开发办公室，黑龙江省农垦总局农业综合开发办公室：

6月25日和6月29日，中央电视台《焦点访谈》栏目分别对江西省玉山县农业综合开发多种经营项目和山东省安丘市农业综合开发土地治理项目管理中存在的问题进行公开曝光，引起了广泛关注。为了认真吸取教训，切实改进农业综合开发管理工作，国家农业综合开发办公室决定立即在全国范围内开展一次农业综合开发资金和项目大检查。现将有关事项通知如下：

一、提高对这次大检查的认识

尽管农业综合开发项目和资金管理从总体上看是比较好的，但也确实存在着一些不容忽视的问题。玉山县和安丘市暴露出来的问题为我们敲起了警钟。这些问题如不能采取得力措施迅速有效地加以解决，必将影响农业综合开发事业的发展。因此各级农业综合开发办事机构要将这次大检查提到事关实践“三个代表”重要思想和农业综合开发事业前途命运的高度来认识，精心组织，务求实效，要以玉山、安丘问题为鉴对照检查，举一反三，深刻反思。通过这次大检查，要从政策、制度和机制上研究解决存在问题的办法，确保农业综合开发项目在农业增效、农民增收中发挥作用，确保农业综合开发的开发资金安全和有效地运行。

二、检查的内容和方式

（一）这次检查的重点是2000、2001、2002年度各类项目和资金。

项目管理检查的内容为：1.项目前期工作是否规范，如可研报告是否符合要求，项目评估论证是否符合有关规定（多种经营项目重点检查由省级审定的一般项目）。2.项目建设是否按国家批复的计划严格执行，有无擅自调整项目计划（包括地点、任务、投资等）问题；有无以旧顶新、以次充好、以虚充实等问题。3.项目建成后是否按预期设计发挥作用。重点检查建成项目有多少运转正常，效益较好；各项措施是否发挥作用，特别是示范带动作用有多大，有无“形象工程”的行为。

资金管理检查的内容为：1.是否做到按项目管理资金，按照规定的使用范围安排资金，有无挤占或挪用情况。2.是否按照规定用途及时足额拨付资金，有无迟拨、滞留不拨等情况。3.农业综合开发资金是否做到专账核算、专人管理、专款专用。4.县级报账制实施情况，是否按规定程序和手续及时办理财政无偿资金报账，有无弄虚作假、套取财政资金问题。

（二）检查采取自查和督查相结合的方式，以自查为主。对重点地、县，省级农发办要派员督查。

国家农发办也将派出工作组进行督查。地方检查结束后，财政部将组织专员办对重点地区进行抽查。

（三）对查出的问题，要分析产生的原因，提

出针对性和操作性都很强的处理意见和建议。对事实和责任清楚、性质严重的问题要依据管理权限和规定程序及时处理，并随时向国家农发办报告。对通过自查发现的问题，省级农业综合开发办事机构能够认真纠正、及时处理的，国家农发办不再处理；对国家农发办督查和专员办抽查发现的问题，国家农发办将从重处理。

三、时间安排

检查时间安排两周。从通知发布之日开始。检查结束后，省级农业综合开发办公室要将检查的情况、整改措施以及进一步改进工作的建议汇总后写成书面材料，一式10份，于7月20日前上报到国家农发办。

四、工作要求

1. 落实责任制。各级农发机构要将这次检查工作作为当前头等重要的业务工作，以对党对人民对事业高度负责的态度，抓紧抓好。省级农业综合开发办事机构要对这次检查负总责。

2. 保证检查的时间和质量。要根据省、地、县职责划分和工作内容制定出检查方案，深入到项目建设单位，不走过场，不留死角。

3. 凡农业综合开发办事机构未设在财政部门的，双方要相互支持，密切配合，不得延误工作。

国家农业综合开发办公室关于印发《农业综合开发项目调整、变更和终止有关事项的规定》的通知

（2003年7月28日　国农办［2003］193号）

各省、自治区、直辖市、计划单列市，新疆生产建设兵团农业综合开发办公室、财政厅（局），农业部、水利部、国土资源部、国家林业局农业综合开发办公室：

为进一步规范和加强农业综合开发项目管理，确保项目资金安全运行和有效使用，现将《农业综合开发项目调整、变更和终止有关事项的规定》印发给你们，请遵照执行。

2000年以来批准立项的农业综合开发项目，确需变更或终止的，可比照本规定处理。

附件：农业综合开发项目调整、变更和终止有关事项的规定

附件

农业综合开发项目调整、变更和终止有关事项的规定

一、经批准立项的项目，在建设期内确需调整其建设内容，必须在农发资金规定的使用范围内予以调整。凡建设内容调整涉及财政资金额度达到100万元以上（含100万元）的，须逐级报经国家农发办批准；低于100万元的，应逐级报经省级农发办批准（农发办与财政分设的由两家共同商定，

下同)，其中属于国家农发办评估审定项目的调整需报国家农发办备案。

二、经批准立项的项目，在建设期内由于项目申报失实、评估论证不准确、实施不力，以及市场供求和国家政策发生变化等原因，致使项目变更(指项目性质、建设地点、项目实施单位的任何一项变更）或终止的，须逐级报经组织该项目评估审定的省级农发办或国家农发办批准。所有经批准立项的项目，国家农发办经调查认定某个项目确需变更或终止，可直接作出变更、终止项目的决定或要求省级农发办进行项目变更。凡国家农发办直接认定变更或终止的项目，省级农发办要及时履行申报变更或终止的程序。

三、县级农发办在认定某个项目确需变更或终止时，至迟在一个月内向上级农发办提出正式申请，说明变更或终止项目的理由，其中项目变更的要附报变更后项目的有关资料，不得迟报或不报。经逐级报省级农发办或国家农发办批准后，县级农发办应及时将项目变更或终止的决定正式通知项目实施单位，并说明项目变更或终止的理由。

四、经批准终止项目的中央财政资金，县级农发办（或县财政局）须在收到项目终止正式通知一个月内逐级上缴国家农发办。地方财政配套资金的收缴方式和时限由省级财政部门确定。

五、终止或变更调下的项目，其已发生的有关费用支出，原则上由项目实施单位自行负担。

六、各级农发办要切实加强项目可行性研究和评估论证工作，避免项目的调整、变更和终止。项目一经确定要严格执行，未按规定报经批准，不得擅自调整、变更和终止项目。

七、本规定自颁发之日起实行。以前有关规定与本规定有抵触的，一律以本规定为准。

国家农业综合开发办公室关于2000—2002年竣工项目验收的通知

(2003年8月15日　国农办［2003］201号)

各有关省、自治区、直辖市、计划单列市、新疆生产建设兵团财政厅（局)、农业综合开发办公室，水利部、农业部、国家林业局农业综合开发办公室：

根据《关于农业综合开发的若干意见》（国办发［2002］13号）和《国家农业综合开发项目和资金管理暂行办法》（财发字［1999］1号）等规章制度，现将2000—2002年农业综合开发竣工项目验收工作的有关事宜通知如下：

一、验收范围与依据

今年国家组织验收的农业综合开发项目，包括2000—2002年国家投资立项且已竣工的农业综合开发土地治理项目、多种经营项目、科技示范项目和中央农口部门项目。

验收的依据是国家规定的农业综合开发方针政策、规章制度、项目建设标准和相关部门行业规范，各类项目计划的批复及调整备案文件，以及按计划批复编制的项目扩初设计。

竣工项目验收实行自下而上、分级管理。国家验收在省级农发部门验收合格的基础上，进行重点抽验，抽验地（市）1—2个，抽验县比例为应验收县的10%左右。今年验收的时间在8、9、10月份进行。

二、验收内容

(一）农业综合开发土地治理、多种经营和科技示范三类竣工项目均应验收的主要内容

1. 项目前期准备情况。包括核查项目建议书、可行性研究报告、项目实施计划、项目扩初设计或项目实施方案、项目年度计划等。

2. 项目计划完成情况。包括核查批复的各类项目计划任务完成情况、项目工程建设质量情况和农民投工投劳情况。

3. 项目管理运行机制情况。包括项目管理制度建设、管护措施落实、项目产权登记或移交及档案管理情况等。

4. 项目建后的社会、经济和生态效益情况。重点检查项目改善农业基础条件和生态环境，推进农业结构调整，发展优势农产品的示范带动作用和增加财源及促进农民增收情况。

5. 中央财政资金、各级地方财政配套资金到位、拨付与使用情况，银行贷款、集体和农民自筹资金的到位与使用情况。

6. 资金实行专款专用、专账核算、专人管理情况以及县级报账制等财务规章制度及审计制度的贯彻执行情况。

7. 农业综合开发事业费、前期工作费和科技推广费的安排、使用和财政有偿资金的借出情况。

（二）土地治理竣工项目应增加验收的内容

1. 水利、农业、林业、科技等各项措施的综合配套治理情况。

2. 水利工程特别是水源工程是否满足设计要求。

3. 推广的各项农业技术是否先进适用，对农民的技术培训是否真实。

4. 林业措施的农田防护林网面积是否达到设计要求。

（三）多种经营竣工项目应增加验收的内容

1. 专家对项目可行性研究报告审定中所指出问题的改进情况。

2. 项目建设规模、品种、服务体系、基础设施（含土建工程）、设备完成的数量和质量情况。

3. 企业经营状况及产品的质量和效益情况。

4. 财政无偿资金的管理和使用情况。

（四）科技示范竣工项目应增加验收的内容

1. 新品种、新技术、新工艺的引进和推广情况。

2. 技术服务体系的建设和科技培训完成情况。

3. 项目实施后的示范、推广和辐射效果。

4. 财政无偿资金的管理和使用情况。

（五）中央农口部门竣工项目验收内容比照国家农业综合开发相应项目类别

三、验收组织

竣工项目验收实行分级负责制。省、市级农发部门对自验结果负责，国家农发办对重点抽验结果负责。

（一）今年竣工项目验收采取直接组织验收或委托验收的方式进行。直接组织验收是指国家农发办组织验收组对被验收单位进行验收；委托验收是指国家农发办委托某省（自治区、直辖市）对被验收单位进行省际间交叉验收。

（二）国家直接组织的验收组，组长原则上由国家农发办和评审中心处级干部担任，成员从国家农发办内部或“农发系统专业技术人员库”和“农业综合开发专家库”中挑选财务、水利、农业和林业等方面的专业技术人员组成。

（三）委托验收的验收组，组长原则上由省级农发办主任担任，成员由省级农发办按各类专业技术人员齐全的原则确定，并报国家农发办备案。

（四）国家对每个重点抽验县一般抽查2个以上土地治理项目和1个以上多种经营项目，并做到实地检查和账务核查相衔接，一般每个县验收时间为3天左右。

四、验收评价

今年国家组织的验收将根据被验单位和抽验项目县的实际情况对总项目给予优秀、合格、基本合格或不合格四种评价。

（一）被评为“基本合格”以上的单位，要同时具备以下条件：

1. 按国家农发办规定时间做好验收准备并报送申请验收资料。

2. 规章制度健全，文档资料保存完整，项目前期准备工作充分，按批复的项目计划科学编制扩初设计或实施方案。

3. 严格执行国家批复的项目计划，没有越权调整项目计划现象，完成或超额完成项目投资和建设任务，工程质量较好，工程管护制度落实，工程完好率达到90%以上。

4. 治理措施得当，有效排除制约农业生产的主要障碍因素，项目区农业生产能力明显提高，经济、社会、生态效益显著。

5. 各级财政按国家规定足额落实财政配套资金，并根据实际工作需要在预算上安排与工作任务相适应的农业综合开发事业费。

6. 资金管理规范，拨付及时到位（从省到县不超过一个半月），无白条入账和大额现金支付工程或物资款现象。

7. 按规定落实财政有偿资金债务，无滞留、抵顶和挪用项目资金现象。

8. 验收统计报表数据真实、准确，同抽验结果基本一致。

（二）验收组根据对被验收省的总体评价，以打分的方式确定验收合格等级：90分以上为优秀；70—90分之间为合格；60—70分之间为基本合格，60分以下为不合格。

（三）被验收单位同时存在下列情况的，评为“不合格”：

1. 未经国家农发办批准同意，不能按照规定时间完成项目验收准备工作，以致不能按时报送申请验收资料。

2. 无项目扩初设计或实施方案，项目投资或建设任务完成不足85%，工程质量较差，管护制度不落实，完好率低于90%。

3. 各级财政配套资金完成不足应配套资金80%，未在预算上安排农业综合开发事业费。

（四）被验收单位存在下列情况之一的，且在今年项目和资金大检查中未发现或发现后没有予以纠正，直接评为不合格：

1. 未经国家农发办批准或备案，越权擅自调整项目计划。

2. 挤占、挪用项目资金100万元以上（含100万元）。

3. 用当期财政资金抵顶以前年度应归还的财政有偿资金。

4. 不与验收组积极配合，拒绝向验收组提供银行对账单等会计原始凭证等。

（五）国家根据对省级、抽验地（市）级和重点抽验县情况，对被验收单位总项目情况做出综合评价。对抽验全部合格或整改后全部合格的，颁发验收合格证书；对于省、地（市）和重点抽验县有一级不合格的，确定为不合格。

五、验收奖惩

（一）国家对验收合格的单位进行评比，成绩突出的，除通报表扬外，还将作为资金分配的重要因素之一，相应增加中央财政资金的投资额度。

（二）国家对于验收不合格的单位，除要求限期整改并予以通报批评外，将根据不同情况，酌量扣减下一年度的中央财政投资控制指标。

1. 对于擅自调整项目计划的，按所调整项目的财政资金数额扣减下一年度财政资金投资控制指标。

2. 对于工程质量较差（没有达到设计要求，明显存在偷工减料现象和工程损坏严重等）或无特殊情况未能按期完成项目建设任务的，按应分配资金的10%扣减中央财政投资控制指标。

3. 挤占和挪用项目资金的，予以通报批评，追回被挤占、挪用的项目资金，并按违规资金额度的三倍扣减下一年度财政资金投资控制指标。

单个项目挤占、挪用项目资金100万元以下的，暂停项目县资格；超过100万元的（含100万元），取消项目县立项资格。

4. 未按国家规定完成地方各级财政配套资金，低于应配套金额95%的，予以警告或通报批评；低于应配套金额90%的，予以通报批评，同时按不足部分的50%扣减下一年度中央财政资金投资控制指标。

5. 用当期中央财政资金抵顶到期应偿还的中央财政有偿资金，造成项目空转的，予以通报批评，并按抵顶资金总额扣减下一年度中央财政资金投资控制指标；未影响项目正常实施的，予以通报批评，并按抵顶资金总额的50%扣减下一年度中央财政资金投资控制指标。

（三）对于经过整改仍被评为“不合格”的单位，暂停立项，限期全面整顿。

六、相关要求

各地要高度重视今年的验收工作，充分认识验收工作的重要性。要坚决克服“厌战情绪”，不要认为大检查已经把问题查的差不多了，验收工作应付一下就行了。各地要把这次验收工作作为大检查工作的继续，进一步查找项目和资金中存在的问题和不足，落实整改措施。要以对农业综合开发事业高度负责的精神，严格按国家的有关规定，认真、扎实地做好验收工作，确保验收工作收到实效。

国家农业综合开发办公室关于利用世界银行贷款加强灌溉农业二期项目竣工验收的通知

（2003 年 11 月 19 日　国农办［2003］259 号）

河北、江苏、安徽、山东、河南省农业综合开发办公室（局）、财政厅：

根据《利用世界银行贷款加强灌溉农业二期项目管理暂行办法》、《利用世界银行贷款加强灌溉农业二期项目工程项目管理暂行办法》以及《国家农业综合开发项目和资金管理暂行办法》等规章制度，国家农业综合开发办公室拟于 2003 年 12 月，对利用世界银行贷款加强灌溉农业二期项目（以下称世行二期项目）进行竣工验收。现将验收工作的有关事宜通知如下：

一、验收依据及方式

项目验收的依据是国家农业综合开发方针政策、规章制度、土地治理项目建设标准和相关部门行业规范，项目可行性研究报告和项目年度计划批复文件，项目评估报告，项目中期调整计划，以及我国政府与世界银行签订的世行二期项目《贷款协定》和《项目协定》。

项目验收方式实行自下而上，分级管理。地（市）级农发部门对所有项目县进行全面验收；省级农发部门在各地（市）全面验收的基础上，抽查验收不少于 50%的项目县；国家农发办在省级农发部门验收合格的基础上，重点抽验 3—5 个项目县。

二、验收内容

（一）投资计划和开发任务完成情况

1. 投资计划完成情况。包括世行贷款、地方各级财政配套资金和自筹资金（农民自筹和投劳折资）的到位及完成情况。

2. 开发任务完成情况，即中低产田改造面积完成情况。

（二）工程建设和质量情况

1. 水利方面：项目区总体工程规划和布局情况以及工程质量，包括开挖渠道、节水工程、渠系建筑物、泵站、机井和农村道路。

2. 农业方面：项目区整体状况和建设质量，包括土壤改良、病虫害综合防治、农村社会化服务体系建设。

3. 林业方面：项目区整体状况和防护林质量情况。

（三）项目和资金管理情况

1. 资金管理：包括各项财务管理规章制度和审计制度的建立和执行情况、“三专”执行情况、世行贷款报账与拨付情况、有偿资金债务落实情况、项目资金的使用情况等。

2. 采购管理：包括采购方式、采购程序、合同执行以及采购物资的质量和管理情况。

3. 组织机构管理：包括组织机构建设、管理信息系统运行情况和档案管理情况。

4. 建后管护：包括建立运行管护机制、制定管护办法和落实管护资金情况。

（四）项目效益情况

包括经济效益、社会效益和生态效益。重点检查农业生产基本条件改善情况、农业综合生产能力提高情况以及农民增收情况。

三、验收组织及程序

（一）各省上报验收申请报告，同时按国家农发办要求的格式上报省级验收报告、附表及各项专题报告。

（二）国家农发办直接组织验收组，组长由国家农发办或评审中心熟悉世行项目的处级干部担任，成员从5省或有关部门抽调熟悉财务、采购、水利、农业和林业等方面的专业技术人员组成。验收工作分两组进行，一组验收河北、河南两省，另一组验收江苏、安徽、山东三省。

（三）验收组出发前，国家农发办按规定采取随机抽样的方式，统一确定重点抽验县（市），原则上重点抽验县一经确定，不得更改。

（四）验收组工作程序如下：

1. 听取被验收单位有关情况汇报。

2. 查阅文档资料，全面了解项目执行情况。

3. 审查资金活动的真实性、合法性及使用结果。

4. 实地查看项目工程建设情况。

5. 访问农户。

6. 与被验收单位交换意见。

（五）每个县验收时间为3天左右。

四、验收评价

（一）验收组根据对被验收省的总体评价，以打分的方式确定验收合格等级：90分以上为“优秀”，70—90分之间为“合格”，60—70分为“基本合格”，60分以下为“不合格”。

（二）国家农发办根据验收情况，对被验收单位总项目做出综合评价。对验收合格的省份颁发“验收合格证”，对存在问题的省份提出限期整改要求并对整改落实情况进行复查。

五、相关要求

各地要高度重视世行二期项目的验收工作，充分认识验收工作的重要性。要以对农业综合开发高度负责的精神，严格按国家的有关规定，认真、扎实地做好自验收工作，并于11月30日前将申请验收材料上报国家农发办。

附件：利用世界银行贷款加强灌溉农业二期项目验收评分标准

附件

利用世界银行贷款加强灌溉农业二期项目验收评分标准

一、评分办法

1. 评分采取百分制

验收评分采取百分制，分省、地、县三级，省级占30分，地级占10分，县级占60分。

三级统一采用百分制评分，按权重折算。省、地不涉及的项目内容按满分计算。

2. 计分采取累扣法

在各项验收内容确定的标准分内，按评分标准累计扣分。每项内容的最低分为零分。

二、评分标准

（一）投资计划和开发任务完成情况（20分）

1. 投资计划完成情况（10分）

（1）世行贷款（2分）

(2) 各级地方财政配套资金（4分）：未足额落实的，每差一个百分点扣1分。

(3) 自筹资金（4分）：自筹资金无据可查的，扣2分。自筹资金虽有据可查但未足额落实的，每差一个百分点扣0.5分，最多扣2分。

2. 开发任务完成情况（10分）：所完成中低产田改造面积少一个百分点的扣2分，扣完为止。如发现有以旧顶新、以虚充实情况的扣10分。

（二）工程建设和质量（35分）

1. 水利（17分）

(1) 项目区总体工程规划和布局（5分）：布局不合理的扣5分。

(2) 工程质量（12分）：包括开挖渠道、节水工程、渠系建筑物、泵站、机井、农村道路等，有一项措施工程完好率低于95%或未达到建设标准的，扣1分。

2. 农业（11分）

(1) 项目区整体状况（5分）：有一项达不到建设标准的扣1分。

(2) 建设质量（6分）：包括土壤改良（平地、深耕、秸秆还田、平衡施肥等）、病虫害综合防治、农村社会化服务体系建设等，有一项措施未达到建设标准的，扣1分。

3. 林业（7分）

(1) 整体状况（3分）：有一项措施达不到建设标准的扣1分。

(2) 防护林（4分）：林木存活率高于85%的，得3分，低于85%的，少一个百分点扣1分。

（三）项目管理（45分）

1. 资金管理（26分）

(1) 各项财务管理规章制度和审计制度的建立和执行（4分）：各项财务管理规章制度和审计制度健全且执行情况良好的，得4分，反之扣4分。

(2) 执行“三专”（8分）：执行“三专”情况良好的，得7分；执行不规范的，扣4分；未执行的，扣8分。

(3) 世行贷款报账与拨付（2分）：在规定时间内完成世行贷款报账且及时拨付的，得2分；未在规定时间内完成世行贷款报账，或完成报账，但资金拨付滞留超过3个月的，扣2分。

(4) 财政有偿资金债务落实（2分）：有偿资金债务未落实的，扣2分。

(5) 挤占、挪用项目资金（8分）：有挤占、挪用配套资金10万元以下的，扣4分；10—100万元的，扣8分。

(6) 大额现金支出（2分）：发现现金支出在2万元以上（包括2万元）的，扣2分。

2. 采购管理（8分）

(1) 采购方式（2分）：采购方式符合规定要求的，得2分，反之扣2分。

(2) 采购程序（3分）：采购程序全部符合要求的得3分，有一项程序未达到要求的扣1分。

(3) 采购物资质量和管理（3分）：专门针对采购物资管理制定了相应办法，采购物资质量良好且管理得当、无倒卖现象的，得3分，有一项指标未达到要求的扣1分。

3. 组织机构管理（4分）

(1) 机构建设（2分）：机构健全且人员配备合理的，得2分，反之扣2分。

(2) 管理信息系统使用（1分）：管理信息系统运行良好且明显提高工作效率的，得1分，反之扣1分。

(3) 档案管理（1分）：档案资料完整且装订整齐，并便于查找的，得1分，有一项未达到规定要求的，扣0.5分。

4. 建后管护（7分）

(1) 建立运行管护机制（包括SIDD）（5分）：已建立运行管护机制且运行良好的（建立SIDD的，包括安装量水设施），得6分；没有建立运行管护机制的，扣5分；已建立机制但运行不佳的，扣3分。

(2) 管护制度（1分）：制定详细管护办法的，得1分，反之扣1分。

(3) 落实管护资金（1分）：切实落实管护资金的，得1分，反之扣1分。

（四）特殊情况

被验收单位存在下列情况之一的，直接评为不合格：

1. 未按照分级管理权限，擅自调整项目计划未经国家农发办批准或备案。

2. 挤占、挪用项目资金100万元以上（含100万元）。

3. 用当期财政资金抵顶以前年度应归还的财政有偿资金。

4. 采取虚报冒领手段，套取世行项目资金。

5. 不与验收组积极配合，拒绝向验收组提供会计原始凭证等。

三、等级评定

各省总得分为省级得分、抽验地（市）级和县级各自平均得分之和。根据各省的最后得分，验收评定分为四种，即优秀、合格、基本合格和不合格。

利用世界银行贷款加强灌溉农业二期项目验收评分表

验收内容			标准分	验收组评价	得分
投资计划和开发任务完成情况（20分）	投资计划完成情况（10分）	世行贷款	2		
		各级地方财政配套资金	4		
		自筹资金	4		
	开发任务完成（10分）	中低产田改造面积	10		
工程建设和质量（35分）	水利（17分）	项目区总体工程规划和布局	5		
		工程质量，包括开挖渠道、节水工程、渠系建筑物、泵站、机井、农村道路	12		
	农业（11分）	整体状况	5		
		建设质量，包括土壤改良（平地、深耕、秸秆还田、平衡施肥等）、病虫害综合防治、农村社会化服务体系	6		
	林业（7分）	整体状况	3		
		防护林	4		
项目管理（45分）	资金管理（26分）	各项财务管理规章制度和审计制度的建立和执行	4		
		执行“三专”	8		
		世行贷款报账与拨付	2		
		有偿资金债务落实	2		
		挤占、挪用项目资金	8		
		大额现金支出	2		
	采购管理（8分）	采购方式	2		
		采购程序	3		
		采购物资质量和管理	3		
	组织机构管理（4分）	机构建设	2		
		管理信息系统使用	1		
		档案管理	1		
	建后管护（7分）	建立运行管护机制	5		
		管护制度	1		
		落实管护资金	1		

国家农业综合开发办公室关于2000—2002年国家农业综合开发竣工项目验收通报

（2004年1月18日　国农办［2004］9号）

各省、自治区、直辖市、计划单列市农业综合开发办公室，新疆生产建设兵团、黑龙江农垦总局农业综合开发办公室，水利部、农业部、国土资源部、国家林业局农业综合开发办公室：

2003年8—11月，国家农业综合开发办公室（以下简称国家农发办）组织验收组，通过直接验收和省际间互验等方式，对黑龙江、辽宁、大连、吉林、江苏、浙江、宁波、安徽、新疆、西藏、厦门、深圳等12个省（区、市）2000—2002年地方农业综合开发项目和水利部农业综合开发水利骨干工程项目及国家林业局农业综合开发太行山绿化项目进行了验收。此外，委托财政部驻地方财政监督专员办事处对河北、河南、山东省2000—2002年农业综合开发项目进行了验收。

从验收情况看，本期项目基本完成了国家农发办批复的各项投资及建设任务，改善了当地农业生产条件和生态环境，进一步优化了农业结构，促进了农民收入的增长。但验收中也发现各省（区、市）在项目、资金管理水平上还存在较大差异，个别地方还存在一些严重问题。现将验收情况通报如下：

一、按照国家农业综合开发竣工项目验收评分标准，2000—2002年竣工项目被评为“优秀”的省（市）有黑龙江省、江苏省、浙江省和宁波市，予以表扬。

二、安徽、厦门、吉林、西藏、新疆、河北、河南、山西和四川等9个省（区、市）配套资金不到位，且低于应配套资金的90%，予以通报批评。

三、大连市滞留中央财政有偿资金762万元，其中金州区484万元、甘井子区92万元、普兰店市186万元；厦门市滞留中央财政有偿资金780万元，其中土地治理项目612万元、多种经营项目168万元；吉林省白城市洮儿河灌区续建工程项目滞留中央财政有偿资金180万元；内蒙古自治区元宝山区高新科技项目滞留中央财政有偿资金28万元；河南省社旗县滞留中央财政有偿资金21.5万元。上述省（市）违反了《农业综合开发财政有偿资金管理暂行规定》第二十二条的要求，予以通报批评，限期2004年3月30日以前拨借滞留的中央财政有偿资金并认真落实债务责任，逾期未借出的，中央财政将有偿资金和占用费如数收回。

四、河北省三河市420.28万元有偿资金、丰润区204万元有偿资金，缩短借款期限；山东省提前回收有偿资金7 875万元，其中省本级7 510万元、潍坊市68万元、临沂市331万元；大连市在已投放的有偿资金借款期限上，存在提前2至3年回收的现象，全市3年累计提前回收有偿资金3 858万元；贵州省湄潭县高新科技项目提前1年回收有偿资金240万元；辽宁省沈阳市于洪区高新科技项目提前回收有偿资金120万元。上述省（市）违反了《国家农业综合开发项目和资金管理办法》第三十四条的规定，予以通报批评，并尽快将提前收回的中央财政有偿资金及占用费如数上缴中央财政。

五、西藏自治区拉萨市城关区调整项目计划涉及金额517万元，河南省社旗县调整项目计划涉及金额123.5万元，山东省东营市调整项目计划涉及金额2 116万元、寿光市调整项目计划涉及金额216.45万元，四川省犍为县水利骨干工程项目调整项目计划涉及金额233.13万元，违反了《国家农业综合开发项目和资金管理办法》第三十六条的规定，按照“资金分配综合因素法”扣减河南、山东和水利骨干工程项目2004年度中央财政资金投资控制指标（西藏自治区实行定额投资控制指标）。

六、安徽省、深圳市、吉林省、新疆维吾尔自治区以及山东省项目存在的尾欠工程，必须于2004年5月31日前完工，如逾期未完成，将根据国办发［2003］201号文件中“无特殊情况未能按期完成项目建设任务的，按应分配资金的10%扣减中央财政投资控制指标”的规定处理。

七、河北省廊坊市挤占项目资金3万元、怀来县挤占项目资金6万元；河南省南阳市挤占、挪用项目资金17万元；山东省招远市挤占、挪用项目资金23万元，宁津县挤占项目资金5万元，广饶县挤占、挪用项目资金33万元；贵州省湄潭县等挤占、项目资金4万元。按照国办发［2003］201号文件规定，对河北、河南、山东和贵州省予以通报批评，被挤占、挪用的项目资金在3月底之前限期追回。同时，国家农发办将按各省违规资金额度的3倍扣减2004年度中央财政资金投资控制指标，其中河北省扣减27万元、河南省扣减51万元，山东省扣减183万元，贵州省扣减12万元。

八、山东省苍山县用2002年多种经营项目财政资金抵顶苍山海都公司2000年多种经营项目到期有偿资金和占用费157万元，而且在2000—2002年项目投资中弄虚作假，实际仅完成投资2 181万元，占计划的66.4%；××公司2002年蔬菜脱水及速冻产品加工项目至检查时尚未开工；海都食品公司2000年多种经营项目实际完成投资95万元，仅占计划的34%。鉴于苍山县本期农业综合开发工作中存在问题较多，已严重影响到项目的正常实施和投资计划的完成，根据《国家农业综合开发办公室关于暂停或取消农业综合开发项目县资格的暂行规定》（国办发［2003］217号），暂停苍山县项目县资格一年，对项目和资金管理情况进行全面整顿。

各有关省（区、市）要以国家验收为契机，进一步检查、纠正项目和资金管理中存在的问题，加强项目前期工作，做到科学立项，加快资金拨付进度，确保项目施工顺利进行。同时，严格执行“三专”和“县级报账制度”，加强资金的监督使用。其他各省也要引以为戒，避免发生类似问题。

各有关省（区、市）对验收中查出的问题，要进行认真整改，并将整改情况于今年3月底前报国家农发办。今年国家农发办将通过专项检查等方式进行抽查，对于整改不到位、措施不力的，将严肃处理。

特此通报。

国家农业综合开发办公室关于2004年农业综合开发产业化经营项目申报有关事宜的通知

（2004年1月19日　国农办［2004］10号）

各省（区、市）农业综合开发办公室（局）、财政厅（局），新疆生产建设兵团农业综合开发办公室、财务局，农业部、国家林业局农业综合开发办公室：

现就2004年农业综合开发产业化经营项目申报事宜通知如下，请按照本通知要求和国家农业综合开发办公室（以下简称国家农发办）下达的产业化经营项目指导性投资控制指标，抓紧项目的前期准备和申报工作。

一、项目名称

从2004年起，农业综合开发多种经营项目更名为农业综合开发产业化经营项目，下设产业化龙头和多种经营两类项目。产业化龙头项目包括与优势产业和优势农产品产业带建设相关的农产品加工、储藏保鲜、产地批发市场等；多种经营项目包括经济林及设施农业种植基地、畜牧水产养殖基地等。

二、扶持的基本原则

把增加农民收入作为扶持产业化经营项目的根本出发点和落脚点。通过扶持具有明显资源优势的多种经营项目，扶持联结基地和农户的农业产业化龙头，积极发展农业产业化经营，推进农业和农村经济结构的战略性调整，提高农业综合效益，促进农民增加收入，推动农村小康社会建设。

三、扶持的重点产业

要参照农业部《优势农产品区域布局分品种规划》、国家林业局《全国经济林和花卉产业规划》和《农业综合开发多种经营项目指导意见》，根据本地的资源优势，确定重点扶持的优势产业。要紧紧围绕优势农产品基地建设，发展优势农产品加工、储藏保鲜和产地批发市场。

四、扶持的对象

多种经营项目扶持的对象，包括农民专业合作组织、农户联合体、种养大户及龙头企业等。产业化龙头项目扶持的对象是国家级和省级农业产业化龙头企业（其中省级龙头企业包括少量的省级农发办事机构审定的确能带动农民致富、市场前景好、经济效益高的产业化龙头企业）及农民专业合作组织。

五、产业化龙头项目单位须符合以下条件

项目申报单位或其控股单位应具有独立的法人资格；经营期在两年以上，有一定的经营规模和经济实力，有较强的自筹资金能力；近两年资产负债率小于70%，银行信用等级A级以上（含A级）；有优势农产品基地作依托，开发产品市场潜力大，科技含量高，竞争优势明显；带动能力强，向农户采购的原料占60%以上，与农户建立了紧密、合理的利益联结机制；建立了符合市场经济要求的经营管理机制；经济效益好，能确保用企业盈利归还财政有偿资金。

六、多种经营项目单位须符合以下条件

有明显的资源优势和特色，有龙头带动，有一定经营基础和规模。由农民专业合作组织、农户联合体、种养大户等承建多种经营项目，须提供经实地评估的有自筹能力、能保证资金安全运行的证明。由龙头企业承建的多种经营项目，侧重扶持具有辐射作用的基地设施建设及种苗、良种繁育项目。

七、扶持政策

分别采取有偿和无偿相结合、投资参股、贷款贴息等多种扶持形式，广泛吸引金融资本、民间资本、工商资本和外资等投入农业综合开发。

为发挥产业化龙头的辐射带动作用，要进一步加大对产业化龙头的扶持力度，2004年要将产业化经营项目中央财政资金的50%以上用于产业化龙头项目（西部省份可适当降低）。单个多种经营项目中央财政资金一般不低于100万元。单个产业化龙头项目中央财政资金一般不低于300万元，少数低于或接近于300万元的产业化龙头项目，扶持总额不得超过产业化龙头项目投资总额的20%。考虑到直辖市（不含重庆）和计划单列市的地方财政配套比例较高，其产业化经营单个项目年度中央财政投资额可适当降低。单个项目的投资要尽可能按实际需要确定，避免平均分配资金。

八、评估、审定权责

按照权责统一、分级管理的原则，中央财政投资300万元（重庆除外的直辖市和计划单列市为200万元，下同）以上的单个产业化龙头和多种经营项目，经省级农发办事机构初选后，报国家农发办评估、审定；其他项目由省级农发办事机构评估、审定。

按照谁评审、谁批复的原则，中央财政投资300万元以上产业化龙头和多种经营项目年度实施计划由国家农发办审批，其他项目年度实施计划由省级农发办事机构审批，报国家农发办备案。但中央财政投资300万元以上的多种经营项目，要在下达各省（区、市）多种经营项目中央财政投资控制指标中安排；中央财政投资300万元以下的产业化龙头项目，要在下达各省（区、市）产业化龙头项目中央财政投资控制指标中安排。

九、项目申报材料

省级农发办事机构向国家农发办申报中央财政投资300万元以上的产业化龙头和多种经营项目须提供如下材料：单个项目的可研报告、由社会中介机构出具的项目单位近期审计报告、新征用土地的批准文件及专家初步论证意见等。另附报项目申报汇总说明（包括选项的重点、申报项目可研报告的真实性和项目初选情况等）、项目基本情况表（附表一）和申报单位基本情况表（附表二）。

申报中央财政投资300万元以下的多种经营和产业化龙头项目须提供如下材料：项目评估、审定总的说明（包括选项的原则、依据、重点和评估审定情况等）、项目基本情况表（附表一）及每个项目的初步论证意见等。

十、要如实申报项目

申报2004年产业化经营项目一定要坚持实事求是的原则，严格按立项条件如实申报项目。符合立项条件的项目少，可以少报；没有，可以不报；如果多，可以多报，但多种经营项目和产业化龙头项目申报金额，最多不得超过指导性投资控制指标中按规定应分别用于两类项目资金总额的20%。单个项目或申报多种经营项目，或申报产业化龙头项目，不得将两类项目合并申报。国家农发办将根据两类项目申报情况，最终确定各省（区、市）产业化经营项目投资规模并正式下达，各省（区、市）据以分别编报（批）项目计划。

十一、严格项目评审

要确保项目申报材料的真实性，基层农发办事机构如弄虚作假或申报虚假材料，一经发现要取消立项资格。要公开、公正、公平地选择项目，积极推行项目招商，规范项目评审。属于省级农发办事机构评估、审定的项目，不得委托基层农发办事机构评估、审定。

十二、申报时间

各省（区、市）农发办事机构要于2004年3月底前，向国家农发办报送多种经营项目和产业化龙头项目的申报材料。逾期报送的，不予受理。

十三、其他事宜

国家农发办2004年拟安排专项资金在某些粮食主产省（区）进行产业化经营项目中央财政农发资金投资参股试点。投资参股试点以及贷款贴息有关事宜另行通知。四川省2004年产业化经营项目投资指标全部用于投资参股试点项目。

附表：1. 产业化经营项目基本情况表

2. 产业化龙头项目申报单位基本情况表

附表1　　产业化经营项目基本情况表

项目名称	建设地点	项目申报单位	建设性质	主要建设内容	投资（万元）		带动农户（户）	带动基地（万亩）	专家初步论证意见
					总投资	申请中央财政投资			

附表2　　　　　　　　　产业化龙头项目申报单位基本情况表

项目名称	项目申报单位	注册时间（年/月）	注册资金	资产总规模（万元）		上年净利税（万元）	资产负债率（%）	银行信用等级	法人代表及联系方式
				合计	其中：固定资产				

国家农业综合开发办公室关于编制2004年农业综合开发土地治理项目计划的通知

（2004年2月13日　国农办［2004］14号）

各省、自治区、直辖市、计划单列市财政厅（局）、农业综合开发办公室（局），新疆生产建设兵团财务局、农业综合开发办公室，农业部农业综合开发办公室：

为做好2004年农业综合开发土地治理项目实施计划编制工作，根据财政部《关于改革和完善农业综合开发若干政策措施的意见》和《国家农业综合开发项目和资金管理暂行办法》的有关规定，现就编制2004年农业综合开发土地治理项目实施计划有关事项通知如下：

一、基本原则

（一）尊重农民意愿。要严格按照《国务院关于全面推进农村税费改革试点工作的意见》和《国家农业综合开发农民筹资投劳管理暂行规定》的有关要求，土地治理项目要以“农民要办”为前提，采取民主的方法，积极征求与听取农民的意见，不得强迫命令。同时，要认真搞好宣传工作，调动广大农民的积极性，努力把开展农业综合开发项目建设变成农民群众的一种自觉行动。

（二）突出扶持重点。土地治理项目要向农业特别是粮食主产县（市、区和农场）倾斜，切实以中低产田改造项目为重点，尤其要加强对基本农田保护区内的中低产田改造。各个项目县（市、区、农场，以下简称“项目县”）土地治理项目应突出中低产田改造，集中力量支持建设旱涝保收、稳产高产基本农田，促进粮食等大宗优势农产品产业发展，努力增加种粮农民收入。

（三）注重规模开发。要从严控制土地治理项目安排的个数，集中资金，提高建设标准，扩大开发规模。土地治理项目区应按灌区、流域或某一相对完整连片的耕地进行统一规划、综合治理、规模开发，项目区治理面积要相对集中连片，确保建设一个，成效一个。

（四）加大科技投入。要高度重视农业科技推广工作，提高土地治理项目建设中科技措施投入的比重，加大先进适用农业科技的推广，特别是标准化生产技术示范和新品种引进，切实做好对项目区农民的技术培训，不断提高特色、优质、专用农产品的市场竞争能力。

（五）加强规范管理。土地治理项目实施计划编制工作，要认真贯彻落实财政部和国家农业综合开发办公室制订政策制度的有关要求，与国家农业综合开发“十五”计划、本地农业和农村经济发展总体规划相衔接，不断完善土地治理项目实施计划编制的管理制度，实现项目实施计划编制工作的科学化、制度化，提高编制管理水平和资金使用效益。

二、编制要求

（一）扶持重点范围。土地治理各类项目安排的区域范围：1. 中低产田改造项目适应于全国各个项目县拟新建的项目区。同时，对1996年（不含）以前建成的田间工程设施因年久老化失修、农民主动申请改造的个别老项目区也可重新立项，但各地要从严掌握，避免重复建设。2. 生态综合治理项目中的草原（场）建设只适应于主要牧区省份，小流域治理只适应于水土流失较为严重的丘陵山区和黄土高原地区，土地沙化治理只适应于农牧交错区和黄河故道沙区。3. 中型灌区节水配套改造项目主要安排在农业主产区和干旱缺水地区。以上各类土地治理项目，各地应根据上述要求和实际需要进行安排，不得在一个项目县范围内齐头并进。

（二）项目区和治理面积。各类土地治理项目要有明确的项目区（项目区是指纳入土地治理项目扶持内需要治理的耕地的区域范围）。一个土地治理项目（不含中型灌区节水配套改造项目）只能有一个项目区。项目区内治理地块要相对集中连片，年度单个土地治理项目区治理面积，中低产田改造原则上平原地区不低于1万亩，丘陵山区不低于5 000亩；生态综合治理中的天然草场不低于5 000亩、人工草场不低于1 000亩，小流域治理和土地沙化治理不低于5 000亩。

（三）建设标准和主要目标。中低产田改造和生态综合治理项目的建设标准仍执行《国家农业综合开发土地治理项目建设试行标准》中的有关规定，中型灌区节水配套改造项目的建设标准应符合有关行业标准。中低产田改造项目主要建设内容在原有基础上，还应包括原来的“节水农业示范项目”和“优势农产品基地项目”等内容。要继续突出节水灌溉农业措施建设，对喷灌、微灌等投资额较大的节水工程设施，各地可根据实际需要和财力可能进行安排，但不宜作硬性统一的要求。中低产田改造项目区建成后要达到优质、高产、稳产、节水、高效农田和粮、棉、油、糖等大宗优势农产品生产基地（不含经济林及设施农业种植基地）的基本要求。中型灌区节水配套改造项目是指设计控制灌溉（或排涝）面积一般在5—30万亩的已有中型灌排区工程设施的配套完善和节水改造，项目建成后要能够为农业综合开发项目区直接提供水利灌排条件。

（四）投资标准和资金使用。2004年土地治理项目（不含中型灌区节水配套改造项目、修建小型水库）亩投资标准（含中央和地方财政资金、乡村集体和农民群众自筹资金及投劳折资）要按以下原则掌握：中低产田改造项目中的平原地区为440元/亩、丘陵山区为570元/亩；生态综合治理项目的草原（场）建设参照《国家农业综合开发“十五”计划》中的有关标准执行，小流域治理参照《关于下发农业综合开发“四个重点”示范工程实施意见的通知》中的“坡改梯”标准执行，土地沙化治理可根据实际情况确定；中型灌区节水配套改造项目，单个项目中央财政投资标准原则上控制在500万元至800万元。各地可在以上投资标准内，对不同地方、不同条件的土地治理项目实行不同的标准，但中低产田改造项目亩投资标准，以全省为单位加权平均计算，平原县和丘陵山区县均不能超过上述标准。

同时，从2004年开始，土地治理项目中央财政资金全部改为无偿使用，但对农业机械及配套机具的购置和更新、苗圃建设等有经营性收入的措施只能实行补助，以全省为单位计算，财政资金最高补助的限额不得超过土地治理项目财政资金总额的5%。

（五）项目安排。各地土地治理项目安排必须以中低产田改造项目为主。西部生态环境较差的省份用于中低产田改造项目财政投资不得低于土地治理项目财政总投资的80%，其他省份不得低于90%。2004年每个项目县用于土地治理项目（不含中型灌区节水配套改造项目）的财政投资在500万元（含）以上的，项目安排不得超过2个；财政投资在500万元以下的，安排1个项目。

（六）项目申报。凡是中低产田改造和生态综合治理项目未达到项目区内村民大会（或村民代表大会、村民小组会议）参会2/3以上人员和村民委员会负责人签字同意的，不得申报。中型灌区节水配套改造项目申报，除了由省级水利部门按原有渠道申报部门项目外，如确有必要，省级农发办事机构也可向国家农发办申报一个项目，经国家农发办评估审定后，在下达给该省的土地治理项目中央财政投资中统筹考虑。此外，从2004年起，条件成熟的地区可试行由农民专业合作经济组织负责申报土地治理项目，但试点范围应从严掌握。

（七）项目评审。国家农发办负责组织评审中型灌区节水配套改造项目、年度中央财政投资额在500万元（含）以上的单个中低产田改造和生态综合治理项目，省级农发办事机构负责组织评审其他土地治理项目。土地治理项目评审工作要按照“谁评审，谁负责”的原则，实行严格的评审责任制，如发现违规违纪问题，要追究负责评审单位主要负责人和有关专家（或人员）的责任。省级农发办事机构隐瞒有关情况或有意降低项目中央财政投资额逃避上报国家农发办评审的，一经发现，国家农发办将追究其责任。所有土地治理项目须经评审合格后，才能编入土地治理项目年度实施计划。

（八）计划编制。要根据国家农发办下达的2004年农业综合开发中央财政资金投资控制指标，依据由具备相应资质的设计单位编制并经省级或地级农发办事机构审定的拟建项目初步设计或实施方案，编制项目计划。省级农发办事机构报送项目计划应包括计划编制说明书、计划报表及附件。1.计划编制说明书主要包括：项目县范围及变更情况、区域布局与开发重点、投资规模及资金来源构成、开发任务与项目安排（包括1996年以前的个别老项目区重新立项安排的具体情况）、主要治理措施及投资安排、预期效益目标等。2.计划报表（含汇总报表软盘）要按照国家农发办新制订的汇总报表要求填列。3.附件包括省级财政部门对承担地方财政配套资金的承诺意见、省级农发办事机构对全省项目区农民筹资投劳汇总情况的审查意见等。地级或县级农发办事机构编制项目计划的具体要求，由省级农发办事机构按照国家农发办有关要求确定。

（九）计划报表。2004年国家农发办对项目计划报表体系作了较大的修改，新制订的项目计划报表分为汇总表和基层表。省级、县级（或地级）计划表，应分别按汇总表和基层表要求填列。新的项目计划表从县到省同为一套报表体系，报表内容从基层表到汇总表通过报表软件逐级生成，省级农发办事机构上报的汇总表必须从县级上报的基层表中产生，不得擅自变更。有关项目计划报表填报的各项要求详见附件（下载计划报表参数的网址：http/：www. Jiuqi. com. cn参数下载区/国家农业综合开发办公室/2004年国家农业综合开发土地治理项目计划报表）。

（十）计划审批。2004年国家农发办对项目计划，主要批复各省的项目县范围、投资规模和开发任务三项指标。省级农发办事机构负责依据国家农发办的批复，审批地级或县级的具体实施计划，并将批复各项目县的具体实施计划的汇总情况（按基层表格式填写），以正式文件形式附报表软盘报送国家农发办备案，作为国家检查验收的依据。省级农发办事机构要严格、认真、细致地组织好项目计划编报工作。国家和省级审批的项目计划一经批复，地方各级农发办事机构不得擅自变动，如确需调整，应按照国家农发办规定的审批权限，分别报送国家或省级批准，由省级审批的还要报送国家农发办备案。

各省（区、市）农发办事机构要高度重视，加强领导，精心组织，抓紧时间，认真做好2004年土地治理项目计划编报的各项工作，由国家农发办负责评审的项目可行性研究报告于2004年3月31日之前报送，年度项目计划于2004年5月15日之前报送，逾期不予受理。

附件：2004年国家农业综合开发土地治理项目计划报表编报材料（略）

国家农业综合开发办公室关于进一步加强农业综合开发资金县级报账工作的通知

（2004年2月19日　国农办［2004］17号）

各省、自治区、直辖市、计划单列市财政厅（局）、农业综合开发办公室（局），新疆生产建设兵团财务局、农业综合开发办公室，农业部、水利部、国土资源部、国家林业局农业综合开发办公室：

农业综合开发从2001年起开始实施财政无偿资金县级报账制度。实践证明，各地通过实施县级报账制，规范了农业综合开发项目资金管理，提高了资金使用效益，确保了项目工程质量。但也有个别地区没有严格实行报账制，有的地区存在报账程序不规范、报账手续不健全等问题，影响了农业综合开发项目和资金管理的质量。针对存在的问题，各地要认真对照《农业综合开发资金报账实施办法》（财发［2001］11号，以下简称《办法》）进行检查，积极推行规范的县级报账制，切实管好用好农业综合开发项目资金。

一、要高度重视县级报账工作。今后所有农业综合开发项目县，必须严格实行县级报账制。农业综合开发部门项目资金，也要实行县级报账。要把是否执行县级报账制作为考核项目县项目和资金管理工作质量的重要指标。从2004年起，凡是没有实行县级报账制的，一律取消其农业综合开发项目县资格。

二、进一步明确有关部门在报账制实施过程中的职责。原则上由县级财政部门负责报账资金的日常核算和管理。财政部门委托县级农业综合开发办事机构（以下简称农发办）报账的，财政部门仍然要参与报账凭证的审核。项目建设单位要做好报账的基础工作，认真编制或审核单项工程预决算，核算单项工程成本。

三、规范报账审核程序，明确拨款手续。县级财政部门（农发办）在报账过程中要明确和细化报账程序，完善拨款手续，严格把好审核关。实行工程承包的，施工单位必须在完成一定工程后方可提出用款申请，除按《办法》的要求提供相关报账手续外，还需提供单项工程的验收报告，经建设单位、农发办和财政部门审核同意后方可拨付资金；未实行工程承包需预拨工程款的，要严格按规定程序和额度办理资金拨付手续，报销工程材料款时，还需提供材料的出库和入库单。凡是审核把关不严或未按规定手续进行报账出现严重问题的，要相应追究有关人员的责任。

四、严格执行有关制度办法。县级财政部门（农发办）必须对报账资金实行专人管理、

专账核算、专款专用的“三专制度”，严格按《办法》规定实行规范的县级报账制。凡未按《办法》规定实行以拨代报的，均按未执行县级报账制处理。报账过程中要加强凭证管理，坚决杜绝大额现金支付和白条入账等违规违纪现象的发生。

五、加强对财会人员的培训。省、地（市）级财政部门（农发办）要加强对县级财政部门（农发办）财会人员的培训，坚持财会人员持证上岗制度。通过培训，使财会人员做到既熟悉农业综合开发财务会计制度，又了解农业综合开发项目管理的有关政策和规定，不断提高业务素质和水平。

六、加强对报账制执行情况的监督和检查。省、地（市）级财政部门（农发办）应对县级报账制执行情况开展定期或不定期检查，同时配合审计部门做好资金审计工作。对发现的问题，及时予以整改。

国家农业综合开发办公室关于认真做好2004年调查研究工作的通知

（2004年2月24日　国农办［2004］19号）

各省、自治区、直辖市、计划单列市财政厅（局）、农业综合开发办公室（局），新疆生产建设兵团财务局、农业综合开发办公室，黑龙江省农垦总局农业综合开发办公室：

2003年各地区围绕贯彻落实中央农村工作会议和新一届政府国家农业综合开发第一次联席会议精神，按照国家农发办的统一部署和要求，认真开展调查研究，取得明显成效。全年各地共报送了学习贯彻第一次联席会议精神体会17篇、专题调研材料61篇、农业和农村经济形势分析材料31篇，同时，多数地区还及时报送了农业综合开发典型项目、《农业综合开发年鉴》专稿、2003年工作总结等专题材料，对于完善政策、健全制度、创新机制、加强管理、扩大宣传等，都发挥了重要作用。江苏、浙江、湖北、黑龙江、吉林、辽宁、安徽、河南、湖南、河北、青海、新疆、新疆生产建设兵团等地调研材料报送及时，质量也比较高，国家农发办对这些地区予以表扬。

2004年是全面落实党的十六大和十六届三中全会精神、实现“十五”计划目标的关键一年，也是农业综合开发深化改革、加强管理的重要一年。为适应新形势、新任务的要求，进一步加强调研工作，现将有关要求通知如下：

一、加大调研力度

农业综合开发面临的新形势、新情况和新问题，对调研工作提出了新的更高的要求。各级财政部门、农业综合开发办公室要以“三个代表”重要思想和党的十六大精神为指导，围绕贯彻落实中央农村工作会议、全国财政工作会议及全国农业综合开发工作会议精神，进一步加强调查研究工作。提高对调研工作重要性的认识，切实把这项工作摆到重要位置，组织专门力量，制定周密方案，集中时间和精力开展调研。既要深入研究农业综合开发工作中的重点、难点和热点问题，又要立足全局加强对农业和农村经济形势的分析；既要完成国家农发办统一布置的调研任务，又要根据本地工作实际组织专题调研。全年每个省（区、市）至少向国家农发办报送3篇有份量的专题调研材料，同时，分别在今年7月底、10月底和下年度1月底之前，报送本地区农业和农村经济形势分析材料。

二、突出调研重点

要立足当前农业、农村经济发展和财政工作全局，重点研究农业综合开发全局性、战略性和前瞻性问题。2004年国家农发办调查研究重点选题是：如何进一步发挥农业综合开发对于保证国家粮食安全的作用、农业综合开发如何更加有效地促进农民增收、如何进一步突出开发重点、完善农业综合开发投入政策问题、创新开发机制特别是推进经营性开发试点问题、加强农业综合开发项目和资金管理问题等。同时，抓紧做好起草《农业综合开发条例》的调研工作，继续开展农业和农村经济形势分析。各地可根据本地实际，选择重点调研题目。

三、提高调研质量

为进一步提高调研质量，要突出抓好以下几点：一要切实转变工作作风。深入基层，深入实际，采取实地调查、座谈讨论、走访、问卷调查等多种形式，全面、准确地掌握真实情况，认真听取基层特别是项目区广大农民群众的意见和建议。二要增强调研的针对性和时效性。努力增强敏锐性，适时选准调研题目，拟好调研提纲，带着问题搞调研。要迅捷、及时地撰写、上报调研材料，力戒拖拉、疲沓。三要提高调研材料的质量。撰写调研材料要深入分析研究存在的问题，提出针对性、可操作性强的具体意见和建议，切忌泛泛而论，空洞无物。四要充分发挥调研成果的作用。切实利用好调研成果，完善政策制度，改进工作，并将质量较高的调研材料及时提供给有关决策和宣传等部门，避免将调研材料束之高阁。

四、明确调研责任

要建立健全调研工作责任制，做到任务到人，责任到人。各地区对国家农发办布置的重点调研任务，要由主要负责同志亲自抓。上报国家农发办的调研材料，要经主要责任人签字并加盖单位公章。为奖优罚劣，加强对调研工作的考核，国家农发办继续将各地区报送调研材料质量和时效性，作为考核各地区农业综合开发工作的一项重要内容，并纳入资金分配综合因素法范畴。同时，从2004年起，国家农发办每布置一项调研任务，都要通报有关地区完成情况，并在每个季度末，集中通报一次各地报送调研材料的情况。

五、检查落实情况

近年来，国家农发办多次下发了关于加强调研工作的通知，对各地区调研工作提出了明确要求，同时，根据工作需要，分别布置了若干具体调研任务。总的看，多数地区贯彻落实的情况比较好，但也有部分地区对调研工作重视不够，有的迟报甚至不报调研材料，有的上报调研材料敷衍塞责，如江西、山东、内蒙古、广西、甘肃、广东等省（区）对国家农发办正式发文要求在去年8月15日之前报送的农业综合开发年鉴专稿，至今仍没有报送；有的省以本省一个地区的农业和农村经济形势分析材料，替代全省的分析材料。为此，请各地区认真检查2003年对国家农发办布置的调研任务落实情况（重点检查国农办［2003］16号文、国农办［2003］147号文、国农办［2003］156号文落实情况），并将今后切实加强调研工作的具体措施于今年3月20日之前报送到国家农发办。

国家农业综合开发办公室关于印发《国家农业综合开发县管理暂行办法》的通知

（2004 年 3 月 12 日　国农办［2004］26 号）

各省、自治区、直辖市、计划单列市财政厅（局）、农业综合开发办公室（局），新疆生产建设兵团财务局、农业综合开发办公室，农业部农业综合开发办公室：

为了加强国家农业综合开发县管理工作，进一步规范开发县新增、恢复、暂停、取消、适时退出和行政区划变更确认等事项的管理，国家农业综合开发办公室研究制定了《国家农业综合开发县管理暂行办法》，现随文印发给你们，请认真遵照执行。在执行中有何问题和意见，请及时向国家农业综合开发办公室反馈。

附件：国家农业综合开发县管理暂行办法

附件

国家农业综合开发县管理暂行办法

第一章　总　　则

第一条　为规范和加强国家农业综合开发县（市、区、旗、县级国有农牧场，以下统称“开发县”）管理，根据财政部《关于改革和完善农业综合开发若干政策措施的意见》（财发［2003］93 号）的有关规定，制定本办法。

第二条　本办法所称开发县管理是指开发县的新增、恢复、暂停、取消、适时退出、行政区划变更确认等事项的管理。

第三条　开发县管理遵循总量控制、适度进出、奖优罚劣、分级管理原则。

（一）总量控制。以 2003 年国家农发办批复为准，核定各省（区、市，新疆生产建设兵团，黑龙江省农垦总局，以下简称“各省”）开发县总数。各省经核定的开发县总数在执行中不得超过。

（二）适度进出。今后各省申请新增开发县，必须相应先退出等量开发县。因严重违规违纪问题被取消开发县的，开发县总量相应减少。在开发县总数内，适时退出 1 个开发县，可以相应新增 1 个，也可在暂停开发县中择优恢复 1 个；暂停 1 个，可在暂停开发县中择优恢复 1 个；行政区划变更后只确认 1 个开发县。

（三）奖优罚劣。工作绩效突出的开发县要受到奖励。项目和资金管理工作滞后或存在严重违规违纪问题的，要受到暂停或取消开发县的处罚。

（四）分级管理。国家农发办审定开发县的新增、取消、适时退出、部分因违规违纪问题暂停开发县及相应恢复、行政区划变更确认等。省级农发办事机构审定部分暂停开发县及相应恢复。

第二章　新增开发县

第四条　新增开发县是指符合农业综合开发立项条件的非农业综合开发县，按规定程序申报，由国家农发办审定为农业综合开发县。

第五条 原有开发县适时退出后，允许其他开发潜力较大的农业大县（包括被取消的开发县2年内对存在问题整改到位后，重新申请立项）等量申请新增。

第六条 新增开发县申报条件。

（一）农业自然资源丰富，农业灌溉水源有保证，农田防洪有保障，水利灌排骨干工程基本具备；耕地资源比较充足，平原地区的耕地面积在20万亩以上，丘陵地区的耕地面积在10万亩以上，待开发治理的耕地相对集中连片；种植业、养殖业资源优势明显，具备一定产业基础；开发后有利于提高农业综合效益，增加农民收入。

（二）县级政府和有关部门重视农业综合开发工作，农发办事机构人员配备适应工作的需要；地方财政配套资金有保障（政策规定不承担配套任务的县除外，下同）；农民群众自愿搞开发的积极性高，农民筹资投劳有保证。

（三）被取消的开发县申请重新立项必须对存在问题整改到位。

第七条 新增开发县的申报和审定程序。

（一）县级人民政府逐级向地级、省级农发办事机构提出农业综合开发立项申请（包括重新立项，下同），立项申请附带：本地农业综合开发五年规划，第一年度项目可行性研究报告，县级财政部门对本级配套资金的承诺意见，县级水利部门对本地水资源条件的鉴定意见，被取消的开发县对存在问题的整改情况等。

（二）地级、省级农发办事机构负责对县级立项申请进行审核。经审核合格后，由省级农发办事机构向国家农发办报送立项申请（附报县级和地级农发办事机构出具的相关材料）。

（三）国家农发办负责对省级农发办事机构报送的立项申请进行审核和实地考察评估（也可授权省级农发办事机构进行实地考察评估）。经评审合格并报部领导审定同意后，国家农发办正式向省级农发办事机构下达新增开发县通知。

第八条 新增开发县的试行期为1年。1年试行期满后，国家农发办组织或授权省级农发办事机构对新增开发县的开发机构设置、人员配备、工作绩效等情况进行考核。经考核合格的，正式成为农业综合开发县；经考核不合格的，取消开发县。

第三章 恢复开发县

第九条 恢复开发县是指在各省开发县总数内的开发县因工作滞后或违规违纪问题被暂停1年，1年后对存在问题整改到位，申请恢复开发县。

第十条 凡有下列情形之一的，可申请恢复开发县。

（一）因工作滞后，被省级农发办事机构实行末位暂停的开发县。

（二）因项目和资金管理存在违规违纪问题受到暂停开发县处罚，1年内对存在问题整改到位后的开发县。

第十一条 恢复开发县的申报和审定程序。

（一）末位暂停的开发县，对存在问题整改到位后，由省级农发办事机构负责其恢复工作，恢复开发县情况报国家农发办备案。国家农发办自收文之日起1个月内不提出异议，即视为同意。

（二）因违规违纪被暂停的开发县，对存在问题整改到位后，由县级农发办事机构（或县级人民政府）逐级向地级、省级农发办事机构报送恢复申请。其中：由省级农发办暂停的，由省级农发办审定恢复，报国家农发办备案；由国家农发办暂停的，需报国家农发办审定恢复。

第四章 暂停开发县

第十二条 暂停开发县是指因工作滞后或存在违规违纪问题，由省级农发办事机构或国家农发办按程序暂停项目立项1年的开发县。暂停整改期限超过1年的，按取消项目县管理。

第十三条 凡有下列情形之一的，应暂停开发县。

（一）因工作滞后受到末位暂停处罚。以省为单位，每年暂停开发县比例不超过开发县总量的10%。具体标准由各省级农发办事机构负责制定，并报国家农发办备案。

（二）因违规违纪问题受到暂停处罚。凡有下

列情形之一的，应暂停项目县。

1. 由于申报失实、选项不准、实施不力等原因，致使项目建设失败甚至无法实施，造成项目财政资金损失。

2. 超越权限擅自调整已批复的项目实施计划，包括变更项目性质、建设地点、实施单位和调整项目建设内容，未按要求逐级报经省级农发办事机构或国家农发办批准，以及先调整后报批，情节严重的。

3. 以开发县为单位，挤占挪用项目财政资金累计在10万元以上（含）、100万元（含）以下。

4. 国家农发办组织竣工项目验收时，被评为“不合格”的开发县。

5. 对国家农发办检查、验收、人民来信核查，审计和财政监督部门检查中发现的问题，未按要求及时整改到位。

6. 违反《国家农业综合开发农民筹资投劳管理暂行规定》（国农办［2003］162号），项目申报前未按规定程序征求项目区农民意愿。

第十四条　暂停开发县的整改期限为1年。1年内整改措施不到位的，取消开发县。1年内对存在问题整改完毕后，可逐级申请恢复开发县。

第十五条　暂停开发县的审定程序。

（一）国家农发办、省级农发办事机构负责对因违规违纪问题被暂停开发县的审定。国家农发办认定确需暂停某开发县，可直接向省级农发办事机构下达暂停该开发县的通知。

（二）省级农发办事机构负责末位暂停开发县的审定，其审定结果报国家农发办备案。国家农发办自收文之日起1月内不提出异议，即视为同意。

第五章　取消开发县

第十六条　取消开发县是指对因项目和资金管理存在严重违规违纪问题、造成重大损失或恶劣影响的开发县，由国家农发办按程序取消其项目立项和资金安排的开发县。

第十七条　凡有下列情形之一的，应取消开发县。

（一）项目申报和实施中弄虚作假，如采用“以旧顶新”、“以虚冒实”等手段，套取上级财政资金；搞形象工程，欺骗上级部门和项目区农民群众。

（二）不执行农业综合开发财政无偿资金县级报账制，不实行专账核算、专人管理和专款专用，违规用大额现金开支项目资金，财务管理混乱。

（三）以开发县为单位，挤占挪用项目财政资金累计达100万元以上。

（四）因项目和资金管理中存在的问题，在社会上造成重大恶劣影响，败坏农业综合开发声誉。

（五）强迫农民筹资投劳，并突破农业综合开发农民筹资投劳数额上限规定。

第十八条　被取消的开发县整改期限为2年，2年后对存在问题整改到位，措施得力的，允许按新增开发县程序逐级申请立项。

第十九条　取消开发县的审定程序。

（一）国家农发办负责对取消开发县的审定。国家农发办认定确需取消某开发县，可直接向省级农发办事机构下达取消该开发县的通知。

（二）省级农发办事机构认定确需取消某开发县，可以向国家农发办提出建议，并报送有关材料（附报开发县违规违纪问题的调查报告和相关证明材料）。如有疑问，国家农发办应组织进行实地核查。国家农发办确认后，正式向省级农发办事机构下达取消该开发县的通知。

第六章　适时退出

第二十条　适时退出是指已无开发潜力或缺乏继续进行开发积极性的开发县，及时退出农业综合开发范围。

第二十一条　凡有下列情形之一的开发县，应适时退出。

（一）以开发县为单位，待改造中低产田面积，平原区低于1万亩，丘陵山区低于5000亩，不足安排1年土地治理任务的开发县应适时退出。

（二）县级有关部门或农民群众缺乏继续进行开发积极性，或不愿执行农业综合开发政策制度的开发县，应适时退出。

第二十二条　适时退出的申报审定程序。

（一）国家农发办负责开发县适时退出的审定。

（二）征求所在地级农发办事机构意见后，省级农发办事机构提出拟正常退出开发县名单，报送国家农发办审定。

（三）缺乏继续进行开发积极性的开发县应以县级农发办事机构（或县人民政府）正式文件形式，向所在地级、省级农发办事机构提出申请，省级农发办事机构报送国家农发办审定。

第二十三条 因无开发潜力适时退出的开发县，在退出开发范围后，仍允许申报国家农业综合开发产业化龙头项目。

第二十四条 在不超过各省核定开发县总数的前提下，适时退出的开发县相应允许以新增或恢复开发县方式进行等量补充，新增和恢复开发县应按有关规定程序申报。

第七章　行政区划变更确认

第二十五条 行政区划变更确认是指因国务院批准行政区划变更（包括撤消、合并和分离）后（以国务院正式文件为准），需要重新确认的开发县。行政区划变更确认由国家农发办负责审定。

第二十六条 对行政区划变更后原有开发县一分为二或多个的，只确认其中一个开发任务最多或开发潜力最大的作为开发县。

第八章　附　则

第二十七条 省级农发办事机构负责被暂停、取消、退出开发县和因行政区划变更未被确认的原开发县的后续管理工作，尤其要落实财政有偿资金的还款责任，确保财政有偿资金的按期、足额偿还，并要向当地干部和农民群众做好说明解释工作，确保各类在建项目工程的顺利完工。

第二十八条 除部分暂停开发县及相应恢复外，省级以下（含省级）农发办事机构未经国家农发办批准不得擅自调整开发县。

第二十九条 省级农发办事机构可根据本办法，结合本地区的实际情况，制定实施细则，并报国家农发办备案。

第三十条 本办法由国家农发办负责解释。

第三十一条 本办法自颁布之日起实行，原《国家农业综合开发办公室关于暂停或取消项目县资格的暂行规定》（国农办［2003］217号）同时废止。

国家农业综合开发办公室关于中华全国供销合作总社系统参与农业综合开发有关事宜的通知

（2004年3月23日　国农办［2004］28号）

各省、自治区、直辖市、计划单列市农业综合开发办公室、财政厅（局），新疆生产建设兵团农业综合开发办公室、财务局：

为落实新一届政府国家农业综合开发联席会议第一次会议精神，根据财政部《关于改革和完善农业综合开发若干政策措施的意见》，现就中华全国供销合作总社系统（以下简称“供销合作社”）参与农业综合开发有关事宜通知如下：

一、各级农业综合开发办事机构要加强与各地供销合作社的联系，主动吸收供销合作社参加农业综合开发联席会议或相应机构，充分发挥其优势，共同做好农业综合开发工作。

二、各级农业综合开发办事机构对供销合作社推荐或申报的符合农业综合开发产业化经营项目立项条件的项目，要纳入项目库，统一评审；对评审合格的项目，要一视同仁予以扶持。

三、各级农业综合开发办事机构要借鉴供销合作社在扶持农民专业合作组织和农产品专业协会方面的经验，从本地实际情况出发，开展联合调研，进一步探索对农民专业合作组织和农产品专业协会的扶持方式。

四、各级农业综合开发办事机构要积极支持供销合作社举办的有关农业综合开发政策和项目管理的培训工作，各级农发办组织的有关培训工作，也应邀请供销合作社参加，让供销合作社了解和掌握农业综合开发的方针政策。

国家农业综合开发办公室关于加强已建成科技示范项目运行监管的紧急通知

（2004年5月19日　国农办［2004］47号）

各省、自治区、直辖市、计划单列市及新疆生产建设兵团农业综合开发办公室（局），农业部计划司农业综合开发办公室：

自1999年开始实施农业综合开发专项科技示范项目以来，陆续建成一批专项科技示范项目，并形成许多工程设施。如何发挥已建成专项科技示范项目的科技示范辐射作用，是一个非常重要的问题。据了解，有的已建成的工程设施特别是组培室、连栋温室，由于种种原因，目前项目运行停滞，工程设施闲置荒芜，这是一个需引起高度重视的问题。为此，现就加强已建成专项科技示范项目运行监管问题紧急通知如下：

一、集中力量进行检查

各省（区、市）农发办接到通知后，迅速组织力量对已建成的专项科技示范项目运行情况逐一进行检查。要检查已建成专项科技示范项目是否正常运转、有无工程设施闲置荒芜等问题。

二、认真解决存在问题

要克服“重申报、轻管理”，“重投入、轻效益”的倾向，把发挥已建成科技示范项目的作用放在比建设更为重要的位置。对发现有项目运行停滞、工程设施闲置荒芜的，要认真查找原因，督促基层农发办及项目实施单位有针对性地采取补救措施。凡经营机制不活的，要转变机制；经营单位经营不力的，要更换经营单位；技术依托单位技术力量薄弱的，要更换技术依托单位；经营方向不对路的，要及时转变经营方向。正在建设的专项科技示范项目也要引以为戒。

三、及时反馈检查及整改情况

各省（区、市）农发办要将检查及整改情况以书面形式，于6月30日前报国家农发办。国家农发办将在今年下半年对专项科技示范项目运行情况进行抽查。

国家农业综合开发办公室关于印发《国家农业综合开发土地治理项目建设标准》的通知

（2004年5月24日　国农办［2004］48号）

各省、自治区、直辖市、计划单列市财政厅（局）、农业综合开发办公室（局），新疆生产建设兵团财务局、农业综合开发办公室，农业部、水利部、国土资源部、国家林业局农业综合开发办公室：

为贯彻落实财政部《关于改革和完善农业综合开发若干政策措施的意见》（财发［2003］93号），进一步规范和加强农业综合开发土地治理项目管理，我们研究制定了《国家农业综合开发土地治理项目建设标准》，现随文印发给你们，请遵照执行。原《国家农业综合开发土地治理项目试行标准》（国农办［2003］130号）同时废止。在执行中有何意见和建议，请及时向国家农业综合开发办公室反馈。

各省农业综合开发办公室和中央农口有关部门，可按照本标准制定实施细则，并报国家农业综合开发办公室备案。

附件：国家农业综合开发土地治理项目建设标准

附件

国家农业综合开发土地治理项目建设标准

为了实现农业综合开发土地治理项目的投资目标，达到预期效益，参照国家农业、林业、水利等部门有关技术规范和建设规程，结合农业综合开发自身特点，制定本标准。

凡国家立项投资的农业综合开发土地治理项目，均须按照本建设标准进行规划设计、施工建设和检查验收。

农业综合开发土地治理项目包括中低产田改造、中型灌区节水配套改造、生态综合治理等建设内容。

中低产田改造建设标准

一、综合标准

1．项目区农业基本生产条件和生态环境明显改善，抵御自然灾害能力显著增强，农业特别是粮食综合生产能力提高，建成稳产高产、旱涝保收、节水高效的高标准基本农田。

2．项目区有明确的范围，按灌区、流域进行统筹规划，集中连片进行规模开发。项目建设要突出解决制约当地农业生产的关键障碍因素，在此基础上，因地制宜采取水利、农业、林业和科技等综合配套措施，进行山水田林路综合治理。

3．项目区与非项目区有明显区别，平原地区的项目区达到田成方、林成网、渠相通、路相连、旱能灌、涝能排、渍能降，基本实现园田化；丘陵山区的项目区，川地基本实现园田化，坡地基本实现梯田化。

二、高标准基本农田标准

（一）水利措施

1. 灌溉工程

（1）灌溉系统规划科学，灌溉用水有保证，水质符合农田灌溉用水标准，因地制宜采取工程、农艺、管理等节水措施，灌溉制度科学合理。

（2）湿润半湿润地区灌溉保证率：旱作区不低于75%，水稻区不低于85%；干旱半干旱地区灌溉保证率：旱作区不低于50%，水稻区不低于75%；其他地区一般不低于70%。

（3）新建、除险加固和更新改造的小型水库、塘坝及引水渠首等工程，符合水利部门规定的技术要求和设计标准；井灌工程做到地下水资源合理利用、采补平衡；机井和泵站的水工建筑物、机电设备、10kv以下输变电设施配套齐全，综合装置效率达到有关规范标准。

（4）输水、配水渠系（管道），桥、涵、闸等建筑物和田间灌溉设施配套齐全，性能与技术指标达到规范标准。渠道衬砌应坚固耐用，抗冻性能好；管道输水的干、支两级固定管道长度，每亩一般为5m以上，井、水泵、管道、出水口等综合配套，便民务实；在有条件且农民群众有积极性的地区，允许采用喷灌、微灌等先进节水技术，以大幅度提高水的利用率和生产效率。

（5）灌溉条件较差的旱作农业区，应采取农艺、工程等节水措施提高天然降水的利用率。农艺节水措施包括蓄水保墒、地膜（秸秆）覆盖、选用抗旱品种、施用抗旱保水剂等，各项措施符合技术规范。工程节水措施主要是建立小型蓄水工程，即根据降雨、地形、耕地等条件，合理布设小型塘坝、蓄水池、水窖等工程，做到坚固耐用，使用方便，如采用注水种，水源最大田间运距采用畜力的一般不大于200m，采用机械的一般不大于500m。有条件且群众有积极性的地区，允许因地制宜采用微灌、喷灌等先进节水技术，所需过滤器、输水管道、滴头等配套齐全。

（6）推行科学合理的灌溉模式。水稻区推广“薄、浅、湿、晒”模式；蔬菜等经济价值较高的作物采用节水、丰产灌溉模式；严重缺水地区采用灌关键水等非充分灌溉模式。

（7）项目区水资源开发利用，宏观上实行总量控制，微观上实行用水定额管理。积极推行用水户参与灌溉管理模式，配备必要的量水设施，按用水量和核准的水价收取水费，以管理促节水。

2. 排水工程

（1）排涝设计标准不低于3—5年一遇，主要建筑物防洪设计标准不低于10—20年一遇。

（2）排水系统健全，排水出路通畅，排水渠系断面及坡度设计合理，桥、涵、闸等建筑物配套，末级固定排水沟的深度和间距，符合当地机耕作业、农作物对地下水位的要求。排水工程设计：旱作区一般采用1—3天设计暴雨，从作物受淹起1—3天排至田面无积水；水稻区一般采用1—3天设计暴雨，3—5天排至耐淹水深。

（3）有渍害的旱作区，在设计暴雨形成的地面明水排除后，应在农作物耐渍时间内将地下水位降到耐渍深度；水稻区在晒田期3—5天内将地下水位降到耐渍深度。

（4）改造盐碱地要建立完善的排灌系统，在返盐（碱）季节前将地下水位降到农作物生长的临界深度以下；在农作物播种出苗等生长关键期，控制0—20cm表土层的含盐量，以不危害农作物的正常生长为限。

（二）农业措施

1. 农田工程

（1）土地平整，集中连片。平原地区的田（地）块，要以有林道路或较大沟渠为基准形成格田，以适应农业机械化和田间管理要求。北方地区格田面积为200—400亩；南方地区为50—100亩。

（2）丘陵山区的10—25度坡耕地，按照有利于水土保持要求，建成等高水平梯田（地），地面平整，并构成反坡；土壤活土层厚度一般不小于25—30cm，田面宽度一般要达到3m以上，田（地）埂稳定牢固（南方地区的田埂要采用石块衬砌或建设生物梯坎），修建好排水沟、泄洪沟，达到防洪标准，防止水土流失。

2. 田间道路

布局合理，顺直通畅。机耕路建设分干道、支路两级，干道要与乡、村公路连接，必要时进行简易硬化，保证晴雨天畅通，能满足中型以上农业机械的通行；支路应配套桥、涵和农机下田（地）设施，便于农机进出田间作业和农产品运输。

3. 土壤改良

(1) 通过施用农家肥、秸秆还田等措施，土壤耕作层有机质含量提高0.1个百分点以上。

(2) 改造瘠薄地要加厚土层，使耕作层达到20cm以上。改造砂姜黑土或土壤中卵石多的地块，要清除砂姜卵石并掺合粘土。

4. 良种繁育与推广

在有条件而又需要的项目区建立优质良种繁育基地，修建种子晾晒、仓储设施，配备必要的种子加工检测设备。良种繁育能力设计或区域内已具备的繁育能力，能够满足项目区内优势农产品生产的需要，优良品种的覆盖率达到100%。

5. 农业机械化

积极推广农业机械化作业。平原地区主要作业环节基本实现机械化，丘陵山区农业机械化水平在原有基础上有较大提高。

（三）林业措施

1. 因地制宜地采取林业措施，平原地区加强农田防护林网建设；丘陵山区要积极营造水土保持林、水源涵养林；土地沙化地区要加强防护林带建设，可适当减小林网网格面积。

2. 项目区内主要道路、沟渠、河流两侧，要适时、适地、适树进行植树造林，长度达到适宜植树造林长度的90%以上。造林时应预留出农机进出田间的作业通道。

3. 人工造林苗木胸径达到3cm以上，造林当年成活率达到90%以上，3年后保存率要达到85%以上，林相整齐，结构合理。

4. 平原地区的农田防护林网建设，要达到林业部门规定的标准，防护林网格面积与格田面积一致；防护林网控制面积占宜建林网农田面积的比例，北方地区达到85%以上，南方地区原则上达到75%以上。

（四）科技措施

1. 技术推广。在项目建设期间，推广2项以上先进适用技术，重点是农产品质量安全、标准化生产等方面的技术。鼓励采用经济适用的新材料、新工艺、新技术，提高工程建设质量。

2. 培训。在项目建设期间，对项目区受益农户进行先进适用技术培训2—3次。要加强对项目区乡村干部、技术员、财务人员和受益农户在农业综合开发政策方面的培训，使其熟悉有关资金和项目管理方面的要求，更好地完成项目建设任务。

3. 扶持农技服务组织。适当扶持原有农技服务体系，重点支持具有技术推广服务功能的农民专业合作经济组织，通过为其配备必要的仪器设备、补助适量服务经费等方式，明确其在项目建设中的具体任务，并严格进行考核。

三、优势农产品基地标准

优势农产品基地，特指具有资源优势、产业基础和市场需求，在国内外市场具有较强竞争力，具备一定规模、产业化经营程度较高的种植业（经济林除外）优势农产品生产基地。优势农产品基地除执行高标准基本农田建设标准的有关规定外，应针对主导优势农产品的实际生产需要，突出节水、良种、农机、技术推广服务等建设内容，并适当提高投资标准。基地建成后，主导优势农产品的种植面积不低于项目区农作物种植面积的70%；良种基本实现统一供应，并且来源有保障；农技服务、质量检测（检验）体系配套完善，保证标准化生产的需要，产品质量安全，产品市场相对稳定；基地具备一定规模，形成产地品牌，有相应的龙头（企业或市场）作保障，产业化经营程度较高，项目区农民增收明显。

中型灌区节水配套改造建设标准

一、综合标准

1. 通过对中型灌区灌排骨干工程设施进行续

建配套和节水改造，为农业综合开发项目区创造灌排骨干工程条件，直接为中低产田改造提供服务。

2. 灌区范围明确，设计灌溉面积一般不低于5万亩，不超过30万亩。规划设计科学合理，符合区域水资源利用总体规划和节水灌溉发展规划。

3. 项目建设过程中推行了项目法人制、招投标制、工程监理制和公示制，骨干工程设施质量优良，总体完好，运行管护规范。

4. 灌溉保证率：湿润半湿润地区：旱作区不低于75%，水稻区不低于85%；干旱半干旱地区：旱作区不低于50%，水稻区不低于75%；其他地区一般不低于70%。

5. 灌区管理体制改革到位，灌区运行机制完善，建立用水户协会，成立供水实体，用水户参与灌溉管理模式初步形成。

二、工程标准

（一）水源及渠首工程

1. 灌溉水源有保障。灌溉水源水质符合农田灌溉水质标准。水源及渠首工程（含机电井）总体完好，运行安全可靠。

2. 井灌工程做到地下水资源合理利用、采补平衡。

（二）灌排渠系

1. 干支渠道能保证设计输水能力，边坡稳定，水流畅通。

2. 干支渠道衬砌的技术指标达到规范要求，坚固耐用，抗冻性能好。输水管道、暗渠等设计合理，技术指标达到规范要求。渠系水利用系数绝对值提高0.1以上。项目区单位面积用水量节约15%以上。

3. 排水系统健全，排水出路通畅，排涝设计标准不低于3—5年一遇，主要建筑物防洪设计标准不低于10—20年一遇。

（三）渠系建筑物

1. 农桥、涵洞、水闸、渡槽、倒虹吸、隧洞等渠系建筑物分布合理，能满足灌排系统水位、流量、泥沙处理、运行管理的要求，适应群众生产生活的需要。

2. 渠系建筑物的设计、施工符合现行有关标准的规定。

（四）量水设施

灌溉渠道的进水口、分水口等处配备必要的量水设施，并与渠系建筑物结合布置。

生态综合治理建设标准

生态综合治理主要包括草原（场）建设、小流域治理、土地沙化治理等建设内容。

一、草原（场）建设标准

在牧区实施的草原（场）建设项目，主要包括人工草地、天然草场改良、天然草场划区轮牧、饲料基地、草籽繁育基地和畜牧基础设施等建设内容。

（一）综合标准

项目区相对集中连片，天然草场成片面积在5000亩以上，人工草地在1000亩以上；人工草地覆盖度达到95%以上，亩产优质青干草达250kg以上；天然草场退化草地改良治理后，优良牧草占40%以上，牧草产量在原基础上提高30%以上，草地覆盖度达到90%以上；沙化草地经治理后，草地覆盖度达到90%以上，优良牧草占40%以上，亩产青干草达到150kg以上；天然草场划区轮牧，牧草产量增加20%以上，载畜量提高0.8倍以上；饲料基地亩产青贮饲料2500kg以上，精饲料200kg以上，多汁饲料3000kg以上；草籽繁育基地亩产草籽18kg以上。

（二）水利措施

1. 灌溉人工草地、饲料基地和草籽繁育基地，有可靠的水源和配套齐全的灌溉设施。采用节水灌溉方法与技术，灌溉人工草地灌溉保证率在50%以上，饲料基地、草籽繁育基地灌溉保证率在75%以上。

2. 天然草场改良，在有条件的地方建小塘坝、集雨工程等，以适时对退化及沙化草地实施灌溉。

3. 划区轮牧区的牧道和饮水点设置合理，一般轮牧区采用固定和移动饮水方式，固定饮水点与放牧场适宜距离为1.5km左右。

（三）草业措施

1.围栏。网围栏符合ZBB92001—003环扣式镀锌钢丝网围栏标准，围栏高度在1.1—1.3m；生物围栏采用密实种植，宽度1.5—2.0m；划区轮牧小区利用网围栏、太阳能、风能围栏或活动围栏进行分隔保护。

2.耕作。选择适宜的播期、播深和播量，精耕细作，采取有效措施保证苗全、苗齐、苗壮。旱作人工草地原则上采用免耕播种等保护性耕作技术。

3.良种。选择适合当地水土条件，抗旱、抗寒、抗逆性强、产量高、营养价值高的优质牧草和饲料作物品种，牧草种籽和饲料作物种籽的纯净度达到85%以上，发芽率达到95%以上。1000亩以上的草籽繁育基地，根据需要配置仓库、晒场和种子精选设备。

4.畜牧基础设施。标准化棚圈符合当地统一设计标准，砖木结构，建筑面积按一个羊单位$0.5m^2$计算，但不少于$150m^2$；配套活动场院面积按一个羊单位$3m^2$计算，但不少于$600m^2$；配套贮草棚面积按一个羊单位$0.6m^2$计算，但不少于$180m^2$平方米；青贮窖就地取材，坚固耐用，内壁光滑，防冻，不透气，青贮体积按一个羊单位$0.1m^3$计算，但不少于$30m^3$；药浴采用洗浴池和移动淋浴式，洗浴池坚固耐用，防冻，长度在15m以上。

5.牧业机械化。地势相对平坦的草场作业基本实现机械化，小丘陵和沙丘作业实行机械和人工相结合。

（四）科技措施

1.技术推广。普遍推行牧草免耕播种、划区轮牧、天然草地补播、牧草混播、优质牧草选育、鲜草捆包、牧草综合加工，节水灌溉、胚胎移植、疫病防治等先进适用技术，使项目区科技贡献率比当地平均数提高5个百分点。

2.技术培训。在项目建设期内，对基层干部、技术人员进行先进适用技术培训3次，对家庭牧场户培训2次，每个项目区至少有2名科技骨干。

二、小流域治理建设标准

在水土流失较为严重地区实施的小流域治理项目，主要包括坡耕地治理、沟道治理、小型蓄排水工程、成片造林、封山育林、退耕还林（草）、沼气池等建设内容。采取生物与工程相结合的措施，进行综合治理，项目区治理面积不低于1000亩，治理程度达70%以上。

1.坡耕地治理。梯田的田面宽度在3—5m以上，防御暴雨标准不低于10年一遇，3—6小时最大降雨，做到田、路、沟、渠配套。

2.沟道治理。做到大、中、小型工程相互配套。谷坊工程防御标准为10—20年一遇，3—6小时最大暴雨。小型淤地坝应做到土坝与溢洪道或土坝与泄水洞配套，淤积年限一般为5年；中型以上的淤地坝应做到坝体、溢洪道、泄水闸配套齐全，淤积年限不小于5年。设计洪水标准，中型坝按10—30年一遇确定，大型坝按30—50年一遇确定。

3.小型蓄排水工程。坡面、路旁、沟底小型蓄排水工程布局合理，截水沟的间距为20—30m，防御暴雨标准不低于10年一遇，24小时最大降雨量。

4.成片造林。造林面积在30亩以上，当年人工造林成活率和3年后保存率达到85%以上，林地内不存在连片面积1亩以上宜林的无林地块。

5.封山育林。每个封育区面积不小于500亩，南方地区5年，北方地区7年后林草覆盖率达到90%以上，不存在1亩以上无林草地块。

6.退耕还林（草）。25度以上坡地必须退耕还林还草，当年造林种草成活率和3年后保存率达到85%以上；16—25度坡地，土壤侵蚀严重的地段必须退耕还林还草，林木或林草覆盖率达到50%以上。坡面较长的坡耕地，沿等高线方向种植固定的草带（或灌木带），草带（或灌木带）间距离12—20m。

7.农村能源生态建设。因地制宜发展以沼气池为基本建设内容的农村能源生态建设，完善推广“四位一体”（即沼气池、猪圈、厕所、日光温室四

位一体，主要适用于北方地区）、“五配套”（即在“四位一体”模式基础上加建10m³水窖，主要适用于西北干旱缺水地区）、“猪沼果（菜）”（即建设畜禽舍、沼气池、果园或菜地等，主要适用于南方地区）等能源生态模式和技术。沼气池内壁坚固，保温性能和封闭性能良好，容积不小于6m³，有安全通道与农户厕所、畜禽棚圈等相连接，能够有效地利用秸秆、人畜粪便等生产沼气，为农户生产、生活提供必要的光、热等能源。

三、土地沙化治理标准

在土地沙化较为严重地区实施的土地沙化治理项目，要选择水土条件相对较好、地势平坦、土层厚度在30cm以上、治理潜力较大的地区进行治理，年度单个项目区治理面积不低于5000亩。周边植被盖度0.2以下的地带，林草覆盖率要达到80%以上；周边植被盖度0.2—0.4的地带，林草覆盖率要达到90%以上。其他治理措施参照执行中低产田改造建设标准。

中低产田改造、中型灌区节水配套改造和生态综合治理项目的主要建设工程的产权归属明确，管护主体落实，管护制度健全，管护责任落实。各项工程设施保持完好，能长期发挥效益。

国家农业综合开发办公室关于印发《国家农业综合开发土地治理项目工程建设监理办法（试行）》的通知

（2004年5月28日　国农办［2004］49号）

各省、自治区、直辖市、计划单列市财政厅（局）、农业综合开发办公室（局），新疆生产建设兵团财务局、农业综合开发办公室，农业部、水利部、国土资源部、国家林业局农业综合开发办公室：

现将《国家农业综合开发土地治理项目工程建设监理办法（试行）》印发给你们，请遵照执行。执行中有何问题，请及时向国家农业综合开发办公室反馈。

附件：国家农业综合开发土地治理项目工程建设监理办法（试行）

附件

国家农业综合开发土地治理项目工程建设监理办法（试行）

第一章　总　　则

第一条　为了加强农业综合开发土地治理项目建设管理，确保工程建设质量，提高资金使用效益，根据《财政部关于改革和完善农业综合开发若干政策措施的意见》（财发［2003］93号）以及国家有关工程建设监理的政策规定，结合农业综合开发土地治理项目工程建设的特点，制定本办法。

第二条　本办法所称农业综合开发土地治理项

目工程建设监理，是指承担监理任务的单位受县级农业综合开发办事机构或项目建设单位（以下简称监理委托单位）的委托，对农业综合开发土地治理项目工程建设实施的监督管理。对本办法规定的应当进行监理的农业综合开发土地治理项目工程，工程建设监理必须根据国家有关工程建设的法律、法规、规章，按照经批准的项目计划、审定的项目扩初设计和施工设计图、工程建设合同以及建设监理合同的规定进行。

第三条 监理委托单位在工程开工之前，原则上应通过招标方式择优选定具备相应建设监理资格或监理能力的单位。

有监理资格的单位是指具有一定资质、经国家认可的专业监理单位；有监理能力的单位是指有相关专业技术力量的法人，其中相关专业技术人员不少于5名，有承担同类工程的建设监理或质量监督工作经验，能够运用先进技术和科学方法完成监理任务。

第四条 从事农业综合开发土地治理项目工程建设监理的单位和监理人员，应当遵循守法、诚信、公正、科学的准则，按照本办法规定开展工程建设监理活动。

第二章 监理范围及内容

第五条 国家立项实施的土地治理项目中，年度财政投资10万元以上（含10万元）的单项工程纳入监理范围，包括小型水库、拦河坝、排灌站、机电井、防渗渠道、机耕路、桥涵闸等，可委托专业监理单位进行监理，或者委托具有监理资格的专业人员进行监理。

对于上述范围以外的土地治理项目工程是否需要进行监理由省级农业综合开发办事机构决定。

第六条 农业综合开发土地治理项目工程建设监理的主要内容是：按照工程建设合同控制工程建设投资、建设工期和工程质量；协调有关单位间的工作关系。监理单位的具体工作应包括：

审查项目承包单位（或施工单位，下同）提出的施工组织设计、施工技术方案和施工进度计划。

审查与控制工程建设所需施工材料、设备的质量，对不能满足施工质量要求的，要督促项目承包单位采取措施限期解决。

督促检查项目承包单位严格执行工程承包合同和国家工程技术规范标准，发现问题应及时指令承包单位采取措施进行处理，必要时应指令承包单位停工整改。

组织工程建设质量综合评定，签署工程检验认可书和工程付款凭证。

定期向监理委托单位报告工程施工进度、工程质量和相关控制措施的情况。

工程竣工后，整理合同文件和有关工程技术档案材料，参与工程竣工预验收和相关验收文件的签署，提交工程监理报告。

在工程保修阶段，负责检查工程质量状况，承担质量责任，并督促承包单位保修。

第三章 监理合同与监理程序

第七条 监理单位承担监理业务，应当与监理委托单位签订工程建设监理合同，明确工程建设监理的范围和内容、双方的权利与义务、监理费的计取与支付、违约责任以及双方约定的其他事项。

第八条 工程建设监理一般应按下列程序进行：

（一）编制工程建设监理规划。

（二）按工程建设进度编制工程建设监理细则。

（三）按照监理规划和监理细则进行建设监理。

（四）参与工程竣工预验收，签署建设监理意见。

（五）建设监理业务完成后，向委托单位提交工程建设监理报告和档案资料。

第九条 实施监理前，监理委托单位应将选定的监理单位、监理的内容、监理人员姓名及所赋予的权限，书面通知项目承包单位，并报上级农业综合开发主管部门备案。

第十条 工程建设监理过程中，项目承包单位应当按照国家有关工程建设的法规、签订的工

程建设合同以及建设监理合同的规定接受监理。

第十一条　工程施工阶段，监理机构或监理人员应进驻施工现场，采取旁站、巡视和平行检验等形式，按作业程序即时进行建设监理。

第四章　权利与义务

第十二条　监理委托单位与监理单位之间是委托与被委托的合同关系；监理单位与项目承包单位是监理与被监理关系。监理单位应按照“公正、独立”的原则，主动开展工程建设监理工作，维护监理委托单位以及项目承包单位的合法权益。

第十三条　具备监理资格的专业监理单位承担监理任务时，应当组建由相关资质人员参加的工程建设监理机构；具备监理能力的非专业监理单位承担监理任务时，应当成立项目工程监理小组。

第十四条　监理单位不得转让、分包监理业务。

第十五条　监理单位不得从事所监理工程的施工和建筑材料、构配件、机械设备等的经营活动。

监理人员不得在所监理工程的项目法人单位、建设单位或施工、设备制造、材料供应单位兼职，不得是施工、设备制造和材料、构配件供应单位的合伙经营者。

第十六条　监理单位在监理过程中，由于未按合同规定进行监理而造成工程损失的，应承担相应的经济责任和法律责任；监理单位与项目承包单位串通，为承包单位谋取非法利益而造成工程损失的，与项目承包单位承担连带赔偿责任。

第十七条　监理人员按照监理合同规定行使监理单位的权限，在授权范围内发布有关指令。项目建设单位或县级农业综合开发办事机构不得擅自更改监理人员的指令。

第十八条　监理人员有权建议撤换不合格的项目承包单位、项目承包负责人及有关人员。

第十九条　未经监理人员签字认可，建筑材料、构配件和设备不得在工程上使用或安装；承包单位不得进入下一道工序进行施工；财政部门不得拨付工程进度款；农发机构不得进行竣工验收。

第五章　监理费用

第二十条　农业综合开发工程监理费，按照实施监理的土地治理项目单项工程年度财政投资总额的2%以内控制使用，从地方财政配套资金中列支，按实际支出数计入工程成本。监理费的支付实行县级报账制。报账时，应按监理费总额的20%预留质量保证金，待项目验收合格后再予以拨付。

第二十一条　未实行建设监理的农业综合开发土地治理项目工程不得列支监理费。

第六章　附　　则

第二十二条　监理委托单位或监理单位有违反本办法规定行为的，由国家相关部门按照管理权限予以处罚。

第二十三条　省级农业综合开发办事机构可参照本办法制定具体实施办法，并报国家农业综合开发办公室备案。

第二十四条　本办法自发布之日起施行。

编号：

国家农业综合开发土地治理项目
工程建设委托监理合同

（范　本）

工 程 名 称：______________________

委　托　人：______________________

监　理　人：______________________

国家农业综合开发办公室　　编制

第一部分　建设工程委托监理合同

委托人＿＿＿＿＿＿＿＿＿＿与监理人＿＿＿＿＿＿＿＿＿＿经双方协商一致，签订本合同。

一、委托人委托监理人监理的工程（以下简称“本工程”）概况如下：

工程名称：＿＿＿＿＿＿＿＿＿＿＿＿＿＿＿＿＿＿

工程地点：＿＿＿＿＿＿＿＿＿＿＿＿＿＿＿＿＿＿

工程规模：＿＿＿＿＿＿＿＿＿＿＿＿＿＿＿＿＿＿

总 投 资：＿＿＿＿＿＿＿＿＿＿

二、本合同中的有关词语含义与本合同第二部分“标准条件”中所赋予的定义相同。

三、下列文件均为本合同的组成部分：

监理投标书或中标通知书；

本合同标准条件；

本合同专用条件；

在实施过程中双方共同签署的补充与修正文件。

四、监理人向委托人承诺，按照本合同的规定，承担本合同专用条件中议定范围内的监理业务。

五、委托人向监理人承诺按照本合同注明的期限、方式、币种、向监理人支付报酬。

本合同自＿＿＿＿年＿＿月＿＿日开始实施，至＿＿＿＿年＿＿月＿＿日完成。

本合同一式＿＿＿份，具有同等法律效力，双方各执＿＿＿份。

委 托 人：（签章）　　　　监　理　人：（签章）

住　　所：　　　　住　　所：

第一责任人：（签章）　　　　法定代表人：（签章）

开户银行：　　　　开户银行：

账　　号：　　　　账　　号：

邮　　编：　　　　邮　　编：

电　　话：　　　　电　　话：

本合同签订于：　　年　　月　　日

第二部分　标准条件

第一条　下列名词和用语，除上下文另有规定外，有如下含义：

(1)“工程”是指委托人委托实施监理的工程。

(2)“委托人”是指县级农业综合开发办事机构或项目建设单位。

(3)“监理人”是指承担监理业务和履行监理义务，且具备相应建设监理资格或监理能力的单位。

(4)“监理机构”是指监理人派驻工程现场实施监理业务，负责履行委托监理合同的组织。

(5)“总监理工程师”是指经委托人同意，监理人法定代表人书面授权，派到监理机构全面负责履行委托监理合同的全权负责人。

(6)“承包单位”是指除监理人以外，委托人就工程建设有关事宜签订合同的当事人。

(7)“工程监理的正常工作”是指监理人依据法律、法规及有关的技术标准、设计文件和工程承包合同，对承包人在施工质量、建设工期和建设资金使用等方面代表委托人实施的监督。委托人委托的监理工作范围和内容，双方在专用条件中约定。

(8)“工程监理的附加工作”是指：①委托人委托监理范围以外，通过双方书面协议另外增加的工作内容。②由于委托人或承包人原因，使监理工作受到阻碍或延误，因增加工作量或持续时间而增加的工作。

(9)“工程监理的额外工作”是指正常工作和附加工作以外，或非监理人自己的原因而暂停或终止监理业务，其善后工作及恢复监理业务的工作。

第二条　本工程委托监理合同适用的法律，是指国家的法律、行政法规，以及专用条件中议定的部门规章或工程所在地的地方法规、地方规章。

第三条　监理人的义务与责任

(1) 监理人在履行本合同义务期间，应认真、勤奋地工作，运用合理的技能协助委托人实现合同预定的目标，完成监理合同专用条件中约定的监理工程范围内的监理业务。

(2) 监理工作要守法、诚信、公正、科学、遵守职业道德。

(3) 监理机构定期向委托人报送：监理月报、每旬简报、阶段性工作总结和重大事件专项报告。

(4) 监理人要按照国家的有关规定，建立监理岗位责任制和工程质量终生负责制，对工程建设质量要负责到底。

第四条　委托人的义务与责任

(1) 委托人负责与监理人签订监理合同，协调外部关系，支付监理酬金。

(2) 委托人提供与工程有关的前期工程资料、行政文件及与承包商签订的施工合同（副本）以及订货合同和采购协议。

(3) 委托人应授权一名熟悉本项目情况、能迅速做出决定的项目负责人，与监理人联系，并解答和处理日常事务。

(4) 在有条件的县，委托人应尽可能为监理人员提供必需的生活、工作的便利条件及使用农村信息网。

第五条　监理人的权利

委托人在委托的工程范围内，授予监理人以下监理权利：

(1) 协助委托人选择符合规定的施工队伍，并具有对施工进度的检查、监督权。

(2) 对工程设计中的技术问题有建议权，对工程质量有严格把关权，对不符合质量要求的工程有权提

出整改。对项目上使用的材料、设备及施工质量有检验权。

(3) 在项目承包合同约定的工程款范围内，对工程款支付有审核和签认权，对结算工程款的复核有确认与否定权。未经监理人签字确认，委托人不得支付工程款。

第六条　委托人的权利

(1) 监理人员的配备，应事先征得委托人同意；监理人调换总监理工程师，应事先征得委托人同意。

(2) 委托人有权要求监理人更换不称职的监理人员。

(3) 委托人有权要求监理人及时通报工程情况。

第七条　监理报酬

正常的监理工作、附加工作和额外工作的报酬，按照监理合同专用条件中约定的方法计算，并按约定的时间和数额支付。

第八条　其他

(1) 由于工程需要，委托人要求监理人员出差时，所需费用，由委托人承担。

(2) 监理人如须另聘专家咨询或协助，所需费用由监理人承担。

(3) 因违反或终止合同而引起的损失和损害的赔偿，双方应当协商解决。如未能达成一致意见，提交仲裁机关仲裁。

第三部分　专 用 条 件

第二条　本合同适用的法律及监理依据

(1)《国家农业综合开发土地治理项目工程建设监理办法（试行）》。

(2) 国家相关政策、法规。

(3) 国家先行的有关施工及验收评定标准。

(4) 委托人和施工单位签定的正式合同、协议。

第三条　监理范围和监理工作内容

(1) 监理范围：____

____

(2) 监理内容：按照工程建设合同控制工程建设投资、建设工期和工程质量；协调有关单位间的工作关系。

(3) 审核项目承包单位（或施工单位，下同）提出的施工组织计划、施工技术方案和施工进度计划。

(4) 审查和控制工程建设所需施工材料、设备的质量，对不能满足施工质量要求的，要督促项目承包单位采取措施限期解决。

(5) 督促、检查项目承包单位严格执行工程承包合同和国家工程技术规范标准，发现问题应及时指令承包单位采取措施进行处理，必要时应指令承包单位停工整改。

(6) 组织工程建设质量综合评定，签署工程检验认可书和工程付款凭证。

(7) 定期向监理委托人报告工程施工进度、工程质量和相关控制措施的情况。

(8) 工程竣工后，整理合同文件和有关工程技术档案材料，参与工程竣工预验收和相关验收文件的签署，提交工程监理报告。

(9) 在工程保修阶段，负责检查工程质量状况，承担质量责任，并督促承包单位保修。

第四条　委托人的常驻代表为________。

第七条 委托人同意按以下的计算方法、支付时间与金额，支付监理人的报酬：

工程监理费＝实施监理的单项工程年度财政投资总额×%，即人民币______万元整。

工程监理费的支付方式：____

____

工程监理的附加工作报酬：（报酬＝附加工作日数×合同报酬/监理服务日）______

____

双方同意用人民币支付监理报酬。

第八条 本合同在履行过程中发生争议时，当事人双方应及时协商解决。协商难以解决的，双方同意由仲裁委员会仲裁（当事人双方不在本合同中约定仲裁机构，事后又未达成书面仲裁协议的，可向人民法院起诉）。

国家农业综合开发办公室关于做好2004年农业综合开发项目验收工作的通知

（2004年6月23日　国农办［2004］111号）

各有关省、自治区、直辖市、计划单列市财政厅（局）、农业综合开发办公室（局），新疆生产建设兵团财务局、农业综合开发办公室，水利部、农业部（含黑龙江省农垦总局）、国土资源部、国家林业局农业综合开发办公室：

根据财政部《关于改革和完善农业综合开发若干政策措施的意见》，要进一步改进和完善农业综合开发竣工项目验收工作。考虑到竣工项目验收办法正在修订之中，经研究，2004年竣工项目验收仍按原办法执行。现将有关事项通知如下：

一、验收范围与依据

验收范围：2001—2003年国家农发办批复的土地治理项目、多种经营项目和中央农口部门项目；1999—2000年科技示范项目（包括2001年两个一次性扶持项目）（详见附件）。

验收依据：国家规定的农业综合开发方针政策、规章制度、项目建设标准和相关部门行业规范，各类项目计划的批复及调整备案文件，以及按计划批复编制的项目扩初设计。

竣工项目验收实行自下而上，分级管理。国家验收在省级农发办事机构验收合格的基础上，进行重点抽验。重点抽验地（市）1—2个，抽验县比例为应验收县的5%左右。验收时间拟从8月上旬开始，9月下旬结束。

二、验收内容

（一）农业综合开发土地治理、多种经营和科技示范三类竣工项目均应验收的主要内容

1. 项目前期准备情况。包括核查项目建议书、可行性研究报告、项目实施计划、项目扩初设计或项目实施方案、项目年度计划、项目库建设及入库项目动态管理和开展项目评估论证工作情况等。

2. 项目计划完成情况。包括核查批复的各类项目计划任务完成情况、项目工程建设质量情况和农民投工投劳情况。

3. 项目管理运行机制情况。包括项目管理制度建设、管护措施落实、项目产权登记或移交、档

案管理和项目法人责任制、招标投标制、工程监理制执行情况等。

4. 项目建成后的社会、经济和生态效益情况。重点检查项目改善农业基础条件和生态环境，推进农业结构调整，发展优势农产品的示范带动作用和增加财源及促进农民增收情况。

5. 各级财政资金到位、拨借与使用情况，银行贷款、集体和农民自筹资金的落实情况。

6. 资金实行专款专用、专账核算、专人管理情况以及县级报账制等财务制度贯彻执行情况。

7. 农业综合开发事业费、前期工作费和科技推广费的安排、使用和财政有偿资金的管理及回收情况。

8. 审计及检查中发现问题的整改情况。

（二）土地治理竣工项目应增加验收的内容

1. 水利、农业、林业、科技等各项措施的综合配套治理情况。

2. 水利工程特别是水源工程是否满足设计要求。

3. 推广的各项农业技术是否先进适用，对农民的技术培训是否真实。

4. 林业措施的农田防护林网面积是否达到设计要求。

（三）多种经营竣工项目应增加验收的内容

1. 项目评审中指出问题的改进情况。

2. 项目建设规模、品种、服务体系、基础设施（含土建工程）、设备完成的数量和质量情况。

3. 企业经营状况及产品的质量和效益情况。

4. 财政无偿资金的管理和使用情况。

（四）科技示范竣工项目应增加验收的内容

1. 新品种、新技术、新工艺的引进和推广情况。

2. 技术服务体系的建设和科技培训完成情况。

3. 项目实施后的示范、推广和辐射效果。

4. 财政无偿资金的管理和使用情况。

5. 项目管护情况。

（五）中央农口部门竣工项目验收内容比照国家农业综合开发相应项目类别。

三、验收组织

竣工项目验收实行分级负责制。省、市级农发办事机构对自验结果负责，国家农发办对重点抽验结果负责。

（一）重点抽验采取直接组织或委托的方式进行。直接组织是指国家农发办组织验收组对被验收单位进行抽验；委托方式是指国家农发办委托某省（自治区、直辖市）农发办事机构或中介机构对被验收单位进行抽验。

（二）国家对每个重点抽验县一般抽查2个以上土地治理项目和1个以上多种经营项目，并做到实地检查和财务核查相衔接，每个县验收时间为4—5天。

四、验收评价

今年国家组织的验收将根据被验单位和抽验项目县的实际情况对总项目给予“合格”或“不合格”评价。对于“合格”的，根据评分结果确定优秀、合格、基本合格三个等级。

（一）被评为“合格”的单位，要同时具备以下条件：

1. 按国家农发办规定时间做好验收准备并报送申请验收资料。

2. 项目前期准备工作比较充分，按批复的项目计划科学编制扩初设计或实施方案，项目投资和建设任务完成不低于国家批复的项目计划的90%。

3. 严格执行国家批复的项目计划，无越权调整项目计划现象，工程质量较好，工程管护制度落实，工程完好率达到90%以上。

4. 治理措施得当，有效排除制约农业生产的主要障碍因素，项目区农业生产能力明显提高，经济、社会、生态效益显著。

5. 地方各级财政完成应配套资金的80%以上，并根据实际工作需要在预算上安排与工作任务相适应的农业综合开发事业费。

6. 资金管理规范，拨借及时到位（从省到县不超过一个半月），无白条入账和大额现金支付工程或物资款现象。

7. 按规定落实财政有偿资金债务，无滞留、抵顶和挪用项目资金现象。

8. 规章制度健全，文档资料保存完整。

9. 验收统计报表数据真实、准确，同抽验结果基本一致。

（二）验收组根据对被验收省的总体评价，以评分的方式确定验收合格等级：90分以上为优秀；70—90分之间为合格；60—70分之间为基本合格；60分以下为不合格。

（三）被验收单位同时存在下列情况的，评为“不合格”：

1. 未经国家农发办批准同意，未按照规定时间完成项目验收准备工作，以致不能按时报送申请验收资料。

2. 无项目扩初设计或实施方案，项目投资或建设任务完成不足85%，工程质量较差，管护制度不落实，完好率低于90%。

3. 各级财政配套资金完成不足应配套资金80%，未在预算上安排农业综合开发事业费。

（四）被验收单位存在下列情况之一的，直接评为不合格：

1. 在《国家农业综合开发办公室关于立即组织开展农业综合开发项目和资金管理大检查的紧急通知》（国农办［2003］181号）下发以后，仍擅自调整项目计划，未经国家农发办批准或备案。

2. 挤占、挪用项目资金100万元以上（含100万元）。

3. 用当期财政资金抵顶以前年度应归还的财政有偿资金。

4. 未执行“三专”管理和“县级报账制”。

（五）国家根据对省级、抽验地（市）级和重点抽验县情况，对被验收单位总项目情况做出综合评价。对抽验全部合格或整改后全部合格的，颁发验收合格证书；对于省、地（市）和重点抽验县有一级不合格的，确定为不合格。

五、验收奖惩

（一）国家对验收合格的单位进行评比，成绩突出的，除通报表扬外，还将作为资金分配的重要因素之一，相应增加下一年度中央财政资金投资控制指标。

（二）国家对于验收不合格的单位，除要求限期整改并予以通报批评外，将根据不同情况，酌量扣减下一年度的中央财政资金投资控制指标。

1. 对于擅自调整项目计划的，按所调整项目的中央财政资金投资额扣减下一年度财政资金投资控制指标。

2. 对于工程质量未达到设计要求，明显存在偷工减料现象、工程损坏严重以及无特殊情况未能按期完成项目建设任务的，按该项中央财政投资数额的10%扣减下一年度中央财政投资控制指标。

3. 挤占和挪用项目资金和工程建设中存在以旧顶新等弄虚作假现象的，予以通报批评，追回被挤占、挪用的项目资金，并按违规资金额度的3倍扣减下一年度中央财政资金投资控制指标。

单个项目挤占、挪用项目资金100万元以下的，暂停项目县资格；超过100万元的（含100万元），取消项目县立项资格。

4. 地方各级财政实际完成的配套资金不足应配套资金额70%的，予以通报批评，并按应配套资金与实际配套资金差额的35%，扣减下一年度中央财政资金投资控制指标。

5. 用当期中央财政资金抵顶到期应偿还的中央财政有偿资金，造成项目空转的，予以通报批评，并按抵顶资金总额扣减下一年度中央财政资金投资控制指标；未影响项目正常实施的，予以通报批评，并按抵顶资金总额的50%扣减下一年度中央财政资金投资控制指标。

（三）对于经过整改仍被评为“不合格”的单位，暂停立项，限期全面整顿。

六、相关要求

（一）各地、各部门要高度重视验收工作，充分认识验收工作的重要性。省级财政部门及农发办事机构要以对农业综合开发事业高度负责的精神，加强对验收工作的组织领导，切实负起责任，确保验收工作不走过场，收到实效。

（二）各省、各部门接到本通知后，要迅速开展自验工作，7月底之前将验收申请及相关材料用特快邮递报国家农发办。

联系人：姜玉明

通讯地址：财政部农业综合开发办公室

邮　　编：100820

电话：（010）88191883　传真（010）88191821

附件：2004年竣工项目验收名单

附件

2004年竣工项目验收名单

一、土地治理项目

（一）综合项目

1. 北京市2001—2003年度农业综合开发项目

2. 天津市2001—2003年度农业综合开发项目

3. 内蒙古自治区2001—2003年度农业综合开发项目

4. 江西省2001—2003年度农业综合开发项目

5. 湖北省2001—2003年度农业综合开发项目

6. 湖南省2001—2003年度农业综合开发项目

7. 广东省2001—2003年度农业综合开发项目

8. 海南省2001—2003年度农业综合开发项目

9. 宁夏自治区2001—2003年度农业综合开发项目

（二）单个项目

1. 北京市2001年大兴区魏善庄镇农业生态工程项目

2. 内蒙古自治区2001年鄂托克前旗苗木培育基地及优良牧草示范基地项目

3. 山西省2001年临汾市尧都区滨河节水农业示范项目

（三）2002年专项生态项目

1. 河北省双滦、临漳县农村能源生态建设项目

2. 内蒙古克什克腾旗、海南区草原生态治理项目

3. 江西省临川、安远长江下游丘陵山区水土流失治理项目

4. 山东省东阿、曲阜农村能源生态建设项目

5. 河南省杞县、原阳黄河故道和黄泛沙区治理项目

6. 湖南省汨罗、资阳农村能源生态建设项目

7. 海南省澄迈县新吴镇专项生态项目

8. 四川省仁寿、射洪农村能源生态建设项目

9. 甘肃省天水市“四梁”生态建设项目

10. 青海省共和、海晏、刚察、天峻草原生态治理项目

11. 新疆疏附县农业生态工程沙棘生态林建设项目

12. 安徽省池州、歙县农村能源生态建设项目

13. 辽宁省阜新、细河、北票县农村能源生态建设项目

14. 云南省寻甸县专项生态项目

15. 吉林省船营区和松原农业高新技术开发区农村能源生态建设项目

16. 浙江省东阳、三门县长江下游丘陵山区水土流失治理项目

（四）部门项目

1. 2004年应验收水利骨干工程项目

（1）重庆潼南青岩子灌区项目

（2）广东廉江武陵灌区项目

（3）青海门源北山灌区项目

（4）黑龙江延寿加信灌区项目

（5）江苏丰县苗城灌区项目

（6）陕西凤翔横水河灌区项目

（7）四川乐至潘龙河水库灌区项目

（8）山东高密王吴水库灌区项目

（9）辽宁朝阳元宝山水库灌区项目

(10) 浙江金华安地水库灌区
(11) 甘肃武威黄羊河灌区项目
(12) 云南姚安坝灌区项目
(13) 河南固始引史灌区项目
(14) 广西武鸣仙湖水库灌区项目
(15) 内蒙托县毛不拉灌区项目
(16) 福建漳浦浦南灌区项目
(17) 山西侯马东郊灌区项目
2. 往年推迟验收的水利骨干工程项目
(1) 河北平山滹北灌区项目
(2) 湖北安陆解放山水库灌区项目
(3) 山西原平阳武河灌区骨干项目
(4) 内蒙古兴安察尔森水库灌区项目
(5) 河北临城灌区骨干项目

二、多种经营项目

(一) 2001年批复单个项目
1. 河北省滦平人工天麻育种基地项目
2. 湖南省江水香柚加工项目
3. 陕西省杨陵肉牛良种繁育项目
(二) 2002年批复单个项目
1. 海南省三亚市热带水果基地建设项目
2. 黑龙江省宁安市建设出口蔬菜基地项目
3. 辽宁省阜新市獭兔养殖及加工项目
4. 新疆伊犁州尼勒克县山葵种植项目

三、专项科技示范项目

(一) 1999年立项专项科技示范项目
1. 江西省高安高新科技示范项目
2. 湖南省宁乡高新科技示范项目
(二) 2000年立项的专项科技示范
1. 北京市昌平区高新科技示范项目
2. 山西省曲沃县高新科技示范项目
3. 内蒙古自治区西乌旗高新科技示范项目
4. 黑龙江农垦二九一高新科技示范项目
5. 上海市松江区高新科技示范项目
6. 宁波市北仑区高新科技示范项目
7. 大连市庄河市高新科技示范项目
8. 青岛市即墨市高新科技示范项目
9. 河南省唐河县科技推广综合示范项目
10. 湖北省枣阳市高新科技示范项目
11. 广东省珠海市高新科技示范项目
12. 重庆市巴南市高新科技示范项目
13. 四川省绵阳市高新科技示范项目
14. 陕西省杨陵区高新科技示范项目
15. 青海省格尔木高新科技示范项目
16. 宁夏自治区青铜峡高新科技示范项目
17. 新疆自治区昌吉市高新科技示范项目
18. 海南省琼海市高新科技示范项目
19. 陕西省杨凌区高新科技示范项目
(三) 2000年利用省财政切块资金安排的高新科技示范项目
1. 河北省三河市高新科技示范项目
2. 吉林省德惠市高新科技示范项目
3. 江西省丰城市高新科技示范项目
(四) 2001年一次性扶持项目
1. 黑龙江省木兰高新科技示范项目
2. 新疆自治区哈密高新科技示范项目

四、水毁工程修复项目

(一) 2002年度
湖南省水毁工程修复项目
江西省水毁工程修复项目
福建省水毁工程修复项目
四川省水毁工程修复项目
陕西省水毁工程修复项目
湖北省水毁工程修复项目
重庆市水毁工程修复项目
安徽省水毁工程修复项目
广西自治区水毁工程修复项目
贵州省水毁工程修复项目
云南省水毁工程修复项目
海南省水毁工程修复项目
(二) 2003年度
安徽省自然灾害损毁工程修复项目
湖南省自然灾害损毁工程修复项目
江苏省自然灾害损毁工程修复项目
湖北省自然灾害损毁工程修复项目

河南省自然灾害损毁工程修复项目

山东省自然灾害损毁工程修复项目

陕西省自然灾害损毁工程修复项目

内蒙古自治区自然灾害损毁工程修复项目

重庆市自然灾害损毁工程修复项目

新疆维吾尔自治区自然灾害损毁工程修复项目

云南省自然灾害损毁工程修复项目

国家农业综合开发办公室关于严格推行农业综合开发土地治理项目工程建设监理制的通知

（2004年6月25日　国农办［2004］112号）

各省、自治区、直辖市、计划单列市财政厅（局）、农业综合开发办公室（局），新疆生产建设兵团财务局、农业综合开发办公室，农业部、水利部、国土资源部、国家林业局农业综合开发办公室：

为贯彻落实财政部《关于改革和完善农业综合开发若干政策措施的意见》（财发［2003］93号），积极推行项目工程建设监理制，提高农业综合开发项目建设质量。我办近期制订并下发了《国家农业综合开发土地治理项目工程建设监理办法（试行）》（国农办［2004］49号，以下简称《监理办法》），规定了农业综合开发土地治理项目工程建设监理的范围、内容和程序，明确了监理委托单位、监理单位以及项目承包单位之间的权利、义务以及监理费用的列支办法等。各地要认真贯彻执行，切实规范农业综合开发项目工程建设监理工作，提高项目管理水平。

一、土地治理项目必须严格推行工程监理制。从2004年起，凡国家立项的农业综合开发土地治理项目，必须严格按照《监理办法》的规定，推行工程监理制。凡年度财政投资10万元以上（含10万元）的单项工程均应纳入监理范围。要把是否执行《监理办法》作为考核开发县项目管理工作质量的重要内容。

二、要择优选择工程监理单位。原则上应通过招标方式择优选定具备相应建设监理资格或监理能力的单位实施工程监理。各地农发办事机构要对承担农业综合开发项目工程建设监理的人员进行培训，使其尽快熟悉和掌握农业综合开发政策与制度，严格按照有关规定实施工程监理。

三、要严格控制和管理工程监理费用。农业综合开发工程监理费用要严格按照《监理办法》规定的额度控制使用，从地方财政配套资金中列支，按实际支出数计入工程成本。工程监理费用的管理要严格实行县级报账制，并按照规定预留部分质量保证金，待验收合格后方能予以拨付。各地农发办事机构要认真审查、严格把关，坚决杜绝超标准列支或虚列工程监理费用的现象。

四、要加强对《监理办法》执行情况的监督检查。各省（区、市）农发办事机构可参照《监理办法》制订实施细则，报我办备案。同时要加强对《监理办法》执行情况的监督检查，及时反馈存在的问题，切实保证土地治理项目工程建设质量。

2003年6月—2004年6月财政部及国家农业综合开发办公室制发的重要规章及规范性文件目录

	重要规章和规范性文件名称	发布机关	发布日期	文号	备注
1	财政部关于印发《关于改革和完善农业综合开发若干政策措施的意见》的通知	财政部	2003.12.10	财发［2003］1号	
2	国家农业综合开发办公室关于印发《国家农业综合开发土地治理项目建设试行标准》的通知	国家农业综合开发办公室	2003.5.23	国农办［2003］130号	废止
3	国家农业综合开发办公室关于贯彻落实《关于进一步加强农业综合开发资金管理的若干意见》的通知	国家农业综合开发办公室	2003.6.17	国农办［2003］165号	
4	国家农业综合开发办公室关于编制利用世界银行贷款加强灌溉农业三期项目建议书有关问题的通知	国家农业综合开发办公室	2003.6.27	国农办［2003］179号	
5	国家农业综合开发办公室关于立即组织开展农业综合开发项目和资金管理大检查的紧急通知	国家农业综合开发办公室	2003.6.30	国农办［2003］181号	
6	国家农业综合开发办公室关于印发《农业综合开发项目调整、变更和终止有关事项的规定》的通知	国家农业综合开发办公室	2003.7.28	国农办［2003］193号	
7	国家农业综合开发办公室关于2000—2002年竣工项目验收的通知	国家农业综合开发办公室	2003.8.15	国农办［2003］165号	
8	国家农业综合开发办公室关于印发《国家农业综合开发办公室暂停或取消农业综合开发项目县资格的暂行规定》的通知	国家农业综合开发办公室	2003.9.30	国农办［2003］217号	废止
9	国家农业综合开发办公室关于利用世界银行贷款加强灌溉农业二期项目竣工验收的通知	国家农业综合开发办公室	2003.11.19	国农办［2003］259号	
10	国家农业综合开发办公室关于2000—2002年国家农业综合开发竣工项目验收通报	国家农业综合开发办公室	2004.1.18	国农办［2004］9号	
13	国家农业综合开发办公室关于编制2004年农业综合开发土地治理项目计划的通知	国家农业综合开发办公室	2004.2.13	国农办［2004］14号	
14	国家农业综合开发办公室关于进一步加强农业综合开发资金县级报账工作的通知	国家农业综合开发办公室	2004.2.19	国农办［2004］17号	
15	国家农业综合开发办公室关于认真做好2004年调查研究工作的通知	国家农业综合开发办公室	2004.2.24	国农办［2004］19号	
16	国家农业综合开发办公室关于印发《国家农业综合开发县管理暂行办法》的通知	国家农业综合开发办公室	2004.3.12	国农办［2004］26号	
17	国家农业综合开发办公室关于中华全国供销合作总社系统参与农业综合开发有关事宜的通知	国家农业综合开发办公室	2004.3.23	国农办［2004］28号	
18	国家农业综合开发办公室关于加强已建成科技示范项目运行监管的紧急通知	国家农业综合开发办公室	2004.5.19	国农办［2004］47号	
19	国家农业综合开发办公室关于印发《农业综合开发土地治理项目建设标准》的通知	国家农业综合开发办公室	2004.5.24	国农办［2004］48号	
20	国家农业综合开发办公室关于印发《国家农业综合开发土地治理项目工程建设监理办法（试行）》的通知	国家农业综合开发办公室	2004.5.28	国农办［2004］49号	
21	国家农业综合开发办公室关于做好2004年农业综合开发项目验收工作的通知	国家农业综合开发办公室	2004.6.23	国农办［2004］111号	
22	国家农业综合开发办公室关于严格推行农业综合开发土地治理项目工程建设监理制的通知	国家农业综合开发办公室	2004.6.25	国农办［2004］112号	

第六部分

统计资料

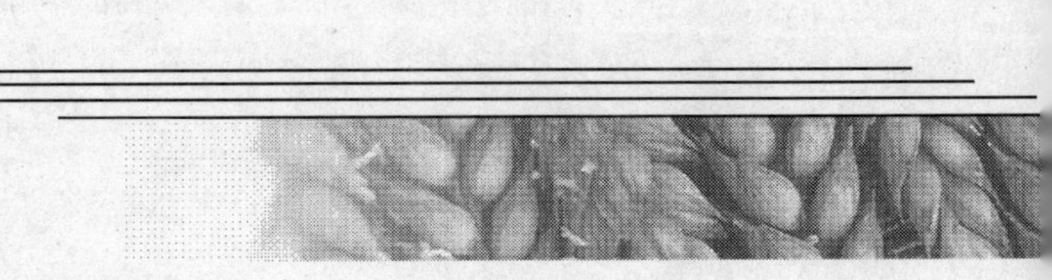

统计资料说明

一、本部分收集了农业综合开发2003年的统计数据及1988—2003年的汇总统计数据。

二、统计范围仅限于国家立项的农业综合开发项目，其他农业综合开发项目未统计在内。

三、统计资料分为“农业综合开发基本情况”、“全国农业综合开发项目统计”、“农业综合开发世界银行项目统计”、“农业综合开发部门项目统计”四个部分，每个部分都附有各项统计指标的相关解释和说明。

四、“农业综合开发基本情况”中各项统计指标的数据，均为农业综合开发地方项目、世界银行项目、部门项目统计数据的合计数。

五、在“全国农业综合开发项目统计”中，“2003年全国农业综合开发项目投入情况表”及“1988—2003年全国农业综合开发项目投入情况表”中各指标的统计数据，为农业综合开发地方项目、世界银行项目、部门项目统计数据的合计数；其他统计表中各指标的数据均指地方项目的统计数据。

六、黑龙江省农垦总局农业综合开发项目是由农业部负责组织实施的部门项目，但由于该项目一直比照地方项目管理，因此，将其视同一个省级单位统计在“全国农业综合开发项目统计”中，而在“农业综合开发部门项目统计”中未作统计。

农业综合开

1988—2003年全国农业综

年份	开发范围（个）		资金投入（万元）				
	项目县（市、区、农场）总数	其中：项目县数	合计	中央财政资金	地方财政配套资金	银行贷款	自筹资金
1988	746	495	178 368.70	50 267.00	37 324.10	23 332.30	67 445.30
1989	949	658	347 770.38	100 858.00	77 694.60	61 236.00	107 981.78
1990	1 101	796	495 558.13	140 563.90	113 782.37	96 663.42	144 548.44
1991	1 092	864	566 910.25	152 508.30	139 653.07	111 549.48	163 199.40
1992	1 293	1 060	622 907.52	157 720.90	139 149.17	109 288.29	216 749.16
1993	1 335	1 106	720 708.58	182 138.90	153 749.40	129 552.33	255 267.95
1994	1 399	1 177	682 714.80	182 136.80	167 871.77	111 807.79	220 898.44
1995	1 441	1 197	871 689.40	235 224.00	226 903.00	122 120.57	287 441.83
1996	1 531	1 270	1 198 520.50	305 263.00	258 913.00	197 321.55	437 022.95
1997	1 547	1 335	1 291 707.54	293 129.00	302 841.00	199 825.54	495 912.00
1998	1 675	1 470	1 642 497.92	421 135.00	409 431.70	191 805.30	620 125.92
1999	1 745	1 516	1 887 745.37	472 563.81	468 367.80	210 188.94	736 624.82
2000	1 802	1 559	1 972 322.32	676 790.91	572 010.20	120 612.84	602 908.37
2001	1 884	1 645	2 065 077.22	708 629.60	594 679.90	182 712.12	579 055.60
2002	2 023	1 786	2 374 018.23	761 896.82	615 948.40	255 688.60	740 484.41
2003	2 101	1 864	2 379 916.78	867 132.39	625 027.81	203 686.30	684 070.28
合计	—	—	19 298 433.64	5 707 958.33	4 903 347.29	2 327 391.37	6 359 736.65

发基本情况

合开发基本情况表

主要建设内容							
改造中低产田（万亩）	开垦宜农荒地（万亩）	草原（场）建设（万亩）	优质粮食基地（万亩）	优质饲料粮基地（万亩）	经济林、蔬菜、药材等种植面积（万亩）	水产养殖面积（万亩）	农产品加工和农业生产服务项目（个）
944.90	168.00	58.20			31.25	1.25	60
2 189.58	289.60	163.63			28.15	12.25	15
3 167.95	382.83	231.97			45.79	10.36	42
2 736.26	329.95	176.03			44.16	6.11	56
2 557.97	374.15	309.17			103.96	21.75	77
2 755.15	281.99	261.57			166.48	49.91	108
1 599.84	154.06	222.12			123.98	27.36	166
2 022.59	169.85	244.02			156.31	32.68	297
2 563.75	242.17	326.43			162.84	55.16	547
2 623.41	284.70	245.03			138.40	60.05	527
3 039.82	227.07	205.05			149.19	41.81	374
3 647.36	84.16	178.95	49.35	23.40	171.28	44.76	395
3 742.75		265.55	197.26	104.63	194.43	43.62	419
3 058.76		296.68	430.65	82.10	190.21	72.32	433
2 818.44		345.87	461.50	90.57	127.83	118.57	516
1 711.16		301.66	988.65	228.73	91.60	39.17	668
41 179.69	2 988.53	3 831.93	2 127.41	529.43	1 925.86	637.13	4 700

续前表

年份	改善农业生产条件				新增主要农产品生产能力（万公斤）			
	新增和改善灌溉面积（万亩）	新增和改善除涝面积（万亩）	增加农田林网防护面积（万亩）	新增农机总动力（万千瓦）	粮食	棉花	油料	糖料
1988	917.50	387.10	874.10	40.60	130 549.00	5 878.80	3 507.40	42 638.70
1989	2 033.40	1 047.35	1 368.39	80.31	405 362.80	10 919.10	21 480.00	102 580.10
1990	2 636.08	1 610.88	2 411.61	97.83	522 038.20	13 089.90	19 159.80	91 947.70
1991	2 456.89	1 250.27	2 104.48	86.98	461 672.87	9 825.10	21 329.20	463 941.70
1992	2 202.97	1 181.93	2 102.86	98.83	450 494.36	11 261.50	17 768.78	324 520.00
1993	2 420.42	1 371.86	2 133.07	93.55	549 904.29	10 345.95	22 808.57	269 605.80
1994	1 284.87	752.61	1 344.14	76.31	305 218.50	9 384.33	21 745.15	106 523.30
1995	1 733.06	1 024.50	1 736.94	94.53	367 578.72	8 851.51	25 432.17	159 105.60
1996	2 327.90	1 153.71	1 747.69	114.39	531 918.14	12 833.29	29 117.82	266 256.90
1997	2 777.21	1 176.92	1 432.25	110.06	571 254.99	8 374.54	28 368.01	154 802.10
1998	3 019.23	1 298.67	1 813.90	262.30	592 407.33	8 647.51	30 225.39	124 592.70
1999	3 378.24	1 363.64	1 955.73	120.47	661 025.04	9 646.31	31 440.78	76 140.53
2000	3 460.87	1 398.41	2 394.31	101.99	644 201.96	9 774.41	33 630.60	60 060.25
2001	2 785.89	1 069.41	1 885.23	104.72	556 625.51	7 664.29	28 247.59	46 321.35
2002	2 655.03	866.64	1 525.99	83.38	498 229.60	5 145.62	22 662.10	39 955.23
2003	2 144.54	737.03	1 189.73	229.83	356 427.75	6 707.25	19 130.88	82 040.90
合计	38 234.10	17 690.93	28 020.42	1 796.08	7 604 909.06	148 349.41	376 054.24	2 411 032.86

新增其他农产品产量（万公斤）					新增其他农产品产值（亿元）		农民人均纯收入（元）	
肉	蛋	奶	水产品	干鲜果品、蔬菜、药材等	畜禽产品产值	水产品产值	项目区	项目区高于全国农民年人均纯收入
4 253.00	13.09	35.15	69.79	19 119.00				
10 094.90	13.15	222.82	709.40	6 164.00				
17 241.60	523.57	365.91	3 754.20	24 324.20				
19 781.03	309.14	166.54	1 691.00	20 909.40				
15 533.17	891.50	225.42	5 247.43	28 525.85				
23 316.65	41.28	99.68	7 612.72	32 506.50				
33 717.35	2 336.02	389.47	5 072.87	38 072.54				
36 856.16	2 591.01	887.77	21 087.48	211 708.30				
37 350.54	3 274.59	2 793.08	8 766.55	84 180.31				
22 691.36	5 089.12	7 232.80	11 284.15	120 745.36				
29 288.17	2 934.15	3 109.09	17 400.88	153 464.82			2 400.00	238.02
84 546.83	3 207.78	4 674.47	57 314.89	212 888.26			2 472.00	261.66
				383 118.16	18.81	11.95	2 465.00	211.58
				329 834.01	15.64	9.12	2 544.00	177.60
					26.88	21.60	2 696.00	220.00
59 012.62	1 425.95	49 268.22	29 501.18	132 382.96			2 782.57	160.57
393 683.38	22 650.35	69 470.42	169 512.54	1 797 943.67	61.33	42.67		

全国农业综合

2003年全国农业综合

地　区	开发范围（个）		合　计
	项目县（市、区、农场）总数	其中：项目县（市、区）数	
全国合计	2 101	1 864	2 379 916.78
北京	10	10	36 160.03
天津	11	11	24 109.34
河北	121	112	95 387.25
山西	66	62	56 344.25
内蒙古	86	78	81 822.24
辽宁	66	60	165 091.33
其中：大连	7	7	67 362.60
吉林	63	61	88 848.00
黑龙江	87	84	107 483.74
上海	7	7	23 185.99
江苏	79	70	102 952.14
浙江	63	60	176 928.70
其中：宁波	9	9	34 302.36
安徽	93	84	82 196.65
福建	54	54	86 471.86
其中：厦门	1	1	5 341.96
江西	76	72	83 546.20
山东	124	123	144 463.49
其中：青岛	8	8	19 233.70
河南	121	121	84 530.39
湖北	82	72	66 594.00
湖南	89	87	105 905.98
广东	43	42	65 112.64
其中：深圳	2	2	6 439.67
广西	61	61	45 668.71
海南	18	18	31 600.84
重庆	35	34	33 500.82
四川	110	110	136 872.32
贵州	65	60	43 876.40
云南	66	66	64 555.05
西藏	17	17	12 157.00
陕西	76	74	85 125.03
甘肃	46	42	39 116.64
青海	34	26	23 802.91
宁夏	25	16	24 958.79
新疆	74	70	69 798.58
新疆兵团	67		32 205.33
黑龙江农垦	66		56 040.12
部门项目			2 000.00
国家			1 504.02

开发项目统计

开发项目投入情况表

资金投入（万元）			
其　中：			
中央财政资金	地方财政配套资金	银行贷款	自筹资金
867 132.39	625 027.81	203 686.30	684 070.28
8 013.00	15 272.49	100.00	12 774.54
6 098.00	13 742.00		4 269.34
39 102.60	24 076.34	12 114.22	20 094.09
19 410.00	16 420.00	4 833.88	15 680.37
37 244.00	18 785.00	3 778.00	22 015.24
42 531.00	42 771.30	21 847.00	57 942.03
6 260.00	12 239.00	25 550.00	23 313.60
39 051.00	24 528.00	1 000.00	24 269.00
45 993.00	35 112.74	5 044.00	21 334.00
7 590.00	11 759.60	200.00	3 636.39
33 753.37	30 783.77	14 734.20	23 680.80
33 079.00	62 559.98	26 058.00	55 231.72
6 088.00	15 515.56	2 660.00	10 038.80
35 815.51	24 263.69	4 053.40	18 064.05
21 161.10	20 845.86	18 701.00	25 763.90
0.00	1 609.00	1 096.00	2 636.96
32 459.90	27 211.20	9 385.00	14 490.10
45 395.40	37 065.74	6 379.00	55 623.35
6 072.00	7 766.00		5 395.70
42 974.02	20 106.75		21 449.62
31 114.00	14 648.90	4 842.62	15 988.48
36 936.50	26 140.80	16 079.20	26 749.48
26 194.50	26 536.00	4 683.00	7 699.14
1 450.00	3 250.00		1 739.67
22 655.00	12 556.70	500.00	9 957.01
14 420.64	5 677.20	3 026.00	8 477.00
19 842.50	9 704.50	170.00	3 783.82
39 920.00	30 335.42	12 633.10	53 983.80
18 494.00	10 983.90	4 793.20	9 605.30
23 960.00	26 535.11	4 016.74	10 043.20
7 967.00	3 665.00	310.00	215.00
27 339.00	14 919.00	7 475.00	35 392.03
19 711.00	4 409.00	2 806.15	12 190.49
11 199.55	4 098.30	2 536.93	5 968.13
11 221.00	3 415.50	4 800.00	5 522.29
25 753.00	6 098.02	5 388.66	32 558.90
15 746.78		1 150.00	15 308.55
21 483.00		248.00	34 309.12
2 000.00			
1 504.02			

2003 年全国农业综合开发

地　区	土地治理项目					多种经营项目	
	小计	中央财政资金	地方财政配套资金	银行贷款	自筹资金	小计	中央财政资金
全国合计	1 166 303.13	477 339.67	376 350.69	9 406.96	303 205.87	932 272.51	187 792.83
北京	11 512.00	3 386.00	6 444.00		1 682.00	20 260.94	3 105.00
天津	8 282.32	1 571.97	4 535.01		2 175.34	7 357.10	1 589.10
河北	46 129.43	19 063.59	16 745.92		10 319.92	33 116.79	6 376.00
山西	25 809.47	10 965.00	9 614.58		5 229.89	23 315.98	4 728.67
内蒙古	55 338.64	27 992.70	13 876.00		13 469.94	23 746.80	8 296.00
辽宁	84 384.74	24 398.86	24 247.00	3 576.00	32 162.88	101 081.07	10 587.00
其中：大连	10 586.60	1 529.00	6 840.00		2 217.60	54 132.00	2 525.00
吉林	48 441.00	20 577.00	16 120.00		11 744.00	29 856.00	9 526.00
黑龙江	67 621.50	30 657.50	22 083.00		14 881.00	31 189.00	12 822.00
上海	8 820.32	2 378.74	4 423.41		2 018.17	6 101.45	2 041.62
江苏	41 025.31	15 049.47	18 261.40		7 714.44	45 566.71	7 583.88
浙江	55 904.74	13 689.92	29 240.97		12 973.85	97 660.85	9 294.24
其中：宁波	14 063.18	3 399.00	7 662.93		3 001.25	15 284.00	1 976.74
安徽	31 630.69	13 091.97	10 801.95		7 736.77	15 678.53	5 458.55
福建	33 791.51	12 743.14	14 762.52		6 285.85	50 428.75	5 973.70
其中：厦门	2 718.96	716.00	1 432.00		570.96	1 200.00	
江西	44 659.25	20 596.60	14 157.55		9 905.10	27 244.30	8 146.00
山东	48 148.62	17 082.74	20 571.17		10 494.71	75 306.10	9 942.00
其中：青岛	9 307.00	2 624.00	5 248.00		1 435.00	11 593.00	2 623.00
河南	33 525.25	13 802.35	10 814.65		8 908.25	16 750.96	4 491.50
湖北	40 476.99	17 606.71	12 507.10	385.50	9 977.68	23 282.33	7 725.99
湖南	54 491.03	23 683.92	18 628.79		12 178.38	45 308.20	9 331.00
广东	26 059.83	9 383.30	11 694.09		4 982.44	19 907.98	5 452.00
其中：深圳	1 857.50	350.00	700.00		807.50	1 234.50	350.00
广西	32 613.67	15 806.84	9 236.52		7 570.31	10 158.14	4 637.24
海南	23 212.70	10 428.30	7 994.40		4 790.00	11 516.00	2 793.00
重庆	15 605.67	7 422.65	6 790.50		1 392.52	7 664.00	3 306.00
四川	57 905.88	25 631.55	18 551.03		13 723.30	68 372.70	9 614.20
贵州	26 064.44	12 423.88	8 053.06		5 587.50	15 651.07	4 109.37
云南	37 760.84	15 460.29	14 605.39	599.00	7 096.16	13 587.01	4 112.94
西藏	12 767.00	9 073.00	3 369.00	210.00	115.00		
陕西	38 577.40	17 747.61	11 821.40		9 008.39	41 964.80	5 534.50
甘肃	17 153.87	7 916.10	4 379.80		4 857.97	13 842.45	2 796.00
青海	18 480.97	8 716.17	4 122.70	1 296.18	4 345.92	6 863.82	2 757.63
宁夏	13 189.68	6 349.38	3 080.77		3 759.53	9 300.86	2 289.00
新疆	46 744.58	16 441.72	4 817.01	3 235.28	22 250.57	16 420.78	5 267.75
新疆兵团	22 494.75	11 385.00			11 109.75	6 358.34	1 913.60
黑龙江农垦	37 679.04	14 815.70		105.00	22 758.34	17 412.70	6 191.35

分项目投资完成情况表

单位：万元

地方财政配套资金	银行贷款	自筹资金	科技示范项目				
			小计	中央财政资金	地方财政配套资金	银行贷款	自筹资金
158 486.03	199 707.23	386 286.42	88 455.62	24 758.23	29 718.14	12 378.11	21 601.14
6 419.00	100.00	10 636.94	2 055.60	500.00	1 100.00		455.60
4 062.00		1 706.00	3 190.00	660.00	2 142.00		388.00
5 022.00	11 514.22	10 204.57	4 302.40	1 268.00	1 158.00	600.00	1 276.40
4 192.95	4 433.88	9 960.48	2 265.00	750.00	625.00	400.00	490.00
3 963.00	3 301.00	8 186.80	1 981.50	704.00	442.00	477.00	358.50
11 581.50	32 051.00	46 861.57	3 929.18	944.00	1 946.00	270.00	769.18
5 264.00	25 550.00	20 793.00	1 929.00	244.00	1 382.00		303.00
7 355.00	800.00	12 175.00	2 550.00	800.00	1 200.00	200.00	350.00
8 870.00	4 044.00	5 453.00	5 414.00	1 800.00	1 614.00	1 000.00	1 000.00
3 035.34		1 024.49	2 233.73	540.00	900.00	200.00	593.73
9 066.14	14 104.20	14 812.49	3 592.00	1 187.32	1 249.18	630.00	525.50
13 414.07	28 178.00	46 774.54	7 112.80	1 357.40	3 248.73	540.00	1 966.67
4 404.98	2 660.00	6 242.28	2 081.27	486.00	800.00		795.27
3 704.70	3 559.57	2 955.71	1 986.41	511.87	338.58	493.83	642.13
6 392.50	18 071.00	19 991.55	6 658.90	1 360.00	2 020.40	1 726.00	1 552.50
		1 200.00	3 282.00	460.00	860.00	1 096.00	866.00
6 143.30	8 785.00	4 170.00	2 508.80	804.80	689.00	600.00	415.00
12 988.40	5 945.00	46 430.70	6 747.70	1 943.00	2 418.00	434.00	1 952.70
5 246.00		3 724.00	636.70	200.00	200.00		236.70
3 548.70		8 710.76	3 192.54	963.14	1 120.00		1 109.40
5 576.42	4 169.12	5 810.80	1 216.40	284.00	444.40	288.00	200.00
6 781.90	15 079.20	14 116.10	3 267.00	1 032.00	780.00	1 000.00	455.00
6 752.88	4 203.00	3 500.10	4 906.00	1 188.00	2 281.73	480.00	956.27
700.00		184.50	2 347.67	500.00	1 100.00		747.67
2 732.20	500.00	2 288.70	717.00	344.00	275.00		98.00
2 725.00	2 546.00	3 452.00	1 215.00	400.00	100.00	480.00	235.00
2 700.00		1 658.00	2 793.30	830.00	1 060.00	170.00	733.30
7 622.90	11 542.70	39 592.90	3 219.30	801.70	659.60	1 090.40	667.60
2 747.70	4 793.20	4 000.80	297.00	240.00	40.00		17.00
3 331.33	3 348.74	2 794.00	1 598.04	600.00	776.00	69.00	153.04
			500.00	200.00	100.00	100.00	100.00
2 822.30	7 475.00	26 133.00	491.27	200.00	40.63		250.64
1 916.60	2 341.15	6 788.70	2 091.82	720.00	363.00	465.00	543.82
1 871.00	1 240.75	994.44	1 022.26	200.00	194.49		627.77
810.80	4 600.00	1 601.06	961.70	400.00	200.00	200.00	161.70
336.40	1 688.50	9 128.13	2 237.48	400.00	192.40	464.88	1 180.20
	1 150.00	3 294.74	1 329.06	425.00			904.06
	143.00	11 078.35	872.43	400.00			472.43

2003年全国农业综合开发土地

地　　区	开发任务（万亩）					
	改造中低产田	开垦宜农荒地	草原（场）建设	建设优质粮食基地	建设优质饲料作物基地	修建小型水库（座）
全国合计	1 686.16		256.30	988.65	228.73	478.00
北京	10.30			10.20		
天津	1.30			2.90	3.38	5.00
河北	50.17			19.37	9.04	8.00
山西	30.20		0.05	29.24	15.38	
内蒙古	61.23		121.75	19.50	48.70	
辽宁	92.17			14.58	9.50	1.00
其中：大连	13.88			4.81	2.40	
吉林	55.50		23.50	61.10	41.50	11.00
黑龙江	83.50		11.90	134.00	16.40	3.00
上海	5.31			4.91		
江苏	46.16			66.01	0.02	1.00
浙江	51.63			28.36		8.00
其中：宁波	17.55			1.84		
安徽	63.99			57.67		38.00
福建	47.88			25.09		7.00
其中：厦门	2.12					
江西	62.81			7.12		51.00
山东	127.71		0.60	1.70		23.00
其中：青岛	17.21					17.00
河南	71.56			72.06		17.00
湖北	70.25			27.90		37.00
湖南	98.99		2.70	22.60		85.00
广东	33.32			15.16		8.00
其中：深圳	0.44					
广西	68.18			19.93		82.00
海南	22.82			9.20		30.00
重庆	17.60			11.92		2.00
四川	72.39		9.12	109.71	5.46	42.00
贵州	44.85			27.57	6.88	12.00
云南	67.93			48.48	2.60	1.00
西藏	8.32		11.13	0.80		
陕西	91.83			12.00		2.00
甘肃	25.35		3.36	27.40	6.63	1.00
青海	15.25		63.92	10.20	22.32	
宁夏	30.88			15.17	29.77	
新疆	78.78		8.27		2.75	
新疆兵团	31.10				0.40	
黑龙江农垦	46.90			76.80	8.00	3.00

治理项目主要建设内容完成情况表

主要措施							
水利措施		农业措施			林业措施	科技措施	
灌排渠系建设（公里）	新打和配套完善机电井（眼）	改良土壤（万亩）	机耕路（公里）	农机购置（台套）	造林（万亩）	扶持农技服务站（个）	技术培训（万人次）
70 384.79	41 530.00	960.77	29 025.13	138 607.00	305.18		1 083.70
641.50	238.00	3.69	169.15	793.00	3.44		6.41
578.60	127.00	8.40	113.50	75.00	2.97		1.22
3 190.13	4 618.00	43.16	1 960.70	1 548.00	13.84		43.09
1 359.67	794.00	21.93	847.10	640.00	19.36		24.93
4 098.59	4 138.00	45.52	2 299.45	2 057.00	11.89		39.38
2 972.95	8 075.00	23.59	1 035.87	72 663.00	27.20		76.62
324.50	86.00	1.47	150.80		3.27		5.00
1 037.80	600.00	39.40	794.00	3 043.00	9.77		23.60
1 610.68	1 899.00	22.36	1 686.48	6 090.00	8.88		61.92
223.55		3.65	163.25	4.00	1.64		1.22
1 196.47	380.00	27.43	900.39	2 734.00	11.96		20.23
3 186.29		21.85	1 395.28	492.00	4.28		16.03
473.05		3.40	407.35	138.00	0.49		3.30
2 150.59	2 517.00	32.47	796.08	3 212.00	13.59		101.11
1 938.63	103.00	19.41	702.19	433.00	6.63		22.34
81.00	6.00	0.78	57.58	4.00			
3 829.88	329.00	15.43	1 421.90	570.00	16.08		30.03
5 401.86	6 545.00	105.67	2 711.98	801.00	16.28		49.00
440.70	621.00	3.55	213.70	162.00	6.86		2.81
2 904.13	5 905.00	27.67	2 150.37	2 645.00	9.87		52.84
2 871.54	353.00	26.60	1 577.35	3 418.00	12.87		41.26
5 698.97	38.00	45.26	1 178.42	4 171.00	18.01		29.29
1 504.47	77.00	24.70	373.92	1 801.00	2.87		16.59
12.00	2.00	0.51	2.00	7.00			
2 744.67	19.00	52.43	813.51	964.00	6.56		47.05
1 353.84		8.60	358.64	456.00	2.75		10.95
789.10	2.00	14.86	203.30	460.00	7.93		31.45
5 146.51	233.00	58.41	1 139.14	12 688.00	11.21		154.54
773.58		11.25	201.33	8 338.00	1.53		28.90
1 096.43		21.15	361.77	795.00	10.65		59.79
103.20		6.04	119.60	20.00			3.07
3 520.43	2 526.00	96.01	1 371.49	1 006.00	19.27		38.19
769.08	597.00	26.49	436.37	1 260.00	6.19		13.40
595.15	123.00	8.67	79.32	2 241.00	2.39		3.77
717.84	402.00	0.10		18.00	5.49		3.71
3 396.48	288.00	62.17	994.60	499.00	15.57		21.02
466.46	51.00	12.00	153.00	7.00	2.01		7.65
2 515.72	553.00	24.40	515.68	2 665.00	2.20		3.10

2003年全国农业综合开发土地

地　区	改造中低产田	开垦宜农荒地	草原（场）建设	建设优质粮食基地	建设优质饲料作物基地	
						修建小型水库
全国合计	643 787.98		38 622.85	172 728.58	35 390.22	7 982.21
北京	4 097.50			3 563.00		
天津	1 348.60			2 025.47	1 350.09	75.00
河北	18 833.00			7 459.86	3 477.37	86.25
山西	13 421.59		15.50	4 117.56	2 254.17	
内蒙古	24 685.36		17 475.68	2 603.10	6 362.00	
辽宁	33 852.16			2 409.08	1 115.00	61.00
其中：大连	6 256.20			1 040.00	621.00	
吉林	22 231.00		4 003.00	8 377.00	5 646.00	501.00
黑龙江	29 900.00		3 855.00	14 940.50	5 681.00	213.00
上海	3 737.40			2 816.00		
江苏	19 415.09			13 650.46	21.87	5.00
浙江	28 912.01			15 130.31		69.98
其中：宁波	11 361.56			1 443.50		
安徽	18 811.45			6 532.30		267.93
福建	20 412.81			6 779.83		42.00
其中：厦门	2 718.96					
江西	26 123.64			2 005.89		1 469.50
山东	38 764.78		413.00	515.00		434.90
其中：青岛	6 690.00					252.00
河南	19 383.01			7 813.58	42.00	66.54
湖北	23 168.63			10 282.57		301.06
湖南	39 269.14		444.00	2 638.40		535.39
广东	13 055.18			6 971.27		186.55
其中：深圳	437.50					
广西	22 526.90			2 862.29		442.73
海南	12 249.00			4 998.70		340.00
重庆	6 905.00			4 639.00		288.00
四川	27 598.72		1 819.90	13 878.82	622.80	408.10
贵州	15 657.39			4 705.15	1 370.40	846.28
云南	27 558.54			5 215.89	295.00	175.10
西藏	11 164.90		1 402.10	200.00		
陕西	31 533.58			649.70		78.00
甘肃	8 504.71		466.00	2 943.80	920.47	35.00
青海	6 719.18		4 573.62	1 213.00	3 074.90	420.00
宁夏	9 143.28			391.00	914.60	
新疆	32 132.49		4 155.05		729.70	
新疆兵团	14 016.68				98.07	
黑龙江农垦	18 655.26			10 400.05	1 414.78	633.90

治理项目主要建设内容投资完成情况表

单位：万元

主要措施							
水利措施		农业措施			林业措施	科技措施	
灌排渠系建设	新打和配套完善机电井	改良土壤	机耕路	农机购置	造林	扶持农技服务站	技术培训
345 989.96	65 125.68	69 105.93	75 399.87	74 329.68	64 171.53		18 043.32
1 519.77	779.37	410.42	1 011.11	1 306.88	940.30		208.67
1 697.94	1 406.87	84.70	64.34	223.50	546.85		29.00
7 743.00	6 822.29	1 461.70	1 685.83	2 458.45	2 893.35		434.80
4 286.03	2 601.68	1 406.54	1 701.23	1 396.20	2 580.23		494.63
12 452.82	7 369.25	1 920.70	1 953.00	3 940.42	3 237.08		627.12
9 692.08	9 379.99	20 067.74	2 820.44	2 304.08	5 731.52		876.80
1 651.64	367.00	366.98	431.00		694.08		110.00
9 625.00	2 072.00	1 456.00	1 627.00	7 239.00	2 321.00		1 330.00
7 189.76	6 682.39	1 018.52	3 438.60	16 837.85	2 787.15		970.64
1 938.74		487.20	1 839.18	5.20	874.50		46.50
10 804.04	409.02	940.51	4 617.19	2 118.26	1 192.69		740.22
18 200.68	2.00	2 438.58	9 639.03	528.42	1 810.06		428.41
5 521.68		313.65	4 647.59	138.37	486.42		139.95
8 949.96	1 405.21	1 709.09	2 365.57	2 096.74	1 753.39		508.09
12 703.79	109.50	1 437.46	4 338.34	781.41	942.49		511.17
1 134.27	20.00	434.13	817.92	42.00			
17 761.41	428.70	1 905.79	4 612.00	1 251.60	4 202.26		1 110.43
16 436.70	4 709.70	2 605.46	2 133.80	737.60	4 245.70		924.10
2 822.00	419.00	174.50	442.00	209.50	1 185.00		113.50
6 981.19	5 532.27	815.69	1 475.79	2 607.19	2 392.75		444.50
12 397.42	493.45	1 835.65	2 184.32	2 402.97	1 653.24		1 010.82
27 893.81	179.10	2 182.14	5 534.06	2 559.81	1 770.70		568.20
10 441.62	111.00	1 228.41	2 006.35	956.81	385.87		381.29
355.00	25.00	165.00	25.00	22.50			5.00
13 936.34	118.20	3 302.98	3 733.69	1 783.57	953.69		555.88
12 575.00		231.00	1 482.00	1 938.00	778.80		194.50
3 531.50	6.00	849.80	860.30	411.00	1 645.00		301.00
21 492.40	416.70	3 850.65	2 893.49	2 224.01	1 772.80		1 015.30
12 011.93	8.00	1 170.28	1 290.00	593.35	519.30		792.17
16 746.07		2 734.69	3 180.44	970.85	3 435.84		608.36
6 360.88		1 384.66	120.20	48.30			127.00
14 015.98	5 882.28	1 433.90	1 782.20	1 526.00	4 523.26		732.10
3 314.30	1 619.50	1 290.10	720.90	735.75	1 458.14		558.47
7 226.02	67.90	394.37	116.48	606.93	468.83		89.42
5 964.62	1 920.30	75.00		367.41	1 091.73		125.00
19 768.60	2 722.93	5 741.54	2 601.84	2 042.16	4 337.94		644.80
3 409.85	500.60	692.44	366.17	96.02	560.63		391.07
6 920.71	1 369.48	542.22	1 204.98	9 233.94	364.44		262.86

2003年全国农业综合开发多种经营

地　　区	种植项目（万亩）			
	经济林	蔬菜	花卉	药材
全国合计	41.40	12.05	5.95	13.68
北京	0.94	0.43		
天津	0.10			
河北	0.03	0.03	0.03	
山西	0.11	1.04		
内蒙古	0.08	0.05		0.72
辽宁	1.58	0.54	0.42	
其中：大连	0.52	0.16	0.10	
吉林	0.85			0.95
黑龙江	0.01	0.21		
上海			1.00	
江苏	0.20		0.01	
浙江	0.01	0.05	0.15	0.27
其中：宁波			0.04	
安徽	5.89	0.09	0.06	0.61
福建	2.83	0.09		0.06
其中：厦门				
江西	3.85	0.55	0.30	0.92
山东	4.98	1.57	0.01	0.65
其中：青岛			0.01	
河南	0.99	0.35	0.11	0.90
湖北	1.16	0.32	0.08	1.87
湖南	2.27	0.01	0.05	1.00
广东	1.50	0.02	2.00	
其中：深圳	1.50		2.00	
广西	3.64	0.13		
海南	0.45	0.01		0.01
重庆	1.00	0.55	0.68	0.90
四川	2.70		0.15	
贵州	0.54	1.11	0.21	1.06
云南	2.43	1.50	0.01	1.78
西藏				
陕西	1.78	0.34	0.18	0.61
甘肃		0.29	0.01	0.70
青海		0.04	0.06	
宁夏	0.01	1.02		0.10
新疆	0.87	0.13	0.43	0.57
新疆兵团	0.60	0.05		
黑龙江农垦		1.53		

项目主要建设内容完成情况表

养殖项目		加工项目（个）		农业生产服务项目（个）
水产养殖（万亩）	畜禽养殖（万头、只）	新建项目	改扩建项目	
39.17	15 136.83	231.00	359.00	78.00
1.55		6.00		2.00
0.50	0.09	2.00	4.00	
	157.40	4.00	15.00	3
0.01	11.49	3.00	24.00	3.00
	320.35	1.00	4.00	3.00
18.00	53.00	31.00	4.00	6.00
10.88		9.00		
0.10	2 256.23	11.00	4.00	2.00
0.02	406.22	19.00	9.00	2.00
		2.00	3.00	
1.53	0.17	3.00	33.00	5.00
0.86	155.89	9.00	37.00	2.00
		4.00	4.00	1.00
0.92	95.35	5.00	23.00	2.00
0.13	537.96	11.00	23.00	3.00
0.03				
13.24	200.95	17.00	19.00	4.00
0.35	5 030.65	19.00	46.00	6.00
		8.00	9.00	2.00
0.20	4 046.59	8.00	8.00	
0.47	225.40	6.00	17.00	3.00
0.13	0.72	6.00	24.00	2.00
0.05	47.48	6.00	3.00	2.00
				1.00
0.39	1 030.26	4.00	5.00	2.00
0.07		2.00	2.00	1.00
0.13	120.61	13.00	3.00	5.00
0.41	168.03	8.00	13.00	1.00
	22.24	6.00	4.00	4.00
	2.42	12.00	5.00	
0.03	63.77	8.00	8.00	4.00
	2.30	2.00	6.00	3.00
	2.62	2.00	1.00	
	17.67	1.00	7.00	1.00
0.02	150.05	2.00	3.00	7.00
0.06	0.34		1.00	
	10.58	2.00	1.00	

2003年全国农业综合开发科技示范

地区	农业高新科技示范（万亩）	农业科技推广综合示范（万亩）	农业现代化示范（万亩）	技术引进		技术示范		
				品种（个）	技术工艺（项）	品种（个）	技术（项）	面积（万亩）
全国合计	12.89	213.08	4.85	760.00	216.00	313.00	390.00	14.72
北京		5.90	0.40			8.00	6.00	
天津	0.45			34.00	2.00		1.00	
河北	1.00	17.51		51.00	21.00	7.00	14.00	0.60
山西		3.48		33.00	1.00		4.00	0.08
内蒙古		3.10		4.00	5.00	20.00	23.00	0.17
辽宁	0.20	7.70	0.46	81.00	22.00	22.00	43.00	0.40
其中：大连	0.20		0.46	12.00			5.00	
吉林		3.70	0.30			49.00	24.00	1.20
黑龙江	1.40	8.30		31.00	11.00	3.00	9.00	
上海		2.23	0.04			2.00	2.00	0.16
江苏	0.60	15.89	0.12	18.00	7.00		17.00	3.17
浙江	0.51	2.06	0.50	57.00	9.00	7.00	13.00	0.03
其中：宁波		1.30	0.20	6.00			1.00	
安徽		24.90		11.00	6.00	25.00	23.00	
福建		10.62	1.15	134.00	13.00	5.00	24.00	0.50
其中：厦门			0.35	90.00	3.00			
江西	1.29	2.04		13.00	10.00	6.00	9.00	0.75
山东	0.96	23.00	0.09	81.00	10.00	62.00	48.00	0.77
其中：青岛		2.00				15.00	11.00	
河南	1.43	7.11		31.00	13.00	1.00	4.00	
湖北		32.02				3.00	11.00	0.20
湖南	0.65	3.90		11.00	6.00		3.00	0.45
广东	0.40	5.00	1.24	35.00	11.00	1.00	6.00	0.43
其中：深圳				17.00	7.00			0.03
广西		1.80		5.00	2.00		5.00	0.03
海南	0.02	1.37				1.00	4.00	
重庆	0.65	3.97	0.55	11.00	1.00	3.00	2.00	0.40
四川	1.13	2.06		11.00	8.00	9.00	12.00	0.30
贵州								
云南	0.60	1.00		50.00	16.00	30.00	16.00	0.93
西藏		2.06		3.00		6.00		
陕西		5.50		1.00	1.00	16.00	6.00	3.60
甘肃	0.20	9.93		21.00	10.00	20.00	27.00	0.58
青海	0.20	3.10		5.00			2.00	
宁夏		0.70		3.00		1.00	7.00	
新疆	0.70	0.13		11.00	7.00	3.00	17.00	
新疆兵团	0.50	1.00		12.00	24.00		5.00	
黑龙江农垦		2.00		2.00		3.00	3.00	

项目主要建设内容完成情况表

具体建设内容								
技术推广			产业基地建设					
					畜牧业生产基地			
品种（个）	技术（项）	面积（万亩）	种植业生产基地（万亩）	经济林生产基地（万亩）	奶牛养殖（万头）	牛、猪、羊养殖（万头、只）	家禽养殖（万只）	水产养殖基地（万亩）
419.00	451.00	122.59	26.51	0.70		5.00	100.00	0.25
9.00	15.00	0.20	0.06	0.40				
26.00	21.00	13.50						
3.00	20.00	0.42						
48.00	36.00	2.80						
60.00	31.00	0.23	0.02	0.10				
		0.06	0.02	0.10				
14.00	13.00	1.95	0.10					
1.00	15.00	1.60						
5.00	3.00	2.08						
48.00	25.00	2.71						
10.00	10.00	1.40	0.15	0.02				
	5.00	0.60	0.10	0.02				
	9.00	11.00						
28.00	39.00	1.20	0.20	0.10				0.10
14.00	7.00	0.20	0.10	0.10				
		2.33						
36.00	32.00	14.05	0.01	0.08			100.00	
		0.30						
	5.00	1.70						
3.00	7.00	30.60	25.00					
9.00	18.00	0.54						
22.00	11.00		0.97			5.00		0.15
1.00						5.00		
5.00	5.00	1.70						
2.00	1.00	1.15						
23.00	4.00	0.84						
5.00	23.00	5.66						
6.00	15.00	1.00						
	10.00							
16.00	8.00	13.00						
27.00	38.00	7.13						
		3.10						
	1.00	0.70						
3.00	3.00							
10.00	30.00							
	3.00							

2003年全国农业综合

地　　区	改善农业生产条件			
	新增和改善灌溉面积（万亩）	新增和改善除涝面积（万亩）	增加林网防护面积（万亩）	新增机耕面积（万亩）
全国合计	1 901.58	721.04	1 108.88	604.22
北京	22.69	15.29	12.20	2.27
天津	17.20	9.80	11.85	3.80
河北	98.87	37.92	81.45	21.66
山西	34.91	1.00	25.11	10.15
内蒙古	97.70	11.56	73.72	74.45
辽宁	107.59	27.18	145.76	90.22
其中：大连	22.51	0.20	1.10	2.65
吉林	73.98	18.30	29.27	35.38
黑龙江	94.57	7.61	84.34	48.51
上海	11.55	5.16	2.72	0.40
江苏	86.38	67.99	53.78	13.75
浙江	76.78	76.66	35.54	17.47
其中：宁波	12.68	20.42	7.43	2.51
安徽	94.09	63.91	41.55	32.41
福建	40.30	10.10	6.49	11.37
其中：厦门	1.84	1.92	0.15	1.62
江西	71.64	28.43	17.11	17.06
山东	144.84	97.88	110.54	26.31
其中：青岛	17.47	6.50	11.10	0.70
河南	66.55	37.21	48.87	14.54
湖北	58.07	37.07	39.57	34.50
湖南	85.98	36.05	11.21	25.92
广东	45.88	19.67	7.35	14.80
其中：深圳	0.66	0.08		0.15
广西	54.35	13.78	6.40	15.26
海南	20.27	9.19	0.81	5.84
重庆	23.29	13.53	9.54	3.92
四川	74.72	31.00	26.76	14.06
贵州	25.56	9.97	3.11	10.49
云南	67.39	9.92	12.08	7.04
西藏	11.00	0.60		
陕西	90.16	1.36	79.36	26.00
甘肃	19.79		17.56	5.50
青海	9.73		1.55	0.05
宁夏	29.55	0.50	18.52	
新疆	70.30		45.97	19.47
新疆兵团	42.90		20.10	
黑龙江农垦	33.00	22.40	28.69	1.62

开发项目效益情况表

新增农机总动力（千瓦）	新增主要农产品生产能力（万公斤）粮食	棉花	油料	糖料	农民年人均纯收入（元）项目区农民年人均纯收入	项目区高于本地区农民年人均纯收入
2 270 000.00	349 431.59	6 432.00	18 299.59	82 040.90	2 782.57	160.57
80 200.00	625.90		197.50		5 277.82	
1 800.00	2 290.40	23.40			7 677.90	
63 300.00	21 966.25	321.78	644.65	71.00	2 465.38	
157 800.00	6 460.18	72. 20	295.94	153.90	2 590.28	
66 000.00	8 936.50	15.00	780.30	1 555.70	2 737.12	
75 800.00	12 929.60		435.00	700.00	2 834.62	
	1 094.60				5 558.12	
29 300.00	8 952.00		190.00		2760.11	
40 900.00	14 060.38		14.50		2 617.06	
100.00	529.00		15.00		7 485.19	
325 800.00	10 617.03	82.48	485.39		4 150.13	
93 000.00	8 870.80	37.00	54.00		4 465.43	
62 100.00	612.50	37.00	24.00		5 331.22	
220 200.00	11 870.58	544.16	1 446.92		2 449.92	
66 300.00	8 215.16		108.61	1.00	3 640.33	
5 000.00	887.75		10.00		3 618.87	
190 200.00	11 034.00	63.00	1 030.60		2 167.53	
167 600.00	48 583.92	698.45	656.55	360.00	3 197.29	
5 600.00	2 079.00		202.00		3 629.40	
18 000.00	30 605.90	344.20	1 111.55		1 905.39	
31 100.00	11 173.30	516.74	2 551.28		2 527.92	
175 100.00	15 000.75	261.00	1 332.80	2 610.00	2 037.42	
37 900.00	3 645.39		260.89	235.00	3 398.75	
					8 763.27	
92 000.00	11 464.65		177.30	52 206.50	2 259.05	
300.00	2 253.00		109.74	342.30	2 554.59	
29 200.00	10 791.50	1 120.00	411.00	825.00	2 557.64	
37 100.00	39 400.38	201.40	3 293.70	2 338.50	2 264.99	
98 000.00	8 251.40		1 125.45		2 042.40	
18 000.00	10 446.70		234.00	12 688.50	1 810.91	
100.00	800.60		87.40		2 056.89	
45 000.00	13 164.18	76.88	531.30	8.00	1 785.34	
6 800.00	2 022.10	89.80	88.80	742.00	1 734.54	
600.00	513.00		118.00		1 680.85	
7 700.00	1 924.18		115.10		2982.19	
42 500.00	3 407.97	1 078.46	328.82	6 753.50	2 153.75	
	46.50	886.05	37.50	450.00	5 129.34	
52 300.00	8 578.39		30.00		4 564.33	

续前表

地　　区	新增其他农产品产量							
	干鲜果品（万公斤）	蔬菜（万公斤）	花卉（万株）	药材（万公斤）	肉（万公斤）	蛋（万公斤）	奶（万公斤）	水产品（万公斤）
全国合计	29 705.80	79 198.97	39 267.88	4 665.51	59 012.62	1 425.95	49 268.22	29 501.18
北京	1 996.80	610.00		1.00	831.00			775.00
天津		200.00			2 240.00	280.00	3 204.00	
河北	180.00	192.00	237.00		5 114.00	19.80	7 180.00	
山西		2 597.00		16.50	304.00		1 095.80	1.50
内蒙古		3 364.00		173.50	760.58		2 881.95	
辽宁	2 636.70	1 921.55	1 666.05		2 394.70		3 208.00	1 809.95
其中：大连	1 275.70	427.00	142.00					1 455.40
吉林		100.00		525.40	6 671.00	70.00	1 130.00	10.00
黑龙江	2.00	516.10			1 398.44		1 825.00	2.00
上海	48.00	78.00	1 440.00					
江苏	360.00	1 910.00	1 095.13	18.50	2 044.30		3 295.00	431.90
浙江	1 059.00	5 420.20	303.00		1 065.00	4.00	1 251.55	10 263.09
其中：宁波	450.00	185.00						200.00
安徽	962.00	718.70	3 960.00	48.01	1 024.40	83.50	630.85	5 841.60
福建	4 546.00	3 926.20		19.40	3 010.50		2 908.00	342.43
其中：厦门								50.00
江西	2 647.50	4 951.50	55.00	654.00	973.30		1 167.57	382.60
山东	739.20	27 397.00	120.00	254.00	7 856.75	38.00	7 962.00	2 986.70
其中：青岛	267.20	2 580.00	120.00		2 630.00			183.70
河南	927.80	661.00	2 424.00	736.00	1 467.35		462.00	139.40
湖北	3 242.00	1 254.10	213.50	312.00	1 197.88		165.00	95.50
湖南	1 155.00	6 037.60	1 834.00	196.00	1 182.50	15.00	130.00	68.00
广东	540.00		20 000.00		2 800.00			1 239.00
其中：深圳	540.00		20 000.00					
广西	1 215.00	438.46			3 456.94	360.00		13.70
海南	605.00	345.00	12.00	3.00	50.00			881.00
重庆	910.00	1 042.00	700.00	335.00	102.00		50.00	80.00
四川	265.30	2 140.00	117.00	360.00	9 747.90	300.00	312.50	29.00
贵州	120.00	4 144.00	1 255.00	174.50			177.50	68.00
云南	2 754.00	1 382.50	75.00	504.70	1 440.00			3 900.00
西藏								
陕西	964.40	3 198.00	417.20	173.50	1 374.20		6 290.00	32.00
甘肃	605.00	1 072.00			114.50		50.00	0.20
青海		594.00	714.00		22.85		186.00	
宁夏		2 312.96		2.50	117.85	240.00	469.50	
新疆	505.10	269.80	2 630.00	158.00	24.68	15.65		105.61
新疆兵团	720.00				6.00		2 344.00	3.00
黑龙江农垦		405.30			220.00		892.00	

新增其他农产品产值（万元）		专项科技示范			
畜禽产品	水产品	扩大良种种植面积（万亩）	技术培训（万人次）	新增总产值（万元）	增加值（万元）
		188.27	50.47	167 297.46	66 146.17
		6.10	1.10	1 899.60	1 020.00
		0.45	0.96	1 200.00	750.00
		19.90	2.10	4 041.00	1 092.40
		2.26	3.30	4 669.00	2 774.00
		2.20	1.60	1 809.00	828.00
		10.14	0.40	3 103.00	1 778.50
		0.27		1 072.00	425.00
		3.00	1.00	5 835.00	2 367.00
		3.88	0.88	2 531.80	1 561.27
			0.40	4 072.00	1 100.00
		5.30	2.34	9 060.50	1 892.00
		1.51	2.35	11 612.00	4 638.40
		0.28	0.45	2 560.00	1 103.40
		28.80	6.70	4 558.30	1 863.80
		0.90	2.39	13 468.00	7 778.00
		0.10	0.32	1 150.00	995.00
		1.05	0.55	4 298.70	2 255.23
		33.90	2.53	9 175.00	3 533.00
		0.61	0.40	268.00	140.00
		1.06	1.03	12 892.06	4 598.20
		5.44	0.40	2 575.00	1 290.20
		5.79	2.25	6 810.00	2 327.00
		14.90	3.80	26 485.00	7 834.00
			1.80	2 301.00	1 150.00
		1.62	0.40	4 010.00	596.70
		1.15	0.25	3 671.00	2 182.50
		0.34	0.40	1 200.00	
		15.70	4.67	11 053.20	4 465.50
				800.00	480.00
		1.20	3.90	1 203.10	532.10
		0.66	0.50	210.00	
		7.75	0.50	2 506.10	791.92
		9.65	2.60	3 981.00	1 889.00
			0.10	212.00	170.00
		0.70		1 246.00	291.00
		0.22	0.09	3 755.60	1 779.84
		0.70	0.76	1 020.50	388.60
		2.00	0.22	2 334.00	1 298.01

1988—2003 年全国农业综合

地　　区	开发范围（个）		
	项目县及农场总数	其中：项目县数	合　　计
合计			19 298 433.64
北京			154 236.06
天津			152 901.47
河北			976 495.65
山西			361 408.38
内蒙古			697 499.94
辽宁			995 644.50
其中：大连			239 178.15
吉林			798 387.00
黑龙江			896 997.04
上海			107 049.23
江苏			999 532.24
浙江			893 868.11
其中：宁波			134 734.61
安徽			814 020.31
福建			536 037.79
其中：厦门			38 359.25
江西			608 090.15
山东			1 326 465.78
其中：青岛			114 779.90
河南			943 159.95
湖北			613 927.93
湖南			760 487.78
广东			272 858.85
其中：深圳			29 619.07
广西			391 788.40
海南			289 603.54
重庆			234 882.62
四川			927 596.07
贵州			319 622.35
云南			445 606.19
西藏			78 655.36
陕西			438 451.49
甘肃			245 426.00
青海			213 915.66
宁夏			216 509.25
新疆			565 175.43
新疆兵团			398 246.87
黑龙江农垦			448 299.29
部门项目 *			1 165 701.00
国家办			9 885.96

* “部门项目”栏 1995—2003 年中央财政资金、地方财政资金数据，仅统计了海南农垦总局天然橡胶基地项目的数据，其他部门项目

开发项目投入情况表

资金投入（万元）			
中央财政资金	地方财政配套资金	银行贷款	自筹资金
5 707 958.33	4 903 347.29	2 327 391.37	6 359 736.65
36 080.30	68 593.89	568.50	48 993.37
31 199.00	69 201.70	12 654.94	39 845.83
285 322.50	241 800.33	106 279.94	343 092.88
113 057.80	88 628.40	47 914.85	111 807.33
238 691.00	151 191.00	99 812.00	207 805.94
246 444.90	281 655.32	159 661.94	307 882.34
32 262.00	65 469.40	62 577.89	78 868.86
258 271.00	200 885.00	117 025.00	222 206.00
290 234.00	251 585.34	86 447.20	268 730.50
21 603.00	53 386.10	2 200.00	29 860.13
271 024.07	283 418.97	159 626.39	285 462.81
184 185.00	313 364.98	129 581.54	266 736.59
28 658.00	63 773.68	3 400.00	38 902.93
276 503.51	211 221.49	119 848.72	206 446.59
115 050.10	112 763.26	95 602.58	212 621.85
7 046.00	10 068.00	5 693.00	15 552.25
219 678.80	165 504.60	85 270.72	137 636.03
335 279.00	392 431.34	96 113.14	502 642.30
30 328.00	49 367.30	4 714.20	30 370.40
303 288.02	285 905.10	113 076.30	240 890.53
208 259.00	171 140.90	84 324.93	150 203.10
233 841.50	215 115.11	128 428.03	183 103.14
86 504.50	108 173.00	14 414.00	63 767.35
4 210.00	10 653.00	0.00	14 756.07
139 629.30	123 663.00	33 510.10	94 986.00
88 197.64	55 327.30	64 857.00	81 221.60
91 997.50	72 335.80	12 303.80	58 245.52
305 904.00	274 485.12	142 572.10	204 634.85
125 363.00	99 775.62	28 310.80	66 172.93
140 607.00	177 674.11	65 126.29	62 198.79
46 913.00	21 665.20	2 177.98	7 899.18
154 461.00	108 897.00	40 157.39	134 936.10
87 959.00	48 107.00	30 530.05	78 829.95
75 490.55	43 027.30	35 631.71	59 766.10
78 016.00	44 237.50	32 528.90	61 726.85
175 378.80	78 458.82	49 736.35	261 601.46
107 358.78	4 259.00	31 637.90	254 991.19
171 407.80	135.00	50 555.50	226 200.99
154 872.00	85 333.69	48 904.78	876 590.53
9 885.96			

数据含在各省（区、市）的数据中，因此，使用部门项目投入统计数时，应从“农业综合开发部门项目统计表”中提取。

1988—2003年全国农业综合开发

地　区	土地治理项目						
	小计	中央财政资金	地方财政配套资金	银行贷款	自筹资金	小计	中央财政资金
全国合计	10 986 985.21	3 516 520.94	3 236 160.60	917 025.88	3 317 277.85	5 093 915.45	1 003 755.95
北京	80 618.11	17 189.07	38 023.60	158.50	25 246.94	48 922.40	9 441.00
天津	93 565.39	18 299.85	39 117.66	7 997.84	28 150.04	30 609.47	5 548.56
河北	594 143.35	176 964.84	168 908.97	50 858.78	197 410.76	224 936.58	32 875.50
山西	175 150.35	60 311.00	57 208.14	8 946.37	48 684.84	130 669.13	21 131.37
内蒙古	525 419.43	176 217.61	137 117.18	50 810.00	161 274.64	164 006.90	43 189.60
辽宁	579 935.99	164 676.76	184 966.05	50 885.25	179 407.93	401 076.22	62 866.60
其中：大连	76 837.90	16 515.50	36 228.95	4 600.00	19 493.45	148 318.10	10 802.00
吉林	511 661.00	173 871.00	166 963.00	38 542.00	132 285.00	279 663.00	60 057.00
黑龙江	657 517.90	223 734.19	200 798.65	36 312.14	196 672.92	236 062.99	58 892.80
上海	64 808.73	14 176.75	33 696.38	710.00	16 225.60	29 729.86	4 019.31
江苏	568 481.64	158 468.46	167 951.46	88 432.69	153 629.03	231 097.05	38 234.13
浙江	476 030.30	119 772.06	197 403.26	32 650.00	126 204.98	352 224.10	49 285.20
其中：宁波	72 355.82	16 893.07	38 410.64		17 052.11	49 213.55	9 550.40
安徽	457 529.15	148 099.84	119 708.44	65 942.13	123 778.74	179 591.14	46 562.40
福建	245 147.20	74 076.43	85 508.61	17 122.68	68 439.48	285 207.02	29 249.70
其中：厦门	15 462.92	4 141.37	6 989.20		4 332.35	22 084.90	2 128.00
江西	390 894.58	148 095.93	114 760.10	37 705.73	90 332.82	170 785.97	44 029.53
山东	667 083.42	179 034.68	206 532.87	49 870.20	231 645.67	376 538.90	49 899.85
其中：青岛	78 700.00	18 109.00	37 209.50	4 014.20	19 367.30	33 912.80	8 448.00
河南	495 671.83	146 180.27	143 855.51	63 568.30	142 067.75	161 173.52	34 231.00
湖北	403 534.25	138 192.27	127 648.33	34 422.10	103 271.55	164 843.43	38 431.38
湖南	515 419.76	168 641.28	166 240.51	59 865.73	120 672.30	218 301.85	46 912.84
广东	133 061.41	48 715.95	52 566.87	1 317.00	30 461.59	72 211.64	18 805.49
其中：深圳	7 664.50	1 862.00	3 724.00	0.00	2 078.50	4 269.50	1 138.00
广西	176 545.27	65 054.56	56 986.13	7 917.40	46 587.18	100 746.74	24 674.74
海南	196 756.70	72 848.00	68 500.10	16 869.00	38 539.60	120 981.00	17 014.00
重庆	133 898.17	47 665.25	53 488.10	321.20	32 423.62	64 372.90	19 044.00
四川	553 094.07	188 760.70	188 541.82	53 793.50	121 998.05	260 799.70	49 471.34
贵州	208 426.37	79 548.98	68 398.16	13 433.20	47 046.03	80 106.18	22 995.70
云南	221 791.04	73 174.73	98 733.19	9 106.60	40 776.52	105 251.02	22 308.83
西藏	68 771.88	45 423.21	20 922.23	869.00	1 557.44	3 416.55	1 595.80
陕西	280 422.05	101 773.46	97 988.55	7 609.10	73 050.94	153 992.00	34 368.00
甘肃	129 865.46	45 817.10	38 481.90	4 863.30	40 703.16	91 652.95	15 302.00
青海	151 485.90	57 360.87	38 380.30	11 358.96	44 385.77	62 547.33	15 038.49
宁夏	116 456.57	40 074.20	31 221.07	7 640.00	37 521.30	45 876.06	15 193.00
新疆	430 992.39	126 746.24	64 608.46	24 176.33	215 461.36	110 725.15	31 148.75
新疆兵团	333 366.75	88 734.80	800.00	21 155.90	222 676.05	52 778.14	13 209.60
黑龙江农垦	349 438.80	128 820.60	135.00	41 794.95	178 688.25	83 018.56	28 728.44

分项目投资完成情况表

单位：万元

多种经营项目			科技示范项目				
地方财政配套资金	银行贷款	自筹资金	小计	中央财政资金	地方财政配套资金	银行贷款	自筹资金
903 918.68	1 312 714.71	1 873 526.11	232 123.50	66 689.46	69 050.45	34 081.71	62 301.88
17 871.11	1 962.80	19 647.49	3 552.92	900.00	1 900.00		752.92
12 090.91	3 822.00	9 148.00	5 773.79	1 360.00	2 942.00	835.10	636.69
31 943.50	54 161.16	105 956.42	11 489.40	3 362.70	3 321.00	1 260.00	3 545.70
18 491.49	34 608.18	56 438.09	5 679.00	1 700.00	1 465.00	600.00	1 914.00
28 776.00	47 305.00	44 736.30	8 238.00	2 632.00	2 114.00	1 697.00	1 795.00
66 683.60	121 886.69	149 639.33	8 917.18	2 444.00	3 446.00	1 140.00	1 887.18
19 965.30	57 577.89	59 972.91	4 029.00	844.00	1 982.00	600.00	603.00
53 852.00	77 283.00	88 471.00	7 650.00	2 300.00	2 700.00	1 200.00	1 450.00
58 377.55	49 135.06	69 657.58	9 648.00	3 000.00	3 248.00	1 000.00	2 400.00
13 587.54	90.00	12 033.01	7 401.52	1 800.00	2 600.00	1 400.00	1 601.52
41 660.01	69 883.70	81 319.21	9 185.50	2 832.32	3 180.18	1 310.00	1 863.00
60 907.98	98 251.54	143 779.38	14 949.90	3 696.00	5 678.33	1 740.00	3 835.57
16 130.50	3 000.00	20 532.65	6 087.17	1 596.00	1 873.00	800.00	1 818.17
39 252.51	55 198.73	38 577.50	5 872.14	1 761.87	1 358.80	1 216.66	1 534.81
34 397.95	78 399.90	143 159.47	11 277.70	2 560.00	3 602.80	2 026.00	3 088.90
4 156.00	5 447.00	10 353.90	3 282.00	460.00	860.00	1 096.00	866.00
36 086.80	45 364.99	45 304.65	9 725.16	3 172.40	2 354.20	2 200.00	1 998.56
64 027.64	44 970.18	217 641.23	18 804.20	5 462.47	5 804.30	1 632.77	5 904.66
15 688.90	460.00	9 315.90	4 234.20	1 200.00	1 200.00	600.00	1 234.20
33 274.90	48 690.00	44 977.62	11 174.05	3 254.00	3 163.00	818.00	3 939.05
31 790.77	48 651.83	45 969.45	5 001.50	1 434.00	1 354.40	1 251.00	962.10
42 006.46	68 886.20	60 496.35	6 273.40	2 012.40	1 693.00	1 400.00	1 168.00
20 851.19	12 017.00	20 537.96	8 912.67	2 256.30	3 558.70	1 080.00	2 017.67
2 276.00		855.50	3 120.07	700.00	1 500.00		920.07
20 181.20	14 541.50	41 349.30	1 655.00	684.00	696.00		275.00
16 615.00	46 908.00	40 444.00	5 410.00	1 600.00	1 100.00	1 080.00	1 630.00
16 031.60	11 562.60	17 734.70	6 688.10	1 750.00	1 680.00	420.00	2 838.10
43 022.76	86 888.20	81 417.40	6 506.50	1 725.00	1 671.70	1 890.40	1 219.40
18 571.19	14 277.60	24 261.69	3 719.80	1 040.00	1 040.00	600.00	1 039.80
22 555.95	36 596.19	23 790.05	3 428.38	1 040.00	1 176.00	669.00	543.38
883.77	906.98	30.00	1 616.96	600.00	300.96	402.00	314.00
21 051.40	30 948.29	67 624.31	8 040.09	2 400.00	2 682.35	1 600.00	1 357.74
12 642.60	27 490.05	36 218.30	6 596.49	2 045.00	1 333.00	1 385.00	1 833.49
9 148.00	24 272.75	14 088.09	2 627.77	800.00	537.53		1 290.24
6 437.80	13 575.00	10 670.26	3 611.19	1 200.00	700.00	613.90	1 097.29
10 847.50	25 237.04	43 491.86	4 660.42	1 040.00	649.20	1 314.88	1 656.34
	10 382.00	29 186.54	4 853.60	1 625.00		100.00	3 128.60
	8 560.55	45 729.57	3 183.17	1 200.00		200.00	1 783.17

1988—2003 年全国农业综合开发土地治理

地区	开发任务（万亩）					
	改造中低产田	开垦宜农荒地	草原（场）建设	建设优质粮食基地	建设优质饲料作物基地	修建小型水库（座）
全国合计	38 879.39	2 988.53	3 082.42	2 127.41	529.43	10 050.00
北京	155.66	10.20		15.20		5.00
天津	222.23	19.90	1.00	2.90	3.38	35.00
河北	2 329.53	123.93	292.97	51.87	9.04	330.00
山西	569.50	40.70	8.25	29.64	16.58	10.00
内蒙古	1 518.66	158.00	1 111.78	38.50	54.70	17.00
辽宁	1 720.57	111.95	9.20	23.93	46.40	148.00
其中：大连	204.96	1.00		4.81	2.40	7.00
吉林	1 775.90	63.55	294.25	159.00	124.10	502.00
黑龙江	2 314.09	474.20	159.70	373.55	78.16	119.00
上海	96.26	5.73		6.28		1.00
江苏	2 356.22	116.58	3.10	115.68	6.70	80.00
浙江	1 065.51	131.08		35.83		465.00
其中：宁波	184.10	2.00		6.51		121.00
安徽	2 170.68	55.70		160.38		1 894.00
福建	716.18	16.18		81.70		302.00
其中：厦门	12.29			0.17		75.00
江西	1 022.87	33.60	4.70	14.67		517.00
山东	3 670.36	435.60	63.10	49.10	0.20	978.00
其中：青岛	1 192.61	195.60		13.00	0.20	578.00
河南	2 689.17	40.28		143.01	3.30	307.00
湖北	1 597.71	2.17		50.10		1 263.00
湖南	1 602.71	78.89	43.40	74.60		1 751.00
广东	427.77	2.31		28.76		174.00
其中：深圳	1.30					85.00
广西	893.70	43.40		43.40		260.00
海南	573.66	6.80		21.85		84.00
重庆	391.05			11.92		119.00
四川	2 057.20	30.86	155.82	119.71	5.46	349.60
贵州	741.82	10.20	5.54	37.57	12.47	129.00
云南	672.33	16.20	3.50	101.02	9.60	42.00
西藏	94.46	8.57	65.47	10.00	0.50	7.00
陕西	1 090.62	9.50	8.40	34.20	6.30	64.00
甘肃	348.78	29.93	19.79	38.52	17.37	18.00
青海	218.33	30.50	532.55	13.85	22.32	15.00
宁夏	361.19	83.13		70.57	46.47	
新疆	1 085.77	436.49	175.60	3.00	12.18	19.00
新疆兵团	530.90	260.70			1.50	7.00
黑龙江农垦	1 798.00	101.70	124.30	167.10	52.70	39.00

项目主要建设内容完成情况表

主要措施							
水利措施		农业措施			林业措施	科技措施	
灌排渠系建设（公里）	新打和配套完善机电井（眼）	改良土壤（万亩）	机耕路（公里）	农机购置（台套）	造林（万亩）	扶持农技服务站（个）	技术培训（万人次）
1 405 303.56	991 184.00	22 674.84	516 415.43	929 468.00	5 451.00	28 312	11 348.46
3 536.88	4 600.00	50.19	1 492.45	4 682.00	22.12	240	73.60
12 898.71	3 099.00	189.30	2 266.70	2 800.00	38.80	116	17.45
47 410.79	152 887.00	1 753.43	52 907.85	12 079.00	500.30	3 958	1 297.27
23 933.07	16 538.00	303.27	12 784.90	6 136.00	113.50	1 117	176.18
62 829.84	72 050.00	1 115.90	41 122.83	32 926.00	253.96	1 078	637.91
71 781.14	64 071.00	552.64	4 293.30	81 462.00	201.12	546	640.04
2 843.51	1 128.00	57.76	811.60	254.00	27.82	47	61.60
28 971.82	70 062.00	855.19	9 194.15	11 952.00	219.78	557	308.64
87 348.35	62 883.00	368.68	23 335.44	47 445.00	245.26	395	306.35
5 832.65	41.00	36.98	2 552.96	1 118.00	42.36	90	8.72
11 800.12	2 130.00	675.92	13 241.77	72 833.00	181.83	2 002	356.88
44 944.13	8 065.00	721.34	17 429.61	36 618.00	40.35	1 375	150.94
3 651.49	3 891.00	77.35	3 192.16	4 075.00	6.62	51	15.79
105 071.76	57 724.00	1 123.18	18 175.88	25 318.00	499.92	1 096	701.04
14 464.00	2 478.00	405.13	7 085.14	4 034.00	101.76	591	122.57
449.36	267.00	137.31	2 234.30	963.00	0.65	39	1.10
74 265.31	7 100.00	484.85	8 196.46	9 324.00	144.80	508	200.63
92 483.16	130 868.00	3 235.16	83 395.00	79 157.00	333.91	1 479	1 059.92
28 471.85	58 103.00	1 225.10	39 517.53	38 241.00	148.02	166	133.35
79 788.41	262 955.00	1 154.89	75 944.67	87 249.00	182.06	2 104	792.41
82 927.11	2 095.00	495.62	35 190.74	46 523.00	207.32	2 456	311.22
104 142.79	371.00	571.26	11 280.17	33 481.00	323.27	760	335.87
16 638.10	166.00	325.96	3 385.23	4 479.00	34.98	538	168.33
16.00	13.00	60.93	816.69	1 193.00		1	
20 263.68	282.00	755.61	15 460.15	9 444.00	126.45	1 015	372.22
13 754.77	5.00	525.36	3 282.32	1 537.00	76.15	126	278.70
10 574.20	13.00	289.46	3 414.10	5 468.00	85.56	360	200.36
94 355.16	2 163.00	1 404.51	14 266.71	176 694.00	412.78	2 877	1 242.70
10 475.76	9.00	398.89	1 862.59	30 067.00	311.90	145	474.61
11 372.92	100.00	323.72	2 752.00	3 294.00	173.92	52	340.81
3 497.80	2 531.00	147.59	2 603.77	1 042.00	12.93	12	37.81
35 653.28	26 972.00	1 116.50	8 845.89	12 393.00	171.02	1 619	353.79
13 969.28	3 324.00	302.95	4 425.59	8 259.00	48.91	535	74.62
7 173.69	171.00	137.40	1 283.82	12 204.00	26.81	87	22.17
19 770.78	1 777.00	379.81	7 089.78	2 426.00	44.23	246	93.51
92 691.80	5 275.00	934.37	15 422.66	15 910.00	94.07	164	139.29
31 164.90	3 744.00	713.62	5 885.65	7 679.00	31.55	29	31.95
69 527.40	24 635.00	826.16	6 545.15	43 435.00	147.32	39	19.95

1999—2003 年全国农业综合开发土地

地　区	改造中低产田	开垦宜农荒地	草原（场）建设	建设优质粮食基地	建设优质饲料作物基地	
						修建小型水库
全国合计	3 487 997.98	61 032.25	142 412.02	282 406.91	68 009.39	56 234.72
北京	39 328.50			5 109.00		338.00
天津	43 923.60	804.00	178.00	2 025.47	1 350.09	147.00
河北	117 694.00	1 584.24	977.17	9 117.86	3 477.37	1 049.85
山西	86 146.59	1 637.10	75.50	4 295.56	2 492.17	159.39
内蒙古	138 624.36	1 039.60	63 384.61	3 487.10	7 056.10	49.00
辽宁	210 996.16	1 577.98	747.00	3 801.08	2 953.00	2 704.70
其中：大连	37 595.20			1 040.00	621.00	222.00
吉林	153 274.00	2 741.50	15 839.00	15 321.00	12 282.00	7 636.00
黑龙江	248 481.00		6 359.00	34 801.00	14 198.00	2 845.42
上海	33 866.40			3 368.50		
江苏	115 595.09	416.73		27 266.70	2 541.89	15.40
浙江	164 014.01	4 341.22		16 342.41		980.18
其中：宁波	36 846.56	515.84		1 883.50		
安徽	89 212.45			11 151.00		1 762.10
福建	91 693.81			10 278.93		8 025.20
其中：厦门	11 753.96			90.00		228.00
江西	139 689.64		295.70	5 538.46		7 020.94
山东	178 031.78		958.00	2 372.00	95.00	5 627.80
其中：青岛	38 587.00			490.00	95.00	3 719.90
河南	116 912.01			12 920.28	479.30	432.14
湖北	146 545.63			20 775.15		2 151.24
湖南	169 550.14		1 541.40	6 442.20		2 073.22
广东	77 879.18			8 467.77		921.85
其中：深圳	3 462.50					30.00
广西	89 418.90			4 804.43		1 296.53
海南	63 621.00			6 317.20		513.20
重庆	63 176.00			4 639.00		780.03
四川	157 047.72	1 065.40	8 362.90	15 152.22	622.80	1 880.05
贵州	65 956.39		135.00	7 569.15	2 790.40	2 844.08
云南	83 876.54			9 025.28	622.00	633.10
西藏	31 640.90	768.42	5 224.36	331.08	122.00	
陕西	110 809.58	200.00	31.00	1 855.85	530.00	747.00
甘肃	70 204.71	2 418.15	2 186.00	4 803.80	2 176.47	114.00
青海	25 410.18		20 293.45	2 016.00	3 074.90	1 676.00
宁夏	45 426.28	1 199.42		2 185.70	1 533.60	
新疆	105 162.49	12 860.04	14 967.32	234.14	2 443.26	15.00
新疆兵团	77 333.68	28 378.45			407.07	17.00
黑龙江农垦	137 455.26		856.61	20 591.59	6 761.97	1 779.30

治理项目主要建设内容投资完成情况表

单位：万元

主要措施							
水利措施		农业措施			林业措施	科技措施	
灌排渠系建设	新打和配套完善机电井	改良土壤	机耕路	农机购置	造林	扶持农技服务站	技术培训
1 638 948.90	367 418.64	304 945.65	308 626.07	278 114.08	286 565.07	9 133.82	72 792.40
10 301.34	6 465.14	1 573.46	5 675.04	5 217.07	6 343.95	108.00	681.85
22 008.48	11 907.55	3 046.67	2 368.42	3 595.24	3 154.02	76.00	519.98
31 027.30	33 986.26	5 419.96	3 510.75	11 309.52	18 762.76	376.00	1 820.90
22 663.09	18 577.88	8 370.25	8 508.04	4 905.59	8 852.68	208.00	2 552.81
60 740.38	30 462.10	13 928.76	9 147.21	10 898.08	17 545.43	406.05	2 591.70
68 068.09	45 666.21	33 941.33	8 783.17	8 565.48	18 477.45	62.00	4 079.37
14 920.26	2 759.40	2 415.98	1 923.30	195.00	2 956.96	1.00	372.00
69 814.18	15 490.97	7 514.50	9 970.00	21 030.40	15 668.43	144.02	5 082.90
86 387.21	35 266.07	6 280.88	20 724.54	46 852.54	12 605.81	369.00	3 923.50
14 220.63		3 362.00	13 075.72	472.10	2 701.61	65.00	216.35
60 823.40	1 231.40	5 487.67	18 758.74	10 261.39	5 138.90	521.00	2 533.53
99 479.18	5 498.52	11 842.20	40 629.14	3 461.64	5 815.99	491.00	2 612.18
17 450.85	56.00	880.69	13 213.31	594.92	1 150.60	21.00	488.83
39 822.35	10 544.54	5 096.04	10 532.58	8 642.28	6 416.63	244.00	1 826.19
47 577.52	2 641.50	5 951.38	15 090.55	2 133.14	3 705.22	326.00	1 649.19
4 642.97	64.00	1 577.94	2 590.07	299.00	133.00	37.00	178.00
75 053.07	4 198.50	11 038.24	11 181.59	5 772.90	20 320.82	294.00	3 647.51
68 709.24	18 764.59	11 059.76	9 871.55	5 749.60	12 301.65	349.00	3 518.60
12 421.15	2 188.70	1 247.60	2 758.05	1 318.30	3 840.40	34.00	568.80
35 878.29	34 941.79	5 629.33	5 771.28	10 649.05	9 255.54	561.00	2 475.71
68 415.90	4 195.24	10 482.75	11 909.21	8 983.57	8 962.21	966.00	4 007.42
109 136.97	1 414.39	8 800.74	20 330.96	10 936.21	7 678.62	272.00	2 919.58
47 969.11	742.00	7 533.16	9 861.15	4 231.11	1 448.74	357.00	1 408.95
458.00	25.00	1 515.00	225.00	22.50		1.00	5.00
44 534.69	2 748.71	13 934.90	11 898.33	5 936.95	3 110.54	740.55	2 298.13
54 240.34	960.80	3 892.60	5 707.72	5 909.00	7 748.00	22.00	1 495.00
36 856.57	44.20	10 502.17	7 054.56	726.94	9 561.15	60.20	1 612.91
105 734.17	4 751.40	25 907.79	10 488.00	7 661.98	11 660.49	552.00	3 293.65
39 572.08	2 960.00	7 668.33	2 879.04	2 664.95	5 719.27	32.00	2 748.54
44 540.87	2 331.10	8 881.25	8 534.66	1 979.05	10 151.08	23.00	1 634.81
23 841.88	324.53	3 042.35	539.87	946.72	418.67	2.00	405.31
46 847.66	19 009.86	7 122.50	5 407.71	4 926.50	14 200.92	956.00	3 143.25
22 761.15	10 541.35	12 372.79	3 976.43	4 554.62	8 952.82	444.00	2 085.22
25 096.32	1 325.84	1 714.00	626.56	2 870.89	2 166.37	1.00	383.17
30 767.28	2 708.40	473.00	64.00	3 394.63	4 917.42	13.00	275.21
63 264.02	16 649.44	18 984.41	8 003.08	6 345.07	14 387.33	55.00	2 463.51
21 616.68	7 609.61	20 106.23	1 890.41	1 930.12	5 244.47	29.00	1 553.57
41 179.46	13 458.75	3 984.25	5 856.06	44 599.75	3 170.08	9.00	1 331.90

1988—2003年全国农业综合开发多种

地区	种植项目（万亩）			
	经济林	蔬菜	花卉	药材
全国合计	1 085.30	325.72	29.10	107.54
北京	4.66	3.48	0.30	1.01
天津	0.32	0.07	0.02	
河北	46.60	18.64	1.52	0.31
山西	1.96	6.10	0.13	0.53
内蒙古	5.91	2.20	0.13	11.43
辽宁	24.09	19.69	2.74	2.50
其中：大连	1.56	1.85	0.15	
吉林	18.86	3.06	0.10	7.53
黑龙江	7.74	1.96	0.10	2.06
上海	0.23	0.01	1.06	
江苏	12.07	3.54	3.04	0.30
浙江	7.20	4.31	1.91	1.61
其中：宁波	2.01	2.96	0.44	
安徽	93.48	18.54	0.41	4.80
福建	117.36	5.19	0.87	0.06
其中：厦门	2.48	3.88	0.01	
江西	107.30	11.79	1.08	5.59
山东	21.96	17.97	0.43	1.25
其中：青岛	0.80	0.14	0.37	
河南	36.36	11.39	1.17	2.27
湖北	52.42	10.35	0.44	7.62
湖南	133.41	21.37	0.74	11.95
广东	37.07	126.26	6.31	3.06
其中：深圳	1.50	0.10	2.51	
广西	29.67	1.72	0.01	0.17
海南	10.92	0.70	0.04	0.10
重庆	41.58	6.63	2.74	4.75
四川	135.46	7.82	1.35	15.66
贵州	22.24	4.41	0.80	5.30
云南	54.62	7.40	0.34	3.33
西藏	0.01	0.03		0.01
陕西	17.82	0.80	0.46	3.72
甘肃	7.69	1.70	0.04	2.45
青海	0.42	0.37	0.12	1.30
宁夏	3.13	3.94	0.02	1.03
新疆	11.52	0.72	0.65	5.77
新疆兵团	12.31	0.86	0.03	
黑龙江农垦	8.91	2.70		0.07

经营项目主要建设内容完成情况表

养殖项目		加工项目（个）		农业生产服务项目（个）
水产养殖（万亩）	畜禽养殖（万头、只）	新建项目	改扩建项目	
635.17	46 693.29	1 776.00	2 364.00	560.00
1.99	136.90	14.00	4.00	2.00
1.89	2.59	7.00	4.00	5.00
19.10	1 333.96	100.00	227.00	9.00
0.19	321.10	39.00	90.00	17.00
18.68	975.28	28.00	43.00	11.00
86.45	1 403.26	93.00	57.00	37.00
48.22	14.67	23.00	4.00	
14.37	5 714.06	66.00	59.00	19.00
1.16	1 556.19	99.00	54.00	22.00
1.58	1.85	20.00	12.00	2.00
26.02	1 591.78	54.00	200.00	8.00
7.79	196.15	34.00	165.00	35.00
0.92	19.36	13.00	16.00	1.00
116.83	4 309.99	208.00	150.00	32.00
8.98	2 214.01	66.00	104.00	18.00
0.65	11.40	3.00	2.00	
46.44	2 714.92	92.00	125.00	27.00
10.67	5 660.75	112.00	187.00	43.00
0.39	355.06	26.00	17.00	3.00
13.07	9 320.99	173.00	237.00	19.00
68.95	805.54	60.00	56.00	24.00
153.75	1 674.78	67.00	149.00	31.00
2.83	1 578.23	34.00	21.00	14.00
1.40		1.00		1.00
1.10	1 321.98	29.00	21.00	14.00
2.26	261.00	14.00	5.00	21.00
0.41	904.14	26.00	7.00	8.00
12.15	739.38	71.00	61.00	19.00
4.55	219.18	46.00	44.00	20.00
2.31	223.82	55.00	41.00	10.00
	0.02			
0.85	92.36	63.00	100.00	48.00
0.08	43.17	23.00	27.00	5.00
5.33	97.01	19.00	18.00	1.00
2.54	184.49	12.00	49.00	17.00
0.36	161.58	15.00	17.00	15.00
3.00	0.64	27.61	10.00	9.00
1.85	905.22	27.00	21.00	4.00

1999—2003年全国农业综合开发科技示范

地　　区	农业高新科技示范（万亩）	农业科技推广综合示范（万亩）	农业现代化示范（万亩）	具体建设内容				
				技术引进		技术示范		
				品种（个）	技术工艺（项）	品种（个）	技术（项）	面积（万亩）
全国合计	89.28	334.05	5.84	2 558	936	818	846	46.99
北京		5.9	0.4	1		8	6	
天津	1.1			34	2		1	
河北	4.27	27.51		78	31	27	29	0.77
山西	0.8	3.48		51	15	6	9	0.80
内蒙古	1.36	4.71		36	35	20	34	0.17
辽宁	2.99	7.7	0.46	118	57	26	66	0.40
其中：大连	0.84		0.46	24	8	4	5	
吉林	24	15.7	0.3	51	57	95	89	9.20
黑龙江	2.2	9.78		76	38	49	29	0.8
上海	0.53	3.23	0.06	10	11	19	14	0.26
江苏	5	32.19	0.99	45	22	19	27	5.17
浙江	4.95	3.56	0.5	226	76	60	91	1.02
其中：宁波	3	2.8	0.2	98	37	49	10	0.35
安徽	0.96	26.9		148	176	40	38	2.1
福建	2.38	16.05	1.25	375	51	96	46	1.15
其中：厦门			0.35	90	3			
江西	2.53	2.04		25	26	13	15	2.69
山东	3.36	29	0.09	481	42	66	84	3.17
其中：青岛		2		18	5	15	19	
河南	1.75	7.11		46	18	1	4	
湖北	1.65	55.52		60	8	23	22	1.55
湖南	1.65	3.9		23	14		26	1.45
广东	1.25	30	1.24	215	51	59	27	1.38
其中：深圳				17	7			0.03
广西	0.2	1.8		5	3		5	0.03
海南	5.53	2.61		9	11	9	12	1.01
重庆	7.2	8.76	0.55	27	7	8	6	2.9
四川	1.81	2.66		56	29	53	20	1.02
贵州	3			51	18		12	0.9
云南	0.63	1		140	28	32	17	1.03
西藏		2.69		3		24	4	
陕西	0.12	5.5		9	9	16	8	3.6
甘肃	3.1	15.38		78	34	32	35	1.38
青海	0.8	3.1		14	3	3	4	0.61
宁夏		1.7		14	5	1	17	
新疆	1.66	0.13		32	17	3	19	0.36
新疆兵团	1.5	1.47		15	37	7	25	1.00
黑龙江农垦	1	3		6	5	3	5	1.1

项目主要建设内容完成情况表

技术推广			产业基地建设					
					畜牧业生产基地			
品种（个）	技术（项）	面积（万亩）	种植业生产基地（万亩）	经济林生产基地（万亩）	奶牛养殖（万头）	牛、猪、羊养殖（万头、只）	家禽养殖（万只）	水产养殖基地（万亩）
709	1 247	493.56	49.73	15.04	5.65	5.55	135.1	2.08
9	26	5.3	0.06	0.4				
			0.2					
26	99	28.8	0.01					
7	38	6.07	0.68				5	0.01
48	70	5.22						
60	52	5.43	1.48	0.1				
		0.06	1.48	0.1				
43	104	33.95	0.15		5.5			
53	46	11.37	0.8					
18	26	5.01	0.05					
48	68	26.52	0.46					
45	41	6.49	1.81	1.52				0.7
35	31	5.51	1.69	1.52				0.7
	25	37.2						
50	86	12.91	0.66	0.49	0.1	0.05		0.15
14	7	0.2	0.35	0.1				
2	5	3.23	0.01	0.3				
57	118	30.06	0.16	0.08			100	
	52	4.3						
	12	14.53						
38	36	99.1	25.67	0.2			4	0.07
9	31	1.94						
37	64	47.4	14.11	11		5		1.15
1	3	0.4	0.14			5		
5	17	1.76	0.3					
2	9	11.85	1					
28	12	6.78	0.58	0.8				
41	94	7.81	0.69	0.15		0.5	26.1	
	5	0.02	0.4					
26	16	21	0.1					
	16	3.53						
16	8	13						
27	50	20.68	0.06					
		3.1	0.2					
1	2	1.4			0.05			
3	3		0.1					
10	63	19						
	5	3.1						

1988—2003年全国农业综合

地区	改善农业生产条件			
	新增和改善灌溉面积（万亩）	新增和改善除涝面积（万亩）	增加林网防护面积（万亩）	新增机耕面积（万亩）
全国合计	34 583.25	16 837.83	26 263.88	19 625.91
北京	149.36	71.37	71.01	66.44
天津	250.60	215.68	104.60	
河北	2 354.98	751.47	2 770.97	819.23
山西	593.93	16.06	461.64	293.08
内蒙古	1 590.31	364.28	1 512.36	1 017.19
辽宁	1 488.53	762.05	1 733.75	758.26
其中：大连	197.65	1.60	17.89	45.86
吉林	1 462.18	684.28	957.49	595.27
黑龙江	1 770.45	1 039.05	1 907.67	2 411.77
上海	91.94	64.13	32.34	15.47
江苏	2 471.30	1 435.77	1 829.29	472.88
浙江	1 019.43	914.40	655.95	390.16
其中：宁波	126.74	145.72	108.22	18.32
安徽	2 211.55	2 096.57	1 694.77	2 221.86
福建	549.22	151.04	119.44	160.26
其中：厦门	11.91	4.99	2.38	5.18
江西	1 361.52	503.88	816.70	838.08
山东	2 761.29	1 786.56	2 750.58	1 754.94
其中：青岛	246.84	128.72	254.34	113.56
河南	2 385.06	1 652.60	1 704.35	960.66
湖北	1 423.50	1 094.53	983.04	1 006.31
湖南	1 334.02	474.32	325.39	269.80
广东	395.56	250.47	96.76	156.06
其中：深圳	2.99	1.18	0.63	0.23
广西	728.55	124.06	124.20	2 544.48
海南	370.14	41.39	66.40	36.16
重庆	249.02	108.90	249.71	15.32
四川	1 423.99	983.31	846.19	634.50
贵州	271.68	59.02	235.68	96.49
云南	500.80	110.97	94.52	139.40
西藏	107.95	11.64	48.80	48.40
陕西	989.43	10.86	1 001.53	433.36
甘肃	292.44	14.63	212.93	129.65
青海	212.58		55.56	54.12
宁夏	438.95	2.89	344.36	249.36
新疆	1 763.14		748.73	539.01
新疆兵团	814.85		319.74	260.65
黑龙江农垦	755.00	1 041.65	1 387.43	145.55

* 由于年度统计报表的口径不同，表中"新增其他农产品产量"列统计的是1988—1999年以及2003年的数据；"新增其他农产品产值"

开发项目效益情况表*

新增农机总动力（千瓦）	新增主要农产品生产能力（万公斤）			
	粮食	棉花	油料	糖料
17 102 381.47	7 267 518.81	139 813.50	350 134.56	2 411 032.86
570 745.00	28 478.55	40.00	224.00	
109 652.00	58 896.99	196.37	1 165.34	
532 806.60	443 481.25	7 992.47	19 241.39	150.00
422 129.00	105 116.52	1 458.93	5 614.30	35 237.80
573 254.00	333 914.78	460.00	18 849.80	69 588.10
314 198.00	308 179.80	61.10	4 445.00	52 980.00
1 710.00	28 480.60		160.00	
248 880.00	395 697.50	25.00	4 318.00	200.00
1 640 700.00	764 545.96		3 559.20	48 093.50
2 930.85	15 090.13	28.10	337.30	
595 457.72	363 700.02	7 428.67	16 600.56	3.00
316 542.00	195 755.76	3 588.89	10 297.42	134.00
69 600.00	12 227.01	552.06	374.47	
686 679.00	396 459.08	13 671.17	38 893.53	21.20
178 797.00	121 328.56	6.80	4 940.28	34 601.10
5 010.00	2 348.75		161.00	
295 815.00	297 151.80	4 360.40	23 887.25	16 039.20
725 650.00	548 163.42	23 134.29	25 212.13	360.00
215 728.00	49 659.90	286.00	7 984.90	
502 719.00	388 579.56	10 474.25	18 332.33	
1 654 013.00	302 469.82	13 669.33	33 737.70	163.20
479 758.00	341 789.35	2 982.31	22 978.37	21 098.30
173 809.29	60 900.46		1 759.12	9 459.40
	40.00			
416 043.80	132 957.81		3 161.92	1 328 040.58
8 527.00	109 929.45		4 259.41	240 639.13
49 698.47	93 467.50	1 120.00	5 499.10	1 397.50
4 037 191.00	431 401.89	5 170.54	36 286.34	60 277.33
999 493.26	128 218.55		21 564.68	
38 961.00	127 731.53		3 876.52	294 706.69
7 099.00	11 356.83		864.30	
307 552.00	165 528.17	1 299.64	4 613.63	42.00
54 551.00	45 727.54	2 316.00	2 413.62	18 718.00
65 989.00	26 786.90		5 755.40	
22 776.48	61 608.05		290.85	1 844.00
368 863.00	87 700.95	19 357.19	4 773.43	139 797.33
145 683.00	46 656.60	20 972.05	1 147.40	33 614.00
555 418.00	328 747.73		1 234.94	3 827.50

列统计的是 2000—2002 年的数据。

续前表

地　　区	新增其他农产品产量							
	干鲜果品（万公斤）	蔬菜（万公斤）	花卉（万株）	药材（万公斤）	肉（万公斤）	蛋（万公斤）	奶（万公斤）	水产品（万公斤）
全国合计	751 663.44	815 649.72	120 137.38	75 126.33	393 683.38	22 650.35	69 470.42	169 512.54
北京	13 968.8	8 542	600	19 801	1 031			775
天津		340	800		2 276.8	330	3 204	
河北	43 871.8	67 767.36	7 428.6	2 138	20 868.9	51.3	7 730	1 219.59
山西	942.3	10 260	425	1 091.5	2 517.3		1 095.8	1 134
内蒙古	4 117	8 050.2	1 400	2 083.5	26 043.93		2 881.95	75.5
辽宁	48 179.7	64 478.75	7 451.05	3 059	30 609.4	300	7 458.6	29 469.05
其中：大连	3 663.7	4 565	5 477		815			14 250.4
吉林	8 138	33 373		13 376.4	34 934.53	70	1 130	469.2
黑龙江	893	8 534.1	153	912	5 623.44	397.4	2 864.4	389
上海	64	5 679.5	1 960					469.6
江苏	6 672.3	12 398.03	10 224.13	176.53	25 144.9	1 054	3 495	11 360.44
浙江	15 814.58	18 484.48	3 688		1 265	4	1 251.55	10 508.06
其中：宁波	4 205.45	8 343.48	405					344.97
安徽	10 331.2	35 733.96	4 326	1 974.01	32 033	530.5	644.85	23 839.48
福建	192 022.22	5 865.2	1 000	19.4	8 230.3	2 265.1	5 380	18 494.13
其中：厦门	410	550	1 000					50
江西	62 027.96	23 233.08	4 430.5	2 028	23 981.97	1 165.3	1 440.07	8 273.49
山东	23 350.43	65 059.4	3 511	564	41 032.41	9 908	9 792	10 542.6
其中：青岛	9 612.8	3 747	2 370		10 083.3	18	162	290.6
河南	41 758.8	39 376	3 904	1 416	21 161.25	3 725.1	1 026	6 667.6
湖北	36 084	32 050.74	2 323.5	3 601	3 734.09	1 559	330	23 760.73
湖南	66 680	47 416.6	2 970	3 148.8	45 397.4	15	130	9 041.4
广东	16 517.8	249 713.5	39 524.1	2 913.5	4 110.25			2 829
其中：深圳	540		20 150		80			
广西	27 293.7	3 565.46	676	817	12 840.84	360		113.7
海南	21 446.4	3 480	2 650	589	994			2 583.8
重庆	39 425	8 760	5 584	5 505	278.4		50	947
四川	25 244.2	19 931	5 635.3	3 275	29 074.1	300	312.5	1 196
贵州	4 554.6	6 530.5	2 445	446.49	1 494.49	164.6	402.3	291.1
云南	21 179.1	9 394	2 193	1 907.7	10 396.18	9.8	863.3	4 203.79
西藏					251.98			
陕西	4 758.4	5 750	417.2	1 982	2 835.2	28	7 719	133.8
甘肃	2 864.05	6 741.9		563	256.5		50	30.2
青海	864	2 536	714	28	415.85		338	72.2
宁夏	120	5 889.96		2.5	2 146.75	341	3 954.5	191
新疆	4 103.1	1 219.9	3 074	1 708	1 440.32	15.65		120.98
新疆兵团	8 289	1 853	630		911		2 588	92
黑龙江农垦	88	3 642.1			351.9	56.6	3 338.6	219.1

新增其他农产品产值（万元）		专项科技示范				农民年人均纯收入（元）	
畜食产品	水产品	扩大良种种植面积（万亩）	技术培训（万人次）	新增总产值（万元）	增加值（万元）	项目区农民年人均纯收入	项目区高于本地区农民年人均纯收入
583 196.81	419 112.33	439.98	82.6	430 752.86	199 976.34		
1 500	4 619.5	6.25	2	4 122.6	3 107		
4 100.3	3 015	1.69	1.63	3 823.7	2 842.8		
20 057.4	4 178	54.61	4.2	10 554.91	4 326.76		
11 114.8	2 401.84	3.04	3.65	8 011	5 034		
39 778.46	799.8	4.01	2.09	5 668	2 492		
33 677.5	79 189.8	12.96	2.75	15 459.8	5 440.5		
1 402	58 839	0.67	2.2	4 202	1 361		
104 868	7 011	13.5	2	10 625	4 353		
31 313.8	7 353.8	5.05	0.94	6 396	4 670.37		
	10 368	0.7	1.5	12 458.8	5 912.23		
18 999.2	17 244.84	11.02	2.97	16 588.9	6 449.1		
17 668	34 356	14.69	3.34	44 521	15 178.8		
850	1 720	7.63	0.87	31 282	9 999.8		
18 458.18	11 217.29	42.45	8.03	10 354.3	3 952.2		
16 641.00	4 416.4	5.82	2.82	23 502	13 164		
530	900	0.1	0.62	1 815	1 510		
14 601.36	23 371.84	2.73	0.73	11 128.7	6 430.23		
32 808.1	8 857.6	65.87	4.33	30 679.2	11 000		
18 216	2 143.6	5.58	0.9	8 958.2	1 083		
32 942.03	3 425.3	17.46	3.39	41 533.06	20 270.2		
17 317.6	34 991.76	16.49	0.82	4 865.69	2 624.93		
20 662.9	99 788	10.29	3.25	10 766.5	4 540.15		
9 539.38	3 978.5	41.82	6.77	64 610.9	32 001.9		
680	260	0.05	2.5	4 243.9	2 387.9		
13 335.27	3 552.6	2	0.42	5 070	879.4		
1 191	45 713	13.39	0.27	13 994	8 400.3		
2 800		1.74	1.55	5 015	1 850		
31 370.7	1 450.5	20.37	6.34	17 839.2	7 971.8		
5 086.48	1 108	8.15	2.2	8 981.9	4 405		
9 955	1 467	1.28	4	3 498.1	862.1		
630	30	0.66	0.5	210			
19 596	1 107	9.52	2.7	10 595.6	7 591.92		
4 154.5	1.4	24.7	5.5	11 655	5 439		
5 625.32	234.6	0.6	0.11	1 114	493		
15 759.94	1 926.5	3.2	0.16	5 328	2 731		
5 047.59	637.46	1.42	0.11	5 083.1	2 901.34		
4 488	1 300	16.4	1.21	2 557.7	1 363.3		
18 109		6.1	0.32	4 141.2	1 298.01		

全国农业综合开发项目主要统计指标解释

一、全国农业综合开发项目投入情况表

1．“项目县（市、区、农场）总数”：指经国家农业综合开发办公室批准立项实施农业综合开发的县（市、区、旗）、农场（包括新疆生产建设兵团、黑龙江省农垦总局所属县团级农场）的总数。

2．“其中：项目县（市、区）数”：指经国家农业综合开发办公室批准立项实施农业综合开发的县（市、区、旗）的总数。

3．“资金投入”：指投入农业综合开发的中央财政资金、地方财政配套资金、银行贷款和自筹资金之和。

4．“中央财政资金”：指中央财政用于农业综合开发的资金。1988—1994 年的数据摘自全国农业综合开发统计报表；1995—2003 年的数据摘自全国农业综合开发财政资金决算报表（包括部门项目；指省级拨出数，含上年结转），其中 1998—2003 年含作为中央财政资金安排用于农业综合开发的世界银行贷款。

5．“地方财政配套资金”：指地方各级财政按照一定比例与中央财政资金配套投入农业综合开发的资金。1988—1994 年的数据来自全国农业综合开发统计报表；1995—2003 年的数据来自全国农业综合开发财政资金决算报表（包括部门项目，指当年地方财政落实的配套资金），其中 1998—2003 年含世行贷款项目的地方财政配套资金。

6．“银行贷款”：指用于农业综合开发项目建设的银行贷款及其他信贷资金投入数。

7．“自筹资金”：指项目区农村集体、农民群众、项目建设单位（包括企业、农牧场、地方有关部门等）筹集用于农业综合开发项目建设的现金和以物折资数。

8．“部门项目”：指用于部门项目的中央财政资金、地方财政配套资金、银行贷款、自筹资金；但 1995—2003 年每年中央财政资金、地方财政配套资金栏目中仅填列了海南农垦总局天然橡胶基地项目的数据，其他部门项目含在各地区的数据中。

9．“国家办”：指国家农业综合开发办公室。国家办“中央财政资金”指农业综合开发利用世界银行贷款加强灌溉农业二期项目中，国家农业综合开发办公室用于机构支持与发展的资金投入数，包含世界银行贷款和中央财政相应安排的配套资金。世界银行贷款由中央财政统借统还。利用世界银行贷款加强灌溉农业二期项目建设期为 1998—2002 年。

二、全国农业综合开发分项目投资完成情况表

1．“中央财政资金”：分别指用于土地治理、多种经营、专项科技示范三类项目的中央财政投资完成数。

2．“地方财政配套资金”：分别指配套用于土地治理、多种经营、专项科技示范三类项目的地方财政投资完成数。

3．“银行贷款”：分别指用于土地治理、多种经营、专项科技示范三类项目的银行贷款完成数。

4．“自筹资金”：分别指用于土地治理、多种经营、专项科技示范三类项目的自筹资金完成数。

三、全国农业综合开发土地治理项目主要建设内容完成情况表

1．“改造中低产田”：指对现有中低产田，通过水利、农业、林业、科技等措施综合治理，改善

其基本生产条件和生态环境，使之成为高产稳产农田的面积。

2．“开垦宜农荒地”：指将宜于农用的尚未开发利用的土地或虽已耕种过但撂荒三年以上的撂荒地开发成耕地的面积。

3．“草原（场）建设”：指为保护和建设草原（场）所进行的人工种草、天然草场改良、划区轮牧、饲草（料）基地建设的面积。

4．“建设优质粮食基地”：指在已经完成中低产田改造或在同时进行中低产田改造的耕地上，通过规模化种植经国家资格认定的品种审定委员会审定的优质粮食品种的面积。

5．“建设优质饲料作物基地”：指在已经完成中低产田改造或在同时进行中低产田改造的耕地上，通过规模化种植经国家资格认定的品种审定委员会审定的优质饲料作物品种的面积。

6．“修建小型水库”：指新建、续建、扩建和除险加固库容在1 000万立方米（含）以下、10万立方米（不含）以上水库的座数。

7．“灌排渠系建设”：指新建、衬砌、开挖疏浚支渠以下（流量5立方米/秒以下）的灌溉和排水渠道公里数。

8．“新打和配套完善机电井”：指新建和在已有井的基础上配套机电提水设施，使之可以进行正常灌溉的机电井眼数。

9．“改良土壤”：指通过平整土地、增厚土层、增施有机肥、培肥地力、掺和客土等工程和生物措施进行土壤改良的面积。

10．“机耕路”：指新修和改造能供农业机械通行的田间道路公里数。

11．“农机购置”：指利用财政资金扶持农机站和农户购置的，为农业生产服务的动力农用机械和各种农用机具、植保机械的套数。

12．“造林”：指为减免项目区风、沙、水、旱等自然灾害，改善农田、牧场环境，保障农牧业生产营造的林木种植面积。

13．“扶持农技服务站”：指通过购置仪器设备和修建必要的仓储、化验室设施，支持项目乡镇农业、林业、水利、畜牧、农机、气象等各类农业服务站建设个数。

14．“技术培训”：指对项目区农民和乡镇农业技术人员开展农业先进成熟的适用技术培训人次数量。

四、全国农业综合开发土地治理项目主要建设内容投资完成情况表

本表横向指标同“全国农业综合开发土地治理项目主要建设内容完成情况表”，表中填列的是用于土地治理项目主要建设内容的中央财政资金、地方财政配套资金、银行贷款和自筹资金完成数之和。由于1988—1998年没有土地治理项目主要建设内容的投资完成数，本表是自1999年开始填列的。表中“水利措施”、“农业措施”、“林业措施”、“科技措施”中只统计了几个主要单项的投资。几个主要单项投资之和小于该措施完成投资总额。

五、全国农业综合开发多种经营项目主要建设内容完成情况表

1．“经济林”：指新种植和改造的林木面积，包括水果、干果、茶叶、木本油料、竹类及其他经济林等。

2．“蔬菜”：指项目扶持的保护地蔬菜种植和露地蔬菜种植面积。

3．“花卉”：指项目扶持的保护地花卉栽培和露地花卉栽培面积。

4．“药材”：指木本药材和草本药材种植面积。

5．“水产养殖”：指项目扶持的淡水养殖与海水养殖面积之和。

6．“畜禽养殖”：指项目扶持的大牲畜（牛、马、驴等）、猪、羊、兔、家禽养殖年内出栏和年末存栏之和。

7．“新建加工项目”：指农业综合开发立项扶持的新建农副产品加工项目个数。

8．“改扩建加工项目”：指农业综合开发扶持的扩大生产规模或技术改造的农副产品加工项目个数。

9．“农业生产服务项目”：指为项目区优势农

产品开发服务的项目个数，包括产地批发市场和储藏保鲜库建设等。

六、全国农业综合开发科技示范项目主要建设内容完成情况表

1．“农业高新科技示范”：指1999年开始设立的，以市场为导向，效益为中心，以省级以上（含省级）综合实力较强的农业科研、教学单位为技术依托单位，在改善农业基本生产条件的基础上，引进2项以上农业高新技术，并与其他常规技术组装配套，探索形成不同区域优势产业先进适用技术支撑体系的项目高新技术及品种示范应用面积。

2．“农业科技推广综合示范”：指2000年开始设立的，以市场为导向，效益为中心，以省级以上（含省级）综合实力较强的农业科研、教学单位为技术依托单位，在改善农业基本生产条件的基础上，着力进行农业先进适用成熟技术的大面积推广应用，促进区域优势产业升级，同时适当引进先进成熟技术进行示范，为今后推广应用增加必要技术储备的项目先进成熟适用技术及品种推广应用面积。

3．“农业现代化示范”：指2002年开始设立的，以市场为导向，效益为中心，以省级以上（含省级）综合实力较强的农业科研、教学单位为技术依托单位，以加强基础设施、投入要素、农业科技和经营管理体制建设为主要内容，推进当地农业现代化建设的项目先进成熟适用技术、品种示范推广面积与产业基地建设面积之和。

4．“引进品种”：指通过项目建设，引进优良种子（大田作物1 000亩以下）、种苗、种畜、种禽的个数之和。

5．“引进技术”：指通过项目建设，引进种植、养殖、加工与信息等方面的先进成熟适用技术的项数之和。

6．“示范品种”：指通过项目建设，优良种子、种苗、种畜、种禽的示范个数之和。

7．“示范技术”：指通过项目建设，种植、养殖、加工方面除种子、种苗、种畜、种禽等品种以外其他技术的示范项数之和。

8．“示范面积”：指通过项目建设，种植业优良品种及先进成熟适用技术的示范面积之和。在同一地块的示范品种和技术没有重复计算面积。

9．“推广品种”：指通过项目建设，种植、养殖优良品种的推广个数之和。

10．“推广技术”：指通过项目建设，种植、养殖先进成熟适用技术的推广项数之和。

11．“推广面积”：指通过项目建设，种植业优良品种、先进成熟适用技术的推广面积之和。在同一地块的推广品种和技术没有重复计算面积。

12．“种植业生产基地”：指通过项目建设，农田各种作物生产基地建设的面积之和。

13．“经济林生产基地”：指通过项目建设，果树、花卉、特种专用经济林生产基地建设的面积之和。

14．“奶牛养殖”：指通过项目建设，奶牛养殖总数。

15．“猪牛羊养殖”：指通过项目建设，肉猪、肉羊和肉牛等肉用牲畜养殖年内出栏与年末存栏数之和。

16．“家禽养殖”：指通过项目建设，家禽养殖年内出栏与年末存栏数之和。

17．“水产养殖”：指项目建设海水、淡水水产品养殖面积之和。

七、全国农业综合开发项目效益表

1．“新增和改善灌溉面积”：新增灌溉面积指通过新建（或改建）灌溉工程设施，新增加的正常年景下可保证灌溉的耕地面积；改善灌溉面积指通过配套和完善灌溉工程设施，使灌溉保证率提高的耕地面积。新增和改善灌溉面积指新增灌溉面积和改善灌溉面积之和。

2．“新增和改善除涝面积”：新增除涝面积指通过新建（或改建）排涝工程设施，新增加除涝标准达到三年一遇以上的耕地面积；改善除涝面积指通过配套完善排涝工程设施，使除涝标准提高的耕

地面积。新增和改善除涝面积指新增除涝面积和改善除涝面积之和。

3.“增加林网防护面积”：指通过营造防护林新增加的受林网保护的农田及牧场面积。

4.“新增机耕面积”：指通过购置农业机械，新增加的农业机械耕作的面积。

5.“新增农机总动力”：指通过购置农（牧）业机械，新增加用于农业、林业、牧业的各种农业机械动力之和。

6.“新增主要农产品生产能力”：指通过农业综合开发，项目区主要农产品（粮食、棉花、油料、糖料）在正常年景下能够较开发前增加的产量。该数据是运用典型调查、同等地块相比等方法计算得出的。

7.“项目区农民年人均纯收入”：指项目区农民当年生产经营所得的总收入扣除总费用、税金和集体提留以后余额的平均值。该数据可以用项目区农民年纯收入总额除以项目区总人口数得出。

8.“项目区高于本地区农民年人均纯收入”：指项目区农民年人均纯收入比同期当地整个地区农民年人均纯收入高出的部分。该数据可以用项目区农民年人均纯收入减去同期当地整个地区农民年人均纯收入得出。

9.“新增其他农产品产量”：指通过实施农业综合开发项目新增加的种植（粮棉油糖除外）、养殖产品产量。“干鲜果品”栏表示水果、干果等产品的新增产量；“蔬菜”栏表示商品菜和种子两类的新增产量；“花卉”栏表示切花切叶和盆栽植物两类的新增产量；“药材”栏表示种植药材的新增产量；“肉”、“蛋”、“奶”各栏分别表示相应的畜禽养殖增加的产品产量；“水产品”栏表示淡水养殖和海水养殖新增产量之和。

10.“新增畜禽产品产值”：指通过实施畜禽养殖项目，当年新增的以货币形式表现的畜禽产品价值总量，按当年价格计算。

11.“新增水产品产值”：指通过实施水产养殖项目，当年新增的以货币形式表现的水产品价值总量，按当年价格计算。

12.“扩大良种种植面积”：指通过科技项目建设，新增加的种植各种作物优良品种的面积之和。

13.“技术培训”：指通过科技项目建设，对项目区农民群众开展农业先进成熟适用技术培训的人次数量。

14.“新增总产值”：指通过科技项目建设，当年新增加的、以货币形式表现的、项目直接扶持生产的产品的产量，按当年价格计算。

15.“增加值”：指科技项目直接扶持生产的产品对社会所作的贡献。按生产法计算，增加值＝总产值－中间消耗。中间消耗是指在生产过程中所消耗的物质产品和劳务价值，包括生产过程中的物质消耗和对非物质生产部门的劳务支出，如种子、化肥、原材料、燃料，农技服务、技术咨询等。按收入法计算，增加值＝劳动者报酬＋生产税净额＋固定资产折旧＋营业盈余。按当年价格计算。

农业综合开发世界银行项目统计

2003年农业综合开发世界银行项目投资、任务完成情况表

地区	开发范围	资金投入（万元）				任务	水利措施			农业措施			林业措施	科技措施		SIDD试点	
	项目县数	小计	世界银行贷款	地方财政配套资金	自筹资金	改造中低产田面积（万亩）	修建小型水库（座）	灌排渠系建设（公里）	新打和配套完善机电井（眼）	改良土壤（万亩）	机耕路（公里）	农机购置（台套）	造林（万亩）	扶持农机服务站	技术培训（人月）	供水公司（个）	用水者协会（个）
合计	131	56 489.51	43 990.78	1 985.57	10 513.16	25.00		127.00		44.00	104.70	1 593.00	7.11	10.00	2 463.00		70.00
河北	27	7 574.10	8 273.60	1 007.30	－1 706.80												
河南	27	14 324.03	13 434.02	－1 831.20	2 721.21										168.20		
山东	33	12 682.73	9 613.40	928.39	2 140.94												69.00
安徽	20	13 857.14	4 548.01	2 579.69	6 729.44	25.00		127.00		44.00	104.70	1 593.00	7.11	10.00	2 239.80		
江苏	24	6 547.49	6 617.73	－698.61	628.37										55.00		1.00
国家办		1 504.02	1 504.02														

2003年农业综合开发世界银行项目效益情况表

地区	新增和改善灌溉面积（万亩）	新增和改善除涝面积（万亩）	增加林网防护面积（万亩）	新增机耕面积（万亩）	新增农机总动力（千瓦）	新增主要农产品生产能力（万公斤）			
						粮食	棉花	油料	糖料
合计	18.92	15.99	80.85	19.09	28 251.72	6 996.16	275.25	831.29	
河北									
河南									
山东									
安徽	18.92	15.99	80.85	19.09	28 251.72	6 996.16	275.25	831.29	
江苏									

1998—2003年农业综合开发世行项目投资、任务完成情况表

地　区	开发范围	资金投入（万元）				任务	主要措施									SIDD试点	
			其中				水利措施			农业措施			林业措施	科技措施			
	项目县数	合计	世行贷款	地方财政配套资金	自筹资金	改造中低产田（万亩）	修建小型水库（座）	灌排渠系建设（公里）	新打和配套完善机电井（眼）	改良土壤（万亩）	机耕路（公里）	农机购置（台套）	造林（万亩）	扶持农技服务站（个）	技术培训（人月）	供水公司（个）	用水者协会（个）
合计	131	713 099.55	248 479.92	235 523.57	229 096.06	2 300.30		64 738.88	66 624.00	1 897.99	38 005.90	22 708.00	141.22	1 663.00	164 900.80	11.00	516.00
河北	27	119 243.20	41 657.50	41 405.70	36 180.00	400.00		10 955.90	16 665.00	400.00	6 103.20	5 212.00	25.50	253.00	52 813.30	5.00	71.00
河南	27	150 199.73	51 730.02	48 463.60	50 006.11	500.00		13 271.98	21 965.00	483.69	13 981.00	6 076.00	27.10	333.00	44 990.10	1.00	64.00
山东	33	156 026.13	51 792.00	51 840.69	52 393.44	500.30		14 164.00	27 506.00	500.30	11 363.00	725.00	29.80	398.00	16 423.60	3.00	225.00
安徽	20	127 640.44	41 832.01	43 807.49	42 000.94	400.00		10 512.00		320.00	4 782.70	4 713.00	28.42	285.00	29 498.80	1.00	50.00
江苏	24	150 104.09	51 582.43	50 006.09	48 515.57	500.00		15 835.00	488.00	194.00	1 776.00	5 982.00	30.40	394.00	21 175.00	1.00	106.00
国家办		9 885.96	9 885.96														

1998—2003年农业综合开发世界银行项目效益情况表

地　区	新增和改善灌溉面积（万亩）	新增改善除涝面积（万亩）	增加林网防护面积（万亩）	新增机耕面积（万亩）	新增农机总动力（千瓦）	新增主要农产品生产能力			
						粮食（万公斤）	棉花（万公斤）	油料（万公斤）	糖料（万公斤）
合计	1 991.69	853.1	1 756.54	2 285.79	858 259.21	337 390.25	8 535.91	25 919.68	
河北	391.67	66.78	270.1	111.19	99 339.5	64 302.36	826.5	4 690.52	
河南	441.77	261.48	283.75	1 792.63	258 063.88	79 045.6	2 402.39	4 935.63	
山东	500.3		471.42	133.81	85 503	52 366	2 160.1	5 498.5	
安徽	208.21	191.79	390	178.2	263 682.72	65 297.54	2 569.05	7 758.77	
江苏	449.74	333.05	341.27	69.96	151 670.11	76 378.75	577.87	3 036.26	

农业综合开发世界银行项目统计指标解释

1. 世界银行项目：指农业综合开发利用世界银行贷款加强灌溉农业二期项目。项目实施范围为河北、河南、山东、安徽、江苏5省以及国家农业综合办公室，建设期为1998—2002年。

2. 数据来源：世界银行贷款、地方财政配套资金数据来源于世界银行项目决算报表，其他数据来源于世界银行项目统计报表。

3. 世界银行贷款：指由中央财政统借统还，作为中央财政资金安排用于农业综合开发加强灌溉农业二期项目的世界银行贷款。

4. “SIDD试点”：SIDD是英文Self – Management Irrigation and Drainage District的缩写，中文译为“自主管理灌排区”。它是一种新型的灌溉管理制度，是在国家政策的指导下，对计划经济体制下灌区管理体制和运行机制进行改革，按照市场经济的要求，组建具有法人资格、实行自主经营的经济实体——供水公司和用水者协会，通过建立供水、用水两者之间的买卖关系，实行有偿供水，用水者直接参与灌区管理等措施，由用水者自主管理灌区水利设施，保证灌区的良性运行。在河北、河南、山东、安徽、江苏5省世界银行项目区，进行了自主管理灌排区的试点。

5. “国家办”：指国家农业综合开发办公室。国家办“世界银行贷款”包含国家农业综合开发办公室用于机构支持与发展的世界银行贷款和中央财政相应安排的配套资金。

6. 世界银行项目采用报账提款制，即各省先行垫付资金，保证建设任务如期完成，待世界银行贷款资金报回后再回补。因而2003年的项目投资、任务完成表中，河北省自筹资金、江苏省和河南省的地方财政配套资金出现了负值。

7. 由于2003年仍余有部分项目扫尾工程，因此2003年统计报表实质是2002年统计工作的延续，部分没有在以前年度反映完整的内容，一并在2003年度统计报表中予以反映。

8. 本表中其他指标解释同《全国农业综合开发项目统计表》中土地治理项目的相关指标。

农业综合开发部门项目统计

1989—2003年农业部农业综合开发原原种扩繁项目完成情况表

年份	资金投入（万元）					主要建设内容				主要效益	
	合计	中央财政资金	地方财政配套资金	银行贷款	自筹资金	基地面积（万亩）	仓库（万平方米）	网室（万平方米）	晒场（万平方米）	新增原原种生产能力（万公斤）	新增原种生产能力（万公斤）
合计	17 955.47	8 697.00	6 152.00		3 106.47	2.06		7.84	1.62	3 205.04	2 597.22
1989	500.00	500.00									
1990	951.00	500.00	100.00		351.00			1.69		230.00	
1991											
1992	1 000.00	500.00	500.00					0.98		170.00	
1993	1 273.00	500.00	627.00		146.00			0.99		150.00	
1994	1 143.00	500.00	443.00		200.00			0.54		860.00	
1995	1 187.00	500.00	435.00		252.00			1.51		620.00	
1996	1 026.00	500.00	429.00		97.00			0.14		60.00	
1997	1 058.00	500.00	462.00		96.00					250.00	
1998	1 200.00	600.00	530.00		70.00					273.00	
1999	1 564.00	700.00	686.00		178.00					30.00	
2000	1 541.00	700.00	638.00		203.00					70.00	
2001	1 854.00	896.00	468.00		490.00					323.00	
2002	2 175.80	1 000.00	703.00		472.80						
2003	1 482.67	801.00	131.00		550.67	2.06		1.99	1.62	169.04	2 597.22

1989—2003年农业部农业综合开发良种繁育基地项目完成情况表

年份	资金投入（万元）					主要建设内容				主要效益		
	合计	中央财政资金	地方财政配套资金	银行贷款	自筹资金	基地面积（万亩）	仓库（万平方米）	晒场（万平方米）	购置加工设备（台、套）	新增原种生产能力（万公斤）	新增种子加工能力（万公斤）	新增种子储备能力（万公斤）
合计	42 136.90	18 652.00	12 598.40		10 886.50	185.87	23.51	35.46	892.00	7 402.56	15 986.00	6 952.00
1989	2 521.80	1 000.00	1 000.00		521.80		1.88	4.28	370.00			
1990	2 664.30	1 000.00	1 000.00		664.30	0.07	1.23	3.72	87.00	13.31	1 500.00	1 130.00
1991	3 023.28	1 500.00	1 450.00		73.28	25.24	1.99	4.42	22.00	355.20	1 600.00	450.00
1992	2 010.79	1 000.00	900.00		110.79	24.00	1.97	4.74	54.00	365.00	1 900.00	
1993	2 112.60	1 000.00	1 000.00		112.60	27.00	1.87	5.02	23.00	381.00		
1994	2 008.49	1 000.00	700.00		308.49		1.86	3.64	27.00	822.05		
1995	2 220.21	1 000.00	744.00		476.21	0.48	1.83	4.55	61.00	734.00		
1996	2 177.00	1 000.00	640.00		537.00	3.50	1.70	3.79	64.00	617.00		
1997	1 876.00	850.00	362.00		664.00	3.10	2.05		32.00	651.00		
1998	3 597.99	1 400.00	571.40		1 626.59	13.30	2.65			271.00		
1999	3 186.60	1 300.00	491.00		1 395.60	16.80	1.09			2 080.00		
2000	3 841.00	1 675.00	984.00		1 182.00	26.80	1.47			890.00	350.00	202.00
2001	4 786.00	2 100.00	1 212.00		1 474.00	30.83	1.40			180.00	8 986.00	4 000.00
2002	4 509.50	2 300.00	1 225.00		984.50							
2003	1 601.34	527.00	319.00		755.34	14.75	0.52	1.30	152.00	43.00	1 650.00	1 170.00

1989—2003年农业部农业综合开发优质农产品示范和菜篮子工程项目完成情况表

年份	资金投入（万元）					主要建设内容				主要效益		
	小计	中央财政资金	地方财政配套资金	银行贷款	自筹资金	种植业基地（亩）	畜禽棚舍（万平方米）	水产养殖基地（亩）	蔬菜种苗（万株）	畜禽供种（万头、万只、万羽）	新增水产品供种能力（万公斤、万尾）	新增水产品生产能力（万公斤）
合计	109 474.19	32 036.52	28 880.00	30.00	48 527.67	119 539.20	65.82	30 914.75	34 535.87	145.07	227 070.90	1 948.01
1989	6 270.68	1 500.00	1 573.00		3 197.68	8 800.00	5.00	1 533.03				
1990	7 400.60	1 500.00	1 642.00		4 258.60	10 200.00	5.00	1 576.58		0.39		102.08
1991	7 028.72	1 500.00	1 585.00		3 943.72	7 600.00	5.30	1 656.16				120.00
1992	7 143.56	1 500.00	1 500.00		4 143.56		6.00	1 711.70	1 200.00	0.21	4 600.00	110.00
1993	6 462.79	1 500.00	1 400.00		3 562.79		6.00	1 741.70	2 000.00	0.30	5 000.00	114.00
1994	5 993.65	1 500.00	1 500.00		2 993.65		7.00	1 636.60	1 500.00	0.40		164.10
1995	5 143.80	1 500.00	1 500.00		2 143.80	18 500.00	7.16	1 696.70	800.00	0.70	5 000.00	200.00
1996	7 781.20	2 230.00	2 082.00		3 469.20	13 700.00	5.58	1 651.60	2 200.00	0.80	20 000.00	100.00
1997	7 467.76	2 290.00	2 365.10		2 812.66	8 930.00	4.52	1 852.90	4 700.00	0.73	15.90	300.00
1998	8 108.80	2 803.00	2 643.30		2 662.50	13 800.00	3.80	749.80	6 500.00	2.00	32 800.00	19.20
1999	8 221.19	2 630.00	2 245.57		3 345.62	7 000.00	2.10	1 131.08	600.00	0.26	9 500.00	340.00
2000	7 802.41	2 479.00	2 310.00		3 013.41		2.18	2 194.40	6 200.00	1.00	26 300.00	84.00
2001	6 710.60	2 576.00	2 185.00		1 949.60		3.81	504.50	4 000.00	3.70	65 900.00	45.00
2002	10 680.80	3 632.00	2 536.00		4 512.80							
2003	7 257.63	2 896.52	1 813.03	30.00	2 518.08	31 009.20	2.37	11 278.00	4 835.87	134.58	57 955.00	249.63

1989—2003年农业部农业综合开发育草基金项目完成情况表

年份	资金投入（万元）					主要建设内容			主要效益	
	合计	中央财政资金	地方财政配套资金	银行贷款	自筹资金	围栏草场（万亩）	人工种草（万亩）	草场改良（万亩）	新增草种生产能力（万公斤）	新增草种加工能力（万公斤）
合计	21 701.84	9 057.25	6 373.79		6 270.80	358.63	311.31		229.80	1.00
1989	1 026.00	500.00	215.00		311.00	70.00	70.00		111.80	
1990	1 170.00	500.00	340.00		330.00	80.00	80.00			
1991	1 449.70	500.00	468.00		481.70	50.00	50.00			
1992	1 347.60	500.00	453.00		394.60	50.00	50.00			
1993	1 365.80	500.00	479.00		386.80	26.80	13.70			
1994	1 369.90	500.00	427.00		442.90	24.00	11.00			
1995	1 451.50	500.00	523.00		428.50	20.00	14.00			
1996	1 156.79	500.00	516.47		140.32	8.70	6.20			
1997	1 460.87	500.00	415.12		545.75	9.20	12.00			
1998	1 540.38	500.00	492.00		548.38	7.60	3.30			
1999	1 280.00	500.00	455.00		325.00	11.00				
2000	2 258.60	1 000.00	598.40		660.20	0.40			56.80	
2001	1 966.54	1 000.00	464.00		502.54	0.05			55.00	
2002	1 922.25	1 180.00	366.00		376.25					
2003	935.91	377.25	161.80		396.86	0.88	1.11		6.20	1.00

1992—2003年农业部农业综合开发秸秆养畜项目完成情况表

年份	资金投入（万元）					主要建设内容			主要效益			
	小计	中央财政资金	地方财政配套资金	银行贷款	自筹资金	青贮氨化池（万立方米）	养殖示范场、户（个）	秸秆处理机械（台）	牛出栏（万头）	羊出栏（万只）	氨化、微贮秸秆（万吨）	青贮数量（万吨）
合计	660 830.41	50 672.15	47 981.23	49 814.78	510 814.64	2 719.98	25 569.00	106 206.00	2 468.16	10 347.24	4 476.90	8 154.24
1992	65 204.00	1 000.00	1 142.00	7 891.00	55 171.00				82.71		132.90	113.31
1993	107 937.54	3 932.00	5 233.69	12 393.30	86 378.55	506.00		18 820.00	470.54		528.70	941.73
1994	56 657.92	1 500.00	1 696.00	5 246.60	48 215.32	163.00		7 808.00	115.19	33.40	150.68	270.93
1995	63 119.57	4 000.00	4 447.27	6 525.29	48 147.01	306.10		12 995.00	310.30	595.30	474.20	945.70
1996	69 157.99	4 382.00	4 602.45	2 526.65	57 646.89	415.48	2 023.00	18 557.00	264.20	1 030.00	534.85	966.59
1997	46 035.34	4 860.00	4 935.30	2 286.54	33 953.50	353.15	2 325.00	14 881.00	237.12	950.65	478.09	780.82
1998	63 056.07	5 400.00	5 380.00	7 157.80	45 118.27	335.89	5 493.00	9 205.00	263.59	1 233.76	558.88	946.87
1999	103 813.53	5 400.00	5 318.85	4 277.60	88 817.08	241.98	1 552.00	9 634.00	176.42	801.44	340.00	601.79
2000	32 795.00	5 486.10	5 061.66		22 257.43	137.85	1 152.00	5 426.00	123.50	1 338.65	406.74	806.87
2001	25 929.71	5 306.40	4 130.30		14 892.71	110.22	5 501.00	4 241.00	115.44	1 421.57	290.53	513.84
2002	13 974.08	5 314.00	2 985.20		5 717.38							
2003	13 149.66	4 091.65	3 048.51	1 510.00	4 499.50	150.31	7 523.00	4 639.00	309.15	2 942.47	581.33	1 265.79

1994—2003年农业部农业综合开发海南农垦总局天然橡胶基地项目完成情况表

年份	资金投入（万元）				主要建设内容				主要效益			
	小计	中央财政资金	银行贷款	自筹资金	橡胶更新定植（亩）	橡胶中小苗抚管（亩）	防护林营造（亩）	防护林管理（亩）	橡胶平均增粗（厘米）	干胶亩产（公斤）	干胶总产量（吨）	新增开割面积（亩）
合计	48 290.00	20 000.00		28 290.00	201 859.00	1 795 727.00	10 801.00	25 562.00	53.40	846.90	358 239.00	183 807.00
1994	3 512.00	2 000.00		1 512.00	13 010.00	170 033.00	2 400.00	8 790.00	4.80	69.00	29 122.00	19 072.00
1995	4 532.00	2 000.00		2 532.00	26 290.00	165 619.00	3 310.00	6 005.00	5.20	75.80	33 267.00	25 710.00
1996	5 213.00	2 000.00		3 213.00	24 700.00	179 375.00	3 340.00	6 100.00	4.90	79.00	31 354.00	18 313.00
1997	4 672.00	2 000.00		2 672.00	26 162.00	174 519.00		451.00	5.20	83.80	33 860.00	16 112.00
1998	5 693.00	2 000.00		3 693.00	26 529.00	184 853.00	16.00	200.00	5.20	87.30	35 662.00	16 802.00
1999	5 131.00	2 000.00		3 131.00	21 586.00	182 124.00	543.00	1 800.00	5.40	93.30	37 324.00	19 677.00
2000	5 101.00	2 000.00		3 101.00	19 303.00	189 675.00	262.00	1 686.00	5.30	86.60	36 763.00	17 716.00
2001	4 937.00	2 000.00		2 937.00	14 756.00	190 247.00	168.00	399.00	5.60	83.60	36 391.00	17 112.00
2002	4 691.00	2 000.00		2 691.00	14 053.00	180 767.00	61.00	68.00	6.10	90.30	39 926.00	13 883.00
2003	4 808.00	2 000.00		2 808.00	15 470.00	178 515.00	701.00	63.00	5.70	98.20	44 570.00	19 410.00

1989—2003年国家林业局农业综合开发长江防护林工程项目完成情况表

年份	资金投入（万元）				主要建设内容				主要效益		
	合计	中央财政资金	地方财政配套资金	自筹资金	人工造林（万亩）	封山育林（万亩）	飞播造林（万亩）	低效防护林改造（万亩）	控制水土流失面积（万亩）	新增有林地面积（万亩）	提高森林覆盖率（%）
合计	182 100.00	45 700.00	79 434.00	56 966.00	6 381.00	1 650.50	559.00	402.22	78 787.98	5 149.19	
1989	2 610.00	1 000.00	1 000.00	610.00	124.00	13.00			1 068.00	76.54	0.09
1990	6 900.00	1 700.00	3 600.00	1 600.00	411.00	155.00	20.00		4 932.30	344.86	0.40
1991	11 018.00	1 700.00	4 640.00	4 678.00	657.00	90.00	17.00		6 359.10	444.62	0.52
1992	16 097.00	2 700.00	8 300.00	5 097.00	933.00	205.00	65.00		9 815.40	686.28	0.81
1993	19 420.00	2 700.00	9 400.00	7 320.00	917.00	190.00	116.00		9 311.10	651.02	0.76
1994	18 076.00	3 000.00	8 687.00	6 389.00	1 057.00	198.00	127.00		9 655.50	675.10	0.79
1995	20 094.00	3 500.00	9 051.00	7 543.00	761.00	190.00	54.00		6 961.80	498.08	0.58
1996	21 385.00	3 500.00	9 596.00	8 289.00	544.00	182.00	74.00		5 916.30	373.15	0.44
1997	11 100.00	3 700.00	3 700.00	3 700.00	180.00	121.00	40.00	120.00	7 109.40	393.88	0.46
1998	9 250.00	3 700.00	3 700.00	1 850.00	224.00	118.00	25.00	105.00	5 633.40	317.70	0.37
1999	9 250.00	3 700.00	3 700.00	1 850.00	220.00	100.00	21.00	90.00	5 412.00	301.00	0.35
2000	9 250.00	3 700.00	3 700.00	1 850.00	80.00	18.00		20.00	4 526.40	247.42	0.29
2001	9 535.00	3 700.00	3 700.00	2 135.00	180.00	40.00		9.00	748.83	49.58	0.34
2002	9 490.00	3 700.00	3 700.00	2 090.00	50.00	20.00		10.00	706.45	44.96	0.34
2003	8 625.00	3 700.00	2 960.00	1 965.00	43.00	10.50	0.00	48.22	632.00	45.00	0.21

1994—2003年国家林业局农业综合开发太行山绿化示范工程项目完成情况表

年份	资金投入（万元）				主要建设内容				主要效益		
	合计	中央财政资金	地方财政配套资金	自筹资金	人工造林（万亩）	封山育林（万亩）	飞播造林（万亩）	低效防护林改造（万亩）	控制水土流失面积（万亩）	新增有林地面积（万亩）	提高森林覆盖率（%）
合计	88 140.50	15 100.00	27 531.00	45 509.50	209.00	1 091.00	163.00	51.35	21 117.08	1 416.61	
1994	19 704.00	500.00	5 083.00	14 121.00	7.00	100.00	30.00		1 268.13	88.67	0.34
1995	20 048.00	1 000.00	5 135.00	13 913.00	20.00	180.00	12.00		2 029.50	162.36	0.62
1996	15 490.00	1 000.00	4 513.00	9 977.00	18.00	180.00	20.00		2 431.71	168.05	0.64
1997	4 500.00	1 500.00	1 500.00	1 500.00	9.00	50.00	6.00	4.00	2 822.85	197.37	0.76
1998	5 000.00	1 700.00	2 200.00	1 100.00	30.00	180.00	20.00	13.00	3 280.50	208.98	0.80
1999	4 250.00	1 700.00	1 700.00	850.00	50.00	160.00	20.00	10.00	2 952.00	216.00	0.83
2000	4 265.00	1 700.00	1 700.00	865.00	20.00	70.00	30.00	6.00	2 680.67	156.96	0.60
2001	5 224.00	2 000.00	2 000.00	1 224.00	20.00	90.00	10.00	4.00	1 503.80	106.37	0.58
2002	5 215.00	2 000.00	2 000.00	1 215.00	15.00	30.00	15.00	6.00	1 168.92	55.85	0.31
2003	4 444.50	2 000.00	1 700.00	744.50	20.00	51.00	0.00	8.35	979.00	56.00	0.31

1998—2003年国家林业局农业综合开发防沙治沙示范项目完成情况表

年份	资金投入（万元）				主要建设内容				主要效益	
	合计	中央财政资金	地方财政配套资金	自筹资金	人工造林种草（万亩）	封沙育林育草（万亩）	飞播造林种草（万亩）	沙生经济作物（万亩）	治理沙化土地面积（万亩）	提高林草植被覆盖率（%）
合计	21 884.00	7 470.00	8 563.00	5 851.00	112.40	13.40	6.00	0.60	179.30	
1998	620.00	200.00	200.00	220.00	2.00	1.40		0.60	4.00	85.00
1999	2 160.00	720.00	720.00	720.00	14.00	3.00	6.00		25.00	85.00
2000	2 750.00	1 100.00	1 100.00	550.00	15.00	2.00			18.35	90.00
2001	3 259.00	1 100.00	1 148.00	1 011.00	15.00	7.00			23.45	75.00
2002	6 300.00	2 100.00	2 100.00	2 100.00	31.00				73.10	65.00
2003	6 795.00	2 250.00	3 295.00	1 250.00	35.40	0.00	0.00	0.00	35.40	86.00

1990—2003年国家林业局农业综合开发名优经济林和花卉项目完成情况表

年份	资金投入（万元）					主要建设内容		主要效益		
	小计	中央财政资金	地方财政配套资金	银行贷款	自筹资金	经济林基地（万亩）	花卉基地（亩）	新增经济林产品（万公斤）	新增花卉（万枝、盆）	新增总产值（万元）
合计	153 330.00	52 800.00	50 370.00	600.00	49 560.00	368.21	12 200.00	84 426.68	8 260.88	271 758.05
1990	3 000.00	1 000.00	1 000.00		1 000.00	10.00		800.00		5 000.00
1991	3 000.00	1 000.00	1 000.00		1 000.00	10.00		800.00		5 000.00
1992	4 500.00	1 500.00	1 500.00		1 500.00	15.00		1 200.00		7 500.00
1993	6 884.00	2 900.00	2 900.00		1 084.00	50.90	200.00	3 950.00	350.00	11 540.00
1994	6 290.00	2 600.00	2 600.00		1 090.00	46.30	200.00	3 594.00	320.00	10 517.00
1995	7 378.00	3 100.00	3 200.00		1 078.00	54.70	200.00	4 247.00	530.00	12 391.00
1996	10 800.00	3 600.00	3 612.00		3 588.00	29.00	100.00	3 529.00	830.00	30 668.00
1997	11 721.00	3 900.00	3 900.00		3 921.00	13.00	100.00	7 663.00	548.00	31 679.00
1998	13 151.00	4 200.00	4 200.00		4 751.00	19.60		6 149.00		26 520.00
1999	14 100.00	4 700.00	4 700.00		4 700.00	32.10		6 270.00		8 667.00
2000	15 000.00	5 000.00	5 000.00		5 000.00	23.00		8 270.00		9 500.00
2001	18 883.00	6 200.00	6 300.00	10.00	6 373.00	28.50		9 350.00		12 212.00
2002	20 453.00	6 200.00	6 318.00	590.00	7 345.00	18.18	5 500.00	9 792.00	302.00	31 416.00
2003	18 170.00	6 900.00	4 140.00	0.00	7 130.00	17.93	5 900.00	18 812.68	5 380.88	69 148.05

1988—2003年水利部农业综合开发水利骨干工程项目完成情况表

年份	资金投入（万元）				主要建设内容		主要效益			
	合计	中央财政资金	地方财政配套资金	自筹资金	渠道防渗（公里）	渠系建筑物（座）	新增灌溉面积（万亩）	改善灌溉面积（万亩）	新增供水能力（亿立方米）	节约水量（亿立方米）
合计	244 992.11	154 615.00	77 645.00	89 702.11	4 707.00	10 280.00	605.00	1 042.00	14.01	22.79
小计		76 970.00								
1988		5 760.00								
1989		5 425.00								
1990		4 955.00								
1991		4 800.00								
1992		8 465.00								
1993		12 035.00								
1994		16 200.00								
1995		9 130.00								
1996		10 200.00								
小计	244 992.11	77 645.00	77 645.00	89 702.11	4 707.00	10 280.00	605.00	1 042.00	14.01	22.79
1997	31 343.00	9 400.00	9 400.00	12 543.00	560.00	680.00	150.00	200.00	1.91	3.89
1998	31 675.00	9 600.00	9 600.00	12 475.00	672.00	710.00	147.00	185.00	2.48	5.05
1999	35 465.00	10 645.00	10 645.00	14 175.00	716.00	1 292.00	76.00	187.00	1.47	3.00
2000	25 250.00	8 100.00	8 100.00	9 050.00	598.00	1 537.00	49.00	78.00	1.16	2.35
2001	33 160.00	10 850.00	10 850.00	11 460.00	431.00	1 770.00	37.00	156.00	1.49	3.03
2002	40 033.00	13 050.00	13 050.00	13 933.00	814.00	1 622.00	73.00	86.00	1.67	3.41
2003	48 066.11	16 000.00	16 000.00	16 066.11	916.00	2 669.00	73.00	150.00	3.83	2.06

1989—2003年水利部农业综合开发水土保持项目完成情况表

年份	资金投入（万元）				主要建设内容						主要效益		
	合计	中央财政资金	地方财政配套资金	自筹资金	坡改梯（万亩）	水土保持林（万亩）	经济林（万亩）	种草（万亩）	封禁治理（万亩）	小型水利水保工程（万立方米）	减少土壤侵蚀量（万吨）	新增活立木蓄积量（万立方米）	提高林草覆盖度（%）
合计	211 738.90	98 400.00	77 316.60	36 022.30	613.87	1 762.66	706.59	326.91	1 943.52	27 565.23	11 795.54	640.66	
1989	3 250.00	2 500.00	750.00		37.99	89.72	35.53	25.33	109.75	1 547.70	703.50	26.92	17.84
1990	6 240.00	4 800.00	1 440.00		68.88	170.02	65.97	41.47	194.67	2 790.29	1 268.31	51.01	10.25
1991	6 240.00	4 800.00	1 440.00		70.83	166.45	68.58	37.93	216.59	2 874.03	1 306.38	49.94	17.41
1992	6 240.00	4 800.00	1 440.00		67.42	159.24	64.96	38.27	209.25	2 813.21	1 278.73	47.77	13.65
1993	6 240.00	4 800.00	1 440.00		44.73	107.02	40.27	24.47	120.24	1 761.78	800.81	32.11	10.35
1994	7 540.00	5 800.00	1 740.00		49.27	116.74	45.31	30.82	144.80	2 041.51	927.96	35.02	17.32
1995	15 750.00	6 300.00	6 300.00	3 150.00	41.61	176.33	45.28	23.12	183.32	2 076.82	944.01	52.90	12.85
1996	15 750.00	6 300.00	6 300.00	3 150.00	48.85	183.04	59.53	23.73	185.83	1 951.43	1 016.37	43.60	14.65
1997	17 000.00	6 800.00	6 800.00	3 400.00	54.67	197.19	63.82	28.23	203.70	2 156.83	1 100.42	59.16	12.86
1998	18 250.00	7 300.00	7 300.00	3 650.00	20.57	60.46	30.98	5.55	48.36	902.35	296.82	22.13	15.60
1999	20 750.00	8 300.00	8 300.00	4 150.00	25.34	74.86	39.46	7.18	55.68	1 123.65	390.65	32.28	13.65
2000	20 745.00	8 300.00	8 300.00	4 145.00	22.60	62.60	37.12	9.97	56.75	1 145.80	465.86	42.66	10.52
2001	22 061.00	8 800.00	8 800.00	4 461.00	22.65	65.70	38.20	9.65	63.86	1 218.60	436.75	56.80	8.86
2002	23 426.00	9 300.00	9 300.00	4 826.00	25.15	71.25	39.50	11.23	65.90	986.80	438.65	49.68	11.46
2003	22 256.90	9 500.00	7 666.60	5 090.30	13.31	62.04	32.08	9.96	84.82	2 174.43	420.32	38.68	11.52

1995—2003年国土资源部农业综合开发土地复垦项目完成情况表

年份	资金投入（万元）				主要建设内容		主要效益	
	合计	中央财政资金	地方财政配套资金	自筹资金	复垦土地（万亩）	营造防护林（万亩）	新增耕地（万亩）	新增灌溉面积（万亩）
合计	57 176.84	14 740.00	11 651.00	30 785.84	33.19	4.60	26.01	12.16
1995	3 774.20	500.00	500.00	2 774.20	0.90	0.03	0.80	0.64
1996	3 774.20	500.00	500.00	2 774.20	0.90	0.03	0.80	0.64
1997	3 774.20	500.00	500.00	2 774.20	0.92	0.03	1.03	0.64
1998	4 500.00	1 500.00	1 500.00	1 500.00	4.60	0.40	4.00	
1999	8 877.00	2 000.00	1 922.00	4 955.00	7.54	0.90	7.10	3.00
2000	9 569.00	2 200.00	1 835.00	5 534.00	6.57	1.59	4.62	4.00
2001	9 489.00	2 400.00	2 100.00	4 989.00	5.68	0.70	3.69	
2002	6 831.30	2 540.00	734.00	3 557.30	3.90	0.40	3.00	2.20
2003	6 587.94	2 600.00	2 060.00	1 927.94	2.18	0.52	0.97	1.04

农业综合开发部门项目主要统计指标解释

一、农业部农业综合开发原原种扩繁项目完成情况表

1.本项目自1989年起立项在全国范围内实施。

2.“基地面积”：指项目建设单位通过项目建设，形成种子生产的面积。

3.“仓库”：指低温低湿库和常温库及物资库的库房面积。其中低温低湿库指具有降温除湿功能，温度控制在5—15℃，湿度控制在50%—70%的仓库；常温库及物资库指种子周转库、种用物资储备库、农业机具库。

4.“网室”：指用于防止鸟类、昆虫等对作物的破坏、传粉专用隔离设施。

5.“晒场”：指用于种子晾晒、以降低含水量场所的面积。一般为水泥地面。

6.“新增原原种生产能力”：指项目建成后，项目承担单位每年原原种的生产总量比项目实施前的增加数量。

7.“新增原种生产能力”：指项目建成后，项目承担单位每年原种的生产总量比项目实施前的增加数量。

二、农业部农业综合开发良种繁育基地项目完成情况表

1.本项目自1989年起立项在全国范围内实施。

2.“基地面积”：指项目建设单位通过项目建设，形成种子生产的面积。

3.“仓库”：同原原种扩繁项目。

4.“晒场”：同原原种扩繁项目。

5.“购置加工设备”：指种子加工项目购置的单机加工设备，以及精选、分级、包衣、包装计量、传送设备和叉车等设备。

6.“新增原种生产能力”：解释说明同原原种扩繁项目。

7．“新增种子加工能力”：指项目建成后，项目承担单位每年机械加工种子的总量比项目实施前的增加数量。

8．“新增种子储备能力”：指项目建成后，项目承担单位仓储设施所能储藏种子总量比项目实施前的增加数量。

三、农业部农业综合开发优质农产品示范和菜篮子工程项目完成情况表

1．本项目由优质农产品示范和菜篮子工程两个项目组成。菜篮子工程项目是自1989年起立项在全国范围内实施。优质农产品示范项目是自1996年起立项实施的，建设范围历年来涉及除黑龙江、贵州、云南、西藏、宁夏、新疆以外的所有省区市。由于这两个项目建设内容大体相同，过去一直没有分开统计，因此合并为一个项目统计。

2．“种植业基地”：指通过项目实施，建成的露地、园地、温室、大棚等面积之和。

3．“畜禽棚舍”：指通过项目实施，建成的畜禽繁殖、饲养的房屋、厩舍面积。

4．“水产养殖基地”：指通过项目实施建成的海水、淡水养殖面积之和（包括育苗设施）。

5．“蔬菜种苗”：指通过项目实施，到竣工年度达到的蔬菜种苗生产供应能力。

6．“畜禽供种”：指通过项目实施，到竣工年度猪、牛、羊等畜禽良种的供应能力。

7．“新增水产品供种能力”：指通过项目实施，到竣工年度水产品苗种供应能力。

8．“新增水产品生产能力”：指项目建成后，水产品产量比项目实施前的增加数量。

四、农业部农业综合开发育草基金项目完成情况表

1．本项目是自1989年起立项实施的，建设范围涉及大部分牧区省份。

2．“围栏草场”：指以墙体、金属网等对天然草场及人工草地实施封育管理的面积。

3．“人工种草”：指经人工播种及施肥、灌溉等管理的草场和草地的面积。

4．“草场改良”：指对天然草场实施围栏、松土、补播、切根、施肥等措施进行改良的面积。

5．“新增草种生产能力”：指项目建成后，治理区草种生产总量比项目实施前的增加数量。

6．“新增草种加工能力”：指项目建成后，项目承担单位每年机械加工草种的总量比项目实施前的增加数量。

五、农业部农业综合开发秸秆养畜项目完成情况表

1．本项目是自1992年起立项实施的，建设范围历年来涉及除西藏以外的所有省区市。

2．“青贮氨化池”：指通过项目实施，农户或养殖示范场建成青贮氨化池的体积数量。

3．“养殖示范场、户”：指补助棚圈等基础设施建设的农场个数。

4．“秸秆处理机械”：指购置各种秸秆处理机械的数量。

5．“牛出栏”：指项目实施区当年牛出栏数。

6．“羊出栏”：指项目实施区当年羊出栏数。

7．“氨化、微贮秸秆”：指氨化、微贮风干秸秆及相关作物的数量。

8．“青贮数量”：指青贮鲜秸秆及相关作物的数量。

六、农业部农业综合开发海南农垦总局天然橡胶基地项目完成情况表

1．本项目是自1994年起立项实施的，建设范围为海南农垦总局下属的西庆、西流、西培、西华、西联、龙江、卫星、西达、八一、昆仑等10个农场。

2．“橡胶更新定植”：指更新年限已到并经批准而更新定植的橡胶面积（当年定植的以林段为单位计算保苗率达到85%以上的胶园面积）。

3．“橡胶中小苗抚管”：指对未投产橡胶幼树进行管护。

4．“防风林营造”：指为了减少风、沙、水、旱等自然灾害而在橡胶林段四周营造的胶园防风林。

5．“防风林管理”：指对已定植防风林幼树进行管护。

6．“橡胶平均增粗”：指本年内未开割橡胶树围茎实际茎粗的平均增加量。

7．“干胶亩产”：指每亩开割胶园年产干胶数量。

8．“干胶总产量”：指当年生产的鲜胶水和杂胶（即扣除杂物后的胶线、胶块、胶泥）经过加工制成的烟胶片、标准胶、浓缩胶乳、浅色胶等橡胶成品的总量。

9、“新增开割面积”：指橡胶中小苗中当年达到开割标准并已投产的橡胶面积。

七、国家林业局农业综合开发长江防护林工程项目完成情况表

1．本项目是自1989年起立项实施的，建设范围初期主要在长江中上游地区，2002年调整为长江中下游及淮河流域。

2．“人工造林”：指建设期内在荒山、荒地、沙丘、退耕地等一切可以造林的土地上，采用人工播种、植苗造林、分植造林等方法新植成片乔木林和灌木林的面积。

3．“封山育林”：指利用林木或灌草天然更新的能力使其成为森林或灌草植被的面积。

4．“飞播造林”：指在大面积荒山、荒地或人烟稀少、地处边远地区的造林地上利用飞机撒播林木种子或种子丸的造林面积。

5．“低效防护林改造”：指对树种组成、林相、郁闭度等方面不符合经营要求，林分质量次、生长慢、产量低、无培育前途或遭受严重自然灾害的人工林进行改造，使其转变为能生长大量优质木材和其他多种林产品，并能发挥多种有益效能的优良林的面积。

6．“控制水土流失面积”：指项目建成后，治理区水土流失强度控制在轻度侵蚀强度（每年每平方公里水土流失500—200吨）以下的面积。

7．“新增有林地面积”：指项目建成后，治理区形成由乔木树种构成，郁闭度0.2以上的林地或灌溉宽度10米以上林带的面积。

8．“提高森林覆盖率”：指项目建成后，治理区增加森林面积占土地总面积的比重。

八、国家林业局农业综合开发太行山绿化示范工程项目完成情况表

1．本项目是自1994年起立项实施的，建设范围涉及北京、山西、河北、河南4省市。

2．本表指标、指标解释与“国家林业局农业综合开发长江防护林工程项目完成情况表”完全相同。

九、国家林业局农业综合开发防沙治沙示范项目完成情况表

1．本项目是自1998年起立项实施的，先在内蒙古、陕西两省区试点，逐步扩大到西部省份（甘肃、新疆、宁夏、青海），2002年将重点转移到黄河故道沙化地区，涉及河北、内蒙古、山东、河南、陕西、甘肃、宁夏7个省区。

2．“人工造林种草”：指在无林（草）地上恢复森林（草）的面积，包括人工定植与人工播种造林种草。人工定植是指采用移栽苗木使其成林的营造林方式；人工播种是指人工把树木种子或种子丸直接播种于造林地使其成林地的营造林方式。

3．“封沙育林育草”：指利用林木或灌草地天然更新能力，对具有天然下种能力的疏林地、灌丛地、采伐迹地、火烧迹地以及荒山荒地、沙荒地等有条件的地方，采用划界封禁和限制开垦、采樵、放牧等人工辅助措施，使其成为森林、灌草植被的面积。

4．“飞播造林种草”：指在大面积荒山、荒地或人烟稀少、地处边远地区的造林地上利用飞机撒播林木（草籽）种子或种子丸的造林（种草）面积。

5．“沙生经济作物”：指在适宜的沙地上种植适合沙地生长的特有的经济作物的面积。

6．“治理沙化土地面积”：指项目建成后，得到治理和防风固沙林网有效控制的沙化土地面积。

7．“提高林草植被覆盖率”：指项目建成后，治理区增加林草植被面积占土地总面积的比重。

十、国家林业局农业综合开发名优经济林和花卉项目完成情况表

1. 本项目是自1996年起立项开始实施的，建设范围历年来涉及除西藏、天津以外的所有省区市。

2. “经济林基地”：指通过项目实施，新建或改造的经济林面积。

3. “花卉基地”：指通过项目实施，新建或改造的花卉面积（含保护地栽培面积）。

4. “新增经济林产品”：指项目建成后，在正常年景下年新增的经济林产品产量。

5. “新增花卉”：指项目建成后，在正常年景下年新增的花卉产品产量。

6. “新增总产值”：指通过项目实施，新增的以货币表现的经济林和花卉产品的总量，按正常年景下的年平均产值计算。

十一、水利部农业综合开发水利骨干工程项目完成情况表

1. 本项目是自1988年起立项实施的，1997年以前专项用于黄淮海五省跨省灌排骨干工程建设，1997年以后每年在全国部分省份实施。

2. “渠道防渗”：指干支渠断面衬砌防渗工程的长度。

3. “渠系建筑物”：指干支渠系建筑物的数量。

4. “新增灌溉面积”：指项目建成后，在原有效灌溉面积之外，扩大或恢复的有效灌溉面积。

5. “改善灌溉面积”：指项目建成后，使原有灌溉保证率低或渠系不配套的灌溉面积得到改善、提高部分的灌溉面积。

6. “新增供水能力”：指项目建成后，灌区新增加的年供水量和节约的水量。

7. “节约水量”：指项目建成后，灌区节约的水量。

十二、水利部农业综合开发水土保持项目完成情况表

1. 本项目是自1989年起立项实施的，1998年以前建设范围主要在长江上游（包括金沙江下游及毕节地区、陇南及陇南地区、嘉陵江中下游、三峡库区），1999年后扩大到黄河中游水土流失严重地区，建设范围涉及山西、甘肃、宁夏、陕西、四川、重庆、湖南、河南、江西等省区。

2. “坡改梯”：指为保持水土，防治水土流失，发展农业生产，将坡耕地修建成阶梯式断面的田块面积。

3. “水土保持林”：指以防治水土流失为主要功能的人工林和天然林的面积，包括乔木林和灌木林。

4. “经济林”：指利用林木的果实、叶片、皮层、树液等林产品作为工业原料或供人食用为主要目的人工林或改造的天然林面积。

5. “种草”：指在水土流失地区为蓄水保土，改良土壤，发展畜牧，美化环境人工种植草本植物的面积。

6. “封禁治理”：指对稀疏植被采取定期封禁管理，依靠人工补植和抚育，促进植被自然恢复的措施的面积。

7. “小型水利水保工程”：指为实施水土保持综合治理而配套建设的沟渠、机井、塘池、水窖、谷坊、沟头防护等工程的土石方量。

8. “减少土壤侵蚀量”：指工程建成后，治理区土壤侵蚀所减少的数量。计算方法：单位面积减少的土壤侵蚀量×治理水土流失面积。

9. “新增活立木蓄积量”：指从项目实施后第5年开始，治理区水土保持措施所增加的活立木蓄积量。计算方法：单位面积增产量×新增林木面积。

10. “提高林草覆盖度”：指项目建成后，治理区增加植被覆盖面积占土地总面积的比重。计算方法：新增水土保持林草面积/项目区面积。

十三、国土资源部农业综合开发土地复垦项目完成情况表

1. 本项目是自1995年起立项实施的，建设范围涉及河北、山西、黑龙江、江苏、安徽、山东、内蒙古、河南、辽宁等省区。

2.“复垦土地”：指对在生产建设过程中，因挖损、塌陷、压占等造成破坏的土地，采取整治措施，使其恢复到可供利用状态的土地面积。

3.“营造防护林”：指为减少风、沙、水、旱等自然灾害而营造的农田防护林的面积。

4.“新增耕地”：指通过项目建设，完善配套设施，在原有效耕地面积之外，当年新增加或扩大的耕地面积。

5.“新增灌溉面积”：指通过新建（或改建）水利工程设施，在原有效灌溉面积之外，当年新增加或扩大的部分有效灌溉面积。

第七部分

文　　选

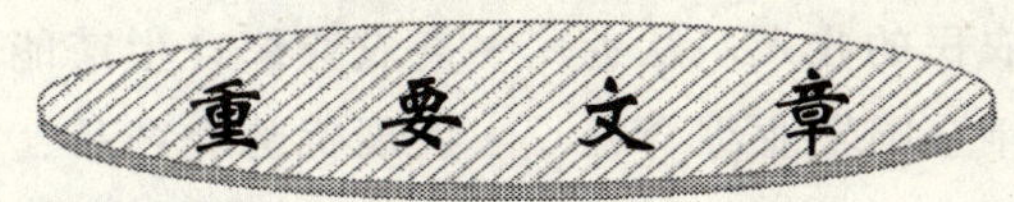

农业综合开发是推进农村小康建设的重要力量

廖晓军

党的十六大确定了全面建设小康社会的宏伟目标。中央反复强调，全面建设小康社会，重点和难点在农村，最繁重、最艰巨的任务在农村，必须自觉地把全面建设小康社会的工作重点放在农村。农业综合开发是我国农业和农村经济工作的重要组成部分。大力推进农业综合开发，对于推进农村小康建设，实现全面建设小康社会的目标，具有十分重要的作用。

一、农业综合开发对于推进农村小康建设具有重要作用

（一）加强对农业的支持和保护，加快发展农业生产力。加大对农业的支持和保护力度，发展农业生产力，建设现代农业，是推进农村小康建设的重大措施。加强对农业的支持和保护，关键是要增加投入。实施农业综合开发是国家不断加大对农业投入和支持的重要体现。仅1998—2002年，国家就投入农业综合开发资金992亿元，其中中央财政投入302亿元，地方财政配套投入277亿元，银行贷款107亿元，农民自筹及其他资金306亿元。随着国家财力的增长，用于农业综合开发的投入将继续增加。同时，农业综合开发资金使用效益比较好。通过借鉴国内外先进有效的投入和管理方式，农业综合开发逐步建立了一整套有效的投入机制和管理制度，能够确保资金使用效益，是目前发展农业生产力效果最明显的方式之一。而且农业综合开发以改善农业生产基本条件和生态环境为重点，这种投入方式符合世贸组织的“绿箱政策”，是我国利用“绿箱政策”支持农业生产力发展的一条主渠道，是一项富有生命力的长期政策。

（二）加强农业基础设施建设，提高农业综合生产能力。农业基础设施比较薄弱，抗御自然灾害的能力不强，是我国农业发展的长期制约因素。加强农业基础设施建设，改善农业生产基本条件，保护和提高农业综合生产能力，特别是粮食的生产能力，确保主要农产品供求基本平衡和国家粮食安全，为进行农业结构调整，增加农民收入提供前提条件，是推进农村建设小康的重要基础。多年来的实践证明，农业综合开发以改造中低产田为重点，综合运用工程、科技、生物等措施，进行山水田林路综合治理，解决制约当地农业生产的主要障碍因素，提高现有耕地的产出率，对于改善农业生产基本条件，巩固、保护和提高农业综合生产能力，长期保持我国农产品供求基本平衡，保障国家粮食安全，具有不可替代的重要作用。

（三）推进农业结构调整，增加农民收入。推进农业结构调整，逐步建立适应全面建设小康社会要求的农业和农村经济结构，为农村经济发展开拓新的空间，为农民收入增长开辟新的来源，是农村小康建设的一项突出任务。农业综合开发在重点进行农业基础设施建设的同时，通过大力支持优势农产品生产，促进优势农产品区域化布局，积极扶持

具有比较优势的劳动密集型产品和特色农产品生产，扶持带动作用明显的产业化龙头企业，发展农业产业化经营，可以有效地优化农业结构，提高农民在市场竞争中的组织化程度，提高农业综合效益，拓宽农民就业的渠道，增加农民的收入。从近年来的实际情况看，1998—2002年全国农业综合开发项目区农民年人均纯收入比全国农民年人均纯收入高225元。

（四）增强农产品的市场竞争力。增强我国农产品的市场竞争力，是推进农村建设小康的客观要求，也是入世以后农业最根本的应对方式。必须围绕提高农业产业的整体竞争力，在降低农产品生产成本、提高农产品质量和改进营销服务等方面下功夫。农业综合开发通过加强农业产前、产中、产后的基础设施建设，有效降低农业生产成本；通过优化品种、推行标准化生产，进一步提高农产品质量和卫生安全水平；通过加快农业科技成果产业化和推广应用，为提高农业竞争力提供技术支撑；通过扶持劳动密集型产品，提高农产品竞争优势。因而，继续大力推进农业综合开发，必将有力地促进我国农产品市场竞争力的提高。

（五）提高农业可持续发展能力。节约、保护和合理利用农业资源，遏制农业生态恶化趋势，增强农业可持续发展能力，是农村小康建设的一个重要目标。农业综合开发坚持以内涵开发为主，按流域或灌区统一规划，依靠科技进步，提高现有耕地资源的产出率和水资源的利用率。坚持以项目区农田林网建设、草原（场）的保护和建设为重点加强农业生态建设。同时，农业综合开发具有区域性、综合性的优势，有利于统筹规划生态环境建设，实施跨省区、跨流域的生态项目，不断提高生态环境治理的综合效益。通过对资源的有序开发和合理利用，农业综合开发能够有效地保护和改善农业生态环境，推动我国农业的可持续发展。

二、要自觉走在推进农村小康建设的前列

党的十六大提出了全面建设小康社会的奋斗目标，对农业和农村经济发展作出了战略部署，也为农业综合开发工作指明了方向。新世纪新阶段的农业综合开发，要以“三个代表”重要思想为指导，深入贯彻落实党的十六大精神，按照全面建设小康社会的要求，以农业主产区为重点，继续加强农业基础设施建设，改善农业生产条件和生态环境，提高农业综合生产能力和可持续发展能力；大力支持发展优势农产品，推进农业产业化经营和农业科技进步，促进农业和农村经济结构的战略性调整，增强农业的国际竞争能力，提高农业综合效益，增加农民收入；进一步调整完善农业综合开发投入政策，健全制度和机制，加强科学管理，不断提高农业综合开发水平，为推进农村小康建设做出新的贡献。

各级农业综合开发机构和广大农业综合开发工作者，要坚持解放思想、实事求是、与时俱进，按照中央的统一部署和要求，大力推进农业综合开发工作，自觉走在推进农村小康建设的前列。

第一，加强学习，不断提高素质。农业综合开发面临的任务是十分光荣而艰巨的。有许多新工作需要我们去学习、去探索、去实践，许多新问题等待我们去研究、去回答、去解决。适应新形势、新任务的要求，不断加强学习，是时代赋予我们第一位的任务。各级农业综合开发机构都要把组织干部学习作为加强队伍建设的重要途径。广大农业综合开发工作者要自觉加强学习，不断提高理论水平和政策业务素质。当前，要深入落实中央关于兴起学习贯彻“三个代表”重要思想新高潮的要求，努力在对“三个代表”重要思想的认识上达到新的高度，在贯彻“三个代表”重要思想的根本要求、始终做到“三个代表”上取得新的成效，不断增强贯彻“三个代表”重要思想的自觉性和坚定性。结合工作实际，深入学习领会党中央、国务院各项方针政策特别是关于农业和农村工作的方针政策。努力学习新知识，把握国内外农业发展的新趋势，提高对农业发展规律性的认识。刻苦钻研业务，努力精通本职工作。

第二，牢记宗旨，增强服务意识。为实现全面建设小康社会的奋斗目标，中央要求，要更多地关注农村，关心农民，支持农业，把解决好农业、农村和农民问题作为全党工作的重中之重。为解决好农业、农村和农民问题服务，是农业综合开发工作

的宗旨，是全心全意为人民服务这个党的根本宗旨在农业综合开发工作中的具体体现。在推进农村小康建设的新征程中，广大农业综合开发工作者肩负着崇高的使命和重大的责任，要时刻牢记宗旨，进一步强化为解决“三农”问题服务的意识，真正做到情为民所系，权为民所用，利为民所谋。要用民主的方法组织发动农民群众搞农业综合开发，充分尊重农民的意愿，不搞强迫命令，并通过实行公示制等形式，自觉接受广大农民群众的监督。

第三，求真务实，提高工作实效。要坚持重实际，说实话，办实事，求实效。要反映真实情况，坚决反对虚报浮夸。要根据发展变化的新情况，适应农业发展和农村改革的要求，从工作实际出发，敢于突破陈旧的不合时宜的思想观念的束缚，勇于开拓进取，推动农业综合开发的理论创新、机制创新和体制创新。站在“三农”工作的全局，研究部署农业综合开发工作，坚持按经济规律和自然规律办事，把是否有利于加快农业发展，改变农村面貌，促进农民增收，作为衡量农业综合开发工作的根本标准。农业综合开发规划、制度的拟定、项目和资金的安排等，要充分听取各方面特别是专家的意见，实行科学民主决策。所有农业综合开发项目，都要坚持择优立项的原则，并经过严格的评估论证，坚决杜绝没有效益或者效益不好的“人情工程”、“形象工程”。

第四，加强调研，转变工作作风。深入调查研究，是了解情况、掌握规律的主要途径，也是与时俱进、开拓创新、改进工作、提高水平的重要前提。各级农业综合开发机构要高度重视调查研究工作，大兴调研之风，把深入调查研究作为贯彻落实十六大精神的一项重要措施，作为加强作风建设的一个重要内容。当前，调研工作要紧紧围绕学习贯彻党的十六大和中央农村工作会议精神，实现全面建设小康社会的目标进行，要针对农业综合开发工作的新形势、新情况、新问题，集中力量研究当前的热点、重点、难点问题，如全面建设小康社会中的农业综合开发、农业和农村经济形势问题、农业综合开发投入问题、农业综合开发扶持优势农产品发展和农业产业化经营问题、农业综合开发产权管理和经营性开发问题等。要深入基层，深入实际，提高调研工作质量和水平。要提高调研工作的时效性，重视调研成果的转化和应用，充分发挥调研成果的作用。

第五，廉洁自律，坚持艰苦奋斗。要认真贯彻落实中纪委二次全会和国务院廉政工作会议精神，对廉政建设和反腐败工作常抓不懈，警钟长鸣。完善各项管理制度，健全监督制约机制，从源头上预防腐败。坚持廉洁从政，勤政为民，以认真负责的态度，公正审定每一个项目，管好用好每一笔资金。淡化权力意识，强化责任意识，正确运用手中的权力，自重、自省、自警、自励，坚决抵制各种诱惑，增强反腐能力。艰苦奋斗是共产党人的政治本色。新阶段发扬艰苦奋斗的作风，有着新的时代特色和思想内容。要时刻牢记毛泽东同志倡导的“两个务必”，务必继续地保持谦虚谨慎、不骄不躁的作风，务必继续地保持艰苦奋斗的作风。坚持勤俭节约，反对和防止铺张浪费，把每一笔资金都用在解决“三农”问题的“刀刃上”。

（选自《中国农业综合开发》2003 年第 1 期）

加强水利工程项目建设管理　提高农业综合开发投资效益

翟浩辉

农业综合开发水利建设包括中型灌区骨干工程、农田水利工程和水土保持工程，是农业基础设施建设和生态环境建设的重要内容，是农业综合开发土地治理的主要任务和措施之一，多年来一直是农业综合开发资金投入的重点领域之一。据不完全统计，15年来各级政府投入农业综合开发项目区中农田水利建设的农业开发资金约500亿元，占同期土地治理总投资计划的52%。在项目区共修建和加固小型水库、塘坝1.98万座，开挖衬砌灌排渠系406万公里，新打及配套机井171万眼，共新增和改善灌溉面积3.47亿亩，新增和改善除涝面积1.7亿亩，农业综合开发极大地促进了我国农田水利事业的发展。同时，在国家农发办的大力支持下，到2003年，共安排28个省（区、市）97个水利骨干工程项目建设，计划总投资24.5亿元，其中中央财政农发资金7.76亿元，地方财政配套和自筹资金16.74亿元。这些水利骨干工程和农业综合开发土地治理项目相配套，可新增、恢复灌溉面积530万亩，改善灌溉面积890万亩，发挥了很好的经济、社会和生态环境效益。此外，截至2002年，农业综合开发水土保持工程累计投入资金22.11亿元，其中中央财政农发资金8.89亿元，完成重点水土流失区综合治理面积4.44万平方公里，为促进与巩固退耕还林发挥了十分重要的作用，被治理区广大干部群众誉为党和政府的“德政工程”、“富民工程”。

为适应建立市场经济体制和加入世贸组织的新形势，国家决定继续大力推进新阶段的农业综合开发。农业综合开发将在促进农业增效、农民增收，推进农村小康社会建设方面发挥更加重要的作用。在新的形势下，如何更好地发挥水利行业的技术优势，积极配合各级农发管理机构和财政部门加强农业综合开发项目和资金管理，形成合力，提高投资效益，是摆在我们各级水利部门面前需要认真研究和加以落实的一项重要任务。与此同时，结合农业综合开发水利建设，进一步贯彻落实中央及水利部党组新的治水思路，从传统水利向现代水利、资源水利转变，实现大中型灌区节水改造与续建配套“两改一提高”（节水改造、管理改革，提高水利用效率）的目标，加快水土流失防治步伐，改善生态环境，为农业和农村经济可持续发展奠定坚实的基础，不断提高农业综合开发水利建设与管理水平，也是我们今后加强农村水利和水保工作的一个重要组成部分。

下面，仅就如何加强新时期大中型灌区节水改造和农业综合开发水利建设与管理工作谈几点意见与建议。

一、进一步认识加快大中型灌区节水改造的紧迫性和重要性

我国的人口和耕地、气候、水资源等自然条件，决定了农业必须走灌溉农业的发展道路。建国以来，党和政府十分重视灌排事业的发展，经过几十年的努力，全国农田灌溉面积由2.4亿亩增加到8.3亿亩，其中5万亩以上的大中型灌区面积为4.67亿亩（30万亩以上大型灌区2.37亿亩，5万—30万亩中型灌区2.3亿亩），占现有灌溉面积的56.3%。在全国灌区灌溉面积上产出了我国3/4的粮食和90%以上的经济作物，而且大中型灌区更是我国主要的商品粮、棉、油基地。因此，大中型灌区不仅是我国农业生产和农村经济发展的主力军，在整个国民经济和社会发展中都具有举足轻重的战略地位，并且是我国粮食安全的重要保障，农业和农村经济增长的重要支撑，经济社会发展的重要基础设施，当地生态环境保护的重要依托，同时也是农业综合开发进行中低产田改造的主战场。

我国是农业大国，涉及农民、农业和农村经济的“三农”问题，事关经济社会发展和稳定的大局，是全面建设小康社会的难点和重点。作为直接为“三农”服务的农村水利基础设施和重要的水资源配置工程，在我国水资源短缺矛盾日趋尖锐的今天，随着经济社会的快速发展和城镇化率的不断提高，大中型灌区对保障粮食安全所发挥的作用将越来越大。在新时期，加强大中型灌区节水改造工作，有着十分重要的现实意义。因此，各级水利部门必须进一步认清形势，提高认识，增强加大大中型灌区“两改一提高”力度的紧迫性和责任感。

根据中央提出的“把节水灌溉作为一项革命性措施来抓”的指示，针对长期以来大中型灌区投入严重不足、工程老化和水利用效率低的情况，从1998年起国家发改委和水利部重点组织实施了大型灌区的续建配套节水改造项目。到2002年底，

共安排中央财政国债资金62亿元，引导地方配套资金60多亿元，对247个30万亩以上大型灌区进行了续建配套和节水改造。与此同时，随着农业综合开发实施范围的不断扩大和建设任务的加重，经国家农业综合开发联席会议研究决定，1997年起将中央财政农发资金适用范围由黄淮海平原跨省灌排骨干工程扩大到农业综合开发水利骨干工程项目，重点加强农业主产区中型灌区灌排骨干工程设施的节水改造和续建配套，从而为大规模的农业综合开发土地治理项目创造灌排工程条件。但是，目前我们面临的大中型灌区节水改造的任务还很重，投资缺口较大。因此，今后还需要根据中央和地方财力情况，不断加大对大中型灌区骨干工程节水改造的投入力度，进一步加快建设步伐。

二、加强灌区骨干工程和田间工程配套，发挥工程整体效益

根据中央水利基本建设投资和农业综合开发财政资金使用管理的有关规定，由国家发改委、国家农发办、水利部批准立项的大中型灌区灌排骨干工程节水改造和续建配套项目，其建设内容主要包括水源工程加固改造、输水干支渠道开挖疏浚和防渗衬砌、干支渠系桥涵闸等建筑物配套、量水设施和工程管护设施建设、灌区信息化管理以及用水户参与灌溉管理的改革试点等。同时，由国家农发办组织各省（区、市）及项目县（市、区）农发办开展的农业综合开发土地治理项目，以改造中低产田为重点，主要在已有水源和灌排骨干工程条件的灌区内，进行支渠以下田间水利工程的配套建设和节水改造。按照目前农业综合开发的投资规模，各项目县（市、区）每年安排用于灌区配套的中低产田改造面积一般在1.5万—2万亩。因此，水利、农发管理部门均需要注意灌排骨干工程与田间配套工程建设的有机结合问题，要充分考虑如何将国家已安排建设的大中型灌区骨干工程项目同灌区所在的农业综合开发项目县（市、区）土地治理项目的中长期规划和年度实施计划紧密结合起来，实行统一规划、合理布局，骨干工程和田间工程相配套，进一步优化配置灌区水资源，有效改善农业生产条件，提高各类资金的投资效益，更好地发挥工程的整体效益。今后需要各省（区、市）、项目县（市、区）能够从全局出发，在当地政府的统一领导和协调下，按照流域和区域水资源综合利用规划、灌区节水改造规划以及农业综合开发规划，相互衔接，统筹规划，同步安排，真正形成合力。

三、认真搞好规划，积极推行“三制”，加强项目建设资金管理

为配合国家农业综合开发“十五”计划和2010年发展规划的实施，水利部于近期部署开展了《全国农业综合开发水利骨干工程（重点中型灌区骨干工程）建设规划》和《国家农业综合开发水土保持项目规划》的研究编制工作。同时，结合规划编制，开发建立全国农业综合开发水利骨干工程项目管理信息系统和项目库。在水利骨干工程和水保工程项目的选择上，将坚持为农业综合开发区服务的选项原则，要求列入农业综合开发年度投资计划的项目必须位于或跨越农业综合开发县（市、区），而且项目受益区应是已经或准备列入农业综合开发计划的项目区，从而使骨干工程项目建设与面上农业综合开发紧密结合起来，并力求做到同步建设实施、同步发挥效益。

在水利工程项目建设管理中，要积极推行“三制”（项目法人制、招标投标制、工程监理制），做到建设单位、施工单位、监理单位、质检单位层层把好质量监督关，确保项目工程建设质量符合国家的有关规定和要求。同时，参照国家农发办关于农发资金实行县级报账制的有关规定，积极开展水利骨干工程和水保工程项目省（区、市）、地（市）级或县（市、区）级财务报账制的试点，并加强建设资金中期检查和竣工验收前的审计工作，不断加强和规范项目建设资金的管理，督促落实各级配套资金按计划及时足额到位，并减少和杜绝工程建设资金使用管理中违规违纪现象的发生，以利于进一步提高农业开发投资效益。

四、以提高管理效率为中心，进一步深化大中型灌区改革

深化大中型灌区改革是推动灌区实现可持续发

展的源动力，是确保灌区服务功能和效益充分发挥的根本措施。由于长期以来积累的问题和矛盾很多，涉及面广，因此，大中型灌区改革是一项复杂的系统工程，是一项长期的艰苦任务。我们强调改革要以提高灌区管理效率为中心，以提高灌区效益和服务效果为目的，应注意正确处理好五个方面的关系：一要正确处理好政府、水管单位和农民责、权、利的关系，重点突出农民的利益；二要正确处理好灌区社会效益、经济效益和生态效益的关系，力求协调发展；三要正确处理好灌区建设和管理的关系，做到同步推进；四要正确处理好改革、发展与稳定的关系，确保顺利进行；五要正确处理好长远目标与近期措施的关系，降低改革成本。

同时，灌区改革要讲究科学的工作方法，既要系统地考虑改革所涉及的各方面因素，制定出总体改革实施意见，又要因地制宜、分类指导、突出重点、分步实施，积极稳妥地推进灌区深化改革。总结近几年各地开展大中型灌区管理体制和运行机制改革试点的实践经验和效果，结合国外灌区改革的经验，大中型灌区近期要着重抓好以下四项改革：一是大力推广以用水户参与灌溉管理为主的灌区基层管理体制改革；二是加快供水水价改革；三是深化水费计收机制改革；四是开展灌区人事劳动分配制度改革。

为加快农业综合开发水利骨干工程项目区的改革步伐，今年初水利部下发了《农业综合开发水利骨干工程项目灌区管理体制和运行机制改革指导意见》，要求进一步深化重点中型灌区管理体制和运行机制改革。要通过积极推行用水户参与灌溉管理，扩大灌区的民主化管理；通过加强内部管理，降低供水成本，减轻农民负担。最近，国家发改委和水利部联合下发了《水利工程供水价格管理办法》，决定从2004年1月1日起施行。因此，建议实施农业综合开发的灌区，也要按照《水利工程供水价格管理办法》的有关规定，合理确定灌溉供水水价，并加强水费计量收取。要按有关规定做好灌区管理单位的定编、定岗、定员工作，同时加强工程建后管护工作，落实管护责任制，以保障水利工程长期发挥效益，实现灌区良性运行和可持续发展。

当前，我们各级水利部门将认真学习和深刻领会回良玉副总理在新一届政府国家农业综合开发联席会议第一次会议上的讲话精神，结合当前农村水利工作，积极配合各级财政、农发管理部门，扎扎实实地做好新时期农业综合开发水利项目的建设和管理，努力开创新局面，促使水利、农业综合开发工作再上新台阶。

（选自《中国农业综合开发》2003年第4期）

以第一次联席会议精神为指针 开创吉林农业综合开发工作新局面

杨庆才

回良玉副总理主持召开的新一届政府国家农业综合开发联席会议，是在我国农业进入新的发展阶段，对农业综合开发进行认真总结，科学部署，进一步强化措施的重要会议。对于统一思想，坚定信心，以改革和创新的精神做好今后的农业综合开发工作，具有十分重要的意义。吉林省农业生产在全国占有重要地位。以粮食生产为主的优质农产品生产，为国家粮食安全战略做出了突出贡献。农业综

合开发的实施，使吉林省的农业又向现代化迈进了一大步。在实践中我们体会到，农业综合开发是实现农业现代化的试验田，是调整农业结构的主战场，是发展现代农业的生力军和主力军，是农业增效、农民增收的主渠道，是吉林省发展效益农业、特色农业的重要模式和路子，是农业的希望之光。在新的形势下，我们要认真学习和贯彻第一次联席会议精神，进一步加大农业综合开发各项措施，努力开创工作新局面。

一、今年以来吉林省农业和农村经济形势

今年是吉林省农业和农村工作困难较大、灾害较重的一年。上半年，遭受了历史罕见的严重干旱和突如其来的“非典”疫情袭击。在这种特殊困难的情况下，全省上下认真贯彻《国务院关于克服非典型肺炎疫情的影响，促进农民增加收入的意见》（国发［2003］16号）精神，一手抓抗击“非典”和抗旱，一手抓经济建设，取得了“两抗”和经济发展的双胜利。今年以来吉林省的农业和农村经济形势有这样几个特点：

（一）农村“非典”防治工作取得了显著成效。全省农村认真贯彻科学防范的工作方针，坚持依靠科学、依靠群众、依靠法律的工作路线，落实“十严”措施，扎实有效地开展农村防治“非典”的各项工作，实现了全省农村无一例“非典”病例的好成绩。三季度“非典”对农业和农村经济的滞后影响持续出现，但已是“强弩之末”。

（二）抗旱工作取得了重大胜利。今年受旱面积之大、程度之重、影响之深是吉林省有气象记录以来从未有过的。面对严峻的旱情，年初以来，全省上下牢固树立抗大旱、长期抗旱、科学抗旱的思想，围绕综合运用工程、生物、化学和农艺措施，切实加大抗旱工作力度，取得了抗旱工作的全面胜利。

（三）农业结构调整不断深入。东部山区的优质林特产品产业带、中部平原区的粮牧加产业带、西部地区的生态效益农业产业带已见雏形。种植业结构呈现出“两减五增”：玉米面积调减到2 330万亩；水稻调减到640万亩；大豆增长10%，达到1 034万亩；杂粮杂豆和经济作物面积分别增加5.2%和5.5%，饲料面积增加到近400万亩；农作物订单面积3 113万亩，占农作物播种面积的51%；优势农产品的区域布局基本形成。

（四）粮食销售内外两旺。截至7月末，粮食销售198.4亿斤，同比增长2.2倍。其中，国内销售114亿斤，同比增长2.61倍；粮食出口创汇83.7亿斤，同比增长1.06倍；实现毛利5.03亿元，同比增长3.97倍，是历史同期销售最好的。

（五）农业产业化经营水平有新提高。截止到7月末，全省又有21个重点项目开工建设，完成投资6.4亿元。吉林粮食集团、吉林德大有限公司、长春皓月清真肉业有限公司、长春大成玉米实业集团等骨干龙头企业生产和销售形势必明显看好，拟建的长春大成玉米实业集团新建120万吨玉米深加工项目、吉林华正农业开发有限公司新增180万头生猪屠宰加工一体化项目、吉林德大有限公司前郭5 000万只肉鸡等一批重点农业产业化龙头项目正在进行前期准备。

（六）农业发展后劲增强。完成国债建设投资5亿多元，发放农业信贷39亿元，是去年全年农业贷款的98.5%，完成民间投资29亿元，是去年全年投资的72.6%。水利基础设施建设完成投资7.6亿元，同比增长21.7%。

（七）农民收入稳步增长。1—3季度，农村人均现金收入为1 821.16亿元，同比增长15.9%。农村人均现金收入的较高增幅，还不能清楚地表达为农民获得了纯收入，由于今年农业生产经营性成本上升趋势明显，要在很大程度上抵消农民的实物性纯收入。进入第四季度，一些大宗产品价格纷纷上涨，有的地方甚至出现“问啥啥涨价”、“卖啥啥赚钱”的现象。预计今年农民收入将有一个较大的增长。

二、农业综合开发在吉林省农业和农村经济发展中发挥着不可替代的作用

国家农业综合开发第一次联席会议对农业综合开发的地位和作用给予了充分肯定和高度评价，这是符合农业综合开发在地方农业和农村经济发展中

作为的客观评价。

（一）切实加强农业基础设施建设，提高了农业综合生产能力。由于吉林省经常受到干旱等灾情的影响，农业基础设施脆弱，防灾、减灾、抗灾的能力较弱，已经成为长期制约吉林省农民收入快速增长的重要因素。农业综合开发通过对土地集中连片的治理，农业、林业、水利措施的综合配套，在农业综合开发项目区已经形成田成方、林成网、路相通、渠相连、旱能灌、涝能排的农业生产新格局。全省农田水利基本建设的小型水利工程和田间配套工程，多数由农业综合开发来承担。这些农业基础设施的改善，有效地增强了吉林省农业防御自然灾害的能力，提高了主要农产品的生产能力，增强了农业发展后劲。15年间，农业综合开发项目区粮食增产幅度，大体占全省同期增产粮食总量的1/3以上。

（二）大力支持重点产业化龙头企业，促进农业结构调整。农业结构调整，如果没有产业的大发展就谈不上是战略性的。吉林省在东北老工业基地改造的过程中，提出了举全省之力建设农产品加工基地的战略思想。农业综合开发通过扶持重点农业产业化龙头企业和配套生产基地等形式，扶持了德大、皓月、金昌等一批产业化龙头企业，推动了我省农业产业化的发展。通过龙头产业的拉动，促进农业结构调整，增加了农民收入。

（三）注重生态建设，为农业可持续发展提供示范。农业综合开发一直坚持不懈地进行改良草场、植树造林、治理小流域等生态项目建设，近几年又开始大规模地在西部进行荒漠化治理，使那些沙化、碱化的草场和水土流失的土地得到了有效的改造和治理，改善了农业生态环境，为生态省建设做出了重要贡献。

（四）积极推进农业科技进步，强化农业综合开发的样板示范功能。提高科技对农业发展的支撑，是实现农业现代化的有效手段。农业综合开发始终坚持依托科技搞开发的原则，建设农业科技示范区，与大专院校、科研单位协作，示范推广先进适用的农业技术，增加了农民了解农业生产信息的渠道，形成了适合全省不同区域发展的开发建设模式，为实现农业现代化提供了样板。

三、以第一次联席会议为指针，开创性地做好吉林省农业综合开发工作

国家农业综合开发第一次联席会议的召开，标志着农业综合开发工作进入了一个崭新的历史阶段。这次会议在对农业综合开发的地位和作用给予充分肯定和高度评价的基础上，强调了农业综合开发加强农业基础设施建设、推动农业结构调整、提高农业效益的基本任务，并在此基础上，提出了突出农业主产品和农产品优势产区，进行优势农产品产品带建设和扶持农业产业化龙头产业。吉林省是农业主产区，中部是大粮仓，盛产玉米、大豆和水稻，东部是大森林，有丰富的山林特产资源，西部是大草原，具有多样性的生态环境和条件，盛产杂粮和畜产品。农业综合开发在吉林省这片黑土地上大有可为。在新的形势下，农业综合开发要实现“六定”：

一是定位。农业综合开发是党中央、国务院加强农业的一项重大决策，是国家支持和保护农业的重要举措，是进一步发展农村生产力、提高农业综合生产能力的有效途径。因此，农业综合开发要定位在“富民强省”上。

二是定型。为了同时满足当代农民增收致富和子孙后代可持续发展的需要，农业综合开发要把二者有机地结合起来，建设生态环保型效益农业。

三是定目标。新的历史时期，农业综合开发肩负着参与全面建设农村小康社会的重要历史使命。因此，农业综合开发要把促进农业增效、农民增收，财政实力增强，保障农村社会稳定作为根本目标。

四是定方向。农业综合开发主要是为农业现代化提供示范和样板，要把发展“三精农业”，即：精准种植业、精品畜牧业和精深加工业作为主要方向。

五是定内容。即实行粮、牧、多、特、企、劳综合开发。以粮食生产，保障粮食安全；大力发展畜牧业，促进农民增收；发展多种经营，多渠道致富；开发特色农产品，发挥吉林省的优势；积极扶持龙头企业，是农业今后发展的前途和生命；提高

农业生产效益和效率，促进农村剩余劳动力合理转移。

六是定开发方式。就是要做好“加减乘除法”。“加法”：就是变单一的种粮收入为几个增收。即通过提高效率增加种粮收入，通过发展畜牧业增收，通过公司＋基地增收。“减法”：则是通过“设计高起点，建设高标准，科技高含量，管理高水平，运行高效益”，实现降低生产成本，减轻农民负担。“乘法”：是由单户到联户，由农户个体发展到专业协会和经济合作组织，由小规模、小品牌、小市场到适度规模、发展名牌，形成大市场。“除法”：主要是发展多种经营，实现多渠道增收。

根据联席会议精神，农业综合开发要建设优势农产品产业带，除了把优势农产品向优势产区集中外，还要注重高效益，以建设高效益基地为基础。扶持产业化龙头企业，推动农业产业化发展，这是产业化发展初期政府必须做的事情。农业综合开发要侧重扶持那些产业链条长、具有一定经济实力的农产品精深加工企业，以达到带动农民增收致富的目的。农业生产，科技先行，这是农业综合开发的传家宝，无论到什么时候都不能放弃。在土地综合治理项目和农业产业化项目中，加大科技措施的扶持力度，通过建设高科技园区，集中试验示范高科技和技术，带领农民进行科学生产，强化农业综合开发的样板示范功能。

从立党为公，执政为民，发展是第一要务的观点出发，在扶持对象上要解放思想，发展民本经济、民营经济。积极扶持农民个体经济，大胆地无偿投资扶持民营经济发展。

（选自《中国农业综合开发》2003 年第 6 期）

农业综合开发要在推进农业产业化经营中发挥重要作用

——江苏省人民政府副省长黄莉新访谈录

记者：黄省长，您好！很高兴您能接受我们的采访。您作为江苏省分管农业和农村工作的省领导，请您简要介绍一下江苏农业的发展情况。

黄省长：江苏农业历史悠久，早在 6 000 多年前就有旱谷和水稻种植，长期以来一直是我国重要的农业产区，素有鱼米之乡的美誉。江苏农业有精耕细作的传统，大宗农副产品和总产水平一直位居全国前列。大致来说，江苏以占全国 3.8% 的耕地，生产了占全国 6.4% 的粮食、7.4% 的棉花和 7.5% 的油料。目前，全省粮经作物产值比为 40:60，养殖业占农业产值的比重达 41%，非农产业占农村社会总产值的比重达 89%。

记者：江苏作为首批列入国家农业综合开发区的省份之一，农业综合开发已经走过了 15 年的历程。请您评价一下农业综合开发在全省农业和农村经济发展过程中发挥了怎样的作用？

黄省长：农业综合开发作为我省直接扶持农业的最大投资、农民直接受益的最大项目，为全省农业和农村经济的发展做出了重要贡献。15 年来，全省农业综合开发累计投资 87 亿元，改造中低产田3 010万亩，植树造林 190 万亩，新增粮食综合生产能力 43 亿公斤，新增总产值 217 亿元。同时还建设了一批多种经营基地和龙头企业项目，项目区与同类地区非项目区相比，农民人均增收 300 多元。特别是近年来，农业综合开发在推进农业结构调整，发展农业产业化经营，加快现代农业建设等方面又取得了新的成效。

记者：当前，我国农业和农村经济已进入了一个新的发展阶段，围绕全面建设小康社会，加快实现现代化，您认为农业综合开发应当如何与时俱进，再创新的业绩？

黄省长：江苏省委、省政府提出了“两个率先”的奋斗目标，即率先全面建设小康社会，率先基本实现现代化。为此，全省农业和农村经济正在加快实施城乡统筹战略、“三化”（产业化、工业化、城镇化）推进战略、科技强农战略、绿色生态战略等“四大战略”；积极推进富民工程、农产品质量安全工程、农村基础设施工程等“三大工程”建设。农业综合开发作为政府支持和保护农业的一项长期战略，符合加入WTO后“绿箱”政策要求，是政府农业和农村工作的重要组成部分，是建设现代农业的一支重要推动力量。具体来说，可在两个方面发挥相当重要的作用。第一，改善农业生产条件，不断提高农业综合生产能力，仍然是农业综合开发的一项基本任务。我省苏北地区仍有一定面积的中低产田，沿海滩涂、低山丘陵的开发潜力也较大，这是我省区域经济发展的优势资源和潜力所在。要加强农业基础设施建设，为农业结构调整创造更为良好的基础条件。第二，要充分发挥项目和资金优势，大力扶持农业产业化经营。随着社会主义市场经济的快速发展和中国加入世界贸易组织，江苏农业进入了以产业化经营为主要特征的新阶段。农业的发展关键是产业化，只有产业化才能解决关键的“三体”问题。一是主体问题。主体就是农民专业合作经济组织、农产品行业协会等。二是实体问题。实体就是龙头企业，包括加工型龙头企业和流通型龙头企业。三是载体问题。载体就是农产品市场。实行农业产业化经营是促进农业产业升级的重要途径，是当前农业和农村工作中的一件大事。农业综合开发作为农业和农村工作的重要组成部分，必须主动呼应，积极参与，在推进农业产业化经营中发挥重要作用。

记者：省政府对农业综合开发推进农业产业化经营有何具体要求？

黄省长：今年，我省制订了《江苏省优势农产品产业化发展规划（2003—2007)》，决定重点扶持优质稻米、弱筋小麦、高品质棉、“双低”油菜、特粮特经、优质瘦肉型猪、奶业、波尔山羊、优质地方家禽、特色蔬菜、花卉苗木、优质水果、茶叶、杨树、特种水产、桑蚕茧等16个优势农产品的产业化发展。按照“五个一”的工作思路，即每个产业一个行政负责人、一个技术专家组、一个科技支撑单位、一批产业化龙头企业、一批实施基地，集聚组织资源、集聚技术力量、集聚项目资金，对16个优势农产品的产业化发展工作进行分工，分别由有关农口部门牵头组织实施。省政府决定将面积最大、影响最大、难度最大的优质稻米和特色蔬菜两大产业交给省农业资源开发局牵头组织实施。同时，农业综合开发还要为其他14个产业的基地建设提供支持。

记者：他们的牵头工作进展如何？

黄省长：省农业资源开发局正在有计划地组织全省优质稻米和特色蔬菜的产业化发展工作。在广泛调研的基础上，已制订了切实可行的实施方案，并提出了“六化”联动开发的工作思路，即同步推进农业综合开发的规模化、标准化、企业化、专业化、科技化和多元化。我相信，在国家农业综合开发办公室的大力支持下，在有关部门的积极配合下，两大产业的发展一定会取得令人满意的成效。

记者：那么，如何保证农业综合开发资金安全、有效地用于农业产业化经营呢？

黄省长：首先，要严格管理。农业综合开发资金的使用和管理要严格按国家有关规定操作。管好用好这笔资金，既是对政府负责，更是对老百姓负责。要把农业综合开发资金真正用到促进农民增收、提升农业产业化水平的项目上去。像农业综合开发这样为老百姓、为基层办实事的项目，一定要把资金真正用到老百姓头上。如有违规违纪，必须严肃处理。同时，要创新机制。通过制度从源头上约束农业综合开发的管理行为。项目立项一定要坚持引入竞争机制，实行阳光操作。要按照公开、公平、公正的原则，对计划项目进行公开招标，将立项过程置于有关部门和广大群众的监督之下。我省

作为率先实施项目土建工程招投标的省份，工程招投标取得了明显的成效，我们将继续完善项目土建工程招投标和物资设备招标采购工作，确保江苏农业综合开发资金的安全运行和有效使用。

记者：再次向您表示感谢。

（选自《中国农业综合开发》2003 年第 5 期）

调整思路　突出重点　努力开创云南农业综合开发新局面

孔垂柱

云南实施农业综合开发以来，紧紧围绕国家农业综合开发的指导思想和总体要求，结合云南实际，扎实工作，大胆探索，注重实效，努力创新，在加强农业基础设施建设，促进农业和农村经济结构战略调整，推进农业产业化经营，促进农民增收，提高农产品竞争力等方面取得了明显成效。

在新的历史发展阶段，党的十六大提出了全面建设小康社会的奋斗目标。全面贯彻落实党的十六大精神，做好新时期的农业综合开发工作，必须立足云南实际，充分发挥云南的资源优势、气候优势，从统筹城乡经济发展，全面建设小康社会的高度，调整思路、突出重点，努力开创云南农业综合开发新局面。

（一）进一步提高认识，把农业综合开发放在全面建设小康社会的大局中统筹考虑

农业综合开发是农业和农村工作的重要组成部分。实现全面建设小康社会的战略目标，重点和难点都在农村。云南省与全国特别是发达地区的差距很大，省委、省政府提出要与全国同步实现小康，任务十分艰巨。我们只有用超常规的手段和举措来加快农业发展，才可能完成实现农村小康的任务。农业综合开发是国家支持和保护农业发展的一种重要手段，各级政府和负责实施农业综合开发工作的部门，要切实提高对农业综合开发工作重要性的认识，始终把农业综合开发工作置于全面建设小康社会的总体目标之中，从发展的观点、综合的优势、改革的理念、示范的窗口、增收的途径等几方面来全面统筹考虑，切实加强领导，结合当地实际认真抓好农业综合开发各项工作的落实，在出典型、出经验、出效益、出机制等方面下功夫。

（二）进一步理清思路，明确“十五”期间农业综合开发的主要任务

“十五”期间，云南省农业综合开发的总体要求是认真贯彻党的十六大精神，按照统筹城乡经济社会发展，全面建设小康社会的要求，以打牢农业基础为前提，以推进农业产业结构调整为重点，以实现农业增效和农民增收为目标，调整思路，创新机制，突出重点，规模开发。通过加强农业基础设施和生态建设，提高农业综合生产能力，促进农业可持续发展。通过依靠科技进步，积极推进农业产业结构调整，改造提升传统产业。通过发展新兴特色产业，培育农业产业化龙头企业，提高农副产品竞争力，做优、做强、做大一批优势产业。通过不断增强农产品市场竞争力和促进农业产业升级，提高优质农产品的比重、养殖业的比重、农产品加工业的比重和林产业的比重，努力繁荣农村经济。按照上述总体要求，农业综合开发要重点抓好以下工作：

一是围绕农业产业结构调整，做强做大优势产业。要将调整、优化优势农产品的区域布局，作为农业综合开发的战略性任务和工作的突破口抓紧抓好，要按自然规律和经济规律的客观要求，对农产品生产进行区域性布局，使其从不适宜区或次适宜区向适宜区转移，从而形成优势农产品的产业带，

使农产品的开发区域化、规模化、效益最大化；要加大农产品品种结构调整的力度，着力发展特色产业。依据各地的比较优势和资源优势，集中力量抓好优质稻米、蔬菜、茶叶、畜牧、天然药物、花卉、蔗糖等产业的重点开发。实际工作中既要注意新兴产业的培植，更要注重传统产业的增效升级，在拉长加宽产业链的过程中，进一步扶优扶强。

二是大力推进农业产业化经营，积极扶持和培育龙头企业。农业产业化经营对提高农业效益，增强农业竞争力，推进农业现代化，创新和完善农村经济体制具有重要作用。在推进农业产业化经营中，关键要抓住龙头企业，发挥龙头企业的带动作用。农业综合开发要把龙头企业的发展作为重点，继续加大扶持力度，为龙头企业发展创造良好的外部环境。做大做强龙头企业，重点要抓好“三个结合，一个完善”：即把龙头企业布局与实施优势农产品区域布局规划结合起来；把龙头企业发展与实行标准化生产结合起来，促进龙头企业提高科技创新能力，率先实行标准化生产；把扶持龙头企业与扩大农产品出口结合起来，帮助龙头企业搞好产销衔接，开拓国际市场，使其在扩大农产品出口和应对国外技术壁垒方面发挥重要作用。要以完善股份制和股份合作制、规范订单农业为重点，认真总结和推广各地行之有效的产业化经营利益联结形式，形成“风险共担、利益共享”的新机制，切实保护企业和农户的利益。

三是继续抓好中低产田改造和生态建设，强化农业基础设施，实现农业的可持续发展。加强农业基础设施建设、改善农业生产环境条件是云南省一项长期而艰巨的任务，各地要把中低产田改造作为突破口，将中低产田改造与农业产业结构调整、培植特色产业、发展特色经济、实施农业产业化经营有机结合起来。产业结构调整到哪里，中低产田改造就配套服务到哪里，并根据产业开发的需要确定中低产田改造的具体内容；农业综合开发生态建设要与退耕还林相结合、与产业化开发相结合，通过工程措施、林业措施、农艺措施、能源措施的综合治理，实现生态效益和经济效益的有机统一，使退耕还林能退得下，稳得住，能致富。

四是以提高农产品质量为重点，充分发挥科技在农业综合开发中的先导作用。农业综合开发要把扶持发展优势农产品和无公害农产品作为科技攻关和投入的重点，积极推广六大系列的先进技术，即以良种为龙头、效益为主导的优质、高产、高效技术；以提高产品的安全性为主导的绿色食品生产技术；以提高水资源利用率为主导的节水灌溉技术；以节本增效、发展“四季农业”为主导的农业设施技术；以提高资源综合利用率和农产品附加值为主导的加工、保鲜、贮运技术；以提高资源和生态保障能力为主导的农业可持续发展技术。通过加大科技力度，提高农产品的品质。

（三）进一步解放思想，努力探索农业综合开发工作的新思路、新机制

农业综合开发的发展历程和成功经验说明，要卓有成效地推进农业综合开发工作，就必须根据新形势、新任务、新情况，不断更新观念，调整思路，创新机制。我们要用谋划工业的理念来谋划农业，要用经营工业的方式来经营农业。只有调整思路，跳出农业抓农业，跳出农业综合开发谋划农业综合开发，才能谋求更大更快的发展。

一是在对全省农业产业发展进行总体规划的基础上，要进一步明确优势产业、优势产品的布局与开发重点，切实打破齐头并进、平均主义的做法，实行重点扶持，使开发扶持重点向优势产业、优势产品、优势项目倾斜，努力构建具有国内和国际竞争力的产业带，做到让好的多起来，形成规模；让多的好起来，形成特色；让好的火起来，形成效益。

二是对农业综合开发区域要实行动态管理，有进有出，不能长端“铁饭碗”，久吃“大锅饭”，要按照公开、公平、公正的原则，把竞争机制引入到农业综合开发项目管理中，无论是新增项目的确定，还是重点项目的建设，原则上都应实行竞争立项。通过逐步建立竞争淘汰机制，使农业综合开发区域真正成为一个建设轰轰烈烈、改革生机盎然、开发重点突出、干群踊跃参与、效益比较显著的综合示范区域。

三是要整合资源、项目、资金及机制，农业综

合开发要与扶贫开发、退耕还林、能源建设、水利建设、科技推广、小城镇建设和经济社会发展有机结合起来，充分发挥各职能部门的作用，要利用有关职能部门的工作成果，借船出海、借梯上楼、借鸡生蛋，走嫁接开发，合力开发的路子，集中有限财力解决重点和难点问题，发挥资金的集聚效应，实现综合开发效益的最大化，防止和克服部分地方自立门户、自成体系、自力开发、成效不大的状况。

四是要健全资金的投入机制和管理体制，充分发挥财政资金的导向作用，通过财政资金引导，广泛吸引金融机构、企业、社会、民间、农民的资金投向农业综合开发，逐步构建起以政府资金为导向，各行各业广泛参与的多元化投资体制，不断扩大农业综合开发的成果。

五是在开发中要注意处理好五个关系。即处理好综合开发与重点开发的关系，在发挥综合开发优势的进程中突出开发重点；处理好基础开发与产品开发的关系，把利用他人成果与自己创造成果有机地结合起来，使开发效益在产业产品上得到更大体现；处理好政府引导与市场引导的关系，加大培植龙头企业、专业户、经纪人的力度，切实加快小群体与大市场的连接；处理好产业开发与产品开发的关系，既要注意特色产品的开发，更要注意产业的开发，以利规模、品牌效益的发挥；处理好传统优势产业与培植新兴产业的关系，既注重新产业的开发，更注重传统优势产业的改造、升级和增效。

（四）进一步加强领导，完善项目资金管理，不断提高农业综合开发水平。

保证农业综合开发目标任务的实现，关键要加强领导，强化措施，狠抓落实。

一是各级政府要健全农业综合开发领导机构。要有专门的领导负责和分管此项工作，从组织上保证农业综合开发工作落到实处。同时，要依据农业综合开发任务、目标的要求，加强队伍建设，充实农业综合开发机构力量，使其能够满足并适应新时期农业综合开发工作的需要。

二是要对农业综合开发实行目标责任考核制，各级政府和综合开发办，要对所担负的开发任务进行分工，责任到人，定期对项目实施和分工的目标进行考核，工作做得好的要给予表扬奖励，工作不落实，责任不到家的要给予批评教育。同时，对工作做得好的地方增加投入，对做得差的地方，减少投入。

三是要加强对农业综合开发的管理。要按照市场经济的要求，采取科学的管理方式，运用科学的管理手段，不断完善项目和资金管理，全面推行项目工程的投标制和项目建设的法人制。要加大对农业综合开发监督检查的工作力度，除强化前期项目论证，中期检查，竣工验收等工作外，还要加强对项目资金的监督与审计，保证资金专款专用，提高投资效益。

（选自《中国农业综合开发》2003 年第 2 期）

充分利用资源优势　做好海南农业综合开发工作

江泽林

一

海南省自 1989 年实施农业综合开发，14 年来取得了显著成绩，对农业增产、农民增收、农村经济发展起到了极大的促进作用。

（一）使农业基础设施条件显著改善。通过实施农业综合开发，对大片农田进行集中整治，改善了海南省的农业基础设施条件。没有完善的农业基础设施条件作保证，海南省的农业生产将很不稳定，因为海南省地形是中间高四周低，台风带来雨水却留不住，直接流入大海，一旦连续干旱一段时间，大片农田就会发生旱情。基于海南这种雨水相对集中的气候特点，如果不改善农业基础设施条件，特别是水利设施条件，海南省农业要抗御自然风险是很困难的，所以农业综合开发在保障农业抵御自然灾害方面确实发挥了巨大作用。

（二）对农业结构调整起了重要推动作用。农业基础设施的改善，为结构调整创造了条件。这一方面表现在冬季瓜菜的发展上。很多农田没有整治之前，不具备生产条件，经过整治后大大地改善了生产条件，农民也及时进行了结构调整。如三亚林旺就是典型例子——从“望天田”变为冬季瓜菜的生产基地。另一方面还表现在多种经营上。通过农业综合开发，选择合适的多种经营项目及时给予扶持，有力地促进了其发展。如海南省一些设施农业、加工业、批发市场都是依靠农业综合资金的扶持发展起来的。

（三）推动了海南省农业产业化发展。现代农业的发展离不开农业产业化。这其中既需要发挥龙头企业和中介组织的作用来提高农民组织化程度，又需要以集约化生产基地为依托，这些环节相互联系，相互促进。农业综合开发通过扶持龙头企业发展、农产品流通、生产基地建设推动了海南省农业产业化的发展。

（四）对农业可持续发展做出了贡献。海南是生态省，可持续发展是一个基本的战略目标。通过农业综合开发，加强了农田整治和农业生态建设，有力地增强了海南省农业发展的后劲，促进了经济社会的可持续发展。

（五）促进农民增加收入。农业综合开发侧重对中低产田的改造，农民是直接受益者。农村工作的主要目标之一就是增加农民收入，海南省农业综合开发就是围绕这个中心工作来开展的，并取得了显著成效。

（六）为新时期支持农业、保护农业选择了一条现实的途径。加入WTO以后，政府对农业实行怎样的支持保护，要受WTO规则的制约。农业综合开发是一条符合WTO规则的支持、保护农业的措施，也就是说在未来的国际大环境中，农业综合开发为我国保护农业选择了一条非常可靠的途径。这些年来，农业综合开发为全省农业增效、农民增收、农村稳定做出了重要贡献。

二

海南省农业综合开发工作要适应新形势，与时俱进。当前已进入全面建设小康社会阶段，海南省农业综合开发工作的指导思想是：认真贯彻中央、国务院关于“三农”工作的方针政策和省委关于加强农业和农村工作的决定，适应农业发展新阶段的要求，着力加强农业基础建设和生态环境建设，提高农业综合生产能力和产品的竞争力，着力推进农业和农村经济结构的战略性调整，提高农业综合效益，增加农民收入。

根据这个指导思想，海南省的农业综合开发工作的重点是：

（一）因地制宜、突出重点，连片开发。海南省虽然是个小省，但市县之间地形地貌、土壤特性、灌溉条件、气候特点等各不相同，要从实际出发，因地制宜，采取不同的治理措施，发展相应的主导产业，既要抓好重点市县的重点农田治理工作，还要抓好山区市县的小农田治理工作。

（二）坚持抓好中低产田改造，进一步加强农业基础建设和生态环境建设，为农业产业结构调整打好基础。一定要抓好以农田水利为重点的农业基础建设，把项目区建设成田成方、渠相通、路相连、旱能灌、涝能排、旱涝保收的稳产高产农田。要把提高基本农田的抗灾能力，作为中低产田改造的重中之重。要积极发展节水农业，建设一批节水示范工程和示范基地。在改造中低产田的同时，一定要注重生态环境的保护，搞好生态省建设。

（三）积极推进农业产业化建设，培育主导产业和产品，推动农业结构的战略性调整。农业综合开发应加强对农业产业化经营的组织引导。要引导各市县立足本地资源优势，注重市场需求，做好主导产业，搞好三项建设，即农副产品的基地建设、龙头企业建设和农产品市场建设。引导开发项目走

“公司＋基地＋农户”的发展模式，积极支持农产品加工企业、批发市场、合作组织等各种类型、各种所有制的龙头企业；要将生产、加工、销售、服务紧密结合起来，实行一体化经营，通过签订购销合同、承租返包或以土地使用权、技术、产品和资金等入股的形式，建立合理的利益分配机制，使龙头企业和农民结成利益共同体，带动和扶持一批农户。以此来带动农业结构的调整，增加农民收入。

（四）加大科技投入，促进农业增长方式的转变。要积极把先进适用的农业生产技术和良种、良苗引入农业综合开发项目，进行示范推广，为农民进行产业结构调整提供典型范例。要积极探索建立与农业科研单位联合开发的新机制，积极鼓励和吸收农业科技人员到项目区驻点指导、技术参股、创办实体，使项目区成为农业科研成果转化的基地。要加大培训和推广的力度，让农民掌握先进的生产技术和管理方法，把先进的生产技术转化为直接的生产力。同时，要积极适应世贸组织的规则，以生产无公害产品作为起点，发展绿色产品，逐步发展有机产品。要不断完善农产品的安全检测体系，提高海南省农产品的市场竞争力。使海南省农业的增长从主要靠量的扩展转变为主要靠先进科技和质量的提高上来。

三

农业综合开发的蓬勃发展得益于良好的机制，我们一定要结合海南的实际，着重完善五大管理机制。

（一）完善以农业综合开发项目库及竞争选定项目区为核心的立项管理机制。一是要围绕农业综合开发的中长期规划和社会经济发展的主要目标进行选项。二是要围绕农业与农村经济发展方向以及培育主导产业和产品进行选项。三是要把农业综合开发各类项目有机结合起来进行规划和立项。四是要建立项目评审专家库。项目区的选定也要引入竞争机制，将开发潜力大、市县领导重视、干部力量强、群众积极性高的乡镇优先列为项目区。一定要精心准备，严格评估，保证开发的高起点、高标准和高效益。

（二）完善以项目工程招标制为核心的项目建设管理机制。2002 年，海南省在安定和临高县进行了试点，积累了一定的经验。今年要在全省全面推行项目工程投标，绝不允许私下发包，搞暗箱操作，这既是铲除腐败的一项有力措施，也是提高项目建设质量，做到项目建设公平、公正、透明的一项根本保证。

（三）完善“以农民为主体，政府相应扶持”为核心的项目运行机制。一是要充分体现农民的投资主体、项目主体、运行管护主体和受益主体的地位。“以农民为主体”，就是必须尊重农民意愿，使其积极投劳、投资，参与项目建设，让农民受益。今后的农业综合开发项目，凡是大多数农民不愿意的，坚决不准立项。二是要完善“国家引导，配套投入”的财政投入机制。发展农业不仅仅是中央、省的事，也是市县的事，要按照国家的规定完成配套。

（四）完善以县级财政报账制为核心的资金使用管理体制。要大力推行财政无偿资金县级财政报账制，在审核原始凭证后再把项目资金直接拨付给施工单位。同时，要坚持有偿资金按进度拨付的原则。农业综合开发资金是专项资金，要实行专人、专户、专账的“三专”管理，防止农业综合开发专项资金被挤占挪用。没有实行县级财政报账制和没有实行“三专”管理的市县，一定要认真整改，严格执行国家和省的有关规定，把好资金管理关。

（五）完善以中期检查和项目验收为核心的监督检查机制。一定要改变工作方式和转变工作作风，改原来的行政管理型为管理服务型。加强对项目和资金的管理监督，认真履行检查监督的职能。要建立项目的中期检查制度，并辅之以不定期的检查，将阶段性检查和临时性检查结合起来，及时发现问题，及时处理。要加强项目验收，不论是单个项目验收，还是年度项目验收，亦或是三年项目验收，都必须按照国家农业综合开发办的要求，严格认真执行，绝不走过场。对工作较好的市县，要给予奖励；对工作较差的市县，要限期整改，通报批评，减少投资规模，甚至取消其立项资格。

（选自《中国农业综合开发》2003 年第 9 期）

以“三个代表”重要思想为指导 全面开创农业综合开发工作新局面

赵鸣骥

农业综合开发是我国农业和农村工作的重要组成部分。新时期农业综合开发工作要以“三个代表”重要思想为指导，深入贯彻落实党的十六大和中央农村工作会议精神，按照全面建设小康社会的要求，以农业主产区为重点，继续加强农业基础设施建设，改善农业生产条件和生态环境，提高农业综合生产能力和可持续发展能力；大力支持发展优势农产品，推进农业产业化经营和农业科技进步，促进农业和农村经济结构的战略性调整，增强农业的国际竞争能力，提高农业综合效益，增加农民收入；进一步调整完善农业综合开发投入政策，健全制度和机制，加强管理，全面开创各项工作新局面。

一、以“三个代表”重要思想统揽农业综合开发各项工作

“三个代表”的重要思想，为大力推进农业综合开发指明了前进的方向。新时期农业综合开发必须以“三个代表”重要思想统揽各项工作。要适应世贸组织规则和当今世界农业先进生产力发展要求，着力加强农业基础设施建设和生态环境建设，改善农业生产条件，提高农业综合生产能力，通过山水田林路综合治理，使自然资源得到合理利用，确保农业的可持续发展。要通过各类项目建设，宣传党对农业和农村的各项方针政策，广泛传播科学技术知识，推广先进实用的技术，培养一大批勤劳致富的带头人，提高广大农民的科学文化素质，促进农村物质文明和精神文明建设。要从农民群众普遍关注、迫切需要解决的现实问题入手，把广大农民群众热切盼望的事情办好、办实。通过改善生产条件，为农民增收奠定坚实的基础；通过推进农业结构的战略性调整，大力支持农业产业化经营，拓宽农民增收的渠道；通过推动农业科技进步，提高农产品的市场竞争力，为农民增收起到示范作用。

二、把农业综合开发工作放在全面建设小康社会的大局中统筹考虑

党的十六大提出了全面建设小康社会的奋斗目标。实现全面建设小康社会目标，重点和难点在农村。只有农村全面实现了小康，才能说明我们国家真正实现了小康，才是完整意义上的小康。邓小平同志曾指出：没有农民的小康，就没有全国的小康。江泽民同志进一步指出：没有农村的稳定和全面进步，就不可能有整个社会的稳定和全面进步；没有农民的小康，就不可能有全国人民的小康；没有农业的现代化，就不可能有整个国民经济的现代化。全面建设小康社会与农业综合开发工作密切相

关。农业综合开发作为国家支持和保护农业发展的一个有效手段，必须为全面建设小康社会做出贡献。这是义不容辞的任务。要完成我们肩负的光荣而艰巨的任务，必须增强责任意识、大局意识。要把农业综合开发工作置于全面建设小康社会的总体目标之中，全面考虑问题，决不能单纯就开发论开发。农业综合开发要服从和服务于全面建设小康社会的大局，围绕建设现代农业，发展农村经济，增加农民收入，把握住工作重点，不断提高资金使用效益，提高农业综合开发水平。

三、与时俱进，深化改革，不断创新工作思路

农业综合开发的发展历程说明，要推进农业综合开发工作，就必须根据农业和农村经济发展的新形势、新任务、新要求，不断改革，开拓创新；要巩固和提高农业综合开发的地位，发挥农业综合开发的作用，更需要与时俱进，开拓创新。没有创新，农业综合开发地位就不会得到加强，水平就不会有新的提高，工作也不会有新的局面。只有通过创新，才能不断地否定自我，完善自我，才能适应农业和农村经济发展以及全面建设小康社会的要求。因此，新时期要开创农业综合开发新局面，不能因循守旧，必须进行创新。要坚持实践是检验真理的唯一标准，在十六大精神的指导下，一切从实际出发，不断推进农业综合开发的理论创新、制度创新、机制创新。工作要有新思路，政策要有新突破，改革要有新局面，管理要有新举措。

四、以农业主产区为重点，继续加强农业基础设施建设，提高农业综合生产能力

我国农业主要靠农业主产区支撑。因此，党的十六大报告明确提出，国家要加大对农业主产区特别是粮食主产区的扶持。农业综合开发必须以农业主产区为重点，坚持以改善农业生产条件为基本任务，以中低产田改造为主要内容，逐步提高项目建设标准和投入标准，建设高产、稳产、节水、高效的基本农田，进一步提高农业综合生产能力。为此，要将中央财政每年新增农业综合开发资金的70%以上，集中用于农业主产区；中央农口部门农业综合开发项目资金也适当向农业主产区倾斜；考虑到农业主产区特别是粮食主产区地方财政比较困难、负担较重等因素，要对农业主产区地方财政配套资金比例作适当调减。在坚持以农业主产区为重点的前提下，要继续支持沿海经济发达地区发展高科技农业和出口创汇农业，加快现代农业建设步伐；支持西部地区发展特色农业、生态农业和节水农业，优化农业资源配置。

五、大力支持优势农产品生产和农业产业化经营，促进农业结构调整，提高农业的市场竞争力

为提高农产品竞争力，加快农业增效和农民增收的步伐，农业综合开发要进一步加大对优势农产品生产的扶持力度，发展特色农业，促进农业区域布局调整。为此，要逐步整合农业综合开发土地治理、多种经营和科技示范三类项目。在有条件的地区，把土地治理项目区建成种植业优势农产品的生产基地；把多种经营项目建成优势农产品种植、养殖和加工基地，并在优势农产品集中产区有重点地扶持一批辐射带动作用和市场竞争力强的产业化龙头项目；把科技示范项目建成提高优势农产品质量和效益的有效载体。同时，要加大投入力度，从2003年起，各省（区、市）农业综合开发土地治理项目中财政资金用于扶持优势农产品生产基地建设（含优质粮食和优质饲料作物生产基地）的比例，不应低于30%；多种经营项目和科技示范项目中财政资金应全部用于扶持优势农产品项目建设。中央农口部门农业综合开发的各类良种繁育项目也要向扶持优势农产品生产倾斜。

农业综合开发要根据各地实际情况和市场需求，选准优势产品，集中资金，按照缺什么补什么的原则，着力扶持农业产业化经营中的薄弱环节，着力扶持农业产业化龙头企业和基地建设。重点扶持一批规模较大的农业产业化龙头企业，发挥它们在开拓市场、加工增值、科技创新、标准化生产等方面的重要作用，积极引导龙头企业和农户形成生产、加工、销售的利益共同体。要抓紧研究制定农业综合开发扶持农民专业合作经济组织的意见，并有选择地进行试点，在此基础上，逐步调整完善扶持政策，推动农民专业合作经济组织健康发展。

六、保护和改善农业生态环境，促进人与自然的和谐发展，提高农业的可持续发展能力

农业综合开发生态项目要与国家重点生态建设工程有所区别，有所侧重。要突出农业综合开发特色，集中资金，重点加强项目区农田林网建设、草原（场）的保护和建设以及其他一些生态建设任务重、国家投资又十分有限的项目，如黄河故道的治理等，克服投资分散的倾向。要注重与天然林保护工程、退耕还林还草工程、防沙治沙工程等国家重点生态建设项目相衔接，避免与其他生态项目重复规划、重复投资、重复建设。要遵循自然规律，坚决停止新的开荒，注重保护天然的森林、草场和湿地。要进一步加强农业综合开发专项生态示范项目建设，努力创造一种人与自然和谐发展的环境，推动农业和农村经济走可持续发展之路。

七、进一步调整完善投入政策

当前调整完善农业综合开发投入政策，应当把握以下几个重点：

（一）拓宽资金来源渠道，加大投入力度。在开展对农民直接补贴的试点中，积极研究通过农业综合开发的投入方式增加对农民补贴的可能性；并积极探索利用国债资金，增加农业综合开发投入问题。同时，要继续积极争取利用外资，抓紧运作世行科技项目贷款和加强灌溉农业三期项目贷款，进一步加大农业综合开发利用外资的力度。

（二）突出重点，集中投入，提高资金使用效益。为逐步解决资金使用和管理分散问题，今后原则上不再增加农业综合开发项目县数量。同时，要突出主产区和优势农产品生产，突出农业基础设施建设、农业产业化经营、农业生态环境保护和改善等农业综合开发重点，集中投入，进一步提高资金使用效益。要按照统筹规划、优势互补、提高效益的原则，探索建立农业综合开发与扶贫开发、生态建设等资金相互配合、统筹安排的建设机制。

（三）调整完善农业综合开发中农民筹资投劳政策。按照《国务院关于全面推进农村税费改革试点工作的意见》要求，把农业综合开发中农民筹资投劳，纳入村内“一事一议”范畴，实行专项管理。农业综合开发农民筹资投劳只限于受益村改善农业生产条件的建设项目，并与农民商议，由农民签字认可，实行民主决策、数量控制、以村为单位统一组织，不准搞强迫命令。确需农民投劳进行农业综合开发的项目，农民只出工，不得要求农民以资代劳，不得跨村筹劳；确需跨村使用劳动力的，应采取借工、换工或有偿用工等形式，不能平调使用农村劳动力。要逐步降低农民筹资投劳在农业综合开发中的比例，制定农业综合开发农民筹资投劳管理办法，规范工作行为。

（四）改进地方财政资金配套办法。为使农业主产区和西部地区承担的配套资金与其实际配套能力相适应，以利于配套资金及时足额到位，加大农业综合开发的投入力度，要进一步改革地方财政资金配套方式，研究中央与地方财政资金倒配套办法。即下年度中央财政农业综合开发资金分配之前，由地方根据自身财力情况上报配套能力情况，中央财政依据其所能落实的配套资金相应确定投资规模。

（五）深入研究农业综合开发产权管理问题。为适应国有资产管理体制改革的要求，加强农业综合开发产权管理，探索建立明晰的国有资产产权关系，确保国有资产保值增值，要继续深入研究农业综合开发产权管理问题，并选择部分项目组织试点。

八、不断改进和加强资金管理

要从资金的分配、使用和管理等环节，切实改进和加强资金管理。一是进一步规范和完善财政资金分配办法。根据公平、公正、公开的原则和充分体现奖优罚劣的要求，进一步完善财政资金综合因素分配法，制定资金分配的具体办法。

要彻底打破“基数”，根据农业综合开发的总体规划以及配套能力、资金使用和管理情况、项目建设和管理情况来分配资金，达不到要求的，要减少中央的投资，并相应减少开发任务；工作出色的，要增加中央投资，使中央财政资金的分配真正起到宏观调控和奖优罚劣的作用。二是全面推行先进有效的资金使用方式。为提高资金使用的透明度，确保专款专用，要及时总结部分地区实行资金公示制的经验，制定实行项目资金公示制的办法，加快推行公示制的步伐。同时，继续推行财政无偿资金县级报账制和有偿资金委托银行放款制度，严格执行农业综合开发资金专人管理、专账核算、专款专用制度。三是逐步建立财政有偿资金呆账核销机制。认真研究建立有偿资金呆账准备金制度，制定呆账准备金的提取和使用办法，逐步建立健全呆账核销机制，防止形成债务风险。

九、健全机制，提高项目管理水平

按照深化行政审批管理制度改革的要求，根据公开透明、精简高效、责权对等、监督制约的原则，制定农业综合开发项目审批管理程序，完善审批运行和监督制约机制。在此基础上，进一步加强和规范项目计划审批工作。积极推行竞争立项等机制，按照公开、公平、公正的原则，把竞争机制引入到农业综合开发项目管理中。特别是重点项目以及国家农发办统一组织的试点项目建设，都要实行竞争，按照统一标准，优中选优。要加快推行项目法人制和招投标制，进一步提高农业综合开发项目管理水平。

十、强化法律保障和监督检查，确保农业综合开发事业健康发展

为解决农业综合开发立法滞后，实际工作缺乏法律规范和约束等问题，要尽快起草《农业综合开发条例》，争取早日颁发执行。修订竣工项目验收考核标准和管理办法，严格组织农业综合开发项目竣工验收工作。制定项目中期检查管理暂行办法，进一步加大中期检查的力度。组织政策制度执行情况、项目和资金管理情况等专项检查，加大对重点地区和重点项目的检查力度。要积极配合各级审计部门和财政监督检查机构，加强农业综合开发资金审计和检查工作。要建立农业综合开发资金违纪违规处罚制度和项目资金责任人追究制度。发现违纪违规问题，按规定严肃处理。

（选自《中国农业综合开发》2003 年第 1 期）

搞好农业综合开发　确保国家粮食长久安全

——对国家粮食安全问题的思考

刘世江

一段时间以来，理论界和有关部门不少人认为，我国已经从整体上实现了小康，以粮食为主的农副产品告别了短缺时代，出现了相对过剩或结构性过剩局面，甚至出现了“收不进、存不下、调不出、仓满为患”的现象。事实上，我国粮食安全现状不容乐观，为确保国家粮食长久安全，应从长计议，采取综合性政策措施。正如胡锦涛总书记在2003 年中央农村工作会议上强调的：“确保十二亿多人口的吃饭问题，始终是头等大事，任何时候都不能掉以轻心。”

一、我国粮食安全现状评估

粮食安全的概念最早由联合国粮农组织(FAO)于1974年在世界粮食大会上确定，其核心是“确保所有的人在任何时候既能买得到又能买得起所需要的基本食品”。按照国际惯例并结合我国的实际情况，可选择以下三个指标用来衡量我国的粮食安全状况：

(一)粮食总产量变动情况。受自然气候和有关政策因素影响，粮食总产量在一定时期内呈现出一定的波动性。建国以来，我国粮食总产量波动幅度一般在3%左右，低于世界平均水平。但是，近几年来，我国粮食产量连续减产，而且减幅较高。1998年我国粮食产量为51 230万吨，以后连续减产，如2002年全国粮食产量虽比2001年略有增加，但仍比1998年减产11%。粮食大幅度减产的主要原因：一是由于结构调整、退耕还林还草还湖的影响，使粮食种植面积减少。二是粮食比较效益差，影响了农民种粮的积极性。三是受干旱等自然灾害影响，使粮食大面积减产甚至绝收。

(二)粮食销售量变动情况。2002年我国粮食销售量为4 797万吨，比上年增加711万吨。粮食销售量的增长主要受两种因素影响：一种因素为人口增加，按近年人口自然增长率计算，每年人口增长1 400万人，按每人每年消费粮食400公斤计算，每年需增加粮食消费560万吨。另一因素为人均消费水平提高。人均消费水平包括两个部分，一是直接消费，即口粮消费。随着人民生活水平的提高和粮食供求形势的变化，人们早已改变了短缺经济时代的“提高纯度、控制精度”的消费习惯，而是要求“提高精度、安全营养”。二是间接消费，即通过粮食转化形成的肉、蛋、奶、酒等，随着人们生活水平的提高，人们间接消费的粮食也以较快速度增长。这些都给国家粮食安全带来一定影响。

(三)粮食储备情况。单从总量上看，国有粮食库存似乎足以保障国家粮食安全所需，但应该清醒地看到如下不安全因素：

第一，粮食库存总量的真实性有待核实。据有关部门了解，经清仓查库核实，有相当一部分库存为虚数。

第二，现有粮食库存中有相当部分属北方春小麦、南方早籼稻及积压时间过长待处理的陈次粮，这部分粮食已不能用作口粮，只能转作工业用粮和饲料用粮，对缓解和保证粮食安全作用不大。

综上所述不难看出，我国粮食安全现状不容乐观。

二、我国未来粮食安全预测分析

(一)人口增长对未来粮食安全的影响。人口增长是推动我国粮食需求增长的最基本和最重要的因素。据统计，目前全国大陆人口总数接近13亿人，即使严格控制人口的增长，2010年我国人口仍将达到14亿，按目前世界人均粮食占有量400公斤计算，到2010年，仅人口增长一项，就使我国粮食需求量绝对增加5 200万吨，年均520万吨。据预测，到2030年我国总人口将达到16亿，人口增长对我国未来粮食供求关系的影响更大。

(二)耕地面积和粮食播种面积减少对粮食安全的影响。耕地减少是影响我国粮食增产潜力和未来粮食供给能力的一个最基本最重要的因素。据国土资源部反映，近几年我国耕地年均减少约37 000公顷。耕地减少不只是一个数量概念，而且具有质量含义，因为减少的耕地大部分是高标准农田。如果减少耕地平均每亩年产量按500公斤计算，每年将减少约280万吨的粮食生产能力，相当于700万人口每年的口粮消费量。粮食播种面积减少是影响我国粮食供给能力的直接原因。除因粮食比较效益差、投入产出率低而导致的弃耕抛荒、改种经济作物导致粮食播种面积减少外，还有国家退耕还林、还草等政策影响。

(三)人们消费结构的改变对粮食安全的影响。据了解，我国国民经济增长率在2010年以前均以每年不低于7%的速度增长。经济的快速增长必然推动人均收入水平的相应提高，而人均收入水平的提高，又必将推动居民食物消费结构的改变，即动物蛋白食品的消费量所占比重越来越高。食物消费结构高级化的结果，不是粮食需求量的减少，而是需求量的增加，因为对粮食的间接消费主要表现为

对动物性食品的消费，而粮食向动物性食品的转化，在数量上并不是简单的1:1的关系，如消费1公斤牛肉、猪肉和鸡肉实际上等于分别消费粮食7公斤、4公斤和2公斤。

（四）粮食单产水平不能大幅提高对粮食安全的影响。在耕地减少的态势下，粮食单产水平的提高就成为我国粮食增产潜力的核心内容。影响粮食单产提高的主要因素有：

1. 我国中低产田面积较大，水资源总量逐年减少及水资源时空分布严重不均。据统计，目前我国耕地中能够达到高产稳产、旱涝保收的不足30%，中低产田面积仍然占到耕地面积的70%左右；水资源总量逐年减少，非农产业与农业争水的矛盾日益尖锐，使农业用水更趋紧张；水资源时空分布严重不均，我国长江流域及其以南地区，水资源量占全国水资源总量的80%以上，耕地只占全国耕地总面积的38%，淮河流域及其以北地区，水资源不足全国的20%，耕地却占到全国耕地总面积的62%。以上因素都直接制约着我国粮食单产水平的提高和未来的粮食安全。

2. 农业生态环境日益恶化。我国是世界上水土流失和土地荒漠化最严重的国家之一，据有关部门统计，全国每年流失的土壤超过50亿吨；土地荒漠化面积累计262万平方公里，而且仍在以每年2 400平方公里的速度递增；由于对草地资源的掠夺式开发和长期超载过牧，90%的草地开始退化，沙化、碱化的面积也逐年扩大；另外，工业快速发展所引起的环境问题，如空气污染、灌溉用水污染、酸雨等，已对粮食单产提高构成威胁，这在东部沿海地区表现的更为明显。

3. 多种自然灾害并发。近些年来，我国旱、涝、风、蝗灾害同时并发，给农业生产造成了巨大影响，特别是旱灾，影响最大。据了解，未来若干年我国进入干旱少雨周期的高峰，将给粮食生产带来不利影响。

4. 粮食生产成本逐年上升，农民种粮积极性持续下降。为提高粮食生产能力而采取的许多措施都会进一步引发粮食生产成本的上升问题，对于我国粮食生产来说，边际成本的上升将会是一个长期趋势，这一问题不能得到合理的解决，将会影响农民生产积极性而最终影响到我国的粮食生产能力和粮食供求关系。

从以上预测分析看，我国未来的粮食安全也不可掉以轻心。

三、加大国家农业综合开发力度，确保国家粮食安全

对国家粮食安全问题，需加强领导，提高认识，统一思想，居安思危。只有这样，才能保证国家的长治久安。为确保国家粮食安全，除采取一系列鼓励生产、保护耕地、增加投入、提高农民种粮积极性等政策措施外，更重要的是加大国家农业综合开发工作力度。

确保国家粮食安全是党中央、国务院赋予农业综合开发的重要任务。农业综合开发是我国农业和农村经济工作的重要组成部分。据统计，1988～2002年，农业综合开发以来累计投入资金1710亿元，其中中央财政资金484亿元，改造中低产田近26 700 000公顷。据测算，中低产田经过改造以后，亩均提高粮食产量150公斤左右。15年来农业综合开发新增粮食生产能力约占全国同期新增粮食产量的40%，为我国实现粮食供求总量大体平衡、丰年有余的历史性转变做出了巨大贡献。党的十五届三中全会明确提出，“农业综合开发要以改造中低产田为重点，集中连片治理，力争平原地区大部分耕地实现旱涝保收、高产稳产，丘陵山区人均达到半亩以上高标准基本农田”。这就赋予了农业综合开发保护和提高粮食生产能力，确保国家粮食安全的神圣职责。在新形势下国家农业综合开发应着力做好以下工作，以确保国家粮食安全：

（一）以改造中低产田为重点，提高农业综合生产能力，为确保国家粮食安全提供坚实基础。以改造中低产田为重点，改善农业生产基本条件，加强农业基础设施建设，始终是农业综合开发的基本任务。改造中低产田紧紧围绕保证农产品品产需总量平衡和促进农业结构调整进行，把主要着眼点由增加农产品的产出量，转到稳步提高农业综合生产能力上来；由主要增加农产品的数量，转到提高农产品的质量和效益上来。一是加大对农业综合开发的投入力度，特别是要真正做到“十五”及以后年度财政安排的农业综合开发预算资金高于“九五”的增长速度。二是要加大对农业特别是粮食主产区的投入力度，做到将新增财政预算的绝大部分用于主产区。三是逐步提高中低产田改造的建设标准和投入标准，实现高标准农田与高产出农田、高效益农田的统一，进一步提高土地的产出效率和效益。四是加强农田水利建设，以提高水的利用率和利用效率为目标，以建设渠道衬砌、管道输水、喷灌、微灌等工程、减少灌溉用水损失为重点，与农艺措施和管理措施相结合，大力发展节水灌溉和旱作农业。五是搞好配套的农田防护林网建设，建设农田系统的生态屏障，围绕中低产田改造，在丘陵山区重点搞好项目区周围水土保持林、水源建设涵养林建设，在平原地区重点搞好农田防护林建设，在生态脆弱和土壤沙化地带重点搞好农田防护林和防风固沙林建设。

（二）大力促进农业和农村经济结构调整，努力增加农民收入，为保护农民种粮积极性创造必要条件。农业综合开发支持和促进农业结构调整，要面向市场，依靠科技，立足各地的资源优势和比较优势，积极引进和推广优良品种，建设各具特色的优质农产品基地，提高农业的综合效益。一是因地制宜，分类指导，促进优势农业区域布局调整。坚持因地制宜，充分发挥区域比较优势的原则，积极扶持各地区合理利用各种农业资源，着力发展具有比较优势和区域特色的农业主导产品和支柱产业，把主导产品做优、做大、做强，把资源优势转变为比较优势。二是优化品种、提高质量，促进项目区种植业结构调整。以优化品种、提高质量、增加效益为中心，以引进和推广优良品种、建设优质农产品基地为重点，发展优质高产节水高效种植业，促进项目区种植业品种结构和品质结构的调整。

（三）推动农业科技进步，为确保国家粮食安全提供有力的技术保障。进一步加大科技投入力度，积极推广先进适用的农业科学技术，加强农业科技示范项目建设，加强农民技术培训，在农业科技进步中发挥示范带头作用，促进农业增长方式的转变，加快我国农业现代化建设的进程。一是加大项目区农业常规技术的推广应用力度。在项目区大面积推广应用种植业、养殖业、林业和水利建设等方面的先进适用技术，重点是推广应用良种及平衡施肥、节水灌溉、病虫害综合防治、畜禽快续高效饲养、模式化栽培、旱作农业、秸秆养牛等适用技术，提高项目科技水平和开发效益。二是积极扶持农业科技推广体系建设。支持完善现有的农业科技推广体系，扶持具有科技创新和推广能力的龙头企业、合作经济组织和农民专业协会，配合科研体制改革，探索建立农业高校、科研单位与开发项目区资源互补、联合开发、利益共享、风险共担的有效途径。

（四）保护和改善生态环境，为确保国家粮食安全提供有效的生态屏障。农业综合开发不仅要遵循自然规律，有利于保护生态环境，还要加强生态建设，努力为改善生态环境做出应有的贡献。一是继续禁止新的开荒，保护天然的森林、草场和湿地。对过去安排开荒的项目区，要有针对性地植树种草，治理水土流失，保护生态环境。对需退耕还林（草、湖）的项目区，要加大中低产田改造的力度，支持这些项目区按规定退耕，防治退耕出现反复。二是继续调整投资结构，逐步加大对生态建设的投入。以生态脆弱地区为重点，加强生态工程建设。同时，与有关部门积极配合，加大对部门专项生态项目的扶持力度。

通过采取以上措施，农业综合开发必将为保证国家粮食永久安全和国民经济快速、健康、可持续发展做出新的贡献。

（选自《中国农业综合开发》2003年第5期）

创造性地做好新阶段农业综合开发工作

王华新

国家农业综合开发联席会议第一次会议的召开，为新阶段农业综合开发工作明确了目标、任务和重点，指明了发展方向。如何贯彻落实好联席会议精神，抓住机遇，乘势而上，创造性地做好新阶段农业综合开发工作，是当前摆在各级农发部门面前的一项重要课题。

一、新阶段农业综合开发面临的形势

现阶段我国正处于社会经济发展的转型时期。体制的转轨，改革的深化，使农业综合开发面临一系列新的挑战。

（一）加入世贸组织的影响。加入世贸组织后，我国农业与世界农业联系日益紧密，国际市场竞争日趋激烈。我国农产品在国际市场竞争力不强，流通不畅，农民收入增长缓慢，成为新阶段农业和农村经济发展的主要问题。发展优质、高效的农产品，提高农业和农产品的国际市场竞争力，成为入世后农业综合开发的一项重要任务，农业综合开发投资目标的调整势在必行。

（二）市场经济体制的影响。在市场经济条件下，一切经济行为必须遵循市场规则。而市场的多变性，必然会引起农产品价格的波动，由此产生项目的计划性与市场的多变性难以完全同步，从而影响项目效益。对此必须调整项目管理体制，以适应市场经济规律要求。

（三）公共财政的影响。在公共财政体制下，财政要逐步退出竞争性领域，砍越位，补缺位，着重解决市场机制不能解决或难以解决的问题。这就要求农业综合开发必须按照有所为、有所不为的原则，调整扶持方式和投资重点，加大对改善农业生产条件和生态环境建设等公益性领域的投入，尽可能为农业发展提供较多的公共产品和准公共产品。

（四）农村税费改革的影响。农村税费改革使农民负担在很大程度上得到减轻，增强了农民对农业开发投资的信心，给农业综合开发的实施创造了较宽松环境。但是由于农民收入水平还不高，客观上制约着农民对农业综合开发的投入。同时，由于受农村税费改革政策的制约，现行农业综合开发中，农民筹资投劳任务难以足额完成，农民的投资主体地位难以体现。

（五）农业生产力发展水平的影响。经过改革开放20多年的建设，我国农业和农村经济有了长足发展，但总体上农业生产力仍然落后，农业科技水平和农民素质不高，农业基础设施依然薄弱，抵御自然灾害的能力不强，“靠天吃饭”的状况还没有从根本上得到改变。农业结构不优，比较效益低下，农民收入增长慢的矛盾在新阶段农业和农村经济发展中日益凸现。因此，新阶段农业综合开发任务相当艰巨，责任极其重大。

二、当前湖北省农业综合开发存在的主要问题

14年来的农业综合开发，改善了湖北省农业基本生产条件和生态环境，发展了农村生产力，推动了农业经济结构调整，增加了项目区农民收入，为全面建设小康社会奠定了一定基础，但是离全面建设小康社会的要求还有相当大的距离。当前，湖北省的农业综合开发还存在如下一些突出的问题：

（一）资金投入总量不足。主要表现在三个方面：一是财政资金引导作用发挥不够，没有真正形成吸引金融资金、工商资本、民间资本等共同参与开发的平台，财政资金一柱擎天。二是受地方经济形势的影响，各地财政实力差距很大，一部分贫困

县财政配套资金不能足额到位，影响了整个资金的投入。三是受农民收入水平，以及农村税费改革政策的影响，农民群众投资投劳难以到位，不能满足开发的需要。资金的不到位与项目建设资金需求量大的矛盾十分突出。

（二）项目布局重点不突出。在过去的开发中，我们虽然做到了规模开发，连片开发，但都是分类单独立项，时间上缺乏连续性，项目上缺乏协调性，导致农业综合开发项目支持的领域较广、类别较多、规模过小。土地治理项目、多种经营项目、科技示范项目以及部门项目等都只着眼于单纯的产品开发，没有着眼整个产业链条来实施整体开发，特别是土地治理项目没有与农业结构调整紧密结合起来，不少地方存在"大而全"、"小而全"的问题，导致项目布局分散和资金使用分散，项目的整体效益不高，持续竞争力不强，集中投入、规模开发力度不够，难以形成区域优势产业和主导产业。

（三）项目和资金运行不规范。近几年，国家农发办颁发了一系列项目和资金管理制度、办法，但实际操作过程中，仍然存在不规范的现象。一是项目前期准备工作不充分，还没有真正建立起公平、公开、公正的竞争机制，专家评审制和项目招标制还未有效地发挥作用。二是有的地方资金运行渠道不畅通，层层截留现象比较突出，资金无法足额按时到项目，影响了项目建设和计划完成。三是监督检查机制不健全，中期检查力度不够，工程监理制、工程审验制未真正建立起来，县级报账制不规范，执行不严格。

（四）有偿资金回收率不高。一方面，过去部分开发县在落实有偿资金债务时，以项目镇为单位，实行统筹偿还。农村税费改革后，统筹政策被取消，农民筹资受到限制，导致财政有偿资金悬空。另一方面，由于财政有偿资金回收期长，使用管理监督机制不健全，加之国家宏观政策的因素，使财政有偿资金回收效果不太理想。虽然大部分开发县（市）对中央和省完成了上解任务，但上清下不清的现象较为严重。同时，由于没有真正从项目新增效益中把财政有偿资金回收上来，少数开发县（市）用当年项目资金抵顶有偿资金还款，也时有发生，直接影响了项目建设任务的完成。

（五）项目后续管理机制不健全。湖北省在办好竣工项目产权移交、加强工程建后管护方面作了很多探索，取得了一定的成绩。但由于现行的农业综合开发投资运行机制中对项目建后的管护缺少必要的可行性措施，湖北省部分地方管护机制仍是沿用了计划经济体制下那种"行政命令、专班管护、补助经费"等老一套办法，没有从市场经济角度考虑管护主体和管护责任，管护人只是被动应付而不是积极主动，形成了纸上有人管，实地无人管，都管都不管的现象。而且由于管护对象复杂，产权界定难度大，管护资金无稳定来源，管护责任难以完全落实，部分工程遭受了不同程度的损毁、废弃，难以长期发挥效益。

（六）农发干部队伍作风和能力建设还有待加强。由于农发工作任务繁重，少数农发干部由此放松了学习和培训。少数地方对国家政策不学习、不研究、不落实，存在执行政策不严肃、管理行为不规范等问题，说假话，汇假报，做假账，缺乏对农发事业应有的责任心和事业心。

三、创造性做好新阶段农业综合开发工作的若干对策

第一次联席会议全面、系统地提出了新阶段农业综合开发工作的目标和任务。实现新阶段农业综合开发的目标任务，必须正视目前农业综合开发存在的各种问题与矛盾，坚持改革创新，与时俱进，创造性地做好各项工作。

（一）建立农发资金增长机制，拓宽筹融资渠道。尽管农业综合开发符合 WTO"绿箱政策"，有很大的发展空间，但在我国现行的法律法规约束下，完全遵循 WTO 规则还需要一定的时间，加之我国的"黄箱政策"空间还大，"黄箱政策"很难在短时期内从财政支农政策中淡出，大幅度增加农发财政资金不现实。鉴此，可行的途径是建立稳固的农发资金增长机制，满足新阶段农业发展的需要。一是要通过立法，保证各级财政安排一定的财政资金用于农业综合开发，并逐年按照一定的比例增长。在保证中央财政资金有所增加的同时，将地

方财政配套政策纳入预算法范畴，确保地方财政配套到位。二是因地制宜，实事求是确定县级配套额度。尤其是降低贫困县财政配套比例，对一般预算收入在5 000万元以下的开发县，逐步取消县级配套，配套额度上移；对一般财政收入在5 000万元以上、1亿元以下的开发县可根据实际情况确定承担比例，不足的由上级财政承担，确保每个项目财政资金不留缺口。三是积极探索采取贷款贴息、招商引资、合作经营等形式，积极引导金融部门、各种所有制形式的龙头企业及其他资本投入农业综合开发，充分发挥财政资金“四两拨千斤”的作用。四是项目区内农民的筹资投劳，严格按国农办［2003］12号文件执行，考虑到农民收入的实际状况和国家减轻农民负担政策，建议农民投资投劳不作为硬性计划，只作为统计指标。应鼓励农民加大对经营性项目的投资，提高农民投资效益，增加农民收入。

（二）突出开发重点，集中财力办大事。如何发挥有限的农发资金最大作用，提高项目质量和效益，必须突出开发重点，集中农发资金，把项目扶大、扶优、扶强。一是缩小开发战线。按照“宽严适度、择优准入、有进有出、总量控制”的原则，建立科学的项目准入机制和末位淘汰制度，进一步完善项目县代码制度，打破现有的项目县界线，实行择优准入，被淘汰的项目县，可由其他县顶替，无论该地是否属于项目县，只要有好的项目，就可以纳入农业综合开发范围，不盲目扩大，但也不能简单地减少。二是优化资金投向。开发理念要由项目建设向产业建设转变，由原来单一的治理措施，转变到按区域综合治理，采取“项目综合开发”和“产业综合开发”两种方式，实现真正意义上的农业综合开发。在选择项目上，按照比较优势的原则，围绕主导产业安排项目，以选定的主导产业为目标，将土地、多经、科技示范三类项目实行组装，有机地结合起来，按照“结构开发”模式，在土地治理的同时，安排多经和科技项目，进行集中连片、持续长期地开发，培育壮大主导产业，使之向产业化和现代化方向发展。在产品开发上，不仅考虑产品质量的提高，还要考虑产品的加工利用，转化增值，提高综合效益。三是突出优势农产品产业带建设重点。发展优势农业是今后农业综合开发的扶持方向，新阶段的农业综合开发应把扶持的重点放到发展优势农产品产业带上，促进优势农产品的发展，提高农产品市场竞争力，解决农业比较效益低和农民增收难的问题。农业综合开发仅仅是财政支农的一个重要部分，不可能四面出击，面面俱到，应有重点、有选择、有计划扶持发展优势农产品产业带建设。就湖北省而言，重点要围绕省委省政府确立的九大优势农产品（优质水稻、“双低”油菜、蔬菜、优质三元猪、优质水产品、速生丰产林、柑桔、优质棉花、优质专用小麦）和九大特色产品（家禽、食用菌、蜂产品、魔芋、茶叶、中药材、牛奶、板栗、蚕茧）基地，根据各地的实际，有重点地纳入农业综合开发项目立项开发。扶持环节上应突出基础设施建设、科技推广、信息网络、质量标准监测体系、批发市场等基础性、公益性项目建设，大力扶持与农业产业、农民利益联系紧密的龙头企业、专业化合作组织及农村专业协会。

（三）强化管理，进一步提升开发效益。将项目和资金管理有机结合起来，以资金投入确定项目规模，按项目管理资金。总的方向和原则是要充分发挥市场机制作用，要用市场化理念、工业化思维及求实创新的科学精神，进一步加强和改进农业综合开发的全程管理，全面提升管理水平。一是按市场化原则，强化项目管理。要积极推行项目立项招标的竞争机制，全面推行专家评审制、项目法人制、项目工程物资政府采购制、工程施工招标制、项目工程监理制、项目资金公示（公告）制，认真建好每个项目。二是按规范化要求，加强资金管理。重点是要进一步全面规范县级报账制，坚持对农业综合开发资金实行专人管理、专账核算、专款专用，确保资金安全、高效运行，严禁挤占、挪用项目资金，并按国家农业综合开发农民筹资投劳管理暂行规定，加强农民筹资投劳的管理。三是进一步建立和完善监督检查制度。逐步建立起内部检查和外部监督相结合的监督检查机制，并做到经常化、制度化。经过一段适应期后，逐步过渡到内外结合、以外部监督检查为主的新阶段。现阶段，除继续坚持中期检查、验收、专项检查等内部监督检查制度并建立财政专管员制度外，还要进行经常性、长期性的外部监督检查，积极主动地邀请和接受审计、财政监督部门的监督检查，并自觉接受新闻媒体和人民群众的监督。

（四）加强有偿资金管理，建立有偿资金风险约束机制。实行财政资金有偿投入与无偿投入相结合的机制，是农业综合开发区别于其他支农资金的重要特征，必须坚持不动摇。要建立健全有偿资金管理制度，尤其是要建立有偿资金风险约束机制，确保有偿资金效益使用和安全回收。一是完善有偿资金的投放方式。土地治理项目中的有偿资金规定要落实到具体的项目和具体的受益人，但在实际操作过程中，有一定的难度。建议对土地项目的有偿资金的使用，采取灵活的方式，以国家计划为依据，根据项目建设实际情况，由项目县在项目区内适当进行调整，保证有偿资金的债务落实。二是改革有偿资金的管理方式，推行有偿资金委托银行贷款制度。在现行的委托方式上要加以改革，改逐级承借为逐级委托贷款，中央、省、县三级有偿资金分别由各级财政部门委托各级政策性银行贷款，中央和省级有偿资金由受托银行按照批复的项目计划，逐级承贷，到期后，由受托银行逐级归还。逐步建立政府担保、单位抵押、财政监督、银行负责的有偿资金发放管理机制，以加强有偿资金的监督和管理。三是要逐步建立有偿资金风险保障金制度和还款准备金制度。有偿资金风险保障金从每年回收的本级有偿资金中提取30%，作为风险保障金的来源，今后发生的有偿资金呆账，随时发生，随时处理，作为一种正常的农发业务。多种经营项目有偿资金的偿还，可从该项目的无偿资金中提取30%作为有偿资金的还款准备金，到期后及时上解偿还。四是建议国家农发办放宽基层的农业综合开发财政有偿资金回收期政策：适当延长多种经营种植项目的回收期限，以适应经济作物生长规律的要求；同时取消提前回收财政有偿资金视为违纪的规定，县级农发部门可以根据项目建设效益的实际情况，确定回收时间，即在项目效益发挥正常期间回收财政有偿资金，以保证财政资金的安全。

（五）加快农发资产产权制度改革，创新竣工工程后续管理机制。农发竣工工程后续管理，是巩固农发成果、提高农发投资综合效益的重要措施，是农业综合开发工作的重要组成部分。我们在过去的实践中，探索了一些好的做法，但与市场经济体制相比、与新阶段农业综合开发的要求比，仍显得十分薄弱。因此，加强农发竣工工程后续管理工作十分重要。一是要完善农发项目后续管理制度。要坚决克服“重建轻管”的倾向，树立建管并重的思想，完工项目的后续管理对农业综合开发项目发挥长期效益至关重要。划分管护主体和责任，主要依靠制度办法。要认真落实项目建后管护制度，明确管护主体，强化管护责任，建立农发项目后续管理基金，最大限度地延长项目工程的使用周期，真正做到长久发挥效益。二是要加快农发资产产权制度改革，实现由责任管护向产权管理转变，建立产权明晰、责任明确、管护有效的农发资产产权管理体制，通过对农发资产进行拍卖、承包、租赁、股份制和股份合作制、责任制管理等形式，明晰产权，落实管理主体，确保农发资金保值增效。三是建立农发竣工工程维护基金制度。从农发资产营运收益中提取一部分，建立农发项目工程维护基金，保障农发项目工程的日常维护。

（六）转变作风，进一步加强农发干部队伍建设。农发干部队伍作风建设，事关农业综合开发机构形象和农发项目成效。因此，必须高度重视，切实抓好。一是要树立开发为民的思想，进一步增强干部队伍的服务意识，积极为“三农”服务，把维护好、实现好、发展好农民群众的根本利益作为农发工作的出发点和落脚点。二是要抓好干部学习培训，包括加强对各级农发机构主要领导的培训，不断提升干部业务素质和理论水平，为培养优良作风奠定良好的思想基础。三是要大兴调研之风。采取多种形式，深入基层、深入项目区调查研究，重点研究国家农业方针政策、研究国家农业综合开发政策制度、研究新阶段农业综合开发工作措施，不断开拓创新，与时俱进。四是要大力倡导实事求是、

踏踏实实的工作作风，到实地，察实情，谋实策，求实效，把实事办好、好事办实，不搞形象工程，不搞花架子。通过多方面工作，努力为农业综合开发培养一支学习型、服务型、创新型的过硬队伍。

（选自《中国农业综合开发》2001年第6期）

改革完善农业综合开发政策和运行机制 大力促进农业产业化经营

王雪梅

国家农业综合开发联席会议第一次会议，对当前和今后一个时期的农业综合开发工作，明确提出了围绕全面建设小康社会，突出“两个着力，两个提高”，进一步改革完善投资政策和运行机制，切实加强项目和资金管理的总体要求。国家农发办根据这次联席会议精神，在全国农发工作通报会上提出了“突出重点，集中投入”、“改革扶持农业产业化龙头项目建设”等八个方面的初步设想。我们认为，这次联席会议和农发工作通报会提出的工作思路及相应的政策举措，紧密结合了新阶段农业和农村经济发展要求，充分考虑了农发工作的现实状况和客观实际。总体来看，定位准确，路数清晰，是非常正确和及时的。为使国家将要出台的各项具体政策措施更加科学合理，结合四川省实际，提出如下粗浅建议。

一、关于农业综合开发的指导思想和思路问题

当前，我国农业和农村经济正处于一个新的发展时期，完成传统农业向现代农业、计划经济向市场经济的转轨，是农业和农村经济持续、健康发展的关键。“两个转轨”要求农业综合开发在推动农村经济发展中做到：价值取向上要从自给型转向市场型，强化以优取胜的竞争意识；对产业结构的调整要由分动型向联动型转变，走政府调控市场、市场引导企业、企业带动农民的路子；经营方式要从粗放型向集约型转变，促进农村产业聚集、实体聚集、园区聚集的形成。

因此，新阶段的农业综合开发，必须突破传统农业的约束和计划经济色彩，按照现代农业和市场经济的发展要求，进一步完善其指导思想、基本定位及其管理体制和方法。

首先，在指导思想上，应正确处理基础设施建设与推进产业化、增加农民收入的关系，把增加农民收入作为农业综合开发根本落脚点和终极目标，农业基础设施建设和产业化发展必须服从和服务于结构调整和助农增收。

其次，适应公共财政和市场经济的要求，科学合理界定农业综合开发的基本任务，坚持把改造中低产田（土），加强农业基础设施建设，提高农业综合生产能力，作为开发的首要和长期任务；把推进产业化经营，开发优势农产品，发展特色农业，促进农业结构调整和优化，作为开发的关键任务；把保护和改善农业生态环境，实现可持续发展，作为开发的重要任务。

第三，进一步改革现行管理体制。计划经济向市场经济的转轨，一个显著的特征就是在管理体制上要走责权利相对称的分级管理之路。目前农业综合开发中权力过分集中于中央，责任完全下放到地方，责权利不对称的现象比较突出。因此，改革农发管理体制，重新合理调整和界定中央和地方各级

农发办的职能，下放项目计划审批权限，建立分级管理和分级负责的项目和资金管理体制势在必行。我们认为，国家农发办的主要职责应该是：制定农业综合开发的方针政策、项目和资金的运行机制和模式；监督地方项目的实施和资金的分配使用；对全国开发任务和目标总量调控；建立、完善管理制度和各项竞争激励和约束机制。

第四，运用政府宏观调控和市场经济手段，完善管理方法。当前最主要的是应做好两个方面的工作：一是整合各类财政支农资金，发挥“捆绑”互补效应，走农发资金“搭台”，其他各类财政支农资金配合“唱戏”，集中投入、综合扶持的道路。二是运用市场经济手段，按照公开、公平和公正原则，通过项目招商或招标投标、实行项目和资金的公示制等方式，使项目和资金的分配管理更加科学和充满“阳光”。

二、关于合理设置农业综合开发项目问题

目前项目设置存在的主要问题：一是划分过细，界定不明晰。土地治理项目中各种类别的子项目有越分越多的趋势，中低产田（土）改造的力度有所削弱，开发的重点有些模糊了；土地治理中的优势农产品基地项目与多种经营中的种、养基地项目虽然侧重点有所不同，但两者也确有不少共性之处，需要明确界定。二是条块重复交叉，政策不一致。目前农发“部门项目”与土地治理和多种经营项目重复交叉现象严重；同时，项目的财政资金有、无偿政策和地方财政配套政策又不一致，选项与资金配套、债务承担脱节，权利与义务不统一。确有必要按照“按需设置，同类归并”的原则进行整合。为此建议：

1. 将“部门项目”中除专项基础设施、生态建设（如水土保持、水利骨干工程等）以外的其他项目（尤其是生产经营性质的项目），归并到“块块”中，由地方按性质管理；同时，条块之中同性质和类别的项目在财政资金政策上应大体一致。

2. 将原多种经营项目改为农业产业化项目。农业产业化项目下辖三大类子项目，即：产业化龙头项目（重点是对国家级、省级农业产业化龙头企业的扶持）、优势农产品基地建设项目（重点是在土地治理基础上，服务于龙头企业的优质、高效原料基地的规模开发利用）、配套服务项目（重点是产地批发市场）。由于龙头企业上接市场，下连基地和农户，处于产业化经营的关键环节，故理应成为农业产业化项目的扶持重点，相应在资金扶持上应占到70%以上；优势农产品基地建设和配套服务项目的资金扶持比重分别为20%和10%左右比较适宜。

三、关于突出重点，集中投入和解决开发面铺得过大的问题

1. “突出重点，集中投入”，在区域上突出农业主产区和农产品优势产区；在投资重点上，土地治理项目坚持以改造中低产田为重点，农业产业化项目突出扶持优势特色农产品和优先扶持龙头企业的思路我们基本赞成。但有两点建议：一是应当正确处理农业主产区和农产品优势产区的关系。我们认为，农业综合开发作为财政支农的重要措施，理所当然应向农业主产区倾斜；而资金倾斜的建设目标应该是将主产区建设成为农产品优势产区。唯有如此，才能有效促进农业主产区的结构调整，变农业主产区的农业大省为农业强省。两者的关系，一个是扶持重点，一个是建设目标，把两者相提并论容易产生歧义。二是在“区域”重点上应突出对西部地区的适度倾斜。理由在于：西部地区日益恶化的生态环境和落后的农业生产条件，以及滞后的产业化经营步伐，已经成为严重制约我国农村全面建设小康社会的关键所在，没有西部的小康就没有全国的小康。

2. 在解决开发面铺得过大的问题上，今后原则上不再增加开发县，以省为单位对项目县实行总量控制的主张我们完全拥护。但对“年度开发县相对集中，今年扶持一半项目县，明年扶持另一半项目县”的思路，我们认为需要进一步的研究和完善。这种做法有两个问题不易解决：一是淡化了“突出重点”中的区域重点，容易造成项目县轮流“坐庄”的平均主义；同时也不利于奖优罚劣、竞争激励机制的形成。二是一半县开发任务和资金以及农民投工投劳配套量的成倍增加，使之工作的组织动员和县级财政资金配套的难度进一步增大；而

另一半县的机构和人员又处于暂时“停业”状态，县级财政农发资金也可能因为没有国家项目而被预算削减，不利于地方财政农发资金的稳定投入。有鉴于此，我们建议可采用以下方法：(1) 在规定至少不低于60%的前提下，由各省自行确定投入本省农业主产区土地治理项目的存量资金占其总量的比重。(2) 中央每年投入土地治理项目的增量资金的80%以上，应用于农业主产区。这样，才能有效确保农发资金在增量和存量的调整上围绕“突出重点，集中投入”，实现联动。同时，应该明确提出“土地治理项目要围绕和服务于产业化项目，产业化项目要围绕和服务于龙头企业”；在产业化项目的立项扶持中坚持“不直接带动基地和农户的龙头企业不扶持，不直接连接龙头企业的基地建设项目不扶持”，促使农发土地治理和农业产业化两大项目在改善农业基本生产条件和大力推进农业产业化经营中真正实现有机结合，并在结合中完成“突出重点，集中投入”的政策调整目标。

四、关于改革完善扶持农业产业化项目的政策问题

1. 关于扶持方式。我们主张多种方式的有机结合和灵活运用。当前应该积极开展国家财政资金在扶持产业化龙头企业中，运用直接投资方式，委托各级国资经营公司进行入股经营试点；同时进一步完善财政贴息资金政策，积极探索专项银行贷款贴息项目的扶持管理办法；允许项目企业根据自身发展的实际，多形式自主选择申报财政扶持方式。

2. 结合多种经营项目类别的调整，对农业产业化项目的财政有、无偿资金政策进行必要的改革和调整：(1) 对“产业化龙头项目”的扶持，采用有偿、贴息和直接投资方式；同时，取消对有偿资金收取占用费的政策。(2) 对“优势农产品基地建设项目”（即原多经种、养基地建设项目），采取有、无偿资金相结合的方式；鉴于基地建设的公益性和示范性比较强，建议对该类项目进一步提高财政无偿资金比例（由目前的有、无偿比例8:2，调整为5:5），取消有偿资金占用费，进一步延长还款期限（由目前的第四年开始归还，第五年还完，改为第五年开始归还，第七年还完）。(3) 对“配套服务项目”实行区别对待政策，即：产地批发市场项目可执行“产业化龙头项目”的扶持方式；对农村专业合作经济组织及行业协会等的扶持，建议不单独开设专项和制定相应的资金优惠扶持政策，只将其列入扶持范畴，视同产业化龙头项目对待，同等条件下可优先扶持，否则，容易染上“官气”，不利健康发展。(4) 不单设“示范引导项目”，以避免农业产业化项目内部子项目间的交叉和重复设置。

3. 进一步完善农业产业化项目财政无偿资金的使用管理。一是对“优势农产品基地建设项目”（即原多种经营的种、养基地建设项目）扶持的财政无偿资金，在科技推广费上允许项目县适当集中部分资金（如科技推广费的40%），围绕基地建设项目开展疫病统防统治等的示范引导。二是适度扩大农业产业化项目无偿资金使用范围，在已有用于项目银行贷款贴息、科技推广、公益性基础设施和项目前期工作费等四项内容政策规定的基础上，建议开设专门单独的项目“财政贴息”和“财政担保”资金，直接吸引银行贷款投入农业产业化领域。

五、关于农业综合开发项目的运行管理机制问题

1. 关于改革财政资金分配办法，实行“倒配制”问题。我们认为，实行“倒配制”，从理论上讲，可以改变目前“地方财政配套难以足额到位”的情况，使项目不留资金缺口；但同时，这种办法也会直接导致国家扶持资金向财政实力强的省区倾斜。从实践上看，“倒配制”在现实中极有可能产生不合理的负面影响，即：一方面它与区域上突出农业主产区的“突出重点”的政策取向不尽一致，会产生农发政策间的相互矛盾，制约政策综合效应的发挥；另一方面，由于中西部地区的省区大多是农业省区，财政相对比较困难，“倒配制”必然带来广大中西部地区的中央财政农发增量乃至存量资金向东部发达地区的“倒流”，进而导致这些省区难以尽快改善农业基础设施和生态环境，难以加快农业产业化经营的进程，成为制约我国实现农业现代化和全面建设小康社会的最大障碍。权衡得失，

目前选择“倒配制”弊大于利，不宜推行。

2. 关于配套投入机制问题。我们认为，在今后的开发中仍应该继续坚持，否则，农发投入总规模将会大幅度“缩水”，也不利于引导地方财政不断加强对农业的投入。事实上产生“地方财政配套难以足额到位”的原因是多方面的，除了其他主客观因素外，很重要的一个原因是现行国家制定的地方财政配套资金政策，超出了地方各级财政的承受能力，特别是过高估计了西部地区各级财政的实力。因此，国家农发办拟进一步调减西部贫困地区和中部粮食主产区财政配套资金比例，取消部分贫困县财政配套资金的举措是非常明智的。就四川来说，建议从现在的1:0.72调整为1:0.5，省以下的具体分担，由各省结合实际自主确定，全国不作统一规定。对于项目自筹资金配套问题，建议采取区别对待政策，即：土地治理项目不宜再硬性规定农民群众按比例自筹现金，投工投劳也要限制在“一事一议”的范畴内；农业产业化项目，继续执行现行1:0.5的自筹资金配套比例政策。

3. 关于对农业产业化项目改革下达投资控制指标方式，实行国家只下达项目投资控制预备指标和项目指南，通过项目招标投标或招商等方式，竞争立项，择优扶持农业产业化项目的做法我们赞成。但考虑到中西部地区，特别是西部地区产业化龙头企业起步晚、起点低，农业产业化经营尚处于起步发展的“爬坡”阶段，不分区域和条件地打破“基数”，统一参与全国的竞争，既不符合西部地区的发展实际，也不利于国家对西部地区农业产业化经营的培植和扶持，客观上也容易形成项目资金不尽合理的“倒流”。为此，建议国家以省为单位实行项目招商，试行公开、公平、公正的竞争立项，择优扶持，实现农业产业化扶持资金的合理流动和配置。

六、关于四川省扶持农业产业化经营发展的重点问题

近年来，四川省委、省政府针对全省农业和农村经济发展新阶段的基本特点，提出了“推进产业化，全面建小康”的农业和农村经济发展总体目标；提出了“一二三产业互动，城乡经济相融”，“以工业化带动农业产业化，以农业产业化推进工业化”的基本思路。并在上述目标和思路下，根据四川省资源优势和经济发展现状，制定了重点发展生猪、牛羊禽（含乳业）、优质粮油、林竹、果蔬、中药材、茶叶、蚕丝麻、水产、花卉等十大优势产业；在突出特色，优化布局，大力发展优质高效农业，强化农产品质量标准和检验检测体系建设的同时，着力抓好全省115家国家级、省级农业产业化龙头企业的发展，推进农产品加工原料生产基地化，产加销经营一体化，加工制品优质化。要求财政扶持资金要根据不同情况分别采取贷款贴息、有偿投入、直接投资等多种方式，对国家级、省级龙头企业给予重点支持。近两年四川省农业综合开发多种经营项目在扶持农业产业化经营上的以省为单位，集中资金，竞争选项，重点投入，试行直接投资等多形式扶持方式，探索产业化项目招商等新举措，都是紧紧围绕着四川省委、省政府制定的战略目标、发展思路和工作要求展开的。

我们坚信，在举国上下的共同努力下，农业综合开发一定会在“求真务实、开拓创新”中开创新局面，再上新台阶。

（选自《中国农业综合开发》2003年第6期）

农业综合开发促进农业生产方式转变的思考

史青衿

随着我国社会主义市场经济不断深入发展，特别是入世后，农业一家一户分散经营，户自为战、村自为战的生产方式，与大市场的矛盾日益突出。对此，农业综合开发根据黑龙江省农业生产实际，适时转变指导思想，在加强农业基础设施建设，改善农业生产条件的基础上，促进农业结构调整，培育优势产业，通过农业综合开发这种政府行为和手段，整合各方面农业资源，大力推进农业产业化经营，为农业生产方式转变进行了积极探索，取得了较好成效。从对20多个县（市）农业综合开发项目区调研情况看，农业生产方式出现由单一种植养殖生产向产加销一体的产业化经营转变，由一家一户分散经营向规模化经营转变，由小而全的小农经营向分工分业专业化生产转变的新趋势。

一、加强农业基础设施建设，改善农业生产条件，增强农业抵御自然风险的能力，为农业结构调整和农业生产方式转变奠定基础

农业现代化首先依赖于农业基础设施的现代化。由于农业承受市场和自然双重风险的弱质性，致使众多的社会投资者望而却步，农民又因资金实力不足，无力把资金投向具有公益性的农业基础设施建设。农业综合开发作为政府支持和保护农业发展的政策措施，以改善农业生产条件为基本任务，针对制约项目区的主要自然因素因害设防，发展节水农业，治旱、治涝、治风沙、治水土流失，进行农业基础设施建设，有效提高了项目区抵御自然风险的能力和农业综合生产能力，为农业结构调整提供了保障，为龙头加工企业建立稳固的生产基地，对农业生产方式的转变起到了奠基作用。

农业综合开发把改善农业生产条件同建设优质农产品基地有机结合，壮大了基地生产规模，促进了农业内部分工分业。2000—2002年，全省农业综合开发项目区共新打机电井9 540眼，建排灌站134座，新增灌溉面积363万亩，控制水土流失133.8万亩。如2001年以来省里投入资金705万元，与扶持宾县年产2 000吨大豆蛋白活性肽加工龙头项目相配套，为龙头企业建设优质大豆基地5万亩，打机电井7眼、配备喷灌设施7套、农业机械64台套、选种及检测设备18台套、疏浚渠道15.3公里、架低压线路3.5公里。项目区5个乡镇农业生产条件明显改善，5万亩优质大豆新增生产能力7 364吨，增加纯收入338.2万元，农民人均增收473元。更为重要的是农业生产条件改善后，实现了大豆规模种植，加速了大豆优势产业的分工分业。有1 294户有种植经验的大户从事优质大豆种植，有265户由种植转入专门从事大豆初加工，为龙头加工企业提供浸油副产品——豆粕，有76个农户专门从事大豆贩运，有236户外出打工，其中有30多人成为龙头企业的生产工人。

2000年以来省农业开发办围绕市场要求，扶持虎林市建绿色水稻生产基地项目4个，建基地8万亩。共修沟渠335公里、建桥涵52座、修农田路47.4公里、架农电线路38.5公里、建永久性育秧大棚50亩、晒水池50个。将原来十年九涝的旱田改造成年年旱涝保收高产稳产的农田。优质水稻亩产超过500公斤，8万亩绿色水稻全部实行统一品种、统一施用绿肥、统一灭草、统一使用“珍宝岛”牌绿标，产品以每千克高于市场0.1元的价格被绿都集团以订单形式收购，基地人均增收1 200多元。

二、土地治理、多种经营、科技示范三类项目统一作用于区域优势产业，壮大优势产业规模，为农业生产方式转变提供前提条件

农业产业化经营本身就是农业生产方式的重大变革。新阶段以来，我们以产业化思维统领农业综合开发，以工业化方式组织农业综合开发项目区生产建设。在农业优势产业的链条上，农业综合开发成为一支“机动部队”，哪里需要哪里上，哪个环节薄弱就在哪个环节立项，修补和完善了产业链条，壮大了产业规模。把原本单摆浮搁的种植、养殖生产同加工企业和市场紧紧联结在一起，为农业生产方式转变提供了前提，创造了条件。

为找准农业综合开发应扶持的重点优势产业，省农业开发领导小组2002年下发1号文件，要求各县（市）对县域经济优势产业进行充分论证，形成农业综合开发扶持优势产业发展规划。经县（市）论证和省农发办深入考察，又下发省农业开发办（2003）13号文件，确定从2003年起至今后几年内，省农业综合开发重点扶持大豆、奶牛、肉牛、生猪、蛋禽、果菜、亚麻、马铃薯等八大优势产业，涉及45个县（市）；市（地）县重点扶持特色谷米、万寿菌、红干椒、葵花、大麦、烤烟、北药、名特鱼、肉羊、绒山羊和蚕等112个优势产业，涉及14个县（市）。明确了扶持的目标和原则、组织领导及奖惩措施。另有7个以生态农业建设为重点的县（市），也分别明确了一项农业综合开发扶持的优势产业，把生态农业建设同优势产业发展紧密结合起来。

农业综合开发扶持优势产业，加快了农村劳动力向二、三产业的转移，促进了财政增收和农民增收。如2000年以来，省农业综合开发围绕杜尔伯特县奶牛产业先后立项6个，投入资金929万元。其中土地治理建设青贮玉米基地项目一个、草场改良项目一个；多经项目建设妙士集团扩建奶源项目一个、奶牛养殖项目一个；科技项目建设奶牛胚胎移植项目两个。通过对奶牛产业全方位扶持，龙头企业年新增鲜奶182万千克，妙士集团日新增加工能力200吨，实现销售收入6亿元，上缴税金6 500万元，拉动农民人均增收1 500元。基地扩大青贮玉米种植9 000亩，扩大围栏封闭育种改草8 000亩，项目区农民人均收入由扶持前2 300元增长到2 826元。通过扶持，全县有1 800余农村剩余劳动力转移到妙士和伊利两个龙头企业从事乳业生产，有10 560人由过去单一种植业生产转向青贮饲料、牧草种子繁育、饲草加工、机械榨奶和畜牧兽医等专业生产领域。2000年以来，省农业综合开发扶持富裕县奶牛产业，先后扶持龙头项目1个、基地项目4个，投入资金1 290万元。龙头企业——光明松鹤乳品有限责任公司日处理鲜奶由350吨提高到700吨，年上缴税金由850万元提高到2 400万元。3年累计为农民发放奶资4.3亿元，2002年农业奶业人均收入1 368元，比2000年增长43%。龙头企业在奶牛集中的专业村建立机械榨奶站，对全县1.5万户奶牛养殖户实行“分户饲养、集中榨奶、以质计价、全程服务”，以高于本地市场价0.05元的价格同养牛户签订鲜奶收购合同。仅机械榨奶站就安排400多名农村剩余劳动力就业。

农业综合开发扶持优势产业，提高农业劳动生产效率，培育了大户和能人，壮大了生产和经营规模，加快了全面建设小康社会的步伐。2002年省农业综合开发投资89万元扶持富裕县友谊乡登科村青贮饲料项目，分别建500吨和100吨以上青贮窖5座和16座，40吨以下210座，打抗旱机井10眼。种植青贮玉米3 200亩，全村奶牛由2000年的706头增加到1 760头，奶牛单产由3年前3.8吨增加到5吨，全村利用青贮玉米饲养奶牛，增鲜奶900吨，增收入126万元。奶牛饲养开始由一家一户小规模饲养变成大户规模饲养。全村规模饲奶牛10头以上大户发展到21户、百头奶牛养殖大户1户。2002年全村农民人均收入6 828元，其中奶业人均收入5 466元，占农民人均收入80%，农户家家砖瓦房，户户有电视、程控电话和手机，成为全县有名的小康村。

三、以项目区为载体，联结农户与龙头，由农户分散经营转变为集约化规模经营，积极探索由传统农业向现代农业生产方式转变的新路子

农业综合开发不仅改善了项目区生产条件，扶

强扶壮优势产业，促进农业结构调整，而且为以项目区为载体，积极探索农业生产方式转变之路，培育了成功的典型。兰西县自2001年以来，先后建优质亚麻基地项目4个，投入资金570万元，建基地6.7万亩。其中2003年投入资金200万元在兰河乡拥军村建优质亚麻基地6 000亩。基地全部在农户自愿基础上，以每公顷2 300—2 500元的价格租给兰西福润亚麻有限公司耕种，由公司统一播种、统一管理和收获。耕地原承包者80多户农民被公司优先录用为工人，在公司从事亚麻良种繁育或加工生产。据测算，仅农户反租土地，户均收入1.15万元，在企业打工收入户均0.37万元，80户农民仅从亚麻公司就户均获取收入1.52万元，比原来一家一户分散经营户均增收5 000多元。

2002年在桦南县分别扶持金源亚麻原料公司和从事生猪及饲料生产的巨龙公司项目，都在农业生产方式转变方面探索了新途径。为金源亚麻原料公司投入农业综合开发资金970万元建优质亚麻基地5万亩。在经营方式上采取两种形式：一是由公司以每公顷2 200元价格租种农户土地2.5万亩，实行统种统管，将农民从土地中剥离出来。二是在农民自愿基础上，有9 000多亩土地由公司实行“五统一分”：即统一技术方案、统一品种、统一播种、统一田间管理、统一收获和销售，收入按土地分配。从种到收由公司雇用农民。实行这两种生产方式以后，一是由分散经营转变为集约化规模经营，提高了劳动生产率，亚麻单产和优质品率分别比原来提高25%和10%，每亩增收154.3元。二是转移农村剩余劳动力。有600多名劳动力从土地中解放出来，从事养殖业和农副产品加工业。

为桦南巨龙公司投资234万元，成立了生猪生产合作社，合作社已发展社员1 800名，建养猪专业村6个，年出栏生猪五万头，拥有种猪5 000余头。公司下属饲料厂年加工饲料10万吨。公司对合作社社员实行统一供种猪、统一供饲料、统一科学饲养方法、统一防疫灭病、统一收购销售，放母还仔、集中育肥，合作社社员人均养猪收入达到4 000多元。

新阶段农业综合开发积极探索农业生产方式转变的新路子，虽然刚刚起步，但发展趋势良好，借鉴意义较强，给今后农业和农业综合开发工作以深刻的启示。

启示之一，转变农业生产方式需要政府的积极引导，农业综合开发办公室作为政府财政职能部门，应发挥项目管理与资金投入的优势，为新阶段农业生产方式转变发挥示范带动作用。农业综合开发借鉴世界银行贷款管理办法，对农业综合开发实行项目管理，这本身就是农业管理方式的改革与进步，如果将项目管理方式与农业生产方式的转变结合起来，势必为今后农业和农村经济的发展摸索路子和积累经验，这对于加快黑龙江省农业向现代农业转变的步伐将产生积极而深远的影响。今后农业综合开发工作在加强项目建设的同时，一定要把农业生产方式转变作为重要内容，实现农业生产方式转变的优先立项，取得成功经验的及时总结推广，具有发展潜力的加大扶持力度，形成全省项目区竞相探索农业生产方式转变的新态势。

启示之二，转变农业生产方式，就要改变就农业抓农业的思维定势，用大农业观抓农业。所谓大农业观，从横的方面不仅包括农林牧副渔以及它们之间的相互关系，还要注意每一业的内部关系。如大豆就分为工业用大豆、饲料用大豆和人食用大豆等，其他种类的产品亦无不如此。从纵的方面还应包括农产品加工、运输、销售全过程，要作为整个产业来看待，也就是用农业产业化的思维来统领农业和农业综合开发。在产业化运作过程中应特别注重农产品加工企业和市场的龙头作用，改变过去农产品加工业跟着种植业、养殖业走，生产什么加工什么的做法，转变为种植业、养殖业跟着龙头企业走，龙头企业跟着市场走，形成市场牵动龙头，龙头牵动种养业的农业生产新路子。

启示之三，转变农业生产方式，就要转变官办农业的惯势，增强市场经济观念，充分发挥专业协会及农民合作经济组织的作用。长期计划经济体制下，政府对农业的管理过多过细，管不了也管不好。新阶段转变农业生产方式，首先应转变政府职能，减少行政命令性干预，强化政府为农业和农民服务职能。政府为农民服务的一个重要方式就是大力扶持农业专业协会、农民合作经济组织，充分发挥这种中介组织的作用。农民合作经济组织是整合农村经济资源形成产业优势的载体，是实现农户与市场对接的桥梁。经济组织的带头人，一般具有较高的素质和才干，能够担当起与政府及其他社会主体就某些公共事务进行协商、谈判与合作的职能。专业协会作为非盈利性组织，可为会员提供信息或技术服务，制约并协调会员个体行为，通过专业协会处理经济事务，具有更多的自律性质和内在动力，往往比政府直接干预更为有效。因此，今后政府部门及农业综合开发扶持农业生产的方式，应更加注意扶持农民合作经济组织和农业专业协会，通过这些中介组织架起农民与市场对接的桥梁，更好地适应市场经济发展的需要。

启示之四，转变农业生产方式，就要加强制度创新，注重建立企业与农户“双赢”的利益机制。合理稳定的利益关系，是保证农业产业化经营的关键。在利益分配机制上，要形成各参与主体对产业化经营的投入及产权关系，并据此得到一定的回报。应注意引导各利益主体正确处理总体利益与自身利益及不同主体利益的关系，树立互利互惠、共同致富、长远发展、双方受益的利益取向。在生产方式上，农业综合开发项目既提倡公司尊重农民意愿统一规模经营的方式，更提倡订单农业方式，在为农户提供一定服务的基础上，让农民获得合理价格，减少市场风险。还可提倡龙头企业建立风险基金、实行保护价收购、按收购农户产品数量返还一定利润等方式，与农户建立稳定的利益联结机制。要积极探索农民用土地使用权、产品、技术、资金等要素入股，采取股份制或股份合作制等形式，与龙头企业结成风险共担、利益共享的共同体，把利益机制纳入规范化、制度化的轨道。对利益机制规范化、制度化，能够实现企业与农户“双赢”的，农业综合开发予以优先扶持，从而示范带动和促进农业生产方式转变，加快农业现代化步伐。

（选自《中国农业综合开发》2003年第2期）

关于解决“农业综合开发面铺得过大”问题的调研报告

赵鸣骥　刘世江　杜　原

解决“农业综合开发面铺得过大”问题是贯彻落实国家农业综合开发联席会议精神的一项重要任务，也是做好新时期农业综合开发管理工作的一个关键性措施。对此，国家农发办近期进行了专题调研。现将有关情况报告如下：

一、“开发面铺得过大”问题的简要分析

（一）项目县总量偏多，财政资金投入比较分散

1988年农业综合开发开始实施时，全国有项目县495个（含市、区，不包括农场，下同），主要集中黄淮海平原、东北平原等粮食主产区。2003年全国项目县为1 863个，已扩大到全国各个省（市、区）。十几年间，全国项目县数量增加了3.7倍，平均每年增加91个。从项目县布局看，农业主产区项目县为1 171个，占全国项目县数的

62.9%；非农业主产区项目县为692个，占全国项目县数的37.1%。

由于每个项目县都要安排农业综合开发资金，项目县数量增加过多导致财政资金投入比较分散。特别是农业主产区中央财政资金投入明显低于非农业主产区。以近5年为例，农业主产区每个项目县中央财政投入虽然逐年增加，但始终低于非农业主产区，2003年尽管国家进一步加大对农业主产区尤其是粮食主产区的中央财政资金投入力度，这种状况也未根本改变（详见表1）。据调查，作为粮食主产区的黄淮海五省2003年项目县用于土地治理项目平均中央财政投入只有171万元，河南省仅有139万元。

表1　1999—2003年平均每个项目县土地治理项目中央财政投入情况表　单位：万元

年度＼区域	全国	农业主产区 平均	其中：粮食主产区	非农业主产区
1999	205	207	187	206
2000	210	203	185	228
2001	233	223	205	255
2002	251	242	223	271
2003	273	265	255	286

（二）项目分散，每个项目财政投入水平较低

按照国家农业综合开发的有关政策要求，土地治理项目建设必须集中连片，保证建设一个，成效一个，但是近年来，各地项目安排越来越分散。例如2001年安排的土地治理项目为3 542个，平均每个项目县为2.2个，2003年增至4 764个，平均每个项目县为2.3个（详见表2)。据调查，作为粮食主产区的河南省2003年平均每个项目县安排的土地治理项目多达2.7个。

表2　2001—2003年全国项目县土地治理项目数量和中央财政投入情况表　单位：万元

年度	全国			农业主产区			非农业主产区		
	项目个数	平均每个县安排项目个数	平均每个项目中央财政投入	项目个数	平均每个县安排项目个数	平均每个项目中央财政投入	项目个数	平均每个县安排项目个数	平均每个项目中央财政投入
2001	3 542	2.2	108	2 194	2.1	107	1 348	2.2	117
2002	4 113	2.3	109	2 581	2.3	107	1 532	2.3	120
2003	4 764	2.3	107	2 988	2.2	104	1 776	2.4	111

由于项目分散，造成了每个项目的中央财政投入水平也较低。尤其是粮食主产区因项目数量逐年增加，导致每个项目的中央财政投入逐年减少。例如，2001年粮食主产区平均每个项目的中央财政投入为105万元，2002年降至102万元，2003年又降至97万元。据调查，作为粮食主产区的黄淮海五省2003年平均每个项目中央财政投入只有79万元，河南省仅有52万元。

（三）项目种类过多，重点突出不够

农业综合开发以中低产田改造为主，以提高粮食综合生产能力为主要目标，但近几年来为适应全国农业和农村经济结构调整，加强生态治理的需要，从1999年开始逐渐增设了土地治理项目的种类，在原有的改造中低产田、草场（原）建设两类项目的基础上，又先后增加了优质粮食基地、优质饲料基地、节水农业示范、农业生态工程等四类项目。虽然国家农发办明确要求每个项目县在安排土地治理项目时，要因地制宜地选择一个类型的项目作为重点进行集中扶持，但不少地方在实际执行中仍“广泛撒网”，搞多个类型的项目。如黑龙江省

在2001年以前，每个县有三至四种类型项目，涉及到中低产田改造、优质粮食基地、优质饲料基地、小流域生态治理等各个方面。河南省2003年全省121个项目县中安排土地治理项目两种类型以上的有96个县，占全省项目县数的80%，其中涉及土地治理项目三种类型以上的有51个县，占全省项目县数的42%。

以上分析表明，目前农业综合开发面铺得过大，不仅项目县总量偏多，而且项目个数和种类也较多，造成财政资金投入比较分散，主要任务突出不够。

二、“开发面铺得过大”的主要原因

（一）认识上存在偏差

随着我国农业和农村经济形势的发展和变化，特别是实现了主要农产品供给由长期短缺变成总量基本平衡、丰年有余的历史性突破后，粮食等主要农产品的供需矛盾得到解决，但农民收入增长缓慢成为新阶段农业和农村经济工作中的突出问题。因此，为使农业综合开发能够在促进农业结构调整，加快农民增收步伐中发挥更大的积极作用，不同程度地产生了“多面出击”的思想，放松了“主业”，在实际工作中未能做到“有所为有所不为”。

（二）执行国家政策不够严格

不少地方没有正确执行国家农业综合开发有关的政策规定，有的不是按照“科学规划，集中投入，连片开发”原则，严格控制每个项目县安排土地治理项目的数量，而是片面强调保证基层干部和农民群众的开发积极性，甚至无法摆脱“人情项目、关系项目和首长项目”的困扰，出现了每个项目县安排项目的数量过多；有的不是根据本地实际，选择最为适宜的一类土地治理项目，进行集中资金，重点建设，而是将几类土地治理项目放在一个县内齐头并进地予以扶持，造成了中低产田改造项目安排不够突出。

三、几点建议

（一）以改善农业生产条件、提高粮食综合生产能力为根本任务

党的十六届三中全会明确提出：“加强粮食综合生产能力建设。”我国人多地少，农业基础设施比较薄弱，靠天吃饭的状况尚未根本改变，粮食等主要农产品供给能力与不断增长的经济社会发展需求还不相适应。因此，今后我国改善农业基础条件，提高粮食综合生产能力的任务更加艰巨。在当前粮食总量平衡有余的情况下，农业综合开发要认真贯彻国家农业综合开发联席会议的精神，始终坚持加强农业基础设施建设，改善农业生产基本条件，提高粮食等主要农产品生产能力这个根本任务毫不动摇，不断加强对中低产田改造，夯实农业基础，努力把项目区建设成为高标准、高质量的基本农田，提高粮食综合生产能力，为促进农业和农村经济结构调整，支撑国家粮食安全和维护经济社会稳定做出积极的贡献。

（二）突出重点，进一步加大对农业主产区特别是粮食主产区的投入力度

为了集中资金，保证重点，应切实加大对农业主产区特别是粮食主产区的投入，通过加强中低产出改造，改善农业基本生产条件，提高粮食综合生产能力，保证国家粮食安全。每年新增的中央财政资金主要应用于农业主产区。非农业主产区省份也要增加对粮食生产条件较好地区的资金投入。此外，中央农口部门项目资金也应向农业主产区尤其是粮食主产区进一步倾斜。

（三）整合项目，集中投入

要对现有土地治理项目的类型重新整合，除了继续保留中低产田改造项目外，将其他项目合并为生态综合治理和中型灌区节水改造两类，整合后的土地治理项目要继续以中低产田改造项目为主。同时，每个项目县原则上只能安排一个项目，以提高单个项目财政投入力度。各地要按照“集中投入，连片开发”的要求，扩大项目区治理面积，做到中低产田改造项目区治理面积要相对集中，平原区不应低于一万亩，丘陵山区不应低于一千亩；生态综合治理项目区治理面积也要尽可能集中连片。为了促进中低产田改造与农业结构调整紧密结合，提高项目建设效益，各个项目县要按照“一县一业”和“比较优势”的原则，围绕一类最具资源和市场优势的主导农产品或产业的需要安排土地治理项目，进行连续扶持。

（四）控制总量，奖优罚劣，建立农业综合开

发项目县“能进能出”的竞争机制

要切实加强对项目县的管理工作。对项目县（市、区和农场）的数量要严格控制，今后原则上不再增加。同时，对现有项目县要进行认真清理，对耕地面积较少、开发潜力较小或开发任务已基本完成的项目县要尽快退出；要实行严格的奖惩措施，在项目县总量保持不变的前提下，建立起项目县可进可出的竞争机制，打破项目县资格的“终身制”。

农业综合开发积极推进农业产业化经营的实践与思考

宋志刚 樊继红

近年来，农业综合开发在着重加强农业基础设施建设的同时，每年安排近20亿元中央财政资金用于加强优势农产品基地建设，扶持带动作用强的产业化龙头企业，大力推进农业产业化经营，取得了明显成效，成为国家扶持农业产业化经营的重要组成部分。

一、扶持农业产业化是新阶段农业综合开发的必然选择

农业综合开发过去是以改造中低产田为主要内容，以提高粮棉油等大宗农产品产量为主要目标。1998年以来，适应农业发展新阶段的要求，农业综合开发在指导思想上实行“两个转变”，即由以改造中低产田和开垦荒地相结合，转到以改造中低产田为主，尽量少开荒甚至不开荒，把提高农业综合生产能力与保护生态环境结合起来；由以增加农产品产量为主，转到积极调整结构，依靠科技进步，发展优质高产高效农业上来。进而坚持“两个着力”、“两个提高”，即着力加强农业基础建设和生态环境建设，提高农业综合生产能力；着力推进农业和农村经济结构的战略性调整，提高农业综合效益，增加农民收入。实践证明，实行龙头带基地带农户，将生产、加工、销售紧密结合起来的农业产业化经营，是发展农业和农村经济的有效形式，可以较好地解决分散的农户经营与大市场的连接问题，促进产销衔接和农业结构调整，提高农业生产效益，增加农民收入。因此，大力推进农业产业化就成为新阶段农业综合开发的一个必然选择，成为农业综合开发实现“两个着力”、“两个提高”的重要途径。

（一）基本思路

把增加农民收入作为根本出发点和落脚点，立足各地资源优势和比较优势，面向市场，依靠科技，积极推进农业产业化经营，扶持具有带动作用的龙头项目，建设各具特色的优质农产品基地，发展区域主导产业，促进农业结构调整，提高农业综合开发整体效益。

（二）遵循原则

统筹规划，合理布局，因地制宜，突出特色；以经济效益为中心，以增加农民收入为前提；以市场为导向，以产品为着力点，以建设产业化链为纽带，培育主导产业；以龙头带基地带农户，实行产加销一体化经营；以科技进步为依托，产学研相结合，增强竞争能力；创新机制，激励竞争，鼓励形成利益共享、风险共担的实体。

（三）扶持范围

一是优势农产品基地。包括优质粮食基地，优质饲料作物基地，优质果品、蔬菜、花卉、茶叶、中草药等种植基地，优质牛（肉牛、奶牛）、羊、猪、禽等畜产品养殖基地，优质水产品养殖基地；

二是农业产业化龙头企业。包括农产品加工、储藏保鲜、产地批发市场等。

（四）投入政策

每年将中央财政农业综合开发资金的约30%用来发展优质农产品产业化，其中约50%—70%用于优质农产品基地建设，30%—50%用于扶持农业产业化龙头企业。同时按政策规定，要求地方财政落实配套资金，项目承建单位筹集自筹资金。根据项目效益情况，按照区别对待的原则，对于经济效益相对较低的优质粮食基地、优质饲料作物基地项目，投入的中央财政资金90%无偿使用，10%有偿使用；而对于经济效益较好的多种经营种养业项目和产业化龙头项目，投入的中央财政资金20%无偿使用，80%有偿使用。发展农业产业化的财政无偿资金主要用于新技术推广、新品种引进、公益性基础设施建设以及贷款贴息等。

二、农业综合开发扶持产业化经营取得明显成效

随着近年来中央财政农业综合开发财政资金逐年增加，国家农发办不断加大了扶持农业产业化的投入力度。1998—2002年扶持发展农业产业化的中央财政资金累计达到78亿元，并吸引多方面投入。据初步统计，共吸引地方财政资金73亿元、银行贷款106亿元、企业和农民自筹资金117亿元。经过连年投入，将这些资金用以扶持产业化链条的薄弱环节，先后建成或完善了一大批优势农产品基地和产业化龙头项目，日益取得明显的效果。

（一）通过加强基地建设，促进了农业结构调整，带动了农民增收致富

1998—2002年农业综合开发共扶持建设优质粮食基地1 267万亩，优质饲料作物基地293万亩，发展经济林、蔬菜、花卉、药材等种植业基地849万亩，水产养殖基地267万亩。通过加强基地建设，促进了农业经济结构的调整和优化，拓宽了农民增收致富途径。江苏省海安县是一个传统的农业大县，栽桑养蚕历史悠久，该县农业综合开发把发展桑蚕业作为促进农业结构调整的突破口，几年来发展桑田3万亩，按桑田亩产茧100公斤计算，项目区共新增鲜茧3 000吨，蚕农增加收入达4 000多万元，蚕茧收入已占养蚕户农民收入的1/3以上。河北省安平县，通过农业综合开发及其他方面连年扶持，建成万头以上养猪场10个，千头以上养猪场30多个，万头以上的养猪大户1 100多户，万头养猪专业村26个，优质种猪远销至浙江、广东、福建等16个省，2002年出栏商品猪63万头，实现全县人均增收200多元，从事生猪养殖的农民人均收入达到5 000元，生猪养殖业已成为当地农村经济的支柱产业。

（二）通过扶持龙头企业，增强了其带动功能和市场竞争能力，促进了农业产业化的快速发展

1998—2002年，农业综合开发先后扶持的中央财政投资200万元以上的农业产业化龙头企业共有467个，其中133家被农业部等8部委联合命名为全国农业产业化重点龙头企业。通过扶持产业化龙头企业生产经营的薄弱环节，大大增强了这些企业的辐射带动功能。河北省宁晋县国宾公司原来只是一个手工作坊式的食用菌初加工厂，加工能力和水平满足不了当地食用菌种植业的发展需要，农业综合开发投入财政资金760万元扶持了其加工改扩建环节，使企业年加工能力由3 000吨增加到1万吨，年出口量达到4 000吨，年创汇由90万美元增加到309万美元，税利由70万元增加到370万元，该企业已成为华北地区食用菌加工生产的龙头。农业综合开发连续投入财政资金1 460万元扶持的四川省阳坪种牛场奶牛养殖及乳品加工扩建项目，通过引进优质奶牛品种、改善种牛场基础设施、引进先进加工生产线等，使企业日处理鲜奶能力由5吨发展到90吨，加工产品结构由单一的全脂加糖奶粉发展到10个粉状系列和10个液态奶系列，目前该场已由过去靠财政补贴的亏损企业，发展成为集人工种草、奶牛养殖、乳品加工、科研开发为一体的农业产业化重点龙头企业。

（三）通过扶持优势农产品，培育区域主导产业，推动了地方经济发展

农业综合开发在扶持产业化经营过程中，注重发挥各地的资源优势和比较优势，大力发展具有区域特色的优势农产品，进而培育区域主导产业。

1998—2002年，通过项目实施，共新增产值935亿元、利税233亿元，推动了地方经济的发展。吉林德大公司所在的德惠市及周边地区是玉米、大豆的主产区，为了促进玉米、大豆就地转化，农业综合开发对该公司扶持财政资金3 300万元建设养鸡示范基地，带动德惠市周边7个县（市）60多个乡镇的养鸡户6 200户，仅养鸡一项就转化玉米、大豆46万吨，相当于61万亩耕地的粮食产量，并为德大公司肉鸡加工提供了充足的货源，该公司2001年仅肉鸡产品即实现销售收入1.2亿元、利税2 000万元。黑龙江省讷河市农村土壤气候条件适宜马铃薯种植，而且加工产品市场看好，讷河市农业综合开发将马铃薯作为主导产业予以扶持，两年共投入财政资金2 610万元，建设马铃薯良种基地2 400亩、优质马铃薯生产基地10万亩和一个加工转化12万吨的马铃薯加工企业。2002年全县种植马铃薯68万亩，总产110万吨，实现马铃薯产业总产值4.22亿元，全市财政由此增收1 600万元。

（四）通过扶持产地批发市场建设，配备检测、监测等设施，完善了农业产业化服务体系

近两年，农业综合开发共扶持农产品产地批发市场13个，这些市场建设为农产品的销售起到了桥梁和纽带作用。河北省魏县天仙果品批发市场、饶阳蔬菜批发市场、怀来京西批发市场，均是农业综合开发重点扶持的项目。三个产地批发市场共投入财政资金1 500万元，主要用于完善市场基础设施和配套的检测、监测、气调保鲜、净菜加工等服务体系。随着市场功能的完善，通过市场出售的“放心菜、保鲜菜”享誉周边地区，市场交易额大增。目前，三个市场年交易蔬菜瓜果等农副产品240万吨，交易额达36亿元，成了极具影响力的农产品集散中心。

三、农业综合开发扶持产业化经营的几个关键环节

（一）根据不同区域资源优势确定各自发展重点

我国幅员辽阔，自然条件和生物资源呈现多样化的特点，而农业是一个与自然条件密切相关的产业，不同的农产品只有在适宜的条件下才能取得最佳的品质和效果。为此，国家农发办按照因地制宜、突出特色、适宜发展什么就发展什么的原则，确定了不同区域发展优势农产品的重点。例如：

优质粮食基地、优质饲料作物基地：重点安排在农业主产区特别是粮食主产区。

蔬菜：重点扶持大中城市郊区蔬菜基地、华南地区南菜北运基地、黄淮海地区冬春反季节蔬菜基地、西北地区秋淡基地。

苹果、梨：建设环渤海、黄河故道、黄土高原、西南冷凉高地四大集中产区；柑桔：建设长江上游丘陵地区、华南丘陵平原南亚热带和云贵高原干热谷地三大集中地区；核桃、板栗、枣、油茶等干果：重点扶持山西、河北、山东、江西、河南、湖南、广西、云南、陕西、新疆等适宜产区。

肉牛：重点扶持中原、东北肉牛带，发展华南、西部地区肉牛基地；肉羊：重点扶持南方肉羊商品基地，发展农牧交错地带的羔羊异地育肥基地；牛奶：重点扶持黑龙江三江平原及松嫩平原、内蒙古呼伦贝尔草原、河北坝上及冀中平原、山西西北部、江苏苏北地区、甘肃河西走廊、河南黄河滩区、山东、陕西等奶源基地，巩固提高大中城市郊区奶源基地；猪：以传统主产省区为主，积极进行东北粮食主产区的瘦肉型猪商品基地建设。

（二）着力扶持产业化龙头项目

农业综合开发所扶持的产业化龙头项目标准是：1. 投资规模较大，以财政资金扶持为主的单个项目，中央财政投资必须在200万元以上，个别以贷款扶持为主给予财政贴息的单个项目，贷款额必须在600万元以上。2. 产品科技含量高，市场潜力大，具有市场竞争优势。3. 预期效益好，具有资金偿还能力。4. 带动能力强，产、加、销、服务环节利益联结机制健全，能切实带动项目区农民增收致富（农副产品加工、储藏、保鲜所需原料2/3以上来自农户）。5. 项目单位资信度高，经营管理能力强，有较好的经营管理机制。

对产业化龙头项目给予以下优惠政策：1. 不论何种类型、何种所有制的产业化龙头项目，只要与农民建立起紧密利益联结关系，都要一视同仁，

予以扶持。2. 以有偿扶持为主，同时给予适量的无偿扶持。3. 对已发挥带动作用并确有发展潜力的龙头企业，予以连年扶持。4. 产业化龙头项目用于项目建设的贷款，在贷款期内给予一定的贴息。

扶持壮大产业化龙头项目，强调要立足现有项目或企业的更新改造，避免重复建设，盲目上新项目。除扶持农副产品加工项目外，要注重储藏保鲜、产地批发市场、大型跨地区农产品集散市场等项目建设，并注意与小城镇建设结合起来。

（三）注重科技推广应用

产品的竞争，说到底是科技的竞争。只有依靠科技进步，提高项目的科技含量，实现产品的更新换代，才能在激烈的市场竞争中处于主动地位。

为提高农业综合开发科技含量，将农业综合开发财政资金的10%用于科技推广，其中8%用于一般科技推广，随项目安排使用；2%用于专项科技示范，主要是围绕农业产业化进行高新科技的引进、示范、推广，并为面上的农业综合开发提供技术支撑。

扶持产业化经营，科技推广的主要内容是：种植业重点推广高效新品种，优质、高产、无公害栽培技术，无毒种苗快速繁殖技术及工厂化育苗技术，病虫害综合防治技术，抗旱增产技术，微滴灌技术等；养殖业重点推广畜禽、水产优良品种，集约化规模生产技术，畜禽快速高效饲养技术，水产优质高效养殖技术，规模化养殖的疫病综合防治技术，大中型养殖场的废弃物综合治理及环境监测技术等；加工服务业重点推广农副产品加工技术，果品、蔬菜采后处理及气调保鲜技术，肉类冷藏、脱酸保鲜技术，水产品速冻保鲜技术等。

为使高新科技成果和新品种得到推广运用，鼓励项目承建单位与科研院所、大专院校建立互惠互利的协作关系，鼓励科技人员采取技术入股、有偿服务、领办项目等形式，参与农业产业化项目建设。

四、积极推进农业产业化再上新水平

农业综合开发在推进产业化经营方面，经过几年的努力，尽管已取得明显效果，但是从总的来看，这仅仅是一个好的开端，所扶持项目的产业化程度还不够高，龙头企业的辐射带动作用还不够强。即使较大的龙头企业，与国际性的跨国组织相比还有相当大的差距。今后农业综合开发要以“三个代表”重要思想为指导，与时俱进，开拓进取，推进农业产业化再上新水平，为农村的小康建设做出应有贡献。

（一）按照发展农业产业化的思路统筹安排项目

农业产业化经营的重要特点之一是实行规模化经营。规模化经营有利于吸引资金、技术和人才，有利于开拓市场、提高市场竞争能力。而项目资金安排零星、分散，什么都想发展，什么也发展不起来。因此要统筹安排农业综合开发项目，“宁可少些、但要好些”，在一定时期内宁可少扶持一些项目，但只要扶持，就要力求做大做强，真正形成产业。关键是根据资源优势和经济技术优势以及市场需求，选准具有当地特色和市场竞争力的主导产业，集中资金，重点投入，并按照产业化经营的要求和缺什么补什么的原则，着力扶持产业化链条中的薄弱环节。

（二）向优势农产品和优势产区倾斜

在农业综合开发三类项目中，土地治理项目要逐步加大优质粮食基地、优质饲料作物基地的投入比重，多种经营项目种植、养殖基地要全部发展优势农产品，专项科技示范项目要紧紧围绕优势产业进行高新技术的引进、示范、推广。特别是在加入WTO，外国对我国农产品进口设置“技术壁垒”、“绿色壁垒”，以及国内一些大城市对农产品相继实行市场准入制度的情况下，要下大力推行标准化生产，配套完善质量监测、检测设施，发展优质、高产、高效、生态、安全农业。同时，继续加强农业基础设施建设和生态环境建设，为发展优势农产品创造良好的基础条件。

（三）育大育强产业化龙头企业

发展农业产业化，龙头是关键。实践证明，农业产业化龙头，在开拓农产品市场、促进农业结构调整、带动农民增收、提高农民组织化程度、安置

农村富余劳动力、进行小城镇建设以及发展地方经济、增加财政收入等方面都具有重要作用。发展农业产业化的立足点是帮助农民增收，但通过扶持龙头企业才能达到这一目的。从这个意义上讲，扶持龙头企业就是扶持农民。在扶持龙头的问题上，要进一步解放思想，把能否促进农业和农村经济发展作为衡量的唯一标准。要按照党的十六大提出的“两个毫不动摇”的要求，切实做到不论何种所有制龙头企业，只要能够带动农民增收，就毫不动摇地予以扶持。对龙头企业除扶持有偿资金外，在新技术、新品种的引进推广及某些公益性基础设施建设方面，也要给予适当的无偿扶持。对于确能发挥龙头作用且有发展前景的龙头企业，可在资金投入上连年给予扶持，以使其做大做强。同时，对龙头企业要因势利导，引导其真正发挥龙头带动作用。

（选自《2003 年农业综合开发优秀调研报告和论文集》，2003 年 12 月编印）

关于农业综合开发扶持优势农产品发展的调查报告

山东省农业综合开发办公室

根据国家农业综合开发办公室的部署，最近我们组织力量对全省农业综合开发扶持优势农产品问题进行了深入调查研究。

一、主要成效和做法

近几年来，山东省农业综合开发工作根据国家农发办的要求，结合山东实际，从应对入世和促进新阶段农业结构战略性调整的要求出发，以提高经济效益和农民收入为目标，以强化农业基本建设为基础，在发挥市场配置资源作用的同时，实施政策倾斜，合理有效地配置农业生产要素，重点培育优势农产品和优势产业带，做大做强一批具有较强竞争力的农产品产区，取得了明显成效。初步统计，自“九五”以来，山东省农业综合开发项目区共建成各类优势农产品基地 800 多万亩，其中，蔬菜基地 227 万亩，林果基地 100 万亩，优质粮棉油基地 330 万亩、畜禽、水产基地 13 万亩，扶持优势农产品专业批发市场和贮藏、保鲜、加工企业 200 多处，年新增农产品加工能力 50 万—60 万吨，对优化全省农产品布局，增加农民收入发挥了重要示范带动作用，项目区农民人均纯收入平均每年增加 300 多元。山东省各地农业综合开发支持优势农产品发展的基本做法：

（一）坚持资源、经济和社会相结合，科学选择项目区

山东省重点扶持发展的优势农产品有粮棉油、蔬菜、林果、畜牧、水产五大主导产业、10 多种产品。各地在项目区选择上，坚持六个标准：一是要符合全省规划布局。二是资源条件好。自然生态条件为该种农产品的最适宜区或适宜区，具有生产传统、生产基础和技术条件。三是生产规模大。能够集中连片生产，农产品商品率较高。四是区位条件优。交通便利，流通渠道畅通，运销快捷，对产业发展带动力强。五是产业化基础强。科研、生产、加工、技术、市场等方面基础条件较好，有带动能力强的农业产业化龙头企业。六是环境质量佳。具有保障农产品质量安全和生产可持续发展的良好生态环境。

（二）坚持基础设施建设与优势农产品基地建设相结合，促进农业结构不断优化

加强和改善农业生产条件和生态环境，是农业综合开发的基本功，也是发展优势农产品的基本前提。我们提出，中低产田改造打基础、基地建设增效益。要求农业综合开发项目区都要建成各类优势农产品生产基地和示范区。各项土地治理措施都要根据基地建设来进行规划设计，确定建设内容和管理方式。在项目区基础设施建设上，要达到田成方、林成网、沟渠路桥涵闸配套，旱涝保丰收、高产稳产的标准化农田。在基地建设上，要压缩供过于求的产品，增加短缺产品；压缩滞销产品，增加畅销产品；压缩劣质产品，增加优质产品；压缩普通产品，增加专用产品，逐步达到结构调优，品种调良，效益调高，起到示范带动作用。如潍坊市通过农业综合开发，建成了95万亩优质专用粮食基地，优质瓜菜、林果、畜牧、水产基地100多万亩，项目区粮经比例调到3:7，项目区成为当地结构调整的样板区、示范区。莱芜市莱城区是山东以生姜为主的“三辣”（生姜、大蒜、葱）的主产区，自1994年实施农业综合开发以来，围绕发展“三辣”产业，集中对西部20万亩中低产田进行立项开发。到2003年上半年，已建成高标准农田15万亩，其中“三辣”基地12万亩。

（三）坚持资源开发与科技开发相结合，促进基地开发上水平

引进、示范、推广新品种、新技术、注重用高新技术嫁接、改造、开发传统产业，是加快优势农产品发展的关键措施。“九五”以来，山东省土地治理和多种经营项目中，科技投入的财政资金达到10%以上，建立了一批农业高新技术示范园区，配套、完善了各类科技服务体系530多处，一些优势农产品新品种、新技术得到了积极推广应用，培训了一大批懂技术、善经营、会管理的新型农民，项目区农业科技贡献率提高了15个百分点。滕州市通过农业综合开发，先后投资1 650万元，建立了高科技惠丰种业有限责任公司，建成组培大楼一座，1 500平方米的实验楼一座，现代化智能渔室4 000平方米，购置仪器设备300余台（套），形成了高质量、大批生产脱毒马铃薯能力，年产原种2 000公斤以上，扩繁基地8 000亩，满足了全市对脱毒良种需求，全市50万亩马铃薯，亩增产700—1 000公斤，年增产值2亿元左右。

（四）坚持区域开发与产业开发相结合，促进产业化不断上档次

发展区域优势农产品是一项系统工程。我们坚持以扶持龙头企业建设为重点，推行主导产业要选准、优势产业要做大、龙头企业要做强、运行机制要搞活产业化开发模式，不断促进区域优势农产品升级和外向型农业的发展。多年来，山东省农业综合开发扶持了一批国家级、省级和市级农业龙头企业。目前，全省26家国家级重点农业产业化龙头企业，其中15家是农业综合开发扶持起来的。这些龙头企业一头连着农产品基地和农户，一头连着国内外市场，有力地推动了全省区域优势农产品的发展。滕州市近几年，通过农业综合开发，先后投资2 466万元对盈泰集团连续进行了7次扶持。目前盈泰集团已壮大成为集种畜禽产品、精细饲料、粮油机械等生产、加工、销售于一体的大型畜牧企业集团，公司已获得ISO9001质量体系认证、HACCP体系认证和国家绿色食品认证，并拥有自营进出口权，2000年被国务院列为“农业产业化国家重点龙头企业”，2002年被科技部确定为“国家级星火外向型企业”。企业2002年实现销售收入8亿元，利税2 560万元，肉鸡、肉兔年宰杀量达到8 000万只，出口创汇2 100万美元。在盈泰集团的带动下，建立了“龙头企业+养殖基地+标准化养殖户”的畜牧产业化经营模式，全市规范化畜牧养殖地达420处，养殖大棚1.2万个，发展养殖专业村280个，带动农户1.3万户，从业人员3万余人，年出栏合同鸡兔2 000万只，从而使滕州市成为山东省最大的肉鸡养殖基地，肉兔生产加工能力居全国首位。莱芜市2000年以来，先后扶持了通海公司、汶源公司和东井公司的3个有关生姜、大蒜加工项目。3年来果汁投资928万元，其中，财政资金446万元。扩建加工车间2 280平方米，购置和引进加工设备及仪器36台（套）。项目完成后，新增年加工能力4 750吨，新增产值2 220万

元，新增利税616万元，带动农户2万多个。

（五）坚持各类开发项目有机结合，促进综合效益不断提高

土地治理、多种经营、科技项目虽然特点、内容、任务不同，但扶持优势农产品发展，推进农业结构调整，增加农民收入的目标是一致的。在计划安排上，我们坚持土地治理项目建基地、多种经营项目带基地，科技项目上水平，统筹考虑，有机整合，合理确定三类项目的投资比例和建设内容投资比例，充分发挥各类项目作用。山东省三类项目财政资金投资大体为63:32:5，土地治理项目中基础设施建设投资占80%，科技和结构调整措施占20%；多种经营项目中科技投入占财政资金10%；科技项目中，用于新品种、新技术引进示范占30%以上。

（六）加快机制创新，靠要素聚集壮大集中产地规模

一是在稳定家庭承包经营制度的前提下，加快建立土地流转机制，通过转包、转让、互换、小型水利工程和“四荒”使用权拍卖等形式，促进土地资源向种养能手集中。淄博市周村区在张周路花卉长廊建设中，流转的土地75%实现了集中连片调整使用。二是在不断增加财政支农投入的同时，加快建立多元投入机制，吸引工商企业和个体民营经济带资开发农业，出现了一批个人投资1 000多万元投资农业的典型。大力发展农村小额信贷，通过设立农业小额信贷担保基金、联户担保等形式，加快金融资金向农业投入。三是加快农村劳动力转移。为了壮大集中产地规模，淄博市把加快农村劳动力转移、提高产地农民资源占有量、增强自我发展能力作为重要环节，通过合乡并村、劳务输出等手段，全市已有近100万农村劳力从事第二、第三产业，其中稳定从事非农产业的劳力近80万人，占农村劳力总量的53%，农民劳动报酬收入占农民人均纯收入的63%。四是强化部门服务。如淄博市开发办与市财政等部门组织专人成立课题组，对全市农业综合开发如何应对入世进行专题研究，形成课题报告，并正式出版，印发乡镇、村和有关部门，对指导农民自觉地把经营项目向优势产区集中，起到了积极作用。

二、存在的主要问题

（一）优势农产品规模小、档次低，部分产品趋于老化

从总体上看，优势农产品所占的比重仍然较小，生产布局零星分散，规模优势不明显，基地化建设进程慢，部分优势农产品由于缺乏改良培育，在品种质量上趋向老化。

（二）市场意识淡薄，结构调整存在盲目性

有些地方不尊重自然规律，片面追求粮经比例的增减，对本地优势认识不足，没有抓住自己的特色产品、支柱产业进行培育和发展，调来调去特色不特，优势不优，有的甚至丢掉了自己已有的优势。有的研究市场不够，一哄而上扩种一种或几种经济作物，调整出现了趋同性，结果引发了新的卖难问题。

（三）龙头企业带动能力较弱，产业化经营水平较低

全省各地真正称得上龙头老大的农产品加工企业屈指可数，大多数加工企业还处于初加工、粗加工阶段，新产品研究开发能力弱，产品多年一贯制，加工层次低，附加值低，辐射带动功能不强。

（四）产品质量不高，标准化生产程度低

加入WTO以后，我国农产品进入国际市场的门虽然敞开了，但门槛并没有降低，“绿色壁垒”使我国许多农产品出口受到严格限制，国内许多大中城市也实行了农产品市场准入制度，对农药残留超标的农产品亮起了“红灯”。如2002年聊城市蔬菜种植面积283万亩，总产量718万吨，但出口量仅0.55万吨。

（五）市场体系信息体系建设滞后

不少优势农产品集中产地没有成样的市场，只能户产户销，影响了规模的扩大。同时信息体系建设更加滞后，对市场信号反应不灵敏，导致产销脱节，限制了优势农产品产业带的形成。

三、今后思路和建议

（一）指导思想

今后一个时期农业综合开发支持优势农产品的

指导思想应该是：以“三个代表”重要思想为指导，围绕全面建设小康社会，以增加农民收入为目标，以经济效益为中心，坚持按农业区域化布局，走规模化开发、基地化建设、标准化生产、产业化经营、外向型发展的路子，努力培育具有鲜明特色、具有较高知名度的优势产业带，建立一批市场相对稳定的优势农产品出口基地，发展一批在国内外公认的知名品牌，形成科学合理的农业生产布局，提高农业整体素质和效益，实现农民收入的持续稳定增长，加快优势产区农业现代化的步伐。

（二）基本原则

一是坚持以市场为导向的原则。既要考虑国内市场，更要着眼国际市场；既要瞄准现实需求，也要着眼潜在需求。要立足多样化、优质化市场需求，重点发展市场占有率高、国内或国际市场前景广阔的优势农产品。二是坚持发挥比较优势的原则。综合考虑资源条件、生产基础、市场环境以及资金、技术等方面的因素，扬长避短，优先发展具有一定基础和竞争力的产品和产区，尽快形成规模优势。三是坚持产业整体开发的原则。发展优势农产品，要着眼于提高产业的竞争力，立足开发整个产业，打造名牌产品，构建优势产业群体，延伸产业链条，提高产业整体素质和效益。四是坚持以质取胜的原则，适应市场竞争和消费水平提高的要求，大力优化品种和品质结构，提高优势农产品内在品质，进一步提高产品的分级、包装、储藏、保鲜加工水平。完善农产品质量安全标准、检测检验和监督体系，提高优势农产品质量安全水平。五是坚持突出重点的原则。选择优势农产品要根据入世后参与竞争的需要，扶优扶强，不能面面俱到；选择优势产区要相对集中，优中选优，不能到处布点；投资建设要突出重点，分步实施，不能全面开花。六是坚持尊重农民意愿的原则。实行区域化布局、规模化生产，必须稳定家庭承包经营制度，切实尊重和保障农民的市场主体和生产经营自主权。要加强政策引导和信息服务，充分调动和发展地方、企业和农民等各方面的积极性。

（三）对策建议

1.加强基础设施建设。坚持以节水灌溉为重点，山水田林路综合治理、农业、林业、水利、科技措施综合配套，各种资源综合利用，力争每年把项目区建成“田成方、林成网、渠相通、路相连、旱能浇、涝能排”的高产高效农田，同时搞好以市场为重点的流通基础设施建设，为发展优势农产品创造良好的生产和流通条件。

2.紧紧围绕扶持优势农产品发展，搞好基地建设。把各类土地治理项目统一整合为优势农产品生产基地开发项目，重点继续抓好粮棉油、林果、蔬菜、果品、畜牧、水产五大主导产品开发，同时加大对药材、食用菌、花卉等新兴优势产品的扶持。争取把每年的项目区都建成具有一定规模的优势农产品基地。

3.大力发展产业化龙头企业。多种经营项目加大特色养殖和农产品加工项目的扶持力度。按照主导产业要选准、优势产业要扩大、龙头企业要做强，运行机制要搞活的基本思路，以扶持龙头企业为重点，积极实施产业化开发战略，拉长产业链条，加深开发层次，实施项目区农产品多次增值，提高开发综合效益。

4.强化科技开发。品种质量是农产品竞争的核心，也是优势农产品是否真正具备优势的基本体现。支持各地根据发展优势农产品的需要，安排部分以农林牧渔新品种和标准化技术引进、示范、推广为重点的科技项目，促进区域优势农产品品种优良化、生产规范化、产品质量标准化，把优势农产品的发展提高到一个新的水平。

（选自《2003年农业综合开发优秀调研报告和论文集》，2003年12月编印）

土耳其、摩洛哥农业灌区经营管理考察报告

财政部国家农业综合开发办公室

农业是国民经济的基础，水利是农业的命脉。建国以来，国家投入了数以千亿元资金用于农业灌溉工程建设。如何建立科学、合理的运行管护机制，保证农业灌溉工程长期发挥效益，是摆在我们面前的一个重要而且紧迫的问题。为了学习借鉴国外农民自主管理灌区的经验，促进我国现行农业灌区管理体制的改革，推进世行贷款加强灌溉农业二期项目经济自立灌区试点建设工作，根据世行项目实施计划，财政部农发办组织了考察团，于 2003 年10月11日至25日，对土耳其和摩洛哥农业灌区的经营管理情况进行了考察。在土耳其，考察团走访了土耳其水利事务总局、农业部农村服务总局、东南地区开发署，考察了乌尔法省和加济安泰普省的大坝、泵站、渠道工程和农民用水合作组织，与地区水利事务分局、农业和农村服务分局的官员进行了座谈；在摩洛哥，考察团走访了摩洛哥农业部灌区主管司局，考察了 Loukkos、E1 Aouamra、Doukkala 灌区的大坝、泵站和渠道工程，与地区农业开发办公室的官员进行了座谈。在考察过程中，多次走访了当地的普通农民，了解他们对本地灌区经营管理的看法和意见。现将考察情况报告如下：

一、两国农业灌区经营管理情况

（一）农业灌区发展概况

土耳其西临地中海，摩洛哥北濒地中海，两国同属地中海式气候，冬天多雨，夏天干燥，作物生长与降雨不同季，气候对于农业生产的影响非常大。以摩洛哥为例，赶上风调雨顺，粮食生产可达 1 000 多万吨；如果连年干旱，粮食产量也可能降到不足 200 万吨。灌溉对农业的作用很大，近年来，两国都比较重视和加强农业灌溉工程的建设与管理工作。

土耳其耕地面积 2 800 万公顷，其中灌溉面积 850 万公顷，灌溉面积中 470 万公顷灌溉设施建设比较完备。人口 6 780 多万，人均拥有 1 亩多灌溉标准较高的农田。土耳其每年可利用水资源总量 1 100亿方，其中地表水 980 亿方，地下水 120 亿方。近年来每年用于农业的水 715 亿方，约占 65%。土耳其高度重视包括农业灌溉在内的水利工程建设，水利建设预算约占国家财政预算的 28%；已建干渠 13 000 公里、支渠 17 670 公里、斗渠 28 400公里；水利工程规划做得较好；计划建设中的安那托利亚（GAP）工程将在幼发拉底河和底格里斯河的上游修建 22 座大坝和 19 座电站，将新增 170 万公顷灌溉面积，与我国三峡等工程一道，被世界货币基金组织誉为“世界八大工程”之一。

摩洛哥耕地面积 900 万公顷。由于旱情严重，近年来农田灌溉设施建设较快，修建了 100 多座大坝、121 座泵站、1 244 公里干渠和 12 510 公里支渠，建有灌溉设施的农田已由 60 年代的 2 万公顷发展到现在的 100 多万公顷，其中自流灌溉 88.7 万公顷，喷灌和滴灌 12.8 万公顷。摩洛哥人口约 3 000万，人均只有 0.5 亩高标准灌溉农田，粮食不能自给。该国每年可利用水资源总量 200 亿方，其中地表水 160 亿方，地下水 40 亿方，80% 的水用于农业生产。灌溉对农业生产至关重要，修建灌溉工程后，3 公顷粮食产量达到 30 吨，是灌溉工程修建前的 7.5 倍，灌区建设被农民誉为“天大的好事”。

（二）农业灌区自主管理的特点

随着农业灌溉工程的快速建设和发展，土耳其和摩洛哥政府逐渐发现，筹集农业灌溉工程正常运行所需资金和从农户手中收取水费越来越困难。因此，从90年代开始，两国开始引入农民参与式管理的概念，积极推行农民自主管理灌区计划。

土耳其农民自主管理灌区存在两种方式：水利联盟（或灌溉协会）和用水者合作社。水利联盟（或灌溉协会）一般管理大型水利工程，联盟统筹城乡用水，协会主要管理农业用水；市长和乡镇长是水利联盟（或灌溉协会）的自然创始人；地区水利事务分局负责指导联盟和协会工作；水利工程产权属于国家，联盟和协会只有使用权。用水者合作社一般管理农村0.5个流量以下的小型水利工程；并拥有水利工程产权；农业和农村服务分局负责指导他们工作。

摩洛哥灌区水利工程管理与土耳其基本相似。大型灌区是由地区农业开发办公室负责运行管理，农民用水者协会的作用只是协助地区农业开发办公室开展工作；中小型灌区农民用水者协会的权利很大，不仅要负责工程的管理运行维护，还要负责工程的投资建设，国家只是给予30%—40%的补贴鼓励引导。

两国农民自主管理灌区模式具有以下基本特点：

第一，农民用水管理合作组织是用水农民自己的组织，每4年由用水农民自己选举（可连任），是用水农民自我管理、自我监督、自我决策的合法组织。

第二，农民用水管理合作组织一般按照水利单元组建，与行政单元没有必然的联系，因而不一定一致。

第三，农民用水管理合作组织一般按照作物类型和种植规模计算用水量并收取水费，甚至直接按照田间水表计收水费。

第四，农民用水管理合作组织不以盈利为目的，运行透明度较高，较好地促进了农民缴费自觉性的提高，为灌区维修管护和长期发挥效益提供了较大支持。

（三）农业灌区自主管理的成效

从两国的考察情况来看，农民参与灌区管理，收到了较好的效果。归纳起来，主要表现在以下几个方面：

第一，及时供水。农民自己管理灌区，与其他人相比，更知道何时需要灌溉，同时也能减少水利纠纷，保证较好的灌溉输水秩序，做到及时供水。

第二，高效用水。实行按方供水和收费，有效地提高了农民的节水意识，改变了传统的大水漫灌方式，大力推广应用了节水灌溉技术，明显地节约了每亩的灌溉用水量，节约了能源；同时，也显著地扩大了灌溉面积。

第三，确保了渠系运行和维护。农民自主管理灌区，提高了农民的主人翁意识，增强了灌溉水费使用的透明度，有效地消除了农民缴纳水费的抵触情绪，较大幅度地提高了水费的实收率，为渠系有效运行和维护提供了资金保障。

第四，降低了输水成本。农民用水管理合作组织每年按计划进行渠系清淤和维修，有效地改善了工程设施，降低了输水成本。

第五，提高了农业生产效益。通过及时供水、提高灌溉保证水平和适时灌溉，有效地提高了灌区农业生产效益。

走访了解农民，农民都比较欢迎这种管理方式，认为直接、透明、方便，水费约占农民收入的15%，一次（摩洛哥）或分三次（土耳其）收取，一般能够承担得起。目前，土耳其全国444个提灌站，已有320个移交给了农民用水合作组织，剩下的也正在创造条件加速移交。

此外，从国家角度看，可以较大幅度地减少管理和维护费用，节约水资源，提高灌溉效益，特别是保证工程长期发挥效益。

（四）其他配套措施

两国农民参与灌区管理取得成功，与两国采取的以下措施是分不开的。

其一，农业灌区主管部门经费全部由财政安排。土耳其全国水利系统有3.4万人，农业和农村服务系统有5.1万人，不论是行政编制公务人员，还是事业编制技术人员，抑或一般工人，甚至临时工人，工资和办公经费全部由财政安排，水费全部留在农民用水管理合作组织当中。例如土耳其加济

安泰普省尼兹普县 Kahramanmaras 大坝灌溉协会，2002年实收水费654亿里拉，实际支出627亿里拉，其中协会工作人员（11名）的工资开支46.36%，机械清淤柴油补贴开支41.29%，办公用品支出0.24%，工程维修开支12.11%，结余27亿里拉（折合1 928.6美元）；2003年实收水费11万欧元，其中工资开支30%，机械清淤柴油补贴开支25%，工程维修开支45%，水费主要用于协会灌溉工程管护和管护人员工资开支。

其二，国家对农民用水管理合作组织提供一定支持。一是培训指导扶持，两国均对农民用水合作组织提供包括合作组织管理培训、节水灌溉技术培训和其他农业生产技术培训，对不能正常开展工作的用水管理合作组织，农业灌区主管部门有权重新选举。二是人力资源支持，土耳其政府出资为每个农民用水管理合作组织派出水利技术秘书长和财务会计各1名。三是工程灾害损坏修复支持，对与因自然灾害损坏的灌溉工程，由两国政府出资修复。四是项目建设扶持，一种方式是修复建好灌溉渠系，使工程标准达到一定水平后，再建立农民用水管理合作组织；另一种方式是土耳其采取的实施世行项目，贷款2 000万美元购置大型清淤机械设备，加大对灌溉工程维护的支持，从而达到扶持农民用水管理合作组织的目的。

其三，国家对农民用水管理合作组织提供立法支持。土耳其制定了灌溉工程管理职责转移的政策法律，明确转移过程中和转移后农民用水管理合作组织的权力、责任和义务等，为农民用水管理合作组织提供了立法支持。

二、几点体会

(一) 要加快推进以农民自主管理灌区为主的灌溉管理体制改革

我国农业灌区管理存在的主要问题：一是重建轻管、重骨干轻配套的问题比较突出，造成工程不配套，建后管护责任不明确，工程难以发挥预期效益，工程建设和管护财政负担日益严重，很难为继。二是供水补偿机制不合理，水价偏低，大都低于供水成本，造成工程运行管护费用不足，不利于节约用水。三是农业供水管理层次和环节较多，水费收取不规范，层层加价，农民实际水费负担较重，并且常被挪作他用，严重挫伤了农民交纳水费的积极性。四是水费普遍实行按亩收费办法，水费与用水多少没有直接关系，导致农民和水管单位没有节水积极性，农业用水浪费严重。五是农业灌渠基本上是没有衬砌的土渠，从蓄水工程到田间，水的平均利用系数一般在40%左右，低的仅30%，水量损耗严重。六是农民参与不足和不合理的产权制度加剧了灌溉管理效益低下、用水纠纷和水费实收率不高等问题。从对土耳其、摩洛哥两国灌区经营管理考察的情况分析，在我国推行农民自主管理灌区，深化灌溉管理体制改革，实现政府管理向农民自主管理过渡，符合社会主义市场经济发展要求，也是从根本上解决问题的措施办法，还能充分调动农民维修渠道、节约用水的积极性，大力推进势在必行。

(二) 灌区管理体制改革必须采取综合性措施，配套推进

首先，要加强宣传，统一思想。农业灌溉工程，三分建，七分管。必须牢固树立管理意识，高度重视工程管护工作。同时，农业灌溉体制改革涉及乡镇、村组、水管单位多家切身利益，必须加强领导和协作配合。要采取切实有效措施，加强宣传工作，统一思想认识，积极争取各级领导的重视和支持。这是实行农民自主管理灌区、推进灌溉管理体制改革的基本前提。

其次，打破行政界线，按照灌溉区域单元建立和培育各种农民用水合作组织，尽快取消乡村两级代收水费的做法，减少收费环节，严禁乡村两级在代收水费中随意加价和截留水费。

第三，加强量水设施和输水渠道建设，尤其要加强农业供水中斗口以下末级渠系的量水设施建设，实行按方计量和收取水费，严格禁止简单按亩或按人均摊水费的收费行为。

第四，在充分考虑农民负担的前提下，增强水的商品观念，适当提高水费标准，逐步实现按成本供水。这是水利走向市场、灌区实现自负盈亏的必要条件。

第五，加强对农民用水合作组织的支持。引导和组织农民成立用水合作组织，在坚持“民建、民管、民受益”的前提下，加强对合作组织建设和工程管护工作的指导，规范财务管理，大力推广先进适用的节水灌溉技术，努力降低运行成本，提高农业生产效益。

第六，国有水管单位要实行管养分离，裁减冗员，减轻负担。在此基础上，成立供水公司，按照市场原则和补偿供水成本价格，向农业用水合作组织提供灌溉用水，逐步推行定额灌溉和水权管理制度。

（三）提高灌区投资建设标准，突出路渠重点建设内容

土耳其、摩洛哥两国输水渠道基本上是预制管道，建设标准较高，有效减少了输水过程中水的损耗，为建立农民用水合作组织提供了必要的前提条件。农业综合开发也要根据改造难易程度，划分不同区域，提高中低产田投资改造标准，集中资金和力量，重点进行一家一户农民想干但干不了的渠道和机耕路建设。田间的一些小工程，农民一家一户自己能干，面广量大又难以检查核实，建议不再列入农业综合开发投资建设范围进行扶持。

（四）加快有关立法，严格依法办事

土耳其、摩洛哥两国灌区的经营管理均强调依法办事，有效地保障了灌区建设和灌溉工程管护的顺利移交。如土耳其，如果2/3以上的农户，而且这些农户占有50%以上的耕地，他们同意进行灌区建设，则法律保证灌区建设，因路渠建设失去耕地的农民国家依法进行补偿。我国要推行农民自主管理灌区，立法比较滞后，尽管国务院办公厅转发的《水利工程管理体制改革实施意见》明确要求“积极培育农民用水合作组织”，但是，没有相关的法律明确农民用水合作组织和供水公司在灌溉管理中的地位和职能。因此，建议加强有关立法，为稳步推进农业灌区建设提供法律保障。

泰国、菲律宾农民协会的发展与借鉴

财政部国家农业综合开发办公室

根据财政部2002年度外事计划，应泰国农业与合作部、菲律宾农业部的邀请，国家农业综合开发办公室组织考察团，于2003年2月17日至3月1日，对泰、菲两国农业基本情况、农民协会建立与运行情况等进行了考察。在泰国期间，主要考察了农丰（NONGPHO）奶业合作有限公司（合作社）、胡普卡蓬（HUPKAPONG）农业合作示范中心、班莱特（BAN LAT）农业合作有限公司及基层农民协会和农场；在菲律宾期间，先后拜访了农业部、农业培训所和国际水稻所，考察了马尼拉农贸市场和圣米格依普莫斯（SAN MIGUEL IPMERS）农民协会。现将考察情况报告如下：

一、泰、菲两国农业的基本情况

泰国位于东南亚中心地带，大部分地区属热带季风气候，全年分旱、雨两季，年降水量1 000—3 000毫米。国土总面积5 100万公顷，其中耕地面积1 800万公顷，占总面积的35%；总人口6 300万，其中农业人口3 100万，几乎占总人口的一半。全国共分76个省，年人均国内生产总值约2 000美元。泰国农业以种植业为主，素有东南亚“米仓”之称，天然橡胶占世界产量的1/3。农产品加工业较为发达，大米出口量和木薯产量一直稳居世界首位。泰国热带水果品种多、质量好，具有良好的出口前景。近30多年来，泰国的现代化水平迅速提高，农业在国民经济中的比重不断下降，但

农业在泰国经济增长中仍占重要地位，在保证泰国的食品安全上也起了重要作用。

菲律宾位于亚洲东南部的菲律宾群岛上。共有大小岛屿7 107个，面积2 982万公顷，其中吕宋岛、棉兰老岛、萨马岛等11个主要岛屿占全国总面积的96%，耕地面积1 050公顷。海岸线长约18 533公里。属热带海洋性气候，高温多雨，年降水量2 000—3 000毫米。全国人口7 565万，其中农业人口2 977万，占总人口的39%。农业产值占国内生产总值的22%。粮食作物和经济作物分别占农产品产值的53%和47%。近10年来，菲律宾农、牧、渔业年平均增长率为1.2%—1.4%；粮食自给率：水稻91%，玉米82%，禽和猪肉近于自给，椰子产量居世界第一。2002年，农业总产值达到2 630亿比索（1美元≈53比索），比2001年增长3.69%，但农产品仍进口大于出口。

泰国和菲律宾同属东南亚热带自然资源比较丰富的国家，光照充足，雨量丰沛，农业发展的基础条件优越。据联合国粮农组织统计，2000年泰、菲两国粮食总产量分别为3 100万吨和1 700万吨，其中大米产量分别为2 700万吨和1 270万吨，约占粮食总产量的87%、75%；肉类产量基本相当，分别为190万吨和187万吨。

二、泰、菲两国发展农民协会的过程和主要措施

（一）泰国农民协会和农业合作社

泰国政府自1915年起就开始建立农民协会和农业专业合作社。第一个为小户农民提供服务的协会是信贷协会，始建于1916年。到1983年，其他形式的农民协会也根据人们的不同需要而建立，有从事生产的协会，也有从事消费方面的协会。1947年，为方便向协会提供资金，政府出资建立了合作社专用银行。银行同时容纳了农民的信贷协会，作为其股东。1966年，政府将与信贷协会共有的专用银行重新组成了农业和农协银行。该银行属于国有，是农协的金融中心，但也直接向农民贷款。

1968年，为加强合作化运动，政府出台了合作社法。这个法律允许建立泰国合作社团体（当时合作化运动的最高组织）。30多年来，泰国各种类型的农业合作社发展很快。目前，泰国的合作社主要有：(1) 用水者合作社。成员共用一条渠道或其他水资源时，组成这种合作社。目的是减少用水和节约用水。(2) 土地改革合作社。这类合作社是根据政府的土地改革计划成立的。合作社建立在土地改革区域，帮助农民提高生产和生活水平、筹措资金，以及加强管理、销售产品等。(3) 专业合作社。主要是养牛、养猪等畜牧业，将初级农产品以合适的价格销售给加工企业，帮助农民增强竞争力。(4) 橡胶合作社。建在橡胶园，发展橡胶生产，加强管理，促进销售。此外，还有渔业合作社、消费合作社、存贷款合作社等。

泰国合作社的机构分基层、省级和国家三级。初级合作社由个体成员组成。农业合作社的成员平均1 300人，再以村为单位分成组。根据合作社法，合作社成员通过全体大会选举产生协会理事会，为本合作社制定政策、任命主任和工作人员，管理合作社。三个或更多的初级社可以组成省级协会。

泰国农业合作社协会由全国的76个省农协组成。全国还有各种专业协会，如甘蔗协会、养猪协会、奶业协会和洋葱协会。根据1968年合作社法，所有各类协会均属泰国协会联合体管辖。它是全国协会的最高机构，不经营企业，只负责全国性的发展和教育工作，与国家行政机构没有领导关系。省级以下的协会或合作社与农业和农协银行有紧密联系。

泰国建立农业合作社的目的：一是向农民提供用于生产和其他方面的贷款。二是鼓励农民在协会存款。三是以合理的成本，向成员销售必需的商品。四是促进良好的生产方法和技术知识的推广，使农民减少成本、获得较高的产量。五是在政府的帮助下，为成员引进适宜的栽培、化肥和杀虫剂使用等项技术。六是其他服务，如提供拖拉机、水泵等农业设备，保证最低的收费。七是组织农民一起销售产品，使农民获得较好的价格和在计量与质量上的公平待遇。

泰国农丰奶业合作有限公司迄今已有27年的

历史。合作社现有4 569个成员，5万头奶牛，全部为私人所有，每天提供200—250吨原奶。所有成员都接受培训，以熟悉合作社体制和奶牛饲养。培训内容包括：合作社原则、奶牛饲养技术、疾病防治、质量控制等。合作社成员在社办的中心市场、加油站消费时会得到价格上的优惠。合作社2002年总产值达9亿铢。合作社建立了福利制度，如成员去世时，合作社向家属提供：（1）丧葬费3 000铢。（2）因事故死亡补助费2万铢。（3）加入火葬规划的成员配偶去世时，每个加入规划的成员向该成员提供10铢（目前加入此规划的成员有4 168个）。合作社的运行基于成员的需要：收取成员的牛奶，加工成奶制品，然后销售，这是主要的经营内容。对于管理好的成员，合作社给予一定的奖励。合作社还为成员提供各种技术服务，如为奶牛修整蹄角等，也办理贷款与存款业务。此外，政府出资为该合作社建立了农产品交易市场。

胡普卡蓬合作示范中心是泰国第一个农业合作示范中心。1964年，国王在访问华欣附近的农业地区时，发现这里农民的农业生产很困难，主要是由于缺少资金。国王就提供了30万铢，作为贷款给农民。但农民谁也无法偿还这笔贷款，因为他们土地很少，每家仅有0.16—0.32公顷的土地。于是，国王为这些农民安排了开荒项目。在以色列政府的支持下，1966—1971年这个项目开垦了80公顷的土地，分给了82个家庭。这些土地分三部分：每部分为20公顷，分别作为试验滴灌、漫灌和无灌系统的土地。1971年，这些农户成立了胡普卡蓬农业合作社有限公司，并成为全国的一个典范。这种模式的合作社全国还有10个。目前，该中心已发展农户440户，3 000人，总耕地有2 008公顷（国王命令这些土地完全归农民所有，并有继承权，但不准买卖和转让）。该项目为农民修了两座泵站和相关渠道，农民每隔一天得到水的供给，每家每月交水费400铢。该项目还为农民打了井，修了蓄水池。凡是国家的投资，合作社已全部还清。该合作社的主要作物有莴苣、玉米、甘蔗、菠萝和各种水果等。还大量发展了竹编等手工艺品，以及酿酒、果汁原料和畜牧业的生产。2002年合作社的净收入达20万铢。入社农户平均收入6万铢，最高达100万铢。合作社为农民服务的内容：提供贷款、采购生产资料、销售产品、技术培训等。仅向农民收取很少的费用。负责培训的专业技术人员由国家农业部门安排，他们的工资待遇也由国家负责。合作社每两年选举一次。合作社主席定期要向全体成员报告情况。重大决策要有50%以上的成员同意，才能实行。国家还有处理腐败等方面的专门法律。

班莱特农业合作有限公司是以水稻经营为主的专门的农民合作组织，于1975年建立。目前有成员6 348个，总资产达4 980万铢。主要任务是：（1）信贷业务，贷款提供给农民使用，不收利息。（2）各种原料的采购。（3）营销加工（大米、鲜奶、香蕉、菠萝等）。（4）中心市场（蔬菜、水果）。（5）服务行业（出租车、加油站等）。（6）技术推广（种子、种植等）。（7）捐助活动（救灾、丧葬、儿童抚养与教育），合作社每年对每个儿童提供300铢的抚养费。合作社由农民入股，现在的总资产全部是农民的股份。农民的红利不交税，农民分红前，合作社预留10%。合作社统一向国家交税，最高为7%。只要申请和遵守章程，农民就可入社。政府对种子改良给以补贴。国家的培训中心向合作社提供免费培训。合作社开展了每人每天积攒1铢钱的活动，帮助农民勤俭持家。

（二）菲律宾农民协会

登记所有农民协会的合法机构是菲律宾协会发展局。其主要职能：一是公平地促使协会遵守法律、规定和规章。二是按照法律确定的各项原则，支持协会发展和自立。三是创造有利于协会真正独立运作的社会环境，负责为农业、加工业和服务业提供有利于发展的经济和社会环境。四是发挥协调和共同努力的机制，促使协会所有持股人分享资源。五是通过提供技术和教育方面的服务，促进协会管理能力和扩大经营成本。

根据农民协会注册办法，入会注册，必须填写必要的调查表，交纳股金1‰（最少250比索）的注册费。协会不得限制贸易和非法垄断。菲律宾协会法规定，国家鼓励协会在获得经济发展和社会公

正方面的创造和发展，使其成为提高人民自立水平和能力的载体。国家鼓励私有成分加入协会的组织，创造有利于各类协会成长和发展的氛围。政府及相关部门和机构保证提供技术指导、财政支持和服务，提高协会发展相关经济企业的能力，防止任何对协会自主权和组织完整性的侵害。成员都必须是自愿加入协会。协会是民主组织，协会事务由全体成员选举的人士管理。基层协会选举一人一票，权力平等。股份的利息严格限制在一定范围内。协会通过制定相应条款，为成员提高自身素质服务。基层协会一般不得少于15人。

截至目前，菲律宾农民协会主要有以下6个种类：(1) 信用协会，吸收成员的存款，转贷用于生产和其他方面。(2) 消费者协会，为成员和非成员采购和销售货物提供服务。(3) 生产者协会，进行联合性的农业或工业生产。(4) 市场协会，向其成员供应生产资料，销售产品。(5) 服务协会，从事药品和医疗，开办医院、运输、保险，提供建房劳务、电力、通信和其他服务。(6) 综合性协会，由两个或更多不同类型的协会组成。

在菲律宾，法律允许基层协会可以根据需要，组成市（地区）级、省级或国家级的农民协会联合会。联合会协助国家和当地政府做好农民协会的发展活动。政府官员和雇员不得在协会中担任任何职务。存款超过1 000万比索的协会要交纳收入税、销售税、其他税收及向慈善事业、教育和科研事业捐赠。任何成员不得拥有协会20%以上的股份。合法股份可由其子女继承。

菲律宾农民协会的主席和理事会通常由协会成员民主选举，一般3年换届一次。政府对农民协会有多方面的扶持和照顾：如整修农村道路和农田渠道、建设供水供电设施，政府补贴支出的50%；水泵和其他农业机械由政府出资购买提供给农民，农民分5年还款给政府，政府不收资金占用费和利息；作物种子按固定优惠价格提供给农民；农民协会统一采购化肥、农药、柴油等供应给农民，一般比市场价低3%；农民协会还向农户提供小额低息农业贷款，年终仅加收3%的利息。如农民遭受自然灾害，政府免费提供种子和化肥。农民加入农民协会，一般每年交100比索的会费。此外，菲律宾农民协会还组织了新技术的免费培训，有关培训费用由当地农业部门安排。有的农民协会还组织了妇女和青年俱乐部，帮助他（她）们学习各方面的文化知识。政府安排了专门的银行机构（农村信用社），为协会的农民提供贷款和金融服务。菲律宾政府也出钱建设了不少乡村自由市场，由农民租赁经营日常生活的必需品，有粮食、肉类、蔬菜、水果和日杂等，主要是销售农民自己的产品。这种市场由政府建设、私人租赁经营，农民分别交纳摊位租金、水电费和市场管理费。

菲律宾政府特别重视对农业和农民的培训。设有专门的国家农业培训所，直接隶属农业部领导和管理，由一名副部长担任所长。内设推广和培训部、推广联系部、计划规划发展部和行政服务部等四个业务部门。根据8 435号农渔业现代化法，该所的任务：一是领导制订全国农渔业技术推广时间表和预算。二是起草公共资助的农渔业整体培训计划。三是向农业部提出关于管理农渔业技术推广的财政和后勤支持方面的建议。四是制定和发布关于农渔业技术推广计划，发布监测和评价指南。五是支持当地政府提高培训水平，提供信息、培训设施和设备，协调与国家大学和学院的关系。农业培训所在全国有1个国际养猪培训中心，33个设于各地的培训中心，一般1个中心负责2—3个省的农业培训工作。全国现有农技推广人员12 000名。培训所和中心的经费主要由政府安排（2002年为4 000万比索），也有国际粮农组织的赠款（去年安排了20万美元）。2001—2002年举办了1 800个各类培训班，培训了6万人次；并与有关大学合作，举办了有1 000多人参加的学位课程，还接收了12名国外留学生。

三、启示和借鉴

通过对泰国、菲律宾两国农民协会情况的考察和了解，对我们有以下几点启示：

第一是农民协会或合作社的法律主体地位比较明确。泰、菲两国都有专门的法律对农民协会或合作社进行规范和指导，协会或合作社内部也设有专门的章程和管理办法，法律主体地位明确，农民协会或合作社的利益和产权关系也很清晰，责、权、利对等，领导成员的选举等重大事项的决定是全体会员一人一票，而不是一股一票，并且法律或规章的内容也能全面征求农民意见，体现农民意愿，因此，实际中的可操作性就比较强，奠定了发展农民协会或合作社的良好基础。

第二是农民协会或合作社以共同的经济利益为纽带，服务体系比较完备。两国农民协会或合作社以服务农民为宗旨，不仅对农业的产前、产中和产后提供全方位的周到服务，如提供优质优价的种子、化肥、农药，提供优良贷款，做好技术推广和培训，集中销售农产品等，而且较好地协调和衔接了政府和当地农民的关系，使政府对农业和农民的扶持政策通过协会或合作社这个载体，得到了较好的体现，深受广大农民欢迎。

第三是农民自愿组合，拥有相应股份，政治民主权利和经济利益相统一。泰、菲两国农民协会或合作社是区域性的农民合作或互助组织，政府不作强行规定，农民自由入会和退会、自愿组合，以相应股份参与利益分配，农民协会或合作社与农民的关系通过股份的利益纽带紧密地连结为一体，形成了良好的经济基础。

第四是政府鼓励和扶持力度大。两国政府从财政、信贷、税收等多方面对本国农民协会或合作社进行鼓励和扶持，有政策上的鼓励，也有资金上的支持。尤其是泰国，政府扶持力度更大，农民协会或合作社不缴纳所得税，利润也不上交，而是用于流动发展，一定程度上保证了农民的利益，为本国农产品的出口竞争创造了有利条件。

我国农村地域辽阔，各地自然经济条件不同，发展农民协会或合作社的基础差别很大，专业化、市场化、组织化程度不高，已成为我国农村发展、结构调整、农业增效、农民增收的制约瓶颈。借鉴泰、菲两国经验，在家庭联产承包经营的基础上，发展具有中国特色的农民专业合作经济组织和农产品行业协会，正确处理好农业分散的生产经营活动与日益全球化的市场竞争之间的矛盾，提升我国农产品的竞争力，我们建议从以下方面考虑：

一要提高认识，首先解决农民专业合作经济组织和农产品行业协会的法律地位问题。农民专业合作经济组织和农产品行业协会是农民自愿合作的专业性组织，它能将分散的农户和千变万化的市场有机联系在一起，解决政府无法包揽、集体经济包揽不起、一家一户的农民解决不了的市场信息、产品营销、技术和业务培训等问题，它的完善和发展，除了取决于农村市场经济的发育程度，更重要的取决于政府创造的法律环境。应从贯彻“三个代表”重要思想、全面建设小康社会的高度，认识发展农民专业合作经济组织和农产品行业协会的重要性和紧迫性。通过政府立法来鼓励和支持农民发展专业合作经济组织和农产品行业协会，是世界各国发展农业、提高农民收入的重要手段，也是我国加入世界贸易组织后保护和支持农业的重要途径。2003年3月1日开始实施的新《农业法》第11条规定：“国家鼓励农民在家庭承包经营的基础上自愿组成各类专业合作经济组织。农民专业合作经济组织应当坚持为成员服务的宗旨，按照加入自愿、退出自由、民主管理、盈余返还的原则，依法在其章程规定的范围内开展农业生产经营和服务活动”。第14条规定：“农民和农业生产经营组织可以按照法律、行政法规成立各种农产品行业协会，为成员提供生产、营销、信息、技术、培训等服务，发挥协调和自律作用，提出农产品贸易救济措施的申请，维护成员和行业的利益。”这说明在立法的层面，有关人士已经深刻地认识到了发展农民专业合作经济组织和农产品行业协会的重要性。但还需要专门的农民专业合作经济组织和农产品行业协会法（至少是专门的法规或规章）来保障和规范其责、权、利。建议参照泰、菲两国的经验，由国家尽快颁布“农民专业合作经济组织和农产品行业协会法”及有关章程，进一步明确农民专业合作经济组织的法律地位，并在建立这些组织的过程中，切实做到有章可循。

二要认真研究制定各种扶持政策，加大对农民专业合作经济组织和农产品行业协会的政策扶持力度。农民专业合作经济组织和农产品行业协会是农民互助协作组织，其成员属于社会中的弱势群体，

从事的是弱质产业，要从根本上改变我国农业的落后面貌，仍要从政策上长期扶持。从泰、菲两国的经验看，对农业和农村的政策扶持比较完善，成效也很明显，并主要是落实到农村的合作经济组织上。面对入关的冲击，政府有关部门应积极研究制定扶持农民专业合作经济组织和农产品行业协会的财政、信贷、价格、工商、税收等政策，在实施“绿箱”政策和“黄箱”政策时，将农民专业合作经济组织和农产品行业协会作为有效载体，在农业基础设施建设、科技推广、食品安全检测、农产品批发市场建设、信息服务、农民培训等方面多头扶持，这是国家保护和支持农业，维护农民合法权益，促进国民经济持续、健康、快速发展，全面建设小康社会的需要。

三要加强管理，增强服务意识，提高服务水平，为农民专业合作经济组织和农产品行业协会的健康发展创造良好的外部环境。据统计，到2000年底，以我国2亿多个小农户为基础成立的各类农业专业技术协会组织为10.01万个，会员为755.68万户，约占全国农户总数的3%。从对这些组织管理和服务的资料看，一是综合性差，体制上是多头管理，有时是谁都管，谁都不管。二是办事难度大，这些组织从成立到运行，程序繁杂，费时费力。因此，政府要在加强管理、提供指导的同时，简化行政审批程序，增强服务意识，提高服务水平。要在强调自律、自重的同时，尊重农民意愿。在制定政策和规划时，要充分听取农民专业合作经济组织和农产品行业协会的意见和建议。另外，要加大宣传工作力度，在全社会掀起鼓励农民专业合作经济组织和农产品行业协会发展的高潮，营造良好的社会环境。

四要在农业综合开发项目区考虑把扶持产业化经营同培育农民专业合作经济组织和农产品行业协会相结合。按照党的十六大确定的任务和要求，农业综合开发要把促进农业结构调整，扶持产业化经营，带动农民致富奔小康作为新时期的开发重点和开发目标。在推进农业产业化经营过程中，可把扶持和培育符合我国农村实际的农民专业合作经济组织和农产品行业协会作为开发的一项重要内容，帮助项目区农民建立自己的经济实体或合作组织，探索通过农民专业合作经济组织和农产品行业协会等组织，把产业化龙头企业与农民紧密相连，一头帮助农民进行生产和经营，使农民真正成为市场的主体；一头为龙头企业开拓和培养生产基地，推广新产品、新技术，进行标准化生产，组织农产品的流通与销售，使其真正成为农民信赖、龙头企业依靠的好“帮手”。

（选自《中国农业综合开发》2003年第4期）

第八部分

大事记

2003年

1月

1日 根据财政部印发的《关于调整农业综合开发资金若干投入比例的规定》，从2003年度开始，农业综合开发项目进一步降低地方特别是农业主产区和西部地区地方财政资金配套比例，增加中央财政资金无偿投入比重，适当加大沿海经济发达地区财政资金用于多种经营项目的投入。

3日 国家发展计划委员会印发了经国务院批准的《关于利用世界银行贷款2003—2005财年备选项目规划的请示》，确认利用世行贷款1亿美元的“农业科技推广”和2亿美元的“农业加强灌溉三期”项目为“结转世界银行贷款备选项目”，列入该规划，由国家农业综合开发办公室牵头组织实施。

7日 温家宝副总理在中央农村工作会议的讲话中强调，要“加强农业综合开发，不断增强农业综合生产能力”。

9日 财政部党组听取了国家农业综合开发办公室关于农业综合开发联席会议准备情况的汇报和对几个重要问题的请示。部党组决定继续增加农业综合开发资金投入，并议定了对突出开发重点、完善投入政策、加强产权管理、扶持民营龙头企业、整合支农资金等问题的意见。

16日 《中共中央国务院关于做好农业和农村工作的意见》要求：“国家用于农业的基本建设投资、农业综合开发等资金，要相对集中，向优势农产品和优势产区倾斜。”

17日 财政部《2003年财政立法工作计划》将制定《农业综合开发条例》列为向国务院报列立法计划项目的调研项目。国家农业综合开发办公室与条法司密切配合，进行了《农业综合开发条例》立法的前期准备工作。

2月

13日 国家农业综合开发办公室印发《国家农业综合开发办公室2003年工作要点》，提出2003年农业综合开发工作要高举邓小平理论伟大旗帜，以“三个代表”重要思想为指导，认真贯彻落实党的十六大和中央农村工作会议精神，按照全面建设小康社会的要求，以农业主产区为重点，继续加强农业基础设施建设，改善农业生产条件和生态环境，提高农业综合生产能力和可持续发展能力；大力支持发展优势农产品，推进农业产业化经营和农业科技进步，促进农业和农村经济结构的战略性调整，增强农业的国际竞争能力，提高农业综合效益，增加农民收入；进一步调整完善农业综合开发投入政策，健全制度和机制，加强项目和资金管理，努力提高农业综合开发工作水平，为推进农村小康建设，解决好农业、农村和农民问题做出新的贡献。

24日 国家农业综合开发办公室发出通知，布置2003年各级农业综合开发办事机构开展调查研究工作，强调要加大力度，突出重点，提高质量，明确责任，进一步提高调研质量和水平。

3月

4日 国家农业综合开发办公室印发《关于大力支持优势农产品生产的若干意见》，提出要充分认识支持优势农产品生产的重要意义，明确支持优势农产品的主要任务，在坚持以市场为导向、充分发挥比较优势、质量优先、尊重农民意愿的原则下，加大对优势农产品生产的支持力度，按照支持优势农产品生产的要求整合项目，提高优势农产品的科技含量。

27日 《国务院关于全面推进农村税费改革

试点工作的意见》规定："农业综合开发中农民筹资投劳，应纳入村内'一事一议'范畴，实行专项管理。其范围只限于受益村改善农业生产条件的建设项目，并与农民商议，由农民签字认可，实行民主决策、数量控制、以村为单位统一组织，不准搞强迫命令。确需农民投劳进行农业综合开发的项目，农民只出工，不得要求农民以资代劳，不得跨村筹劳；确需跨村使用劳力的，应采取借工、换工或有偿用工等形式，不能平调使用农村劳动力。要逐步降低农民筹资投劳在农业综合开发中的比例。"

4月

4日 国家农业综合开发办公室专题研究了加强农业综合开发统计工作的有关问题，制定了加强统计工作的措施，并下发加强农业综合开发统计工作的通知，对地方和有关部门农业综合开发办事机构提出了具体要求。

10日 财政部金人庆部长听取了国家农业综合开发办公室关于农业综合开发的工作汇报，并作了重要指示。金人庆部长要求进一步明确农业综合开发的定位，创新和完善农业综合开发机制。

5月

23日 国家农业综合开发办公室印发《国家农业综合开发土地治理项目建设试行标准》。试行标准是参照国家农业、林业、水利等部门有关的技术规范和建设规程，结合农业综合开发自身特点而制定的，对实现农业综合开发土地治理项目投资目标和进一步规范土地治理项目管理将起到重要作用。

6月

3日 经财政部领导批准，国家农业综合开发办公室决定从2003年起，与中国财政经济出版社合作编辑出版《中国农业综合开发年鉴》。

12日 根据国务院关于全面推进农村税费改革试点的意见，国家农业综合开发办公室制定了《国家农业综合开发农民筹资投劳管理暂行办法》，进一步明确了农业综合开发农民筹资投劳的原则、程序、筹集、使用、管理与监督，提出要降低农民筹资投劳的比例，规范对筹资投劳行为的管理。

13日 国家农业综合开发办公室决定在办内组织开展"加强农业综合开发项目和资金管理大讨论"活动。这次大讨论活动在7月10日结束，全办同志共提交了60多篇讨论材料。这些材料从不同角度提出了改进与加强项目和资金管理的意见、建议，为农业综合开发深化改革、创新机制、加强管理打下了良好的基础。

17日 为进一步贯彻落实财政部《关于进一步加强农业综合开发资金管理的若干意见》，国家农业综合开发办公室发出通知，就贯彻落实该《意见》，进一步加强农业综合开发资金管理提出具体要求，强调要严格按项目管理资金，坚持资金专人管理、专账核算、专款专用制度，全面推行财政无偿资金县级报账制，及时足额拨付资金。

24日 国家农业综合开发办公室就稳定增加农业综合开发投入问题在京召开专家研讨会。会议研讨的主要问题是：增加农业综合开发投入，拓展资金来源渠道；农业综合开发要突出重点，体现特色，等。国务院发展研究中心农村经济研究部部长韩俊研究员和宏观经济部倪红日研究员、国家发展和改革委员会产业发展研究所所长马晓河、财政部财政科研所副所长苏明研究员和刘尚希研究员、中央财经大学副校长李俊生教授等财政和农业问题专家参加了研讨。

25日 中央电视台"焦点访谈"节目报道了江西省玉山县农业综合开发多种经营项目和资金管理中的问题。国家农业综合开发办公室对此高度重视，迅速组织人员赴玉山县调查核实情况。

29日 中央电视台"焦点访谈"节目报道了山东省安丘市农业综合开发土地治理项目和资金管理中的问题。国家农业综合开发办公室立即派出人员赴安丘县进行调查。

30日 国家农业综合开发办公室发出关于立即组织开展农业综合开发项目和资金管理大检查的通知，要求从实践"三个代表"重要思想和农业综合开发事业前途命运的高度认识大检查工作，精心组织，深刻反思，自查和督察相结合，重点检查近

几年农业综合开发项目和资金管理情况，对于查出的问题严肃处理并迅速制定整改措施。

7月

1日　国家农业综合开发办公室在京召开全国农业综合开发办公室主任紧急会议，通报对江西省玉山县和山东省安丘市农业综合开发中所存在问题的检查情况，部署全国农业综合开发项目和资金管理大检查工作。各地按照要求，立即行动，认真组织开展大检查活动，有力地促进了农业综合开发管理工作。

5日　《中国农业综合开发》杂志正式创刊。杂志由财政部国家农业综合开发评审中心和中国农业科学院文献信息中心共同主办，面向全国公开发行。

12日　国家农业综合开发办公室在京召开农业综合开发专题研讨会。会议就如何适应市场经济体制和公共财政管理要求，改革和完善农业综合开发政策和机制，加强项目和资金管理，确保资金安全运行和有效使用等问题进行了研讨。部分省份财政厅、农业综合开发办公室的有关同志参加了会议。

17日　财政部发出通报，指出江西省玉山县和山东省安丘市农业综合开发项目和资金管理中存在的主要问题，并提出处理意见。同时，要求各级财政部门及农业综合开发办事机构务必要引以为戒，扎实开展农业综合开发项目和资金管理大检查工作，改革、完善政策和机制，强化对各项规章制度的执行力度，进一步转变工作作风。

28日　为进一步规范和加强农业综合开发项目管理，确保项目资金安全运行和有效使用，国家农业综合开发办公室制定《农业综合开发项目调整、变更和终止有关事项的规定》，明确这些事项的审批程序、条件和相关要求。

8月

11日　国家农业综合开发办公室在京召开全国农业综合开发项目和资金管理大检查通报会。会议听取了江西、山东等省关于开展大检查和整改工作的情况汇报，全面客观地通报了第一阶段大检查的情况，对下一阶段配合财政部驻各地监察专员办的抽查以及整改工作提出了明确要求。

15日　国家农业综合开发办公室印发了《关于2000—2002年竣工项目验收的通知》，规定了验收范围和依据、验收内容、验收组织、验收评价和验收奖惩等事项，并提出了相关要求。根据这些规定和要求，国家和各地区及有关部门农业综合开发办事机构于8—10月份分别组织或委托组织开展了验收工作。

20日　回良玉副总理主持召开了新一届政府国家农业综合开发第一次联席会议。财政部金人庆部长、廖晓军副部长参加了会议。回良玉副总理发表了重要讲话，金人庆部长发表了重要意见，廖晓军副部长代表财政部全面汇报了农业综合开发工作，联席会议其他成员也提出了加强农业综合开发工作的建议。会议充分肯定农业综合开发取得的成就和积累的经验，深刻阐明了新阶段继续大力推进农业综合开发的重要意义，明确提出了对做好新阶段农业综合开发工作的要求，进一步指明了新阶段农业综合开发工作前进的方向，对于做好当前和今后一个时期的农业综合开发工作，具有十分重要的指导意义。会议还讨论通过了修订后的联席会议制度。

22日　财政部印发了《关于对农业综合开发资金进行专项检查的通知》，决定于2003年8月至9月，组织财政监察专员办事处对部分地区农业综合开发资金管理使用情况进行专项检查，以进一步加强对农业综合开发资金的财政监管。

26日　国家农业综合开发办公室组织召开农业综合开发工作通报会。会议传达了新一届政府国家农业综合开发联席会议第一次会议精神，学习讨论了回良玉副总理在联席会议上的讲话，并对迅速掀起学习贯彻联席会议精神，围绕农业综合开发工作中的重大问题组织专题调研，抓紧制定贯彻落实联席会议精神的具体措施等工作进行了布置。各省（区、市）及中央农口有关部门农业综合开发办公室的负责同志参加了会议。

9月

16日 国家农业综合开发办公室在湖北武汉召开农业综合开发若干重大问题座谈会。会议紧紧围绕深入贯彻落实国家农业综合开发第一次联席会议精神这一主题，就如何突出重点，抓住关键，全面推进农业综合开发工作进行了座谈。江苏、江西、四川、吉林、甘肃、河南、湖北七省财政厅、农业综合开发办公室以及部分县（市）的同志参加了会议。

30日 国家农业综合开发办公室印发《国家农业综合开发办公室关于暂停或取消农业综合开发项目县资格的暂行规定》，对暂停或取消农业综合开发项目县资格的行为及审定程序等做出明确规定。该《规定》的发布，对于加强农业综合开发项目县管理，进一步规范对违规违纪行为的处理将起到重要作用。

10月

10日 国家农业综合开发办公室就利用世界银行贷款加强灌溉农业三期项目项目县的有关问题发出通知，要求河北、江苏、安徽、山东、河南等五省抓紧确定世界银行贷款项目的实施范围，确定项目县的数量及地点，并明确要求不是农业综合开发县的不能列入实施范围。

11月

10日 国家农业综合开发办公室编印了《国家农业综合开发统计摘要》（1988—2002年）。为了强化统计工作，国家农业综合开发办公室采取明确分工、落实责任，严格要求、加强管理，修订报表、统一口径，校核数据、规范使用等一系列措施，指定专门人员，与各省（区、市）和中央农口有关部门农发办共同反复校核历年农业综合开发统计数据，在此基础上，编印了《统计摘要》，改变了农业综合开发没有系统、准确统计数据的状况，为进一步提高统计工作质量和水平奠定了良好的基础。

19日 国家农业综合开发办公室印发了《关于利用世界银行贷款加强灌溉农业二期项目竣工验收的通知》，确定从2003年12月开始，对利用世界银行贷款加强灌溉农业二期项目进行竣工验收。

21日 财政部部长办公会议听取了国家农业综合开发办公室关于对农业综合开发产业化经营项目实行经营性开发试点的汇报。会议原则同意进行经营性开发试点的意见，并对试点工作提出了明确要求。

12月

10日 财政部印发了《关于改革和完善农业综合开发若干政策措施的意见》。根据新一届政府国家农业综合开发第一次联席会议精神，在深入调研和广泛征求有关各方意见的基础上，财政部制定了改革和完善农业综合开发政策措施的若干意见，明确了改革的指导思想和基本原则，确定了突出开发重点、改革和完善投入政策、创新开发机制、加强科学管理等内容。该《意见》是当前和今后一段时间改革和完善农业综合开发政策措施的纲领性文件。

24日 《中国农业综合开发》杂志通讯员工作座谈会在京召开。会议深入分析了农业综合开发工作面临的形势，对做好新时期农业综合开发宣传工作提出了具体要求。各省（区、市）及新疆建设兵团农业综合开发办公室的有关领导和通讯员参加了会议。

24日 回良玉副总理在中央农村工作会议上的讲话中，要求“加强农业综合开发，加快中低产田改造，建设高标准基本农田，扩大高产稳产、旱涝保收面积”。

31日 《中共中央国务院关于促进农民增加收入若干政策的意见》中明确要求“继续增加农业综合开发资金，今后新增部分主要用于主产区”。

（财政部国家农业综合开发办公室综合处供稿，李建民、吴川执笔）

第九部分

机构人员

国家农业综合开发联席会议领导成员名单

召集人：回良玉（国务院副总理）

成员单位	**领导成员**
	汪　洋（国务院副秘书长）
国家发展和改革委员会	刘　江（副主任）
财政部	廖晓军（副部长）
水利部	翟浩辉（副部长）
农业部	刘　坚（副部长）
国土资源部	鹿心社（副部长）
国家林业局	李育材（副局长）
中国人民银行	吴晓灵（副行长）
中国农业银行	张　云（副行长）
中华全国供销合作总社	李春生（副主任）

变动情况：为适应人员变化和工作需要，2003 年 8 月，经国务院领导批准，对上届政府确定的联席会议领导成员做了相应调整，确定了新一届政府国家农业综合开发联席会议领导成员名单。

财政部国家农业综合开发办公室领导名单

常务副主任：赵鸣骥

副　主　任：刘世江　宋志刚

巡　视　员：王　征

助理巡视员：黄家玉

变动情况：2003 年 1 月 23 日，财政部任命黄家玉同志为财政部国家农业综合开发办公室助理巡视员。

本部分名单以 2003 年 12 月 31 日在职者为准。

财政部国家农业综合开发评审中心领导名单

主　任：王　征（兼）

副主任：韩国良

变动情况：2003年1月23日，财政部任命韩国良同志为财政部国家农业综合开发评审中心副主任（副司长级）。

各省、自治区、直辖市和计划单列市、新疆生产建设兵团、黑龙江省农垦总局农业综合开发办公室领导名单

一、北京市农业综合开发办公室

主　任：高　麓

副主任：赵玉民

二、天津市农业综合开发办公室

主　任：李志强

三、河北省农业综合开发办公室

主　任：乔　满

副主任：金树林　杜彦卿

四、山西省农业综合开发办公室

主　任：赵建生

副主任：孙长富

五、内蒙古自治区农业综合开发办公室

主　任：陈文平

副主任：王　湖　任俊山　郭建勋

六、辽宁省农业综合开发办公室

主　任：陈广君

副主任：马　健　张景祥

七、吉林省农业综合开发办公室

主　任：雒鹏飞

副主任：张茂平　齐　健

八、黑龙江省农业综合开发办公室

主　任：李继纯

常务副主任：史青衿

副　主　任：运连鸿

助理巡视员：张力新

九、上海市农业综合开发办公室

主　任：朱炜琪

评审中心主任：贯春廷

副主任：吴志傲

十、江苏省农业资源开发局

主　任：缪瑞林

副主任：张秀才　李俊超

张学平　秦忠彬

十一、浙江省农业综合开发办公室

主　任：沈继宁

常务副主任：金慧群

副主任：叶　旦　赵国瑛

十二、安徽省农业综合开发局

主　任：张广寿

副主任：孔少林　吴行一

十三、福建省农业综合开发办公室

主　任：孙婷婷

副主任：游克安　柯光明

十四、江西省农业综合开发办公室

主　任：章康华

副主任：刘光华　喻　云

十五、山东省农业综合开发办公室

主　任：曹云龙

副主任：黄利明

十六、河南省农业综合开发办公室

主　任：张成智

副主任：井剑国　史献志

郭生建　范增玉

十七、湖北省农业综合开发办公室

主　任：柳以洲

副主任：熊动员　周学武

付艳云

十八、湖南省农业综合开发办公室

主　任：罗志宏

副主任：张立东　张保明

十九、广东省农业综合开发办公室

主　任：瞿志印

副主任：容康栋　李华东

二十、广西壮族自治区农业综合开发办公室

主　任：王　岩

副主任：李丽琪

二十一、海南省农业综合开发办公室

主　任：曾德运

副主任：钟振雄

二十二、四川省农业综合开发办公室

主　任：张其昌

常务副主任：廖崇良

副主任：刘万春

二十三、重庆市农业综合开发办公室

主　　任：刘念慈

副　主　任：黄同均　陈腾杰

张洪寿

助理巡视员：张世钊

二十四、贵州省农业综合开发办公室

主　任：周培荣

副主任：王向规　龚晓宽

二十五、云南省农业综合开发办公室

主　任：赵新黔

常务副主任：郭　鸣

副　主　任：赵晓静　李勇明

二十六、西藏自治区农业综合开发办公室

主　任：赵宪忠

副主任：马卫红

二十七、陕西省农业综合开发办公室

主　　任：雷生辉

副　主　任：张　驰　孙茂林

贺昌信

纪检组长：刘恩龙

助理巡视员：谢祝奇

二十八、甘肃省农业综合开发办公室

主　任：马自学

副主任：吉国荣

二十九、青海省农业综合开发办公室

主　任：杨珠生

三十、宁夏回族自治区农业综合开发办公室

主　任：董　锋

副主任：何克朴　马　琼

三十一、新疆维吾尔自治区农业综合开发办公室

主　任：夏代提·海木都拉

副主任：王　锋　白西荣

莫合塔尔

三十二、新疆生产建设兵团农业综合开发办公室

主　任：汤华辉

副主任：钟福群

三十三、大连市农业综合开发办公室

主　任：李维明

副主任：霍士彬

三十四、宁波市农业综合开发办公室

主　任：胡望真

副主任：刘展国　陈建国

三十五、青岛市农业综合开发办公室

主　任：曲修珂

三十六、厦门市农业综合开发办公室

主　任：庄志杰

三十七、深圳市农业综合开发办公室

主　任：李廷忠

副主任：林庆雄

三十八、黑龙江省农垦总局农业综合开发办公室

主　任：侯培耀

副主任：高起中　刘　伟

国家农业综合开发联席会议成员单位负责农业综合开发工作的司领导名单

国家发展和改革委员会

杜　鹰（农村经济司司长）

国土资源部

刘仁芙（耕地保护司助理巡视员）

水利部

李代鑫（农村水利司司长）

农业部

李伟方（发展计划司副司长）

中国人民银行

姜维俊（货币政策司司长）

国家林业局

姚昌恬（发展计划与资金管理司司长）

中国农业银行

崔宗河（农业信贷部总经理）

中华全国供销总社

张祥茂（科教部部长）

地、县级农业综合开发办公室领导名单

（以 2003 年 12 月 31 日在职干部为准）

地 区	姓 名	地 区	姓 名	地 区	姓 名
北京市		保定市	崔义祥（副）	阳城县	张宽地
门头沟区	胡 雷（副）	承德市	姜凤详	高平市	张永昌
房山区	刘 明（副）	张家口市	曹汉武	朔州市	兰文增
通州区	陈玉红（副）	廊坊市	邢桂桐	朔城区	郭文运
顺义区	于宏伟（副）	沧州市	崔铁祥	怀仁县	夏文政
大兴区	方志军（副）	衡水市	裴保顺	山阴县	何培龙
昌平区	汤学刚（副）	**山西省**		应 县	董荣品
延庆县	孟庆云（副）	太原市	白斌寿	右玉县	景志强
怀柔区	冯国明（副）	小店区	刘宝玉	忻州市	王俊章
密云县	曹 圣（副）	清徐县	牛润喜	忻府区	刘明祥（副）
平谷区	张献华（副）	大同市	孟耀雄	原平市	张香福
天津市		南郊区	王秀生	定襄县	李文怀（兼）
东丽区	赵 晖	大同县	仝济峰	五台县	边和平
津南区	李 钢	阳高县	马元杰	繁峙县	刘 刚
西青区	阎德来	天镇县	张如胜	代 县	赵岸俊
北辰区	周荣娟	左云县	李 凯	晋中市	吾景林
塘沽区	张春杰	灵丘县	王 涵	介休市	李怀珠（兼）
大港区	孙培高	浑源县	王振业	平遥县	霍维忠
武清区	韩铁军	广灵县	刘吉舍	祁 县	段 福
宝坻区	孙文德	阳泉市	林有亮	太谷县	武友林
静海县	张绵生	平定县	李小平（兼）	寿阳县	张锡智
宁河县	王东军	长治市	李 文	昔阳县	赵春华
蓟 县	陈 丽	屯留县	罗俊保（兼）	临汾市	王久生
河北省		长子县	张先堂（兼）	尧都区	王长平
石家庄市	杜占贞	襄垣县	韩国兴	侯马市	马明礼
唐山市	莫连营（副）	长治县	牛旭山	曲沃县	付孟喜（兼）
秦皇岛市	张树江	长治郊区	闫素青	襄汾县	宓和平（兼）
邯郸市	李广华	晋城市	王志明	翼城县	郝安生
邢台市	王富友	泽州县	杨贵川	洪洞县	张执刚

续表

地区	姓名	地区	姓名	地区	姓名
霍州市	安志勇	新巴尔虎右旗	谢百顺（兼）	林西县	李宝良
汾西县	谭雪凡	阿荣旗	初卓利（兼）	克什克腾旗	吕贵
安泽县	刘春成（兼）	莫力达瓦旗	阎波（兼）	翁牛特旗	李芳
大宁县	高红旭	鄂伦春旗	吴汉臣（兼）	喀喇沁旗	许俊哲
乡宁县	马海水	陈巴尔虎旗	佟宝泉（兼）	宁城县	曲志林
运城市	柴广林	鄂温克旗	张桂华（兼）	敖汉旗	尹文清
盐湖区	管树岗	包头市	任福（兼）	鄂尔多斯市	宋海银
河津市	张中秋	石拐矿区	郭晓春	东胜区	王晓勇（兼）
永济市	张仰民	九原区	张开玉	达拉特旗	杨二玉
平陆县	杨万禄	土默特右旗	段慧森	准格尔旗	张春生
万荣县	王建民	固阳县	张子英	伊金霍洛旗	李录泽
新绛县	刘国柱	达茂旗	格日勒图	鄂托克旗	石三才
临猗县	陈广运	乌海市	段晓平	乌审旗	乌云其劳(兼)
稷山县	程建效	乌达区	孔庆文	杭锦旗	王新海
芮城县	姚应强	海南区	王永亮	鄂托克前旗	冯治亮
垣曲县	赵中平	乌兰察布盟	周世平	巴彦淖尔盟	王奋意
夏县	薛中兴	察右中旗	刘永宽	杭锦后旗	黄文林
吕梁市	刘澎	凉城县	刘世平	五原县	周其良
文水县	郭贵（兼）	兴和县	郝升云	临河市	张红岐
孝义市	田江	卓资县	祁胜利	磴口县	孟彪
岚县	崔月明（兼）	四子王旗	云志军	乌拉特前旗	郭峰
方山县	冯连保（兼）	通辽市	王套图格（兼）	乌拉特中旗	张建华
内蒙古自治区		科尔沁区	刘增和	乌拉特后旗	阿拉腾格日乐
呼和浩特市	王贵生	开鲁县	王耀华	锡林郭勒盟	包满那
赛罕区	王富根	科左后旗	冯树忠	锡林浩特市	海山
土默特左旗	韩晋国	科左中旗	包金	阿巴嘎旗	白云江
托克托县	王先士	奈曼旗	杜良	苏尼特左旗	阎洪喜
和林县	郭瑞	扎鲁特旗	肖树声	苏尼特右旗	鲍向东
武川县	周勇	库伦旗	辛富	东乌珠穆沁旗	哈斯
呼伦贝尔市	李壑军（兼）	霍林河市	齐风学	西乌珠穆沁旗	徐贵英
海拉尔市	孙桂兰（兼）	赤峰市	李景荣	太仆寺旗	苗树春
扎兰屯市	田志（兼）	松山区	王凤学	镶黄旗	格日勒图
牙克石市	李月春（兼）	元宝山区	王殿喜	正镶白旗	刘全福
额尔古纳市	徐建鹏（兼）	阿鲁科尔沁旗	杨喜文	正蓝旗	毕力格图
根河市	葛军（兼）	巴林左旗	郑国军	兴安盟	潘继光（兼）
新巴尔虎左旗	索伦高娃（兼）	巴林右旗	许国利	突泉县	王焕志（兼）

续表

地区	姓名	地区	姓名	地区	姓名
扎赉特旗	贾忠双（兼）	本溪满族自治县	袁禄祥（兼）	喀喇沁左	
科右中旗	陈贵生（兼）	桓仁满族自治县	宁文禄	蒙古族自治县	刘树德
科右前旗	白玉成（兼）	丹东市	李春	北票市	刘永杰
乌兰浩特市	洪胜利（兼）	振安区	吕振业	凌源市	胡革政
兴安盟农场	潘继光（兼）	东港市	孙大伟（兼）	盘锦市	屠践华
阿拉善盟	姜明	凤城市	安云升（兼）	盘山县	李兴枕（兼）
阿拉善左旗	刘鸣功	宽甸满族自治县	尤联合（兼）	大洼县	张宝勤（兼）
额济纳旗	杨永跃	锦州市	杨文奕	葫芦岛市	戴文杰
辽宁省		太和区	宁继龙	连山区	赵志华
沈阳市	那洪宇	凌海市	李吉安（兼）	绥中县	李秀环
新城子区	高明新	黑山县	金铁奎	建昌县	张启
苏家屯区	白寿发	义县	白英	兴城市	刘贺余
于洪区	李慧	北宁市	郑大志（兼）	**吉林省**	
东陵区	王素芳	营口市	邵德详	长春市	胡延生（兼）
新民市	邢健	老边区	沈源香	南关区	丁俊
辽中县	蔺欣光	盖州市	赵明石	宽城区	朱广庆
法库县	董德伟	大石桥市	许伟	朝阳区	李文烨
康平县	李静	阜新市	曹权	二道区	耿立春
大连市	李维明	细河区	符宏	绿园区	李柏林
甘井子区	范景清	彰武县	陈权（兼）	双阳区	曹和
金州区	宫国伟	阜新蒙古族自治县	张云杰	农安县	张君成
旅顺口区	邹德喜	辽阳市	茹文鹤	九台市	刘伟
瓦房店市	段凯	太子河区	曹熙芝	榆树市	王忠生
庄河市	王茂开	灯塔市	李恩富	德惠市	张为志
普兰店市	李开亮	辽阳县	张俊义	净月旅游开发区	陈希元（兼）
长海县	董义章	铁岭市	李军	吉林市	张吉丰
鞍山市	张玉阁	清河区	苏跃贵	昌邑区	王泽祥
千山区	胡强	铁岭县	徐萍	龙潭区	秦小伟（兼）
海城市	万明哲	西丰县	董连	船营区	王利慧
台安县	冯荣超	昌图县	马永宽	丰满区	苏福忠（兼）
岫岩满族自治县	关野	调兵市	王玺安	永吉县	刘铁军（兼）
抚顺市	奕华	开原市	关士刚	蛟河市	王胜利
抚顺县	刘新刚	朝阳市	顾尚武	桦甸市	王平（兼）
新宾满族自治县	冯艳菊	龙城区	陈静	舒兰市	周建民（兼）
清原满族自治县	杨维君	朝阳县	贾福生	磐石市	孟秀杰（兼）
本溪市	王焕顺	建平县	潘继峰	四平市	王子蓬

续表

地　区	姓　名	地　区	姓　名	地　区	姓　名
铁西区	金　凯	白山市	王学连	齐齐哈尔市	邓晓军（兼）
铁东区	蔡君复	八道江区	刘玉武	龙沙区	宋　阳（兼）
梨树市	张文军	临江市	张燕军	建华区	王继忠
伊通县	王福山	靖宇县	许广平	铁锋区	杨树辉（兼）
公主岭市	田　云	抚松县	王　亮	富拉尔基区	王彤斌（兼）
双辽市	赵世武（兼）	江源县	王维义	昂昂溪区	王明之（副）
辽河管理区	韩长顺	长白朝鲜族自治县	陈　敏	梅里斯区	苏佳新（兼）
公主岭园区	朴永吉（兼）	延边朝鲜族自治州	张永日	泰来县	路文波
辽源市	张凤林（兼）	延吉市	金龙男	甘南县	梁宪臣（兼）
龙山区	刁　坤	图们市	姜　伟	克山县	徐凤学
西安区	赵东玫	敦化市	姬广建	克东县	史玉林
东丰县	王　新（兼）	珲春市	金哲龙	富裕县	徐连富
东辽县	项明忠（兼）	龙井市	张仁石	依安县	陈伟光
通化市	李　慧	和龙市	朴炳三	拜泉县	顾凤林（兼）
东昌区	张晓杰（副）	汪清县	石万吉	讷河市	王启春
二道江区	尹长河	安图县	禹敬爱	龙江县	王宝清（兼）
通化县	孙鹏红	**黑龙江省**		牡丹江市	金日勋（兼）
辉南县	张盛明	哈尔滨市	王贵良	东安区	李广志（兼）
柳河县	王凤斌（兼）	道里区	李桂玲	西安区	刘文艺（兼）
梅河口市	张友毅	道外区	王　聪（兼）	爱民区	于　强（兼）
集安市	方会云（副）	南岗区	韩良芝	阳明区	郭艳华（兼）
白城市	申江发（兼）	动力区	张秋波	林口县	高月清（兼）
洮北区	刘　友（兼）	香坊区	景云岗	东宁县	张传林
洮南市	王德宝（兼）	平房区	金　锋（兼）	穆棱市	王中财（兼）
大安市	赵国平（兼）	呼兰区	刘文军	绥芬河市	王丽华（兼）
通榆县	刘宝辉（兼）	阿城市	赵伟功	海林市	孙宪文（兼）
镇赉县	张晓波（兼）	巴彦县	李丛林	宁安市	夏继亮（兼）
松原市	周昌义	宾　县	朱庆民	佳木斯市	牟秀荣
宁江区	奚中俊	延寿县	董　利	郊　区	曹家祥（兼）
经济开发区	杨晓波	木兰县	丁海江	抚远县	吴柏林
农业开发区	郑国志	通河县	宿忠国	桦南县	张士平（兼）
前郭尔罗斯蒙古族自治县	郤仲慧	方正县	杨　伟	桦川县	冯玉广（兼）
		双城市	刘纯宏	汤原县	郝建民
长岭县	房纯田	五常市	楚立飞	富锦市	刘久英（兼）
乾安县	杨立民	尚志市	陈　退	同江市	于明太
扶余县	柴义祥	松北区	李　侃	鸡西市	李传良（兼）

续表

地 区	姓 名	地 区	姓 名	地 区	姓 名
鸡冠区	徐春波（兼）	北林区	张彦方	江宁区	彭永海
恒山区	邢雁和（兼）	大庆市	曲殿玉	六合区	王乃金
滴道区	毛冬艳（兼）	让胡路区	陈德旺	溧水县	周光友
城子河区	张玉娥（兼）	萨尔图区	王志辉	无锡市	周洪庚
梨树区	金辉善（兼）	龙凤区	李国忠	锡山区	丁伦元
麻山区	李 慧（兼）	大同区	马银生	滨湖区	张宝良
鸡东县	魏福才	红岗区	张学武	惠山区	周群演
虎林市	张少华	肇州县	侯绪宠	江阴市	徐林峰
密山市	李侃瑞	肇源县	仇殿阁	宜兴市	吴良才
鹤岗市	勇祥全	林甸县	刘喜福	徐州市	恽芝健
萝北县	范永吉	杜 蒙	夏 杰	贾汪区	周刘生
绥滨县	隋士敏	开发区	孔令民	邳州市	王广栋
七台河市	翟春玉	黑河市	于明海（兼）	新沂市	郭希端
茄子河区	张宝权	爱辉区	孙永德	丰 县	刘法贞
勃利县	侯殿义	五大连池市	刘宝志	沛 县	徐兴常
双鸭山市	张振伟	嫩江县	马庆喜（副）	铜山县	李长洲
尖山区	杨树枫	逊克县	宋振中	睢宁县	王万鹏
集贤县	于兴禾	孙吴县	王胜义（兼）	常州市	吴新法
友谊县	薛贵生	北安市	郭志峰（兼）	武进市	田炳坤
宝清县	朱庆喜	大兴安岭地区	高 军	金坛市	汤和平
饶河县	谷建国	呼玛县	李耀龙	溧阳市	许洪保
伊春市	安忠辉	漠河县	唐凤军	苏州市	陆云福
友好区	杨建忠	塔河县	孙宝岩	吴中区	顾巧根
翠峦区	张大稳	加格达奇区	王荣新	相城区	顾永元
嘉荫县	夏万江	**上海市**		昆山市	唐凤元
铁力市	陈天临	宝山区	陈仕宏	吴江市	童雄伟
绥化市	于耀志	南汇区	储野元（兼）	太仓市	杨雪贤
肇东市	高连武	奉贤区	罗 敏	张家港市	陈炳祥
安达市	方喜维	松江区	闵德云	常熟市	程雪忠
海伦市	邹立国	金山区	沈 文	南通市	朱瑞琴
望奎县	张忠汉	青浦区	汤福明	海安县	吴世林
庆安县	刘景仁	崇明县	顾圣群（兼）	如东县	康 凯
青冈县	张长河	浦东新区	龚重苏	如皋市	鲍家华
明水县	王朝群	**江苏省**		通州市	陆洪兵
兰西县	王建武	南京市	夏功年	海门市	赵友法
绥棱县	李明义	浦口区	吴建新	启东市	花妙洪

续表

地　区	姓　名	地　区	姓　名	地　区	姓　名
连云港市	刘洪伟	高港区	王晓球	海宁市	李月娇（兼）
灌云县	刘以祝	靖江市	杨炳基	平湖市	杜永春
灌南县	侯传伟	泰兴市	刘中荣	桐乡市	陈梓林
东海县	卢　毅	姜堰市	吴　彪	湖州市	王建农
赣榆县	韩友善	兴化市	陈陌旺	德清县	余清泉（兼）
淮安市	尤其中	宿迁市	黄　非	长兴县	毕悦芹（兼）
清浦区	高筱林	宿豫县	刘金楼	安吉县	郭常安（兼）
淮阴区	周以忠	沭阳县	汪　汛	绍兴市	李法泉
楚州区	沈寿伦	泗阳县	曹翠平	新昌县	陈明远（兼）
洪泽县	杨廷举	泗洪县	张其中	诸暨市	赵一平（兼）
涟水县	李宗维	**浙江省**		上虞市	王永土
盱眙县	刘经柱	杭州市	陈锦梅（兼）	嵊州市	王益明（兼）
金湖县	朱元明	萧山区	沈雅林	金华市	赵依信（兼）
盐城市	卢　峰	余杭区	王建勤	武义县	杨霄雁（兼）
城　区	周质恂	桐庐县	俞　谷	浦江县	许　杉
东台市	何树源	临安市	罗石荣（兼）	兰溪市	周望林
大丰市	赵锦国	淳安县	宋士中（兼）	义乌市	傅志明
射阳县	耿　耿	建德市	王建廷	东阳市	胡耀华
建湖县	陶会銮	富阳市	崔伊凯	永康市	楼美如（兼）
滨海县	张艾之	宁波市	胡望真	衢州市	蒋移祥（兼）
阜宁县	殷祝山	江北区	姚蓓君	常山县	戴根林（兼）
响水县	王其贝	北仑区	李　军	开化县	邱俊峰
盐都县	裔示元	镇海区	王信永	龙游县	徐赛良
扬州市	樊必余	象山县	郑　勇	江山市	祝钦史
邗江区	刁敏龙	宁海县	王祥满	舟山市	章宏宇（兼）
高邮市	吴恒华	鄞州区	杨华春	岱山县	舒伟强（兼）
宝应市	朱志扬	余姚市	陆秀根	台州市	王　灵
江都市	樊洪喜	慈溪市	陈亚伟	三门县	李　坚（兼）
仪征市	金恒元	奉化市	潘飞跃	临海市	胡寿坚（兼）
镇江市	王德友	温州市	厉　行	温岭市	顾雪荣（兼）
丹徒区	朱春龙	平阳县	兰天荣	丽水市	何赤峰（兼）
丹阳市	贡国良	苍南县	夏正相（兼）	缙云县	黄　杰
句容市	倪玉祥	瑞安市	蔡永水（兼）	遂昌县	廖为义
扬中市	缪士荣	嘉兴市	郁杭嘉	松明县	徐承标（兼）
泰州市	赵留贯	嘉善县	陆志荣（兼）	景宁县	蓝朝星（兼）
海陵区	刘雪松	海盐县	张志炎（兼）	龙泉市	吴旭文（兼）

续表

地 区	姓 名	地 区	姓 名	地 区	姓 名
省监管局	郑荣华	临泉县	孙景山	繁昌县	戴元宠
安徽省		淮南市	丁准生	宣城市	曾庆友
合肥市	张锦甫	毛集区	朱克云	宣州区	袁 军（兼）
肥东县	柯善章	潘集区	屈良海	绩溪县	周 有（副）
肥西县	陈文轩（兼）	凤台县	刘玉准	郎溪县	张本博（兼）
长丰县	程 林（兼）	滁州市	赵友祥	广德县	晏文灿
包河区	高光胜（兼）	琅琊区	赵玉贵（兼）	宁国市	吴祝春
淮北市	王素美	南谯区	汪明显（兼）	泾 县	童国干
杜集区	郝学堂（兼）	天长市	朱玉琪（兼）	旌德县	张志源
烈山区	刘道德	来安县	詹晓平（兼）	铜陵市	唐 海
相山区	任士新（兼）	全椒县	张 雷（兼）	铜陵县	刘银华
濉溪县	宗兆惠	定远县	杨世传	池州市	汪民主（副）
亳州市	闫 勇（副）	凤阳县	魏立东	贵池区	胡孔龙（副）
谯城区	李龙禹	明光市	王立炯（兼）	青阳县	宁光华
涡阳县	何金彩	六安市	宗克炳	东至县	张春燕
蒙城县	李明华	金安区	阮正文	石台县	江龙云
利辛县	江宏章	裕安区	杜成发	九华山	江兴来
宿州市	陈立新	叶集区	赵真武	安庆市	丁卫星
埇桥区	潘家旺（兼）	霍邱县	李 峰（兼）	郊 区	查结根（兼）
砀山县	黄瑞奎	舒城县	程增凡	桐城市	崔家旺
萧 县	郝 新	金寨县	陈 勇	怀宁县	郝金龙
灵璧县	朱 松	霍山县	潘声荣（兼）	潜山县	陈名扬（副）
泗 县	姚玉刚	寿 县	尚文峰	枞阳县	吴兆和（兼）
蚌埠市	常乃光	马鞍山市	史正涛	宿松县	何 平
淮上区	刘 伟（兼）	花山区	葛善清	望江县	郑邦波（副）
五河县	陈耀章（兼）	雨山区	陶 金（兼）	太湖县	程林森（兼）
怀远县	尚 毅	当涂县	李 凌	岳西县	汪可盈（兼）
固镇县	汤 平	巢湖市	付春光	黄山市	胡大庆
阜阳市	杨世新	居巢区	朱立平	屯溪区	杨金全
颍州区	许 勇	无为县	朱光继	黄山区	陈鸿新
颍东区	余娅萍（兼）	庐江县	周 健	徽州区	朱银钱
颍泉区	苏志云	和 县	汪祖斌	歙 县	张冬春
颍上县	孙大刚	含山县	陈 康	祁门县	郑贵龙
界首市	李顺民（兼）	芜湖市	吴春兰	黟 县	常爱珍
太和县	尚卫东（兼）	芜湖市	孙立新	休宁县	贾维光
阜南县	周利华	南陵县	何维花	省监狱管理局	袁光学

续表

地　区	姓　名	地　区	姓　名	地　区	姓　名
白湖监狱管理分局	黄金虎	仙游县	付加兴	尤溪县	于加旺
九成监狱管理分局	朱延金（兼）	城厢区	孙　政（兼）	南平市	欧阳光
省劳教管理局	方煜文	涵江区	蔡文煌（兼）	延平区	刘久西（兼）
南湖劳教管理所	夏洪强	泉州市	赖丽水	邵武市	曾福财（兼）
省农垦局	王玉信	洛江区	刘江昭	武夷山市	邱玉妹（兼）
寿西湖农场	朱维龙	惠安县	王江川（兼）	建瓯市	冯晓丹（兼）
华阳河农场	蒋仲季	晋江市	林文灿（兼）	建阳市	杨玉忠
皖河农场	黄丛红	南安市	洪注来	顺昌县	陈　旭（兼）
十字铺茶场	方实明	安溪县	姚软润（兼）	光泽县	宋凤英（兼）
潘村湖农场	童　俊	永春县	吴德伟	松溪县	陆昌良（兼）
大圹圩农场	项道宏	德化县	连继续（兼）	**江西省**	
方邱湖农场	叶怀礼	泉港区	刘永和（兼）	南昌市	陶海龙
龙亢农场	赵静宜	漳州市	陈结仲（兼）	南昌县	龚顺华（副）
水家湖农场	董如平	龙海市	洪亚通（兼）	新建县	陶瑞林
马厂湖农场	王其方	漳浦县	陈励明	安义县	王礼信
东风湖农场	廖向阳	云霄县	林长江（兼）	进贤县	邱树林
福建省		诏安县	方平海（兼）	景德镇市	张维汉
福州市	林桂谟（兼）	南靖县	黄少达	浮梁县	吴金发
长乐市	林世国（兼）	平和县	蔡志斌（兼）	乐平市	史车生
福清市	陈昌文（兼）	华安县	郭美建	萍乡市	李德伟
平潭县	念云钦（兼）	长泰县	陈乌金（兼）	芦溪县	黎焕奇
连江县	陈金乐（兼）	龙岩市	林火兰	上栗县	秦国庆
闽清县	黄言明（兼）	新罗区	郑柏村	莲花县	朱书平
厦门市	庄志杰（兼）	上杭县	黄为民	九江市	夏小勇
翔安区	廖清风	连城县	张　杰	九江县	高品林
集美区	王跃进	长汀县	黄发辉	修水县	丁德祥
同安区	程进国	永定县	赖永平	永修县	刘星海
宁德市	夏嘉茂	武平县	王春英（兼）	德安县	王忠贵
周宁县	陈云毅	三明市	王荣福（兼）	星子县	李平贵
寿宁县	李式春	永安市	张　燕	都昌县	刘涛松
福安市	林书顺（兼）	大田县	陈开教（兼）	彭泽县	钱立华
柘荣县	陈松福（兼）	明溪县	严悦水（兼）	新余市	丁颖文
福鼎市	陶大贵	清流县	官师应（兼）	渝水区	刘安华
霞浦县	王乃峰	宁化县	张万福（兼）	分宜县	梁　超
莆田市	吴国华	建宁县	王福生（兼）	鹰潭市	卢力新
荔城区	张锦扬（兼）	沙　县	张勉兴	贵溪市	吴坝太

续表

地　区	姓　名	地　区	姓　名	地　区	姓　名
余江县	陈移发（兼）	安福县	周向荣	即墨市	黄祖林
赣州市	胡勇明	永丰县	杨青生	平度市	陈瑞光
章贡区	刘通福	新干县	祝芳奎	胶州市	薛立江
瑞金市	付兴荣	青原区	彭家迎	胶南市	李函国
赣　县	李贵元	井冈山市	谢万宁	莱西市	孔祥月
信丰县	旋超洋	吉州区	张建芽	淄博市	王本富（兼）
大余县	陈绪平（兼）	吉安县	刘武和	淄川区	王　岳
安远县	施志福	吉水县	李长贵	张店区	常绍孔
定南县	王子林	峡江县	陈贱根	临淄区	路玲秀
宁都县	廖咸勋（兼）	泰和县	刘金平	周村区	高明东（兼）
兴国县	肖正元	遂川县	袁兴俊	沂源县	崔广金
会昌县	姚　涌（兼）	万安县	罗宣贵	桓台县	许日梓
寻乌县	赖格斌	永新县	刘明友	高青县	王泽法（兼）
石城县	陈愿流	抚州市	祝友清	枣庄市	赵悦斌
宜春市	冯子谨	临川区	聂平太	山亭区	刘希伟
袁州区	彭海明	南城县	胡志刚	台儿庄区	刘兆启
丰城市	饶云根	南丰县	陈剑平	峄城区	侯茂华
樟树市	孙文达	崇仁县	丁书峨	薛城区	孙晋群
高安市	熊爱根	乐安县	熊高文	滕州市	李永平
奉新县	陈爱兰	宜黄县	余明华	东营市	宋金兰
万载县	汪来生	金溪县	饶玉明	河口区	孙卫东
上高县	谢抗元	东乡县	饶洁来	垦利县	张增新
宜丰县	邹金明	广昌县	包国柱	东营区	商少华
靖安县	王一东	**山东省**		利津县	燕观才
上饶市	吴正良（兼）	济南市	李绪银	广饶县	燕增林
信州区	王小武	历城区	刘加润	烟台市	吕学良
德兴市	张春林（兼）	天桥区	王法清	牟平区	任庄伟
上饶县	陈学云	长清区	王正兰	莱山区	初世满
玉山县	严水清	章丘市	李维祥	福山区	于　光
横峰县	杨思旺	商河县	胡传岭	莱阳市	李　忠（副）
弋阳县	宋文斌	济阳县	王茂民（副）	莱州市	张希波（兼）
余干县	张来顺	平阴县	李庆宝	蓬莱市	林贵禄
波阳县	黄金臣（兼）	青岛市	曲修珂	招远市	于彦亮（兼）
万年县	叶建国	崂山区	刘明佳	海阳市	乔永勤
婺源县	潘友钊（兼）	黄岛区	金志祥	潍坊市	曾宪林
吉安市	刘爱民	城阳区	李先勇	潍城区	季建潍

续表

地　区	姓　名	地　区	姓　名	地　区	姓　名
坊子区	蔡光平	五莲县	范淑明	沾化县	崔延锋
昌乐县	吴宪田	莒　县	张清华	菏泽市	刘庆国
临朐县	李宗成	莱芜市	沈桂秀	牡丹区	王争鸣
寒亭区	冯延亮	莱城区	朱庄海	鄄城县	陈　华
青州市	张立民	临沂市	宋家振	郓城县	张友祥
诸城市	戚炳来	兰山区	李开贤	巨野县	常传斌
寿光市	杨浩禄	蒙阴县	罗广海	成武县	许庆民
安丘市	都桂德	河东区	苏效荣	单　县	马凤新
昌邑市	孙恒玖	罗庄区	张传成	定陶县	黄复存
高密市	杜钦德	沂水县	常东慧	曹　县	尚莲仲
济宁市	陈宪东	沂南县	刘勋元	东明县	胡世冉
任城区	薛秀玲	莒南县	陈　思	聊城市	苏本生
曲阜市	高广东	临沭县	李永金	东昌府区	张洪祥
兖州市	张文祥	郯城县	高广新	临清市	魏明远
邹城市	董龙振	苍山县	李执照	冠　县	李洪忠
泗水县	尤昌武	费　县	王洪志	高塘县	王英刚
微山县	张宜才	平邑县	李　彬	茌平县	张观禄
鱼台县	田素明	德州市	刘宗生（兼）	东阿县	卓斌增
金乡县	张兆启	德城区	卢顺利（兼）	阳谷县	丁玉华
嘉祥县	鲁学杰	乐陵市	王春邦	莘　县	杜国华
汶上县	郑　惠	禹城市	王光水（兼）	**河南省**	
梁山县	仝义泉	陵　县	温从平	郑州市	史广敏
泰安市	叶余江	宁津县	于凤明	中原区	孙喜玲
泰山区	常清新	庆云县	张宝明	二七区	宋春仙
岱岳区	张辉东	临邑县	王化禄	管城回族区	王国政
新泰市	宋炳林	齐河县	闫广玉	金水区	吴选民
肥城市	张尚秋	平原县	宋振兴	邙山区	张秀英
宁阳县	朱玉吉	夏津县	李　庚	新郑市	马国林
东平县	贯继升	武城县	梁新元	登封市	王建平
威海市	袁文仲（兼）	滨州市	任晓明	新密市	刘建军
环翠区	丛强日	滨城区	张振海	巩义市	马守振
荣城市	张　健	博兴县	窦洪志	荥阳市	孙儒林
文登市	周春晖（副）	邹平县	李新军	中牟县	赵小海
乳山市	秦韶珊	惠民县	石仁慧	三门峡市	冯志刚
日照市	陈修坤	阳信县	崔明义	灵宝市	王项生
东港区	郑承钊	无棣县	李德华	渑池县	杨立丙

续表

地区	姓名	地区	姓名	地区	姓名
陕　县	胡书才	滑　县	王自纯	川汇区	刘卫东
卢氏县	张新民	内黄县	侯兰生	项城市	栾培斌
洛阳市	李玉明	平顶山市	李福正	扶沟县	马根章
偃师市	王文昌	舞钢市	黄春芳	西华县	梁志川
孟津市	马景堂	汝州市	李自平	商水县	赵　鹏
新安县	王跃进	叶　县	王爱民	太康县	李新荣
栾川县	韦平川	鲁山县	杨满林（兼）	鹿邑县	陈治良
嵩　县	赵冠东	宝丰县	王　清	郸城县	罗东亮
汝阳县	马增超	郏　县	李建岭	淮阳县	陈家富
宜阳县	仝洪波	许昌市	孙怀亮	沈丘县	鲁锦兴
洛宁县	张海东	许昌县	杜子君	信阳市	张永忠
伊川县	宋赞斌	鄢陵县	张水勤	狮河区	徐连元
焦作市	王秀梅	襄城县	王玉辉（兼）	平桥区	邢常喜
孟州市	高南方	长葛市	武录民	固始县	石学国
沁阳市	张子灶	禹州市	王跃进	商城县	徐立义（兼）
修武县	杨公民	漯河市	周国云	息　县	李洪俊
博爱县	王玉明	舞阳县	周瑞锋	新　县	黄文来
武陟县	赵舟河	郾城县	宠幸福	罗山县	余胜明
温　县	孟庆丰	临颍县	钱爱国	潢川县	柳贤宾
新乡市	卜法平（兼）	商丘市	吕建华	淮滨县	孙晓靓
卫辉市	张明新（兼）	梁园区	汪俊方	光山县	王明恩
辉县市	吴昌平（兼）	睢阳区	何俊卿	开封市	程　群
新乡县	刘文祥（兼）	虞城县	田献章	开封县	董方震
获嘉县	焦文喜	宁陵县	杨批修	尉氏县	吴进忠
原阳县	李庆修（兼）	民权县	李茂广	通许县	袁永功
延津县	邓志禄（兼）	睢　县	孙立魁	兰考县	王武生
封丘县	赵思同	夏邑县	杨钦孟	杞　县	陈振堂（兼）
长垣县	邵建芳（兼）	拓城县	冯招银	南阳市	赵玉坤
鹤壁市	韦泽淇	永城市	张彩云	宛城区	徐有志
浚　县	赵居青	濮阳市	边少青	卧龙区	赵天军
淇　县	秦涞清	濮阳县	刘进山	淅川县	王金定
安阳市	毛延安	清丰县	张振华	南召县	李松朝
龙安区	任田林	南乐县	张焕松	镇平县	张建勇
林州市	魏会昌（副）	范　县	牛茂聚	唐河县	方文松
安阳县	李九元	台前县	孙刚成（兼）	桐柏县	罗同业
汤阴县	张素华	周口市	孙书林	内乡县	刘三定

续表

地　区	姓　名	地　区	姓　名	地　区	姓　名
邓州市	程银海	枝江市	谢长青	洪湖市	尤远喜
新野县	齐傲胜	草埠湖农场	曹诗军（兼）	松滋市	严　肃（兼）
西峡县	陈福印	襄樊市	肖待友（副）	黄冈市	毛建文
方城县	张新民	襄城区	尤建平	黄州区	喻中华
社旗县	胡述平	樊城区	于淑华（副）	团风县	余昌喜
驻马店市	张富治	襄阳区	郭　跃	红安县	罗子平
驿城区	王金晔（兼）	南漳县	刘友荣	罗田县	沈孝德
确山县	叶文艺	谷城县	杨　帆（兼）	英山县	姜新成
泌阳县	杨立稳	老河口市	何家宽	浠水县	陈　雄
遂平县	郑道州	枣阳市	郭泽林（兼）	蕲春县	丁友义（兼）
西平县	潘明峰	宜城市	刘　俊	黄梅县	洪泽忠
上蔡县	黄建设	鄂州市	高惠明	麻城市	李建平
汝南县	陈万东	梁子湖区	黄华林	武穴市	何仕贵
平舆县	严俊亭	华容区	廖顺枝	咸宁市	魏皓琼
新蔡县	李伟献	鄂城区	王　标	咸安区	张秉全
正阳县	王　和	荆门市	黎清华	嘉鱼县	杨建国（兼）
济源市	周　顺	东宝区	高　军	崇阳县	金　勋（副）
湖北省		京山县	孟广大（副）	赤壁市	王荣昌
武汉市	代　斌	沙洋县	张克海（兼）	恩施州	李　勇
菜甸区	周　明	钟祥市	刘天洋	恩施市	龙世俊
江夏区	殷先汉	掇刀开发区	刘精华	利川市	孙　凯（副）
黄陂区	顾冬冰	屈家岭管理区	徐　寒	建始县	樊友国
新洲区	邱德胜（兼）	孝感市	王淑华（兼）	巴东县	谭文教
黄石市	刘安定（副）	孝南区	李十周	宣恩县	王　琴（兼）
阳新县	李　强	孝昌县	曹国清	咸丰县	舒建华（兼）
大冶市	冯海潮（兼）	云梦县	蔡喜明	来凤县	邱　安
十堰市	程永川	应城市	张建华	鹤峰县	安　彪
房　县	阳亚苏（兼）	安陆市	余晓林	随州市	蒋欣然
丹江口市	陈　刚	汉川市	王怀斌	曾都区	周宗友（兼）
宜昌市	胡　芳	荆州市	郝宝芝	广水市	张　群（副）
夷陵区	赵　勇（副）	沙市区	熊启斌（兼）	仙桃市	胡灯祥
远安县	杨宏伟（副）	荆州区	郑　磊	天门市	周晓仿
兴山县	任福兴（兼）	公安县	潘志海	潜江市	甘敦勇
长阳县	程家祥（兼）	监利县	张汉平	省监狱管理局	李　勇
宜都市	周发全	江陵县	李纯松（兼）	沙洋农场	陈昌俊
当阳市	李昌银（兼）	石首市	李大勇	襄北农场	丁义昌

续表

地区	姓名	地区	姓名	地区	姓名
江北农场	王华	城步县	阳刘杰	桂阳县	侯建平
湖南省		武冈市	曾纪红	宜章县	唐世亮
长沙市	王翔	南山牧场	王建华	永兴县	李书林
长沙县	陈来清	岳阳市	周继祥	嘉禾县	李先钰
望城县	刘建武	君山区	廖乾云	临武县	卢少成
宁乡县	王导成（兼）	岳阳县	何报亮	汝城县	郭晓雄
浏阳县	曹松林	华容县	易锡训	桂东县	郭名锋
株洲市	冯新琪	湘阴县	龙佑强	安仁县	吕金生（兼）
株洲县	陈立平	平江县	陈尚奇	资兴市	薛向东
攸县	李根元	汨罗市	丁雪辉	永州市	秦坤
茶陵县	颜详	临湘市	贺和平	芝山区	许青石
炎陵县	罗爱健	常德市	罗贻林	冷水滩区	吕永东
醴陵市	李星（兼）	武陵区	谷正明	祁阳县	刘文高
湘潭市	王爱球	鼎城区	梁腊清	东安县	唐新柱
湘潭县	赵金池	安乡县	齐跃生	双牌县	何晓东
湘乡市	张家良	汉寿县	黄荣耀	道县	周忠清
韶山市	左年丰	澧县	陈蔚东	江永县	吕云斌
衡阳市	谭先锦	临澧县	邵国超	宁远县	朱土旺
珠晖区	邓志超	桃源县	黎泽中	蓝山县	陈光武
南岳区	刘湘泉	石门县	封向阳	新田县	文柏佑
衡阳县	刘德生	津市市	朱传协	江华县	关志亮
衡南县	符孝国	西洞庭管理区	罗跃林	怀化市	张远铁
衡山县	赵中广	张家界市	张旭鹏	鹤城区	唐平
衡东县	刘石林	慈利县	李永辉	中方县	张庭久
祁东县	张三定	桑植县	叶斌	沅陵县	谢爱莲
耒阳市	吴谷生	益阳市	周先雄	辰溪县	张元团
常宁市	吴析生	赫山区	曾点明	溆浦县	黄志安
邵阳市	林彰龙	资阳区	郭克明	会同县	张海林
大祥区	高平良	南县	高宏清	麻阳县	陈山海
邵东县	赵云风	桃江县	文复华	新晃县	杨才民
新邵县	刘德良	安化县	杨世怀	芷江县	李新民
邵阳县	罗耀国	沅江市	朱建武	靖州县	林勇
隆回县	邱清响	大通湖区	李中秋	通道县	吴庆光
洞口县	王邵兴	郴州市	谢守志	洪江市	孟光荣
绥宁县	吴良愧	北湖区	何军	娄底市	刘德禹
新宁县	郭小平	苏仙区	刘铁雄	娄星区	贺善谋

续表

地区	姓名	地区	姓名	地区	姓名
冷水江市	刘鸿丹	开平市	李持准	武鸣县	韦礼才
涟源市	刘保初	鹤山市	李德明	邕宁县	黄有逸（兼）
双峰县	李　勤	佛山市	全智敏	隆安县	黄安理
新化县	阳平华	南海市	孔祥流	横　县	陈振泰（兼）
湘西土家族		高明市	钟晓玲	宾阳县	黄及魁
苗族自治州	周必勇	三水市	陆颜华	上林县	周　强
泸溪县	李长斌	阳江市	林源昌	柳州市	梁玉臣（兼）
凤凰县	黄前伟	阳春市	罗宗明	柳北区	曹玉虎
花垣县	麻琦才	阳东县	黄家光	柳江县	甘传斌
保靖县	杨昌文	湛江市	王国档	柳城县	叶彦军
永顺县	向隆银	徐闻县	郑　鑫（兼）	鹿寨县	陶　承
龙山县	钟晓菊	雷州市	陈　庆	桂林市	陆克东
广东省		廉江市	苏　芳	全州县	张伍先
深圳市	李廷忠（兼）	吴川市	曾华生	兴安县	李爱国
宝安区	曹　健	茂名市	江　标	灵川县	易玉德
龙岗区	彭文晓	高洲市	梁家强	临桂县	秦建成（副）
珠海市	黄　东（兼）	化州市	李旭升	永福县	黄业涛
斗门区	陈澄波（兼）	电白县	陈　文（兼）	阳朔县	贾玉桂
汕头市	郑会光（兼）	茂南区	朱煜强（兼）	荔浦县	莫飞学
澄海市	王睦存	茂港区	李汉钦	平乐县	刘广平
潮南区	庄明耀	肇庆市	谢汉茂	恭城县	林光明
韶关市	范　莹	高要市	李嘉明（兼）	灌阳县	陈　鑫
南雄市	李　伟	封开县	苏快利（兼）	梧州市	谢文浩
始兴县	张祥令（兼）	清远市	郑会龙	长州区	张文辉（兼）
翁源县	陈伟忠	清城区	欧建锋（兼）	苍梧县	廖炳光（兼）
河源市	李茂辉	潮州市	张培烽	岑溪市	覃照荣
紫金县	王东磷（兼）	潮安县	吴茂斌（兼）	藤　县	黄祖全
连平县	麦永生	揭阳市	林汉钟	北海市	苏武骥
梅州市	温桂忠	揭东县	陈惜贤（兼）	银海区	梁　勇
五华县	魏百洲	云浮市	张启森	铁山港区	殴永志
兴宁市	罗寿恒	云城区	叶杰华	合浦县	莫厚和
惠州市	邹运英（兼）	新兴县	钟凤强	防城港市	曾小山
博罗县	陈群胜（兼）	罗定县	李　强	东兴市	杨高志（兼）
江门市	刘伟权	**广西壮族自治区**		上思县	黄育宁
新会区	黎金英	南宁市	莫均雄	钦州市	吴锡东
台山市	刘素想（兼）	永新区	李文峰（兼）	钦南区	钟兆祥（兼）

续表

地　区	姓　名	地　区	姓　名	地　区	姓　名
灵山县	梁尚徽	扶绥县	罗必权	永川市	曾自然
浦北县	杨　俊	**海南省**		江津市	苏炳忠
贵港市	吕　甦（兼）	海口市	郑　锋	南川市	吴卓昌
覃塘区	冯建华（兼）	三亚市	钟前支	彭水县	王　健
桂平市	张蒙成	五指山市	王　千	綦江县	赵加伟
平南县	臧成健（兼）	文昌市	余盛兴	铜梁县	柏光荣
玉林市	陈海东（副）	东方市	吴昌利	潼南县	杨廷荣
玉州区	陈道远（兼）	临高县	许智根	云阳县	程德心
福锦区	黄一波（兼）	琼中县	林　瑞	荣昌县	李荣中
博白县	刘　伟	琼海市	韦裕平	璧山县	梁凤鸣
北流市	缪远和	澄迈县	蔡琼辉	大足县	王纯波
容　县	甘　杰	定安县	程孟贤	巫山县	谢跃翔
兴业县	庞英有（兼）	万宁市	李衍亮	丰都县	李　华
贺州市	奉明友	保亭县	王明珍	梁平县	唐　红
八步区	黄裕立	陵水县	郑金述	城口县	刘朝阳
富川县	高魁凯	屯昌县	韦吉强	忠　县	冯成法
钟山县	廖绪礼（副）	昌江县	王仁寿	石柱县	吴新民
河池市	于　凌	儋州市	陈　双	垫江县	黄国评
金城江区	何建华（兼）	乐东县	陈运富	武隆县	王　刚
宜州市	唐郁山（兼）	白沙县	孙文前	奉节县	吴　江
环江县	潘礼文（兼）	**重庆市**		巫溪县	吴应明
百色市	岑光恒	江北区	姚寿贻	酉阳县	邓小军
右江区	麻明福（兼）	沙坪坝区	黎　明	秀山县	李传宏
田阳县	余电忠（兼）	九龙坡区	李　渝	**四川省**	
田东县	黄汉宁（兼）	大渡口区	冯大鹏	成都市	刘　学（兼）
平果县	江海宽（兼）	南岸区	肖仲云	新都区	熊西民（兼）
来宾市	何怀明	北碚区	唐建平	青白江区	周述勇（兼）
兴宾区	陈超恒（兼）	万盛区	罗昭盛	龙泉驿区	曾　锋（兼）
象州县	陈刚怀（兼）	双桥区	梁多富	邛崃区	李德良（兼）
武宣县	覃祖范（兼）	巴南区	黄建新	崇州市	杜启明（兼）
忻城县	白春乐	渝北区	李洪树	金堂县	胡右泽（兼）
崇左市	吉先林	涪陵区	李　谨	双流县	游成志（兼）
江州区	文仁孙	万州区	冯天金	大邑县	杜守仪
大新县	黄庆豪（兼）	黔江区	冉苏昌	彭州市	刘新洲（兼）
龙州县	黄飞跃	长寿区	程德华	蒲江县	李麒麟（兼）
宁明县	李铮玄	合川市	杨安凯	自贡市	何泽莉（兼）

续表

地　区	姓　名	地　区	姓　名	地　区	姓　名
荣　县	陈　挺	大英县	岳建宏（兼）	岳池县	汤才林
富顺县	谢　玲	乐山市	张世明（兼）	武胜县	孙晓练
攀枝花市	郝惠琼	沙弯区	宋志斌（兼）	邻水县	刘啸泉
仁和区	陈公林	金口河区	周碧洪（兼）	华蓥市	刘圣贵
米易县	朱光泽	市中区	杜学慧（兼）	达州市	李德勇
盐边县	陈远忠	五通桥区	陈　齐（兼）	通川区	任正勇
泸州市	陈　路（兼）	峨眉山市	陈　宏（兼）	达　县	鲁龙平
江阳区	符小琦（兼）	峨边县	杜宣红（兼）	万源市	杨　琼
龙马潭区	张伟东（兼）	马边县	余　剑（兼）	宣汉县	肖雄林
纳溪区	明德华（兼）	犍为县	许中勤（兼）	开江县	陶　政
泸　县	高　峰（兼）	夹江县	许建文（兼）	大竹县	陈正益
合江县	罗　毅（兼）	井研县	童建文（兼）	渠　县	田泽富
德阳市	李志鹏	内江市	傅　琳（副）	巴中市	张　鸣（副）
旌阳区	冯　进	市中区	徐　军	巴州区	贾新华（兼）
绵竹市	黎洲国	东兴区	甘启厚	南江县	赵　勇（兼）
广汉市	黎邦芝	资中县	李冀川	通江县	周武诗（兼）
中江县	段启平	威远县	吴开友（副）	平昌县	杜中华
罗江县	张宏淋	隆昌县	吕小刚	雅安市	何代富（兼）
绵阳市	胥执俊	南充市	张　青	雨城区	江　灏（兼）
培城区	郑会跃	顺庆区	刘　铭（兼）	名山县	李　川（兼）
游仙区	李　斌	高坪区	贾春燕	眉山市	戚加平
三台县	李胜文	嘉陵区	胡友秀	东坡区	彭仕明
盐亭县	申光芹	阆中县	宋学刚	仁寿县	骆德君（兼）
江油市	曹　蒙	南部县	何兴政	彭山县	徐　宁
梓潼县	李永海	仪陇县	陈　鹏	洪雅县	吴光田
平武县	翁少伦	营山县	杨义国	资阳市	李洪明
安　县	王建墉	蓬安县	吕国荣	雁江区	贺栋才（副）
北川县	王建全	西充县	黄玉琳	简阳市	田　新（副）
广元市	边辉吉	宜宾市	李永生	安岳县	王俟杰
旺苍县	何太明（兼）	翠屏区	刘长荣	乐至县	伍建业
苍溪县	王永生	宜宾县	陶天驰	阿坝州	仁　真（兼）
剑阁县	李黎明	南溪县	甘远松（兼）	红原县	梁　兵（兼）
遂宁市	何瑞贵	江安县	胡逢彦（兼）	甘孜州	徐思云
市中区	刘　洋（兼）	长宁县	彭　诚（兼）	色达县	文长彬（兼）
蓬溪区	陈跃文	广安市	蒋德树	理塘县	杨正康（兼）
射洪县	杨德勇	广安区	陈　平	凉山州	贾纪三

续表

地 区	姓 名	地 区	姓 名	地 区	姓 名
西昌市	段瑞康	铜仁地区	龙久和	天柱县	蒋景高
越西县	高 扬（兼）	铜仁市	刘克亚	锦屏县	杨从清
昭觉县	阿牛阿合	玉屏县	杨世木	黔南州	周 齐
冕宁县	袁士远（兼）	江口县	杜拉萨	都匀市	林科军
宁南县	胡胜高	松桃县	唐其先	罗甸县	曾兴铁
盐源县	吴显贵（兼）	思南县	梁 军	龙里县	许修模（兼）
会东县	王文湘（兼）	德江县	曹永直	荔波县	刘洪举
普格县	巫俊才（兼）	印江县	叶向能	惠水县	韦传忠
喜德县	的日莫体（兼）	石阡县	郭定文	福泉市	陈 涛（兼）
德昌县	马发祥（兼）	毕节地区	王福尧	贵定县	柏林松
会理县	钱开源（兼）	毕节市	廖荣九	独山县	胡凤祥
雷波县	石继伟	大方县	高 超	瓮安县	任正涌（兼）
贵州省		黔西县	丁成书	省林业厅	金小麒
贵阳市	马国中	金沙县	刘茂书	龙里林场	祥 闻
白云区	莫子列	织金县	罗时庆	扎佐林场	林永江
乌当区	万中淙	纳雍县	张朝臣	省监管局	王显华
花溪区	童建明	威宁县	熊世明	平坝农场	卢云继
清镇市	胡声荣	赫章县	禄华超	广顺农场	吴忠纯
息烽县	皮世彬	安顺市	涂新善	东坡农场	余正江
开阳县	张潮洲	西秀区	金泽志	**云南省**	
修文县	刘元珍	平坝区	黄 河	昆明市	邹荣付
六盘水市	吴显龙	普定县	林 涛	安宁市	李国祥（兼）
六技特区	吴开发	黔西南州	安国勋	富民县	熊 勤（兼）
盘 县	何继发	兴义市	文筑邑	嵩民县	韩绍祥（兼）
水城县	简正隆（副）	兴仁县	杨礼国	禄劝县	杨大卫（兼）
遵义市	赵命容	安龙县	张英龙	东川区	马 玲（兼）
红花岗区	陆定权	黔东南州	陆林贵	寻甸县	尹嘉明（兼）
遵义县	罗光林	凯里市	吴江涛	昭通市	谢序华
桐梓县	刘帮远	麻江县	郑 灏	昭阳区	秦明聪（兼）
道真县	戴庆林	丹寨县	王春光	鲁甸县	高爱国
绥阳县	吴学东	黄平县	潘世良	巧家县	谢 勇
湄潭县	李金志	施秉县	肖多祥	永善县	张世银
凤冈县	邱 峰	镇远县	吴万贤	曲靖市	王华生
余庆县	樊 平	三穗县	曾祥军	马龙县	孔德军
仁怀市	黄 润	雷山县	李天洪	罗平县	李光贤（兼）
赤水县	任明利	黎平县	吴锦志	陆良县	计水斌

续表

地　区	姓　名	地　区	姓　名	地　区	姓　名
会泽县	王桂英（兼）	洱源县	艾诚诚	临潼区	贾广成
楚雄州	白　明	鹤庆县	寸锡刊	蓝田区	蔡长升
楚雄市	沈春生	保山市	刘东福	长安区	罗建平
姚安县	甘　勇（兼）	隆阳区	杨宏启	户　县	白三龙
大姚县	沙朝安（兼）	施甸县	杨培团（兼）	高陵县	张　驰
永仁县	周道林	腾冲县	周德问（兼）	周至县	李明毅
元谋县	杨泽雄	龙陵县	范生枝	铜川市	杨忠鹏
禄丰县	李明昌	昌宁县	鲁金明（副）	宜君县	郭永刚
玉溪市	苏建云	德宏州	雷保才	耀州区	徐建运
江川县	李彦林	潞西市	韩顺刚	印台区	杨建宁
通海县	王　玮	梁河县	赵家德（兼）	宝鸡市	刘永耀
易门县	王跃忠（兼）	盈江县	李　华（兼）	陈仓区	张永峰
元江县	李忠祥	陇川县	寸待强（兼）	凤翔县	宁录庆
红河州	林德元	瑞丽市	邱冬凉（兼）	岐山县	刘尚义
蒙自县	潘友清（兼）	丽江市	和世文（兼）	扶风县	魏建儒
建水县	刘建琮（兼）	永胜县	严世才（兼）	眉　县	邓贵兴
石屏县	苏官来	华坪县	刘建华（兼）	千阳县	李润平
弥勒县	李永红	宁蒗县	曹文彬（兼）	陇　县	刘都良
文山州	李晋红	玉龙县	王国新	咸阳市	韩保福
砚山县	李　明（兼）	怒江州	曲里言	秦都区	孙　选
邱北县	陈自祥（兼）	泸水县	麻继昆	渭城区	窦明星
广南县	何朝东	迪庆州	赵瑛（兼）	兴平市	杨永振
思茅市	王正福	香格里拉县	旦从文	礼泉县	杜　鑫
翠云区	胡有祥（兼）	临沧地区	兰凤明	乾　县	聂世春
普洱县	李正学（兼）	临沧县	范和昌（兼）	三原县	吴玉敏
景东县	丁文忠（兼）	永德县	杨建明	泾阳县	李建斌
景谷县	管开文	镇康县	李永清（兼）	武功县	李政通
孟连县	李成忠（兼）	双江县	李富昌（兼）	永寿县	郭亚平
澜沧县	李开智（兼）	耿马县	俸小清	淳化县	白辉波
西双版纳州	李　勇（副）	沧源县	魏新民（兼）	彬　县	赵义民
景洪市	刀健康（兼）	**陕西省**		渭南市	刘仁奎
勐海县	王海洋	西安市	蔡保平	临渭区	姚国强
勐腊县	张荣江（兼）	未央区	范社忠	华　县	袁开农
大理州	杨华章	灞桥区	姚廷喜	华阴市	汪　毕
祥云县	陈应忠	闫良区	权利平	潼关县	赵新民
宾川县	胡绍洲	雁塔区	张　亮	大荔县	田昌河

续表

地 区	姓 名	地 区	姓 名	地 区	姓 名
澄城县	杨智慧	志丹县	刘光峰	正宁县	刑养林
合阳县	王有社	安塞县	高海平	合水县	白 民
韩城市	孙均林	榆林市	张 秘	平凉市	张继先
蒲城县	徐平安	榆阳区	黄飞鹏	崆峒区	张 书
富平县	李潮刚	子洲县	崔银升	泾川县	徐爱成
汉中市	李家典	横山县	谢爱祥	灵台县	李宝林
汉台区	金秀铭	靖边县	王保贵	崇信县	郑显周
南郑县	岳华山	米脂县	常金山	静宁县	靳卫国
城固县	昝立仁	府谷县	张文彪	陇南地区	张文瑞
洋 县	张文凯	绥德县	康继和	成 县	王廷雄
西乡县	葛永成	定边县	李志亮	徽 县	杨克忠（副）
勉 县	周明荣	神木县	康国玉	定西市	张文斌
留坝县	郑建忠	杨凌示范区	郭建树（兼）	陇西县	陈 鹏
安康市	周金成	杨陵区	刘彩鹏	临洮县	吴仲明
汉滨区	陈昌文	**甘肃省**		武威市	周晓红（兼）
石泉县	何运勇	兰州市	刘存民（副）	凉州区	张泰基
汉阴县	陈世宁	皋兰县	李世祥（兼）	民勤县	张学民（兼）
平利县	张锡坤	天水市	刘玉荣	古浪县	褚 勇（兼）
商洛市	彭学章	秦城区	张玉中	张掖市	付吉民（副）
商州区	杨家长	北道区	王家泽	甘州区	张辅民（兼）
洛南县	王志华	秦安县	宗丕智	山丹县	周得玮（兼）
丹凤县	张建民	甘谷县	王学枢	民乐县	白有芳
商南县	陈家水	武山县	阎敏毅	临泽县	钟常青
镇安县	刘建民	白银市	张克智	高台县	朱伟东
延安市	陈建军	白银区	曾俊华（副）	肃南县	高林俊
宝塔区	贾志斌	靖远县	陈尚志	酒泉市	王利民（副）
子长县	薛玉和	景泰县	梁银泉	肃州区	张培钊
吴旗县	袁北斗	金昌市	李春晓	玉门市	杨生祥
黄陵县	王拴保（兼）	金川区	赵贵天	敦煌市	康有儒
黄龙县	杜少怀	永昌县	徐伟平	金塔县	麻泣漉
宜川县	刘国成	嘉峪关市	王 铁	安西县	刘国民
洛川县	屈开亮	庆阳市	燕克侠	临夏市	李万泽（副）
富 县	张秀梅	西峰区	闫盼印	和政县	杨春滟（兼）
甘泉县	李夏林	庆城县	岳景深	广河县	马瑞刚
延长县	付 军（兼）	镇原县	黄维生（副）	**青海省**	
延川县	李青海	宁 县	张克敌	西宁市	曹喜忠

续表

地　区	姓　名	地　区	姓　名	地　区	姓　名
城东区	文大维	省三江集团	狄平武	吉木萨尔县	张玉东
城西区	桑淑娥	贵南牧场	蒋云龙（兼）	阜康市	杨　英(副)
城北区	星生虎（兼）	牧草良种繁殖场	韩　科（兼）	米泉市	王志云
大通县	李　哲（兼）	省监狱管理局	铁　轮（兼）	昌吉市	郭　健
湟中县	段发禄（副）	诺木洪农场	王进青	呼图壁县	李江豫
湟源县	张　刚	**宁夏回族自治区**		玛纳斯县	张多录
海东地区	王成德（兼）	银川市	杨　杰（兼）	克拉玛依市	邱长林
乐都县	张存华（兼）	西夏区	赵基耘（兼）	伊犁哈萨克自治州	李树雄
互助县	曾水清（兼）	金凤区	陈蕴丹（兼）	奎屯市	坚　强
民和县	范承明	兴庆区	李玉林	伊宁市	原德龙
化隆县	贺生忠	贺兰县	陆生荣	巩留县	李永建
循化县	马全福（副）	永宁县	徐　进	尼勒克县	郭新民
海北州	保广棋	灵武市	周玉斌	昭苏县	张国富
刚察县	张秉海	石嘴山市		霍城县	霍巧云
门源县	杜官却	平罗县	何怀生	新源县	杨玉祥
祁连县	雒才让	惠农区	牛　惠	察布查尔县	钟　义
海晏县	李　育	陶乐县	王金喜	特克斯县	曹升文
同宝牧场	孔繁孝	吴忠市		塔城地区	全占学
青海湖农场	袁广寿	利通区	郭　祥	塔城市	朱新才
海西州	严　璦	青铜峡市	陈培寿	乌苏市	罗玉新
格尔木市	赵维奎（兼）	中宁县	刘　欣	裕民县	孙松涛
都兰县	芦　涛	中卫县	徐福珍	额敏县	王　永
德令哈市	景　超	同心县	李文才	沙湾县	王利平
天峻县	李胜业	盐池县	贺满文（兼）	和布县	李俊海
格尔木农场	彭迎军（兼）	红寺堡开发区	张　敏	阿勒泰地区	木拉提
莫河牧场	马海云	固原市		阿勒泰市	黎正文
果洛州	次成木	原州区	海　波	富蕴县	金海生
达日县	高胜利	彭阳县	祈德仓	哈巴河县	熊传信
玉树州	阿　浩（兼）	省农垦局	任岚生	吉木乃县	李精武
玉树县	东周扎西（兼）	省监狱局	景志国	布尔津县	沈持印
囊谦县	雪　迈（兼）	**新疆维吾尔族自治区**		福海县	张和军
海南州	张学海（兼）	乌鲁木齐市	杨建平	青河县	李劲松
共和县	王宏林	石河子市	刘　斌	博尔塔拉	
贵南县	杨延生	昌吉回族自治州	宋锦辉	蒙古族自治州	魏　平
贵德县	丁瑞毅（副）	木垒县	赵生发	博乐市	韩志勇
同德县	邓昌录	奇台县	薛红兵	精河县	郑福全

续表

地　区	姓　名	地　区	姓　名	地　区	姓　名
温泉县	彭光明	喀什地区	米吉提·马木提	双鸭山农场	王　录
吐鲁番地区	雷建新	喀什市	热夏提·阿不拉	曙光农场	刘永杰
吐鲁番市	沈大振（兼）		（兼）	红旗岭农场	韩立胜
鄯善县	贾书玲	巴楚县	吴兆旭（兼）	北兴农场	蒿万清
托克逊县	王　辉（兼）	疏勒县	艾　力（兼）	江川农场	王晓光
克孜勒苏柯尔克		麦盖提县	叶丛香（兼）	建三江分局	范光临
自治州	唐　东	莎车县	杨文君（兼）	八五九农场	马永辉（副）
阿图什市	阿不都许库	英吉萨县	黄　立（兼）	胜利农场	陈　晖（副）
乌恰县	庞　奇	岳普湖县	阿不力克木·阿	七星农场	王玉超
巴音郭楞			不都肉素力	前进农场	卢建华
蒙古族自治州	刘春生	伽师县	胡胜利	红卫农场	刘文远
库尔勒市	王光辉	叶城县	曹东昆（兼）	洪河农场	侯福忠
和硕县	姜新祺	泽普县	连广禄（兼）	前锋农场	胡长清
和静县	陶良华	疏附县	延水兰	前哨农场	刘东林（副）
焉耆县	李　勇	监狱管理局	马建国	浓江农场	王耀武
若羌县	唐明君	于田监狱	李　新	鸭绿河农场	刘玉贤
博湖县	谷正坤	第五监狱	王志平	牡丹江分局	赵文祯
尉犁县	丁　伟	劳教管理局	向彦勤（兼）	八五〇农场	盛宝贺
轮台县	黄正中	**黑龙江省农垦总局**		八五四农场	朱乐林
且末县	李海锋	宝泉岭分局	高　川	八五五农场	孙林涛
和田地区	程为民	二九〇农场	梁学光	八五六农场	涂军弟（兼）
和田市	黄卫东（兼）	绥滨农场	尹玉宝（兼）	八五七农场	朱立军
和田县	孙明山（兼）	江滨农场	孙海疆	八五八农场	柳新民
民丰县	陈伟民（兼）	军川农场	薛守道	八五一〇农场	赵福成
于田县	郭广星（兼）	名山农场	王一民（兼）	八五一一农场	韩树海
策勒县	刘莉丽（兼）	共青农场	孙国军	庆丰农场	侯爱国
哈密地区	段西麟	宝泉岭农场	马胜华（副）	云山农场	栾开佑（兼）
哈密市	单雪丽（副）	新华农场	虢文玉	宁安农场	彭玉柱
巴里坤县	刘建武（副）	普阳农场	于　军（兼）	北安分局	王　健
伊吾县	岳　军（副）	红兴隆分局	刘福臣	二龙山农场	赵庆海
阿克苏地区	裴海文	友谊农场	马东升（兼）	赵光农场	索丽英
阿克苏市	周　力	五九七农场	陈建卓	红星农场	魏　志（兼）
拜城县	吕学奎	八五二农场	侯士龙	尾山农场	李中元
温宿县	张兆虎	八五三农场	于令会	龙镇农场	栾红胜
乌什县	唐刚英	饶河农场	李永刚	长水河农场	柳长青
阿瓦提县	张　斌	二九一农场	李树本	红色边疆农场	印海清

续表

地区	姓名	地区	姓名	地区	姓名
襄河农场	王庆海	嫩江农场	吴　坤	海伦农场	马海清
建设农场	李宏军（兼）	嫩北农场	刘继业	红光农场	王立波
逊克农场	王家玉	齐齐哈尔分局	段景田	嘉荫农场	李慧萍（兼）
引龙河农场	崔景尧	查哈阳农场	杨振春	柳河农场	高春伟
九三分局	方维山	克山农场	黄克京（兼）	哈尔滨分局	卫玉章
鹤山农场	张永宽	依安农场	徐兆军	岔林河农场	刘　鹏
红五月农场	王立荣	绥化分局	陈宝贵	红旗农场	王进喜
大西江农场	刘　峰（兼）	铁力农场	李淑华（兼）	香坊农场	李剑钊
荣军农场	肖国峰	绥棱农场	黄　晶		

全国农业综合开发人员情况统计表（2003年）

单位：人

省　　份	总计				部省市				地市				县市			
	总数	编制内人员		联合办公人员	总数	编制内人员		联合办公人员	总数	编制内人员		联合办公人员	总数	编制内人员		联合办公人员
		行政	事业			行政	事业			行政	事业			行政	事业	
总计	22 815	7 108	11 988	3 719	973	529	375	69	3 673	1 330	1 951	392	18 169	5 249	9 662	3 258
财政部	53	26	20	7	53	26	20	7								
北京市	72	29	18	25	4	4							68	25	18	25
天津市	89	46	5	38	10	8		2					79	38	5	36
河北省	1 765	202	1 398	165	41		41		244	25	219		1 480	177	1 138	165
山西省	906	54	740	112	9	6		3	190	16	165	9	707	32	575	100
内蒙古自治区	1 424	257	1 151	16	13	11	2		114	39	74	1	1 297	207	1 075	15
辽宁省	432	105	327		27	7	20		128	16	112		277	82	195	
其中：大连市	38	21	15	2	7	7			0				31	14	15	2
吉林省	438	124	295	19	27	13	7	7	93	19	73	1	318	92	215	11
黑龙江省	805	240	512	53	53	31	22		143	50	93		609	159	397	53
上海市	78	30	8	40	20	11	4	5					58	19	4	35
江苏省	1 476	695	781		79	48	31		329	200	129		1 068	447	621	
浙江省	517	168	174	175	23	11	9	3	60	20	31	9	434	137	134	163
其中：宁波市	42	40	2		6	6							36	34	2	
安徽省	679	229	335	115	19	19			102	68	28	6	558	142	307	109
福建省	388	77	155	156	33	15		18	66	18	23	25	289	44	132	113
其中：厦门市	20	17	3						5	5			15	12	3	
江西省	658	9	649		19		19		99	9	90		540		540	
山东省	1 398	429	858	111	32	27	2	3	217	61	140	16	1 149	341	716	92
其中：青岛市	40	17	17	6	8	6	2						32	11	15	6
河南省	3 274	1 053	1 164	1 057	71	66	5		513	220	120	173	2 690	767	1 039	884
湖北省	622	140	401	81	10	9		1	113	20	86	7	499	111	315	73
湖南省	1 096	389	691	16	15		15		128	28	95	5	953	361	581	11
广东省	249	179	18	52	14	7	5	2	55	47	2	6	180	125	11	44
其中：深圳市	6	6			6	6										
广西壮族自治区	411	127	71	213	6	6			46	32	6	8	359	89	65	205
海南省	135	14	70	51	8	6		2	12		8	4	115	8	62	45
重庆市	354	211	84	59	47	43	4						307	168	80	59
四川省	820	330	88	402	17	12		5	117	59	10	48	686	259	78	349
贵州省	641	281	209	151	33	21	12		75	48	11	16	533	212	186	135
云南省	382	186	116	80	12	12			57	32	21	4	313	142	95	76
西藏自治区	276		276		67		67		209		209					
陕西省	1 312	507	543	262	33	25	8		216	153	40	23	1 063	329	495	239
甘肃省	304	98	206		30		30		93	23	70		181	75	106	
青海省	158	42	31	85	17	6	5	6	27	7	9	11	114	29	17	68
宁夏回族自治区	231	26	190	15	26		25	1	5		5		200	26	160	14
新疆维吾尔自治区	514	131	353	30	18		18		119	44	70	5	377	87	265	25
新疆生产建设兵团	307	307			9	9			45	45			253	253		
黑龙江省农垦总局	368	231	12	125	14	10		4	53	26	12	15	301	195		106
中央农口有关部门	37	35	2		37	35	2									

注：1. 联合办公人员，指农业、林业、水利等各级农口有关部门选派到各级农业综合开发办事机构联合办公的人员。

2. 中央农口有关部门具体包括水利部、农业部、国土资源部和国家林业局。

第十部分

附　　录

农业部1989—2002年农业综合开发情况

一、农业综合开发农业部专项项目设立情况及投资方向

农业部农业综合开发工作始终坚持以邓小平理论和“三个代表”重要思想为指导，深入贯彻落实党中央、国务院关于国家农业综合开发的各项方针政策，按照农业综合开发各个时期的指导思想，不断明确工作思路，把握工作定位，较好地开展了各项工作。

农业综合开发农业部专项项目自1989年设立，现有“良种科研推广”、“原原种扩繁基地”、“育草基金”、“秸秆养畜”、“菜篮子工程”和“优质农产品示范”共6个专项，同时归口管理黑龙江省农垦总局农业综合开发项目和海南省农垦总局天然橡胶基地项目。按照“两个转变”和“两个着力、两个提高”的要求，在专项项目的设置上，农业部力求做到“四个突出”。一是突出向农业主产区特别是粮食主产区倾斜，保护和提高粮食综合生产能力。二是突出向优势农产品和优势产区倾斜，同时兼顾其他地区特色农业开发，增强优势产品的竞争力，促进农业结构调整，增加农民收入。三是突出重点扶持种子种苗等关键环节，提高科技含量和产品质量。四是突出扶持产业化龙头企业，集中力量，扶优扶强，增强项目的辐射带动功能。

根据上述思路，结合部门的特点，目前农业部各专项项目投资方向分别为：“良种科研推广”专项重点用于扶持种业百强创建单位的良种引育中心、种子加工中心和储备库建设；“原原种扩繁基地”专项重点用于科研院校建设农作物新品种原原种扩繁基地；“育草基金”专项重点用于草种基地建设；“秸秆养畜”专项重点用于中原、东北两大肉牛带和西部农区草食畜牧业养殖基地；“菜篮子工程”重点用于种植业、畜牧业、渔业良种繁育基地和原（良）种场技术改造项目建设；“优质农产品示范”专项重点扶持具有出口创汇潜力的园艺产品的种苗体系和示范基地建设，同时适当兼顾优质水产品开发基地建设。农业部归口管理的黑龙江省农垦总局农业综合开发项目重点用于垦区中低产田改造；海南省农垦总局天然橡胶基地项目全部用于垦区天然橡胶更新定植及幼林抚管。截至2002年，国家农业综合开发办公室共下达农业部中央财政资金控制规模26.58亿元，其中6个专项11.04亿元，两个垦区分别为13.73亿元和1.8亿元。

二、农业部专项项目建设情况及效益

14年来，在国家农业综合开发办公室的大力支持下，农业部依据农业综合开发的总体要求，围绕农业主产区和农产品优势产业带建设，把保护和提高粮食综合生产能力与促进农业结构调整、增加农民收入相结合，不断加大对农作物、畜禽、水产品良种繁育基地建设的力度。通过项目建设，取得了一定的成效，集中体现在：

（一）通过农作物良种繁育体系建设，加速了新品种推广速度

1989—2002年，“良种科研推广”专项共安排资金4.05亿元，其中中央财政资金1.81亿元；“原原种扩繁基地”专项共安排资金1.65亿元，其中中央财政资金7 896万元。据统计，项目建设促进了几百个农作物新品种的扩繁和推广应用，形成制种基地171万亩，新增原原种生产能力3 036万公斤、原种生产能力7 359万公斤、种子加工能力14 336万公斤、种子储备能力5 782万公斤。通过项目建设，一是极大地改善了科研、教学单位的育种设施条件，对加速新品种的繁育和推广应

用速度，保证良种质量和促进良种科技成果尽快转化为现实生产力发挥了积极作用。二是使种业基础设施得到了加强，良种综合生产、加工、检验能力大幅度提高，优良品种的更新速度明显加快。良种推广项目的建设，有力地推动了项目区粮食生产的发展，保护和提高了粮食综合生产能力。

（二）通过种养业良种体系建设，提高了优势特色农产品良种覆盖率和综合生产能力

1989—2002年，"菜篮子工程"和"优质农产品示范"专项共安排资金10.22亿元，其中中央财政资金2.91亿元。据统计，建设种植业基地8.8万亩、畜禽棚舍63万平方米、水产养殖基地近2万亩；为社会提供了蔬菜种苗2.9亿株、种畜10万头（只、套），新增水产品生产能力1 698万公斤。通过项目建设，建成了一批蔬菜、果茶种苗基地和畜禽、水产良种场及示范基地，丰富了市场供应，使优势农产品供种能力和良种覆盖率进一步提高，加速了品种改良步伐，带动了产业化发展，为农民增收、农业增效、农产品竞争力增强发挥了积极的作用。

（三）通过农作物秸秆资源开发利用，促进了农区畜牧业的快速发展

1992—2002年，"秸秆养畜"专项共安排资金64.61亿元，其中中央财政资金4.66亿元。共建设青贮氨化池2 569万立方米、养殖示范场（户）18 046个。通过项目建设，使秸秆养畜示范区与肉牛、肉羊、牛奶的产业带紧密结合，建立了三元种植结构，逐步形成了区域化、专业化生产格局，项目区建成为国内主要的牛羊肉及奶类商品产业化生产基地，同时使秸秆变废为宝，减轻了秸秆焚烧现象，经济效益和生态效益均十分显著。

（四）通过草场及草种基地建设，增强了牧区抗灾保畜能力和牧草种子生产、加工能力

1989—2002年，"育草基金"专项共安排资金2.08亿元，其中中央财政资金8 680万元。据统计，共围栏草场357万亩，人工种草310万亩，新增草种生产能力223万公斤。通过项目建设，大大地提高了项目区及其周边地区的草地生产力，改善了基础生产条件，增强了防御自然灾害能力。同时，进一步满足了东中部农区种草养畜和牛羊肉、奶业发展对草种的需求，扩大了我国牧草种子生产、加工能力，缓解了我国牧草种子供不应求的矛盾，为农区草食畜牧业发展提供了优质饲草，促进了当地农业结构调整，取得了明显的经济、社会和生态效益。

三、农业部农业综合开发的主要工作

农业部农业综合开发工作按照国家农发办各项部署和有关要求，与时俱进，在完成日常工作的同时，力求有所提高、有所改进、有所创新和突破。

（一）制订和完善了部门项目管理制度

为进一步强化项目管理和项目前期准备工作，2001年初，农业部根据《国家农业综合开发部门项目管理试行办法》，起草了《农业综合开发农业部专项项目管理实施细则》和《农业综合开发农业部专项项目评审办法（暂行）》，并在组织有关专家和部分省农业主管部门讨论修改后，于2001年5月正式印发执行。

（二）不断强化对资金和项目的管理

一是定期举办农业综合开发项目省级主管人员和项目单位会计人员培训班。针对项目管理中存在的前期工作薄弱、财务管理不规范等问题，请有关方面的专家讲授农业综合开发项目和资金管理的规章制度、资金会计制度及财务管理办法、项目可研报告及初步设计编写的一般方法及要求等。各期培训班在教师配备、教材汇编等方面都做了充分准备，取得了较好的效果。参加培训的学员们表示，通过培训不仅增加了专业知识，更重要的是增强了项目监管的意识和责任感。

二是组织开展农发专项项目及资金管理大检查。根据国家农发办对部门农发项目及资金管理工作的要求，农业部每年组织有关司局和各地农业部门开展项目自查、中期检查等工作，统一要求，分头行动，联合协作。通过项目大检查，基本掌握了项目管理及资金使用情况，找出了存在的问题及不足。

（三）不断改进和更新工作方法

一是实行了专项项目专家评审制。为切实做到择优立项，把好立项关，从2001年起，农业部依据有关制度，对各省申报的专项项目实行了专家评审制。评审工作采取统一组织、统一标准、司局参与、集中评审的办法，分别从项目实施的必要性、技术方案的可行性、项目设计的科学性及投资估算的准确性等方面对项目进行全面评审，基本做到了公正、客观、严格，筛选出了一批好的项目。在此基础上，按照统一计划、分级管理、共同参与、协商办事、综合平衡的原则，根据项目的专家评审意见，经与部内有关司、局充分协商，提出年度农发专项项目的推荐项目方案。

二是建立专项项目申报指南发布制度。为使项目决策更加科学化，增加工作透明度，推行政务公开，农业部从2002年起，每年向全国发布农业综合开发农业部专项项目申报指南，并把研究制定项目申报指南作为落实国家农业综合开发各项政策措施的一件大事来抓，使农业综合开发新的思路和要求在项目申报指南中得到体现。在各行业司、局提出初步意见的基础上，经过反复协商和认真听取各方面的意见，指南制定完成并在网上公开发布。

（四）研究并适时调整农发专项资金投资方向

因时因地地调整投资政策、完善投入机制是农业综合开发的生命力所在，十几年来，农业部一直在不断地按照形势发展的需要，结合部门实际，找准定位，整合资金，调整投向，突出部门项目起点高、效益好、示范带动性强的特点。2002年底，农业部对专项项目整合进行了研究。此次项目整合充分遵循了以下的原则：一是保持工作和项目的连续性；二是要与现行的国家农业综合开发管理体制相联系，尽量保持一致性；三是既要注重专项名称上的整合，更要注重建设内容上的整合，保持形式与内容的统一；四是既着眼于当前，也要考虑未来的发展趋势，满足农业和农村经济发展的总体要求。经过整合，农业部专项由原来的6个变为3个，即：将“良种繁育及加工”、“原原种扩繁”、“育草基金”三个专项合并为“良种繁育类”专项；将“菜篮子工程”、“优质农产品开发示范”两个专项合并为“优势特色农产品开发示范”专项；保留原有的“秸秆养畜”专项。这一整合意见体现了农业综合开发化繁为简、突出重点、集中投入的指导思想，符合国家开发办政策调整的方向，得到了各地的认可和好评。

（农业部农业综合开发办公室供稿　罗旭执笔）

长春市农业综合开发

一、长春市的基本情况

长春市是吉林省省会，市辖榆树市、农安县等4个县(市)6个城区和4个开发区120个乡(镇)1709个村。总人口713万人，其中，农业人口420万人。全市幅员面积20571平方公里，耕地110万公顷，属世界著名的肥沃土壤带。林地33万公顷，森林覆盖率14.21%。境内有第二松花江、饮马河、拉林河等一江九河，石头口门、新立城等19座大中型水库，江河流域广、水量充足。

长春市也是全国重点商品粮生产基地和玉米出口基地，素有黄金玉米带、大豆王国、松花江大米之乡等美誉。全市粮食生产能力达到75亿公斤，粮食总产量、人均占有量、商品量、净调出量四项指标连续多年居全国大中城市之首。全市经济作物有八大类、1300多个品种，种植面积21万公顷。长春市既以“粮仓”闻名，又以“肉库”著称。丰富的粮食和畜产品资源，为发展农副产品加工业、走农业产业化经营之路奠定了坚定基础。全市农副产品加工企业超过1000户，加工体系涉及食品、饲料、医药、化工等十个行业，产品达75大类，品种上千个。玉米、大豆、水稻、蔬菜、药材、肉牛、瘦肉型猪、肉鸡、肉鹅、梅花鹿十大系列开发项目基本配套成龙，形成了年加工玉米220万吨、大豆160万吨、精加工水稻60万吨、生猪240万头、肉牛50万头、肉鸡1.2亿只、饲料280万吨的生产能力。2002年农副产品加工业产值突破220亿元大关，成为全市仅次于汽车工业的第二大支柱产业。

国家农发办常务副主任赵鸣骥在吉林省财政厅副厅长张守田陪同下考察长春市产业化项目

国家农发办常务副主任赵鸣骥在吉林省调研产业化项目时，与省财政厅副厅长张守田、省农发办主任雒鹏飞、长春市财政局副局长（农发办主任）胡延生等进行座谈

长春市财政局局长卢友富、农发办常务副主任刘晶在项目区检查项目建设情况

长春市副市长李伟、农发办常务副主任刘晶陪同国家农发办常务副主任赵鸣骥考察产业化项目

长春市财政局副局长、农发办主任胡延生在项目区听取建设单位工作汇报

长春市农业综合开发

二、长春市农业综合开发办公室

为发展壮大农业产业，全面实施农业综合开发以及大幅度增加农民收入，市委市政府及财政局于2003年4月将市农发办从原来的处级单位提升为副局级单位，下设综合处、土地治理项目处、多种经营项目处、世行项目处4个处室，设3名领导职数和7名中层领导干部职数，20个事业人员编制。现有中高级职称专业技术人员14人，所有这些都为做好农业综合开发工作奠定了基础。

市农发办2000年获国家级先进单位，连续多年被评为省级先进单位，连续4年接受并通过国家的正式验收，开发水平不断提高，规模不断增加，市级配套资金以30％的比例逐年增加。项目区农民人均纯收入达到了3300元，比非项目区增加了500元以上。

三、长春市2003年农业综合开发情况

2003年全市农业综合开发工作在改善农业基础设施和生产条件、增加农民收入、大力发展产业化龙头企业、推进农业机械化进程和小康示范村建设以及农产品深加工等方面取得了显著的成效，达到了农业综合开发工作的预期目的。

(一)2003年实施的农业综合开发项目

2003年长春市经省和国家农发办批复的农业综合开发项目共计56个，总投资19267万元，其中：中央资金6923万元，省级配套3258万元，市县级配套2208万元，自筹资金6878万元。

(二)2003年农业综合开发工作的主要做法和经验

九台饮西灌区田间工程之一：莲花渡槽

节能日光温室里的绿色蔬菜

产业化龙头项目精制绿色大米加工车间

组织培养室里的新品种

节能日光温室生产的绿色蔬菜

长春市农业综合开发

一是改善农业基础设施和生态环境建设，提高农业生产综合效率，建立高产稳产的粮食生产基地。

二是制定鼓励政策，加大对畜牧产业的投入扶持力度，发挥区域产业优势。

三是加快农产品加工业体系建设，全面推进农业产业化经营，提高农产品的附加值，由原料生产向精加工转换。

四是建立农业生产全程机械化示范区，使农业生产向标准化、集约化轨道迈进，扩大农业综合生产能力，建立新型农业合作经济组织，提高农业生产综合效益。

五是建设财政支持小康示范村，引导广大农民逐步奔向小康社会，促进农村小康村全面建设。

六是严格执行招投标、工程监理、县级报账制，全面落实项目和资金管理责任制，在全面提高开发水平上下功夫。

七是为全面持续地做好农业综合开发的各项管理工作，全市各级农发部门都做好了加强领导、完善机构，健全制度、充实队伍的工作。

八是全面适应农业综合开发新形势的需要，就农业综合开发的目的、意义、各项政策、开发成果进行宣传、教育、培训，提高管理能力和水平。

四、2004年扶持的产业化龙头项目情况

(一)肉牛养殖基地

项目计划总投资2000万元，其中，计划财政投资800万元，建舍2.4万平方米，购优良种牛10000头。项目建设单位为长春市绿园区皓月清真肉牛公司，该公司是中国农业产业化重点企业。注册资本5500万元人民币；年可屠宰加工肉牛20万头、羊10万头，年产五大系列128个品种，产品已出口中东、北非、南亚等15个国家，现已成为亚洲具规模的清真牛肉系列制品生产加工基地。目前，利用振兴东北老工业基地的国债资金对企业进行进一步扩建改造，可实现肉牛肉羊屠宰加工、熟食加工、饲料加工、生化制药、皮革加工系列开发。

联系人：史广斌 财务部长　电 话：0431-7953733 13331767256

(二)种鹅繁育基地

项目计划总投资1178万元，其中，计划财政投资300万元，建舍4万平方米，孵化室600平方米，购设备2590套。项目建设单位为长春市农安县天歌鹅业有限公司。

(三)鹅肥肝加工

项目计划总投资2000万元，其中，计划财政投资1000万元，购屠宰加工生产线一条。项目建设单位为吉林省长春市吉发实业集团公司。该公司是饲养、屠宰、深加工鹅及鹅肉、鹅肥肝、鹅熟食的系列开发型龙头企业，年可生产鹅肥肝1000吨，产品将出口法国、日本等发达国家。

联系人：齐伟（总裁助理）　电 话：0431-5203849　13844063825

(四)方便米饭加工

项目计划总投资1400万元，其中，计划财政投资300万元，建厂房及购置生产线2条。项目建设单位为九台市方禾米业公司。

(五)冻干食品加工

项目计划总投资9800万元，其中，计划财政投资500万元，建加工车间及冷藏室1200平方米，购生产线3条。项目建设单位为长春市绿园区富绅集团。

长春市农发办地址：吉林省长春市朝阳区西民主大街809号

邮编：130061

电话：0431-8562896　8528570

传真：0431-8528570　8580479

网址：http：//www.ccain.com/nfb

现代新农业股份有限公司

现代新农业股份有限公司是经国家工商总局名称核准的无域名高新技术企业和进出口资格企业。在西安市经济技术开发区注册成立，注册资本5000万元，占地3100亩，总资产1.65亿元，净资产1.4亿元。该公司以高科技农业项目为龙头，同时兼容电子商务信息产业、老年山庄公益事业、全国销售服务网络，形成种子、兽药、饲料、生物芯片四大领域为支柱产业的现代化农业企业。

该公司技术力量依托我国两院（中科院、中国农科院）、六校（中国农业大学、西北农林科技大学、山东农大、华南农大、华中农大、川农大）和丹麦技术大学，建立了产、学、研、科、工、贸紧密联合型生产经营模式。在此基础上，开发建设了中国西部蛋鸡育种基地，已培育出我国曾祖代蛋种鸡："华星系列"和"罗莎系列"等多个优良品种，通过国家家禽检测站测定，五个配套系中有三个接近国际、达到国内先进水平，销往西北、西南、华北等诸多省区，同时引进荷兰汉德克公司宝万斯高兰祖代蛋鸡6万套。公司在西部乃至全国，成为品种全、规模大、综合效益好的农业企业。已完成兼并改制的洛南种猪示范农场，拟投资建设成300万头出口基地，完全按照欧盟标准实施，将产品推向国际，使高新技术手段应用于国际市场竞争，形成名副其实的农业产业化。2003年建成的畜禽用添加剂复合预混合饲料生产线，年生产能力达12000吨以上，共生产五大系列100多个品种的畜禽水产复合预混料，其产品以绿色环保为主导，应用生物酶技术，使畜禽生产高效、安全，对人类、环境无残留、无污染，在应用推广中以质优，价廉，投放市场终端。为适应WTO并与世界接轨，现代新农业股份有限公司成立了动物保健研究院，拥有世界著名的临床和药剂科研专家，并对粉剂、针剂生产厂投资2000万进行GMP改造。

现代新农业全国科技服务营销网络，在15个省份建立省级分公司和县级分公司的销售服务体系，销售服务人员1200人，平均文化程度较高。以"科技服务大众"为宗旨，"科技创新，服务第一"为理念，发扬"一丝不苟诚信立业"的企业精神，科学、创新、求实，用现代企业文化精神来推动企业的发展。

现代新农业种畜繁育基地简介

现代新农业股份有限公司从事蛋、肉鸡基因育种，始创于80年代初，培育出拥有自主知识产权，世界首创，国内独有的品种。研发中心与中国农科院，中国农科大学，西北农林科技大学知名专家长期合作，经过20年的发展，拥有16个各具特色的蛋鸡纯系75000套，经中国农业部国家测定站检测，5个配套系种3个配套系均达到进口鸡的生产性能，被陕西省立为重点科技产业化项目。

现代新农业股份公司家畜基地简介

现代新农业股份有限公司由波尔山羊良种繁育基地始建于1997年，位于陕西省丹凤县，是国内较早建立的波尔山羊良种繁育基地。现有标准化圈舍20000平方米，原种羊10000只。公司依托西北农林科技大学的技术力量，聘请多名专家教授从事良种繁育、冻精细管生产技术、人工受精技术和胚胎移植技术的推广，培育出了一批技术骨干。并且首家引进年产20万支冻精细管的全套"液氮密集浸入式冷冻仪"冻精生产线。公司采用"公司+农户"的模式，组织实施了"五千户十万只"肉用山羊工程，逐步向全国各地扩展。

现代新农业股份有限公司种猪繁育基地位于陕西省铜川市郊区，占地500余亩，是国内较早建立的良种繁育基地。现饲养长白、大约克夏、杜洛克纯种猪10000头，杂交母猪800头。

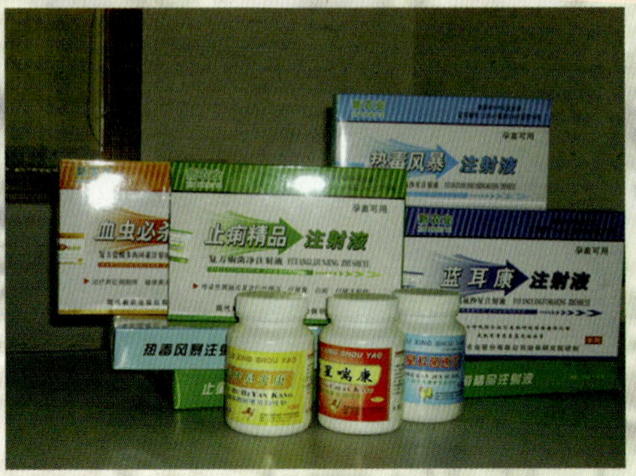

现代新农业股份有限公司

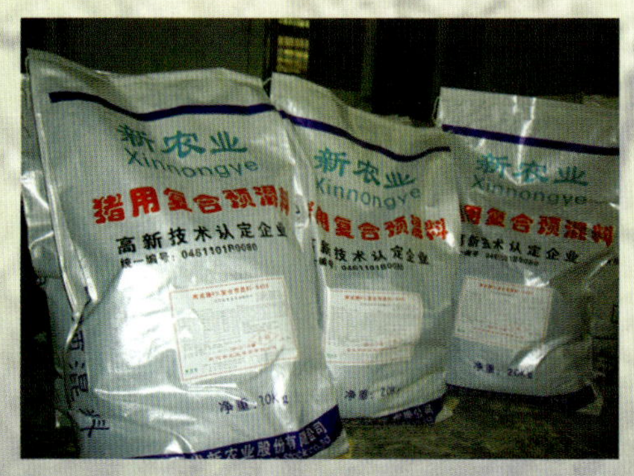

现代新农业股份有限公司饲料生产简介

预混合饲料是饲料工业的核心，能显著提高饲料的质量，降低生产成本，是常规饲料的上游产品。现代新农业股份有限公司建成的"新农业"牌动物添加剂复合预混合饲料生产线，通过ISO9001国际质量体系认证，年生产值1.3亿元，运用高新生物酶技术，完全按照欧盟及中国绿色环保标准，达到绿色畜禽产品的顶级生产水平，为我国实现从源头就达到畜禽绿色标准，保障我国人民食品安全及畜禽产品规模化出口创汇提供了技术支撑。

现代新农业兽药生产基地简介

我国加入WTO后医药工业将面临国际市场激烈竞争的严峻考验，提高产品质量，生产安全、卫生、无污染、无残留的绿色药品是养殖业和人类的共同需要。现代新农业股份有限公司与鲁星、天振兽药厂合作成立了动物保健研究院，并投资1000万元对兽药厂进行GMP改造，拥有世界著名的科研专家，其中博导2名，博士5名，严格按ISO9001国际质量标准建立控制体系，有效保证产品的优越和稳定，开发研制出50多个品种，粉剂：电解多维、微生态制剂、高效复合酶制剂、速效喘康、枝喘宁、菌球杀、雏鸡开口灵、菌速净、杆菌沙星、呼病沙星、球清、氧氟沙星可溶性粉、呼必泰、甲矾酶素散、强力烟熏王、快长催肥及各种原料药蒽诺沙星、环丙沙星、诺氟沙星、氧氟沙星、洛美沙星、双氟沙星、强力霉素、庆大霉素、阿莫西林、泰乐菌素甲矾霉素等，针剂：血虫必杀、热毒风暴、蓝耳康、止痢精品等，年销售额6000万元。

现代新农业丹麦生物科技研究所简介

"现代新农业丹麦生物科技研究所"研发的生化检测芯片、生化芯片自动分析仪和微流体芯片技术，为在国内率先实现环保、绿色、安全的饲料，兽药产品奠定了雄厚的科技基础。

芯片上的实验技术是全球研究的热点，是微电子技术与芯片技术的完美结合，它是将传统的分析系统微型化和集成化而制成的微流体芯片，因而有芯片上的实验室之称。

一种主要用于生化成分检测的芯片上的实验室被称作系列化检测芯片将会在今后的几年里广泛地应用在制药、食品加工、酿造、环保及生化等领域，对生产流程中的主要生化组分进壬线检测。检测的准确性和即时性对产品的质量以及提高生产效率起到至关重要的作用。

公司采用微加工工艺和新的检测原理设计的生化检测芯片填补了国际空白。并在此基础上设计、制造出微型分析系统，不仅使用方便、大大降低了成本、而且解决了传统工艺无法解决的难题。该项技术的成功，将会对生化检测过程带来革命性的影响。

主要产品：

1.生物、化学发光检测芯片
2.生物芯片式小型生化分析仪
3.工业用在线生化分析仪
4.现场连续生化芯片检测仪
5.小型医用多功能生化芯片分析仪
6.动物饲料生化芯片分析仪
7.小型多功能生化芯片分析仪

地址：西安经济技术开发区凤城三路
电话：029－82103795　86617761　86517762　86675109
传真：029－83138939　86676395　86675091
Email：xny@xbsw.com

龙山县农业综合开发办公室

湖南省龙山县农业综合开发办公室成立于1999年7月，全县农业综合开发工作在上级业务部门的关怀和县委、县政府高度重视下，以中低产田改造为主要内容的土地治理和以高效种植、养殖业为主要内容的多种经营项目得到有效实施，掀开了改造龙山秀美山川的瑰丽画卷。该县1998年被省农开办列为省立项的农业综合开发项目试点县，1999年正式进入国家农业综合开发笼子。至2003年底止，该县先后在苗儿滩、华塘、石羔、茨岩塘、洛塔、贾市等6个乡镇，累计投入资金2230.2万元，其中各级财政资金2004.2万元，农民自筹(含投劳折资)226万元。共改造中低产田土5.9万亩，衬砌渠道111.5千米，改良土壤1.2万亩，营造防护林1.2万亩，推广超级稻1万亩，技术培训9000人次，科技示范项目6个，扶持百合种植1.2万亩，扶持百合加工企业1个，引导产业结构调整5万亩，改善灌溉面积3.8万亩，新增除涝面积0.7万亩，增加机耕面积1万亩。通过项目开发，共增产粮食885万公斤，新增农业总产值885万元，比非项目区人均增收145元。

龙山县作为全州第一个实施农业综合开发的项目县，无任何模式可以照搬，1998年7月在龙山作为省定项目县后，农开办人员挑灯夜战，连续三个昼夜，高质量地完成了项目材料，为龙山首次争得农业综合开发资金150万元。随后进入国家农业综合开发县后，投资规模逐年加大，每年所选的项目区山水林田路得到综合治理，农开人的汗水凝集成一条条机耕道，一条条水渠，一片片葱茏的山林，更进一步激发了农开人“我要搞好农业综合开发”的激情和信心。

为了确保项目的实施能够高标准、高质量，他们在项目实施过程中坚持严把“六关”；一把规划设计关。每处工程都聘请了县水电设计室技术人员参与，提高了农开工程规划设计水平。二把工程发包关。坚持“公平、公开、公正”的原则，要求施工队伍必须有“三证一照”，还要有好的信誉，不论招标、议标，他们每年都邀请县纪委、县财政局的领导参加发包会议，按资金、技术、施工经验和工艺水平等条件确定施工队伍和标段，实施“阳光行动”，有效地避免了暗箱操作，杜绝了“领导工程”、“人情工程”。三把工程质量关。四把建设标准关。坚持按图施工，实施山水林田路综合治理，实现高标准农田与高产农田、高效农田的统一。五把工程管护关。采取项目乡、项目村层层签订责任书的办法，加强了工程管护，制定了管护人员工资待遇优惠的政策。六把资金使用关。对项目开发资金，严格按照“专人负责，专门储存，专账管理，专款专用”的要求进行管理，坚持把好三道关，即控制源头把好资金投放关，定期督查把好资金使用关，跟踪问效把好资金效益关。

根据龙山农业产业结构的实际情况，县农开办把多种经营项目的重点定在百合种植与加工上。近五年来，龙山县农开办牢牢把握“农业增效、农民增收、财政增长”这个宗旨，着力推进农业和农村经济结构战略性调整，他们找准农业产业结构调整的切入点，在全县15个乡镇建立了百合基地，投入资金256万元，全力扶持了龙山波杰特产有限公司百合加工龙头企业，该企业已购进了成套的百合加工先进设备，研制了曾在湖南省博会上获银奖的百合饮料、百合粉丝两大系列，百合茶、百合精粉等六大畅销产品。该公司与中南大学合力进行的从百合中提取生物碱的课题已经成功，获得了国家专利，有望在近期内投入生产运行。目前该公司已拥有固定资产400万元，具有年加工百合3000吨的生产能力，可为财政创税利380万元，百合种植户每年可增加收入600元以上。

5年来，龙山农开办先后有10多人次受到省、州、县业务主管部门和政府部门的表彰。2001年，经过综合评比，还获得了全省农业综合开发项目验收评比二等奖，2003年该县再一次获得了“优质项目区”奖。

永顺县农业综合开发办公室

柑 桔 树

湖南省永顺县是传统农业大县，是湘西州的主要农产品特别是商品粮生产基地。1999年国家立项的农业综合开发在我县开始实施，给我县农业和农村经济的发展注入了新的活力，为我县农业的发展作出了积极的贡献。随着我国社会主义市场经济体制的建立和完善，统筹城乡经济社会发展力度的加大，特别是加入WTO后的五年过渡期即将结束，农业和农村经济进入了一个新的发展阶段，农业综合开发如何利用自身优势，加快项目区优势特色产业开发，在发展优质高产高效农业中发挥示范、带动作用，增加农民收入，是农业综合开发面临的一个新课题。为此我县农业综合开发顺应农业发展新要求，按照国家农业综合开发联席会议的要求和具体部署，结合我县资源优势、经济社会优势，把开发市场潜力大的红提葡萄这一优势产业作为促使我县农业综合开发向纵深发展和调整农业产业结构、增加农民收入的重中之重，精心组织，科学规划，注重实效，强力开发，在我县掀起了又一轮产业开发新高潮。目前红提葡萄开发已成为我县农业产业结构调整和增加农民收入的新亮点。

据统计，我县从2003年初开始实施红提葡萄开发，在短短的一年多时间内，红提葡萄开发面积已达5000余亩，挂果面积2500亩，总产达100万公斤，总产值400余万元，开发户人均红提葡萄纯收入1000元。此外红提葡萄产业的开发还带动了我县运输、销售、餐饮等多个产业的发展，为农村剩余劳动力提供了更多的就业机会。

红提葡萄示范园

我县根据开发规划，按照建设高标准红提葡萄开发基地的要求，结合农业综合开发项目建设，主动把农田水利设施建设项目规划安排在红提葡萄开发区，实行沟、渠、田、林、路综合治理。一年多来共配套农田灌排渠系12.8公里，修建机耕路5.2公里，兴建桥、涵、闸等附建物300余座，解决好了开发户一家一户不能解决的难题，推动了红提葡萄的规模化栽培。如项目区的勺哈乡，2003年利用实施农业综合开发的有利时机，当年红提葡萄开发面积达到了1000余亩，加上配套种植辣椒等短期经济作物，农民当年人均增收300元；项目区的石堤镇充分发挥农业综合开发已建成的基础设施条件和交通便利的优势，新开发红提葡萄1500余亩，在2004年的首个采收年中，亩平均产值达6000元，比单一种植粮食增收8倍以上。

针对红提葡萄在我县及周边尚属首次引进和开发，市场的知名度、认同度和品牌影响力有限的特点，我县实施了多元化的市场营销策略，打好四张“牌”，扩大产品的知名度和市场占有率。

1、组织召开产品现场观摩会、品尝会和订货会，把产品销售的第一道环节设在基地，用过硬的产品质量和良好的销售环境，吸引县内外各大超市和果品销售商现场订货，打好“会议”销售牌。

2、建立营销信息网络。应用现代信息手段，在永顺农业信息网上建立了红提葡萄营销网页，定期发布产业信息，扩大市场信息容量，提高产品知名度，打好“网络”销售牌。

3、组建产业龙头组织。以四川果王果业公司和红提葡萄开发大户为主，共同组建产业开发龙头组织“湖南果王果业公司”，运用公司的人力、物力和资金优势，拓展产品销售市场，打好“龙头组织”销售牌。

4、引导民间果品流通组织和经纪人，推动果品销售，打好“人力”销售牌。

土地治理

运城市农业综合开发办公室

2003年是山西省运城市农业综合开发战线实践“三个代表”，落实十六大精神，开拓创新，锐意进取的一年。一年来，在国家、省开发办的帮助指导下，在市委、市政府的领导和支持下，全市开发系统人员深刻学习理解全国联席会议精神，发扬“与时俱进、大胆创新、扎实苦干、求真务实”的工作作风，以结构调整为主线，以强化项目管理为手段，以提高经济效益、社会效益为目标，克服“非典”与秋汛带来的重重困难，较好完成了2003年度各项开发任务，开创了特殊时期农业综合开发工作的新局面，为今后运城市的农业综合开发再上一个新的台阶奠定了坚实基础。

运城市农开办党组书记、主任：柴广林

2003年度运城市农业综合开发项目共涉及11个县(市、区)、27个乡镇、77个行政村，项目涉及农业人口13.71万人，其中农村劳动力8.99万人。已立项的11个开发县现有耕地面积785.85万亩，其中：中低产田面积为444.09万亩，占已立项县现有耕地面积的57%；农业综合开发项目区农民纯收入总额34614.48万元，农民人均年纯收入1951元。我市计划投资6591万元。其中，中央财政资金2683万元，地方配套资金2346万元，自筹资金1362万元，银贷款200万元。这些资金用于土地治理项目4198万元，用于多种经营项目1693万元，用于农业科技推广综合示范项目计划总投资700万元；计划改造中低产田5.35万亩，优质粮食基地项目计划5.6万亩，优质饲料作物基地计划5.7万亩，节水农业示范项目计划0.5万亩，农业生态工程项目计划0.5万亩。多种经营项目中，计划包括种植项目完成蔬菜种植0.11万亩，养殖项目1个，加工项目3个，农业生态服务项目1个，农业科技推广综合示范完成0.3万亩，这些项目都已按计划100%完成。

2003年我市在认真贯彻执行国家农业综合开发各项方针政策的同时，针对运城的实际；提出围绕“农业增效、农民增收”两大目标，坚定不移地探索开发新路子，坚定不移地健全和完善开发机制，坚定不移地抓好重点工程和项目。在具体工作中通过“三个结合”，实现“三个提高”。即开发与生态保护相结合，提高农业综合生产能力；开发与科技示范相结合，提高农业综合开发水平；开发与农业产业结构调整相结合，提高农业综合效益。集中力量抓好中低产田改造、农业节水和生态工程、农业产业化、无公害农产品基地、农业科技示范五大工程，努力开创全市农业综合开发新局面。

农发办党组一班人在研究工作

2003年我市农业综合开发把培育“龙头企业”作为全年工作的重点。为从根本上解决我市一些地方农业开发工作存在着的“重土轻多”倾向，我办组织人员深入基层，就如何适应新时期的农业和农村经济发展的新形势，抓住机遇，做大、做强、做好农业综合开发多经龙头项目，最大限度地提高农业综合开发整体效益这一课题，对70多个多经项目进行了为期一个月的调查研究，实事求是地总结了经验教训，分析了问题，理清了思路，确定了今后全市多经项目的发展目标。芮城丰润集团，通过连续四年开发投资730万元，强势扩张，由一个固定资产450万元，产值500万元，年上缴利税50万元的小型企业，发展到固定资产5280万元，产值9500万元，年上缴利税450万元的龙头企业，先后建设了芦笋、玉米笋、奶牛养殖基地，形成了绿色生态产业链，通过“公司＋农户”的形式，带动发展芦笋3.5万亩，玉米笋1.5万亩，奶牛1500头。仅芦笋一项，每年每户种植平均增收5000元以上，而且每年可安置农村剩余劳动力和下岗职工2000余人就业，芦笋罐头出口，年可创汇1000万美元，有力支持了当地的农业产业化进程，企业连续三年每年归还

项目区新建的机井电一体工程

项目区路阔、林茂，一派生机

项目区田成方、林成网，一片丰收景象

有偿资金都在150万元左右，实现了良性循环。根据丰润实业公司的经验，我们及时对全市多经工作的方略进行了调整，提出了“扶大、扶优、扶强”的方针，并要求今后多经工作，一要因地制宜，发挥优势，立足本地资源优势和比较优势，面向市场，引导企业发展适销对路的产品；二要以人为本，信誉至上，选择精明能干、勤政敬业，有经济头脑，讲信用的人作企业的领头人；三要科学论证，择优选项；四要优化管理，注重效益，适应形势，更新观念，打破常规，当好参谋，搞好服务，切实提高企业管理水平和服务水平，提高企业效益；五要加强监督，制度约束，奖优罚劣，建立不定期检查制，完善担保抵押制，建立有偿资金回收责任制，有力地推进了我市多经工作的发展。

山西省运城市市委书记黄有泉陪同省委书记田成平视察项目区

永济市晋农芦笋基地开发公司和晋通菌业有限公司抓科技推广项目，把示范推广先进适用技术与千家万户农民致富奔小康的生产积极性紧密结合起来，引进美国F1代优质芦笋品种4个200公斤，建设了芦笋苗木快速繁育基地177156平方米，完成优种繁育511万株，2650亩的芦笋示范基地。围绕芦笋和食用菌的优质高产高效，引进双孢菇高产栽培专利技术，同时对优种利用、密植栽培、土壤处理、生物菌肥、合理配肥、绿色控制、威根龙增粗和生物控雌八项核心技术，进行有效的组装配套，食用菌每吨基料增产200公斤双孢菇，每吨成品增值400元。值得一提的是晋通公司自主研制出双孢菇干制复合基料，并申请了专利。通过技术推广、典型示范、参观学习等多种形式培训农民111场3.2万人次，2003年示范区总产值由480万元提高到570万元，为推动全市农业产业结构的调整趟出了一条路子。

档案管理实现科学化、规范化、标准化

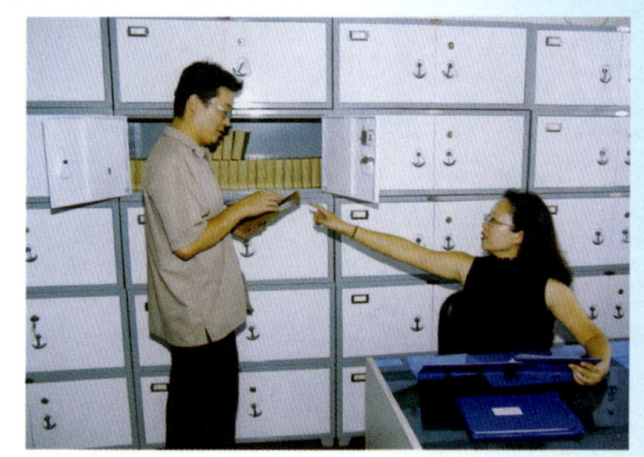

我们在多年的开发实践中体会到，按常规开发办法，只能实现农业综合生产能力的提高，很难实现农业综合效益的提高。必须解放思想，打破常规，在加强管护，巩固开发成果的同时，增强建后服务意识，积极引导，大胆示范，为项目区群众产业结构调整铺路搭桥，帮助群众寻找致富产业，才能大幅度地提高开发效益。去年，我市在这方面做了大胆的尝试，收到了明显的效果。新绛县开发办面对目前开发工作的新形势，没有循规蹈矩按部就班，而是与时俱进，转变观念，创新思路，把工程建设作为基础，把项目区产业调整作为关键，把建后服务作为促进结构调整的重要环节，努力增强服务意识，提高服务水平，为项目区群众请专家、做示范、选苗木、引品种、测土肥，积极提供技术、信息、物资等方面的服务，在龙兴等项目区大搞产业结构调整。目前，精细蔬菜、优质水果等经济作物，已占到该项目区产业的80%以上，10000亩优质葡萄、核桃基地基本建成，农民收入可望得到大幅度提高。新绛县开发办的建后服务工作，思路新、定位准、工作细、效益高、气魄大，给农业产业结构调整注入了“强心剂”。我们抓住这一典型，及时召开了新绛县建后服务现场会，把建后服务作为农业综合开发的一个新思路，在全市进行推广和探讨，要求各县(市、区)顺应潮流、与时俱进、思路超前、打破常规、工作创新、服务到位、以人为本、全面推进，争取走出一条有特色的开发新路子。

田林路渠综合配套

龙头企业生产车间一角

果品加工包装车间

山东东方海洋科技股份有限公司

山东东方海洋科技股份有限公司是烟台东方海洋开发有限公司为实现超常规的资源汇聚和资本扩张，形成足以与外国大公司同台竞争的实力而成立的股份有限公司。公司坐落于烟台市高新区，环境优美、交通便利，现有职工2000多人，其中专业技术人员近200人，辖水产品加工厂、水产良种场、名贵鱼养殖场等8个企业。总资产近4亿元，其中固定资产2亿多元，银行信誉等级AAA级，是国家级水产良种场、全国水产（原）良种协作组成员、国家级农业产业化龙头企业、国家火炬计划高新技术企业、山东省高新技术企业、山东省农业产业化龙头企业，山东省海藻工程技术研究中心、山东省农业特色科技园、烟台市海水养殖工程技术研究中心。

公司主要从事海水鱼虾、贝藻、海参等苗种的研究、开发、育苗、养殖以及水产食品冷藏加工和鲜活鱼类等水产品加工出口业务。有三大主导产业，分别是：位于烟台盛泉工业园占地108亩的水产品加工厂，位于烟台经济技术开发区占地156亩的水产良种场，位于莱州三山岛占地108亩的名贵鱼养殖场。

水产品加工厂主要从事冷冻鱼类的来、进料加工业务，已通过欧盟卫生注册、美国HACCP质量体系认证、ISO14000环境管理体系认证、ISO9001质量管理体系认证、英国BRC认证以及日本、韩国、巴西等国质量认证。英国BRC认证使产品可直接进入欧盟国家一流超市销售。目前我公司是国内第一家通过此认证的企业。冷冻储藏能力20000吨，有10个加工车间，可同时进行10个品种的加工作业，产品主要出口日本、韩国、美国和欧盟等国家，年加工能力20000吨。

水产良种场主要从事海水类苗种的研究、开发及良种繁育，有近40年的海带育苗历史，15年的海带遗传育种历史，10年的海带种质技术的研究和应用历史，拥有保种、育种、良种繁育一体化的科研及生产设施。目前种质库保存海带品种120多个品系，占全世界海带品种50%以上。通过海带配子体克隆杂交育种而选出的东方2号连续几年的验收结果表明，东方2号海带性状稳定，杂种优势明显，抗强光能力较强，厚成期适中，产量高，是适合不同海区养殖的海带良种，目前正等待国家验收。科研设施包括：$1000m^2$的遗传育种试验楼，建有低温培养室、无菌操作室、超低温冷冻室、分子生物学研究室、制种室、克隆扩增培养室等种质保存、鉴定及新品种培育中心，有国内外一流的海带种质资源库，配备了各种仪器设备62台（套），其中大型仪器设备包括气相色谱仪、程序降温仪、荧光显微镜、电泳系统等；良种繁育及设施有：$10000m^2$的海带育苗车

山东东方海洋科技股份有限公司

间，海珍品育苗车间 1000m²，鱼类育苗车间 2000m²，可年产海带苗 10 亿株、扇贝苗 5 亿粒、海参苗 1000 万头、鱼苗 100 万尾。为增加新的经济增长点，2004 年 6 月又投资 1000 多万元在海阳建设 1000 亩海参养殖场及与其配套的育苗场。

名贵鱼养殖场主要从事海水鱼类育苗、 工厂化养殖及网箱养殖。现有育苗车间 2000m²、工厂化养鱼车间 20000m² 及 6m × 6m × 6m 浅海养殖网箱 200 个，全部采用国际先进设备和技术。目前，新开发 40000m² 养成车间在开发区开始建设，养成车间建成后达到 60000m²，年产量可达到 1000 吨，产值超亿元。

几年来，公司投入大量人力、物力、财力，改善科研及生产设施设备条件，并在充分发挥自身科研优势的前提下，积极与各大院校和科研院所联合，在种质库建设、遗传育种、育苗养殖新技术等领域进行合作，拓展了科研领域，提高了科研档次和技术水平，使企业具备了承担国内外重大科研项目的能力，同时政府部门也加大了在科技项目上的支持力度，促进了多出、快出成果。公司先后多次被省市各级人民政府授予“科技先进集体”、“水产工作先进单位”及“文明单位”荣誉称号。1990 年以来，先后完成科研推广课题 21 项，获省部级以上科技进步奖 5 项，获国家专利 2 项，其中“901 海带新品种培育”获 1998 年农业部科技进步一等奖，获 1999 年国家科技进步二等奖，是近十几年来水产行业获得的最高奖项，“克隆在海带育苗生产上的应用研究”获 2002 年山东省科技进步三等奖。目前承担部、省、市各级在研项目共 9 项。

公司上下本着“敬业才有业，爱岗才有岗”的创业精神，坚持“以人为本，科技兴业”的发展理念，秉承“质量为先，诚信为本”的经营信念，愿与各界同仁携手合作，共创东方海洋辉煌明天！

坚持治理与开发并重

省农业综合开发办公室主任马自学在市长赵春、副市长张国华的陪同下检查指导农业综合开发工作

天水市地处甘肃省东南部，现辖秦城、北道两区和清水县、秦安县、甘谷县、武山县、张家川回族自治县，113个乡镇，总人口345.64万人，其中农业人口267.9万人。总土地面积1.43万平方公里，耕地面积573万亩，林果、蔬菜、畜牧是全市农村经济的主要支柱产业。“花牛”苹果、甘谷辣椒、秦安蜜桃、麦积葡萄、秦州早酥梨等一大批名优农产品，在市场上享有较高的声誉。

天水是中华文明的发祥地之一，是国家级历史文化名城，享有“羲皇故里”的殊荣，是海内外龙的传人寻根问祖的圣地。以伏羲文化、大地湾遗址文化、秦早期文化、麦积山石窟文化和三国古战场文化为代表的五大文化，构成了天水丰富的历史文化资源。境内文化古迹甚多，现有国家和省、市级文物保护单位224处，吸引着无数海内外游人。

全市地跨黄河、长江两大流域，兼有北雄南秀的地理特征，土地类型多样，年平均气温9.5–12℃，年降雨量450–600mm，年日照时数2115小时，无霜期185天，森林覆盖率达27.1%，四季分明，素有“陇上江南”的美誉。境内物种资源丰富，是西北地区农作物最适宜的地区之一，也是我国北方最佳的水果和蔬菜生产基地之一，农业综合开发的潜力巨大。

甘谷县中低产田改造项目路渠工程

北道区中低产田改造项目区

2003年立项实施的国家农业综合开发科技推广综合示范项目，设计示范面积2000亩，推广面积5万亩。项目示范区被确定为中国西部航天育种基地

不断提高农业综合开发水平

——天水市农业综合开发

从1996年以来，全市已有秦城、北道、甘谷、武山、秦安五个县（区）被列入国家农业综合开发项目区，累计投入资金1.15亿元，先后实施中低产田改造项目44.35万亩，农业生态工程5.22万亩，优势农产品基地建设5.7万亩，科技推广综合示范项目5.2万亩，产业化经营项目11个。通过实施农业综合开发，全市已治理的土地面积占耕地面积的8.6%，实施项目的乡镇有25个，有20多万农民从中受益。项目区农业综合生产能力进一步提高，农业产业化经营体系进一步完善，项目区比非项目区亩收益增加300多元，农民人均纯收入增加200多元，农业综合开发在实现农业增效、农民增收中发挥了十分重要的作用。

天水是一个以农业为主的地区，展望未来，农业综合开发前景光明、任重道远。我们要继续抢抓西部大开发的机遇，围绕资源优势，面向市场，依托科技，走优势产业开发，规模化生产，发展品牌农业的路子，坚持治理与开发并重，不断提高农业综合开发的水平，为服务“三农”做出新的贡献！

“两院”院士石元春教授在副市长张国华陪同下为科技示范项目航天育种基地揭牌

秦安县中低产田改造项目喷灌工程

国家农业综合开发扶持的秦城区双孢菇种植基地，农户年均收益两万多元

天水市“四梁”生态项目建成以侧柏、油松、刺槐等为主的生态林1.16万亩，以大樱桃为主的经济林2800亩。山水田林路综合治理，改善了农业生态环境和群众生产生活环境

山西胃乐食品有限责任公司

山西胃乐食品有限责任公司创建于1987年，占地面积24000m²，厂房建筑12600 m²，现有职工520人，2003年12月底总资产4198万元，资产负债率18%，是一家集科研、生产、销售、出口为一体的农副产品深加工企业。公司主要产品包括胃乐牌蜜枣、果脯、干果三大系列30余个品种。公司荣列山西省民营科技企业50强，是山西省“1311”规划的百龙企业。2003年企业总产值达9380万元，销售收入8028万元，利税总额840万元。

胃乐公司采用“公司+基地+农户”的形式，先后在当地建立了6000亩无公害红枣生产基地和2500亩无公害桃、杏生产基地，并与中国农科院、山西农业大学、山西农科院建立了紧密的产、学、研技术开发与合作关系，聘请国内著名专家教授作为公司常年顾问，进行专业技术指导。公司利用自身品牌效应和营销网络优势，为加工户提供市场信息，拓宽销售渠道，每年为加工户销售蜜枣果脯1000余吨。2003年公司生产蜜枣果脯15000吨，消化干鲜水果20000余吨，为果农转化资源实现收入2000余万元，带动相关产业增收1500余万元，安排劳力600余人，人均增收1200元，带动1.2万农户直接参与农业产业化经营。

总经理：薛天祥

胃乐牌果脯蜜枣以质量稳定、形味俱佳、营养丰富，唱红了大江南北，创出了胃乐名牌，并在全国30多个大中城市建立了销售网络。胃乐商标是山西省著名商标，胃乐牌产品是国家质量达标食品，屡获国际国内食品博览会金奖，胃乐公司是AAA级信用度企业，省级诚信单位，2001年12月公司通过IS09002国际质量体系认证。公司总经理薛天祥曾先后就读于中国政法大学(本科)和南开大学(研究生)，有良好的教育背景、极强的学习能力、积极的开拓精神、超前的开放意识、扎实的管理功底，是一个综合型优秀企业经营管理人才，被省政府授予“山西省优秀乡镇企业家”称号，荣获山西青年“五四”奖章。目前公司已办理绿色食品认证和自营进出口业务，产品已进入东南亚和日、韩市场，迈开了外向型企业的发展步伐。

样品检测

安顺市 2003年度农业综合开发工作情况

贵州省安顺市2003年度共有西秀、普定、平坝二县一区列入国家农业综合开发项目县。在省农发办的领导和支持下，我市2003年度农业综合开发工作得到市委、市政府高度重视，各开发县项目实施单位及相关部门大力协作、配合，截至2004年5月底，已基本完成项目建设任务。通过农发项目的实施，使项目区农业基础设施和生产条件得到改善，主要农产品综合生产能力得到提高，为农民收入得到增长打下了坚实的基础。农业综合开发工作在三县(区)农业和农村经济的发展、产业结构的调整工作中作出了自己的贡献。

我市2003年的农发土地治理项目实施工作集中于西秀区幺铺镇邵小片区、普定县马官镇余官片区、平坝县夏云镇桥上片区实施，共涉及59个行政村，9.69万人口。项目区总耕地面积10.73万亩，粮食总产量3648.7万公斤，农民总收入14350万元。三项目区交通便利、地势平坦，耕地集中连片，水资源较为丰富，符合省农发办对项目区的立项要求。多种经营项目“西秀区酱菜厂辣椒素生产”在西秀东关工业小区实施。

2003年，省批复我市农业综合开发土地治理子项目19个(含市级专项科技推广项目)，多种经营项目1个，总投资1997万元。其中：中央、省级财政资金1162万元(有偿400万元)，市级财政应配套资金75.7万元(有偿25.1万元)，县级财政应配套资金62.3万元(有偿22.9万元)，自筹及以物折资511万元，银行贷款指标186万元。计划任务为改造中低产田土4.22万亩并建多种经营项目1个。

土地治理项目西秀区、普定县、平坝县改造中低产田土4.22万亩的计划任务已全面完成。多种经营项目“西秀区酱菜厂辣椒素生产”已全面启动，2004年10月完工。

经过一年项目实施，全市可形成年新增粮食275.74万公斤、油29.3万公斤的生产能力，可新增总产值3960.41万元，实现新增利税1144.3万元，预计受益农户新增纯收入总额1104.12万元。通过本年度土地治理子项目的实施，我市农发项目区基本达到了省农发办“统筹规划、突出重点、择优扶持、强化科技、注重效益、富裕农民”的要求。

2004年中央一号文件把农民增收作为当前和今后一段时间全党工作的重点。我市将把农业综合开发目标统一到增加农民收入上来。今后开发立项一要控制项目类型，每个项目县都要按本地农业资源优势和农业发展需要确定项目，明确开发重点，不能齐头并进；二是控制项目数量，重点项目必需符合全市产业结构目标，要优先发展优势农产品储藏、加工、产地批发市场，摸索设施农业种植基地、牛羊养殖基地项目的建设。项目县要在农发规划的基础上优先选择围绕农民增收的项目和工程建设内容，集中连片规划治理，要解决项目区阻碍农业生产和农民增收的主要障碍，切实增加农民收入。

在取得一定成绩的同时，我们也要清醒地认识到：我市农发工作纵向比以前有进步，但横向比先进地区仍有不小差距。我们要按照省农发办提出的二十四字方针要求，组织市、县有关业务部门干部认真、系统地学习国家和省出台的一系列农发政策、规定、管理办法，并做好对项目区群众农发政策的宣传、发动工作。将每年度农发建设的目标、任务、责任、管护从县落实到村组、责任人，明确各部门各单位的职责。加强农业综合开发工作科学化、规范化、制度化和程序化建设。按照国家出台的《县级农业综合开发工作规程》的要求，完善县农发办及相关局的内部管理制度，杜绝一切不规范的个人行为，保持农发工作的严肃性，使我市农发项目在工程、资金、管理各方面再上一个新台阶。

平坝县2004年农业综合开发工作纪实

贵州省平坝县农业综合开发作为现代农业投入的新举措，改变以往项目建设地点分散、项目承建单位分散的局面，在“综合”二字上做文章。一是运用持续发展理论，实行山、水、林、田、路连片开发，综合治理，增强农业发展后劲，改善农业生产基础条件和生态环境，建设农业现代示范区，真正作到农业增产，农民增收。二是将农发项目统一集中在县农发办实施，减少项目建设过程中的间接费用，将有限的农发财政资金用于项目建设，提高项目建设质量和建设标准，使我县农发工作再次跃上新的台阶。

在县委、县政府及县农业综合开发领导小组的直接领导下，经过县农业综合开发办公室全体同志、项目区广大干部群众和县相关职能部门的共同努力，全面完成了农业综合开发各项工作任务，取得了显著的成绩。

一、工作完成情况

(一)按照国家农业综合开发的有关政策，结合我县《国民经济和社会发展“十五”规划》，严格按照农业综合开发“集中开发、连片治理、突出重点、择优扶持、强化科技、注重效益”的指导思想和原则，根据贵州省农发办、安顺市农发办文件精神，完成平坝县2004年度农业综合开发土地治理项目的规划设计、实施方案的编制和审定工作，采取项目工程的邀标议标措施，确定项目施工单位，使项目于2004年11月全面进入施工启动阶段。平坝县2004年度农发项目为节溪河综合治理工程，涉及子项目9个，通过对项目区的综合治理，改造中低产田土0.76万亩，其中改善灌溉面积0.2万亩，新增除涝面积0.35万亩，新增机耕面积0.2万亩，营造防护林0.01万亩。项目总投资344万元，其中农业综合开发财政资金229万元，群众投工投劳折资115万元。项目建成后，项目区预计年增产粮食52.7万公斤，油菜籽2.4万公斤，年新增种植业产值63.7万元，农民增加纯收入总和60.76万元，人均增收26.5元。

(二)申报平坝县2005年度农业综合开发项目2个。其中产业化发展项目1个，新建优质米生产基地5万亩，粮食加工生产设备一套，项目总投资4770万元，其中农业综合开发财政资金470万元，自筹资金4300万元；土地治理项目1个，改造中低产田土0.75万亩，其中改善灌面0.3万亩，新增除涝面积0.1万亩，新增机耕面积0．35万亩，项目总投资493万元，其中农业综合开发财政资金363万元，自筹资金130万元，该项目已通过省农业综合开发办的评估论证。

(三)完成平坝县2003年度农业综合开发土地治理项目的建设任务。根据贵州省农业综合开发办公室以及安顺市农业综合开发办公室文件精神，经过县农发办、项目区广大干部群众及相关职能部门的共同努力，全面完成了项目建设任务：新建提灌站1座，装机45KW，高位水池3座(200立方米)，小水池350个(1400立方米)；新建拦河坝2座，田间渠系配套10公里；改良土壤0.5万亩，购置秸秆还田机2台，微耕机10台，开沟器1个；完成良种示范与推广0.5万亩，其中脱毒马铃薯“坝薯10号”种植示范500亩，杂交油菜“油研10号”种植示范1000亩，优质杂稻“金优63号”示范推广2000亩，“香优63号”种植示范500亩，优质玉米“安单136号”种植示范1000亩，购置机动喷雾器5台；新建轻型塑料大棚20个，面积3600平方米，连栋式中心蔬菜大棚1个360平方米；新建机耕道6.376公里；对项目区广大干部群众进行技术培训1582人(次)。

机耕道、渠道、标准化鱼池、立体种植业综合配套措施

通过项目的实施，达到综合开发、综合治理的目标，取得了显著成效：一是改善项目区农业生产条件，

增强农业生产后劲。拦河坝和田间引水渠道建设，改善灌面0.31万亩，将项目区多年来提水灌溉变成引水灌溉，降低农业生产成本，年节约农业生产投资6.2万元；旱地变浇灌工程建设，新增旱地灌面0.07万亩，使旱地粮食产量增收8.4万公斤，产值10.08万元；机耕道项目建设，新增机耕面积1000亩，促进项目区农产品和生产资料运输及农业生产耕作条件的改善，年节约农业劳动力0.3万个工日。二是加强项目区农业生产科技含量，促进农民增收。科技推广，购良种示范和改良土壤项目的实施，提高项目区广大干部群众的思想文化素质，加强项目区农业生产科技含量，促进农民增收86.5万元。三是促进项目区农业产业结构的调整。大棚蔬菜基地建设项目的实施，带动项目区群众从粮食生产转向蔬菜种植，2004年阿腰村蔬菜种植面积达到420亩，占耕地面积的36.7%，总产值达90万元以上，体现了农业综合开发是实现农业规模经营和带动农民进入市场的有效途径，也是推动农业产业化结构调整的必由之路。

微喷滴灌大棚

二、主要做法和体会

平坝县农业综合开发工作之所以取得显著成效，除了领导重视，部门通力协作之外，还取决于县委、县政府及县农业综合开发领导小组的与时俱进，积极开拓与大胆改革，取决于充分发挥了项目区群众参与开发的积极性和主动性。

平坝县农业综合开发于1990年开始立项实施，由于当时的投入机制和农发项目实施的散、小、差，到2000年和2002年，加上农发有偿资金的还款压力等原因被省农发办暂停2年。这引起平坝县委、县政府及县农业综合开发领导小组的高度重视，除挤出部分财政资金偿还历年来有偿资金外、还圆满地解决了农发项目县级财政配套资金，保证项目的顺利实施。

总结农发工作的经验及教训，在2003年度项目实施启动之时，县委、县政府及县农业综合开发领导小组为了适应农业综合开发工作的要求，坚持以邓小平理论和“三个代表”重要思想为指导，与时俱进，大胆开拓，对农业综合开发工作思路及方法进行整改，一是改变过去农发项目由各相关业务局承建的现状，将所有农业综合开发项目由农发办组织实施，降低农发工程项目的间接费用，将有限资金用于工程建设，提高工程质量，二是根据农业综合开发招投标管理暂行办法，采用邀标议标方式确定施工队伍，严把工程质量关，保证工程质量。

加大宣传力度，充分发挥项目区群众的积极性和主动性，是保证农业综合开发工作顺利实施的有力保障。2003年度农发项目的实施，共占用项目区耕地16.64亩，折资24.96万元，由于加强项目区群众农业综合开发有关方针政策的宣传力度，充分肯定了广大群众在农业综合开发工作中的主体地位，在项目实施过程中没有支付过任何占地补偿和青苗赔偿费用，得到了广大群众的大力支持，保证项目工程按期完工。

市级花卉苗木基地

奶业集团先进挤奶设备

奶业集团千头奶牛场

浦口苗木花卉基地

浦口千禧森林意扬基地

高淳水产生态养殖基地

高淳旱园竹基地

与时俱进的南京农业综合开发

——南京市财政局、南京市农业资源开发局

南京市农业综合开发工作起始于1991年，全市立项项目累计投入资金5.34亿元，其中各级财政资金3.31亿元，实施土地综合治理项目117.13万亩，建成具有一定规模的产业化经营项目52个。近年来在已建成的项目区内，财政投入资金引导和吸纳社会资本约5.6亿元。

南京市依托农业综合开发项目区建设，先后建成了高淳县20万亩的优质水产生态养殖基地，并配套建设了年交易额达8亿元的水产批发市场，使水产业成为高淳县经济的支柱产业和农民增收的主渠道；培育了浦口区15万亩的苗木花卉基地；连续扶持南京奶业集团，先后投入1300万元的财政资金，使南京奶业集团成为国家级奶业龙头企业，2003年集团产值达5.6亿元；此外在全市农业综合开发项目区内，还建成了江宁区优质水稻基地；六合区优质富硒水稻基地；溧水县的黑莓和有机农业基地等一批农业主导产业基地。同时通过扶持农产品加工、市场建设等产业化龙头企业，初步形成以市场带企业、以企业带基地、以基地带农户的农业产业化经营格局。

南京市农业综合开发工作以“固本、强农、创新”为目标，立足农业资源优势和农村经济发展要求，紧扣农业增效和农民增收这一主题，通过实施各类农业综合开发项目，不断提高农业综合生产能力。同时在资金和项目管理中不断创新，全面实行项目立项专家评审制及公示制、项目工程概预算审计制、土建工程招投标制、土地治理项目监理制等，严格按照“县级财政报账制”的要求，不断完善项目资金财务管理，把资金管理和项目管理有机结合起来，逐步形成了一整套较为有效的项目资金管理手段，并充分发挥财政资金在项目建设中的示范引导作用，以良好的基础设施、便捷的生产条件、较高的经济效益广泛吸纳民间资本、工商资本和外商资本参与农业综合开发，初步形成了农业多元化投入机制。农业综合开发夯实了农业发展基础，改善了农业生产条件和生态环境，促进了农业结构调整，推进了农业产业化进程，实现了全市农业发展的新突破。

中国名牌
CHINA TOP BRAND
2004.9-2007.9
中国名牌

福建福马食品集团有限公司
FUJIAN FUMA FOOD GROUP CO.,LTD.

公司始终秉承“质量第一、信誉第一、真诚第一、服务第一”的经营理念，视质量为生命，以高质量的产品为基础，大力实施品牌战略。2001年，公司通过了ISO9001：2000质量体系认证，2003通过复审；2004年，通过ISO14001国际环境管理体系认证。进入21世纪，公司迈出了二次创业的步伐，从原来的产品经营转向产品品牌经营，致力打造具有强大竞争力的品牌，取得了良好的经济效益和社会效益。2001年，“福马”商标被评为“福建省著名商标”；2003年“福马”牌派类食品、油炸休闲小食品被评为“福建省名牌产品”；2004年，公司“福马”牌派类食品获“中国名牌产品”殊荣。

公司已涉足金融领域投资，成为兴业银行股东之一。为做大做强企业，公司规划投资2.5亿元，在晋江市科技园，兴建一座占地15000多平方米的现代食品科技园。公司将全力打造中国“闲点家族食品”第一品牌，发展成为中国“闲点家族食品”的龙头企业。

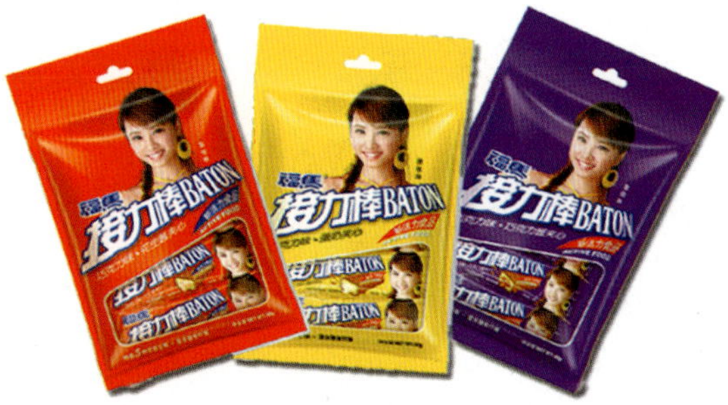

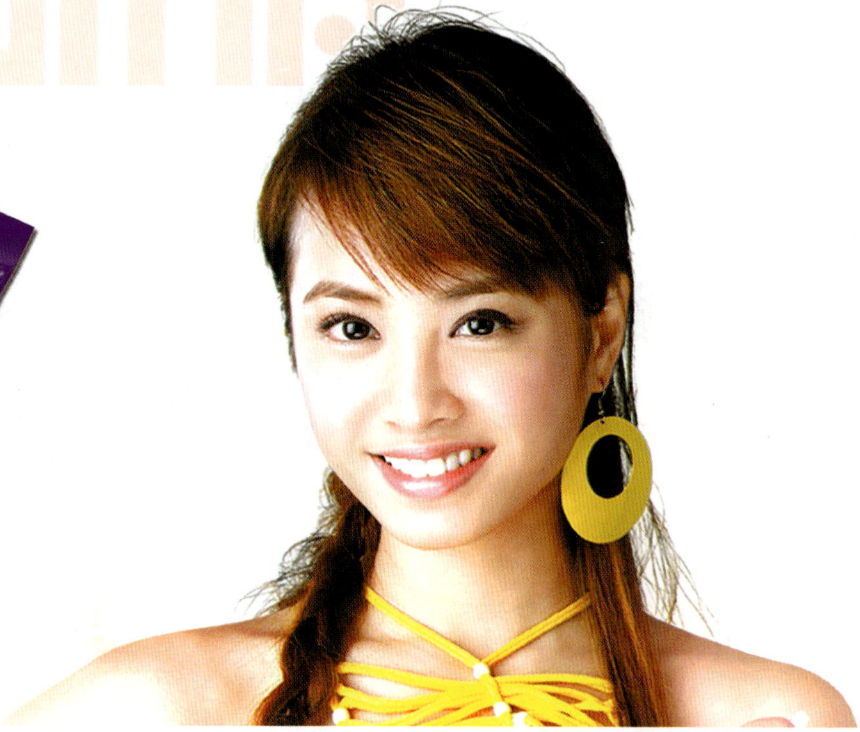

福马®
接力棒BATON
就是这么棒
新活力食品
ACTIVE FOOD

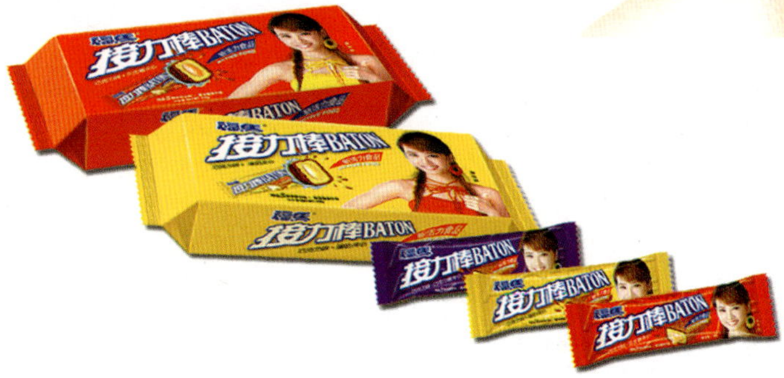

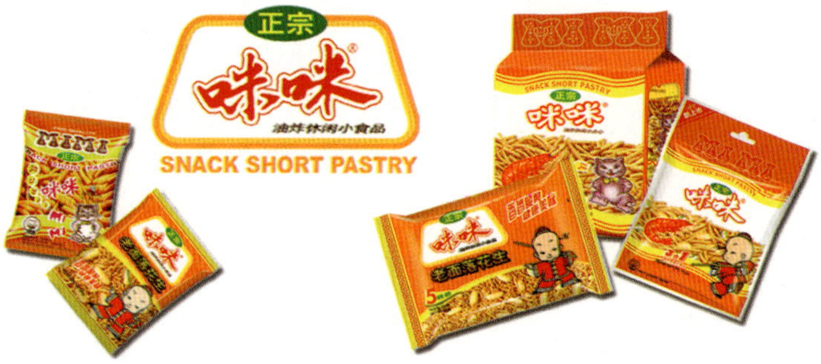

郓城县农业综合开发办公室

山东省郓城县农发办主任张友祥

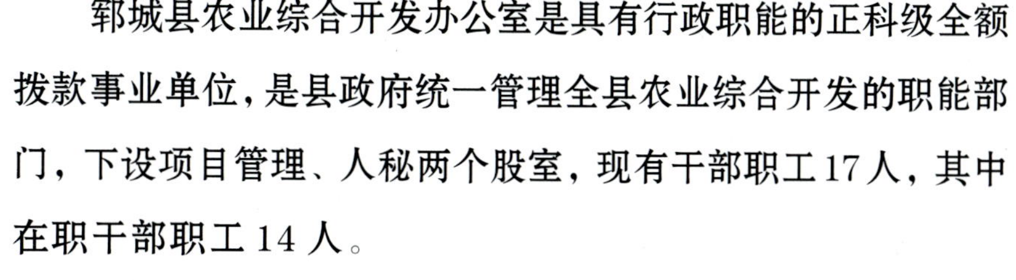

郓城县农业综合开发办公室是具有行政职能的正科级全额拨款事业单位，是县政府统一管理全县农业综合开发的职能部门，下设项目管理、人秘两个股室，现有干部职工17人，其中在职干部职工14人。

县农发办与时俱进，管理科学，勇于开拓，敢于争先，取得了显著成绩：1998年第四期农业综合开发项目被评为全省精品工程；在1998年、2001年、2004年的全省农业综合开发表彰会上连续被省政府命名为全省农业综合开发先进单位。主任张友祥同志先后三次被评为全省农业综合开发先进个人，并荣立三等功二次、二等功一次，是全省惟一获二等功的县级农业综合开发系统先进个人。2001年5月郓城县世行二期项目代表山东省顺利通过了世行检查团检查，受到世行官员和国家农发办领导的高度评价，项目工程被评为优甲；2004年2月代表山东省接受了世行二期项目的国家级验收，顺利通过验收并得到了较高的评价。目前，郓城县农发办正以团结、勤奋、务实、争创一流的工作精神，以全新的工作姿态积极投入到新的工作中，为郓城县农业综合开发再创佳绩而努力奋斗。

郓城县农发办荣获的部分奖牌和奖状

项目区防渗渠及农田林网

项目区鳞次栉比的防渗渠、配套建筑物及农田林网

郓城县农业综合开发示范园

项目区郁郁葱葱的农田林网

新概念木业有限公司

新概念木业有限公司成立于2002年元月8日，是由俄罗斯苏博贸易有限公司和沭阳大江木业有限公司合资组建的专业从事中、高密度板生产的中外合资企业。公司占地面积150余亩，建筑面积18000　，总资产1.5亿元，固定资产8000余万元。拥有2条中、高密度纤维板生产线，年生产能力13万m^3。2004年实现销售收入1.3亿元，利润700万元，上缴税收470万元。现有员工300余人，其中管理人员30人，各类技术人员60人。公司董事长、法定代表人叶敬言博士为宿迁市政协常务委员、江苏省政协委员，并享有“宿迁市优秀科技专家”、“江苏省优秀民营企业家”等荣誉称号。

董事长、法定代表：叶敬言

2004年公司在原有成熟工艺路线的基础上，采用与南京林业大学共同研制的环保型中、高密度板制造技术建设的年产能力为8万立方米的环保型中、高密度板生产线，为江苏省2004年农业综合开发产业化经营项目。项目建设部分主要分为土建和设备的购置两个部分。土建部分主要包括新增建筑面积5325平方米，其中生产厂房2625平方米、仓库2300平方米、附属用房400平方米、原料堆放场15000平方米，并完善了供电、供热等工程设施；设备购置部分主要包括削片机、热磨机、干燥机、铺装机、预压机、热压机、降醛装置、附尘系统等设备9台套和辅助设备、公用工程设备、运输车辆等。新增固定资产2082.38万元。项目总投资为2411.42万元，含前期流动资金329.04万元，其中企业自筹1311.42万元、农业开发资金700万元、银行贷款400万元。项目主要引进推拉板式装机、导热油炉、真空铺装机等先进生产线设备，改四架砂光机为六架砂光机。采取除醛剂、除醛技术工艺措施和三聚胺改胶技术等科学的生产工艺，同时解决环保型胶水制作、热压优化工艺、后期甲醛处理等关键生产技术，使生产的产品达到国际E1级标准，虽然增加了一定的生产成本，但提高了产品质量，填补了国内空白，处于国际领先地位。该项目建成后，产品质量达到国家GB11718-1999的标准，游离甲醛释放量达到国家GB18580-2001E1标准，实现新增产值7100万元，实现利税1300万元，增加就业150余人。由于产品质量的提高，提升了产品的附加值，每张板销售价格净增长2元，年增加净收益达600万元。通过收购枝桠材、次小薪材、小径料，提高了杨木的经济价值和综合利用率，直接增加农民经济收入，从而极大地提高了农民开发河滩、荒地种植杨树的积极性。公司在原有杨木种植基地的基础上先后与徐州、连云港、泗洪、泗阳等地的农户签订了杨树种植协议，新增种植面积4.2万亩，既改善了生态环境，有效地防止水土流失，又提高了农民收入。

厂　貌

降醛处理系统

万亩原料基地

河南北徐集团党委书记董事长徐德全偕全体员工向支持北徐发展的社会各界同仁致敬

前进中的北徐集团

第十届全国人大代表、全国劳动模范、全国五一劳动奖奖章获得者、全国优秀企业家、河南北徐集团党委书记董事长徐德全同志

北徐集团坐落在河南临颍古颍河畔。十多年来，北徐集团在党委书记、董事长徐德全的带领下，励精图治，上下求索，围绕“农”字做文章，做好做强产业链，形成了小麦、面粉、挂面、饲料、生猪等粮食加工的一条龙生产体系，使北徐系列产品享誉大江南北、长城内外。

进入新世纪，北徐集团放眼天下，审时度势，紧紧抓住“餐桌革命”的契机，以养猪业为突破口，依靠科技带动、政策驱动、纽带拉动、服务联动等形式，统一供给良种仔猪、统一供给优质饲料、统一饲养管理模式、统一防疾、统一销售，形成了工厂加基地、基地带农户的产、供、销一条龙体系，向着全国最大的全程控制无公害商品猪饲养基地的目标迈进。如今，集团已相继建成了日产 150 吨的第一面粉厂，日产 250 吨的第二面粉厂，年出栏 10 万头的瘦肉型良种猪场，年出栏 20 万头的商品猪示范场，年出栏 150 万头的商品猪基地，年产 30 万吨的动物饲料厂，日屠宰 5000 头、分割 3000 头的无公害生猪冷却肉生产线和汽车运输公司等 20 多个集体企业，建成了总占地 1.5 平方公里的国家级星火计划项目区,企业员工 2198 余人。奋进中的北徐集团获得了“农业产业化国家重点龙头企业”、“全国文明村镇”、“省先进基层党组织”、“河南省明星村”、2003 年河南省农行“AAA”级信用等级企业、2004 年河南省农行授予的“最佳诚信客户”等一系列殊荣。集团党委书记、董事长徐德全荣获“全国劳动模范”、“全国五一劳动奖章获得者”、“全国优秀乡镇企业家”、“全国青年星火带头人”等荣誉称号，并光荣当选为十届全国人大代表!

“雄关漫道真如铁，而今迈步从头越！”今日的北徐正沐浴着新世纪的万道霞光，憧憬着波澜壮阔的崭新事业，奋力拼搏，与时俱进!

十届全国人大代表、全国优秀企业、北徐集团党委书记、董事长徐德全及全体员工真诚企盼：社会各界一如既往地关注北徐，共兴大业!

年出栏 10 万头良种猪场

年出栏 20 万头商品猪场

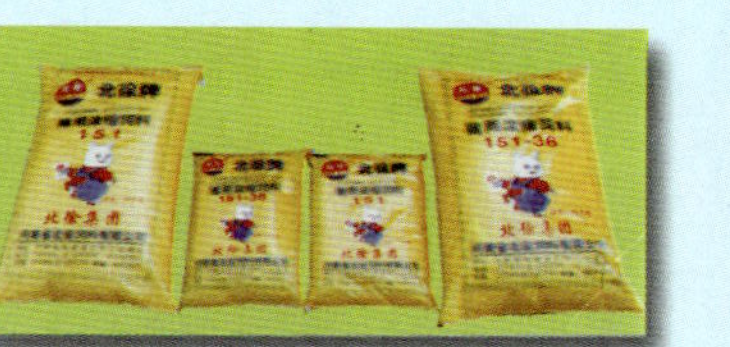

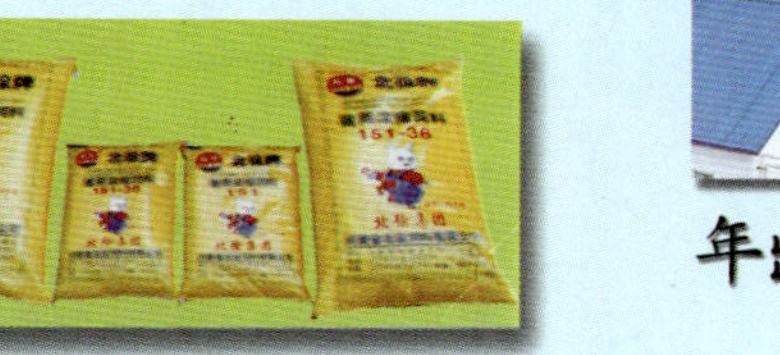

国家级星火计划项目区、农业产业化国家重点龙头企业——北徐集团欢迎您

电话：0395—8166053　传真：0395—8168888　地址：河南临颍北徐工业园区

成都市农业综合开发

在创新机制、加强监管中提升水平

成都市农业综合开发积极推行主要项目工程招投标制，大宗物资政府采购制，工程建设监理制，良种、肥料、农机具等对农户“直补”等项目管理新办法，严格规范县级报账制及审计检查，进一步加强了对项目实施与资金运用的监管，开发工作水平提升。全市2003年度11个项目县(区、市)完成农业综合开发总投资2.22亿元，其中：土地治理项目投资0.59亿元，产业化项目投资1.63亿元，完成改造中低产田7.2万亩，建设优质农产品基地16万亩及蔬菜高新技术项目1个，建成华高生物、新繁泡菜等产业化龙头项目6个，取得了良好的经济社会生态效益。仅土地治理项目即增产粮食900多万公斤，新增种植业产值1760万元，项目区农民人均增收120多元，新形成了2100多万公斤优质稻谷、6375公斤优质果、5000多万公斤无公害蔬菜等优质农产品生产能力。农业综合开发在成都农村稳粮增收中的作用增强。

都江堰市项目区利用水稻田埂种玉米

彭州市蔬菜高新技术项目中心示范区一瞥

财政参股开发，“华高生物”做强做大

双流项目区万亩枇杷基地一角

汗洒商山丹水　志在兴县富民

——陕西省商洛市丹凤县农业综合开发工作纪实

商洛市委书记李仲为（右起第二）在丹凤县委书记安庆学（左起第一）、县长雷雨（右起第一）、县委副书记赵太平（左起第二）、县扶贫开发局局长罗世华（左起第三）陪同下视察农业综合开发工程

丹凤县地处秦岭东段南麓，辖21个乡镇、208个村，总人口近30万人，属于国家扶贫开发重点县之一。1997年，丹凤县跻身国家农业综合开发项目县之后，给农业和农村经济的发展带来了前所未有的机遇。只有加快农业综合开发进程，着力推进农业和农村经济结构的战略性调整，积极推进农业产业化经营，才能实现农业增产、农民增收，才能促进农业和农村经济的腾飞。

为了加强对农业综合开发工作的领导，县里成立了县长任组长，县委副书记和主管副县长任副组长，扶贫开发局、农业局、林业局、水课局、财政局、审计局和项目区乡镇主要领导为成员的农业综合开发领导小组，设办公室于扶贫开发局，并专门设正、副主任各一名，具体负责政策制定、计划审定、资金筹措、部门协调等重大事项及项目工程指挥，并建立了严格的目标管理责任制。县农发办在项目区成立了项目工程施工处，由副主任潘广军任处长，带领技术干部常年驻扎工地，下设技术指导、物料供应、质量监督、财务管理四个组，并组建临时党支部，抽调和返聘18名技术干部，具体抓工程实施。项目区乡镇也成立了相应的农业综合开发领导小组和重点工程管理责任人，并逐级签订目标责任书，建立项目责任追究制，严格兑现奖惩。

局领导班子在农业综合开发工地现场办公。左起任建强（副局长）、刘福军（副局长）、罗世华（局长）、刘发善（支部书记）、张长青（副书记）、张建民（副局长）、潘广军（农发办副主任）

丹凤县农业综合开发工作经过不懈努力与实践，探索出了适宜山区发展的农业综合开发生态综合治理的新模式，围绕植树治山、构建生态屏障，兴水改土、改造中低产田，筑堤治沟、保护生产生活设施，治村修路、改善村容村貌，整体开发、溪畔田垅综合治理和调整结构、增加农民收入这六大重点进行综合开发，为促进农业和农村经济发展找到了一条好路子。据统计，自1999年农业综合开发工程建设实施以来，丹凤县已累计争取和完成项目投资4321万元，完成开发治理面积9.5万亩，其中改造中低产田4.7万亩，完成农业生态工程项目4.8万亩，兴修水利渠道及埋设管道318公里，栽植经济林木2.8万亩，修建便民桥280多座，铺修村组路、机耕路61.45公里，使农业综合开发项目区基本达到了“旱可灌、涝可排、洪可防、田成方、林成园、水相通、路相连”和“山青、水秀、地肥、村美、人富”的目标，初步形成了生态、社会、经济、精神文明“四位一体”的山区农村发展新格局。丹凤县农发办一班人用享勤的汗水在商山丹水间绘制了一幅又一幅时代的新画卷。

峦庄镇中南村河堤加固及耕地治理工程

铁峪铺镇白果村农业综合开发工程

峦庄镇中南村耕地治理工程

铁峪铺镇东川村农业综合开工程

发挥山区优势 提高开发效益

——巫溪县农发办

地处渝、陕、鄂三省(市)交界处的巫溪县，幅员面积4026平方公里，辖58个乡(镇)，总人口50.5万人。2002年全县国内生产总值11.6亿元，农村经济总收入6.1亿元，农民人均纯收入1281元，是典型的贫困山区县。

2003年，巫溪县农业综合开发坚持“两个着力、两个提高”的方针，以结构调整为主线，以增加农民收入为目的，治理与开发并举。在充分发挥本地区域优势、建立绿色中药材生产基地的指导思想下，选择了白鹿镇后坪小流域为项目区，提出“修路、引水、造林、兴药”的治理开发思路，完成农业生态工程0.8万亩，建中药材基地0.5万亩。项目建设取得了明显成效。

修路——是改变山区交通不便，解决制约农村经济进一步发展瓶颈的关键。项目投资新修机耕路8公里，田间耕作便道12公里，人行路7公里，改善了项目区的交通条件。项目区农户因此购进农用运输车21辆，从事农副产品的运输，活跃了当地农副产品的购销。宽敞的田间耕作便道，使群众播种和收获农机具直接驶入田间，减轻了劳动强度，改变了山区农民肩挑背磨的历史，农村面貌为之一新。

引水——是项目建设的重点。项目区属石灰岩区域，岩溶发育，旱灾频繁，缺水是当地农业生产发展的主要障碍。每遇干旱田地禾苗枯萎，农作物颗粒无收，群众翻山越岭寻找水源，人畜饮水颇为艰难。因此，群众迫切盼望兴修水利，建设旱涝保收的高产稳产农田，解决人畜饮水困难。项目引取天然泉水4处，新修引水渠32.1公里，建抗旱蓄水池16口，7.6万立方米，从而保证了6000亩耕地的灌溉，同时还解决0.51万人和0.25万头牲畜的引水问题，从根本上改善了项目区农民生活条件。

造林——是改善生态、保护耕地的保障条件。项目区山大坡陡，水土流失严重，洪涝灾害频繁，大力植树造林尤为重要。项目共植树造林0.5万亩，其中水土保持林0.3万亩，经果林0.2万亩，封育治理1.2万亩，森林复盖率由改造前的32.5%提高到41.3%。造林时把水土保持林与经果林相结合，在保持水土、涵养水源的同时兼顾了农民收入。项目还开挖拦山堰8.5公里，建沟谷拦沙坝13处，沉沙凼56口，基本做到泥不下山，水不乱流，有效地保持了水土。

兴药——调整种植结构，增加农民收入是目的。利用改造后的高标准农田，发展绿色中药材生产，增加农民收入，是项目最终要实现的目的。项目利用当地中药材资源丰富的优势，大力调整种植结构，发展以党参、款冬花等为主的绿色中药材5000亩，粮经作物比例由开发前的75：25调整到16：84。项目年增产名优中药材党参50万公斤、款冬花15万公斤，年增加农业产值350万元、纯收入230万元，项目区0.59万农民年人均纯收入增加389元，农民个人纯收入比上年增长30.3%。46户贫困农户172人因此脱贫，越过温饱线。收入增加，农民正朝着小康之路迈出坚定的步伐。项目区0.15万户中，241个农户新修或改善住房3.5万平方米，新购农用车21辆，安装程控电话163部，添置大件家用电器531台(件)，还有128人用上了时髦的手机。清洁的泉水引入农家，家家都用上了自来水。

人行路

中药材基地

经果林

项目区一角

抗旱蓄水池

阳城县三利珍农业综合开发有限公司

三利珍农业综合开发有限公司(简称三利公司)是由从事煤炭的黑色企业转向无公害绿色农业的农业开发公司。公司总资产2500万元，其中固定资产2200万元，流动资金300万元；现有土地面积6500亩，其中荒山5000亩、耕地1000亩、荒滩500亩；共有职工280名，具有独立的法人资格，是阳城县第一家民营农业企业。

指导思想：

立志农业、围绕农村、面向农民，不离“三农”求发展，扎扎实实搞好环境保护、科技兴农，做到山、水、田、林、路综合治理，农、工、商一体化，种、养、加工一条龙，使农业达到现代化，农村达到城市化，农民达到知识化，毫不动摇地走可持续发展道路。

现状：已绿化荒山3000亩，植树55万余株，种植各种风景林、苗木、花卉200亩，计200万株。打石坝2500米长，共8万立方米；清理河床4万平方米，共计12万立方米。修高标准水渠2千米，建截潜流2处；建淡水养鱼场200亩、人工湖一个，蓄水8万立方米。垦复土地150亩，修田间道路2公里，安装100千瓦电器设备一台，架三相电路1.5公里，架桥一座。修科技楼一座3300平方米，建家属楼、展览厅各一座计2500平方米；与北京农业大学、南京农学院、国家农科院、山西农业大学等单位建立了友好合作关系。引进种植美国黑小麦、美国黑李子、京单958玉米、江苏赤红大叶桑苗、澳大利亚草莓等优良农作物品种；开展了新型科技养鱼、种草和各种中药材等项目的科技示范和研究工作。

实施方案：

(1)计划总投资1个亿，工期为8年。从2001年到2003年为第一期，投资2500万元，完成园区的基本建设和基础设施工程。

(2)从2004年到2006年为第二期投资3000万元，完成各项科技示范和研究工作。采取公司加农户的模式，建立好农村生产基地，搞好农副产品深加工建设万吨肉奶系列产品深加工、新工艺缫丝、刺绣、服装深加工等各项工程 。

(3)从2007年到2008年底为第三期投资4500万元，结合移民并村、小城镇建设、退耕还林还草、生态旅游建设等各项工作，在芦苇河的中部建一条“三乡四村”商贸街，促使农民从事商业活动，为农副产品出口打好基础。完成各项景点建设，其中有纪念林、野生动物养殖、碑林、公墓、展览厅、宾馆、游乐园、剧场、功臣楼及各种体育活动、休闲度假等场所，把公司建成一个集生态农业、科技农业、观光农业、旅游农业、现代农业为一体的大家园。

汉滨区农业综合开发

汉滨区是一个县级农业大区，自然条件差，农业基础脆弱，土地质量差，人均耕地少，森林覆盖率低。全区粮食灌溉面积112.5万亩，农田林网防护面积1.5万亩，有效灌溉面积17.6万亩，骨干水利工程完好率38%，田间工程配套率29%，海拔相对高差1922米。区内气候多样，灾害性天气频繁，以伏旱秋涝最为多发，对农业生产造成较大威胁。由于农业生产的基本条件没有得到根本改变，抗御自然灾害能力差，农业产业结构调整受限，技术产业尚未真正形成，农民增收难度大。因为农业经济长期低而不稳，农民人均收入低，经济发展缓慢，因此汉滨区是国家“八七”扶贫攻坚的贫困县之一，也是国家新一轮扶贫确定的重点贫困县（区）。截至2001年，全区农民人均纯收入低于865元的低收入人口还有24.6万人，其中尚未完全解决温饱的人口达11.5万人。要加快汉滨区广大农民群众脱贫致富的步伐，必须全面实施农业综合开发，进一步加强对农业基础设施建设的投入，实行“山、水、田、林、路”综合治理，进而改善农业生产基本条件，提高农业经济效益，促进农业经济持续快速发展。

五里镇刘营村丰收在望的稻田

五里镇民兴村油菜将获丰收的景象

五里镇刘营村速生密植高产桑园

项目区大同镇光荣村村民积极投劳参与水利项目建设

汉滨区农业综合开发的潜在优势有：1.需要开发的土地面积大；2.水资源丰富；3.农业产业化的格局尚未真正形成；4.农业综合开发逐渐成为广大干部群众的自觉行动。汉滨区农业综合开发项目实施起步较晚，于2001年10月正式被国家农发办批准为农业综合开发项目县（区）。汉滨区委、区政府紧紧抓住这一难得发展机遇，及时成立了领导机构，设立了专门机构，明确了运作机制，从项目一开始实施就提出了“高起点，高标准，高质量”的工作要求，把质量管理贯穿落实到项目实施的全过程，努力打造精品工程，受到了省、市农发办的充分肯定，被评为全省2003年农业综合开发项目实施先进单位。

2002年、2003年汉滨区共实施中低产田改造项目2.9万亩，仅占全区50万亩中低产田改造任务的5.8%。中低产田面积大，综合开发步子慢，远远适应不了汉滨区农业综合开发的客观需要。因此，我们要加大农业综合开发力度，促进汉滨区农村经济社会的快速发展。

华亭县农业综合开发基础和优势

华亭县位于甘肃省东部，关山东麓的甘、陕、宁三省交汇处，总面积1183平方公里。全县有10个乡镇、1个开发区、117个行政村、608个村民小组。总人口17.07万人，其中农业人口12.98万人，农业人口占总人口的75.9%，农村劳动力6.89万人。平均海拔1300米，年均降水量592.8毫米，年均气温7.2℃，年日照时数2136小时。汗河、油河等四条河流源于本县，年径流量1.83亿平方米。基本县情是：①工业基础雄厚。主要矿藏有煤炭、陶土、坩泥、硅石、石灰石、石英砂等，其中煤炭储量占全省已探明储量的36%。工业产品40余种，具有区域特色和一定规模的煤、电、冶炼地方工业体系日臻完善。②林丰草茂，植被良好。全县有天然林和人工林地36.87万亩，草场38万亩，森林覆盖率36.6%。③农业基础条件较好。全县总耕地面积41.84万亩，其中山耕地占86.8%；人均耕地3.22亩；累计梯田面积32.41万亩，占耕地面积的77.46%。2003年粮食总产量7.07万吨，农民人均产粮544.7公斤，大麻、核桃、中药材、肉牛、苜蓿等优势农畜产品生产有一定规模。2003年全县国内生产总值10.6亿元，人均GDP6209.7元，农业总产值3.38亿元，农民人均纯收入1832元，大口径财政收入2.16亿元，地方财政收入7642.2万元，人均地方财政收入447.7元。

自从实施农业综合开发以来，农业基础条件有了较大改善。至2003年，全县农业人口有梯田面积2.57亩，现有水库4座，"五小"水利工程37处，发展有效灌溉面积2.64万亩，保灌面积2.09万亩，集雨水窖1.3万眼，补灌面积2.6万亩。乡村社通电率分别达到100%、99%、94%。基本实现了乡乡通汽车，村村通农用车，村社通车率分别达到98%和90%。

产业化经营已具规模。按照自给型农业、生态型林果业和商品型畜牧业的发展思路，组织实施"1126"产业开发工程，"东果西药整县牛"的产业格局已基本形成。到2003年，10万头肉牛基地建设使牛饲养量完成9.2万头，10万亩优质牧草基地建设已完成8.3万亩，20万亩核桃基地建设已完成7.49万亩，6万亩中药材基地建设已完成4.43万亩；围绕三大产业兴建的3个农畜科技示范园辐射带动作用明显增强，宏源肉牛公司、砚峡兴旺畜禽公司、药材经销公司、面粉加工及农畜产品交易市场等一批产业龙头企业相继建成投入营运，产供销一条龙、农工贸一体化的产业格局基本形成，全县农业产业化经营呈现良好发展势头。

农业科技推广应用有良好的基础。县里组织推广了地膜覆盖、坑种洋芋、配方施肥、带状种植、秸秆还田、良种推广等30多项农业新技术，农业科技对农业增长的贡献份额提高到49%，主要农作物良种化程度达到90%以上，干部群众科教兴农、科技强农的思想意识明显增强。组建完善了农业、林业、畜牧、水利、农机、水保等六大科技推广体系，县、乡、村基本形成了农业技术科研、推广、引进、试验、示范体系，培养农民技术员4432名，全县有1.6万多农户基本实现了户均掌握一门实用技术。县直农口有专业技术人员241人，其中高级职称3人，中级职称209人，有较强的技术力量保证。

交通、通讯等基础设施条件比较优越。省级干线公路2条共85.85公里，省道304线贯穿4乡镇，以平华路、华庄路、华陇路等县道为骨架，县乡公路配套成网，宝中铁路横穿境内。建成程控电话通讯网，广播电视覆盖全县乡村，开通了政府网站，有农民信息之家17个，信息化建设快速发展。

华亭县宏源牧业公司工厂化千头肉牛育肥场

新成立的华亭县畜牧科技开发服务中心外景

华亭县20万亩核桃基地采穗圃

四川省凉山彝族自治州 2003 年农业综合开发

州农发办组织农业、水利、农机等部门专家评审农业综合开发土地治理项目规划及实施方案

凉山彝族自治州的2003年国家攀西农业综合开发土地治理项目主要集中在安宁河流域和金沙江流域的西昌市及德昌、会理、会东、宁南、普格、冕宁、喜德、盐源、昭觉、越西、雷波等县，共计12个项目县市。该区域是我州最大的宽谷平坝，其中平原、台地、山盆地面积达436万亩，气候属典型的亚热带季风气候，素有“热带飞地”之称，被中国农学家卢良恕誉为“不是海南、胜似海南”。年平均气温14-19.3℃，年日照2000-2700小时，无霜期200-365天，年降雨量1100-1400毫米，多集中在7-9月份，12月至次年5月为少雨干旱期。项目区域内有安宁河，项目区域现有水资源613057万立方米，现有水利工程可供水量64797万立方米，水资源十分丰富。项目区域内生物种类繁多，各种生物资源达6千多种。优越的光热水土及生物资源使项目区域成为我州发展各种粮作物和特色农业经济的主产区，各种作物不仅产量高、品质优，而且开发潜力巨大，前景十分广阔。

2003年我州攀西国家农业综合开发土地治理项目片区52个，涉及12个项目县市、69个乡镇、270个行政村，总人口44.68万人。其中：农业人口41.89万人，农村劳力28.54万个，土地总面积292.85万亩，耕地面积75.43万亩。项目区内有中低产田面积54.29万亩，常年旱涝灾害面积16.81万亩，有效灌溉面积27.29万亩，除涝面积13.12万亩；粮食总产22434.32万公斤，平均单产402.8公斤，农业总产值99771.87万元，人均年纯收入1905元。

2003年批复下达我州国家农业综合开发土地治理项目总投资8820.2万元，其中：财政投资6833.7万元，(中央财政资金3973万元，地方财政资金2860.7万元)，自筹资金1986.5万元。治理任务29万亩，其中：一般土地治理项目15万亩，涉及12个项目县市；优势农产品基地12万亩，涉及6个县市；节水农业示范2万亩，涉及2个县市。一年来，我州项目区各县市严格按照批复计划，加强领导，落实责任，科学规划，精心组织，强化管理，认真实施，依靠科技，注重效益，经过项目区广大干部群众的艰苦努力，扎实工作，全面完成了批复我州的各项土地治理任务和投资计划，取得了巨大的成绩，农业综合开发从规模到质量、从管理到效益都上了一个台阶和水平。

农业综合开发项目片区发展起来的热带水果香蕉

认真贯彻执行国家农业综合开发的各项方针和政策，严格执行《农业综合开发财务管理办法》，坚持“专人管理、专账核算、专款专用”和“县级报账制”，坚持资金跟着项目走，专款专用，并经常性地深入项目县市检查资金的使用情况和财务管理情况，始终坚持项目资金审计制度，确保农发资金安全有效运行，杜绝了挤占、挪用资金的现象。按照“改革创新、强化管理”、“实现财政农发资金安全运行和有效使用”的原则，我州把2004年定为“规范财务管理年”，全面开展了“规范财务管理年”活动，各县市都按活动要求制定了各自的活动细则，从加强领导、明确责任分工、完善管理制度到规范资金运行程序、严格财务核算手续等都进行了具体的落实。通过此项活动的开展，提高了财务人员的管理水平和业务能力，确实做到管理规范、核算准确，使我州农业综合开发管理上了一个新的台阶。

农业综合开发土地治理项目下湿田改造工程修筑的排灌沟渠

农业综合开发土地治理项目为方便农耕修筑的机耕道路带排灌沟渠

农业综合开发土地治理项目林业措施中种植的地埂桑

江西省贵溪市2003年度农业综合开发工作简介

贵溪市开发办主任吴坝太

贵溪市位于江西省东北部，辖18个乡(镇)、7个林(垦殖、园艺)场、3个办事处，2480平方公里土地美丽富饶，55万人民勤劳善良，文明开放。

贵溪是江西省丰富的资源宝库、重要的交通枢纽、新兴的工业城市，江西铜业公司、贵溪冶炼厂、贵溪化肥厂、贵溪火力发电厂等大型国营企业驻扎在贵溪。改革开放以来，贵溪经济迅速发展，国内生产总值、财政收入、职工年工资收入等几个重要经济指标位居全省十强之列。贵溪市特色农业方兴未艾，全市农业有六个主导产业。全市粮食播种面积86万亩，粮食总产稳定在26000万公斤以上，是国家商品粮基地县。贵溪有江西省最大的早熟梨基地，全市水果种植面积12万亩，水果总产量在8万吨以上，其中南方早熟梨面积8万亩，产量6万吨。蔬菜面积5万亩，其中商品蔬菜2万亩。生猪年出栏在36万头以上；水产养殖面积5.2万亩，水产品产量1.6万吨。丰产毛竹林31万亩，位居全省第四。以江西竹辉公司、贵溪大忙人公司等为龙头企业的农产品加工，推动了贵溪市农业产业化和现代农业的发展。

贵溪市2002年进入国家农业综合开发的行列，市委、市政府非常重视农业综合开发工作，成立了农发机构，增加了编制，增加农业综合开发事业经费，调配了最得力的干部到农业综合开发办工作。农业综合开发工作严格执行国家农业综合开发政策，在资金管理上实行县级报账制，加强资金管理，对工程实行招投标制和监理制及项目法人制。2003年度农业综合开发土地治理项目在鸿塘镇、塔桥园艺场两个地方实施，项目区涉及总人口3.15万人，劳动力2.1万个。项目区农民以种水稻、水果为主，耕地面积6.8万亩，但农业基础设施建设较为落后，适应不了农业生产的发展。

2003年项目总投资1244万元，其中中央财政资金450万元、省级财政配套资金220万元、市级财政配套资金63万元、县级财政配套资金32万元、农行专项贷款254万元、自筹资金225万元。项目总投资中，用于土地治理项目资金431万元，其中中央资金193万元、地方财政配套137万元、自筹资金98万元；用于农业产业经营项目资金813万元，其中中央资金254万元、地方配套资金178万元、银行贷款254万元、自筹资金127万元。土地治理项目主要是建设农业生态工程(低效果园改造)，开发任务是4640亩；农业产业化经营项目开发任务2个，即贵溪市大忙人公司扩建项目和江西竹辉公司改扩建项目。

2003年农业综合开发梨园低造项目排水沟衬砌

土地治理项目：计划安排子项目18个，其中水利措施7个、农业措施4个、林业措施3个、草业措施1个、科技推广措施3个。18个子项目全部竣工，总计投资431万元，完成计划的100%。

产业化经营项目：贵溪市大忙人公司扩建5000吨果蔬项目，完成投资173万元，实际建成生产厂房900m²、辅助厂房400m²、化验室100 m²，果品加工生产线一条，扩建后年生产量可达到5000吨，比原来生产量扩大一倍；江西竹辉公司竹地板改扩建15万m²项目，完成投资640万元，实际新建生产车间1500m²、辅助生产车间160m²、动力车间80m²、仓库700 m²，主要设备36台(件)，改扩建后，生产能力由原来的10万m²增加到25万m²。

土地治理项目完成后，项目区农业生产条件和生态环境得到了较大改善，项目区新增灌溉面积2000亩，改善灌溉面积3000亩，增加经济林4640亩，控制水土流失面积3平方公里，年新增粮食生产能力244万公斤，新增种植业产值244万元，农民纯收入增加总额146万元，农民人均增收143元。产业化经营项目完成后，可使两企业新增产值2580万元，新增利税756.9万元，全市农民新增纯收入总额1082万元，带动农户1.8万户，增加就业2.96万人。

2003年农业综合开发池塘加固项目之一

省委农工部长吕宾（左三）在鹰潭市委书记黄建盛（左二）、贵溪市人民政府市长黄建平（右一）陪同下视察2003年农业综合开发龙头企业竹辉公司

省开发办主任章康华（左二）在贵溪市委副书记李长华（右三）同志及市开发办领导的陪同下视察贵溪2003年农业综合开发地区之一塔桥项目区

浏阳市农业综合开发办公室

浏阳市农业综合开发办公室成立于1996年，为副科级全民事业单位，归口市农村工作领导小组办公室管理，定编9人，在职干部职工9人，内设综合科、工程科及项目科。职能是：实施农业综合开发、促进农业和农村经济发展，负责农业综合开发项目的受理、审定、申报，对农业综合开发项目进行组织实施、管理、服务，负责对农业综合开发项目成果的检查、验收及相关社会服务。

2003年我市农业综合开发总投入为1949万元。其中土地治理项目总投资865万元，各级财政资金675万元，农民自筹190万元。计划安排永安项目区建设节水灌溉示范田1万亩，柏加项目区低产田改造0.6万亩。项目区涉及2个镇、8个村、143个村民小组。

通过一年的努力，项目建设实际完成节水灌溉示范田1万亩，低产田改造0.6万亩，维修河坝6座，修建电灌站4处，机电井2口，输变电线路1处，衬砌渠道54公里，埋设管道2.8公里，修建渠系建筑物86处，建设喷灌工程面积0.04万亩,修建机耕路33.7公里,建温室大棚3500平方米,其它农机、林业、科技推广等项目都全部完成了计划任务。累计完成土石方11.6万立方米,砌块石1269.8立方米,浇筑砼和钢筋砼13098立方米,投入劳动工日5.5万个。多种经营计划安排资金规模404万元,投入中央各级财政资金224万元，专项贷款100万元，群众自筹80万元。即将完成新建的黄姜水解物加工生产线一条。

科技推广综合示范盾叶薯蓣项目，2003年度投资为680万元，各级财政投资380万元，自筹资金100万元，银行贷款200万元。完成示范栽培黄姜面积4200亩。项目建成后可以新增节水灌溉面积1.7万亩，改善灌溉面积1.2万亩，改善除涝面积0.5万亩；可增加优质粮食种植面积1万亩，新增农副产品生产能力480万公斤；项目区可新增农业产值1960万元，农民纯收入可年增总额606万元，培训农村合格劳动力3700人，安排农村劳动力2000人，实现了社会效益和经济效益的双丰收。

我们一直把项目建设定位在服务农业、服务农民的基础上，坚持以民为本，围绕综合开发、建设项目、致富农民，发展经济的思路，在坚持抓好基础设施建设，抓好土地治理的基础上，注重农业生产潜力的挖掘，注重土地质量的提高，注重水作、旱作兼顾的基础设施配套建设，按照调整结构、发展产业化经营的需要高标准建设项目区、使治理后的项目区达到水旱无忧、耕作自如的目标。一年来农业综合开发的成效体现在：一是项目区农田灌排条件大为改善，结束了灌溉困难、村民争水的历史，大大减少了水事纠纷。修建的机耕路解决了农民种田全靠肩挑手提的困难，减轻了农民劳动强度，提高了劳动效率。二是生产能力显著增强,预计年新增粮食生产能力289万公斤；农业总产值可由2861万元提高到3099万元，增加238万元；花卉苗木由亩产值5866元增至6948元，蔬菜面积由原来的149亩增至768亩，新增烤烟种植面积3288亩；农民人平均增收达到500元以上。三是农田排渍能力提高，项目区的地面水位平均下降0.3米，做到了排灌自如，旱涝保收。

和枝农林发展有限责任公司

和枝农林发展有限责任公司于2003年正式组建。公司拥有优质李种苗及生产示范基地300余亩，固定资产达400多万元；拥有员工31人，其中具有高级园艺职称的5人。公司内设有董事会负责公司运筹决策，设有技术推广、财务核算、市场营销、人事管理等若干部门负责处理公司日常事务。2004年，公司组织种植优质李果苗近2万亩，吸纳固定果农367人，被和硕县委、县人民政府确定为和硕县发展特色林果业的龙头企业之一。

2002年，公司在筹备期间从国家种质资源圃引进果木品种21个，在新疆轮台县四年生桃树上进行多头高接，2003年成功结果。经过对其遗传稳定性、生态适应性和生产可行性的签定与比较，从中筛选出李系列中的理查得、女神、耶鲁尔、大玫瑰、澳利14和大石早生等6个优良品种。目前，李产业属于起步阶段，国际国内尚未大规模的生产，有着广阔的发展前景。李的果实不仅美丽、芳香、多汁、酸甜适口，而且有着丰富的营养物质，是优良的鲜食水果。在100g鲜李中，含糖15%、酸0.16%-3%、单宁0.15%-1.5%、碳水化合物912S、钙17m9、磷20m2、铁0.5m9，此外还含有维生素A、硫胺素、核黄素、尼克酸、抗坏血酸等等，具有解渴生津、提神、助消化之功能，是营养丰富的保健食品。李的果实加工产品有李干、蜜饯、糖水罐头、果酱、饮料、话李、西梅等等。

2004年，公司按照“科学规划、合理布局、因势利导、全面开发”的总体构思，积极采取内攻技术、外强服务、上下联动、整体推进的主要措施。一是以科技服务为先导，在深入田间地头现场技术指导的同时，先后集中举办优质李栽培技术培训班三期，培训林果业栽培、生产与管理人员240多人次；二是以培育苗木与提供苗木为基础，在抓好苗圃基地李苗培育，获取成功嫁接经验，为推广优质林果提供苗木的前提下，从湖北、湖南等地一次性调集李苗170多万株运至南疆，开了大数额“南苗北调”的先河；三是以遵循市场规律为原则，引导以家庭为单位的“小林户”与大市场的对接，形成了“小林户”、大果业、超市场的格局，全年落实并栽植优质李近2万亩，与300多个林果种植承包者签订了产品收购合同。通过上述工作，公司既为天山南北特色林果业结构调整探索了新的途径，也为今后参与国际国内李品产品化市场竞争增强了实力。

示范基地2001年育苗，2003年嫁接，2004年将挂果，亩产可达2吨以上。

普定县农业综合开发

普定县2000年被列为国家农业综合开发县，开发时间为3年一期，至今已实施了第四期2000年和2001年两个年度和第五期2002年和2003年两个年度的项目(2004年度正在建设中)。5年来，普定县在上级有关部门的关怀和支持下，在县委、县人民政府的高度重视下，本着收缩战线、集中投入，强化科技、注重效益，富裕农民的指导思想，先后成功地在城关镇的青山项目区和马关镇的余官项目区实施了农业综合开发项目，取得了一定的成绩。

2003年，普定县农业综合开发项目共完成中低产田改造1.48万亩，占计划任务的104.2%。完成投资412万元，占计划的100%。各子项目完成情况为：①修建渠系配套5.25公里、排灌站1座及输电线路0.5公里；②改良土壤完成0.22万亩，完成新技术试验示范一项(种植板田大蒜400亩)；⑧完成溪香米等优质米推广面积0.62万亩，建加工基地1个；④建设机耕道8公里，购置农机具60台(套)；⑤营造水保林2593亩；⑥科技推广完成培训0.17万人(次)，建科技文化室1个，购置设备一套。

通过一个年度农业综合开发各配套子项目的实施，使项目区的农业生产基础条件得到了明显的改善，农业的科技含量得到增加，规范化科学种植面积大幅度增长，农业产业结构得到进一步调整，增加了农业发展后劲，并提高了农民群众的自我管理能力和自我发展能力，为实现农业增产、农民增收奠定了坚实的基础。

普定县余官项目区2003年度新建渠道及机耕道

普定县余官项目区2003年新建河道、渠道及机耕道

普定县余官项目区2003年度新建渠道及机耕道

农业综合开发 惠及千万农户
——湖南省溆浦县农业综合开发办公室

1992年溆浦被国家批准列入农业综合开发项目县，11年来，共投入项目建设资金8513.8万元，其中财政资金4590万元，农村贷款1149万元，企业自筹500万元，群众自筹2274.8万元；完成了杉木塘、水东、金家洞、低庄、花桥、灯塔、杨家仁、谭家湾等8个项目区建设，多次获省市表彰奖励。农业综合开发项目的实施，增强了农业发展后劲，使百姓得到更多实惠。一是改善了农业生产条件和生态环境。全县累计改造中低产田18.83万亩，衬砌排灌渠系456.28公里，修建电灌站178.5千瓦／12处、机耕路67.6公里，开垦宜农荒地0.13万亩，改造疏残林5.7万亩，营造优质水果林1.5万亩，新建沼气池150口，新增和改善灌溉面积14万亩，新增和改善除涝面积5万亩，完善了深子湖、金家洞、杉木塘、千工坝、五化坝、渡头坝、和平坝、幸福水库等灌区配套建设。二是提高了农业生产能力。实施农业综合开发后每年新增生产能力为：粮食2575万公斤，油料334万公斤，肉类200万公斤，农业总产值1.46亿元，人平均增收453元。三是加快了农业产业化进程。累计投入资金2480万元发展多种经营，培育了一批不同产业特色的种植、养殖、加工生产基地，初步形成了蔬菜种植、牲猪养殖、柑桔和枣果加工的产业化经营，带动了6万多户农户走上致富的新路子。四是完善了项目区农业科技体系。围绕提高项目开发的科技含量，共投入资金94万元，完成各类农业科技培训3.8万人次，推广先进实用的农业技术10项，项目区良种推广率已达100%，农业科技贡献率达50%。农业综合开发实实在在地为农民办好事、办实事，项目区群众从内心欢迎、拥护农业综合开发，已经变“要我开发”为“我要开发”氛围，群众称它“惠民工程”、“富民工程”和“德政工程”。

溆浦县杨家仁项目区

排 洪 渠 衬 砌

溆浦县水东项目区稻田养鱼立体开发

溆浦县花桥项目区一角

安化县农业开发稳步发展

安化县总面积4950平方公里，辖31个乡镇、1180个行政村；总人口95.5万，其中农业人口82.5万。全县耕地总面积33.17千公顷，其中水田22.68千公顷，旱土10.49千公顷，林地面积377.3千公顷，水域面积17.43千公顷。近几年来，我县始终把农业放在国民经济发展的首位，突出加强农业基础设施建设，依靠科技创新和制度创新，促进产业结构的调整和优化农业产业化经营，农业经济得到长足发展。据统计，2003年全县国内总产值达到13.5亿元，其中农业产值6.3亿元，林业产值1.6亿元，牧业产值4.5亿元，渔业产值0.6亿元。

通过扶持和发展，相继建立了150万亩优质农产品基地。其中杜仲基地总面积达26万亩，居全省第二位；厚朴7.5万亩，居全省首位；楠竹面积50万亩，农业综合开发扶持新建楠竹基地1万亩；板栗基地10万亩，油菜面积29.6万亩，优质水果基地14.3万亩，茶叶基地13.5万亩，优质烤烟基地1万亩；黄姜基地1万亩；网箱养鱼15000口，拦网养鱼4万亩。五龙山百里牛羊开发带、柘溪库区百里渔业开发带、木子生猪家禽养殖小区、杨林无核大果木瓜基地等一批具有区域特色的优质农产品基地已初具规模。尤其是在农业综合开发扶持下的柘溪库区名优鱼养殖基地，引进了美国斑点叉尾　，俄罗斯鲟等名优鱼种和先进的养殖技术，带动了整个库区的渔业结构调整，使库区的名优鱼网箱发展到6500口。

近几年来，我县把农产品龙头企业的发展作为农业产业化经营的重中之重来抓，取得了明显的成效，先后建成了以茶、果、野菜等绿色食品、竹木产品、畜产品等为重点的加工企业479家，有近30家农产品加工企业充分发挥了龙头作用。

蓬勃发展的益阳农业综合开发

湖南省益阳市总人口453万，总面积12144km²。全市有林地面积44.37万公顷，森林覆盖率44.8%，是国家南方重点林区，也是全国著名的“楠竹之乡”。渔业资源丰富，畜牧业发展迅速，全市有养殖水面4.88万公顷，是著名的“甲鱼之乡”、“乌鳢之乡”。山区和湖区丰富的牧草资源，使全市草食动物饲养出现跳跃式发展，已建成一批高标准、规范化的牧草开发示范基地，生猪养殖规模不断扩大，年出栏达300万头以上。全市耕地面积27.87万公顷，是国家重要农产品商品生产基地，苎麻产量居全国首位，粮、棉、油、糖、茶果均在全省具有重要位置。农村经济结构调整亮点纷呈，农产品加工业稳步发展。全市有国家级农业产业化龙头企业2家，省级龙头企业9家。农业综合开发为开发我市农业资源提供了契机，插上了双翼。

到2003年底，全市已累计完成农业综合开发项目总投资48391万元，其中财政资金27682万元；土地治理项目累计投入资金28297万元，其中财政资金19319万元。完成土地治理面积110万亩，共建有62个高标准项目小区；多种经营项目累计完成项目投资20094万元，其中财政资金8373万元，扶持项目27个，重点扶持了农科所的出口种猪、“粒粒晶”优质香米加工、大通湖渔场渔业综合开发等一批产业化龙头项目。

全市农业综合开发工作成效在全省名列前茅，在历年省级检查验收评比中，获一等奖的项目县有7个，获二等奖的项目县有6个，获三等奖的项目县有8个。2002年4月11日，全省农业综合开发产业化龙头项目建设现场会在我市召开，全面推广了我市培育和打造现代农业产业代龙头企业的做法和经验。

盐亭县农业综合开发工作

盐亭属于嫘祖故里，是丝绸的发源地，有着灿烂的农耕文明，是个典型的丘陵农业县。盐亭县地处四川盆地中部偏北、涪江和嘉陵江分水岭上，幅员面积1645平方公里，农耕面积57.56万亩；辖36个乡镇、427个村、60.4万人，其中农业人口53.6万人。

2003年，盐亭县在上级支持下实施了农业综合开发节水农业示范项目，总投资688.1万元，其中：财政投资533.1万元，农民自筹投资155万元。新增、改善灌溉面积1.22万亩，衬砌渠道73km，倒虹管2处352m，隧洞2处266.5m，蓄水池52口，精修山坪塘4口，新建、改造电灌站2处，农业科技示范推广1.05万亩。通过改善农业生产基础设施条件，改善生态环境，提高农业用水的利用率，降低了农业生产成本，项目区人平均增收200元，推动了县域经济发展。

贵州省贵阳三联乳业有限公司

贵阳三联乳业有限公司目前是贵州省规模较大、实力较强、技术力量雄厚、加工设备先进、产品质量保障体系完善的乳制品生产企业。2002年公司通过IS09001：2000国际质量体系认证，2003年被评为“贵州省食品工业杰出企业”。公司占地26平方公里，现存栏奶牛占贵阳市奶牛存栏总数的83.5%。截至2003年12月，公司总资产1.2758亿元，年产值1.159亿元，年销售收入近亿元。公司以液态奶为主的鲜奶制品达35种，年生产24000多吨，产品被评为为“贵州省名牌产品”、“贵州省食品工业著名品牌”、“贵州省优质农产品”、“贵州省名牌农产品”等。公司5个系列、10个品种的主要产品于2003年9月经中国绿色食品发展中心评审认定获绿色食品标志。产品销售网点2000多个，已覆盖贵州省各地、州、市。

公司按照贵州省委、省政府、贵阳市委、市政府的指示精神，积极采用“公司+基地+农户”的产业化经营模式加强基地建设，先后在贵阳市乌当区下坝乡、息烽县雨洒村、开阳县三合村、修文县久长镇、清镇红枫、云岩区偏坡村等地建立了奶牛饲养基地，施行“订单农业”，奶源基地遍及贵阳市的“一市三县”和郊区。公司免费为农户提供畜牧、兽医、繁殖配种等技术服务，并负责收购农户牛奶组织加工、销售，完善了与农户的利益联结机制。

先进的机械化挤奶设备

山西侯马经济技术开发区

金汾天然食品有限公司

电话：0359-7529346

山西侯马经济技术开发区金汾天然食品有限公司是以农副产品为主要生产原料的环保型高新技术企业。该企业是由国有企业转化的股份制企业，也是食品行业的老企业，有比较雄厚的技术力量和充足的技术管理人才。在20世纪90年代前，企业主要生产酱油、醋、罐头、调味晶等四十余种产品，曾远销内蒙等地，畅销一时。在厂区周围县、市，尤其在新绛县、侯马市占据了约70%的市场份额。

为了逐步提高企业的经济效益，推动食品工业持续、健康的发展，公司在已经掌握的先进技术基础上，又引进先进的技术：超低温冷冻(-200℃)食品加工技术。

用超低温冷冻技术加工的产品主要有：种子类作物的果实、浆果、汁液浓缩物、香料、果肉粉、果壳粉、各种高质量添加剂、干燥浆果、各种成份比例的细粒粉、各种天然色素等。这些产品可广泛应用于食品加工、医药、保健品、化妆品、饮料及某些军工产品等，是益于被人体吸收的绿色天然环保产品。由于产品原料来源充足，价格低廉，而国内外市场又十分广阔，价值不菲，因此，可取得非常好的经济效益和社会效益。尤其是天然色素，它改变了使用食用人造色素的传统，填补了色素行业的空白。

内蒙古科尔沁左翼中旗农业综合开发办公室

项目区农田防护林（敖包）

科尔沁左翼中旗辖28个苏木（乡镇）、510个嘎查（村）、10个国营农牧林场；总土地面积9811平方公里(1471万亩)，其中耕地面积350万亩。全旗总人口54万人，其中农业人口44.7万人。2003年全旗粮食产量7.05亿公斤，是自治区产粮大县之一；牲畜存栏100万头(只)。农牧业是科左中旗的主体经济，尤其是通过2001年以来的农业综合开发项目建设，使我旗农业综合开发项目区的农牧业生产发展达到了新的高度，出现了节水农业示范、农业结构调整等高标准农业综合开发典型精品项目区。

2001-2004年农业综合开发土地治理项目完成13.4万亩，占计划的100%。其中，改造中低产田项目完成10.6万亩，节水农业示范项目完成0.7万亩，优质饲料作物基地项目完成1.6万亩，优质粮食基地项目完成0.5万亩。2001-2004年农业综合开发多种经营养牛养羊项目建设规模达到1.89万头，占计划的100%。其中，育肥牛项目1.03万头，良种母牛项目0.26万头，良种羊项目0.6万只。四年来，计划投资总额为6917万元，除农行贷款外，实际完成6034万元，占计划的87%。其中财政投资为4475万元，占计划的100%；群众自筹为1658万元，占计划的100%。通过项目建设，新增节水灌溉面积13.4万亩，占项目建设计划的100%，年节水量达到1292万吨。农田防护林防护面积13.4万亩，项目区耕地全部达到林网化。项目区新增粮食生产能力1247万公斤，占项目区粮食总产量的4.1%；新增肉类总产量达到313万公斤。项目区新增农牧业总产值达到5725万元，农牧民收入增加总额达到2214万元，项目区农牧民人均年新增收入310元。

董事长兼总经理：谢敢运

福建远洋渔业集团公司

福建远洋渔业集团公司是以远洋捕捞、水产养殖、水产品加工、进出口贸易为主的外向型、综合性省直国有企业。公司总资产32160万元，净资产15758万元，固定资产合计10087万元。2004年实现销售额34425万元，出口创汇2645万元。福建远洋渔业集团公司是福建省水产加工和流通的龙头企业，中国罗非鱼加工出口龙头企业，也是农业产业化福建省级和国家重点龙头企业。荣获"中国农业产业化明星企业"、"全国菜蓝子工程优秀企业"、"全国食品工业优秀龙头食品企业"、"福建省企业集团100强单位"、"福建海关A类管理企业"等荣誉称号。

集团公司现辖有8个紧密层企业（子公司、分公司）、2个水产品养殖基地。主要出产：罗非鱼及罗非鱼片、巴沙鱼片、鲶鱼片、牛蛙腿、虾仁、文蛤、鱿鱼系列产品等20多种"海虹"牌加工水产品。

电　　话：0591-83331378　83318940　　传　真：0591-83354941

电子邮箱：fpfgc@pub5.fz.fj.cn　　网　址：www.fpfgc.com

地　　址：福建省福州市圣庙路19号　　邮　编：350001

贵州省盘县农业综合开发办公室

盘县是云贵高原中段的一个山区特点十分突出的农业大县，有人口115万人，其中95万居住在农村。自1994年被列入国家农业综合开发县以来，已经实施完成了10年的农业综合开发任务。10年的农业综合开发工作，坚持以改造中低产田土主线，着力加强农业生态建设和农业基础设施建设，以促进农村产业结构调整、农村经济可持续发展和农民增收为目的，在统筹规划、分步实施中，切实加强项目管理和资金管理，为盘县农村经济的发展做出了突出贡献。

10年的农业综合开发，共完成农业综合开发投资5535.08万元，先后建设引水灌溉渠道181376米，防洪河堤21000米，修造引水灌溉隧洞2座，新建小(二)型水库一座：坡耕地改水平梯地16818亩，配套完善田间耕作道路和机耕路15000米；完善乡镇农业服务体系2座；改良土壤6.532万亩，新建旱地浇灌小水窖90口，蓄水2000立方，新增灌溉面积450亩；新建农村生态沼气池200口，改善了800多人的生产生活条件，增强了项目区及周围农户的生态意识；建设生态水土保持林66217亩，特别是在营造水土保持林的同时，积极应用和推广营养袋育苗移栽技术，使一次性造林成活率达到94.5%。10年中，有50000人次获得农业综合开发项目培训，项目区每户农户至少有一位主要劳动力掌握至少一门农业适用技术；项目区的农业生产水平有了显著变化，玉米杂交良秆种植面积达到95%以上，轮作、间作、套作等耕作技术得到推广普及，粮食单产提高了17.8%。

推动畜禽良种产业化经营 促进农村优势经济发展

——浙江加华种猪有限公司农业综合开发项目"优质种猪繁育工程"

浙江加华种猪有限公司（浙江省金华种猪场）是国家级重点原种场、国家级地方品种（金华两头乌猪）资源保护场、中加瘦肉型猪合作项目的实施单位，享有"全国最佳畜禽养殖企业"、"全国优秀养猪企业"、"浙江省星火科技示范基地"、"浙江省种子种苗工程示范基地"、"金华市优秀农业龙头企业"等荣誉称号。多年来，我公司在国外引进优良品种加系大约克以及在我国著名地方品种金华猪的保种、选育、繁育和推广方面做出了巨大的贡献。

公司始创于1953年，2000年完成股份制改造。2001年实施异地扩建，新场建设于2004年5月竣工。全场总投资8500万元，占地700亩，共建设有四个牧区，分别是：大约克原种分场，生产母猪规模700头；F1种猪一分场，生产母猪规模1000头；F1种猪二分场。生产母猪规模1000头；我国著名地方优良品种——金华两头乌猪的保种场，占地120亩，生产母猪规模400头。全场达到正常生产后，年存栏35000头，年可推广各类优质种猪和商品猪60000多头。公司还配套建设了年产万吨的饲料厂和年产5000吨的预混料加工厂、每天可处理废水300吨的污水处理中心、每年可生产有机复合肥10000吨的复合肥加工厂。于2003年9月份自加拿大直接引进加系大约克母猪200头。为提高选育质量，大约克原种分场还装备了从美国奥斯本引进的全自动生产性能测定系统。该测定系统测定数据准确而且可以节省大量的测定面积和劳动力，是目前世界上最先进的测定系统。

朔州市农业综合开发回顾与展望

朔州市财政局副局长
农开办主任：兰文增

朔州市农业综合开发从1990年立项实施，至今已进入了第15个年头。这15年来，在国家、省农发办的大力支持和帮助下，朔州历届市委、市政府带领全市人民抓住大同盆地农业综合开发被国家连续立项的良好机遇，紧紧围绕“千方百计增加农民收入”这个核心，坚持不懈地实施以改造中低产田为主的农业综合开发，大力发展生态农业、节水农业、高效经济农业，为我市农村小康建设、农业和农村经济的发展起到极大的推动作用。项目区较好地实现了农业增产、农民增收、农副产品增值，取得了明显的经济效益、社会效益和生态效益。可以说，农业综合开发工程是朔州建市以来持续时间最长、涉及范围最广、见到实效最大的一项民心工程和德政工程，也是朔州农业实现可持续发展、朔州农村实现小康目标的希望工程。

农业综合开发改善了农业基础条件和生态环境，提高了综合生产能力。15年来，全市累计完成土地治理投资33640万元，改造中低产田132.5万亩，其中：新增水地39万亩，改善和恢复水地93.50万亩。累计完成打井配套3113眼，新修防渗渠27000公里，加固维修小水库、小机电灌站8处，修建各类建筑物22235处。完成农田防护林网12.79万亩。开发区内昔日广种薄收的荒滩薄田如今变成了井渠田林路综合配套的高产稳产田，粮食亩产比全市平均水平高出289公斤，粮食综合生产能力累计新增23836万公斤。由于基础条件和生态环境的改善，全市主要农产品产量大幅度提高。

海南儋州国家农业科技园区

园区管委会主任马道文与前来考察的外国专家合影

海南儋州国家农业科技园区是2002年5月30日在海南省政府组织下，由中国热带农业科学院和华南热带农业大学与儋州市政府联合申报，经国家科技部等六部委批准成立的海南省惟一的国家级农业科技园区。园区分设核心区、示范区和辐射区。核心区位于儋州市云月湖一带，面积2.5万亩，规划为13个功能区。示范区分布在省内7个市、县，面积10万亩。辐射区为核心区和示范区周边的31个乡镇，面积40万亩。园区具有区位、绿色、科技、资源等优势，通过便捷的高速公路、水路、铁路及航空网与中国和世界各地相连，是极具竞争力的农业投资地。

海南儋州国家农业科技园区具有自身的显著特点：第一，园区的技术依托单位主要是热带农业科研和教学相结合的单位——中国热带农业科学院和华南热带农业大学；第二，作为中国惟一的热带农业科技园区，具有鲜明的热带农业特色；第三，由科研教学单位和所在地方政府合作共建，优势互补。

截至2004年8月，园区已获得国家和海南省政府有关部门支持的“海南天然橡胶良种快繁及丰产栽培产业化示范工程”、“海南热带珍稀林木繁育示范基地”等项目12个，已吸纳“组培中心”、“成信橡胶”、“珠联加工”等12家企业入园落户，环园区核心区主干道路正在加紧建设，园区已具备大规模开发建设的条件，众多产业化项目将在示范区、辐射区展开。

地址：海南省儋州市云月湖度假村　　邮编：571737
电话：0898-23309770　23309772　　传真：0898-23309287

实施农业综合开发项目 打造宁安市龙头型产业

宁安市总面积7856平方公里，辖区7镇5乡，总人口44万，农业人口28万。辖区地貌可概括为“七山一水二分田”，耕地面积134万亩，是全省的优质米、烤烟、甜菜、商品粮、淡水鱼、果树和蚕业基地县(市)，盛产优质大米、优质大蒜、西香瓜等名优特产品。

宁安市是黑龙江省南部地区重要的蔬菜生产基地，现有蔬菜面积15万亩，其中棚室面积1200万平方米；年产蔬菜27万吨，其中出口俄罗斯蔬菜4万吨；收入3亿元，占农业总收入的15%。发展蔬菜产业是宁安的特色和优势。2003年宁安市国内生产总值为29.7亿元，年财政收入为1.32亿元，农村经济总收入达到19.52亿元，农民人均收入达到3189元。

宁安市是农业份额较大的县级市，也是黑龙江省农业综合开发最早的县份之一。在国家和省农业开发办的大力支持下，从1988年到2003年，宁安市共实施了27个农业开发项目。项目总投资8220万元，其中省财政投资3660万元；完成中低产田改造31万亩，新建日光温室和大棚380栋，建设以优质水稻、出口蔬菜和优质烤烟为重点的生产基地7个。可以这样说，宁安市的农业在全省之所以能处于排头位置，农业开发是其最强大的支撑力量。

宁安市农业开发出口蔬菜基地项目，建设期为1年，建设地点位于宁安市东京城镇，计划总投资720万元，建设任务为新建棚室200栋。在省、市农发办的亲切关怀指导下，在市委、市政府的高度重视和正确领导下，经过项目区干部群众的共同努力及有关单位的密切协助，较好地完成了此项目的建设。

临沧市现代农业科技示范园

临沧市现代农业科技示范园始建于1999年10月，在全省22个科技园区中，它是规模大、投资小的一个科技园区。园区位于耿马自治县勐撒镇撒马坝，占地面积7000亩(其中平台部分4600亩)，均为政府用地，自然、交通、通讯条件较好。海拔1320米，降雨量1643毫米，年平均气温17.4摄氏度，无霜期达315天,土壤肥沃，是理想的农业科技园区建设之地。园区建设在立足于全省统一要求的基础上，按照“政府引导、项目扶持、企业运作、招商融资、股份经营、滚动发展”的建设方针，做到高起点规划、高标准建设、高效益发展，充分考虑到当地的自然条件、临沧农业的主要支柱产业和今后农业产业化发展对农业结构调整的要求，将园区7000亩土地划分为8大功能区，即：高优生态茶园示范区2000亩，优质林果示范区1600亩，特色养殖示范区1200亩，水土保持速生用材林示范区1000亩，粮食作物优良品种及高产栽培技术示范区500亩，地方特色树种绿化苗木示范区300亩，设施农业示范区100亩，其它用地(含办公区、培训基地及餐饮娱乐区)300亩。

地址：云南省临沧市耿马县勐撒镇马坝华裕公司
电话：0883-6417655　6417653　传真：0883-6417831
联系人：杨家全

广州温氏食品集团有限公司

网 址: http://www.wens.com.cn

广东温氏食品集团有限公司创立于1983年，是一家以养鸡业、养猪业、奶牛业为主导，兼营水产养殖的多元化、跨行业、跨地区发展的大型畜牧企业集团，目前已在省内外建成27家一体化公司。温氏集团实行“公司+基地”、“产、供、销”一条龙以及“科、工、贸”一体化的农业产业化经营模式，对推动农村经济结构调整、带领农民致富、增加农民收入起到了积极的作用，并创造了良好的经济效益和社会效益。1999年，温氏集团被广东省人民政府评为“农业龙头企业”，2000年被国家农业部等八部委认定为全国151家农业产业化重点龙头企业之一。公司与华农大等单位联合完成的优质肉鸡产业研究项目于2004年获得国家科技进步奖二等奖。

经过20年的发展，温氏集团现已成为广东省重要的肉鸡生产和供应基地。2003年温氏集团销售值达38亿元，上市肉鸡2.9亿只、肉猪60万头，生产饲料140万吨，合作养户25000户，养户获利3.7亿元。公司现有9000多名员工，其中大专以上学历的科技管理人员达850多人，硕士研究生26名，禽病、动物营养、育种等专业博士5名。

近10年来，温氏集团在不断完善“公司+基地”农业产业化生产管理体系的同时，以华南农业大学及相关科研院所的强大科技实力为依托,建成了完善配套的宝塔型鸡、猪育种体系。公司建立了肉鸡品种基因库及35个纯系，采用两系或三系配套的模式,其中新兴黄鸡Ⅱ号、新兴矮脚黄鸡两个配套系品种获国家级品种审定,年向社会推出父母代种鸡550万套,为推进我国黄鸡产业化进程做出了积极贡献。公司还建设了两个规模较大的原种猪场，年产三元杂纯种猪近6000头，二元杂母猪35000头。

公司地址：广东新兴县勒竹镇榄根　电话：0766-2291142　传真：0766-2291159

京都菇业集团位于北京市海淀区北三环西甲18号中鼎大厦B座209室和北京市通州区八里桥市场中路三号，注册资金1.27亿元。控股下属企业为：京都菇业有限公司(高新技术企业)、北京大家地业农业科技发展有限公司、北京名士伟业影视文化传媒有限公司、北京万盛家业房地产开发有限公司、北京大好山河有机农业有限公司、北京福康安枕业有限公司、京都菇业北京第一分公司和北京顺义、永乐店、山东诸城三大食用菌生产基地。非集团控股公司有七十二行国际(北京)科技有限公司(高新技术企业)、七十二行(北京)国际企业策划有限公司、障日山庄(北京)国际旅游酒店管理有限公司(高新技术企业)、山东障日山农业科技有限公司。以上公司法人代表及投资者均为赵启平。总注册资金：4.48亿元。

企业虽然机构宏大，经营范围广，但是以食用菌生产、销售为主营。企业已全面实行办公自动化，并通过了AISO9001、ISO14001的质量环境管理体系的整合认证，运用国际标准打造行业品牌，确保向市场、顾客提供高品质的灵芝、食用菌产品。

北京圣树科技发展有限公司
北京圣树农林科学有限公司

董事长李荣荣

北京圣树科技发展有限公司注册于北京中关村科技园区，是北京市科委批准的高新技术企业；北京圣树农林科学有限公司注册于北京大兴区，均是以任荣荣教授为法人代表的民营科技企业。公司在北京的生产、科研基地面积达1000余亩，此外在内蒙、河北、山西、宁夏、贵州等省区分别设有冠有“圣树”之名的独立法人公司五家，在全国十二省、区、市建有规模不一的示范点三十余处。

公司推向市场的主打商品为三大类桑树品系：

1.以治沙防沙、抗风耐旱、保土节水为主的荒漠饲料桑和山地饲料桑。

2.新颖神奇的保健果品树——各类果桑。

3.优良的农田防护林和造纸首选树种速生乔桑。

上述三大类桑树可以发展的产业链十分丰富，可集生态、社会、经济、文化多种效益于一身。基于其神奇功能，在历史上曾经分别形成北方、南方、海上、内陆的“丝绸之路”，在今天又可成为防沙治沙、节水保土、福国裕民、可持续发展的高效性项目。

创新为公司之源！诚信为公司之本！防沙治沙、保土节水、福国裕民为本公司发展桑产业之宗旨！

华羚集团

华羚公司始建于1994年10月，是一家股份制企业。公司主要以藏区独有资源“曲拉”为原料，采用高新生物技术生产高原牦牛乳酪蛋白产品（系列干酪素、酪朊酸钠、酪蛋白磷肽等）。经过10年的努力，公司已发展成一个产销科贸一体化的现代化企业集团。公司拥有四个全资公司、一个境外独资公司、一个控股公司。目前公司拥有总资产近1亿元，是建厂初期的100倍；员工460人，专职科技人员46人，兼职高科技人员12人；年可创产值2亿元，年可出口创汇1000万美元。企业拥有自营进出口经营权，产品85%以上出口欧盟、美国、中东、中非及东南亚国家和地区，在国际市场享有很高声誉，而且在德国汉堡成功注册了海外独资营销公司巴赛马华羚公司。现在“华羚”已成为叫得响的品牌，在国内干酪素市场上起着主导作用，在国际市场成为同行业参照的标本，并先后通过了TQCL国家质量认证、出口食品企业国内卫生注册及IS09001: 2000国际质量标准认证，获得了UKAS国际质量证书。

企业始终将可持续发展作为企业的战略性主导思想。公司不仅拥有现代化的检测设施齐全、功能完备的化验室，而且拥有自己独立的科研机构。在产品开发中，已逐步形成生产一代、研制一代、开发一代的产品更新换代格局。如今，公司已成为国内重要的一家以“曲拉”为原料生产高原牦牛乳酪蛋白系列产品为主的乳制品综合加工企业。

地址：中国甘肃省合作市环西路32号 ADD: NO. 32HUANXI ROAD, HEZUO CITY GANSU PROVINCE OF P. R. CHINA
电话(TEL): ++86-941-8231054 8231792 传真(FAX): ++86-941-8231213 邮编(P.C): 747000

重庆市恒河果业有限公司

重庆市恒河果业有限公司注册资本3000万元，是澳门资本的重庆市市级农业产业化龙头企业，也是《重庆市百万吨优质柑橘产业化工程规划》中确定的四大柑橘产业化龙头企业之一，承担着江津、长寿和奉节三区县发展优质柑橘的任务。公司引进新优品种71个（含3个专利品种）；邀请南非、西班牙和澳大利亚专家35人次到重庆进行技术服务；建立公司技术部门，对国内外专家的技术资料和意见进行翻译汇编和消化吸收，制定适合本地情况的出口基地生产标准；负责对农民进行果园技术的指导、监督和推广，发放通俗技术小册子，向农民发行《技术推广简报》月刊，最近一年来举办农民技术培训会5场。

2003年底，公司在江津建成时产15吨生产线和2500吨冷库的一期工程，试产期实现奉节柑橘生产销售1000万元，2004年冬季生产销售2000万元以上。

恒河公司以自已的工作热诚和资金投入，在短短的三年时间内促使恒河项目在重庆迅速发展。各级政府的支持是恒河项目取得较大进展的重要前提条件。农业产业化是一项涉及千万农民的庞大社会工程，龙头企业不可能单靠自已完成多区县发展农业产业化项目的任务。农业综合开发对果农农田基建的支持就是对恒河项目和恒河公司的支持。恒河公司将为重庆柑橘特色产业的发展继续做出贡献。

贵州省黔西南州农业综合开发办公室

主任安国勋（中）、副主任黄家社（左）、纪检组长陈锐（右）

黔西南布依族苗族自治州辖7县、1市、75个镇、54个乡、2077个村，居住有汉、布依、苗等33个民族，现有人口2921.65万人，其中农业人口占90.98%，少数民族人口占总人口的42.47%。自治州总面积16804平方公里，其中耕地470万亩(水田128万亩，旱地342万亩)，人均耕地0.87亩。耕地以缓坡耕地为主，小于25度的耕地占总面积的76%。现有三个农业综合开发县、市，国土面积1055.89万亩，耕地面积156.76万亩，其中：平坝面积占38.5%，集中连片5000亩以上的有11个；坡耕地占61.5%，集中连片5000亩以上的有12个。从1990年至今，中央和省财政向黔西南州国家农业综合开发县投入的资金从每年300万元增至1500多万元，累计完成总投资13894万元，其中中央和省财政资金8753万元，自筹资金3609万元。项目区土地治理面积达20多万亩，新增粮食近2000万公斤，油料增产660万公斤，农民收入增加4750万元，人均年收入增加170多元，科技应用率和农机总动力明显高于州内其它地区，对农村小康建设发挥了较强的示范带动作用。通过中低产田综合治理，农业生产生活环境得到了美化绿化，项目区水土流失得到有效遏制，粮食稳定增长，农民持续增收，粮食主产区地位得到进一步巩固。

江口农业资源与综合开发

江口县总面积1869平方公里，辖2镇、7个民族乡、148个行政村，总人口23万人，其中农业人口19.5万人。全县以低山丘陵为主，河谷坝子较多。有耕地面积1.13万公顷，林地面积7469公顷，平地面积12.5万公顷。

县内森林覆盖率45.5%。全县有1200多种植物，原产地中药材有天麻、黄莲、杜仲、银杏、当归等，有“天然药园”之称。蕨、薇菜、竹笋等山野菜资源十分丰富。有动物300多种，珍稀动物有黔金丝猴、华南虎、大鲵等。珍稀树种有珙桐、贵州紫薇，还有成片的冷杉林、黄杨林、水青冈林。生长有灵芝、猴头菇等数十种真菌，堪称全国著名的规模宏大的“自然基因库”。

1993年-2003年，江口县共实施农业综合开发项目63个，其中，土地治理项目59个，多种经营项目3个，国家批准立项的科技推广综合示范项目1个。累计投入财政资金3700万元。累计完成中低产田改造7.5万亩，修建防洪堤13公里，排洪渠9公里，田间灌溉渠系110公里，新修田间机耕道54公里，购置农机具201台（套），营造水土保持林4.3万亩，新建特种水产养殖基地5.4万平方米。通过开发项目的实施，项目区累计增加粮食产量1700万公斤，油料450万公斤，肉类250万公斤。项目区农民人均纯收入2005元，比非项目区人均高出205元。通过项目实施，项目区基本形成了田成方、树成行、渠相通、路相连的生产格局，为全县农业结构调整奠定了坚实基础。

绍兴市精酿食品有限公司

绍兴市万吨无公害出口蔬菜加工项目是2003年国家立项的农业综合开发产业化经营项目，建设单位为绍兴市精酿食品有限公司。项目于2002年3月动工，2003年10月竣工投产，2004年通过IS09001：2000质量管理体系认证。

项目总投资1800万元，主体工程位于绍兴市越城区东湖镇革新村，占地28亩，建筑面积11868平方米。项目新建食品研究所、质量检测中心和蔬菜、酱品、豆膜、腐乳、干菜、酱油调味品生产线各一条，配有专业技术人员17人和员工276人，年综合加工能力10000吨。项目已成功开发出“无白点无皮层腐乳”、“豆膜组织结构变形”、“多酶系发酵酱油”等一项省内领先、两项国内先进的创新技术。目前主要生产酱渍瓜菜、工艺豆膜、中高档腐乳、酿造酱油、酿造米醋、风味酱类、特色干菜等系列产品。

五大连池市农业开发办

主任刘宝志

五大连池市农业开发办成立于1991年，现为市财政局所属的事业单位，负责研究制定农业开发战略、总体布局、中长期规划，组织开发项目的实施，管理专项资金的使用。实施农业综合开发以来累计投放资金3000多万元，增加粮食产量2960万公斤，项目区人均增收518元，全面推进了农民奔小康进程，扩大了矿泉旅游名城的知名度。

农业开发办先后立项开发了“建和小区”、“龙跃小区”、“三生小区”、“新兴小区”、“太和小区”等六个小区，开发面涉及9个乡镇40个村，开发面积达22万亩，累计投放资金3018万元，真正做到了“开发一处，成效一处，致富一方”，开发区成为农民奔小康的先行区、现代农业的示范区，科学种田的样板区，推动农业和农村经济发展进入了新的发展阶段。

开发办选择和平镇四平村进行扶持，每年投资50万元，使当地农业基础设施得到较大改善，形成非常完善的防洪、抗旱体系，农田路标准化，田间建筑物配套齐全，农民用上了自来水，群众文化生活丰富多彩，居住条件充分改善。同时，生产方式发生转变，实行连片种植、机耕作业，降低了生产成本，提高了经济效益，壮大了村集体经济。通过科技培训、选送优秀青年到科研院校进修等多种方式，使农民的素质得到提高。

阜阳市柴湖良种繁殖场

法人代表樊俊洪

阜阳市柴湖良种繁殖场系直属于阜阳市农委的副县级事业单位，是全市面积大、机械化程度高的良种繁殖场。场区占地4平方公里，其中耕地4000亩，果园100亩，鱼塘100亩。职工213人，其中中高级技术人员12人，高级技工20人。拥有大中型农业机械24台套、仓库1670m²、水泥晒场12600m²、低压地下喷灌农田1600亩，种子精选、包衣、检测设备齐全。

多年来，在市委、市政府的正确领导下和市农委、市财政局的关心支持下，我场连年被市农、财两局评为全市农业三场及局属企业先进单位，被省农业厅评为农业系统“明星企业”称号，被市委、市政府授予“综合评比先进单位”，被市直工委授予“十佳党组织”称号，被市公安局授予“荣立保卫工作集体三等功”，1998年小麦三圃田建设和良繁工作获市政府通令嘉奖，并被评为安徽省首届诚信种子企业之一。

我场生产的农作物良种有小麦、大豆、芝麻、棉花等，每年向社会提供优质原良种200万公斤以上。近年来，我场生产的“柴湖”牌(已经国家工商总局注册)小麦原良种已成为群众十分欢迎的名牌产品，在市场上供不应求。为寻求新的经济增长点，我场准备兴集建市，以场带队，把我场建成一个农产品生产、销售的集散地，前期规划正在实施中。

昆山市国家农业综合开发现代化示范区

昆山新华联合生物科技有限公司组培中心

昆山市国家农业综合开发现代化示范区规划面积17平方公里，人口7208人，于1999年9月由国家农业综合开发办公室正式批准成立。几年来，示范区努力引进高科技项目，逐步形成了集土地综合利用、农业科技研发、农业结构调整和吸入内外资滚动开发为一体的综合性现代化农业示范模式。园区通过区内基础设施建设，大力引资、引才和引进农业高新科技项目，不断提高农业产出水平，增加农民就业，提高农民收入。现累计引进内外资企业36家，其中外资15家；合同利用外资近亿美元和内资2. 6亿元人民币。核心区内增加农民就业1000人，增收415万元。目前，园区先后引进国内外新品种194个，新技术162项，示范、推广效果较好。示范区已基本实现“田块方正化、道路林网化、设施配套化”，农业生产水平和抗灾能力有了一定的提高。

示范区各项工作多次得到部、省、市各级领导的充分肯定，2003年被中国农学会评为“全国农业科普先进集体”。2004年4月份示范区又顺利通过“中国农业旅游示范点”国家验收。

陕西佳美飞科工贸有限公司

陕西佳美飞科工贸有限公司是集科、工、贸为一体的民营科技企业，成立于2002年5月，拥有矿产、肥料、农业等专业型人力资源，技术专业结构合理，研发能力强。公司主要从事钾镁肥的研发、生产、营销及绿色食品生产基地的建设与农副产品的经营，拟在西部开发的产业化进程中，以“公司＋基地＋农户”的发展模式，从肥料的生产供应、技术指导到绿色农产品的生产加工、市场营销，逐步形成供、产、销的产业链结构，为发展生态农业与有机农业提供保障，为促进西部农业的可持续发展奠定一个良好基础。

2003年钾镁肥被西安市列为农业科技攻关项目，2004年荣获“绿色产品奖”、“全国千县工程示范推广项目”、“全国质量合格、用户满意、市场畅销品牌”、“中国肥料市场农民最喜爱放心品牌”、“中国肥料市场十佳名优品牌”等荣誉，2004年入选国家重点农村科普（108种）《无公害农产品生产适用肥料指南》，并通过了具有国家资质的有机产品认证。

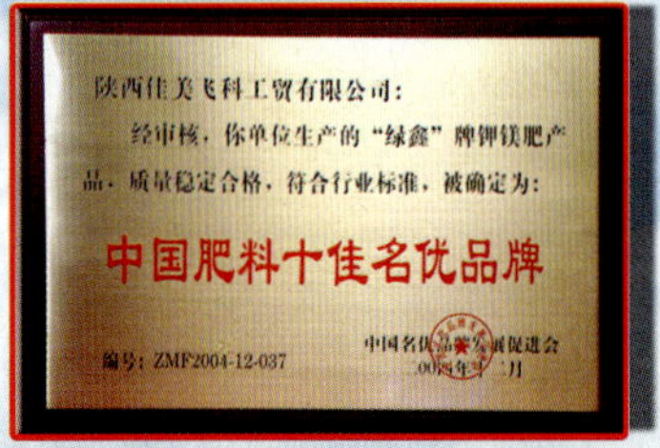

立足资源优势　搞好农业综合开发

——徽县农业综合开发办公室

徽县自2002年实施农业综合开发项目以来，坚持以改善农业基础条件为中心，以提高土地生产力、实现农业增效、农民增收为目标，加强组织领导，明确工作职责，狠抓各项管理措施的落实。

两年来，项目建设共完成投资1148万元，其中：中央财政投资550万元，省级配套350万元，县级配套48万元，群众自筹200万元。共改造中低产田2万亩，建成优质粮食基地1.5万亩。截至目前，项目区扩大良种种植面积0.56万亩，新增粮食102万公斤，新增油料4.6万公斤，新增种植业总产值604.2万元，农民纯收入增加总额248.3万元。通过项目建设实现了完善和加强农业基础设施建设，改善农业生产条件；加快生态环境治理步伐，提高农业防御自然灾害的能力；加大科技推广力度，提高科技推广普及率；加快农业产业结构调整步伐，促进特色产业发展。

井冈山林场

井冈山林场于1964年成立，现下辖3个分场、2个基地，全场职工259人，经营面积15.2万亩，森林蓄积52万立方米，产品从单一的木、竹发展成木、竹及其加工制品，旅游工艺品及森林蔬菜，花卉苗木，木本、草本药材等多品种；经营方向从原来单一的木材经营逐步转向森林培育、旅游开发、林产工业、多种经营等综合经营模式，成为全方位现代国有林场 。

2004年6月中旬，我场新修、维修防火林带518.7公里，新修、维修林道676.4公里。每片山场安排专职施工员、护林防火员、病虫害防治员，安排再就业人数61人。

我场是全国国营林场500强之一、中国林场协会团体会员、江西省林场协会理事成员。近几年来，我场组织实施了七大重点工程项目，总投入6500万元，为林场做大做强、培育后备资源奠定了坚实基础。

山西辈辈龙蔬菜食品饮料有限公司

山西辈辈龙蔬菜食品饮料有限公司创立于1998年10月，为山西省工商局批准注册的民营股份制企业，注册资本266万元，现有员工116名。1999年公司被省委省政府命名为“1999年山西省农业产业化龙头企业”，连续四年被授予市级“优秀龙头企业” 称号。

公司现有三条饮料生产线和一条蔬菜软糖生产线，主导产品有系列蔬菜软糖、系列蔬菜饮料、沙棘果汁饮料、沙棘油四大种类，曾荣获“朔州市首届农副产品科技新产品奖”，“山西省首届农副产品包装展示优秀奖”，“2001.3.15消费者指导品牌”等荣誉。公司在国内设有16个经销网点，在国外与美国的尼克公司和日本的明和产业珠式会社签定了长年的供销合同，是国内出口创汇的大企业之一。

地址：山阳县安荣乡西沟村东大运路西　邮编：36900

电话：0349-7010606　传真：0349-3286747

赤水市农业综合开发办公室

我市2004年度农业综合开发的计划是：土地治理项目一个，子项目6个，总投资442.6万元，其中财政资金294.6万元，自筹148万元；计划改造中低产田7800亩，蕨基坝渠系防渗改造9公里，泥池沟排洪1.1公里，石斛灌溉100亩，造竹2600亩，技术培训1000人次，为做好每一项工作，全面完成建设任务。我办一是认真核查规划，补充完善相关资料和设计资料；二是及时编报项目实施方案，以子项目为单位编制相关技术资料；三是搞好工程项目招标；四是协调其它资金，配套完善泥池沟项目区，尽力树立2004年度农发项目区亮点；五是建立工程建设指挥部，专人专职全程负责施工指导及监督工作。

鄱阳县农业综合开发办公室

鄱阳县面积4215平方公里；人口140万，其中农业人口119万；辖34个乡镇、2个水库管理局；耕地114万亩，山地234万亩，各类水面141万亩，是个典型的农业大县和粮食主产区，可开发资源非常丰富。2003年我县主要实施了低产田的改造和建设，注重提高粮食的产量。重点是改善农业生产条件，提高土地综合生产能力，增强农业发展后劲及增加农民收入 。

2003度我县农业综合开发项目完成总投资826万元，占计划956万元的87%。其中：完成中央财政资金投资405万元(其中无偿319万元,有偿86万元)，占计划的100%；完成到位地方配套资金投资153万元，占到位资金的100%：完成自筹资金投资202万元，占计划的100%；完成银行贷款65万元，占计划的100%。2003年上级共批复我县土地治理项目单项工程22个，已竣工22个，占计划的100%；完成多种经营项目1个，占计划的100%。

河南省龙云集团有限公司

河南省龙云集团有限公司以农业产业化发展为目标，确立了以龙头企业开拓市场，市场带动基地，基地连接农户的发展战略，以龙云集团食品工业园区、农业高效示范园区为依托，大力开发订单农业和无公害蔬菜产业，以农副产品的精深加工和无公害蔬菜标准化生产为龙头，带动农户调整种植业结构，把农产品推向市场，形成了贸工农一体化、产加销一条龙的新格局。经过13年的发展，公司现拥有3个全电脑控制的年加工15万吨优质专用小麦的现代化面粉厂；5个挂面厂、10条生产线，年生产各种挂面5.2万吨，被誉为“全国最大的挂面生产厂家”；方便面厂年生产能力达3万吨；年生产经营各类无公害、绿色蔬菜达15万吨。2003年，企业总资产达7.11亿元，实现销售收入6.82亿元，利税总额7015万元，龙堂村人均收入达5600元，企业跨入了“全国食品工业百强企业”。

山西省闻喜稷王柿叶茶有限公司

山西省闻喜稷王柿叶茶有限公司(原闻喜县保健茶厂、柿叶茶厂)创办于1991年10月8日，是一个自力更生、艰苦创业、扎扎实实、一步一个脚印走出来的民营残疾联企业，也是国内较早研制成功的柿叶茶系列产品。经过十多年的发展，公司现已形成独具民族特色的“稷王”柿叶茶绿色系列健康饮品，并荣获“第51届尤里卡世界发明博览会金奖”、“中国发明专利”、“国家级医药与保健金质奖”、“国家质量、卫生、安全全面达标食品”、“全国消费者信得过产品”、“全国产品质量监督抽查安全产品”和“西部开发优势企业500强”等荣誉称号，被列为“国家千县工程示范项目基地”。

山东科远农林开发有限责任公司

山东科远农林开发有限责任公司坐落于黄河三角洲上的中心城市东营，是一家集农工商贸于一体的综合性企业。下属企业包括三个农业分公司、两个养殖场、园林绿化工程公司、大米精加工厂、商贸分公司、生产资料服务中心，茶叶加工厂、房地产开发公司、钓鱼场、石油机械配件厂、宾馆、茶庄等。

公司拥有耕地近2万亩，其中水田1.2万亩、苗圃3000亩、速生杨5000亩；蛋鸡养殖规模10万只，年产蛋75万公斤；肉鸡养殖规模80万只，年产白条鸡80万公斤。年加工大米能力45000吨，主要有大米、香米、富硒米、米粉、杂粮、精制面粉等系列产品共20多个花色品种。

常州市武进夏溪花木市场发展有限公司

夏溪花木市场是一个集生产、经营、科研、示范、推广、服务、旅游、观光于一体的现代农业示范区，1999～2003年先后被上级政府及有关部门授予“全国重点花卉市场”、“全国花卉生产示范基地”、“国家农业综合开发多种经营项目”、“江苏省重点农产品批发市场”、“农业产业化经营十强龙头企业”、“常州市文明市场”、“重合同、守信用单位”、“AAA级资信企业”、“免检企业”等荣誉称号。

花木市场按照“立足夏溪、面向全国、产供销一条龙”的经营新格局发展，目前已成为浙江、福建、广东、安徽、江西、辽宁、湖南，山东、江苏、上海等十省市及邻近30多个乡镇的花木集散交易中心，上市品种达到2500余种，全国各地前来求购苗木的客商络绎不绝。2003年市场交易额达13亿元，“十五”期末可望突破15亿元。

南溪县富民白鹅养殖开发有限公司

南溪县富民白鹅养殖开发有限公司成立于2001年3月，属四川省宜宾市重点农业产业化经营龙头企业。公司以南溪“四川白鹅”的综合开发为核心，是集农工贸、产供销为一体的综合性、多元化的股份制企业。公司注册资金500万元，注册商标为“蜀源”牌。现有员工105名，具有专业职称的技术人员28人，拥有较强的科技力量。

公司下辖蜀源食品开发有限公司及三个经营部门。蜀源食品开发有限公司主要生产加工“蜀源”牌无公害肉鹅系列产品，年产量5000吨以上。

联系地址：四川省南溪县富民白鹅养殖开发有限公司
联系电话：(0831)3325077　3324363

山西森达实业有限公司

山西森达实业有限公司是由柴家乡，苍底村农民企业家投资，于1988年兴建的。公司下属电线厂、肉制品厂、养殖场三个经营实体；总占地面积160亩，建筑面积7900m²；总资产3300万元；员工126人，其中科技人员28人。公司是山西省民营科技企业50强之一，是国家农业综合开发龙头项目、地级龙头企业。主要产品有牛、猪、鸡、兔四大系列各种肉制品和尼龙耐水绕组电线。多年来公司被河津市委、市政府评为先进农副产品加工企业。总经理裴文森被评为山西省捐资助教模范，荣立个人三等功。

公司下一步开发的是多维钙杏果蔬汁双岐饮料深加工项目。经连续两年研制，现已实验成功。试制品经北京权威质检部门检验，经多方专家品尝鉴定后，获得一致好评。该产品系市场空白，市场前景十分广阔。

武夷山市农业综合开发办公室

武夷山市从1994年开始实施农业综合开发。2000～2003年的农业综合开发共计投入资金3867.9万元，其中各级财政资金1699.6万元，群众自筹1188.3万元，银行贷款980万元。累计改造中低产田4.92万亩，实施节水灌溉0.54万亩，生态建设0.83万亩，扶持建设农产品批发市场和岩茶加工项目各一个。

近年来，通过农业综合开发项目的实施，项目区农业基础设施进一步得到改善，使得粮食、茶叶和烟叶等优势农产品生产得到长足的发展，为使这些优势农产品得到进一步发展，武夷山市农业综合开发工作正致力于以市场为导向，使这些优势农业产业一头连接市场，一头连接农户，以公司为桥梁和纽带，实行“公司＋基地＋农户”经营方式，从而形成一个产业链。

湖南省茶叶总公司

单位名称：湖南省茶叶总公司
地　　址：湖南省长沙市浏正街25号
电　　话：0731-4444396
传　　真：0731-4442949
联 系 人：尹　钟

江苏省金坛市江南鸽业有限公司

江南鸽业有限公司始建于1999年，占地40余亩，年存栏种鸽7500对。2002年通过国家农业综合开发项目扶持后发展至今，规模已达年存栏种鸽20000对，年出栏乳鸽30万羽。公司养殖中心占地65亩，其中白羽王鸽养殖区40亩，生猪养殖区3亩，精养鱼池10亩，办公、生活和绿化用地12亩，建筑面积7500平方米，是江苏省较大的无公害肉鸽养殖基地。以公司为中心，带动了周边农户，大力发展家庭养鸽业和饲料种植业，形成了金坛市西部丘陵山区养鸽产业群，为促进茅山老区农业经济结构的调整和优化，努力实现农业增效、农民增收、农村稳定做出了积极的贡献。公司多次被各级政府部门评定为带农致富的先进单位。公司养殖中心被金坛市组织部、科协列为“农村基层实用技术培训基地”，被市政府列入白羽王鸽养殖示范园和金坛市“双学双比”基地，被省农林厅列为“无公害畜禽生产基地”。

抚宁县农业开发办公室

抚宁县农业开发办公室于1988年7月成立，为正科级单位。下设四个股室：综合计划股、项目管理股、资金管理股、抚宁新世纪农业开发示范园。近两年来，全县完成土地治理项目3个，治理耕地面积达2.2万亩，总投资956万元；完成多种经营项目2个，投资1026.49万元。在项目区修建高标准农路41.55公里，打机井220眼，修U型防渗渠81.5公里，铺设地下输水管道19.8公里，架设低压线2.2公里，营造田间防护林760亩，植树5.56万株，开展农民培训6074人次，建膜下滴灌示范田200亩。项目区农田基本建设的实施，极大地改善了农业生产基本条件，解决了原渠道水的跑、冒、滴、漏现象，使水的利用系数由原来的57%提高到80%，节约水资源382.68万立方米。

江苏省宝应县农业资源开发局

宝应县农业资源开发局成立于1991年，全局设有三个职能科室，下辖国有滩地管理所、科技服务中心及湖滨滩地开发有限公司。自1991年纳入国家黄淮海农业综合开发项目区以来，项目区已扩展到全县所有镇。十多年来，全县农业综合开发各项任务按计划圆满完成，累计完成开发总投资1.2亿元，改造中低产田29.6万亩。通过治理增加耕地、水产养殖面积近10万亩，建成多种经营项目21个。项目建成后，累计新增效益达1.5亿元，项目区农民人均纯收入增加近1000元。由于农业综合开发工作取得了优异成绩，宝应县先后荣获二、三期省、市农业综合开发"创业杯"一等奖和四期开发三等奖、五期开发二等奖。

珠海市农业科学研究中心

"珠海农业综合开发高新科技示范项目"由国家农业综合开发办公室2000年批准立项，项目期3年。项目依托单位为珠海市农业科学研究中心，目标是把项目区建设成为集优质蔬菜、花卉、水果等高产栽培、种苗繁殖、高新技术示范、病虫害综合防治、基质无土栽培、技术推广及技术培训为一体的农业高新技术生产基地，为珠海西部优化农业和农村经济结构提供经验，辐射带动珠江三角洲地区和全省乃至华南地区的农业产业化发展，大幅度提高项目辐射区内的农业生产效益和农民的收入水平。

兖州市农业综合开发办公室

兖州市地处黄淮海平原，现为济宁市所辖的县级市。全市总面积651平方公里，耕地60万亩；辖10个镇、两个街道办事处、492个行政村；总人口60万，其中农村人口40万。全境为平原地形，土地肥沃，光热资源充足，地下水丰富，是全国重要的商品粮基地和优质强筋小麦、夏玉米重点生产区域，先后被命名为全国粮食生产先进市和农业现代化示范市。2003年，全市国内生产总值完成120.3亿元，比上年增长19.1%；地方财政收入6.1亿元，增长30%；农民人均纯收入3849元，增长7.2%。兖州市综合实力位居全国百强县市第58位。

江苏省宿豫区农业资源开发局

通过2004年农业综合开发项目的实施，宿豫区农业综合开发项目区的农业生产条件及生态环境得到了明显改善。新增灌溉面积0.3万亩，改善灌溉面积1.87万亩；新增除涝面积0.9万亩，改善除涝面积3.67万亩；新增节水灌溉面积3.6万亩，年节水总量达345万立方米、增加农田防护林网0.32万亩；新增机耕面积0.05万亩；新增农机总动力0.01万千瓦；进一步提高农业竞争能力，扩大优质农产品种植面积4.57万亩；新增粮食生产能力187.2万公斤，新增蔬菜生产能力1800万公斤；新增种植业总产值2999.52万元，项目区农民收入增加总额749.88万元，人均增收160元左右。

前进中的黔东南州农业综合开发事业

贵州省黔东南苗族侗族自治州农业综合开发办公室

2003年度，我州农业综合开发认真坚持了省农发办提出的"统筹规划，突出重点，择优扶持，强化科技，注重效益，富裕农民"的指导思想，把搞好农发工作作为实践"三个代表"重要思想的具体行动，把提高项目区农业综合生产能力和促进农民增产增收作为农发工作的出发点和落脚点，经过州、县、市农发办和各级各部门的密切配合以及项目区广大干部群众的共同努力，全面完成了上级下达的工程建设任务，实现了预期的开发目标，开创了黔东南州农业综合开发工作的最好局面，为促进我州农村经济发展、农民稳定增收和农村小康建设打下了良好的基础。

农业综合开发建设巡礼

（广告专版）

协办单位：

长春市农业综合开发办公室

西安现代新农业股份有限公司

湖南省永顺县农业综合开发办公室
湖南省龙山县农业综合开发办公室
山西省运城市农业综合开发办公室
山东东方海洋科技股份有限公司
甘肃省天水市农业综合开发办公室
山西胃乐食品有限公司
贵州省安顺市农业综合开发办公室
贵州省平坝县农业综合开发办公室
南京市财政局农业处
福建福马食品集团有限公司
山东省郓城县农业综合开发办公室
江苏省沭阳新概念木业有限公司
河南省北徐集团有限公司
四川成都市农业综合开发办公室
陕西省丹凤县农业综合开发办公室
重庆市巫溪县农业综合开发办公室
阳城县三利珍农业综合开发有限公司
陕西省安康市汉滨区农业综合开发办公室
甘肃省华亭县农业综合开发办公室
四川省凉山彝族自治州财政局
江西省贵溪市农业综合开发办公室
陕西省宝鸡戊寅绿色食品有限公司
江苏海安蚕丝绸集团股份有限公司
河北省唐山大北农猪育种科技有限责任公司
四川乐山国家农业科技园区办公室
湖南省浏阳市农业综合开发办公室
新疆和硕县和技农林发展有限责任公司
贵州省晴隆县农业综合开发办公室
河南省濮阳市濮风花果苑有限公司
贵州省普定县农业综合开发办公室
湖南省溆浦县农业综合开发办公室
湖南省安化县农业综合开发办公室
湖南省益阳市农业综合开发办公室
四川省盐亭县农业综合开发办公室
贵阳三联乳业有限公司
山西省侯马经济技术开发区金汾天然食品有限公司
内蒙古科尔沁左翼中旗农业综合开发办公室
福建远洋渔业集团公司
贵州省盘县农业综合开发办公室
浙江加华种猪有限公司农业综合开发
云南省昆明市雪兰牛奶有限责任公司
贵州省兴义市农业综合开发办公室
深圳市绿鹏农业设施工程技术有限公司
山西省定襄县农业综合开发办公室
宁夏中宁县农业综合开发办公室
湖南省益阳益华水产品有限公司
云南省昭通市昭阳区农业综合开发办公室
山西省忻州市忻府区忻城农牧有限公司
江苏省苏州西山国家现代农业示范园区
贵州省清镇市农业综合开发办公室
山西省大同市浑源县农业综合开发办公室
辽宁省阜新天照金草业发展有限公司
山西省朔州市农业综合开发办公室
海南儋州国家农业科技园区管理委员会
黑龙江省宁安市农业开发办
临沧华裕生态农业有限责任公司
广东省温氏食品集团有限公司
北京京都菇业有限公司
陕西省午子绿茶有限责任公司
北京圣树农林科学有限公司
甘肃华羚乳品集团公司
重庆市恒河果业有限公司
贵州省黔西南州农业综合开发办公室
贵州省江口县农业综合开发办公室
浙江省绍兴市精酿食品有限公司
黑龙江省五大连池市农业综合开发办公室
安徽省阜阳市紫湖良种繁殖场
江苏省昆山市国家农业年鉴综合开发现代化示范区管理委员会
陕西省佳美飞科工贸有限公司
甘肃省徽县农业综合开发办公室
贵州省赤水市农业办公室
江西省井冈山市林场
江西省上饶市鄱阳县农业综合开发办公室
山西辈辈龙蔬菜食品饮料有限公司
河南省龙云集团有限公司
山西省闻喜稷王柿叶茶
山西森达实业有限公司
山东省科远农林开发有限责任公司
福建省武夷山市财政局农发办
江苏省常州市武进夏溪花木市场发展有限公司
湖南省茶叶总公司
四川省南溪县富民白鹅养殖开发
江苏省金坛市江南鸽业有限公司
广东省农业科学院科技情报研究所
广东省珠海市农业科学研究中心
河北省抚宁县农业综合开发办公室
山东省兖州市农业综合开发办公室
江苏省宿迁市宿豫区农业资源开发局
河北廊坊燕北富牧机械集团有限公司
江苏省宝应县农业综合开发局
黔东南州农业综合开发办公室